铁道企业管理创新成果2022

（上册）

《铁道企业管理创新成果 2022》编委会　编

中国铁道出版社有限公司

2023年·北京

图书在版编目(CIP)数据

铁道企业管理创新成果.2022:上、下/《铁道企业管理创新成果2022》编委会编.—北京:中国铁道出版社有限公司,2023.11

ISBN 978-7-113-30497-3

Ⅰ.①铁… Ⅱ.①铁… Ⅲ.①铁路企业-交通运输企业管理-企业管理制度-中国-2022 Ⅳ.①F532.6

中国国家版本馆CIP数据核字(2023)第161732号

书　　名: 铁道企业管理创新成果 2022
TIEDAO QIYE GUANLI CHUANGXIN CHENGGUO 2022
作　　者:《铁道企业管理创新成果2022》编委会

责任编辑: 奚　源　　　　电话:(010)51873005
封面设计: 郑春鹏
责任校对: 安海燕
责任印制: 赵星辰

出版发行: 中国铁道出版社有限公司(100054,北京市西城区右安门西街8号)
网　　址: http://www.tdpress.com
印　　刷: 三河市宏盛印务有限公司
版　　次: 2023年11月第1版　2023年11月第1次印刷
开　　本: 880 mm×1 230 mm 1/32　**印张:** 26　**字数:** 700千
书　　号: ISBN 978-7-113-30497-3
定　　价: 120.00元(上、下册)

《铁道企业管理创新成果 2022》编委会

前　言

2022年，铁道企协坚持以习近平新时代中国特色社会主义思想为指导，根据中企联的部署要求，紧密结合铁路工作实际，积极组织会员单位开展了第二十九届全国和铁道企业管理现代化创新成果的推荐和申报及发布工作，铁路企业文化优秀成果、铁路企业管理优秀论文和调研报告的评审、发布工作，继续开展了全国优秀质量管理小组、全国质量信得过班组及全国铁道行业优秀质量管理小组、全国铁道行业质量信得过班组的推荐评审工作，取得了显著的成效。

铁道企业有2项成果获得国家级企业管理现代化创新成果奖，其中一等1项、二等1项。有34个会员单位申报了138项铁道企业管理现代化创新成果，经评定，评选出137项，其中，一等53项、二等50项、三等34项；有29个单位申报的53项获铁道企业文化优秀成果，其中，特等15项、一等27项、二等11项；共征集论文225篇，评选出优秀论文194篇，其中，一等37篇，二等96篇，三等61篇；征集调研报告179篇，评选出优秀调研报告119篇，其中，一等31篇、二等50篇、三等38篇。组织推荐铁路企业5个小组评为“全国优秀质量管理小组”;10个班组评为“全国质量信得过班组”;25个小组评为“全国铁道行业优胜质量管理小组”;491个小组评为“全国铁道行业优秀质量管理小组”;21个班组评为“全国铁道行业优胜质量信得过班组”;38个班组评为“全国铁道行业优秀质量信得过班组”;10个单位获“年度铁道行业质量管理工作优秀组织奖”;18人获“年度铁道行业质量管理工作优秀推进者”;105个客货运输窗口单位评为“全路客货运输窗口用户满意单位”。

这些成果涉及铁路企业管理诸多方面,内容丰富,思路清晰,观点鲜明,具有较强的创新性和实践性,对提升企业管理水平,推进铁路创新发展,具有参考借鉴价值。

为展示上述成果,我们编辑出版了《铁道企业管理创新成果2022(上、下册)》,分别选录了全国企业管理现代化创新成果、铁道企业管理现代化创新成果、铁道企业文化优秀成果、铁道企业管理优秀论文、铁道企业管理优秀调研报告。

我们编辑出版本书,旨在供铁道企业各会员单位和各级管理者参考与借鉴,以促进成果的应用与转化。本书是多年来铁道企业管理创新实践纪录的延续,希望它能够成为深受铁道企业各会员单位干部职工欢迎的一本书。本书在编辑过程中,对一些文章内容作了删改,不妥之处,敬请原谅。

编　者

2023年5月8日

目　录

（上　册）

第一篇　全国企业管理现代化创新成果

第二篇　铁道企业管理现代化创新成果

(下　册)

第三篇　铁道企业文化优秀成果

(特等)

第四篇　铁道企业管理优秀论文

第五篇　铁道企业管理优秀调研报告

第一篇　全国企业管理现代化创新成果

复杂环境下的中老铁路项目建设管理

中国铁路国际有限公司

中国铁路国际有限公司（以下简称国际公司）是中国国家铁路集团有限公司（以下简称国铁集团）为开展国际铁路合作而设立的全资子公司，于 2014 年成立，注册资金 12 亿元、现为 49.7 亿元。作为国铁集团开展国际铁路合作的经营平台，主要负责牵头组织中国国内铁路相关企业开展国际铁路项目合作，按市场化运作方式开展国际铁路项目技术咨询、工程承包、装备制造、铁路运营等业务。国际公司积极响应国家“铁路走出去”的战略，近年来完成中老铁路项目建设并安全开通运营，积极推进雅万高铁、匈塞铁路项目建设施工，有序开展中泰铁路项目的设计咨询，努力打开铁路高质量“走出去”新局面。

一、复杂环境下的中老铁路项目建设管理背景

（一）实现中老铁路建设目标的需要

中老铁路是中老两国最高领导人推动的政府间合作项目，沿途经过老挝琅南塔省、乌多姆赛省、琅勃拉邦省、万象省，终到老挝首都万象市，全长 422.4 千米。2016 年 12 月 25 日开工建设。2017 年 12 月，中老两国纪检监察部门在云南磨憨举行廉洁之路建设启动仪式，提出廉洁之路建设目标。2018 年 5 月，国铁集团和老挝公共工程与运输部借鉴国内京张高铁建设管理经验，共同提出精品工程建设目标。

（二）适应复杂建设环境的需要

中老铁路作为“一带一路”早期落地铁路项目，面临着与国内铁路建设截然不同的建设环境。一是复杂的国际环境，二是复杂

的经济环境，三是复杂的安全环境，四是复杂的自然环境。

（三）突破项目建设组织难题的必然选择

中老铁路作为在世界贫困国家推动的大型铁路交通基础建设项目，面临着极为艰苦的协调组织推进难题。一是建设资源组织难。建设用钢材、水泥、推土机、挖掘机等大量物资，需要从周边国家进口；交通基础设施薄弱，贯通南北只有一条20世纪70年代修建的13号公路，建设铁路沿线需新修施工便道1 400多千米。基层劳务大部分由老挝籍员工组成，教育程度低、技能差、人员流动性强。二是征地拆迁推进难。老挝政府负责征地拆迁，没有大规模铁路建设和征拆经验，政府财政困难，无法及时筹措征地补偿资金；征拆标准制订不够科学完备，导致征地拆迁断点多、解决难。老挝土地私人所有，小政府大社会，征地拆迁推进难度极大。三是物资设备通关难。中老铁路物资设备主要来自中国，根据特许经营协议，大部分属免税物资。老挝政府免税物资总清单需要老挝财政部、国会审批，流程复杂；物资设备日常清关管理流程烦琐，需要老挝公共工程与运输部、财政部、工贸部等政府部门审批，时间较长。四是统筹协调组织难。老挝全民信奉佛教，生活节奏缓慢，政府周末不加班，周一至周五上午八点半上班，下午四点下班。平时不加班，办事程序、流程烦琐，审批环节多，审批时间长，工作效率低。对于人员物资通关、签证办理、免税车辆购置、安保等事项，政府指定行为多。参建各方海外建设经验缺乏，特别是老挝政府指定分包方背景复杂、施工经验不足。

二、复杂环境下的中老铁路项目建设管理主要做法

面对不同于国内铁路建设的复杂环境和组织推进难题，全体建设者以“一带一路”、中老友谊标志性工程为统领，克服疫情不利影响，统筹建设资源，细化施工组织，优质高效完成建设任务。

（一）精心打造安全可靠的精品工程

1. 强化工程质量管理

一是优化设计方案。多方论证优化口岸站、中老两国互联互

通、与老泰米轨铁路换装等方案，组织中老两国专家研究站房建筑风格，探讨室内与室外装饰装修、站前广场、站区融合方案，积极融入老挝地域文化，努力体现中老两国元素。二是把住质量源头关。严把工程原材料进场关，对于钢材、钢轨、防水板、“四电”专用设备等实行集中采购供应，所有原材料、构配件先检测后使用，建立原材料、构配件、成品和半成品检验和报告制度，坚决杜绝不合格品进入工程。三是坚持示范引领。积极组织开展标准化工地评选，抓好工程实体质量、现场文明施工和标准化作业。2018—2021 年，分 3 批评比产生标准化工地 41 个。坚持试验先行、样板引路，组织样板工程现场观摩。通过样板工程实践，建立标准化、可复制、先进可靠的施工工艺和安全质量保证措施。四是实行重点工程首件评估。为保证关键工序合理，组织对连续梁、路基、“四电”、房建等重点工程关键工序进行首件验收，开展达标评定，确保工程质量。五是创新施工工艺，提高建造水平。按照实用、有效的原则，积极推广应用具有先进性、科学性和实用性的新技术、新工艺、新材料、新设备，实现隧道二衬分仓浇筑、桥梁墩台身自动喷淋养护、国产固定闪光焊接设备焊接长轨等新技术、新工艺应用，攻克琅勃拉邦缝合带出现隧道软岩大变形、涌水量大及友谊隧道盐岩等地质难题和境外长大连续隧道群无线通信覆盖、160 千米/时单线铁路信号控制系统等技术难题，有效提高施工效率，降低成本，确保工程质量。

2.强化工程安全管控

一是构建责任体系，组织监理、施工等参建单位共同构建“全员参与、全面覆盖、全过程管理”的安全管理体系，执行安全管理标准，实行安全包保责任制，强化风险管理，加强过程卡控。截至项目开通运营，中老铁路未发生较大以上的安全生产事故。二是注重建章立制，完善管理制度体系。在严格执行中老两国有关安全生产法律法规的基础上，先后制定 20 余项安全管理办法，确保各级安全管理工作有章可循。三是加强风险管控，实施过程评估。在设计阶段进行风险评估，对全线 15 条高风险隧道明确需重点管控风险源，对高风险单位工程逐工点进行安全风险评估，通过后方可开工；结合工程进展，持续开展施工过程风险跟踪，动态辨识、评估风险源，及时调整风险等级和管控措施。四是强化安全教育，提高全员安全意识。在中方人员出国前进行安全教育培训，特殊工种必须培训合格和持证上岗，施工过程中严格落实岗前、岗中、岗后三级安全教育。五是紧盯安全风险点，加强重点领域防控。针对老挝雨季长的特点，落实各级领导管理责任，建立灾害应急响应机制，妥善做好灾后自救工作，建设期未发生因洪涝灾害造成人员伤亡、财产重大损失事故。六是推动参建单位自控体系有效运行。以日常、月度、季度和信用评价检查为抓手，利用现场检查和内业检查“齐步走”、前期问题“回头看”的检查方法，形成高压态势，对发现的各类问题实行闭环管理，从源头杜绝安全隐患。七是提升应急处置能力。研究制订突发事件总体应急预案，建立三级救援机制，组建“中老铁路隧道应急救援站”，定期开展应急演练，切实提升突发事件应急处置能力。

3. 推进工程全面创优

一是明确质量创优目标。通过开展创优活动，使“干就达标准、建就成精品”成为习惯，促进参建各方精品工程意识行为螺旋上升，形成以质量为核心、人人争先进的建设格局。二是确定“五项基本原则”，即坚持质量核心原则，坚持价值导向原则，坚持创新驱动原则，坚持人才为本原则，坚持主体责任原则。三是实施“六高八建”组织目标。“六高”即高起点谋划、高标准管理、高质量建设、高效率推进、高可靠开通、高效益开发；“八建”即建示范工程、安全工程、优质工程、高效工程、人文工程、环保工程、廉洁工程、友谊工程，全面推进标准化管理。四是以单项精品带动全线创优。全线创建“精品工程”15 项，其中隧道工程 7 项（友谊、磨丁、努瓦山、普亚村一号、达隆一号、森村二号、拉孟山隧道）、桥梁工程 5 项（华楠站双线特大桥、班那汉湄公河、琅勃拉邦湄公河、欣和南里河、南柯内河特大桥）、路基工程 1 项、站房工程 2 项（琅勃拉邦、万象）。五是健全创优管理机制。成立磨万铁路精品工程建设领导小组，发挥牵头管总作用，组织各参建单位及时研究、协调解决重大事项，督促检查重要决策推进落实情况。工程质量得到保障，内实外美的琅勃拉邦跨湄公河大桥、友谊隧道、万荣及万象火车站成为老挝国家新地标，“澜沧号”动车组成为新名片。

（二）精心打造合规高效的示范标杆工程

狠抓依法合规建设。特许权协议是中老铁路依法建设的法律依据。建设过程中，始终坚持以特许权协议为纲，明确中老双方建设责任，指导项目工作推进并纠正偏差。积极发挥专业法律咨询平台作用，聘请律所开展项目合规性调查，提供重大事项全程跟进咨询服务，努力降低项目实施法律风险。积极与老挝政府部门沟通，充分尊重当地的宗教信仰、文化习俗，通过多种形式进行宣传，为工程建设顺利推进创造良好外部环境。

推动技术标准合规。依据特许权协议，中老铁路采用中国铁路建设标准。根据工程建设需要，将有关技术资料翻译成老挝语和英文，强化与老方沟通交流。大量培养、聘用老挝籍员工，加强技术培训，推行中国铁路技术、标准，实现中国铁路技术管理全产业链运用到中老铁路老挝段。积极向老挝国家铁路局提供中国铁路法律法规资料，推动老挝铁路立法。2019 年 5 月，经老挝国会批准，老挝首部铁路法正式发布。

加强项目投资控制。加强工程招标管理，合理划分工作界面，确定招标概算及最高限价，树立“依法合规、遵循合同、实事求是”处理项目经济事务原则，保证项目运行平稳、投资安全可控。落实验工计价、工程预付款等程序，强化流程控制；加大第三方审价工作力度，为计量结果提供有力支持。组织设计单位、咨询单位、第三方审价单位及参建单位集中开展第三方审价工作，多次组织专题工作会，对全线隧道反坡排水 43 条隧道 65 个工点、“三电”迁改 130 多个工点、路基桥梁隧道岩溶处理等逐一审核，委托第三方审价。加强变更设计管理，严格落实变更设计会勘会审制度，确保工程措施有效优化。针对福格村、会福莱隧道软弱岩变形、友谊隧道盐岩段变形整治等重大变更设计，邀请国铁集团和国内设计、施工的专家调研，确保各项审批管理合规，非技术标准变化方面Ⅰ类变更设计委托中国铁路经规院提供咨询，确保审批合规、数量准确。

严格建设工期管理。研究提出有序、均衡、稳步推进工程组织推进总原则，强化施工动态管理，全面梳理剩余工程及设备安装调试工作，严格把控“四电”、铺轨、站房、万象南应急工程等工期目标落实，委托昆明铁路局集团公司负责竣工验收咨询、铁科院集团公司负责动态检测，稳步推进竣工验收工作。健全工作管理机制，根据加快剩余工程建设安排，自 2021 年 8 月建立全线日交班例会制度，及时发现、解决制约工程推进的征拆、资金、物资保障、地方协调等问题，为工程有序推进提供有效保障。强化铺轨和设备安装红线管理，加大重点工程督导力度，工程收尾攻坚阶段成立 5 个督导组，重点对铺轨、站房、万象至万象南段应急工程、物资设备、对外协调进行督导，确保剩余工程按计划顺利实施。

（三）精心打造与自然和谐共生的绿色环保工程

建立环保管理体系。构建“四位一体”环保管理体系，制定环水保管理工作制度，实行环境保护逐级负责制。严格执行环评批复意见，与地方环保主管部门积极沟通，全力推进环境保护工作，确保环保目标实现。

做好绿色工程规划。全线设置 109 处隧道弃渣场、24 处路基弃土场。建立沉淀池 157 个、废水处理站 5 个，最大程度地减少废水对周边环境的影响。跨河桥梁钻孔桩产生的泥浆，禁止直接排放，设泥浆储存池，循环利用。施工场地、混凝土搅拌站等临时设施的设置及油类、水泥等物料堆放，尽可能远离河流两岸。每年组织全线开展环水保专项检查并把环保检查纳入日常工作，通过信用评价及标准化工地评比把环水保纳入检查专项，督促问题及时整改到位。

加强生态环境保护。深入贯彻环保、绿化理念，严格执行环境影响评价制度，做到环境保护、水土保持设施与主体工程“同设计、同施工、同时投入使用”，坚持“预防为主、建设与保护并重”的原则，最大限度地减少对生态环境的破坏，减少对环境的污染，减少水土流失，努力建设资源节约型、环境友好型的铁路。

开展造地还林工程。坚持绿色、生态、地域性的原则，以生态恢复为主，营造低维护、可持续、与自然生态环境深度融合的绿化植被，通过植物色彩及质感搭配形成一定图案纹理，体现当地文化特色，美化路域环境。全线绿化总面积约307万平方米，栽植灌木约863万株、乔木约5.5万株。截至项目开通运营，路基的边仰坡、隧道洞门口、桥下、临时用地等均已按照绿化方案逐步进行绿化植被生态恢复，造地还林约5 000亩。

（四）精心打造利民惠民工程

落实项目便民设施。合理规划施工便道、营地等设施，使临时工程建设能够永久服务当地人民。截至2022年3月底，已移交使用或正在办理移交手续的施工便道795千米、便桥55座；已移交109个营地、37.4千米电力线路、15.8千米给排水管道，为沿线人民改修建道路水渠1 008.8千米。

加强当地员工培训。建设期安排当地就业118 716人次，创办培训学校、举办培训班1 117期，为老挝培养了一批铁路建设人才。运营期先后进行4期老挝籍学员招聘，每期学员按照中文强化培训、铁路专业知识培训、现场实作培训3个阶段培养889人。

助推当地经济发展。最大限度采购当地砂石料、水泥、粉煤灰等建筑材料，累计达51.77亿元，带动资源开发，增加当地群众收入。按照“以站带城、城站融合”的理念，结合老挝当地建筑特点，将站房生产生活房屋建筑进行统一优化，使站区内风格与站房相互呼应，孟塞车站、琅勃拉邦车站、万荣车站、万象车站成为城市商业与人流聚集地。

量身打造车辆装备。在对老挝的宗教、文化、自然进行广泛调研的基础上，组织专业设计团队反复研究，形成多个动车组设计方案。经过老挝政府审定，最终确定以国旗色彩为基调的动车组装饰方案，一列用“占芭天香”内装方案，一列用“锦绣江山”内装方案。积极与动车组生产厂家开展技术讨论、专题研究，结合国际旅客特点，充分尊重老挝国情、文化、风俗习惯，对动车组外观内饰进行深度优化。

(五)精心打造历久弥新的民心相通工程

加强文化交流互鉴。以中老铁路建设为平台,先后举办中老铁路项目“友谊杯”羽毛球和足球比赛、“铁路承载梦想、友谊薪火相传”大型文艺汇演、中老铁路青年演讲比赛、中老建设青年文艺晚会、塔銮节中老铁路文化展等丰富多彩的活动,促进中老文化交流共享,不断增强老挝人民对中老铁路的认同感。

加强对外宣传展示。坚持正面发声原则,组织中老两国主流媒体对中老铁路全线首架、琅勃拉邦跨湄公河特大桥成功合龙、全线轨道首铺、全线隧道贯通仪式、轨道铺通、动车交付、中老铁路开通运营等重大节点进行集中宣传报道,通过出版宣传片、画册及征集“一首歌”、制作“澜沧号”动车组模型、拍摄中老铁路纪录片等,全方位展示中老铁路形象,取得良好宣传效果。

开展惠民利民活动。建设期间,各参建单位积极履行企业社会责任,积极改善当地生产生活条件,以实际行动造福沿线人民。为沿线贫困村落义务支教 857 人次、义诊看病 5 164 人次,特别是在阿速坡溃坝灾害、南部洪灾和疫情防控期间,积极承担社会责任,组织捐资捐物 1 300 多万元。

(六)精心打造可供借鉴的廉洁示范工程

健全完善工作联动机制。在中老两党纪委统筹谋划下,签署廉洁建设《合作谅解备忘录》,共同推进中老铁路廉洁建设。成立中老铁路项目联合党工委、纪工委,将全线 32 个参建单位党组织、纪检组织和党员管理纳入统一管理,每季度召开例会,贯彻落实上级部署要求,形成上下联动、协调有序的工作机制。逐级制订中老铁路“廉洁之路”建设实施方案,编制形成《中老铁路项目廉洁建设制度汇编》。

健全完善督促落实机制。加强关键环节监督检查,细化廉洁风险防控风险点 1 898 个,制订防控举措 6 835 条,完善管理制度办法 594 项,确保廉洁建设“嵌入”廉洁风险点。强化领导干部日常教育监督,落实领导人员每季度廉洁谈话、每年上报廉洁报告制度，严格规范行权履职行为。加强廉洁警示教育，重点监督群众关心的公务用车、公务用房、公务招待、干部任用、奖金薪酬、人员招聘等问题，使廉洁建设与职工利益紧密相连。

健全完善监督考核机制。把廉洁建设纳入信用评价项目，每半年开展一次参建单位信用评价。每季度开展廉洁建设监督检查，督促限期整改落实。强化群众监督，设置举报意见箱，公布举报电话，以零容忍态度严格核查处理。配合上级审计部门开展专项审计，对审计发现问题及时督促整改。健全完善考核评价和失信惩戒机制，将廉洁和队伍建设等纳入信用评价，实行一票否决制。

健全沟通协调机制。积极协助中老两党纪委开展定期会商，围绕议题开展沟通磋商，形成问题清单，限时落实，高质量、高效率推进解决中老铁路项目廉洁建设和工程推进的瓶颈问题。按照中老两党纪委部署，通过季度工作会商、日常信息共享、定期联合检查等形式，协调处理难点问题，统一步调，达成共识。

（七）精心打造利在长远的可持续发展工程

严格风险管控。一是资金风险，严格按照项目投资计划和施工进展督促股东资本金和银行贷款及时到位，统筹公司资金使用，确保满足建设需要，有效保障现场征拆、工程、物资等资金需求。加强建设资金监管，严格参建单位跨国转账业务审核，确保境外建设资金安全。二是政策商务风险，坚持依法合规原则，严格遵照特许权协议，做好物资设备、人员进场工作。截至项目开通运营，办理劳务签证 7 万余次，年均进场中方劳务人员 13 000 余人次，确保项目建设人员需要。加强重点合同履约风险评估，严格落实合同审查、流转会签审批制度，现场核查履约进展，及时纠偏，防微杜渐，切实防范履约风险。三是员工安全风险，根据项目建设需要，协调老挝政府派出军队、警察进驻现场，建立安保工作目标和工作机制，通过驻扎、巡逻等方式，对违法犯罪行为进行震慑，在维护施工现场秩序的同时，为铁路建设提供和谐稳定的施工环境。

精心谋划运营管理。一是研究确定运营组织模式，运输组织通过洽商由昆明铁路局集团承担，设万象运管中心；固定设备维管通过招标由昆明铁路局集团负责，设琅勃拉邦维管中心。二是研究明确客货运开行方案，明确列车开行方案、客货运价格方案，客运主要以动车组为主，结合少量普速列车；货运运行以跨境运输为主、境内运输为辅。动车组项目，中车青岛四方—中车大连联合体中标，从中车大连厂采购 17 台 HXD_{3C} 电力机车。三是积极开展老挝籍员工招聘培训，按照中文强化培训、铁路理论知识培训、现场实操培训 3 个阶段推进。四是研究制订运营期管理制度，按照老挝政府颁布的法律法规、老中公司颁布的管理制度、运管维管中心颁布的作业标准的总体思路，基本建立中老铁路运营制度体系。五是研究明确客货运通关、营运期安保、备品备件采购，轨道检查车、救援机车及救援吊、大型养路机械等自轮运转设备等方案，为中老铁路高质量开通奠定坚实基础。截至 2022 年 7 月 31 日，中老铁路老挝段发送旅客月平均增长 15.19%；货物发送量 101 万吨（国内发往老挝 24.89 万吨，由老挝发往国内 76.11 万吨），月平均增长 16.95%，为疫情下老挝国民经济发展、人民群众出行发挥了重要作用，获得中老两党、两国政府及人民的好评。

务实抓好综合开发。一是推动车站区规划布局，认真做好车站规划工作，积极推动老挝政府完成剩余车站区域征地拆迁。加强商业和广告策划，广泛开展租金调研，完成万象、琅勃拉邦等 10 个车站商业开发方案编制。沿线进行现场踏勘，选取合适户外广告资源位，做好相关招租准备。二是推动沿线产业布局。根据中老经济走廊合作和老挝国家发展五年计划，积极与老挝政府沟通，推动中老铁路相关产业规划和重点项目落地。推进纳堆国际物流枢纽建设，积极研究与老挝 ITC 公司、泰国 Amata 公司纳堆陆地港建设合作事宜，做好琅勃拉邦新城项目推介。三是落实综合开发项目。现场踏勘车站周围土地，与老挝政府召开会议，取得土地数据资料，编制《车站开发区征地情况报告》，完成《中老铁路土地综合开发选址及规划研究报告》《中老铁路沿线 3 省 1 市车站开发区

MOU 协议》签署。加强与老挝中央和地方政府沟通，积极开展土地调查，推动车站开发区 MOU 落实。

三、复杂环境下的中老铁路项目建设管理效果

（一）实现了精品工程建设目标

经过全体建设者不懈努力，中老铁路于 2021 年 11 月 11 日一次性通过老挝政府和老中公司联合验收委员会组织的项目验收；2021 年 12 月 3 日，在中老两国最高领导人的见证下，中老铁路正式开通运营；国铁集团和老中公司分别获得老挝政府授予的“国家一级发展勋章”和“国家一级劳动勋章”。老挝人民革命党总书记、国家主席通伦视察中老铁路，给予高度评价，中老铁路已成为新时代中老传统友谊的新象征。

（二）实现了中老铁路廉洁建设目标

中老两国现场纪检监察部门坚持定期会谈交换意见、联合检查解决问题，沿线政府收取赞助费、过节费及官员收取礼品礼金和“吃拿卡要”等现象有了较大改善；政府部门围绕征地拆迁、免税物资审批、人员物资通关等事项制订了工作手册，缩短工作流程，提高了办事效率；老挝公安和国防部派遣军警进驻现场，查办偷抢铁路物资设备案件，取缔非法废品收购站，为中老铁路建设营造了稳定的治安环境，中老双方协同推动中老铁路建设，积累了宝贵的合作经验，结下了深厚的工作友谊。

（三）实现了泛亚铁路中通道设施联通的目标

中老铁路贯穿老挝北部和中部，连接中国云南昆明和老挝万象，对于推进老挝铁路沿线区域经济和城镇建设的快速发展、促进中国一东盟自由贸易区繁荣发展和大湄公河次区域综合开发具有极为重要的作用。特别是中老铁路万象南换装场的建成投用，实现了标准轨与米轨互联互通，向北可以通过中国路网与欧洲相衔接，向南通过泰国到达马来西亚、新加坡，陆海联运的国际物流通道将更加便捷畅通。中老铁路服务老挝经济发展、服务老挝人民、服务老挝企业的巨大作用正在凸显，受到老挝政府和人民及周边

国家和人民的好评。随着铁路沿线经营开发的不断深入，老泰连接线跨湄公河大桥的建设、老挝万象至越南永安港及南向路网建设的推进，中老铁路在发挥“一带一路”的旗舰引领作用、标志性工程示范作用等方面意义重大、影响深远。

（成果创造人：鞠国江　肖乾文　王永顺　席继红　张建涛
董天胜　胡　贺　宋宗波　蔡　超　黄　菊
骆云峰　庄纪文）

铁路企业践行依法治企战略的法律风险防控体系建设

中国铁路呼和浩特局集团有限公司

呼和浩特铁路局成立于1958年11月1日，地处内蒙古自治区中西部，路网辐射通辽以西10个盟市，连通蒙古国、俄罗斯及东欧地区。2017年11月19日，按照中国铁路总公司的统一部署，呼和浩特铁路局实施公司制改革，更名为“中国铁路呼和浩特局集团有限公司”（以下简称呼和浩特局集团公司）。局管内现有京包、包兰、集二3条国铁干线，乌吉、包石、包环3条国铁支线，以及临哈、唐呼等24条合资铁路，联络线30条，疏解线2条，总营业里程6 908公里（其中电气化铁路2 918公里，复线铁路3 087公里）。所属运输站段35个，非运输一级企业10家，合资铁路公司10家。配属机车966台、客车2 150辆、CRH5型动车组13组。固定资产原值2 115.5亿元，净值1 712.9亿元。职工66 083人。近年来，呼和浩特局集团公司先后获得“国家5A级物流企业资质”“全国五一劳动奖状”“全国安康杯竞赛优胜企业”“全国安全生产月活动优秀单位”“全国厂务公开民主管理先进单位”“全国实施卓越绩效模式先进企业”“全国模范劳动关系和谐企业”“全国企业文化建设示范单位”“全国用户满意企业”等荣誉称号。

一、铁路企业践行依法治企战略的法律风险防控体系建设的背景

（一）贯彻党中央部署的内在要求

全面依法治国是习近平新时代中国特色社会主义思想的重要内容，是“四个全面”战略布局的重要一环。党的十八大以来，党中央提出一系列全面依法治国新理念新思想新战略，党的十九大将

全面依法治国确立为中国特色社会主义的本质要求和重要保障。党的十九届六中全会强调在新时代要坚持系统观念，统筹推进“五位一体”总体布局、协调推进“四个全面”战略布局，全面深化改革开放，坚持全面依法治国。习近平总书记2021年12月6日在主持中共中央政治局第三十五次集体学习时强调，各条战线各个部门要齐抓共管、压实责任、形成合力，提高工作法治化水平。中央印发的“八五”普法规划，要求深化依法治企，推动企业合规建设，防范法律风险，提升企业管理法治化水平。对国有企业而言，实现依法治企是落实全面依法治国战略的重要组成部分，是确保国有企业持续健康发展、维护自身合法权益、提高企业管理水平的内在要求。

（二）推进铁路企业高质量发展的必然选择

进入“十四五”，我国已开启全面建设社会主义现代化国家新征程。立足新发展阶段，贯彻新发展理念，服务构建新发展格局，迫切需要铁路企业进一步强化依法治企，推动铁路高质量发展。随着经济全球化的加剧，市场竞争越来越激烈，企业面临的经营风险也越来越大。法律风险是企业面对的众多风险中对生存发展影响比较重要的风险隐患，重视和加强法律风险防范是铁路企业适应市场竞争环境变化的客观需要，是展示国有企业良好形象的需要，是保障国有资产安全的需要，是国有企业自身改革和发展的需要。以依法治企为出发点建立法律风险防控体系不仅能够确保铁路企业适时规避法律风险，提高经济效益，还能有效改善内部的经营管理模式，让铁路企业以饱满的姿态面对激烈的市场竞争，进一步推动铁路企业健康稳步快速发展。

（三）夯实集团公司发展基础的有效手段

建立健全法律风险防范机制，是加强企业风险管理最基本的要求。近年来，呼和浩特局集团公司市场化步伐不断加快，市场竞争日益激烈，经营环境也随之发生巨大变化。同时，随着公司制改革持续推进，集团公司正逐步摆脱过度行政化束缚，内外部风险逐渐加大。为适应内外部环境变化，谋求企业长远发展，以依法治企战略为出发点，制定出一套符合集团公司发展需要的法律风险防控体系，推动集团公司走好法治化、规范化经营道路，真正服务于铁路企业发展大局，协助集团公司抢抓历史机遇，拓展做强做优做大的发展空间，是保持集团公司持续平稳发展的有效手段。

二、铁路企业践行依法治企战略的法律风险防控体系建设的主要做法

党的十九大后，党中央专门成立中央全面依法治国委员会，首次召开中央全面依法治国工作会议，确立了习近平法治思想在全面依法治国工作中的指导地位，将依法治国提升到前所未有的新高度。“十四五”期间，铁路企业面临的经营环境更加复杂，改革发展的任务更加艰巨，对法治工作的要求也更加迫切。呼和浩特局集团公司认真落实习近平法治思想，深入贯彻全面依法治国战略部署，进一步深化法治呼铁建设，深刻把握依法治企战略下的法律风险防控体系对铁路企业在安全生产、运输服务、铁路建设、经营管理、企业改革等方面的引领、推动、规范、保障作用，促进法律风险防控与经营管理深度融合，为铁路企业深化改革、高质量发展提供了更加坚强的法治保障。

（一）突出目标导向，明确法律风险防控体系的原则和总体框架

呼和浩特局集团公司法律风险防控体系依托铁路依法治企战略建立，服务铁路企业发展大局，聚焦企业法律事务管理中的主要环节，注重法律风险管理与企业经营管理融合，是推动集团公司走好法治化、规范化道路的重要管理体系。

1. 明确法律风险防控体系的基本原则

一是坚持围绕中心服务大局原则。发挥法律风险防控体系在安全生产、运输服务、铁路建设、经营管理、企业改革等方面的引领、推动、规范、保障作用，确保铁路工作健康发展。

二是坚持问题导向和目标导向原则。聚焦践行依法治企中法律事务管理的突出问题和法治建设薄弱环节，固根基、扬优势、补

短板、强弱项，增强法律风险防控体系的针对性和实效性。

三是坚持全过程全方位推进原则。把法律风险防控体系建设融入呼和浩特局集团公司生产经营管理各个环节，实现法律风险防控与各业务领域、各管理层级、各工作岗位的紧密衔接。

2.规划法律风险防控体系的总体框架

一是建立“全、专、研、准、述”的五字法律论证工作法模式。通过“五字工作法”实现法律论证工作的全面查清基本事实、注重听取专业意见、深入研究论证内容、准确把握政策法规、充分阐释论述，进一步健全呼和浩特局集团公司重大决策合法性审查机制，实现对重大决策事项精准化、规范化、流程化法律审查论证，确保论证工作质量，切实把集团公司依法决策各项具体要求落实落地，提升集团公司依法治企水平。

二是建立“合同全过程管理”模式。把合同管理由原来的对合同文本的审查，分别向前和向后进行延伸和拓展，升级为将合同办理事项的整个生命周期都纳入合同管理过程，对合同事项的前期决策论证、相对方选择确定、合同文本起草审查、合同的签订履行、变更和解除直至终结，实施全流程、全环节监控，对每一个流转过程都提出合同管理方面的要求，通过优化审查方式，实现各环节相互配合协调，多角度全方位将法律风险的防控贯穿整个合同事项。

三是建立纠纷案件闭环管理模式。在铁路企业法律风险防控体系下，由铁路企业法律事务部门归口管理指导、其他各部门共同参与，在案件预防、过程控制、总结整改三个主要环节，通过防范、处置、化解和补救等多种手段，最终形成管理闭环，达到避免、转移、降低和消灭法律纠纷案件风险的目标。

四是加强法律人才队伍建设保障。增强法律工作管理力量，完善法律专业岗位及专业机构设置；扩大法律人才队伍，坚持引进增量和盘活存量并举，进一步壮大法律专业力量；提高法律人才业务素质，打造德才兼备的高素质法治工作队伍，培养充足的法律人才，为法律风险防范体系提供法律人才队伍保障。

（二）筑牢引领基础，搭建法律风险防控体系的组织架构

各级领导干部是全面依法治企的重要组织者、推动者、实践者，制定法治建设责任制、成立专门领导小组是强化各级领导干部在依法治理中作用发挥的首要保障，同时理顺法律管理体系的组织架构能够顺畅法律专业职能发挥，确保法律风险防控体系各环节实施到位。

一是为现有管理组织赋能。在原有发挥“关键少数”作用的集团公司及所属单位主要负责人履行推进法治建设第一责任人职责制度下，在全路率先建立集团公司及所属单位两级机关法治建设责任制，明确集团公司各级党政领导、机关工作人员在集团公司法律风险防控体系涉及的各项工作中依法合规履行职责的责任内容，充分调动现有管理组织架构人员在法律风险防控体系中的作用发挥，为现有管理组织架构赋能。

二是成立法治建设工作领导小组。在集团公司及所属单位成立由主要负责人担任组长的法治建设工作领导小组，全面领导法治建设工作，把依法治企纳入工作统筹规划，加强法律风险防范体系推进力度，及时研究解决法律事务管理等依法治理有关重大问题，为推进法治建设提供保障、创造条件。

三是理顺法律组织架构。为了解决所属单位法律岗位设置不足，法律组织架构不完整，法律专业职能发挥不顺畅的矛盾，集团公司在所属单位设置专职法律岗位，在全资子公司设置总法律顾问岗位及法律专门机构，形成了以法治建设工作领导小组谋划、主要领导负责、总法律顾问全面领导、法律事务管理部门主要推动、各职能部门协同配合的依法治企管理体系，高效推进依法治企各项工作落实，从源头上防范法律风险。

（三）做实事前防范，精准重大事项法律论证

事前防范阶段的“全、专、研、准、述”五字工作法推动重大决策事项法律论证精准化、规范化、流程化管理，为事中控制阶段打好合规基础。

1."全"面查清基本事实

为全面掌握论证事项基本事实,法律人员在重大决策事项进行法律论证的受理环节,全面向重大决策事项提出部门收集相关材料,在随后的初步审查、集体研究环节,发现需要补充相关资料或核实情况的,也及时通知提出部门,通过深入审查书面资料,结合必要的现场调研、问询当事人等方式,最终全面查清重大决策事项基本事实。

2.注重听取"专"业意见

为确保论证意见与专业规范一致性,法律人员在论证业务专业性较强的事项时,针对事项涉及的专业问题,及时通知业务部门参与审查论证,听取业务部门对事项是否符合本部门相关规章制度的专业意见;对于专业性强的疑难问题,及时委托第三方资产评估、鉴定等服务机构提供专业报告,协助从专业方面进行审查。

3.深入"研"究论证事项

一是前期介入项目。对于重大决策项目,法律人员在了解情况后及时与提出部门沟通,争取在前期介入项目,对项目涉及的相关法律法规、国家有关政策进行研究,提前收集项目相关背景资料、立项审批文件等,对项目专业技术问题积极向技术人员咨询,共同研究是否符合规定。根据项目情况,法律人员前期介入项目同时参与对项目有关合同、招标文件等法律文件等进行法律审查,压缩后期各项法律审查时间。

二是召开会商会议研判。针对复杂论证事项有关专业问题,由法律部门牵头组织重大决策事项提出部门、相关业务部门召开会商会议,并安排有关部门协助进行事实调查,提供有关信息、资料等,深入对论证事项涉及的专业问题进行讨论分析。

三是开展集体研究。根据论证事项情况组织相关法律人员、重大决策事项提出部门人员、其他相关部门人员对《法律论证意见书》初稿有关论证事项描述是否全面、适用法律是否正确等内容进行集体分析、研究。

4."准"确把握重大决策事项依法合规性

一是准确认定论证决策事项的法律关系。法律人员在掌握论证事项基本情况后,合理运用背景材料,准确归纳提炼论证事项涉及的法律关系。

二是准确运用法律规定对论证事项进行审查分析。对法律关系的主体、客体、内容及论证事项应履行的决策审批程序准确运用法律规定进行合法性分析,对论证事项防范法律风险的措施准确运用法律规定进行合法性分析或提示。

三是准确表述法律论证意见。法律人员确保论证事项的描述内容完整、准确。法律论证意见书的合法性分析部分表述确保使用法律术语,用语准确、严谨、周密,不产生歧义,引用法律法规等规定完整。结论性意见和法律建议明确恰当,不使用"基本符合""原则上符合"等含糊措辞。

5.充分阐释论"述"重大决策事项法律意见

一是及时向决策事项提出部门反馈法律论证意见书。针对每项重大经营管理决策事项,及时完成法律论证,并向决策事项提出部门反馈法律论证意见。

二是参加决策会议陈述法律意见。借助总法律顾问和法律部门主要负责人列席决策会议的契机,全面阐述决策事项的法律论证项点,充分揭示论证事项可能发生的法律风险,为决策提供全方位的法律支持。

(四)做强事中控制,开展合同全过程管理

事中控制阶段的合同全过程管理模式将合同办理事项的整个生命周期纳入合同管理过程,有效防范经营风险,减轻了事后处置压力。

1.将合同管理向前拓展

一是加强合同项目决策管理。呼和浩特局集团公司把合同管理的起始点向前拓展,起始于合同事项的前期论证过程,参与事项前期研究和决策,了解相关经济事项的来龙去脉,准确把握相关业务的特点和办理过程,重点加强合同前期项目决策和办理依据的审查,对未履行签订前的决策论证程序或未提报办理依据材料的,不予启动合同办理流程,以此倒逼合同承办单位先行履行决策论证程序,从管理源头布控,强化依法合规开展经营事务的意识,防范出现管理风险和审计风险,推动法律事务管理与经营管理的深度融合,有效防范合同法律风险。

二是规范合同相对方考察。严格要求合同承办单位、部门在合同报审前,对合同相对方主体资格、资质、资信、履约能力等情况进行全面调查,并由承办人员和单位负责人对调查结果予以签字确认,未经签认的,不得提报合同审查。将合同相对方审查作为合同流转必要流程,避免在不掌握合同相对方的情况下盲目与之签订合同,通过尽职调查,有效减少因为合作方原因引发的经济风险。

2.细化审查合同文本

为有效降低合同文本不完善、不准确带来的法律风险,呼和浩特局集团公司全面实施合同文本标准化策略,积极参与合同标准文本和示范文本的起草编制工作,以所属单位现场需求和使用为关注点,缩小合同文本与实际应用的偏差,将现场经验纳入文本当中,把经验变为标准,以标准保障经营。同时,积极推进和指导各单位使用已公布的合同标准(示范)文本,有效解决了所属单位兼职合同管理人员法律专业知识欠缺,起草合同缺条少项的问题,提高了合同文本的规范性和准确性,避免合同文本约定不明或条款内容损害我方利益带来的不利后果。

3.提高合同办理效率

一是推行分级分类审查,综合考虑合同类别、合同法律关系是否复杂,是否已经制定合同示范文本,法律风险高低程度等因素,明确各级合同管理部门合同管理权限和各级管理人员法律审查的重点,把合同办理事项由原来的层层审流程层层看文本,优化为按层级按岗位确定合同审查范围和重点审查事项,合同办理人员抓细节审内容,法律负责人抓全面看重点。对合同实行分级分类管理,既落实了合同承办单位主体责任,提高了合同流转办理和审查签订效率，提升企业绩效，又使得合同管理人员从大量普通合同文本的日常审查工作中抽出时间，加大对重大、重要合同的审查力度，加强对合同管理方面工作的指导和监督，更加有效地防范企业经营中可能出现的重大法律风险。

二是优化审查方式，把合同审查方式由原来的按照合同审查流转顺序逐级直线式审查，调整为流程审查和集中审查相结合的方式，即在原有基础上，增加了法律顾问集中讨论进行审查的方式，特别是对重点合同，企业总法律顾问、法律部门负责人组织，对合同办理过程中发现的疑难事项和可能存在的风险进行讨论研究和集中分析，形成结论后再提出审查意见，由法律顾问指导承办部门落实办理，通过对重点合同的细致打磨研究，避免企业出现重大法律风险。

4.强化合同管理的协调配合

一是从管理主体上，呼和浩特局集团公司把原来的合同管理部门一家管，变为合同事项涉及部门有分工有配合共同管，合同承办部门对合同办理事项承担主体责任，专业管理部门就职责范围内事项承担联签审查责任，合同管理部门落实归口管理和法律审查，全面配合共同完成完整的合同办理流程。通过各管理部门分工合作，把合规性管理和合法性审查结合起来，充分发挥了各部门的专业优势，形成合力，全面有效地防控风险，最大限度地避免有害结果发生。

二是从管理手段上，集团公司采用合同全过程管理后，合同办理不再局限于合同文本的审查，而是对合同办理每个阶段分别采取包括参与论证调查、审查资料完备性、合同履行登记查询、督促督办、检查考核等多种方式进行，通过管理内容的全程化、管理主体的综合化和管理手段的多元化，将合同管理过程整体嵌入经营事项管理流程中，实现了合同管理与经营管理的深度融合，有利于企业从经营管理多个角度进行统筹安排，趋利避害，提高经营效能，达到经营目的。

5. 向后延伸盯控合同履行

一是补齐了合同签订以后对履行阶段进行事后管控的缺失，将合同的履行纳入合同管理过程。在合同签订时，明确承办部门负责组织合同履行，提示做好相关验收、交接、确认等事项，建立合同的预警机制。承办人员随时掌握合同履行情况，发现合同履行异常，做好记录，留存相关资料，及时向有关部门提报预警信息，根据实际情况办理合同变更或解除，降低风险转化为实际损失的可能性。

二是与法律纠纷处置相衔接，在确定合同相对方不再履行或没有能力履行合同主要义务时，适时启动相关法律程序，要求相对方设置财产担保或提请进行财产保全，必要时提起诉讼或申请仲裁，利用法律手段维护权益，避免风险实现和损失扩大。

(五)做好事后处置，规范法律纠纷处理

事后处置阶段的纠纷案件闭环管理模式从案件预防、过程控制、总结整改三个环节入手，堵塞企业经营漏洞，提取管理经验，提高企业未来事前控制阶段的决策制定质量。

1. 提前防范涉诉法律风险

呼和浩特局集团公司强调法律风控关口前移，突出案件风险管控前置作用发挥，将案件预防融入企业业务流程中，力争实现每个部门、每个岗位都恪尽职守，遵守制度流程，有效防范法律纠纷案件发生。

一是强化领导干部法治思维。为全面提升铁路企业管理人员和业务部门在经营管理过程中的纠纷案件风险防范意识，呼和浩特局集团公司定期举办法律培训、现场普法、以案释法等活动，定期发放法律书籍，稳步提升领导干部法治理念及依法合规决策水平。

二是严格规范对外民事活动。集团公司制定涉法事项报告审批制度，加强对所属单位法律文书、往来信函、证明资料等涉法事项管理，特别是跨单位协同处置的经营事项，必须经法律事务管理部门进行法律风险评估，通过严格规范对外民事活动，降低涉诉风险发生。

三是加强纠纷案件监测。在约束对外涉诉风险事项的同时，集团公司通过制定法律信息双向反馈机制，加强对纠纷案件的风险监测，由法律事务管理部门和业务部门、所属单位分别针对市场变化，行业法律法规修订、废止或新法颁布，行业政策调整，业务关联方经营状况严重恶化，相对方丧失商业信誉或丧失履约能力等信息及时进行双向沟通反馈，涉及法律风险的信息及时由法律事务管理部门同步分析检测，以保证灵活快速提出客观应对建议，及时降低诉讼发生可能性。

2.运用案件处置应对机制妥善处置纠纷案件

在发案后的案件处置阶段，呼和浩特局集团公司及所属单位案件均由集团公司法律事务管理部门归口管理，统一协调、监督、指导发案单位及部门妥善处置纠纷案件。为提升案件处置效率，集团公司通过采取案件分析报告、案件分析会议、案件关键环节严控、主动化解风险、案件评估跟踪等机制规范案件处置流程，提高案件处置质量。

一是形成纠纷案件报告机制。为保证企业法律事务管理人员和高层管理者知晓案件进展情况，及时调整诉讼方案和化解法律风险，呼和浩特局集团公司通过实施纠纷案件分析报告制度，严格规范所属各单位发案上报。发案阶段，所属单位在3日内向集团公司递交书面报告，介绍基本案情、简要分析及诉讼方案，以便法律顾问快速了解案件事实，查阅法律法规，研究法律关系，明确应诉思路。案件庭审结束后提交庭审情况报告，以便法律顾问了解案件庭审情况，细致梳理案情，掌握法官案件审理思维，进一步研判案件走向。案件结案后形成结案报告，以便分析案件发生的深层原因、分析企业经营风险，同时总结同类案件处理技巧，提出改进措施，为今后堵塞管理漏洞、处置同类案件提供经验。

二是形成案件分析会议机制。法律事务管理部门接到法律纠纷案件分析报告后,应及时组织相关部门、涉案单位召开案件分析会,充分与案件相关业务部门、人员沟通,全面掌握对方当事人背景及案件事实,深入研究案件证据及争议焦点,合理制定诉讼方案,判断案件走向。2021 年,呼和浩特局集团公司在处置一起国际铁路货物联运合同纠纷过程中,多次赴案发单位实地调研,充分研究案件事实,准确归纳案件争议焦点和预判案件走向,通过合理制定诉讼策略,最终实现既定诉讼目标,为集团公司挽回经济损失7 835万元。

三是形成案件关键环节严控机制。集团公司重点把控案件的诉讼文书、证据比选、庭审提纲等关键环节,形成案件关键环节严控机制。由法律事务管理部门严格把控诉讼文书质量,确保文书措辞得体,内容有理有据,充分体现我方诉讼思路,协助庭审辩论,实现庭审阶段性目标;法律顾问在组织证据研究过程中,以实战模拟的方式进行证据比选,不仅协调各方综合评估证据,分析对方针对证据可能提出的相关意见,还结合对方证据的真实性、合法性和关联性逐一进行分析,有针对性地起草质证意见,形成整体证据方案;由案件代理人拟好庭审提纲,庭审提纲内容包括案件事实,法律及专业技术问题,陈述、举证、质证、辩论、最后陈述各阶段需要阐述的要点,证人出庭作证的提问提纲等。对于疑难复杂案件,由法律事务管理部门组织通过庭前模拟辩论,对庭审过程中可能存在的争议焦点进行设想并辩论,不断完善庭审提纲,做到庭审时有的放矢。

四是形成主动化解风险机制。为丰富矛盾化解路径,合理避免诉讼处理周期长、经济成本高、易激化矛盾等缺陷,集团公司在案件处置过程中力争通过企业管理视角帮助企业纾困。在条件成熟的情况下,法律事务管理部门积极采用非诉的方式化解诉讼难题,特别是对于败诉风险较大的纠纷案件,主动采用替代商业方案与对方当事人进行和解、调解,这样既能满足双方当事人的诉讼目的,实现铁路企业经营管理预期,同时也节约企业诉讼成本,构建了良好的企业外部环境。2022年,呼和浩特局集团公司在处置一起著作权侵权纠纷过程中,由于案件事实清楚且容易引发社会公众关注,若通过诉讼判决,处置效果不理想,也容易引发舆情风险,最终通过与原告充分沟通协商,案件在法院的主持下达成调解,取得了良好的处置效果。

五是形成案件评估跟踪机制。在案件裁判机关作出裁判后,呼和浩特局集团公司综合评估裁判结果,针对未达到诉讼目标的案件,进一步启动司法救济程序,根据案件所处的不同阶段,依法定程序在法定期间内提出上诉或申诉;针对达到诉讼目标的案件,结合铁路企业诉讼地位、裁判结果、执行条件等因素综合分析,及时履行或督促相对方及时履行判决义务。

3.做好分析总结、堵塞管理漏洞

通过对案件处置过程及结果全面总结分析,提示管理缺陷,堵塞管理漏洞,有效为企业战略决策提供参考信息,促使铁路企业不断加强经营管理,改善企业经营管理,形成法律纠纷案件管理闭环。

一是从案件应对处置方面分析总结。呼和浩特局集团公司强调在案件应对处置总结中提炼出具有普遍适用价值的有效信息和指导做法。总结内容包括:选择适当争议解决方式,分析承办法官或仲裁员审理特点,理顺行使程序性权利与实体性权利辩证关系,分析庭审证据情况、案件争议焦点和被采信证据情况,充分论证双方权利主张实现情况以及企业利益最终是否得到有效维护,通过有效转化总结成果,丰富同类案件应对处置经验。

二是从案件成因方面分析总结。形成案件分析反馈机制,对案件成因进行系统分析,如实揭示法律纠纷案件中隐藏的管理漏洞和法律风险。集团公司强调分析案件所揭示的企业经营管理问题,对存在问题的单位、部门提出完善管理建议,通过召开典型案件研讨会、汇编典型案例、下发法律风险提示书等方式,推动相关单位、部门规范经营行为、堵塞管理漏洞,防止类似案件再次发生。通过完善管理制度,强化管理手段,促进铁路企业经营管理品质不断提升，把企业经营管理从“单纯办理个案”向“以案件管理促进经营管理”的方向稳步迈进。2022 年，呼和浩特局集团公司在处置一起法院执行案件过程中，集团公司指导案发单位研究该单位负债情况、被处置资产具体规模及现状后出具《法律意见书》，就拍卖评估提出法律意见，并就相关风险经营模式作出风险提示及整改要求，有效遏制法律风险蔓延扩大。

三是通过责任追究督促管理人员履职尽责。建立案件考核追责机制，法律事务管理部门将单位发案数量、败诉案件数量、造成经济损失额度等指标纳入经营绩效考核范围，发现铁路企业内部管理人员对纠纷形成和企业损失负有责任的，依据国家法律法规和企业管理制度，坚决追究其法律及行政责任；对于法律纠纷案件应对处置工作不力，违反相关规定或拒绝、拖延、提供虚假情况和资料的，根据情节和后果进行考核并追究相应责任，解决“新官不理旧账”问题，督促铁路企业管理人员履职尽责。

（六）提升保障能力，加强法律人才队伍建设

在法律风险防控体系中配备与集团公司规模和需求相适应的懂铁路、精法律的专业人才，推动事前、事中、事后各环节法律风险管控专业、高效、到位。

1. 构建法律专职岗位及专业机构体系

为解决法律人员配备不足和法律事务管理质量不稳定的矛盾，整体提升集团公司法治化水平，集团公司以所属单位及全资子公司法律业务复杂程度、外部法律风险可控程度为考量，分别设置法律专职岗位及专业机构。在业务相对单一的所属单位设置 1 名专职法律顾问岗位，改变所属单位法律事务管理兼职化、管理人员不固定的状态；在业务较为多元化的全资子公司设置兼职总法律顾问及专门的法律事务管理机构，以应对子公司经营环境复杂、法律风险较大的实际状况。

2. 扩大法律人才队伍规模

一是建立现有人才培养库。将现有法律人员中部分人员有一定合同管理工作经验或具有经营、财务等相关专业背景的人员纳

入人才培养库中,优先安排人才库内人才到岗,以解决法律专业人员不足的问题。

二是积极引进专业法律人才。针对各单位法律专业人员中拥有全日制法律专业学位的人员较少的实际,由法律部门与人事部门协作拟定招聘计划,适量向人才缺口较大的所属单位引进法律专业院校毕业生,充实各单位法律岗位。

三是壮大铁路律师队伍。鼓励未取得法律职业资格的现有法律人员参加相关考试,推荐符合条件的人员参评铁路律师资格,持续壮大法治工作队伍。

3. 加强培训交流锻炼

运用业务锻炼、实践锻炼、专业交流等多种方式,加强对法律人员的培养,促进业务素质尽快提升。把法律人员培训纳入集团公司培训计划,开展全覆盖的法律业务培训;选调所属单位具备铁路律师资格条件的大学毕业生分批到集团公司轮流学习培养,提高法律人员实务操作能力;根据工作需要,选调所属单位优秀人才到集团公司企法部工作,选择企法部法律人员到所属单位挂职锻炼。通过多种措施,逐步提高所属单位法律管理水平。

三、铁路企业践行依法治企战略的法律风险防控体系建设的效果

(一)企业经营风险防控得到全面加强

通过实施以事前防范和事中控制为主、事后补救为辅的企业法律风险防控体系,集团公司在重大决策、经济合同、纠纷案件管理方面强化了风险防控,特别是对经营风险要素较高的物资设备招标投标,废旧物资处置,重要资产租赁、招商、资产评估备案审查等事项加强了法律风险控制影响,内部管理环境持续优化,实现了法律风控从量变到质变的转化。公司经营管理水平显著提升,进一步助力企业加快市场化法治化转型的战略步伐,为集团公司健康可持续发展提供了有力保障。

(二)企业内部经营管理整体水平显著提升

法律风险防控体系实施以来,集团公司“三重一大”的决策制

度和领导班子议事规则的不断修订完善，加强了顶层设计，明确总法律顾问或法律部门负责人列席党委会、董事会、总经理办公会等决策机构会议，对重大决策事项方案、重要规章制度进行法律审查，做到决策先问法，违法不决策。相关部门及单位依法治理水平持续增强，各级部门在完善决策流程、优化制度安排、保障经营安全、提升风控水平方面取得长足进步。集团公司依法治企理念渗透生产经营核心关键领域得到有力推动，依法治企能力得到全面提升，为实现企业经营目标提供了坚实保障，有效提升了企业经营过程中各级管理人员的理性思维和合规思维，形成了“敬畏规则、遵守规则”的良好氛围。集团公司内部管理环境得到优化，实现了风险防控从量变到质变的转化，经营管理水平得到显著提升，经营风险得到有效管控。五年来，集团公司共签订合同 35 000 余份，涉及金额 780.8 亿元，未出现重大法律风险，未发生涉案涉诉事件，其他类型纠纷案件累计避免和挽回经济损失 4.2 亿元。

（三）法律人才队伍不断壮大

通过加强法律人才队伍建设，法律人才岗位不断扩充，法律人才素质有效提升，逐步培养出一批专家型、能实战的骨干人才队伍。目前集团公司 36 个运输站段全部配备专职法律顾问，11 个非运输企业除设置了专业法律机构外全部配备总法律顾问，企业法律审核把关作用得到了有效实施，法律事务管理水平进一步得到提升，为法务与业务的深度融合创造了条件。

（成果创造人：戴　弘　杨　斌　李玉平　呼　和　王　刚
梁东涛　康树良　冯英辉　朱　磊　范维泰
张　晶　王贝贝）

第二篇　铁道企业管理现代化创新成果

以科技创新驱动实现“字典化施工”的高铁站后项目管理

中铁十六局集团电气化工程有限公司

中铁十六局集团电气化工程有限公司(简称“中铁十六局电气化公司”),地处北京,前身是铁道兵十一师、十三师的直属发电连及通信工程连,作为国有大型“电气化”专业施工企业,隶属于世界500强企业——中国铁建股份有限公司。中铁十六局电气化公司拥有铁路电务工程专业承包壹级、铁路电气化工程专业承包壹级、建筑机电安装工程专业承包壹级、电子与智能化工程专业承包壹级、公路交通工程(公路机电工程)专业承包贰级资质,取得了质量、环境、职业健康安全体系认证证书。公司注册资本金1.95亿元,年营业收入20亿元。

中铁十六局电气化公司现有职工890人,其中正高级工程师4人,高级职称114人,中级职称196人,初级职称282人,高级技师32人,技师46人,高级工73人,中级工23人。公司现有注册一级建造师65人,注册造价师7人,注册会计师1人,注册安全工程师28人,国际注册内部审计师4人,法律顾问2人。

中铁十六局电气化公司先后参与了100多项国家重点工程的建设,为国家的铁路、市政、地铁、机场、站房、房建等工程建设作出了较大贡献。公司连续被评为“高新技术企业”并先后被评为“全国优秀施工企业”“全国‘安康杯’竞赛活动优胜单位”“中国优秀企业形象单位”“首都精神文明单位”等,获得首都劳动奖状。公司参建的多项工程先后荣获“火车头优质工程一等奖”“詹天佑奖”“鲁班奖”“全国建设工程优秀项目管理成果奖”“国家优质工程金质奖”等。

一、以科技创新驱动实现“字典化施工”的高铁站后项目管理的产生背景

（一）增强企业发展新活力的需要

转变企业传统管理模式，增强企业发展活力和创造力。中铁十六局电气化公司在建设高铁站后工程施工项目前期管理中的信息具有信息量大、数据多、沟通工作繁杂等特点，特别是在施工阶段，进度计划、人员管理、资料管理数据量大，手工已经无法在合理时间内完成这些数据的计算和调整；传统的信息管理基于档案管理工作要求，分类留存纸质文件，资料保管工作量大，占用空间大，维护整理档案工作人员多；信息查阅手续烦琐，耗时长。面对备查因素众多，这样的效率和信息查阅方法已经无法跟上工作节奏。中铁十六局电气化公司转变企业传统管理模式，从理念、目标、制度、业务、产品等方面深化改革创新，通过持续的管理创新，不断提升企业发展的效率和效益，扎扎实实走高质量发展的道路。

（二）注入企业发展新动能的需要

适应市场需求，为企业发展注入新动能。目前先进的项目管理理论、方法与手段已在施工管理中扮演越来越重要的角色，然而在当今社会信息技术飞速发展的同时，许多项目的施工信息管理水平还相当落后，已成为我国建设工程项目管理中最薄弱的工作领域。中铁十六局电气化公司前期把更多的精力和时间用在施工生产的管理上，忽略了科技创新，随着经营规模的较快扩张，项目存在工期紧、重难点多、技术力量不足、资金紧张的现象。为了加快进度，保证工期，确保安全，提高质量和效益，中铁十六局电气化公司紧紧围绕工期、进度、安全、质量、效益这些目标来规划和实施技术创新，在施工过程中想办法优化施组，改进技术、完善工法，甚至改良设备等，更好地诠释了科技是第一生产力。

（三）拓展企业发展新空间的需要

顺应全面信息化新格局，拓展企业发展新空间。科技是国之

利器，国家赖之以强，企业赖之以赢，人民生活赖之以好。当今世界，正处于一个科技飞速发展、经济加快转型、社会深度变革、文化更趋多元的新时代。科技对社会经济发展的引领作用日益突显，一些原创性重大突破，正在开辟新前沿、新方向；一些颠覆性技术创新，正在创造新产业、新业态。以大数据、云计算、移动互联网、人工智能为代表的新一轮科技革命，正在携风裹浪，扑面而来。中铁十六局电气化公司做好科技创新战略规划，统筹实现战略目标，通过科技创新驱动，紧盯国际领先水平，充分发挥科技创新平台的聚合作用，集中优势资源，全力以赴创造“高起点、高标准、高质量、高速度”的“四高”标准的宁夏第一条高铁。

二、以科技创新驱动实现“字典化施工”的高铁站后项目管理的主要做法

（一）持续开展标准化建设

制定标准，而后按照标准付诸行动称为标准化。标准化是制度化的最高形式，可运用到生产、开发设计、管理等方面，是一种非常有效的工作方法。在建设管理创新实践中，标准化是重要趋势和特征。

1. 转变观念，提高认识

项目是企业效益的源头、信誉的窗口和人才的摇篮，集中体现企业的整体管理水平和综合竞争实力。一个项目的成败，牵动全局，影响一片，决定项目团队、片区甚至企业的命运。国家正全面推进创新驱动战略，核心就是推进信息化与工业化的深度融合，以“互联网＋”为模式的信息化建设，正成为企业转型升级的必然选择。中铁十六局电气化公司正转变观念、创新思维，紧跟时代步伐，切实提高认识。一是项目管理积极主动适应新常态，融入新常态，引领新常态，以项目管理规范化、标准化、信息化，来实现新作为、谋取新发展。二是项目始终坚持和落实“目标管理、过程控制、规范考核、责任兑现”16 字管理方针和“赢在起点、赢在过程、赢在结果”的“三赢”理念，强化过程管控，提升管理的具体要求。三是

项目运作抓住胜负在工期、成败在质量这个关键点，坚持技术入手、经济结束原则，高度重视优化设计、超前策划、施组为纲和过程控制。四是项目始终以高度的使命意识，强烈的责任心和意志力为保证，培养了一批素质过硬、责任心强、勇于担当、善作善成的项目团队。

2. 坚定信念，狠抓落实

对于工程项目来说，标准化管理重点是三个方面：技术标准化、管理标准化和作业标准化。技术标准化和管理标准化是作业标准化的前提，也必须最终通过作业标准化去体现和落实。中铁十六局电气化公司做到施组为纲、方案先行、图纸研透、科研到位，并根据施工设计规范、图纸制定了作业指导书、标准化作业手册、材料设备技术规格书、产品安装使用手册、施工台账等作业标准。中铁十六局电气化公司管理层抓落实，抓好一线操作人员的思想教育、岗位培训和行为矫正，通过多种措施，使标准化管理成为每个作业人员的自觉行为和习惯，达到标准化管理首要核心目标——标准成为习惯、成为自觉。各业务部门更把作业标准化作为专业队、劳务队选配、培养、培训、考核、评价、奖罚的重要指标和内容，并制定和修订有关管理办法。

3. 传递责任，确保先进

标准化管理首先要有标准，才能去执行标准，落实规范。标准的先进性是实现标准化管理的第二个核心目标——习惯符合标准的重要前提，因为如果操作人员做到让"标准成为习惯"，而采用的标准并不先进，那么就不可能"结果达到标准"。所以，在标准的获取、制定和完善过程中，如何确保标准的先进性，是涉及标准化管理的源头质量问题。如果执行的是过时的、作废的、落后的标准，那么标准化管理就无从谈起。中铁十六局电气化公司有专人负责通过有效渠道及时获取最新的行业标准、技术规范，并在公司范围内发布、宣贯。同时，积极推动内部标准的制定、完善与外部标准接轨、匹配、合拍，与时俱进，特别是项目的管理机制体制、制度流程、定额、程序、方案、工法等。内部标准的制定不是一成不变的，而是随时根据新标准的出现持续完善和升级，及时更新、改进、修订，以确保内部标准的先进性、适用性，为推进标准化管理奠定基础。

4. 强力作为，抓好“四化”

标准化管理的基本特点是“系统化、常态化、流程化、专业化、数据化、表单化、信息化”，但是就工程项目的标准化管理来说，重点要抓好“四化”。一是工厂化生产。为了在施工过程中精益求精，创信誉，创品牌，中铁十六局电气化公司站在巨人的肩膀上，结合自身的特点打造了标准化规范“四电”综合基地，材料库房标准进行物力集约化改革，健全中心料库组织机构，提升库区硬件水平以及数字化办公应用等举措，并对到货验收、入库、出库、调拨、退库、库存盘点、物资报废等各业务流程进行优化，提高物料运转效率，确保施工生产的正常运作。项目为了使接触网预配加工件及施工工艺达到准确、美观、轻便、实用、整齐的技术质量效果，以“减少材料浪费，提高施工技术、效率、质量”为目标，采用自制的一体化流水线腕臂加工平台、吊弦预加工平台及培训基地。二是机械化施工。项目配置了两辆恒张力放线车，提高了接触网架线的效率和质量，并根据工程特点和施工需要及时配备了先进、实用、配套的专项设备，进一步提高了机械化施工程度和施工能力、生产效率。三是专业化队伍。中铁十六局电气化公司组建了两支接触网专业队、1 支电力专业队、1 支土建专业队、两支房建专业队、1 支信息防灾专业队，并在人员配备、设备配置、编制体制、劳资关系、管理制度、任务衔接、竞争机制等方面完善标准体系，进一步提高这些专业队的专业素质、施工能力、突击能力。四是信息化管理。这是管理现代化的重要标志，也是今后标准化管理的一个重要趋势和重要手段。中铁十六局电气化公司编制了《材料二维码信息》《作业指导书二维码信息》《接触网零部件二维码信息》《施工台账二维码信息》《施工图纸二维码信息》等资料，将二维码信息化管理延伸到作业队人员管理、施工队技术工人。下一步研究材料进入库电子信息化，确保物料的跟踪体系，从支柱出厂、进场到安装实现层级管控，确保材料的型号、生产日期、出入库时间、进出库量、安装和检查负责人姓名等相关信息的可追溯性，对产品的信息及物资的出入库信息进行统一管理。“四电”综合基地实时自动监控系统、电子施工日志等信息化手段，实现以资料数字化，数据集成化、网络化，管理系统平台化以及移动办公、远程监测监控和数据采集、远程业务管理和指导等为方向，充分发挥信息技术和网络作用，推进企业标准化管理水平的提高。

（二）全面强化专业队建设

1. 以专业队为载体，深入推进标准化管理

推行标准化管理，重点要抓好“管理制度标准化、人员配备标准化、现场管理标准化、过程控制标准化”。落实标准化必须要以“机械化、工厂化、专业化、信息化”为支撑手段，尤其是专业化的队伍建设，是核心、是基础、是支撑、是载体。没有专业化队伍的具体实施，再好的制度，再好的设备，再好的管理都是“空中楼阁”，为此中铁十六局电气化公司组建了两支接触网专业队、一支电力专业队、一支土建专业队、两支房建专业队、一支信息防灾专业队。专业队作为项目管理的最小单元，处在工程施工的第一线，能最真实、最直接展示企业形象，在一定程度上代表了项目的管理水平和企业的管理水平。专业队现场营地建设坚持标准，办公、生活、娱乐等活动场所要一应俱全，相关的管理制度、图表、宣传图片上墙，树立了企业的品牌，展示了企业的文化；同时做到施工现场整洁，五牌一图美观，材料堆码整齐、规范，机械设备停放有序，安全设施齐全，施工便道通畅，垃圾处理和污水排放符合要求。平常项目组织专业队认真学习，真正实现把标准养成习惯，习惯符合标准，结果达到标准；其次严格要求专业队按照作业指导书和有关的安全技术交底施工，各道工序按施工规范和操作规程作业，真正把现场施工安全、质量、进度等落到实处。

2. 以专业队为落脚点，全面落实安全质量终端责任制

项目一直把专业队作为项目管理的终端和安全质量管理的最重要防线，从队长、书记、技术主管到现场每个作业人员，全部都是

安全质量终端管理责任人，也是承担安全质量问题的直接责任人。落实专业队的安全质量终端责任制，重点要抓好安全技术交底和施工旁站监控制度。首先，项目始终坚持由技术负责人层层进行交底，专业队技术主管交底到各作业班组，对于专项安全方案，还明确要求由项目总工直接交底到各作业班组，各级专职、兼职安全员必须按要求参加各级安全技术交底，并督促检查各项安全措施的落实。其次每天坚持工前点名制度和日例会制度，总结当天的施工情况，布置第二天工作。最后各部位、各工序的工程质量和施工安全实施全过程现场跟班监督。对存在重大危险源、技术比较复杂或质量要求较高的关键工序由队部领导实施旁站监控，对事后不能进行工程质量验证的隐蔽工程由现场技术或质检人员实施旁站监控。项目持之以恒严格落实安全交底和施工旁站监控制度，实现了安全零事故，质量零投诉施工管理。

3. 以专业队为起点，全面开展导师带徒和新技术应用推广工作

专业队作为现场施工的主力军，是工程建设的直接参与者和作业者。所有技术方案的实施和现场组织、调度指令的落实，都要由作业队去执行，因此他们是现场施工发现问题和解决问题的直接责任人。项目实行专业队管理人员参与施工组织设计和施工方案编制，项目在编制时应充分了解现场的实际情况并听取专业队意见。专业队在实际施工过程中，根据设计条件和现场施工环境的变化，不断进行方案优化，切实做到工程不完，优化不止。项目大力支持现场作业人员提出的“小革小改”，有时一些小发明、小建议、小革新往往会解决大问题，带来意想不到的收获；同时鼓励他们积极开展技术攻关，推动科技成果转化，推行应用新技术、新工艺、新材料、新设备，掌握控制核心技术。“导师带徒”作为公司实行多年的基层人才培养机制，也应该要以专业队为起点。项目为专业队设立了智能化铁路培训系统并为专业队的各类管理人员进行定期培训。

4. 以专业队为基点，抓好项目成本管控

收益多少是评判项目成败的最重要指标。工程施工现场管理

重点在作业队的管理,效益的大小也在作业队。中铁十六局电气化公司严格遵从“严管善待”的原则。“严管”就是通过科学测算,和专业队签订真正的内部经济承包合同,同外部施工队一样,分清经济责任。过程中严格执行经济合同,定期进行考核和过程审计,对存在的问题要及时纠正,对不合适的人员要果断调整,确保专业队走在正确的道路上。“善待”就是在工作上、生活上给予更多的照顾和关怀,解决他们的后顾之忧,让他们安心工作,让他们在现场施工、物资设备管理、成本管理和技术创新方面充分发挥积极性和主动性,所有形成的成本管理利润和变更索赔效益都与作业队利益共享。中铁十六局电气化公司从实际出发,和专业队一起研究对外合同条款,研究图纸优化方案,按实施小组合理配置资源,搞好施工组织,认真研究加快进度的措施和办法,努力做到均衡施工,避免因抢工期造成的成本增加。

（三）全力打造科技创新平台

1. 推进多维创新、万众创新

创新是一个系统工程。创新链、产业链、资金链、政策链相互交织,相互支撑。中铁十六局电气化公司成立创新工作室,工作室依托吴忠至中卫城际铁路全线接触网、电力、信息防灾及中卫南站路基桥涵、房建工程,充分发挥不同专业、不同岗位技术技能人才的自身优势,将理论研究和工作实践相结合,加强成员间的技术交流与协作;通过导师带徒、技术培训和技术交流等形式,带动行业或专业技术技能素质水平的提高,最大限度地影响和带动广大职工提升技术技能水平,培养企业发展所急需的各方面人才。同时围绕降低成本、节能减排、技术改造、技术革新、安全生产等主题,组织开展技术攻关、管理创新、科学研究等活动,推广普及先进的创新理念、技术和方法,解决企业的技术发展瓶颈,促进企业科技进步。中铁十六局电气化公司推进以科技创新为核心的多维度创新,在全系统各板块、各单位、各部门、各层级、各流程、各要素,推进全面创新、全员创新、大众创新,大力开展群众性创新活动,努力培养崇尚技能、精益求精的“工匠精神”;鼓励“五小”成果申报,引导基层员工积极开展降低材料消耗、提高作业效率、改进工艺流程的小发明、小革新、小改造、小设计、小建议，努力营造“万众创新”的良好氛围。

2. 必须扎根现场，引领行业

对于企业来说，创新是经济活动，是把知识技术转化为经济社会效益和竞争优势的过程，企业要把能否创造更多价值作为检验创新成败的重要标准。一方面，必须立足现场。“答案永远在现场。”项目围绕现场的技术难题，借助科技创新平台，组织科技攻关，扫清现场障碍，以取得科技成果，并努力促进成果转化；另一方面，必须引领行业。“虽有智慧，不如乘势。”项目准确判断科技和市场发展的前沿方向，抓住先机、勇立潮头，着力推进“精细化设计、机械化施工、智能化建造、信息化管理”。中铁十六局电气化公司重点引入了施工信息管理“云平台”、劳务实名制系统、物料验收平台、质量/安全巡检系统、环境监测系统和视频监控系统，还积极推广使用微信公众号、二维码技术和无人机技术。

3. 建立容错机制，营造宽松环境

科技创新有其特殊的内在规律，具有风险性和不确定性，不能急于求成，也不可能立竿见影，很多时候不是投入就有回报，正像农民种田也不总是风调雨顺，也有歉收饥荒的年景，需要理解、宽容、支持、尊重，项目一直用积极的心态去面对创新，为创新者撑腰，为担当者担当，给予科技创新人才强大的精神支持，并大力宣传广大科技人才爱岗敬业、勇攀高峰的感人事迹，使创新者有地位，让创新者受尊崇，在全系统形成鼓励创造、追求卓越的创新文化。

4. 突出责任担当，共建创新伟业

“春种一粒粟，秋收万颗子。”科技创新同样具有从投入到回报的客观周期。中铁十六局电气化公司全体员工特别是各级领导人员，都有“功成不必在我”的胸襟，着眼企业长远发展，投入在当下，回报在未来，功成在企业，坚决摒弃短视短期行为。项目广大科技创新人才，一直发扬“耐得寂寞，心无旁骛”的坚守和担当精神，在业内勇创佳绩。稻盛和夫在谈到创新的感悟时说：一旦发疯地投入工作之中，对某个目标有强烈的渴望，就会在脑海里形成一个意向，身边的任何事情都会坚定地指向那个意向，这时，灵感就会给你一把照亮前途的火炬，智慧之井就会向你洞开。项目也正是秉承这种理念，才会有“接触网装配一体化施工技术”和“大跨度钢结构的临时支撑卸载技术”的惊喜回报。

（四）精益人力资源管理

精益人力资源管理就是按照精益管理的原理和方法体系对人力资源进行管理，以相对较低的人力资源成本，以员工的高质量工作，快速达成人力资源管理目标。

1.优化人力资源管理制度

首先，中铁十六局电气化公司形成扁平化的组织结构，减少内部组织管理层级，确保信息能在决策层和执行层之间顺利传递，避免部门职能交叉和多头管理，防止推诿扯皮，帮助员工明确工作目标和任务，从而提升管理效能。其次促进岗位管理科学化，按照用工分配制度改革的要求，在科学制定部门职能、岗位说明书的基础上，坚持因需设岗，明确岗位职责，厘清工作边界，使岗位设置更加符合节约化、规范化的管理需要，此外，建立一种灵活的引进人才和推动人才成长的机制，完善绩效评价系统，建立有效的激励制度。最后，建立终身培训和学习的制度，不断提高员工素质。

2.实施人力资源柔性管理

人力资源的柔性管理是指对管理部门职能进行分权化管理，打破各职能之间的壁垒，建立与外部的合作，加强灵活性、扁平性的管理。中铁十六局电气化公司以“不求所有、但求所用”的人才柔性管理理念实践创新“人才集散、发展培养、薪酬激励、考核评价”人力资源管理四大支柱，充分发挥每个员工的积极性；同时做好管理制度建设，完善员工考核评价制度、绩效管理制度、晋升制度、奖惩制度等，采取物质激励与精神激励相结合的方式调动员工的工作积极性，激励他们在工作中精益求精、开拓进取；兼顾薪酬公平，在保持企业人力成本稳定的前提下，合理调整现行的薪酬管理制度，以吸引更多人才加入，提高薪酬管理的精益化程度和水平，将薪酬与工作能力、业绩等因素挂钩，真正实现“能者上、庸者下”；注重文化激励作用，抓好企业文化建设和职业道德教育，用文化的力量激发员工的发展潜能，增强其归属感和责任感，让员工与企业成为真正的利益共同体、发展共同体。

3.提升人力资源管理智能化水平

随着云计算、大数据、移动社区等技术的快速发展，信息技术已经渗透企业管理的各个环节，大大提高了人力资源管理的工作效率。通过实行数字化和网络化的人力资源管理，不仅改变了传统的人力资源管理制度，减少了工作量，而且实现了企业内部各部门之间以及企业与外部的信息交流与共享。值得注意的是，随着信息化和智能管理水平的提高和日益普及，原有的人才队伍正面临调整和转型的需要，这对人力资源管理也提出了极大的挑战。如果只是按照一些常规方法进行调整，很难适应技术带来的变革要求，而人力资源和企业文化的创新不是一蹴而就的事情，更没有成功的模板可以效仿，必须通过长时间的探索和积累，才能形成具有前瞻性的创新成果。

中铁十六局电气化公司基于价值创造的战略人力资本管理，以精益管理和价值驱动为主导，以企业战略目标为牵引力，以职位管理驱动高效组织，以能力管理驱动人才资本，以技术平台支撑“职位＋能力”管理决策与效能释放，五位一体协同达成人与组织的合理匹配，系统构建形成宁夏高铁名片，推动实现组织发展和业务发展，全员增强人才管理的战略实施能力，有力保证中铁十六局电气化公司战略目标的实现。

4.塑造优秀的项目管理理念

加强和改进项目管理，必须致力于项目管理理念、管理模式和管理手段的不断创新。面对吴忠至中卫城际铁路用科技创新为驱动的项目管理理念，从满足项目管理需要和建设单位要求出发，不断深化项目管理思路，大力推行项目科技创新实体化运作新模式，较好地克服了以往铁路站后施工管理中遇到的一系列困难，为最终实现项目利益最大化打下了良好的基础。实践证明，只有研究新情况、解决新问题，不断探索创新项目管理的新途径，才能逐步走出一条适应市场需要、符合企业实际，又能与国际接轨的项目管理体制和运行机制。加强和改进站后工程项目管理必须致力于提升管理能力，使科技创新驱动站后工程项目管理理念落到实处。

三、以科技创新驱动实现“字典化施工”的高铁站后项目管理的实施效果

(一)科技创新，收益颇丰

中铁十六局电气化公司依托吴忠至中卫城际铁路接触网、电力、信息防灾、土建、房建专业成立了“王丽军劳模创新工作室”，工作室围绕降低成本、节能减排、技术改造、技术革新、安全生产等主题，组织开展技术攻关、管理创新、科学研究等活动，推广普及先进的创新理念、技术和方法，解决本单位的技术发展瓶颈，提高了企业效益，为项目节约成本 1 543 万元。

(1)接触网装配一体化施工由传统的接触网杆上组装腕臂改成腕臂地面组装，整体吊装，节约成本 205 万元，缩短工期 30 天。

(2)大跨度钢结构的临时支撑卸载施工大幅降低大跨度钢结构的吊装风险，根据建筑形式特点合理划分卸载单元同时经过提前计算结构受力和变形制定相应卸载措施后同时卸载可以提高施工效率，节约施工成本 200 万元，缩短工期 30 天。

(3)高铁大跨度主拱的支撑装置设计简单，调节精度更加精确，现场钢结构桁架吊装更加便利，可随时进行结构位置调整并进行观测复核，节约施工成本 538 万元，缩短工期 30 天。

(4)一种基于静电感应接触网铜缆防盗系统由传统人工巡逻变成静态感应，防止电力电缆被盗，节约人工和材料费 300 万元，缩短工期 20 天。

(5)接触网参数无轨测量、提高城际铁路 10 千伏贯通线电缆敷设一次合格率、提高灾害监测传感器参数配置合格率、高铁站房用箱型构件内隔板的组装工法等通过优化施工方案共计节约成本 300 万元，缩短工期 30 天。

（二）科研成果、卓有成效

中铁十六局电气化公司紧紧围绕施工生产任务开展创新，服务于生产，所开发的计算机软件著作权，实用新型专利、工法、论文和形成的科技创新成果为公司提供了宝贵的资源。

实用新型专利6项："一种高精度钢构车站形变监测系统""一种基于静电感应接触网铜缆防盗系统""一种接触网参数无轨测量平台""一种接触网绝缘子污闪监测设备的蓝牙传输装置""高铁站房用箱型构件内隔板的组装工法""高铁站房大跨度主拱的支撑装置"。

计算机软件著作权7项："接触网污秽绝缘子泄漏电流检测软件""库房标准化料库管理系统""铜缆防盗系统""城际铁路接触网巡检系统""基于云端库房安防系统""光纤沉降在线观测系统""一种基于静电感应接触网铜缆防盗系统"。

省部级工法2项：中卫南站施工开发的工法"弧形屋面双向正交斜放钢梁安装施工工法"获得宁夏回族自治区省部级工法；吴中接触网工程施工开发的工法"接触网支柱装配整体吊装施工工法"获得国家铁路局铁路工程建设部级工法。

发表论文6篇：论文《站房屋面斜梁与钢拱梁连接节点优化设计研究》发表于《建筑技术》；论文《站房大跨度连续钢拱柱合龙温度研究》发表于《建筑技术》；论文《大跨度弧形屋面临时支架卸载方案研究》发表于《建筑结构》；论文《站房弧形屋面双向正交斜放钢梁安装技术研究》发表于《铁道建筑技术》；论文《一种高速铁路接触网参数无轨测量平台设计》发表于《长江信息通信》；论文《一种基于静电感应接触网铜缆防盗系统设计》发表于《铁道建筑技术》。

获得科学技术奖2项：中卫南站施工中研究的科技创新成果"铁路站房大跨度连续拱形钢框架结构施工关键技术研究"荣获中国铁建股份公司科学技术二等奖；吴中接触网工程施工中研究的科技创新成果"吴忠—中卫城际铁路接触网施工信息化管理及高效施工关键技术研究"获得中国铁建股份公司科学技术二等奖、中国施工企业管理协会科学技术二等奖。

（三）业内创誉，成绩斐然

中卫市沙坡头区常乐镇人民政府颁发的“2016 年度支持农村经济发展先进集体”“2017 年度支持农村经济发展先进集体”“2018 年度支持农村经济发展先进集体”；中卫市建筑联合协会颁发的“中卫市 2017 年度建筑安全文明标准化工地”“优秀结构工程奖”“2018 年度中卫市建筑联合协会先进会员单位”等殊荣；“2019 年度中卫市沙坡头杯优质工程奖”“2019 年度自治区级建筑工程项目施工质量安全标准化示范工地”“2019 年度中国建筑业协会工程建设质量信得过班组”“全国建设工程安全生产标准化工地学习交流单位”“2019 年度宁夏回族自治区‘西夏杯’优质工程”“2019—2020 年度国家铁路优质工程”“第十四届第二批中国钢结构金奖”。

（四）领导认可、高度称赞

宁夏回族自治区宁夏国有资本运营集团、国铁集团、兰州局集团公司、中国铁建、中铁十六局等领导先后到吴中城际铁路现场参观调研，分别对吴中城际铁路安全、有序、高效推进给予了高度评价，对现场施工组织规范有序、各项资源合理配置表示了充分肯定。

（成果创造人：王丽军　朱学辉　白国岩　宋宝禄　张　雷
刘继勇　王西博　韩树勋　陈　凯）

基于云平台技术构建财务大数据管理中心

中国铁路乌鲁木齐局集团有限公司财务部(收入部)

中国铁路乌鲁木齐局集团有限公司位于全国铁路网西北末端,地处丝绸之路经济带核心区,成立于1958年10月25日,主要承担新疆全境、进出疆客货运输和我国与哈萨克斯坦等中亚国家及欧洲国家陆路物资运输任务。乌鲁木齐局集团公司营业里程7 759.917公里,共有车站315个。

一、基于云平台技术构建财务大数据管理中心的背景

(一)基本情况

乌鲁木齐局集团公司主要包含铁路运输生成站段、运输辅助单位、非运输企业、合资公司等各类财务核算主体共计300余家,具有单位数量多、地域分布广的特点,存在生产经营数据归集难、分析难、管理难等痛点。在日常各类生产经营活动中,大量的企业经营原始信息仅沉淀于生产一线,导致业财管理分析需要的数据不能及时有效传递,手工填单、制证、制表造成数据采集困难,无法充分发挥财务管理优势,大量重复性高的基础核算工作,使财务人员无暇对现场各类生产经营数据进行统计分析和跟踪监督。同时,由于缺乏信息化手段,业务数据和财务数据未有效融合,难以完全实现企业提质增效、规范经营管理的目标。

本项目主要利用云平台技术,收集、整理和优化各类业务数据,智能生成财务付款依据、原始制证附件等相关数据,逐步提升乌鲁木齐局集团公司业财数据整体管理的自动化程度,打通生产经营信息交互壁垒,构建乌鲁木齐局集团公司财务大数据管理中心。

（二）铁路企业业务财务信息数据存在的主要问题

1. 管理层级多，信息传递效率低

铁路企业集团纵向上是“集团总部—站段—区间站—车间”的四级核算链条，由于生产力布局调整合并后的各站段规模扩大，横向上增加了站段管理的难度，大量原始资料尤其是成本信息沉淀于生产一线，基层业务、财务部门基础工作任务繁重，无暇对现场管理数据有效跟踪监督，基层只是集团总部与现场之间信息传递的中间站，没有起到生产信息归集作用。

2. 管理范围广，财会业务人员分散

目前集团管理的站段、直属单位数量多、分布区域广，财务人员结构呈金字塔形分布，集团财务人员少，管理面大，工作任务重，集团财务很难全面详细地了解基层的真实成本支出情况。当有新增的成本支出因素，站段、直属单位往往要求增加本单位成本预算，而遇支出减少因素时站段则考虑自身利益，集团管理层不能及时获取真实的成本信息。

3. 系统重复建设，造成的资源浪费、协同阻碍

随着集团组织架构和层级不断膨胀扩张，大量的功能和业务在多个管理系统中存在，导致企业核心能力分散；不同部门之间的数据互不相通，跨部门协作阻碍重重，执行效率和灵活度降低；企业在开展新业务线或开拓新区域市场时面临大量重复建设，造成人力和物力资源浪费。

4. 系统运用形成信息孤岛，数据利用率低

现有的各类业务财务信息系统建设形成了一个网络虚拟的“信息池”，在这一“信息池”中，各系统、各单位的信息仍然是孤立的，信息在各站段到集团纵向链条上流动，站段相互间的信息缺乏交流和集成。乌鲁木齐局集团公司对站段财务在会计核算功能系统中处理的信息无法直接利用，事实上等于形成了一个个财务核算基础信息的孤岛，向财务管理功能信息系统的转化加工是割裂开的，财务部门面对自下而上层层收集的信息无法直接利用，不能满足多视角分析对财务信息的需求。

二、基于云平台技术构建财务大数据管理中心的主要做法

(一)总体目标

通过新建乌鲁木齐局集团公司财务云平台,优化和完善各类业务财务系统,丰富信息化手段,打通系统接口壁垒,统一系统源数据,确保中心发挥应有的自动化和智能化效果,切实提高中心核算效率,充分发挥财务共享效果,提升财务和经营管控水平。

建设过程同步开展对业务流程的梳理,同时,提出对业务流程的优化解决建议和方案,划清业务边界、明确岗位职责、提高工作效率、落实减负增效目标。

设立建设阶段目标,区分各业务财务系统性质和功能,一阶段主要将不能直连的系统采用数据备份、手工输入或导入的电子化模式,逐步实现工作量的降低;二阶段为完善和改进信息化手段,逐步实现自动化数据归集;三阶段最终目标为实现全部系统和数据的互联互通,业务财务数据集中全面共享,逐步实现各类账务和报表自动生成。

(二)建设思路

财务云平台的建设不仅仅是一个部门的需求,而是一次企业层面的变革,需要从全局视角出发,调用众多资源,涉及企业的流程、组织架构、数据、信息系统、技术架构。

1. 核心竞争能力的固化与赋能

财务云平台对企业核心业务能力抽象化、标准化、整合化,把这些核心业务能力打造成一个一个标准产品,并以财务云中台集群的方式为核心能力的优化与进化提供资源支撑,支持各前线业务单元直接调用,实现整个公司核心能力的固化、共享,使业务需求响应更快,服务提供更敏捷。平台的建设没有标准模式,不同类型的企业往往基于核心竞争能力进行差异化、有针对性的建设。财务云平台,通过对财务业务的全流程进行梳理、拆分,整合为一组一组的“财务能力”,将其中易于标准化的、可复用程度高的、业务价值高的财务能力形成标准、规范的财务服务产品,供业务前台

灵活、按需调用，实现企业财务能力的精准沉淀和财务服务共享。按照国铁集团财会信息化工作要求，围绕“1＋10＋1”财会信息系统建设和应用推广进度安排，乌鲁木齐局集团公司制定了各类财会信息化建设和推进落实方案，并围绕太原局集团公司财务共享服务中心建设情况，通过建设共享数据池的理念，充分利用企业各类业务系统数据，新建乌鲁木齐局集团公司财务云平台，来解决企业“信息孤岛”的信息化模式，强化系统间协同运作，提升内部协同管理水平，实现业财一体化。通过财会信息化建设实现业务、财务资源的有效融合，形成财务管理专业化、财务核算集中化、财务业务一体化的格局。

2. 核心数据资产的整合和共享

数据中台对企业内外部海量、多维的数据资产进行整合、共享，基于业务需求，建设统一规划的数据仓库及分析云平台，应用先进的算法、模型，引入高级分析等新技术，深层挖掘数据背后对企业决策和业务活动的驱动价值，为前台提供数据资产、数据定制创新、数据监测与数据分析等服务，最终实现数据资产的活化，通过深度分析为前台的决策赋能。由于数据中台的建设需要额外成本投入，因此企业在建设数据中台时更多以企业目标为导向，有选择地明确数据中台的核心资产类型。财务数据中台，对企业经营信息进行提炼分析，实现企业财务数据能力和数据资产的沉淀、共享，它将采集到的企业内外部财务相关数据进行存储、筛选、加工、分析，通过数据服务实现对于数据的封装和服务开放，建立企业级数据仓库和数据资产目录。财务数据中台把经营数据通过模型转化为信息，转化为知识，沉淀下来，根据业务需求可视化地呈现给企业各级经营管理者和利益相关者，实现真正的“数据资产化”管理，助力企业融入数字创新时代。按照国铁集团 V6.0 系统推广应用安排，乌鲁木齐局集团公司已在全局范围内组织了 5 次集中视频培训，重新梳理了系统操作手册，积累了数据基础。一是已完成全部 245 个账套凭证数据的导入和数据核对工作。二是完成各单位用户、功能等基础设置工作。三是结合国标科目，梳理了

18 000余条局标准科目及44项维度字典。

3.业务产生数据，数据驱动业务

财务云平台通过沉淀企业多维度的业务信息，产生海量的数据；大数据的应用、架构、模型、作用都需要与具体业务的生产实际相结合，没有云平台，数据中台很难发挥作用。反过来，数据中台构建了从数据采集到输出的全过程，以服务方式提供给业务前台使用，从而提升业务运行效率，持续促进业务创新，使云平台的能力不断迭代升级，与数据中台相辅相成，互相滋养。

（三）开展调研访谈工作

乌鲁木齐局集团公司财务云建设恰逢其时，已具备多数有利和先决条件。一是乌鲁木齐局集团公司信息化建设工作飞速发展，如“乌铁云”“数据综合平台”等信息化体系的建设；二是标准化建设成效显著，开展“四化”建设（集约、规模、数据、信息），创建“七个”标准化（党建工作、安全管理、人员素质、岗位作业、设备质量、职场环境、生产经营），深化强基达标、从严务实；三是财务管理基础夯实，形成了财务制度、业务流程、信息系统和业务操作等标准化、规范化的管理体系。

1.成立课题攻关小组并开展相关工作

课题组组织制定了财务云建设推进方案，分析整理了部分财务岗位职责及业务流程，设计了乌鲁木齐局集团公司战略财务、共享财务、业务财务三级管理组织架构，并与铁科院系统建设工作组进行了初步对接，拟建立会计基础化平台等电子信息系统，以解决流程标准不统一、财务数据来源分散、数据采集过程长、协调配合力度欠缺、系统自动化程度低等突出问题为出发点，深入各级财务和业务单位、部门，调查分析乌鲁木齐局集团公司日常财务会计核算、财务报告编审等各方面的业务流程，梳理易于整合、工作量较大、流于形式的具体业务内容。

2.对国内外成熟的财务云案例进行调研

组织人员对中兴新云西安财务总部、南航新疆分公司、中国石化西北石油局、金风科技集团、国家能源新疆公司等多家成熟运用财务云和财务共享模式的集团企业进行现场调研,并结合乌鲁木齐局集团公司财务管理实际情况,考虑共享服务发展趋势、关键因素、风险管控等内容出具相关的调研报告。

3. 调研国铁集团统建系统现阶段情况

对物资 3.0、税务管理系统、6.0 财会管理系统、7.0 资金管理系统、合同管理系统、预算管理系统、审计管理系统等系统能力及提供数据情况,以及乌鲁木齐局集团公司自建的客、货运统计,人事,计划统计,协同办公云平台等相关业务系统的功能与接口壁垒进行调研。

(四)拟定开发项目

课题组通过调研访谈形成了很多经验,在此基础上,利用目前中心建设契机以及领导的大力支持,研究太原局集团公司在建的中心报账系统报账单的具体项目内容,结合 6.0 财会管理系统推进情况,按照轻重缓急需求,初步明确了各业务财务系统建设和优化项目。

乌鲁木齐局集团公司财务云平台采用最新的服务器虚拟化技术,利用虚拟化技术将多台独立的物理服务器虚拟化为一个逻辑服务器,再将该逻辑服务器虚拟化多个虚拟主机,实现多个主机集群化管理形成资源池,实现一个平台搭载多个模块;同时,利用 18 台服务器、3 台存储建立用户认证、日志、缓存、消息、分布式文件管理、流程管理和服务管理中心等平台系统,将应用服务按照业务部署在不同的虚拟主机中,实现服务的分布式管理。本规划方案能最大限度地利用设备资源,采用虚拟化技术,使得应用部署的弹性更大,符合网络安全要求,同时能够节约大量设备成本,提高工作效率。平台分三级分布式部署模式:一级部署云平台 Oracle 数据库集群与系统灾备数据库;二级部署中间服务层,主要包括:应用服务、文件服务、缓存服务、消息服务等;三级部署 Web 应用服务及负载均衡,并使用 BS 架构模式运用 Java、.NET、HTML5、JavaScript、Vue 等研发语言。

1. 基础服务

云平台服务器采用“一级部署、二级应用”的部署方式，并采用集群方式部署，系统应用服务采用松耦合设计，所有的服务器都通过集群提供服务，包括应用服务集群、文件服务集群、缓存服务集群、数据库集群等；系统应用服务采用微服务架构设计，部署在应用服务器上；数据库服务器采用物理机集群，应用服务器采用虚拟机集群，主要包括 Oracle 数据库、MySQL 数据库、Redis 缓存、分布式文件存储等。

a. 使用 2 台服务器作为 Oracle 数据库、MySQL 数据库，Oracle 数据库采用 RAC 双节点集群模式，MySQL 数据库采用主备模式，同时兼顾读写分离。由于 Oracle 数据库集群需要使用存储设备，需要本机柜的存储设备划分一部分空间(5TB)给 Oracle 作为数据存储。MySQL 数据库可以使用这两台服务器的本地存储空间，最大限度利用这两台服务器的存储、CPU、内存使用率。

b. 使用 2 台服务器做 Redis 缓存服务器，同时将这两个服务器作为分布式文件系统的 2 个存储节点，这样既满足了 Redis 需要大量占用 CPU 和内存资源，而分布式文件系统又占用存储空间的需要。再分别使用 2 台服务器继续部署 2 个分布式文件系统的存储节点，保障最大限度利用服务的本地存储空间。同时将这两台服务器做出虚拟化服务可提供 896 GB 内存[即:(512－64)×2]，40T 存储空间。如此设计无论是 CPU、内存、本地硬盘、存储都能最大化利用。

2. 云计算服务

平台以及未来信息系统开发主流都采用了微服务架构，需要将众多的微服务进行分布式部署，故使用 1 台服务器 1 台存储全部做成虚拟化平台，可提供 2 688 GB 内存[即:(512－64)×6]，50TB 存储空间的虚拟化平台，一般按照 64GB 内存使用可以部署 42 个微服务及其他应用。同时，由于虚拟化技术无法使用本地硬盘，6 台服务器继续作为分布式文件系统的存储节点扩展使用本地的存储空间，预留本机的 64GB 内存能够完成基本需求。

3. 云主机服务

考虑本地计算机（多数 4GB～8GB 内存）很难再满足日益增长的应用需求，设计使用云主机方式，将本地计算机作为终端机来使用，可以处理一些简单的应用，而复杂应用可以通过远程到虚拟主机中进行操作。另外，共享中心也可通过建立云主机为共享中心应用的部署提供环境，参考云计算方案，考虑在云主机与云计算间进行弹性部署（增加应用则减少终端主机），使用 1 台服务器 1 台存储全部做成虚拟化平台，提供 2 688 GB 内存[即：(512－64)×6]，50TB 存储空间的虚拟化平台，按 16 GB 内存、300 GB 存储可分配 160 台虚拟主机，可以解决财务、业务人员及未来财务共享中心人员的使用需求。另外，本地磁盘及内存使用还可以根据需要进行其他应用的部署，更便于今后的数据扩展。

4. 云应用后台

通过财务云平台底层架构的开发，建立财务云及共享数据池，与财会管理系统、财务共享服务中心及其他相关外部系统建立数据接口，按具体开发项目表单的数据开发相关系统，实现各类业务财务数据的互联互通。

(1)组织架构

鉴于财务口径与 OA 系统行政口径的组织架构存在差异，平台通过与 OA 系统打通接口的模式，建立组织架构对应关系，实现后台维护，同时，将用户 ID、密码、姓名、所属单位部门、职务、办公电话等基础信息进行同步管理。

(2)用户认证

用户管理可实现 OA 系统维护，在平台设置定时任务，同步 OA 用户、组织架构到本地数据库，同时建立统一认证平台，用户密码认证采用 OA 密码认证规则。

(3)系统管理

主要包括角色管理、授权管理（包含功能授权、财务单位数据授权）、电子印鉴管理、标准附件管理、财务单位管理、表单管理等项目，其中角色包括经办人、证明人、部门负责人、财务审核人、劳资审核人、劳资负责人、会计机构负责人、单位分(协)管负责人、单位负责人、接管单位负责人、接管单位业务部门负责人、接管单位财务部门负责人、业务部室审核人、业务部室科室负责人、业务部室分(协)管负责人、业务部室负责人。

(4)基础字典

主要包括基础业务字典类别管理、基础字典名称管理、字典数据管理、科目字典、科目及单据类型对应关系。

(5)流程管理

通过工作流程引擎配置,对业务流程部署、流程监控、任务管理进行控制,实现流程可定义,动态部署,各节点执行人可在流程定义阶段指定也可根据业务选择执行人,同时,系统管理员可根据需要对流程任务终止。

(6)业务办理

业务申请:经办人选择具体业务申请单填单或导入模板,业务申请单可根据需要配置自定义附件,申请单可临时保存,填制完毕后选择下一节点审核人,上报审批流程根据业务配置的流程进入线上审批程序。

个人待办:由流程引擎驱动业务流程,根据流程定义或申请人指定的审核人获取待办任务列表,审核人可批复办理意见,执行“完成”、“退回”或“转办”,将当前任务流传至下一节点,同时,业务审核可设计机器人审核条件。

个人已办:查询个人已办业务,查看业务详情、审批记录等详细信息,可实现业务单及审核记录导出 Excel 功能。

(五)制定需求方案

云应用各类子系统的建设主要考虑现实没有建立财务共享服务中心的实际情况,通过建立财务共享服务中心辅助管理信息平台及数据池,逐步实现业务财务数据的归集整理。

通过前期调研分析,以及对业务需求的逐步梳理,考虑重要性和易于操作两方面主要业务的实际情况,对业务流程、填单(导入)模板、固定和浮动字段、字段字典、表单模板、统计分析表模板、固定附件等内容进行逐一研究，并实现各节点任务流转“乌铁通”自动提示。结合乌鲁木齐局集团公司财务审核的业务情况，划分财务部办公、资金管理、资金收付业务办理、债权债务管理、收入管理、预算管理、费用管理、清算管理、资产管理、税务管理、往来管理、财会信息化、其他会计基础工作共计13个类型业务，目前已梳理业务表单84项。

对涉及的类业务流程进行分析，对标管理规定，针对业务流程梳理过程中发现的制度不完善、标准不统一、执行不规范等问题，完善相关制度、细化操作流程，提出对核算规则、业务流程、管理制度、岗位职责等管理规定的优化和完善建议；梳理现行集团科目结构，对标财务共享模式下的6.0科目结构，研究新科目的设置，以及新旧科目衔接等有关工作，确保6.0科目应用符合云平台功能设置；分析业务现状，对照各级财务部门需求，根据财务共享模式和6.0财会系统下的最优业务流程，设计符合乌鲁木齐局集团公司实际的需求方案。

固定字段为：经办人、经办人所属单位名称、收款单位名称、银行账号、开户行、金额、支付事项、用途、附件。补充字段按照大修款、技改款、基建项目款、倒户、上下级往来、其他款、报销款、工资、工资附加费等具体项目进行分类。

系统生成待办流程单据，用户收到“乌铁通”消息提醒，点击消息中的进入流程，可通过浏览器直接跳转到待审批支付申请单。

（六）启动信息系统建设

明确系统建设进度目标，要求开发方按期出具相关系统的技术方案，开发阶段目标完成并组织验收合格后支付相关费用，组织开发工作。一是以不定期召开系统开发研讨会议，与开发方、财务部门充分对接和沟通等方式，对各系统涉及的业务项目来源、内容、业务流程、审批流程等开发节点进行验证和反馈，不断优化完善具体内容，提高开发效率，确保开发进度按目标完成。二是积极与太原局集团公司财务共享中心建设、铁科院6.0财会管理系统等相关系统项目组对接，深入了解其开发进度和目标，对标云平台建设情况进行优化。三是组织各级财务部门具体业务人员进行系统内测，并形成系统内测报告。

（七）组织运用

由集团公司科信部、信息技术所、财务部及各级业务、财务部门、具体业务专家组建评审小组，对各系统的技术方案、需求报告、内测报告进行评审和验收，对评审过程中提出的新需求或改进内容，协调开发方及时解决有关问题，不断优化完善系统功能。同时做好启用通知、组织培训、文件修订等相关工作，为系统高效运用创造有利条件，确保达到系统功能运用实现提升业务管理水平的目标效果。

1. 优化完善管理制度

对财务云上线涉及的各类财会信息及业务管理职责、数据权限、功能权限、安全备份等文件规章制度进行全面梳理，分析相关规定和内容缺失、重复项目，新增、修订相关文件规章。完成系统应用维护管理实施细则的修订和发文。

2. 加强系统运行基础管理

结合 V6.0 系统和财务云平台应用情况，区分单位性质、OA组织架构设置，梳理财务核算账套、核算单位、人员权限等信息，明确各单位核算级次的对应关系，加强日常账套开立和变更申请的审核管理工作。

3. 做好各系统日常维护工作

结合各系统推广应用情况，做好日常系统功能、数据的维护工作。每周进行机房和后台巡检，完成各系统硬件、数据库及相关应用的补丁修复和升级工作。按规定备份各系统数据，做好系统安全防护工作。

4. 做好网络安全管理工作

严密盯控各财会系统日常运行的网络安全情况，主要对使用财会系统的硬件设备是否存在“一机两网”、违规外连、跨网使用、弱口令等问题进行日常重点排查，做好网络安全问题自查整改、财会信息系统安全测评、网络安全攻防演习等相关工作。

5.加强财会信息化复合型人才培养

通过各类财会信息化工作的开展，逐步培养一批既懂信息化又懂财务业务的复合型人才，结合下一步各系统的研发、部署和运行维护工作安排，以及财务共享服务中心建设计划，为各类信息系统的平稳运行和日常维护管理提供人员保障。

三、基于云平台技术构建财务大数据管理中心的效果

（一）建立云平台管理模式，提升企业经营决策管理水平

通过建立财务云平台管理模式，整合和优化各类业务财务系统，丰富信息化手段，打通系统接口壁垒，统一生产经营和财务核算基础数据管理模式，持续推动企业业务系统建设，最终构建业务层、核算层、管理层、决策层的完整信息系统体系，实现事前管控、事中控制、事后及时分析的全业务周期覆盖的系统管控机制；通过财务云平台建设过程，重新梳理优化非运输企业经营服务中心业务流程，进一步划清业务边界、优化核算流程、制定岗位审核细则，有效解决非运输企业经营服务中心运行效率较低、职责界定不清晰、业务流程标准不统一、系统自动化程度低下等问题，实现非运输企业财务管理、会计核算、资金收付、纳税申报的集约化管理，提升非运输企业管理效率和效能。未来实现各单位业务数据一点录入，信息全程共享，既解放后端部门反复录入数据所花费的人力成本，同时保证了数据的准确性；在业务发生之前即纳入公司的预算管控体系，实现业务的精准管控；基于财务云统一标准、系统的内嵌规则，实现数据口径的一致性，以快速响应业务领导、公司高层领导管理、决策的需要。

（二）打造企业数据中心，提高精细化管理水平

在实现财会数据和相关经营业务数据共享集成的基础上，充分挖掘数据资源价值，通过设计全面的财务分析体系，实现各类数据的即时查询和专项主题分析，监控企业核心财务指标的运营情况，帮助领导及时、全面掌握企业经营状况，并进行风险预警，提供全面大数据分析、风险提示及合理性建议，支撑管理层精细化管

理。通过跨地域、跨部门财务数据整合，建立标准化、流程化和系统化的财务操作流程，优化整合财务报销、资金支付、出纳等基础作业冗余环节，逐步精简各单位出纳、报销、报表岗位编制，形成合并转岗至现场财务成本分析、预算管理等工作，同时，实现人工费、办公费、差旅费等显性成本明显降低；优化整合银行账户、核算账套和财务系统，随着中心建设不断完善、系统自动化程度的提高，逐步有效解决集团公司点多线长、偏远地区财务人员稀缺问题，实现异地远程实时监控各单位财务运营状况，有效降低隐性舞弊风险，同时，有效分割财务成本、收入、预算等管理职能，释放财务资源投入日常经营管理工作中，提升客货指标分析、预算分析、物资成本及各类直接费、间接费成本精细化管理效率，降低运行成本，创造无形价值，助力集团公司集中、集约、集聚发展目标的实现。

（三）打通整合数据资产，提高财务核算效率和质量

财务云是财务数据中台通过信息系统的统一重构与数据中台的建设，借助新兴技术的应用，有能力整合公司的多维经营数据，实现业务和财务数据全面、广泛的连接，自动比对 6.0 财会系统基础科目，实现财会基础工作的智能化；通过应用子系统的逐步上线，建立大凭证模板 20 余项，预计减少手工填制会计凭证 21 类、1 万余条，手工填单 38 项，形成宝贵的业务、财务数据资产，通过与大数据分析系统的逐步对接，进一步用数据支持经营决策；通过对费用报销、资金结算、物资管理、运输进款、营业收入、成本、资产、薪酬、税务、总账、报表编制、实物单据、会计档案等业务流程再造、专业化分工，形成标准化的工作流程体系，将财务管理和指标数据延伸至业务前端，推动集团公司扁平化管理，提升内部信息交流效率，促进财务管理与生产经营过程相互促进和深层次融合，打破沟通障碍、发挥协同效应，逐步实现业财数据全面共享，提高职能部门对生产经营要素的集中管控能力。

（四）提升财务价值创造能力，财务转型助力企业转型

通过财务基础业务的整合和共享，逐步释放财务资源投入支持企业战略决策与业务管理的相关活动，集中精力为公司业务部

门的经营管理和高层领导的战略决策提供高质量的财务决策支持,促进核心业务的发展,提高财务的管理水平与执行力,加速企业整体战略的实现。建立以管理会计为核心的财务分析、控制体系,使得财务在企业的经营管理中创造更大的价值,提升整体运转效率,助力企业转型。通过对集团公司业务层、核算层、管理层及决策层信息系统体系的全盘优化完善,建立支撑经营管理事前审批、事中控制、事后及时分析的共享业务财务应用子系统,实时共享资产、负债、收入、成本、预算数据,提供高效财务服务。逐步打通银企直连交易渠道,打破银行传统柜面交易模式,使支付业务不受柜面时间和空间限制,显著提升资金支付和管理效率;力争实现共享报账平台向账务系统自动输送数据,基础核算业务自动制证;基础报销业务由原来的当月办结,提升至当日申请审批、当日办结到账;月报、决算编制由原来的 6～20 日完成,提升至业务单位 1 日内自动取数上报、集团财务 7 日内完成审核和合并抵消,大幅提高数据准确性、降低工作难度、提升工作效率,同时,快速响应集团公司各级领导层对经营决策数据的需求,并支持多元化、多维度数据分析,明显提升财务管理实效和质量。同时,为基础核算、经营分析、领导决策提供高效的数据依据,逐步实现集团大数据管理体系的建立。

(成果创造人:李庆五　史奔经　王　瑜　马　林　邹鹏飞
李　红　钟东海　周　武　鄞　宁　吴　琦)

科学构建“1+3+N”调度管理制度体系

中国国家铁路集团有限公司运输调度指挥中心

国铁集团运输调度指挥中心成立于2019年12月，负责国家铁路三级调度(即“国铁集团—铁路局集团公司—运输站段”)指挥管理工作，根据工作性质和任务分工，目前设置生产主任、值班主任、综合处、行车调度处、客运调度处、货运调度处、机辆调度处、工电调度处、安全教育处、信息教育处、统计分析处、施工管理办公室，履行全路运输统一调度指挥职责，负责统筹路网性运力资源调整、统筹指挥路网及跨线运输等工作，坚持集中统一指挥，坚持服务保障国家战略，合理配置运力，实现路网整体效率效益最大化。

一、科学构建“1+3+N”调度管理制度体系的背景

(一)深化国铁企业改革发展需要

围绕中央“六稳”“六保”决策部署落实，聚焦“五个确保、五个见实效”目标任务，如何更好地履行国家赋予的“铁路运输统一调度指挥”职能，发挥路网运输集中统一指挥的体制机制优势，充分释放国铁集团机关改革红利，促使全路调度系统迎难而上、攻坚克难、砥砺前行，在调度安全、运输保障、专业管理、队伍建设等各方面，持续推动调度治理体系和治理能力的现代化建设，进一步提升调度系统管理效能，理顺调度作业流程和管理关系，促进调度专业的融合与发展，建立适应新时代的铁路运输调度工作高质量发展管理体系是铁路改革急需破解的现实问题。

(二)铁路运输供给侧结构性改革需要

新冠疫情对铁路运输特别是客运组织产生较大冲击和影响，且这种影响在未来一段时间还将持续显现。国铁集团党组要求全

路在更广的领域采取更加有力的措施，进一步加大货运增量组织力度，并要求坚持节支降耗、降本增效，确保实现运输生产经营调整目标。为了满足人民群众的客货运输需求，国铁集团党组在进行了形势的充分研判后，提出了“长途不足管内补、春运不足春游补、冬季不足夏季补、客运不足货运补”的“四补”经营策略，以及“坚守安全稳定底线，实现职工收入稳步增长；坚守盈亏目标底线，实现全年主要目标任务”的“两坚守两实现”攻坚目标。对于全路调度系统而言，更是面临货运市场波动、点线能力紧张、设备故障以及自然灾害等复杂因素影响，同时叠加机车车辆的运用周期和区域差异性、口岸站的阶段性积压，以及年底出现的电煤保供突运等重点任务，统筹优化路网能力配置，提升运输保障能力和效率效益，才能践行人民铁路为人民的服务理念，适应我国经济社会发展需要。

（三）提升铁路调度系统管理效能需要

一方面调度安全形势日益严峻，特别是随着近年国家铁路CTC、SCADA 等技术装备的快速发展应用，以及国铁集团施工改革的不断深化，在全路调度系统牢固树立“万无一失”的安全理念，需要坚持强基达标、从严务实、综合治理，进一步夯实调度安全基础，提升调度风险防控能力。另一方面为了更好发挥运输大联动机指挥中枢的整体效能，实现列车工作计划、机车车辆工作计划、施工计划在各级调度间的全程贯通，一体化的运输组织指挥模式也需要进一步探索，特别是依托近年来相继研发的全路车流信息系统等信息化应用，着力推动以调度中心牵头协调，相关局共同参与的主要通道、区域运输计划一体化协同编制实施的调度指挥新模式，对于统筹跨局车流组织、机力运用等具有重要的现实意义，更需要建立相应的制度保障。

二、科学构建“1+3+N”调度管理制度体系的主要做法

全路调度管理体系创建工作随着 2019 年运输调度指挥中心（以下简称调度中心）成立启动，前后组织对 200 余项有效管理制

度文电进行了清理，本着“应修尽修”的原则，将调度中心负责的50余项管理制度全部纳入修订计划，先后重新发布制度文件38个，形成了适应新发展的“1＋3＋N”调度管理制度体系。

（一）确定1项根本管理制度

1.规划铁路调度管理制度图谱

调度中心结合机构改革后的职责定位，组织对涉及调度专业的有效管理制度文电进行了清理，对存在的修订权限及职责定位有待明确、个别年代过于久远文件、过期文件有待废止、货改制度办法不适应、应急响应及处置文件等方面问题进行分析。按照国铁集团管理制度体系建设要求，研究并谋划了“1＋3＋N”的调度管理制度体系架构，即：通过1个国铁集团级的基本管理制度《中国铁路调度指挥管理办法》，作为调度指挥的根本制度；通过调度三级管理、安全保障、生产组织3个方面的重要管理制度建设，覆盖并实现对全路各级调度业务的全面管理；再通过N个国铁集团调度专业具体管理办法，分专业地细化各项调度管理措施。

2.制定中国铁路调度指挥管理办法

在国铁集团党组的正确决策和指引下，调度中心组织对日本、德国、法国、美国和俄罗斯铁路调度指挥机构和管理模式进行了收集、研究，结合近期来访国铁集团调度中心的韩国、俄罗斯等铁路同行的交流情况，根据机构改革明确的职责，即：“负责调度专业管理，接受有关业务部门专业指导”，为强化调度专业管理创造环境和条件，研究制定了《中国铁路调度指挥管理办法》（以下简称《办法》），作为中国铁路调度指挥的根本管理制度，明确了《办法》适用于国铁集团及所属铁路运输企业、国铁控股企业、受托管理的合资铁路、受托调度指挥的铁路企业调度指挥管理，同时也是铁路行业调度管理制度的重要参照，抄送国家铁路局、各地方铁路等单位。《办法》对国家铁路调度管理关系、工作纪律、安全生产、应急处置、基础建设等均进行了原则性要求。

3.明确调度专业管理基本要求

围绕党组提出的建设公平公正的调度指挥平台，为了切实维护调度集中统一指挥，《办法》主要对以下内容进行了明确和要求：一是确定国铁集团、铁路局、站段各级调度指挥机构及职责，调度指挥管理关系，技术规章管理关系以及调度指挥一体化管理原则，坚持运输调度一体化管理机制，明确调度中心负责对铁路运输企业调度进行专业管理；二是强调了调度指挥纪律，强调了下级调度必须服从上级调度，坚决执行调度命令，维护调度权威的纪律要求；三是提出了建立调度安全生产责任制，加强安全管理制度机制建设的要求，同时明确了调度在应急处置中的职责和作用；四是明确了调度生产组织的基本原则、基本依据，提出了常态化实施“一日一图”，根据市场供求动态优化客货列车结构和施工组织，提高运输质量的运力配置机制，界定了调度中心、调度所在日常生产组织中的权责；五是对调度基础管理、信息化建设、调度队伍建设、调度评价与考核等作出了规定。

(二)健全3方面重要制度之“三级管理”

1.推进铁路局调度管理变革

为加强调度专业管理，理顺管理关系，规范调度业务范围，在国铁集团的组织下，调度中心组织制定发布了《铁路局集团公司调度所管理办法》(铁调〔2020〕64号)、《国铁集团关于规范铁路局集团公司调度所管理的通知》(铁调〔2020〕131号)，组织对各铁路局集团公司调度所内设科室、调度台设置和业务管理情况进行梳理、分析和再明确，主要实现了高铁客服综控操作台业务和人员划归铁路局集团公司客运部门管理、货工业务划归铁路局集团公司货运部管理等变化。同时对于调度有关的停限装归口管理、卸车组织管理等职责进行了明确，对于短期停限装管理，由铁路局集团公司调度所货运调度(特调)上报申请，国铁集团调度中心发布停限装调度命令。同时调度部门负责卸车日(班)计划的制订与落实，包括空重车取送、掌握卸车进度、卸车积压点等。

2.探索铁路运输站段调度管理

根据国铁集团工作会议主要领导关于“完善三级调度指挥体系、强化运输站段调度业务管理，探索实施运输生产计划一体化编制”讲话精神，调度中心在广泛了解运输站段调度机构设置情况、深入调研运输站段调度工作现状及需求、充分征求调度所和运输站段意见的基础上，制定发布了《国铁集团运输站段调度工作管理办法》(铁调〔2021〕87号)，明确运输站段本级调度在生产组织、信息通报、应急协调、调度命令等方面的基本工作要求，建立运输站段与专业运输公司(分公司)、地方铁路、厂矿企业调度工作的联系机制，规定了运输站段本级调度和专业运输公司所属分公司调度在日(班)计划编制前需了解和提供的信息，在调度日(班)计划执行过程中，特别是遇生产组织异常情况应及时采取的措施，同时分专业、模块明确了运输站段级调度在运输生产组织中应发挥的作用。

3.优化铁路营业线施工管理

为维护铁路运输调度集中统一指挥，实现运输组织、施工管理的协调统一，调度中心编制发布了《国铁集团调度中心、铁路局集团公司施工管理办公室专业管理办法》(铁调〔2020〕122号)，明确施工办主要职责、内设机构设置、车务站段施工管理、施工协调小组组成和现场组织协调，保证了自2020年4月起，全路施工管理办公室按新机构、新职能顺利运作。同时为系统强化国铁集团营业线施工管理工作，调度中心在征得国家铁路局意见基础上，制定发布了《国铁集团铁路营业线施工管理办法》(铁调〔2021〕160号)，进一步明确了施工管理职责，细化了Ⅲ级施工组织领导规定，规定了施工期间天窗安排，强化了施工现场监控要求，把施工邻线限速纳入施工管理，实行月日计划统一管理，并提出了综合维修一体化原则要求，同时对繁忙干线、干线范围重新进行了梳理，进一步完善了维修作业、邻近营业线施工以及结合部管理规定。

4.强化铁路运输十八点管理

为适应国铁集团和铁路局集团公司、站段三级运输十八点统计工作管理职能调整，加强运输十八点统计专业管理，规范统计行为，调度中心制定实施了《运输十八点统计工作管理办法》(铁调

〔2020〕127 号），明确了铁路局集团公司调度所内设统计室的具体业务管理责任，铁路局集团公司运输站段十八点统计业务调整由调度所统一管理，围绕十八点统计及时性和准确性要求，对有关数据上报的截止时间、准确度、应急处置措施、考核通报办法等作出详细规定，确保十八点统计工作有序开展、优质高效，同时对于铁路局调度所对站段运输十八点统计工作考核评价提出要求。

（三）健全 3 方面重要制度之“安全保障”

1. 修订调度安全管理职责

按照国铁集团领导关于调度中心机构改革的部署，调度中心负责调度安全管理工作和负责运输调度专业安全管理工作，收集汇总安全信息，参与有关铁路交通事故调查、分析和应急处置工作。制定发布了《国铁集团调度安全生产管理办法》（铁调〔2020〕57 号），进一步明确各级调度安全生产管理职责，提出建立健全安全例会制度，严格执行红线管理、安全问题预警、安全信息通报等制度，要求健全安全风险管控和隐患排查治理双重预防机制，提出了运输生产突发事件发生后，调度部门应按规定及时报告相关安全信息、启动应急响应程序，要求组织开展演练，同时大力推进调度安全文化建设，通过人防、物防、技防手段的提升，提高调度系统安全生产管理工作水平。

2. 开展调度安全生产标准化建设

为深入推进铁路局集团公司调度所安全生产标准化建设工作，构建完善人防、物防、技防“三位一体”调度安全保障体系，夯实调度安全基础，结合《调度所安全生产标准建设实施办法》（铁总调〔2018〕78 号）执行情况，调度中心修订发布了《调度所安全生产标准化建设实施办法》（铁调〔2021〕94 号），按照《铁路企业管理制度制定格式指南》（企法函〔2019〕10 号）中要求的“实施办法”公文格式进行了完善，调整了“调度所安全生产标准化考核评估组”成员，补充完善调度所安全生产标准化建设评估类别，优化调度所安全生产标准化建设具体评估内容，2021 年实施后，进一步精细化了调度安全生产标准化建设与评价。

3. 强化调度安全关键环节控制

为深入贯彻习近平总书记对安全生产领域的重要指示批示精神，弘扬“生命至上、安全第一”思想，认真落实“确保高铁和旅客列车安全万无一失”的要求，依据《国铁集团关于规范安全红线管理的通知》(铁安监〔2020〕97 号)中有关要求，调度中心制定发布了《调度系统安全红线管理办法》(调安教函〔2021〕42 号)，结合当前调度作业实际，将错发漏发限速行车调度命令或运行揭示调度命令、违规办理 CTC 接发车作业、未确认停送电条件错误停送电等三条内容作为调度系统安全红线进行严格管理；同时还认真分析梳理调度系统存在的典型安全风险项点，制定发布了《国铁集团运输调度指挥中心关于公布调度安全关键点的通知》(调安教函〔2020〕14 号)，充分发挥双重预防机制的作用，确保调度指挥安全。

4. 加强铁路调度应急处置管理

为进一步加强调度应急处置工作分析，提高调度应急处置指挥水平，结合《中国铁路总公司办公厅关于加强铁路运输应急处置领导组织工作的通知》(铁总办调〔2018〕50 号)执行情况，对相关写实范围、流程以及突发事件分级应急响应的要求，调度中心组织制定发布了《铁路局集团公司调度所应急处置写实管理办法》(调安教函〔2021〕65 号)，对上述文件进行了修订。

(四)健全 3 方面重要制度之“生产组织”

1. 完善货运计划编制办法

近年来，随着“一带一路”建设和运输生产形势的变化，铁路中欧、中亚班列开行需求和开行数量大幅增加，货物运输出现的主型空车不足时增加可优先编制车种“局管货车”等新情况也有待补充。为适应铁路运输组织变革和经营发展要求，加强和规范货运日计划编制管理，调度中心组织修订发布了《铁路货运日计划编制管理办法》(铁调〔2021〕90 号)，结合国铁集团机构改革变化，对货运日计划编制的社会职责、管理职能调整、出境货物日计划规范、客户分级管理要求、调度职责和运输生产实际等情况进行明确。

2. 建立货车调度指挥管理规则

为明晰铁路货车日常调度调整职责，界定货车运用涉及的车辆技术状态和日常运营调整差异，规范跨局空车调整、车流迂回组织作业，调度中心组织制定发布了《铁路货车日常调度指挥管理办法》(铁调〔2020〕99 号)，对铁路重车、空车、备用车等货车组织规定进行了明确，特别是针对运输生产实际需求，对当时规章规定的备用车有关"主要是指为保证完成临时紧急运输任务需要，所储备的技术状态良好的总公司所属空货车"内涵进行了丰富，统筹考虑货运需求低迷期间闲置货车的备用需求。

3. 加强客运计划与正点组织

《旅客列车运行组织及晚点处置办法》(铁运〔2013〕59 号)，在调度指挥、应急处置、信息通报、客运服务等方面发挥了指导作用，为适应改革需要，进一步理顺关系，优化、规范旅客列车晚点运行组织及处置流程，调度部门制定发布了《旅客列车晚点运行组织及处置办法》(铁调〔2019〕6 号)，重组文件结构，优化工作流程，增加了处置国际列车信息通报流程，同时新增各铁路局集团公司官方微博及高铁客服联系电话。

4. 建立客车调整管理流程

在图定客车开行组织方面，针对现行管理办法中《列车运行图编制管理规则》(铁运〔2008〕206 号)、《旅客列车开行方案编制管理办法》(铁总运函〔2015〕332 号)、《客运专线实行市场化开行方案的实施办法》(铁总客〔2018〕96 号)等，均未对跨局图外临客方案有关编制流程、联系机制予以明确，调度中心根据自身职责，制定发布了《关于规范跨局临客开行跨局图定客车调整等业务办理流程的通知》(铁办调〔2020〕61 号)，对跨局临客开行、跨局客车调整、健康快车开行、普速行李车装运等事项进行规范。

(五)完善 N 个调度专业管理办法

1. 规范行车调度指挥管理

为扎实推进铁路局集团公司调度所主要行车岗位列车调度员的作业标准化建设，规范列车调度、助理调度等岗位行为，调度中心组织编制发布了《高速铁路列车调度员日常作业规范》（调信技函〔2020〕54号），对列车调度员交接班作业流程，以及在人工操作CTC设备办理接发车进路等情况下的基本作业和联系用语进行了规定；同时为了进一步深化强基达标工作，还编制发布了《列车调度员岗位作业指导书编制管理办法》（调信技函〔2021〕46号）、《列车调度员岗位作业手册编制管理办法》（调信技函〔2021〕47号）等文件，对列车调度员的岗位职责、工作程序、基本作业、调度台技术资料等进行细化要求，全面提升调度基础管理水平。

2.制定固定设施调度管理标准

为强化铁路局集团公司调度所第二大工种的供电调度安全基础建设，明晰管理责任，规范管理制度，调度中心组织编制发布了《铁路供电调度标准化作业办法》（调工电函〔2020〕74号），依据《铁路技术管理规程》《高速铁路供电调度规则》《普速铁路供电调度规则》《高速铁路接触网安全工作规则》《普速铁路接触网安全工作规则》《电气化铁路接触网故障抢修规则》《高速铁路接触网故障抢修规则》《牵引变电所安全工作规程》《高速铁路牵引变电所安全工作规则》《铁路电力安全工作规程》《铁路电力安全工作规程补充规定》等系列文件规定，结合供电调度工作实际，对供电调度停送电、应急处置等作业层面的工作内容进行梳理、细化、补充、完善，规范供电调度工作流程和作业要求。

3.制定移动设备调度管理办法

为适应调度中心机构改革有关机辆调度由机辆部划归调度中心统一管理的变化，为规范铁路机车、动车、车辆和5T调度的专业管理，强化铁路机辆调度专业两级管理，调度中心在广泛征求机关部门及铁路局集团公司意见的基础上，组织编制发布了《铁路机辆调度管理办法》（铁办调〔2020〕65号），明确了机辆调度的专业管理关系及相关业务部门对机辆调度的专业指导职责，提出了落实岗位安全职责和加强安全风险管控以及隐患排查治理的要求，明确了机辆调度生产、安全、应急、基础等管理工作的主要内容。

4. 强化铁路施工邻线限速管理

针对铁路营业线施工存在的安全风险，为切实强化施工作业邻线安全控制，调度中心在组织对各铁路局集团公司调度所（施工办）有关工作情况进行调研梳理的基础上，发布了《关于规范营业线施工邻线限速调度命令发布有关工作的通知》（铁调电〔2021〕127 号），对有关运行揭示调度命令模板进行明确，同时组织开展调度命令系统、施工调度等信息系统的功能升级，规范施工邻线限速运行，揭示命令提报、审核和发布等各环节作业，并对按计划给点、明确邻线限速条件登销记、延点情况报告、临时封锁施工的场景作业等进行规定。

5. 修订铁路调度分析考评办法

为落实国铁集团深化改革和调度集中统一指挥要求，更好发挥调度考核评价的激励作用，促进调度工作质量的不断提升，调度中心组织对铁路局集团公司调度日常重点工作的考核评价办法进行了修订完善，确定分界口货车交接兑现、卸车、货运机车日产量、货车周转时间、货物列车旅行速度、调度安全、维护调度集中统一指挥和调度工作质量等考核评价项目，对各项目的分值设置、统计以及加减等考核评价标准进行了明确，同时提出相关实时通报要求。同时为进一步发挥考核激励作用，调度中心还组织对《铁路运输组织考核办法》相关差异化考核内容进行了修订，考核阶段性运输生产重点工作质量，以调度命令形式每月公布考核项目及标准。2021 考核年度奖励各铁路局集团公司 15.7 亿元，为打赢“四个不足四个补”、“两坚守两实现”、电煤保供等攻坚战起到了积极作用，运输效率指标屡创新高，充分发挥了正面激励作用。

三、科学构建“1＋3＋N”调度管理制度体系的效果

（一）超额完成年度预期任务目标

2021 年，在复杂形势下，组织实现了“四补”经营策略和“两坚守两实现”攻坚目标的落实落地，全年全路货物发送量完成

37.26 亿吨，同比增加 1.46 亿吨，增长 4.1%，超年计划 2 600 万吨；货运总收入完成 4 340 亿元，同比增加 318 亿元，增长 7.9%；全路日均装车完成 16.86 万车，同比增加 7 215 车，增长 4.5%，最高单日完成 186 616 车；集装箱阶段性装车达到 4 万车，最高单日完成 42 068车。

（二）确保调度安全持续稳定

2021 年，全路调度系统牢固“万无一失”的安全理念，安全基础进一步夯实，风险防控能力有效提升，深入开展了“安全生产月”活动，组织对 10 年来调度系统安全事故“再学习、再反思、再整治、再落实”，组织开展 CTC、SCADA 调度作业安全专项整治，持续强化调度应急处置，维护了运输调度秩序安全稳定。截至 2021 年 12 月31 日，全路调度系统实现无一般 A 类及以上事故 6 132 天。

（三）圆满完成各项重点运输任务

2021 年，保障了电煤保供突击装运需求，日均装运 6.1 万车，同比增长 32%，11 次刷新单日煤炭、电煤装车纪录，实现了库存 15 天以下电厂的动态清零；保障了“一带一路”通道畅通，组织缓解口岸站阶段性拥堵，全年累计开行中欧班列 1.4 万列，发送 135.4 万标箱，实现同比分别增长 22%和 29%；保障了防疫、抢险救灾、粮食等重点物资以及各项军专特运任务的顺利完成。

（成果创造人：刘　俊　李晓海　于东平　高　磊　王瑞斌
张　璐　王学军　林　宏　龚　帆　苗　苗）

铁路土地综合开发数字化运营管理平台建设与应用

国铁投资发展有限公司

国铁投资发展有限公司(以下简称国铁发展)位于天津市,成立于1992年8月,注册资本金4.1亿元,原为中国铁路北京局集团有限公司直属企业——天津京铁房地产开发有限公司。2020年9月,根据国铁集团《关于同意中国铁路投资有限公司入股天津京铁房地产开发有限公司的批复》(铁经开函〔2020〕398号)要求,中国铁路投资有限公司(以下简称投资公司)以增资方式控股。投资公司是国铁集团的国有资本运作和资产管理平台,承担国铁集团授权范围内的国有资本运作、资产管理、铁路资产资源开发及金融保险服务等职能,注册资本金为899.9亿元。2021年6月,国铁集团批准公司更名为"国铁投资发展有限公司",按照国铁集团战略部署,国铁发展定位为铁路系统全路性土地综合开发经营平台,重点聚焦既有铁路土地资源盘活、新建铁路土地综合开发、TOD及站城融合综合开发、存量资产运营管理等业务。公司是天津市首批38家房地产开发企业资质免检单位、天津市房地产协会理事单位,现有职工169人,累计开发商业和职工住房规模近190万平方米,实现营业收入61.06亿元,项目覆盖天津、武汉、唐山、秦皇岛等城市,开发项目多次获得"省级结构优质工程""绿色施工示范工程"等称号。

一、铁路土地综合开发数字化运营管理平台建设与应用的背景

(一)统筹提升和发展铁路全路土地综合开发的需要

铁路土地综合开发作为铁路非主业部分,一直以来缺乏重视

和关注，造成土地开发业务存在多种多样的问题。比如开发主体不统一，呈现分散开发、各自为战、零散突围的特点，导致土地开发业务标准不规范不系统，需要结合铁路土地开发特色概括提炼系统性的开发和运营标准，搭建统一的专业技术平台。再比如开发主体专业能力不成熟，仍需积累经验和能力建设，并把经验和能力转化为标准，促进全路标准化输出和统筹管理。还有市场化程度不高，铁路土地综合开发离不开与市场的积极对接，需要投资主体从经营收益视角出发，建立市场化的管理架构和管理体系，匹配对应的机制保障，才能进一步增强市场竞争力。

（二）国铁发展战略定位调整和业务发展的迫切需要

国铁发展按照国铁集团战略部署，从以局管内职工住房和商品房建设为主，调整为在做好局管内既有职工住房项目的基础上，发挥国铁发展全路土地综合开发实施平台作用，加强与地方政府、铁路局集团公司、合资铁路公司合作，通过合资开发、联合经营、管理输出等多种方式，聚焦既有铁路土地和新建铁路土地，推进车站周边区域土地一体化规划和开发，促进土地综合开发项目落地实施，促进铁路和城市融合发展。国铁发展据此在全国范围内储备和投资了多个异地项目，如常熟西站、南京溧水、昆明北、郑州紫荆家园、武汉长江复兴天地等多个项目。面对新的战略定位和大量亟待开发的项目，存在项目区域分布较广，业务差异、规模差异和管理半径较大的难题，国铁发展虽具备一定的项目开发经验和较专业的职工队伍，但管理现状难以适应业务发展，急需通过数字化运营管理平台进行业务支撑和标准化建设，为做好管理输出奠定平台基础。

1. 管控体系僵化，缺乏业务授权

国铁发展过往主要采取总部加区域公司二级的操作型管控，这种模式高度集权，适用于单一业务领域且具有一定的地域局限性，国铁发展基于储备项目全国化布局的广泛，以及总部—平台（区域）公司—项目公司三级管理架构的变化，需要从操作型管控模式向价值链型管控模式过渡，并结合业务需要给予下属公司一定的授权，明确权限范围，厘清权责边界，缩短决策链条，增强决策效率。

2.信息化水平低下，标准化程度不高

国铁发展传统线下办公模式导致信息化发展落后，过往直接性的管控也忽视了对标准的提炼，但是对于全国布局化项目的投资管理，需要有标准并借助信息化工具施行统筹管理，这也是实施价值链管控的前提。

3.配套机制不健全，业务支撑缺乏保障

基于过往项目管理的单一性和直接性，国铁发展架构设置过于条块分割，职责划分不清晰，部门之间协作衔接不够畅通，制度流程不系统不完善，信息化工具缺乏也导致执行效果不佳；再有考核制度没有围绕项目经营指标或关键事项进行，不能达到激励作用，不能反映组织团队或个人真实的工作成效，难以对公司整体经营指标达成发挥积极的促进作用。

二、铁路土地综合开发数字化运营管理平台建设与应用的主要做法

国铁发展按照行业发展要求，从最佳经营的财务运营管理视角即用最短的时间、最少的本金赚取最大收益的理念出发，改变过往计划运营管理阶段以职能管理和计划管理为目标，重视事后结算的被动财务管理逻辑，转变为市场化经营视角，以项目投资收益目标如利润率、内部投资收益率等经营指标为结果导向，实现管理的可量化可考核。通过财务指标层层分解，把影响公司销售净利润率、资产周转率和公司资金管理能力的工作事项进行横向与纵向分解，横向分解到各个条线各个岗位，纵向分解到各个环节各个阶段，实现纵横的全项目、全周期、全专业的统筹管控，明确要求、统一标准、固化成果、配套机制，从投资、运营管理、风险防控、配套体制机制等方面建设形成了一套适配铁路土地综合开发的标准化管控体系；通过数字化平台的建设和应用，将这些标准体系落实落地，并通过信息化手段关注成本变动、投资开发计划执行、市场销

售动态等多环节多因素变化对财务经营指标的影响，从财务视角提出相关管控纠偏措施，最终实现公司经营目标。

(一)搭建数字化运营管理平台运行的业务标准保障

1.统一业务底层语言

统一业务底层语言，保证数出一口，从源头解决业务语言不同频的问题，是建立管理标准化的基础和前提。语言标准的统一包括两方面内容，一方面是统一全项目周期不同阶段的划分标准，明确各阶段的管理边界，以及各阶段不同业务条线的重点工作内容，实现沟通同频和相互配合，梳理形成了包括5个层级，188个具体指标的《国铁发展主数据字典》。比如明确方案报批阶段的重点工作和项目周期边界，以及在这个阶段对项目的业态、分期和楼栋都进行统一命名等；比如说到签约，不同的专业条线会有不同的理解，这里就明确了签约统一认定为网签；再比如销售货值、成本单方这些都会涉及面积数据，所以需要从底层将面积数据进行统一明确，保证数据计算的口径保持一致。另一方面结合市场化标杆房企的先进做法和铁路土地综合开发特点，国铁发展从盈利、规模、效率、资产、发展五个维度，梳理形成了包含5类一级指标、20类二级指标、190个指标数据的《国铁发展经营指标字典》，明确了各个指标的计算规则、应用场景等字段，统一了经营指标的内涵和计算口径，保障了沟通过程中的同频和认知的统一。比如从综合盈利能力维度即一级指标，确认了收入、成本、税金等二级指标，下含利润率、投资收益率、税负率、各种费率、单方成本及成本偏差率等具体指标；从规模维度，确认了储备、投资、货值、增长等二级指标，下含土地储备面积、土地获取率和获取周期、拿地销售比、土储货值、代建及在建货值、收入增长率、利润和资产增长率等指标；效率维度，确认了开发效率、资金效率、销售效率、人均效率等二级指标上具体的IRR、资金峰值、人均利润等指标数据；资产维度确认了资金周转和资产机构；发展维度确认了品牌、设计质量、工程质量、服务质量和供方资源情况等二级指标及对应指标数据。

2. 建立投资决策标准

依据公司战略规划和经营计划，以最佳经营理念，国铁发展通过设立“地货比”“地块规模”“开盘周期”“去化率”“预期售价”“预计利润率”等指标维度进行项目投前测算，并据此确认拟投资项目的项目类型，适配不同的差异化投资开发决策标准，判断是否能以最少的本金、最短时间、最大利润实现最佳经营。国铁发展根据铁路土地开发特点，包括土地的获取、决策审批流程、决策权限等情况，结合公司发展定位和储备项目特点，研究形成了包括周转型、常规型（利润型）、战略型三种项目类型，并设置了战略漏斗、经营漏斗、市场漏斗和财务漏斗以及相应的差异化投资判断标准对项目进行类型筛选和投资判断，辅助公司进行科学决策，并可以为国铁集团全路土地综合开发的投资决策提供参考。

战略漏斗主要关注区域布局和投资业态与公司发展战略的匹配性；经营漏斗基于公司经营策略，关注经营定位的适配性；市场漏斗依托当期市场情况筛选项目，重点关注市场走向，包括政策变化、竞争趋势等；财务漏斗围绕公司财务经营要求筛选项目，重点关注测算指标如利润率、IRR、股东自有资金回正周期等。比如周转型项目通过漏斗筛选后的项目特点应该是体量小，周转快，资金快速回笼，自有资金回正周期短，利润规模小，对应的投资决策标准是经营性现金流回正周期要求小于 18 个月，即可作为立项标准。常规型即利润型项目特点应该是体量大，产品溢价高，兼顾资金快速回笼和利润规模，对应投资决策标准是经营性现金流回正周期要求小于 24 个月，销售净利润率大于 10%。战略型项目主要考虑铁路土地综合开发的一些特殊性，为满足国家或上级单位战略性目的而需要投资的项目，对于战略型项目的投资决策标准，要基于战略目标一项一议。

3. 搭建经营管控标准

项目完成投资立项后，国铁发展围绕项目立项阶段确立的项目类型，按照以财务经营为导向，以利润和现金流为核心，以计划管理为主线，以货值管理为基础的思想，通过对战略目标和经营指标进行纵向以及横向的解构，研究了各专业条线的业务指标、工作标准和项目全过程全业务全组织的动态监控及纠偏管理体系，从公司层面做到各条线横向协同，各层级纵向贯通，项目层面做到经营意识提升，促进标准化开发及快速落地。

具体如计划管理方面，以经营视角"储建供销存"管计划，搭建三级计划管理体系，一级管经营、二级管协同、三级管执行，体系涉及计划编制、过程执行和纠偏，最后依据节点达成情况量化考核。不再是单纯地管时间节点计划，而是从经营管理视角，将与经营指标强挂钩的时间节点进行强管控，并研究形成了《国铁投资发展项目开发计划管理手册》，明确说明了计划管理流程，包括编制责任、编制依据、计划执行、过程监控、计划预警及计划调整等环节。根据项目类型，对项目开发计划执行标准进行了明确，比如周转型项目要求拿地到开工 5 个月，拿地到开盘 12 个月，首年供货占全项目 30%，去化率不低于 70%。常规(利润)型项目要求拿地到开工 7 个月，拿地到开盘 15 个月，首年供货占全项目 30%，去化率不低于 70%。战略型项目的运营管控计划标准也是根据项目情况一事一议。

货值管理方面，对货值的三要素即面积、计划、价格进行严格管控，对产、供、销是否平衡进行监控和预判，为进一步调整开发及营销策略提供依据，保证供货及时不错过市场销售最佳时点。

成本管控方面，建立了统一科目标准，严肃调整规范，过程实时追溯的全成本目标管控机制。目标成本分为可研、方案、施工图三个版本，渐进明细，原则下个版本不能超过上一版本成本目标值；形成目标成本后，按照自上而下、逐级分解的方式，以合同为口径进行分解编制，对项目全生命周期内发生的所有合同进行界面划分并预估对应金额形成合约规划，通过目标成本及合约规划形成事前管控。过程中建立月度成本回顾、分析成本偏差，以及成本预警来对成本进行纠偏管理，保障项目预算不超标；同时制订了月度资金计划来管控资金支付，实现资金的滚动管理，提高资金使用效率。

利润和现金流监控方面:从利润和现金流两个维度,将项目的销售、成本支付和融资等一系列与现金流相关的业务环节同项目开发计划进行动态关联,分解形成核心的经营目标,并将经营目标落实到项目目标责任书上,作为项目全过程监控的依据。在项目运行过程中,对项目全周期的现金流和利润进行监控预警,在经营例会上及时呈现这些核心的经营指标,及时了解现金流状况和动态利润情况,与投资立项目标、目标责任书确定的目标进行偏差归因分析,及时调整经营策略,保障经营目标达成,并防范资金风险。

4. 建设成果输出标准

为更好地建设和落实行业发展需要的大运营时代下的管理体系,国铁发展除对上述项目全阶段全流程的管控动作明确标准外,还对管控过程中输出的成果进行了标准的统一。

成本管控方面,结合土地综合开发特点以及公司过往项目开发情况,梳理了包括 9 个一级科目、38 个二级科目和 146 个明细科目的成本科目模板,以及对应的 152 个合约规划模板,框定了每个科目下涵盖的成本项以及对应的合同内容、合同类型、计价方式和采购方式等要素。再有对合同执行过程中的结算管理、验收管理、认质认价管理、设计变更管理等需要的表单进行了优化和统一,规定了各个管理过程的输出成果。

计划管控方面,国铁发展梳理了适合铁路土地综合开发项目特点的主项计划模板,包括 9 个里程碑节点,18 个一级节点和 61 个二级节点,约定了各个节点下的责任单位、完成标准、输出成果、输入条件、绝对工期等要素内涵,以及针对重点工作的专项计划模板,包括营销专项计划模板、施工专项计划模板、开发报建专项计划模板、采购专项计划模板等,通过对专项计划模板的梳理,明确了各专项计划的任务、前后置关系、涉及相关部门等内容,形成了《国铁发展项目开发计划管理手册》,为实现经营、协同、执行的三级计划管理体系奠定了管理基础。

(二)优化数字化运营管理平台运行的配套机制保障

1.制定三级组织架构权责管理手册,明确管理边界和管理流程

国铁发展结合公司组织架构和业务条线设置情况,从价值链管控视角,梳理了横向涉及投资拓展、运营管理、营销管理、成本管理、设计管理、招采管理、工程管理、商业管理、财务管理、人力资源管理、行政管理、内控审计法务管理12大业务条线,纵向涵盖项目公司、平台(区域)公司、公司总部三级组织架构共计600项业务事项的权责流程和管理标准,并统筹业务需要和风险把控,做了适当授权,形成了《国铁发展权责手册》,进一步明确各业务条线重点决策事项、审批流程及对应权责,为国铁发展实现高效运转提供了基础保障,也为后续全路企业推广提供了借鉴。比如以成本管理条线为例,从体系建设、目标成本及合约规划、动态成本、认质认价、合同管理等关键事项出发,梳理了各自包含的业务价值链上的关键审批事项及审批权责,规定了具体事项的发起部门、审批结构或职位、决策方式、输出成果,以及从项目公司到平台公司到总部全过程的审批流程,明确了哪些事项审批到公司总部,哪些事项审批到区域公司即可,为业务的审批明确了清晰的管控流程,厘清了管理边界,并给予充分授权。

2.健全完善管理制度体系,为提升管理提供制度保障

国铁发展对标上级管理单位和行业标杆企业,从公司治理、经营运作管理、党纪工团管理等维度出发,全面梳理完成了包括战略管理、投资管理、财务管理、成本管理、招采管理、计划运营管理、薪酬绩效管理、设计和营销管理、信息化与科研管理等189项管理制度的建设、自查和评估工作,形成以标准化管理体系和各类规章为依托的企业管理制度体系,按照搭建完成的标准化运营管控体系对关键工作事项由谁负责、谁协作,提交什么成果,履行什么流程,如何执行,如何审批等都进行了明确的约定,减少了责任不清、分工不明的现象,做到有责、有序、有效,提高了公司专业化管控水平,为各项业务的开展提供了制度保障。

3. 搭建会议管理体系，形成以会议促进管理的有效机制

国铁发展从全局经营视角梳理会议清单和会议卡片，明确会议目的和解决事项，搭建了会议管理体系，形成了会前交流机制、会议召开机制、会后督办机制，做到分级管理、标准明确、时间清晰和跟踪闭环，以保证动态管理机制的有效运行，使公司总部与平台公司、项目公司之间实现充分交流，保障经营决策和经营纠偏，推动和支撑标准化管理体系的落实。

会议管理体系包括以项目开发周期为维度的 6 类经营决策会以及以项目重大节点为维度的 14 个项目专业评审会。国铁发展围绕这些会议类型、会议时间与项目周期关系、会议决策层级等形成了会议层级地图和会议决策机制，并制定了专项会议卡片和会议跟踪机制，以提高会议决策效率和保障会议效果。比如，通过经营例会对不同层级的经营情况进行回顾，对与既定目标相比偏差过大的，进行原因分析，并在会上作出整改决策，会后落实跟踪，通过经营例会的会议机制，让领导对经营可知，在过程中把控经营风险，保障经营目标达成。

4. 施行组织赋能和绩效管理，健全保障体系

标准化管理体系的落地执行离不开强有力的组织保障和绩效考核，国铁发展依据项目特点及研究形成的标准管理体系，建立了包括总部、平台（区域）公司和项目公司的三级组织架构。总部定位为战略投资中心、重大决策中心、资源整合中心、标准化管理平台；平台（区域）公司，定位为投资拓展平台、运营管理平台、专业管理平台；项目公司是业务执行主体和目标实现主体。在明确了总部要做精，平台（区域）公司要做强，项目公司要做实的三级定位基础上，按照高效原则横向进行了组织架构调整，划清了部门职责边界，形成了《国铁发展组织手册》；纵向按照相关议事规则和管理权责作了适当授权，保障了组织的高效，同时在审批过程中又通过合理集权和多部门参与实现了防范风险的管理目的。

为了更好地激励组织与团队，国铁发展进行了职级套改，改变了过往僵化的队伍发展机制，提升和优化了员工发展空间及发展

路径。围绕关键性目标和重要任务，以经营价值为导向，按照关键绩效指标(KPI)和计划绩效指标(PPI)的分类，对指标层层分解，以正向激励为导向，根据项目经营定位设计了差异化的激励机制，将考核成绩与薪酬福利挂钩，提升了公司整体经营意识与协同意识，对经营目标的达成起到了很好的促进作用。比如武汉项目经营目标责任书的制定，拉通了前期投资与运营管理，将投资阶段的目标落实到后期的经营管理过程中，在经营目标责任书中明确列明了项目的基础信息、核心经营结果、开发效率、经营效率、利润指标、成本控制、费用控制、产品品质相关的考核指标名称、考核值、指标解释，并对所有考核指标均考核到责任人或者责任部门，通过考核体系的建立与过程中风险指标的监控来保障项目的经营目标达成。

(三)建设和应用实现动态监控和落实管理体系的数字化运营管理平台

搭建完成了上述系统运行的基本保障后，国铁发展于2021年4月开展了数字化平台建设，按照业务发展需要建设完成了主数据系统、成本系统、计划系统、经营看板4个系统模块，并于2021年6月在武汉项目投入试运行。各模块的搭建实现了将管理思路、管理标准、管理制度、管理表单等与系统结合，固化管控要点、业务流程和输出标准的目的，通过系统部署了14个核心业务管理流程，17个模板类文件，6个方面的经营看板指标，若干线上审批表单。

1. 建设基础底座的主数据系统

主数据系统主要是录入和维护如土地、项目、分期、楼栋、业态以及法人公司等项目开发的关键基础指标，实现与其他业务系统的连接，使数据在系统内有效流转，各系统模块基于统一数据运行，实现所有数据信息的互联互通。基于土地资源管理对公司的重要性，主数据系统对既有铁路土地与新建铁路土地建立了土地漏斗，形成土地台账实现对土地资源的有效管理。梳理项目不同阶段数据要求，实现不同阶段数据对比，对土地、项目全周期指标变化做到可知可查。目前，主数据系统录入了武汉项目基础数据、相关规划指标、项目实施主体等基本关键指标，为项目其他条线管理打通了底层基础。同时，主数据系统也对国铁发展现有储备项目的土地信息等做了录入，为后期项目筛选开发做足了准备。

2. 建设实现精细化管控的成本管理系统

成本系统重点业务管理包括成本科目管理、合约规划管理、目标成本形成与分解管理、合同登记管理、合同变更管理、认质认价管理、合同结算管理、扣款管理、验工计价管理、月度资金计划与付款管理、动态成本分析、三费导入管理12个成本核心业务场景的管理流程。

过程自动预警强控管理，通过设置偏差预警以及强控规则，以信息平台为依托，实现科目、合约、变更、付款、结算等成本过程预警强控。结算实现内外互联，所有的竣工验收、资料提报由供应商在线上发起，及时结算，倒逼职能相交。搭建同供方的协同门户，实现双方协同的移动化、在线化，做到签证变更、完工确认、上报资料、审批流程的线上信息交互，资料沉淀，减少争议。

3. 建设科学运营的计划管理系统

计划管理系统重点业务管理主要包括主项计划编制、专项计划编制、部门计划管理、工作汇报及预警提醒机制、成果物管理、形象进度管理、会议管理等。武汉项目在计划系统里按照主项计划模板编制录入了整个项目三级节点的开发计划，并指导项目开发进度的执行和项目管理。

4. 建设辅助科学决策的经营看板

经营看板核心展示的是国铁发展的经营数据，用于管理层实时了解公司经营情况以及各个业务板块的情况，为公司提供决策依据。经营板块模块纵向按照企业三级管理架构，设置了总部、平台(区域)公司、项目三类看板，不同级别看板因领导关注点和管理诉求的不同，呈现的也是不同的经营指标。如总部看板围绕资源储备、盈利能力、年度现金流量、年度土地投资强度、年度达成率和关键节点完成情况等指标；经营看板横向按照关键业务条线，设置了土地、成本、计划三个专业线看板，其中土地看板呈现了土地投资、土地漏斗、土地地图等信息；成本看板呈现的是成本偏差情况、成本占比分析、成本单方监控、成本产值支付监控、成本控制情况等信息；计划看板，呈现的是项目里程碑节点、一二级节点达成情况、节点延误分析、本月关键节点和下月关键节点、阶段工期。横向与纵向设置的六类经营看板，包括相同指标的不同维度复算共计呈现 277 项指标。

武汉项目上线系统以来，系统全面记录了所有业务信息及产生的数据，从可研立项、土地获取、目标成本和合约规划编制、项目开发计划编制、合同签约、款项支出等项目的多个方面，完成了近百项业务流程的发起和审批工作，使国铁发展借助系统工具真正实现了量化管理，更好地执行了动态监控、风险预警，数据分析和沉淀，既实现了公司的高效运营管理又为公司合作发展提供管理输出和向全路土地开发企业推广提供了工具保障。

三、铁路土地综合开发数字化运营管理平台建设与应用的效果

1. 标准化与信息化有效提升，突破管理藩篱

铁路土地综合开发数字化运营管理平台，使业务开展的各个环节各个阶段，都有了明确清晰的目标和可执行的标准化体系，用先进的信息系统代替传统的手工作业，每项业务变得可视可控，信息高度共享、业务无缝连接，实现了业务的数字化和可视化管理。比如项目计划节点的延期提醒，合同签约的目标成本控制提示等，系统自动代替人工来回修改、确认，流程变得便捷、高效，并且所有不合规的操作流程都会受到预警、提醒无法进入下一步，规避了操作风险。

2. 协同作用凸显，完成组织赋能

按照数字化平台中三级组织管理架构管理流程的设置，国铁发展完成了组织机构的调整、落编和岗位职级套改，并通过系统应用不断简化和优化，最大限度减少部门或人员冲突，从源头上杜绝各种管理漏洞和衔接不畅的问题，以系统串联各业务条线和各管

理层级，共同解决企业发展和项目开发过程中的问题和矛盾，实现了管理赋能，释放了管理红利。

3. 决断更高效，决策更科学

国铁发展借助信息化实现了价值链管控，结合项目地域特点给予属地公司适当授权，仅对关键事项给予严格管控并通过数字化平台将决策流程固化，缩短了决策环节，释放了属地公司的管理灵活性，增强了决断效率。先进的数据统计、分析、挖掘技术对所有数据的智能化处理，转化成对决策层、管理层、操作层的工作辅助，为决策提供了依据，也增强了决策的科学性。

4. 实现统筹管理，扩宽管理半径

铁路土地综合开发数字化运营管理平台，将土地、项目、成本、计划等条线进行统一集中管理，遵循系统的标准语言、管理规范和业务流程，实现全国项目信息的全面呈现、分析，对于开展项目后评价，以及对此类型项目做好多专业、多维度开发经验的积累提供了数据支撑，便于公司做好数据统计与分析和经验沉淀，以帮助各级管理层提高决策效率和准确性、科学性，也便于总部释放更多管理精力到其他项目上，更有利于实现全国化布局项目的统筹管理。

5. 有利于铁路存量土地资产盘活管理

根据 2017 年公开发表的数据，铁路存量土地资产约有 3 万公顷，全路土地开发企业面临艰巨的土地资产盘活任务。按照国务院办公厅印发的《关于进一步盘活存量资产扩大有效投资的意见》(国办发〔2022〕19 号)要求，全路也亟待贯彻落实，统筹推动盘活存量土地资产，积极扩大有效投资。铁路土地综合开发数字化运营管理平台的建立及对标准化管理体系的系统部署，解决了国铁发展作为全路土地开发经营平台，业务管理半径过大和异地业务管控不便的难题；同时更是改善了过往全路企业各自为战，专业不高、标准不统一的问题，为全路土地开发企业经营管理的复制推广提供了借鉴和工具，为统筹做好全路存量土地资产的盘活和投资奠定了统一的管理基础，其中国铁发展关于投资决策标准的研究成果，更是为国铁集团开展全路土地综合开发的投资决策提供了向上输出服务。

6.有利于实现多方业务合作协同

铁路土地综合开发业务要想改变过往市场化程度不够高的发展问题，需要积极与市场对接，最直接的方式还是应该引入路外合作企业。国铁发展从市场化的经营收益视角出发搭建的标准化管理体系、配套的机制保障和数字化管理平台，对后续实现市场化合作，整合多方资源，提供了高效协同的业务合作平台。

国铁发展从自身战略定位出发，本着投资更精准、运营更高效、组织更强大，实现全项目、全周期、全专业高效统筹经营的管理要求，建设和应用了铁路土地综合开发数字化运营管理平台，在平台建设过程中，完成了标准化管理体系建设，实现了业务流程固化和优化，完善了机制体制的配套保障，有利于国铁发展更好地统筹管理和指导全国化布局项目，实现公司业务发展水平的平衡和标准化，为做好管理输出奠定基础，为全路推广提供参考，为促进铁路投融资建设提供助力。

（成果创造人：王振军　樊兴斌　李　浩　金　爽　李之浩
黄兴元　原一方　李易衡　段　赫　石芸菲）

铁路电力基础数据管理的一体化创新与实践

中国铁路沈阳局集团有限公司锦州供电段

供电段是铁路系统的重要站段之一，主要负责电气化铁路的牵引供电、铁路运输信号供电、铁路地区的电力供应、电力设备的检修与保养等工作。锦州供电段是中国铁路沈阳局集团有限公司管辖的七个供电段之一，办公地点位于辽宁省锦州市凌河区，辖区跨辽宁、内蒙古、河北三省区，主要承担津山线、沈山线、龙山线、京哈线秦沈段、大郑线、高新线、锦承线、沈金线、沟海线、魏塔线、叶赤线、朝凌高速线等线路的供电及设备养护维修工作。主要设备包括：电力架空线路 4 892.72 公里、电缆线路 2 429.78 公里、变配电所 31 座、箱变 578 座、变压器台 1 500 座、接触网线路 4 051.737 条公里、牵引变电所 25 座、运输设备 97 台。截至 2021 年末，全段固定资产净值 21.47 亿元，共有职工 1 696 人，段内设 8 个行政科室、1 个调度指挥中心以及 26 个生产车间，党群机构设党委办公室、工会及团委。

一、铁路电力基础数据管理的一体化创新与实践背景

（一）铁路电力管理水平不断提升的需求

1. 铁路电力管理的信息化需求

在铁路供电系统中，电力设备点多、线长、面广，且与地理位置关系密切，大量的架空线路和地下电缆，邻近铁道线路纵横交错，通过变配电所、箱式变电站及杆上设备等连接起来，构成了十分复杂的供配电网络。铁路电力企业拥有巨量的资产、设备、人员和用户，内部业务种类多，部门协作要求高，信息量大并且交换频繁，企

业运行的高效能依赖于信息的全面、准确、及时和一致。因此,信息化不仅仅是一种技术趋势,更是铁路电力企业提高竞争力,实现可持续高速发展的必由之路。

2. 铁路电力基础数据管理的一体化需求

铁路电力基础数据是对铁路电力设备不同角度及形式的数据描述,包括电力设备履历、电力设备运行台账、电力设备图纸及电力"一杆一档"、电力"一所一档"、电力"一台一档"、电力"一缆一档"及电力设备问题库,其中,电力设备履历是以记录形式对电力设备进行描述,该形式方便电力设备信息的维护及管理;电力设备运行台账是对电力设备运行情况描述,其设备的设置地点与电力设备履历数据息息相关;电力线路图纸是以CAD图形的形式描述电力设备,且其数据实现了利用电力设备履历自动生成,无须进行人工维护该数据;铁路电力"一杆一档"、电力"一所一档"、电力"一台一档"和电力"一缆一档"的数据均源于电力设备履历,是以单页面形式展示电力设备履历数据,且其数据实现了通过电力设备履历自动生成,无须进行人工维护该数据;电力设备问题库是对电力设备缺陷进行管理的系统,其数据与电力设备履历存在一一对应的关系。因此,实现以电力设备履历数据为核心的电力基础数据的一体化管理是满足更高功能需求的前提和基础。

(二)沈阳局集团公司大数据建设电力管理模块开发的需要

在2016年开始的沈阳局集团公司大数据建设过程中,为配合北京太格时代有限公司完成电力专业的大数据建设任务,沈阳局集团公司供电部指定锦州供电段为电力专业大数据建设牵头单位。锦州供电段时任主管电力副段长杨树文组织电力技术科研究决定由武春波专职配合太格工程师完成具体实施工作,包括电力设备巡检、电力设备问题库、PIN码等。

1. 电力基础数据管理子模块开发的需要

在电力专业大数据建设过程中,首先要考虑的是建立电力设备运行台账与电力设备履历之间的关联关系,以提高电力基础数据的准确性、规范性及一致性;其次要考虑与电力设备履历关系密切的电力“一杆一档”、电力“一所一档”、电力“一台一档”及电力“一缆一档”如何优化；最后要考虑如何利用电力设备履历自动绘制电力线路图纸。

2. 降低现场车间技术人员工作量的需要

铁路电力自闭/贯通线路一般为10千伏电力线路，经常会有线路的改造和迁移工程，从而导致电力设备基础数据的变化，因此，电力设备履历和电力线路图纸每年都需要人工进行修订维护。由于数据维护工作量大，且难以保证数据信息的一致性，为电力运维及应急处置埋下安全隐患。现场车间人员迫切希望通过科技手段减少电力基础数据相关的工作量，以便将精力集中到施工安全上面来。

（三）电力基础数据一体化应用面临诸多挑战

1. 电力设备繁杂量多

锦州供电段管内电力设备相对复杂，包括东北铁路进出关的两个重要通道，即沈山线和中国第一条铁路客运专线京哈线（秦沈段）等。电力设备中电力杆塔总数达到38 732根，高压电缆8 469条，变压器台1 425座，电力设备的经纬度采集工作量较大。

2. 可供借鉴成果有限

锦州供电段和北京太格公司均无成熟的经验可供借鉴，通过查阅文献资料未能找到可供借鉴的相关案例及科技成果，而且北京太格公司当时并不具备利用电力设备履历自动绘制电力线路图纸的能力，难以满足铁路电力专业管理的实际需求。

二、电力基础数据管理的一体化创新与实践主要做法

为解决铁路电力基础数据管理的一体化需求，同时解决基础数据管理中存在的问题，利用沈阳局集团公司大数据建设的契机，结合锦州供电段承担的2020年沈阳局集团公司科研计划项目，围绕铁路电力设备履历的扩展应用，通过对铁路电力设备履历的字段进行设计改进，同时设计并编制了电力设备PIN码规则，优化电力“一杆一档”、电力“一所一档”、电力“一台一档”及电力“一缆一档”，通过Excel VBA和AutoCAD VBA编程直

接利用电力设备履历数据自动绘制电力线路图纸，利用电力设备 PIN 码建立电力设备问题库与电力设备履历之间的关联关系，最终实现了基于电力基础数据管理一体化应用的目标。具体做法如下：

（一）电力基础数据管理一体化创新与实践的基本原则

课题项目遵循的基本原则是充分考虑铁路电力基础管理的实际情况，充分利用既有的各类资源并借鉴相关科技成果，逐步解决铁路电力基础数据管理存在的问题，提升铁路电力管理的信息化、一体化及可视化水平。

在课题项目实施的初期，供电部电力科的叶森科长强调电力设备履历要确保真实、准确、规范，锦州供电段主管电力的杨树文副段长要求项目功能实用、能用、好用。

（二）电力基础数据管理一体化创新与实践的总体思路

1. 电力设备履历与电力运行台账的数据一体化

为适应大数据供电管控平台并进行扩展应用，考虑电力设备履历是以 Excel 表格中的每一条记录来描述每一个电力设备的，因此，对铁路电力设备履历的字段进行完善和规范，并把电力设备履历数据作为电力基础数据的基础，为了能够与电力运行台账实现数据一体化，编制了电力设备 PIN 码规则，分别与交叉跨越台账、桥梁电缆台账、侵限树木台账、防洪重点处所台账、电杆防倒伏和防撞台账及设备分界台账建立关联关系。

进一步利用电力设备履历及 PIN 码分别与电力“一杆一档”、电力“一所一档”、电力“一台一档”、电力“一缆一档”、电力线路图纸及电力设备问题库等建立关联关系，实现电力基础数据管理的一体化创新与实践。

2. 电力设备履历与电力“一杆一档”的数据一体化

为实现电力“一杆一档”与电力设备履历数据一体化，利用电力设备履历，通过软件自动生成电力“一杆一档”，实现了电力“一杆一档”数据免维护；另外，利用同一处所不同电力设备的设置地点相同，实现了电力“一杆一档”相互关联的设备履历在同一页面显示，增加了设备履历查询的便捷性。

3. 电力设备履历与电力“一台一档”的数据一体化

为实现电力“一台一档”与电力设备履历数据一体化，利用电力设备履历，通过软件自动生成电力“一台一档”，实现了电力“一台一档”数据免维护；另外，利用同一处所不同电力设备的设置地点相同，实现了电力“一台一档”相互关联的设备履历在同一页面显示，增加了设备履历查询的便捷性。

4. 电力设备履历与电力“一缆一档”的数据一体化

为实现电力“一缆一档”与电力设备履历数据一体化，利用电力设备履历，通过软件自动生成电力“一缆一档”，实现了电力“一缆一档”数据免维护；另外，利用同一处所不同电力设备的设置地点相同，实现了电力“一缆一档”相互关联的设备履历在同一页面显示，增加了设备履历查询的便捷性。

5. 电力设备履历与电力“一所一档”的数据一体化

为实现电力“一所一档”与电力设备履历数据一体化，利用电力设备履历，通过软件自动生成电力“一所一档”，实现了电力“一所一档”数据免维护；另外，利用同一处所不同电力设备的变配电所名称相同，实现了电力“一所一档”相互关联的设备履历在同一页面显示，增加了设备履历查询的便捷性。

6. 电力设备履历与电力线路图纸的数据一体化

电力设备履历与电力线路图纸分别是以表格数据和图形数据对同一电力设备实体不同形式的客观描述，这为两者之间建立关联关系提供了可能。另外，电力设备履历数据由 Excel 表格描述，电力线路图纸数据由 AutoCAD 图形描述，通过 AutoCAD VBA 和 Excel VBA 编程建立电力设备履历和电力线路图纸之间的关联关系，为实现基于电力设备履历的电力线路图自动绘制提供了技术支撑。

7. 电力运行台账与电缆路径图的数据一体化

鉴于电缆路径关键节点经纬度数据的采集越来越快速和方便，利用电力设备履历自动生成电缆路径台账。进一步完善电缆路径台账后，通过 AutoCAD VBA 和 Excel VBA 编程建立电缆路径台账和电缆路径图之间的关联关系，为实现基于电缆路径台账的电缆路径图自动绘制提供了技术支撑。

8.电力设备履历与电力设备问题库的数据一体化

电力设备问题库的建立完全依赖于相应的电力设备，利用电力设备履历中设备 PIN 码的唯一标识特性，在录入电力设备问题库时可以通过 PIN 码与电力设备建立关联关系，最终实现电力设备履历与电力设备问题库的数据一体化。

（三）电力设备履历与电力运行台账的数据一体化

针对电力运行台账，包括交叉跨越台账、桥梁电缆台账、侵限树木台账、防洪重点处所台账、电杆防倒伏和防撞台账及设备分界台账等与相应的电力设备密切相关，从以下两个方面对既有电力运行台账进行设计改进：

1.电力运行台账的数据关联设计

为保证电力运行台账与电力设备履历的数据信息一致，直接利用电力设备履历数据字典中“线别”“站臂名称”“线路名称”“线路性质”“杆号”等字段，再结合“设置地点”的唯一性及“PIN 码”的唯一标识特性，分别实现了交叉跨越台账、桥梁电缆台账、侵限树木台账、防洪重点处所台账、电杆防倒伏和防撞台账及设备分界台账等与电力设备履历数据的关联设计。

2.电力运行台账界面设计

电力运行台账实现后，用鼠标点击运行管理中“设备运行台账”按钮，则进入“设备运行台账”界面，界面显示六个电力运行台账，具体包括：交叉跨越台账、桥梁电缆台账、侵限树木台账、防洪重点处所台账、电杆防倒伏和防撞台账及设备分界台账等。另外，每个相关设备履历图标下面直接显示对应设备履历全部数量，比如：“变压器台，共计 7 993 台”。

(1)交叉跨越台账的数据界面

在电力“设备运行台账”界面，点击“交叉跨越台账”进入电力“交叉跨越台账”界面，界面上部工具栏中设置“导出”“搜索”“导入”“添加”“编辑”等功能按钮。界面中部是全部电力“交叉跨越台账”数据，显示的字段包括：“段别”“车间”“线别”“站臂名称”“线路名称”“杆号”“上跨下穿或平行”“调查日期”“调查人”“调查评语”等。界面下部状态栏中，左侧可以选择每个页面显示的记录数量，右侧显示满足筛选条件的记录数量。

以锦州站局干线为例，通过搜索“段别”选择“锦州供电段”，“车间”选择“锦州电力车间”，“线别”选择“沈山线”，“站臂名称”选择“锦州站”，“线路名称”选择“局干线”等字段查找交叉跨越台账。

(2)桥梁电缆台账的数据界面

在电力“设备运行台账”界面，点击“桥梁电缆台账”进入电力“桥梁电缆台账”界面。界面上部工具栏中设置“导出”“搜索”“导入”“添加”“编辑”等功能按钮。界面中部是全部电力“桥梁电缆台账”数据，显示的字段包括：“段别”“车间”“线别”“站臂名称”“线路名称”“设备名称”“长度”“检查日期”“检查人”“存在问题”等。界面下部状态栏中，左侧可以选择每个页面显示的记录数量，右侧显示满足筛选条件的记录数量。

以大虎山—黑山为例，通过搜索“段别”选择“锦州供电段”，“车间”选择“大虎山供电车间”，“线别”选择“大郑线”，“站臂名称”选择“大虎山—黑山”等字段查找桥梁电缆台账。

(3)侵限树木台账的数据界面

在电力“设备运行台账”界面，点击“侵限树木台账”进入电力“侵限树木台账”界面。界面上部工具栏中设置“导出”“搜索”“导入”“添加”“编辑”等功能按钮。界面中部是全部电力“侵限树木台账”数据，显示的字段包括：“段别”“车间”“线别”“站臂名称”“线路名称”“杆号”“树木产权”“调查日期”“调查人”“处理结果”等。界面下部状态栏中，左侧可以选择每个页面显示的记录数量，右侧显示满足筛选条件的记录数量。

以锦州站局干线为例，通过搜索“段别”选择“锦州供电段”，“车间”选择“锦州电力车间”，“线别”选择“沈山线”，“站臂名称”选择“锦州站”，“线路名称”选择“局干线”等字段查找侵限树木台账。

(4)防洪重点处所台账的数据界面

在电力“设备运行台账”界面，点击“防洪重点处所台账”进入电力“防洪重点处所台账”界面。界面上部工具栏中设置“导出”“搜索”“导入”“添加”“编辑”等功能按钮。界面中部是全部电力“防洪重点处所台账”数据，显示的字段包括：“段别”“车间”“线别”“站臂名称”“线路名称”“杆号”“水害位置”“形成原因”“包保人”“采取措施”等。界面下部状态栏中，左侧可以选择每个页面显示的记录数量，右侧显示满足筛选条件的记录数量。

以锦州站局干线为例，通过搜索“段别”选择“锦州供电段”，“车间”选择“锦州电力车间”，“线别”选择“沈山线”，“站臂名称”选择“锦州站”，“线路名称”选择“局干线”等字段查找防洪重点处所台账。

(5)电杆防倒伏和防撞台账的数据界面

在电力“设备运行台账”界面，点击“电杆防倒伏和防撞台账”进入电力“电杆防倒伏和防撞台账”界面。界面上部工具栏中设置“导出”“搜索”“导入”“添加”“编辑”等功能按钮。界面中部是全部电力“电杆防倒伏和防撞台账”数据，显示的字段包括：“段别”“车间”“线别”“站臂名称”“线路名称”“杆号”“易倒或被撞风险”“具体情况”“责任人”“整治措施”等。界面下部状态栏中，左侧可以选择每个页面显示的记录数量，右侧显示满足筛选条件的记录数量。

以锦州站局干线为例，通过搜索“段别”选择“锦州供电段”，“车间”选择“锦州电力车间”，“线别”选择“沈山线”，“站臂名称”选择“锦州站”，“线路名称”选择“局干线”等字段查找电杆防倒伏和防撞台账。

(6)设备分界台账的数据界面

在电力“设备运行台账”界面，点击“设备分界台账”进入电力“设备分界台账”界面。界面上部工具栏中设置“导出”“搜索”“导入”“添加”“编辑”等功能按钮。界面中部是全部电力“设备分界台账”数据，显示的字段包括：“段别”“车间”“线别”“站臂名称”“线路名称”“杆号”“分界类型”“分界点”“经度”“纬度”等。界面下部状态栏中，左侧可以选择每个页面显示的记录数量，右侧显示满足筛选条件的记录数量。

以锦州站局干线为例，通过搜索"段别"选择"锦州供电段"，"车间"选择"锦州电力车间"，"线别"选择"沈山线"，"站臂名称"选择"锦州站"，"线路名称"选择"局干线"等字段查找设备分界台账。

（四）电力设备履历与电力"一杆一档"的数据一体化

针对电力"一杆一档"存在的问题，充分挖掘电力"一杆一档"方便查询数据的功能，从以下三个方面对既有电力"一杆一档"进行设计改进。另外，电力设备履历与电力"一缆一档""一台一档""一所一档"的数据一体化设计与此类同。

1. 电力"一杆一档"自动生成设计

为保证电力"一杆一档"与电力设备履历的数据信息一致，直接利用电力设备履历中的"电缆线路"履历自动生成电力"一杆一档"，即电力"一杆一档"中的数据信息完全来源于电缆线路的履历数据。最终只需要维护好电力设备履历数据，电力"一杆一档"的数据无须维护。

2. 电力"一杆一档"数据关联设计

为进一步方便查看电力"一杆一档"中的数据，考虑每根电缆及电缆上设备的设置地点相同，通过数据字典中"线别""站臂名称""线路名称""线路性质"等字段，再结合"设置地点"的唯一性，实现了在电力"一杆一档"中处于同一"设置地点"的设备信息在同一页面中显示，也就是说某电缆上连接有高压开关、变压器、避雷器等设备履历数据在对应的电力"一杆一档"中可以进行关联显示，增加了电力"一杆一档"数据的信息量。

3. 电力"一杆一档"界面设计

(1)电力"一杆一档"界面

电力"一杆一档"实现后，用鼠标点击电力资料中"一杆一档"按钮，则进入"一杆一档"界面，界面显示与电力"一杆一档"相关联的全部电力设备履历，具体包括：电缆线路、电力线路、变压器台、变压器、配电装置、电度表、高压断路器、高压开关、电压互感器、电流互感器、避雷器、熔断器、电容器、自动控制设备、灯塔桥柱等15类设备。另外，每个相关设备履历图标下面直接显示对应设备履历全部数量，比如“电缆线路，共计1 425条”。

(2)电力“一杆一档”数据界面

在电力“一杆一档”界面，点击“一杆一档”进入电力“一杆一档”界面，界面上部工具栏中设置“导出”“搜索”“GIS地图”等功能按钮。界面中部是全部电力“一杆一档”数据，显示的电缆线路列表包括以下字段:“段别”“车间”“线别”“站臂名称”“线路名称”“线路性质”“设备名称”“设置地点”等。其他字段进行了隐藏显示，当点击右侧“查看详情”时，在新页面可以显示详细信息。界面下部状态栏中，左侧可以选择每个页面显示的记录数量，右侧显示满足筛选条件的记录数量。

以锦州站局干线为例，通过搜索“段别”选择“锦州供电段”，“车间”选择“大虎山供电车间”，“线别”选择“沈山线”，“站臂名称”选择“大虎山站”，“线路名称”选择“环干线”等字段查找目标电缆。

(3)电力“一杆一档”详细数据界面

以大虎山站环干线008＃杆至环干线009＃杆电缆为例，选择点击环干线008＃杆至环干线009＃杆电缆“查看详情”按钮，会显示环干线008＃杆至环干线009＃杆电缆详细信息页面。页面分为上下两部分，上部左侧为局干线1＃杆照片，右侧通过列表的形式显示环干线008＃杆至环干线009＃杆电缆的电缆线路履历数据信息(不同于设备履历的记录形式)。下部左侧为关联的设备履历分类，具体包括:电力线路、变压器台、变压器、配电装置、电度表、高压断路器、高压开关、电压互感器、电流互感器、避雷器、熔断器、电容器、自动控制设备、灯塔桥柱等14类设备。每类设备名称后面的括号中显示数字，当数字为“0”时，表明该类设备与环干线008＃杆至环干线009＃杆电缆无关联，其中避雷器后面的括号内显示数字为“3”，表明环干线008＃杆至环干线009＃杆电缆上连接有3台避雷器，点击“避雷器”，在相邻中间位置以列表的形式显示该开关的设备履历信息。3个相关联设备可进行切换。

（五）电力设备履历与电力线路图纸的数据一体化

1. 电力线路图纸自动绘制方案

要实现电力线路图的自动绘制，首先需要对各类电力设备，如电杆、变配电所、变压器台及电缆接头箱（分支箱）等进行自动定位；其次需要对各个电杆的逻辑关系，如首根电杆、第二根电杆等进行自动识别；最后考虑如何满足GIS地图平台的融入要求。因此，采用的技术方案包括以下步骤：①铁路电力设备履历设计；②电力设备履历数据处理；③电力线路图自动绘制。

2. 电力设备履历数据的处理

为方便灵活处理设备履历，对相关电力设备履历的数据分别进行处理，具体步骤为：

处理电力线路履历数据（主要处理架空线路数据）。

在指定的Excel工作簿中选择“电力线路”工作表，将需要进行处理的电力线路设备履历粘贴到该工作表中，注意避免覆盖第一行的表头名称和第二行的字段名称。确认粘贴完成后，点击表格左上方的“处理电力线路履历数据！”按钮。

点击“处理电力线路履历数据！”按钮后，启动程序自动进行数据处理，并在表格下方的状态栏中显示数据处理的进度，如：“正在处理第929个数据，共1 827个数据，请稍候……”

数据处理完成后，在屏幕中间弹出窗口，显示“数据处理完成！”的提示信息。

变配电所设备履历数据、变压器台设备履历数据、配电装置设备履历数据及分界台账数据的处理同上。

3. 电力线路图纸的自动绘制完成

在AutoCAD绘图软件中，为方便对不同的设备履历进行电力线路图的自动绘制，及个性化处理输出图纸，采用一个命令执行自动绘制操作，在程序中进行多图层设置，具体步骤为：

（1）加载电力设备图纸图例

在AutoCAD绘图软件中，粘贴好铁路电力设备图纸的图例

（图块的形式），以便程序运行中进行调用处理。

（2）命令行输入自动绘图命令

在 AutoCAD 绘图软件命令行中，直接输入“VBARUN”命令后，程序自动运行，开始调用 Excel 中处理完成的绘图数据。

（3）绘图数据的处理

在 AutoCAD 绘图软件中，程序依次读取指定 Excel 中电力线路、变配电所、变压器台、配电装置、分界台账及电缆线路的绘图数据进行自动绘制。

（4）其他情况说明

①在调用每个履历绘图数据前新增图层；②在调用每个履历绘图数据过程中插入相应图块；③在调用每个履历绘图数据过程中插入相应文字标注；④自动绘制结束，提示“绘制完成！”

（六）电力设备履历与电缆路径图的数据一体化

1. 电缆路径图自动绘制方案

要实现电缆路径图的自动绘制，首先需要利用电力设备履历自动生成电缆路径台账；其次需要利用电缆路径关键节点经纬度批量数据采集装置采集数据并完善电缆路径台账；最后 AutoCAD VBA 和 Excel VBA 编程建立电缆路径台账和电缆路径图之间的关联关系，实现基于电缆路径台账的电缆路径图自动绘制，并满足 GIS 地图平台的融入要求。因此，采用的技术方案包括以下步骤：①电缆关键节点（如电缆标桩、电缆标志牌及电缆中间接头等）数据的采集；②电缆路径绘图数据处理；③电缆路径图的自动绘制。鉴于电缆路径关键节点经纬度数据的采集越来越快速和方便，利用电力设备履历自动生成电缆路径台账，进一步完善电缆路径台账后，通过电缆路径台账完成电缆路径图的自动绘制。

2. 电缆路径台账的自动生成

电缆路径台账是电力设备履历中电缆线路履历数据的补充，主要对电缆路径关键节点经纬度数据进行动态管理。利用 Excel VBA 编程可以快速自动生成最简的电缆路径台账，即生成仅包含每根电力电缆的首端和末端两个关键节点的电缆路径台账，其中字段包括“电缆线路 PIN 码”、“电缆路径关键节点名称”、“经度”及“纬度”等。

3. 电缆关键节点数据的批量采集

由于电缆线路履历数据中只有电缆首端和电缆终端的经度和纬度信息，为依据电缆关键节点数据进行电缆路径图的自动绘制，需要在利用电缆线路履历数据的基础上，进一步采集电缆关键节点的经度和纬度信息。通常可以采用以下两种方式：(1)利用数据采集终端到现场直接采集电缆关键节点的经度和纬度数据；(2)在 GIS 地图平台上直接标绘电缆关键节点的经度和纬度数据。其中，前者适合不熟悉电缆关键节点具体位置的人员进行操作，但需要作业人员到达现场，花费大量时间和精力；后者适合熟悉电缆关键节点具体位置的人员进行操作，不需要作业人员到达现场，可以适当节省时间和精力。

目前，锦州供电段采用“经纬度数据批量采集 App”，通过对电缆路径关键节点设备进行拍照即可在获取设备图片数据的同时，批量获取相应的经纬度数据。最后，利用获取的电缆路径经纬度数据完善电缆路径台账，为电缆路径图的自动绘制提供数据支撑。

4. 电缆路径图的自动绘制

电缆路径图自动绘制的功能融入电力线路平面图的自动绘制功能之中，通过电力线路平面图自动绘制功能，自动执行电缆路径图的自动绘制，其绘制结果通过对电缆线路履历与相应电缆路径图的判断，自动优先选择电缆路径图进行自动绘制。

完成了电缆路径图的自动绘制，完成的电缆路径图可进一步保存，或者在电力线路图自动绘制的基础上进行，最终仍然可以实现电缆路径图的地图可视化应用。

(七)电力设备履历与电力设备问题库的数据一体化

针对电力设备问题库与相应的电力设备密切相关，从以下两个方面对既有电力设备问题库进行设计改进：

1. 电力问题库的数据关联设计

为保证电力设备问题库与电力设备履历的数据信息一致，直接利用电力设备履历数据字典中“线别”“站臂名称”“线路名称”“线路性质”等字段，再结合“设置地点”的唯一性及“PIN 码”的唯一标识特性，分别实现了电力电缆线路、变配电所、变压器台、变压器、电度表、配电装置、高压断路器、高压开关、电压互感器、电流互感器、避雷器、熔断器、电容器、自动控制装置、电力线路、灯塔桥柱、发电机组等 17 类设备的问题库与电力设备履历数据的关联设计。

2. 电力设备问题库界面设计

电力设备问题库实现后，用鼠标点击运行管理中“电力问题库”按钮，则进入“电力设备问题库”界面。

在“电力设备问题库”界面，上部工具栏中设置“导出”“点击查询”“导入”“新增”“编辑”“删除”“恢复误删问题”“查看图表分析”等功能按钮。界面中部是全部“电力设备问题库”数据，显示的字段包括：“段别”“车间”“线别”“站臂名称”“线路名称”“处理标记”“发现日期”“计划处理日期”“缺陷设备名称”“缺陷来源”“缺陷性质”“类别”“缺陷内容”“发现人”“确认人”“严重性”“处理措施”“责任单位”“处理缺陷负责人”“消除日期”“录入人”等。界面下部状态栏中，左侧可以选择每个页面显示的记录数量，右侧显示满足筛选条件的记录数量。

电力设备问题库数据采用了颜色标识提醒，处理标识中背景为橙色的为待处理问题，背景为绿色的为已处理问题。另外，点击“查看图表分析”，在电力设备问题库上部界面出现图表分析界面，利用直方图的形式显示各类统计分析结果。比如，统计 2021 年非标问题，鼠标滑到巡检问题直方图周围，即弹出信息“巡检；全部 1 312个；未处理 224 个”。

三、电力基础数据管理的一体化创新与实践实施效果

（一）电力基础数据管理的一体化体系基础形成

对于电力基础数据而言，电力设备履历是电力基础数据的基础，通过电力设备履历能够相对容易建立电力设备履历同其他基

础数据之间的关联性关系。而且，电力基础数据之间的关联性越强，其扩展应用越多，越能体现电力基础数据一体化的价值。目前，基于电力设备履历的扩展应用包括了电力设备巡检、电力设备问题库、电力“一台一档”、电力“一所一档”、电力“一台一档”、电力“一缆一档”、电力线路图纸自动绘制及电缆路径图自动绘制等。

（二）电力基础数据管理效率显著提高

通过数据统计维护锦州站局干线线路“一台一档”的时间，包括对表格中数据复制粘贴的时间和人工核对的时间，以 1 条记录的核对平均时间按 2 分钟计算，一个 730 条记录的表格至少需要 1 460 分钟；相比较而言，利用自动维护 60 分钟内完成，另外准确性可以得到保证。电力“一杆一档”、电力“一所一档”及电力“一缆一档”的数据维护情况与电力“一台一档”类似。

以锦州供电段大虎山供电车间电力设备履历为试验数据进行电力线路图的自动绘制，包括部分电缆路径图的自动绘制，其中数据处理时间为 88.23 秒，自动绘制时间为 59.62 秒，总计耗时 3 分钟左右，最终达到电力设备履历与电力线路图及电缆路径图一体化的效果。

综上所述，电力基础数据一体化有助于电力基础数据的自动化、规范化及地图可视化应用。

（成果创造人：武春波　王　委　魏　峰　钱平慎　朱广玉
于占伟　于明超　金龙生　王科琦　赵　阳）

轨道交通信号企业运营管理数字化转型

卡斯柯信号有限公司

卡斯柯信号有限公司(简称卡斯柯)成立于1986年3月5日,由中国铁路通信信号股份有限公司控股管理,与法国阿尔斯通合资成立,是中国铁路行业第一家合资企业。卡斯柯致力于为国家铁路及城市轨道交通提供最新、最先进的信号控制及运输调度指挥系统方案。作为行业领先的系统解决方案提供商,卡斯柯视安全为企业生存和发展的基石,坚守“安全、诚信、团队、创新”的核心价值,始终致力于与客户共同打造全方位的系统解决方案,全面守护公众的出行安全,为客户和公众提供全程放心的出行体验。

2015年,卡斯柯经上海市经信委推荐,由国家工信部确定为两化融合管理体系贯标工作试点企业,并率先启动两化融合贯标工作。2016年6月,卡斯柯组织“提升轨道交通信号系统的项目精准管控”新型能力的打造,并获得工信部“两化融合管理体系贯标评定证书”。自此,卡斯柯全面拉开从“信息化建设”向“数字化建设”的序幕。2017年,卡斯柯全面启动企业数字化转型建设工作。公司从传统的信息化建设,即“以流程驱动”,转向“以数据驱动”的数字化建设,并将公司数字化建设的战略目标确定为“推动公司业务数字化转型,实现全连接的智慧卡斯柯”。公司一直致力于积极利用新一代数字化技术构建一个全连接、全感知、全智能数字化平台,全面打造各项数字化能力,优化企业资源配置效率,驱动企业管理模式、业务模式、商业模式的创新,实现业务的转型和增长,让企业获得更大的竞争优势。

一、轨道交通信号企业运营管理数字化转型的背景

（一）外部因素

1.技术变革速度加剧

基于信息技术的不断突破，特别是云计算、大数据、物联网、智能制造及人工智能的大力发展，将彻底改变我们传统的生产及运营模式。数字生产力的飞速发展不仅引发了生产方式的转变，也深刻改变了企业的业务体系和价值模式。企业可以利用新一代信息技术的赋能作用，通过数字化转型实现价值体系优化、创新、重构，不断提升存量业务，实现效率提升、成本降低、质量提高的同时，不断获取客户日益个性化、动态化的价值和新的增量空间，实现新高质量发展。未来企业的成败很大程度上将取决于业务数字化转型的成败。同样，如何运用先进的管理方法和领先的数字化技术对企业的竞争力进行重塑，是每一家企业时时刻刻都在思考的重要课题。

2.竞争对手加速追赶

由于市场竞争异常激烈。企业为了在激烈的竞争中求生存谋发展，就要千方百计控制成本、提高产品质量、扩大销售、提升客户满意度等，这就要求企业创建新的组织结构，运用新的服务、技术、销售、运营模式，采取新的管理策略和程序，使组织能够灵活应变各种局势变化。

以卡斯柯所在的轨道交通行业为例，全国做信号系统的公司约有十五六家，其中提供城轨信号系统的超过10家。卡斯柯在城轨CBTC市场占有率约30%，居行业之首。近年来，随着竞争对手在CBTC市场的运营交付能力、产品功能逐步提升，卡斯柯在市场竞争时面临很大压力，如何通过整合内外部资源，借助业务数字化转型提升企业竞争力，拉开与竞争对手的差距，是企业必须面临和解决的现实问题。

3.对在线业务协同的诉求

2019年底至2020年初，公司在办公场所开展生产及运营工

作受到极大挑战，在此背景之下，业务提出了在线完成业务协同及办公的诉求，企业不得不通过信息化、数字化手段全面助力疫情防控及复工复产，这也进一步加速了企业数字化建设和转型的步伐。

除此之外，卡斯柯在 2020 年 8 月收到国资委发布《关于加快推进国有企业数字化转型工作的通知》，同年 12 月，中国通号股份公司发布《关于开展企业数字化转型诊断工作的通知》，均指出数字化转型已成为一项国家政策，是新时期企业生存和发展的必然选择，是一项体系化、系统化、全局化的复杂系统工程。企业要从战略全局出发，立足业务转型，以新型能力建设作为数字化转型的核心路径，全面推进企业业务的数字化转型工作。

（二）内部因素

1. 多样性管理需求

随着卡斯柯管理模式和业务模式的不断变革，企业也面临更多的挑战：一方面是如何做好企业内部“两化融合”的深度融合，形成纵向一体化；另一方面，如何打通企业与外部供应商和客户的深入协同，数据互联互通，形成横向一体化。这些多样化的管理需求，都需要借助数字化技术手段才能满足。只有通过持续打造各业务数据化能力，打破各系统壁垒，加强系统间互通联动，形成横向协同，强化矩阵式管控等，才能形成强大、适应内外部不断变化的管理诉求。

2. 运营效率提升的诉求

一个企业欲创造更好的经济效益，必须提高其运营效率，运营效率的提高，就意味着各个业务环节时间的节约，时间的节约就是成本的降低，时间成本的重要性自不必说。现代企业随着规模不断扩大，管理上容易出现企业内部资源配置效率低下，管理权属不清，导致部门之间权责不明确，相互推诿扯皮，公司运行效率低下和企业组织及管理成本居高不下等情况。

以上情况就需要通过业务数字化转型，推动企业进行组织及运营管理创新，实现运营效率匹配客户要求。转型将推进企业资源进行重组与优化，采用新的管理方式和数字化手段，新的组织结构和比例关系，使企业发挥更大效益的创新活动。企业创新是需要通过调整优化管理要素人、财、物、时间、信息数据等资源的配置结构，提高现有管理要素的效能来实现的，而这一切都离不开数字化转型。

3. 内部公平及量化考核要求

一个企业的管理制度是否有利于企业的发展，要看该制度是否能够最大程度调动员工的积极性，是否能够使企业资源产生最大效益。一项科学合理有正向激励作用的制度，会让参与制度的每个人员都极力维护这项制度的运转，并在制度的范围内最大程度发挥个人的积极性，创造效益，推动集体及个体不断向前发展。

在企业管理实践中，制定一项好的制度不容易，将其很好地贯彻落地更不容易。究其原因，很多管理制度的最终考核无法做到内部公平，内部公平及量化考核体系是需要有数据来支撑的。例如企业的考核制度，设定了很多考核指标，而由于企业的会计核算较为粗放，很多业务数据无法整理获取，导致考核最终陷入无据可依的尴尬境地。因此，粗放式的数据核算一定程度上造成了管理的粗放化，精细化的数据是精细化管理的前提。有了精细化的数据之后，企业就可以在数据的基础上设计各种有利于调动员工积极性的行之有效的管理方法，从而推动企业管理的科学化。

二、轨道交通信号企业运营管理数字化转型的主要做法

(一)总体规划、分步实现

数字化转型来自技术进步和企业经营战略发展需求之间的互动，是推进企业业务创新转型的重要力量。卡斯柯公司按照“基于两化融合管理体系的企业数字化转型的过程和方法”并结合企业自身实践，总体规划了运营数字化转型实施方法。

(1)首先从公司运营发展战略出发，明确了公司运营发展战略及价值主张，主要包含提升客户满意度、提升运营效率、降低运营成本、提升项目交付质量。基于此发展战略目标，分析并识别了运营管理提升需具备的数字化能力，再通过数字化新型能力的打造

过程即运营数字化能力建设完成能力实现和竞争优势的获得，同时数字化的建设也将赋能业务创新转型，最终将战略发展的要求全面、准确、及时、有效地落实到相关的职能和层次，从而达成战略目标。

(2)数字化建设离不开技术支持和管理保障，卡斯柯依托“大、云、物、移、智”等新型数字化技术支撑；通过数字化治理、组织机制、两化融合管理体系、ISO27001 信息安全管理体系等管理保障，确保数字化建设及业务数字化转型成功。

(二)构建运营全要素、全连接的数字化协同平台

任何生产要素都不是独自存在的，也不能独立发挥作用，需要与其他要素协同联动共同支撑运营生产，从而形成价值创造。卡斯柯通过建设全连接的集团化数字化协同平台，使得员工“随时、随地、随手”地进行办公和业务协同；通过数字化平台能够智慧地连接公司各人员、业务、流程、设备、知识、案例；通过这种连接，打通上层管理数据、中层运营数据、底层设备数据，在此基础上实现数据对业务的智慧化赋能，实现业务的协同，降本增效。以下是卡斯柯运营管理中主要的协同平台：

1. 商机全生命周期管理平台

卡斯柯建立了商机全生命周期管理平台，使得商机跟踪能“精耕细作”，确保卡斯柯在面对大型项目机会，在跟踪周期长、投入大，涉及多方关系和竞争对手时都能够获得优势。在商机洞察阶段，能快速进行线索发现及跟踪，并完成商机的确认，使得销售管理向前拓展；在商机跟踪阶段，能够快速识别业主、竞争对手情况及时跟踪商机进度；缔结合作阶段，从投标、合同、立项活动能够整合内部资源，快速推进合作落地；在成果交付阶段，衔接好市场、产品、运营等各团队，把项目交付顺利完成；在价值评估阶段，建立全方位的商机跟踪体系，对各项目过程定期回顾，确保客户的成功及满意。整个商机的全周期中，通过数字化平台将内部各业务组织单元协同在一起，提升整体运营效率。

卡斯柯商机全生命周期管理数字化平台覆盖了公司以商机为

核心的最主要业务，从线索到商机，从商机到订单，从订单到交付，从交付到回款，从验收到客服，从客服到新的价值、新的商机。同时，通过全价值链各业务深度融合和全面协同、业务自动化运营、数据推动业务提升和变革，提升业务洞察力和应变能力。

2.项目协同管理平台

卡斯柯运营管理主要是基于项目制的运营模式。为了满足项目运营的全生命周期管理，公司打造了项目实施业务协同管理平台。通过此平台，在业务层面能够支撑从项目立项开始、工程设计、现场施工、验收交付、项目质保、项目关闭的所有项目业务环节的数字化协同及管理，提升了项目精确化管理能力，在横向管理中，贯穿各部门各专业，即从研发设计、工程实施，采购，合同，财务等的业务流程，打破部门壁垒，提高了各部门间的业务协同能力，提升了业务运营的质量和效率。在纵向管理中，实现集团各分子公司，项目部的业务流程贯穿，使得每个管理层级都可以随时了解和掌握各分支机构的业务运行情况，提高了业务决策信息的透明度和可视性；同时在管理层面，提供了支撑项目预警智能化管理数字化分析工具，通过数据分析及预警智能化全面监督项目过程潜在的成本、资源、进度和质量管理等风险，及时高效地辅助决策。

3.设备全生命周期管理平台

卡斯柯建立了基于条码的设备全生命周期管理平台，能够提升设备端到端的管理能力。在业务层，满足公司从设备在供应商或代工厂制造，到采购收货入库、仓库管理、项目发货、现场收货、安装调试、客户现场投入使用、设备维修直至下道报废等全业务环节的管理要求。从而提高物料跟踪的信息精度、仓库管理数字化能力、安装地收集的自动化和精准化能力、设备运维可追踪能力等。同时将业务处理过程中的数据采集模式改变，通过手持 PDA 移动终端扫描条码进行业务操作并同步完成数据采集，避免人为输入导致数据的不一致。设备发到客户现场后，通过安装地管理进行收集，自动识别设备条码标签，建立并形成“设备、产品、车站、项目、设备履历”网状关系，能够满足公司各种维度的运维管理要求，形成设备全生命周期的管理跟踪机制。同时、在业务层之上构建了数据分析和管理层，通过数字化大屏方式实时监控各个环节的状态，发现问题及时纠偏，从而提升业务运转效率。通过设备全生命周期管理平台，可以将供应商、客户、内部各个组织单位、设备、数据连接起来，最终实现业务的协同，提升公司核心竞争力。

（三）构建运营虚拟核算及项目考评体系

1. 分支机构虚拟核算体系建设出发点

随着企业组织规模的扩大，产生了大量的组织成本和制度成本，这将降低企业的效率和活力。来自卡斯柯企业高层的远瞻，按市场规则和体制（即在企业内部引入市场机制）来核算企业资源效能是当务之急。这样既能有效减少内部交易成本，又能保持企业的效率和活力。随着卡斯柯业务的增长，组织结构向多层级、多实体模式演变，为了更好地评估分支机构的运营管理能力，及时把卡斯柯的资源投入市场接受挑战和选择，为此引入了分支机构虚拟核算体系。卡斯柯虚拟核算体系的主要目的是在公司内部形成一把尺子，去衡量各分子公司及项目部的市场项目管理能力，及其人员使用效能情况。通过分支机构虚拟核算，促进分支机构人员效能和项目管理效率的提升，从而实现降本增效和运营绩效的提升，实现对分支机构及相关责任人业绩的客观评估，去衡量各分子公司及项目部的人员使用情况和管理能力。卡斯柯是项目制管理的铁路信号软件系统集成企业，虚拟核算既是内部各个分支机构及部门效能评价及考核的迫切需要，同时也是项目运营管理提升及考核评价的重要抓手。

2. 分支机构虚拟核算管理体系

经过反复地调研、讨论、设计和持续改进，借助已经建成的运营全要素、全连接的数字化协同平台，卡斯柯创新性建立了满足公司运营管理数字化转型的分支机构虚拟核算管理体系，该体系设计的分支机构虚拟核算指标主要分为三大类。

第一类为资源效能指标，主要评估分支机构对其所辖资源的管理能力和资源效能，主要体现为人力资源的效能，即人员贡献值（人均虚拟收入），计算方式如下：

人均虚拟收入＝（∑员工虚拟收入）/总人数；

员工虚拟收入＝本地挣得收入（参与本地项目实际值）＋外派挣得收入；

本地挣得收入（参与本地项目实际值）＝∑[（项目计划价值×期末项目实际完工率）/该项目累计实际工时×该人员实际报工工时]；

项目虚拟收入＝（项目计划价值×期末项目实际完工率）/该项目累计实际工时×该项目当期实际工时；

总人数为核算周期内该分支机构员工编制记录，参照员工的入职和离职情况，按人月计算，再加上接受资源池类外派期间月份平均计算人员数量。

第二类为财务类指标，主要评估分支机构运营数据，主要包括分支机构的人均虚拟利润、虚拟毛利率、虚拟利润总额、人均人工成本等，以及应收账款、已完工未结算等财务数据，其中核心指标之一，人均虚拟利润计算方式如下：

人均虚拟利润＝[分支机构的虚拟收入（总额）－分支机构的人工成本－分支机构的实际费用及税金]/总人数。

第三类为运营管理类指标，主要评估分支机构所负责管辖的项目全生命周期过程中，管控项目工时进度和费用的能力，主要包括工时利用率、回款里程碑前置任务的计划达成率、费用使用率、成本预算执行指标、业务量等，其中：

分支机构所辖项目虚拟收入总额（反映业务量）＝该分支机构所有项目的虚拟收入之和；

分支机构所辖项目管理能力综合指标（反映项目管理的综合能力）＝分支机构所辖项目单位工时虚拟收入×分支机构所辖项目总 CPI；

分支机构所辖项目单位工时虚拟收入（反映项目管理能力）＝分支机构所辖项目虚拟收入总额/这些项目期间报工工时总数；

分支机构所辖项目总 CPI(人工成本执行指标,反映项目预算管理能力)$=\sum$(项目人工预算×完工率)$/\sum$项目人工实际成本。

3. 分支机构虚拟核算评价规则

分支机构虚拟核算得分将从以下四个关键指标进行评分,每个指标权重设置也不同,具体如下:

(1)人均虚拟收入简称“VI”(反映资源效能),权重 30%。

(2)人均虚拟利润简称“VP”(反映虚拟盈利能力),权重 20%。

(3)分支机构所辖项目虚拟收入总额简称“PA”(反映业务量),权重 10%。

(4)分支机构所辖项目管理能力综合指标简称“MC”(反映项目管理的综合能力),权重 40%。

以上每个指标项的单项得分为 0~100 分,每个分支机构最终得分简称 S,为以上 4 个指标得分乘以权重之总和。

$S=\mathrm{VI}\times30\%+\mathrm{VP}\times20\%+\mathrm{PA}\times10\%+\mathrm{MC}\times40\%$

以上每个指标项的单项得分的计算方法如下:

对于指标(1)(2)(4),取该指标数据的最大值做分母(MAX),取每个分支机构的数据做分子(P),所得除数乘以 100 分即为该指标分数,即$(P/\mathrm{MAX})\times100$;指标(2)人均利润如果出现负数,得分计算公式为$(P+|\mathrm{MIN}|)/(\mathrm{MAX}+|\mathrm{MIN}|)\times100$,$||$表示绝对值,MIN 为负值中最小值。

指标(3)由“排名得分”组成。排名得分为 0~100 之间按排名获得。举例——有 N 个分支机构参与排名,某分支机构排名 P,则该指标得分为$(100/N)\times(N-P)$。

4. 分支机构虚拟核算数据应用

卡斯柯结合实际的运营管理需要,不断推进公司分支机构虚拟核算体系的全面、深入应用,组织对虚拟核算数据进行分析,推动公司运营管理和项目管理业务提升,促进运营管理降本增效和业务数字化转型,为构建运营口全方位绩效评价考核体系提供“标尺”和依据。已经在以下几个方面有了实际的应用效果:

(1)项目经理提升了项目的预算意识和成本意识，看紧了自己所负责项目的人工预算；项目管理员严控人工预算变更需求，提升了项目人工预算管理的规范性与合理性。

(2)项目经理积极主动地维护项目计划，重视项目进度，严格审核报工工时，确保报工的真实有效；促使运营中心针对研发中心报工工时、重大变更追加报工工时、由于产品质量问题导致的增加报工工时、与子公司分包报工工时等情形规范化管理，为此制定了详细的管理规则，对内部交易成本进行严格、规范管理。

(3)项目经理开始严肃审视项目初期市场投标成本分析的公平合理性，并促使产品标准工时模板持续修订，对产品全生命周期成本的分析提供了有力支撑。

(4)对于运营调试资源的协调和配置起到了很好的支持作用，能够使全国各地运营人力资源得到合理的调配，并提升人员归属地的调配意愿。

(5)推动了项目管理效率整体提升。

(6)为项目评价提供重要的数据依据，项目绩效考核中项目经理、项目核心成员、项目一般成员均采用了虚拟核算体系中的数据用于考核。

(7)为分支机构和部门评价提供了重要的数据依据和洞察视角。业务管理考核中如部门经理、工程实施管理者、应用设计管理者均采用了虚拟核算指标中的数据用于考核。通过数据分析，协助并指导管理者及时调整项目执行计划、人力资源计划，进一步提升运营整体管理能力。

(四)构建以数据驱动的业务运转模式

传统的企业运营管理模式是工业化生产的理念，流程化驱动的管理，是在标准化的基础上，将一个价值链分解成一个个的流程节点，然后将一个个节点对应到一个个的组织，由每个组织单元来负责这个节点的工作。这样，整个价值链可以并行地运转，然后通过流程把工作串起来，这在过去的工业化时代，大大提高了企业的管理效率，也带来了规模化的生产效益。

在数字化时代，以流程为核心的管理逐步转变为以数据驱动为核心的管理，建立从数据出发的管理体系。因为真实的数据包含了一切的事实，也包含着一切的本质。用数据驱动业务的运营，意味着以数据为核心，将企业的数据资产梳理清楚，对之进行集成、共享、挖掘，从而发现问题，推动战略的制定和创新的产生，同时也将给业务带来更大的价值和增长。

“打造智慧卡斯柯，用数据说话，为业务赋能，推动业务的数字化转型”是公司数字化建设的重要战略工作。首先，建设基于Hadoop的大数据分析平台，并与既有基于SAP HANA的数据分析平台进行技术整合，打造集数据采集、数据处理、监测管理、预测预警、数据挖掘、可视化平台于一体的大数据平台，在此基础上，构建公司大数据分析和综合管理的体系架构，以提升业务数据化管理与服务能力。

通过建立系统化、体系化的数据分析能力，寻找公司经营和管理中的薄弱环节，以及业务中需要改进的地方，进一步驱动创新，促进管理变革和业务转型优化。

三、轨道交通信号企业运营管理数字化转型的成效

（一）整体运营效率的提升

众所周知，企业存在的目的之一是为了盈利，在确保相关方利益的前提下追求利润最大化。任何企业要获利都要占用一定数量的资产，并通过资产运作给企业带来盈利。一般来说，企业的运营效率越高，企业获利能力就越强，市场竞争力也就越强，资产回报率也就越高。衡量企业运营效率提升的指标也很多，如从资产的运作能力衡量，可以采用的指标如资产周转率，从利润的实现程度衡量企业的经营效率，可以采用的指标如净资产收益率。卡斯柯结合运营管理的实际现状（项目制管理模式），采用了自建的数据模型，通过评估单位工时创造的虚拟收入作为运营效率提升的核心指标，观察了2020全年及2021年月度的数据，运营总体效率有明显提升。2020年人均虚拟收入月度平均值为240元/时，

2021年度各月的数据指标均有显著提升。

（二）优化资源配置，降低运营成本

优化资源配置及降低运营成本是现代企业参与市场竞争，提高企业经营管理水平和经济效益的基本手段和有效方法。卡斯柯公司通过运营业务数字化转型，在推动公司资源配置优化、提升运营效率、降低运营成本方面已经有初步成效，助推企业实现可持续高质量发展。

近几年卡斯柯获得的合同项目数量和金额逐年显著增加，运营中心人员数量却没有明显增加，同时运营中心人均销售和人均利润较之前还有较大提升。从运营中心人均销售及人均利润年度增长情况，可以发现通过企业数字化建设，明显促进了运营管理效能的提升，有效支撑了卡斯柯运营管理发展战略的达成。

（三）客户满意提升

卡斯柯遵从以客户为中心的企业经营理念。客户满意度是企业生存、发展的根本，不同的产品质量、服务水平决定不同的客户满意度，其工作态度、响应及时性、解决方案质量这三个方面很大程度上影响了客户的满意度。

1. 工作态度的主动性

在工作态度的主动性上，表现在：提前了解客户需求。站在行业视角，引导用户需求，一方面提高客户自身的业务视角；另一方面，也有利于企业自身产品的统一研发与部署。

从客户的视角出发，提出符合客户期望的建议，对客户运营过程中的想法、思路，结合行业发展，提供意见与建议，以帮助客户有效决策。与客户充分沟通，了解客户、关心客户，提供满足客户需求的行业解决方案，提升团队合作能力。工作态度的主动性，也包括企业内部不同团队的合作，以规范的行为、良好的职业素质展现企业的服务质量。

2. 响应时间的及时性

卡斯柯高度重视客户需求完成的及时性，在客户运营环境中，也是多个单位的协作，对客户承诺的需求完成时间点，务必按时、保质完成。在运营管理数字化平台的支撑下，不断提高项目实施效率和工程交付的及时性。按期完成工程交付，是体现企业信誉的重要方面。

对产品问题、设备维修及客户投诉进行全周期跟踪管理。推行客户首问负责制，提升服务相应流程上的及时性。故障修复的及时性，在出现故障时，特别是影响生产的重大故障时，务必第一时间响应解决，并及时总结、举一反三，杜绝重复出现。

3. 系统解决方案的高质量水准

系统解决方案的质量是企业产品的生命线，不断提升产品质量是企业战胜竞争对手的重要方面，也是影响客户满意度的重要因素。高水平的视角决定高质量的产品，同样高质量的产品影响着视角。将客户的需求、企业对行业的领悟体现在解决方案中，螺旋式提升产品质量，最终达成解决方案的高质量水平。

结合以上几类达成客户满意的要素，并将之融入卡斯柯运营管理数字化平台的设计中。依托该平台，卡斯柯一直跟客户一起成长，做到全程守护、全面放心，这也让卡斯柯在客户中赢得了口碑。

（成果创造人：杨书席　孙春荣　朱健伟　陈　蕾　朱锁明
孙华锋　梅晓波　孙德君　王豫昆　杜　宁
顾　吉　陆艳君）

建筑企业集团以财务价值创造为导向的资金自平衡管理

中铁六局集团有限公司

中铁六局集团有限公司是世界500强企业——中国中铁旗下的骨干成员企业，总部位于北京，注册资本金22亿元，是一家能够提供建筑全产业链“一揽子”综合服务的大型现代化建筑集团，下设北京、太原、呼和公司等16个子公司。中铁六局拥有铁路工程、建筑工程、公路工程施工总承包特级资质，多领域施工总承包、专业承包壹级资质，以及工程勘察设计等资质共计117项，及国家(CMA)计量认证资质、爆破作业单位许可证书、公路工程试验检测综合乙级资质和对外承包工程资格证书。先后荣获“中国建筑工程鲁班奖”“中国土木工程詹天佑奖”“国家优质工程奖”“全国用户满意工程奖”等国家级优质工程及优质专项工程奖75项，省部级优质工程奖250项；荣获国家和省部级科技进步奖138项，国家和省部级工法587项，专利1 245项。目前在建项目350余项，年施工生产能力400亿元。

一、建筑企业集团以财务价值创造为导向的资金自平衡管理实施背景

（一）外部环境复杂多变，提升企业价值创造能力成为必然选择

近年来，为拉动内需，稳定经济发展基本盘，国内基建投资板块有所回暖。习近平总书记强调：“基础设施是经济社会发展的重要支撑，要统筹发展和安全，优化基础设施布局、结构、功能和发展模式，构建现代化基础设施体系，为全面建设社会主义现代化国家打下坚实基础。”基建投资是拉动内需的“主力军”，还

是“稳增长”的重要抓手，但项目属性和资金来源是制约基建投资的两大重要因素。近几年，国家出台各项有力优惠政策，小规模纳税人减免增值税，增值税留抵退税等，客观上进一步压缩了地方财政、税收收入。由于地方政府本身财力有限，基建项目资金紧张，建设资金不到位导致施工企业垫资施工成为常态，且合同约定工程款也存在长期拖欠情况，给施工企业带来巨大资金压力。同时，之前快速城镇化建设带来的大规模骨干基础设施建设需求已逐渐减少，而以地方政府投资为主的民生改善型基础设施建设逐渐成为基建投资的主旋律，投资项目逐渐成为主流，施工企业在负责施工的同时还需要负责融资，进一步增加了运营成本和资金风险。因此，强基固本，通过强化自身管理，尤其是通过强化资金管理降低运营成本、控制财务风险，提升企业价值创造能力成为施工企业的必然选择。

（二）企业竞争空前激烈，提升核心竞争能力成为行业导向

施工企业经过多年发展，工程承揽能力和施工水平得到极大提升，但绝大部分施工企业发展至今，已逐步形成施工工艺日渐趋同、技术难度不断下降、部分工程施工工艺替代性强、产品输出同质化的市场现状，施工企业之间竞争空前激烈。企业间白热化的竞争导致施工企业在合同谈判中处于劣势地位，要承揽工程就必须接受业主方越来越严苛的合同条款，过程中合同约定的工程款也往往难以到位，“活好干，钱难要”成为施工企业长期以来的痛点。因此，通过资金自平衡管理，将资金的“开源”和“节流”进行动态管理、平衡匹配，明确各层级管理责任，形成高度适配、权责统一的激励约束机制，倒逼各层级管理者履职尽责，促进管理水平提高，持续提升企业竞争力，在激烈的市场竞争中取得优势。

（三）项目管理存在短板，提升项目创效能力成为当务之急

施工企业经过多年发展，尽管施工能力显著提升，但管理粗放的模式未得到根本性改善，重现场轻管理的矛盾依然突出。中铁六局作为国有大型施工企业，所承接的工程项目以铁路基建项目为主，铁路工程很大比例存在前期受征地拆迁影响停工

窝工，后期为保证工期，增加资源投入，造成了企业的损失。同时，施工企业所属工程项目众多，分布广且工程项目施工周期长，管理难度大，项目整体效益持续下滑，极大地制约了企业的可持续发展。而部分工程项目虽然有账面利润，但竣工后的剩余款项收回难，也难以形成有效的企业积累。企业效益下滑最直观的体现就是资金短缺，从集团层面来看，近年来中铁六局对工程项目每年的资金支持均大于集团从工程项目收取的资金，且差额呈现急剧上涨态势。工程项目对集团资金支持的高度依赖导致了集团整体的外部融资规模迅速上涨，既增加了资金成本，也带来了巨大的资金风险，且不具有可持续性。项目亏损、现场停工、举债经营等企业面临的实际情况都与提升价值创造的管理要求背道而驰。因此，通过资金的流动，引导企业的动态管理和资源的有效配置，实现工程项目管理从结果考核向过程管控转变，通过管理能力提升保障施工生产顺利进行，是提高项目经济效益，提升企业发展质量的重要抓手。

二、建筑企业集团以财务价值创造为导向的资金自平衡管理主要做法

（一）依据自平衡管理策略，构建企业自平衡管理系统

1. 明确资金自平衡管理策略

中铁六局在对企业现状进行深入分析的基础上，明确将以资金自平衡为目标的现金流管理系统作为企业确保生存，从而实现发展规划目标的重要战略支撑。一是推动“三层级”构建“四体系”管理系统，通过完善组织保障和制度保障体系，推动资金自平衡管理落实落地。二是推动资金自平衡管理与经营开发、责任成本管控、双清管理、物资集采管理系统的“四融合”，充分发挥系统协同效应。三是以工程项目资金自平衡方案为抓手，提升资金管控能力。四是不断深化工程项目全周期资金筹划和统筹管理，充分发挥资金管理的前瞻性和计划性管控作用，实现资金管理的良性循环。五是完善非自平衡资金救助的管控机制和责任追究机制，通

过合理运用金融工具,健全自平衡考核评价机制,保障资金自平衡管理系统高效运行,推动施工生产有序可控,降低企业资金成本和资金风险,实现优化资源配置、提升财务价值创造、促进项目管理提升,助力企业全面提升核心竞争优势。

自平衡管理系统的框架:以资金自平衡管理制度体系和组织体系为保障,以资金自平衡方案为抓手,在业务层面上推动资金自平衡管理与经营开发管理、责任成本管理、双清管理和物资集采管理的融合,不断提升资金统筹管理和全周期资金筹划效果,以非自平衡救助、金融工具支付、全过程考核评价为支撑,在全局范围内形成全层级、全周期、全过程的资金自平衡管理系统。

2.构建组织管理体系

资金自平衡管理并不是孤立的资金管理行为,而是对企业分散的施工组织策划、成本测算、合同管理、结算管理、资金预算、债务管理、业绩考核等管理手段的整合与优化。因此,为有效推行资金自平衡管理,中铁六局在顶层设计方面构建了全层级、全系统、全覆盖的组织管理体系,集团公司、子分公司、项目部三个管理层级分别成立了资金自平衡领导(工作)小组,各单位主要领导为第一责任人,各业务系统协同配合实施资金自平衡管理,确保自平衡管理落实落地,在职责分工上三个管理层级各有侧重。集团公司是资金自平衡管理的总控层,主要负责构建、完善全集团资金自平衡管理系统,对集团整体的资金收支进行管控和筹划,拓展融资渠道,适时提供资金支持,确保集团层面的资金链安全。三级工程公司是资金自平衡管理的主责层,主要负责根据本公司工程项目的特点细化资金自平衡管理要求,推动所属工程项目开展资金自平衡管理,从公司层面对所属工程项目资金收支进行平衡与匹配,根据项目需求进行资金调剂,实现公司层面的资金自平衡。项目部是自平衡管理的实施层,负责落实资金自平衡管理各项工作要求,以资金自平衡方案为抓手,在项目全周期管理中推动各业务系统融合,强化资金收支的预判、预估,前瞻性开展资金收支筹划,推动本项目实现资金自平衡。通过各管理层级各自负责体系机制有效运行,形成了上下畅通、内外协同的管理体系,从而快速构建了职责清晰、分工明确、协调顺畅的资金自平衡管理系统。

3.完善制度保障体系

针对工程项目管理周期长、过程中资金管理情况复杂的现状,中铁六局以优化整合管理资源、减少冗余管理层级和管理链条,理顺规范前后台管控职能、提升各层级资金管理水平为目的,针对企业当前资金管理现状,不断完善、优化资金自平衡管理制度保障体系。一是在现有的集团公司、子分公司、项目部三级资金管理制度体系基础上,制定了中铁六局资金自平衡管理办法,对各管理层级、各业务系统管理职责进行了明确和规范,建立工程项目资金自平衡方案编制、审批、监督、分析与考核管理体系,以制度形式构建上下协同、部门联动的工作机制,确保资金自平衡管理取得实效。二是子分公司结合自身管理实际,针对资金自平衡管理出台实施细则,对不同类型的项目分别制定工作标准和业务流程,形成科学、规范、细致、严谨的工作细则,尤其是进一步细化了资金自平衡方案的编制、审核、批准、监督等相关工作流程和相关业务部门工作职责和管理责任,确保自平衡方案有针对性和可操作性。同时,进一步细化了对工程项目资金支持的上报及审批流程。明确了要将工程项目日常资金往来和对工程项目生产经营资金支持区分开来,规范了工程项目资金支持应当进行分析的内容及公司业务部门的审核重点,工作流程及职责划分更加清晰、顺畅,为自平衡工作开展奠定基础。三是通过多种方式对资金自平衡管理理念进行宣贯,使资金自平衡理念深入人心。首先,中铁六局通过全局视频会议对资金自平衡管理文件进行了宣贯。对文件中实施背景、工作职责、业务流程、考核评价等重点内容进行了详细解读。其次,中铁六局通过网络云学堂对项目关键管理岗位管理人员开展了全员必参与、必考评的专项培训,其中资金自平衡管理作为重点内容进行了详细讲解。最后,集团公司对子分公司和重点项目定期开展资金自平衡管理工作专项督导检查,同时在各类综合、专项检查中均对自平衡工作理念和制度进行再宣贯。通过这些方式,使各层级、各系统管理人员树立了资金自平衡管理理念,明确了工作职责,为推动自平衡管理打下坚实基础。

（二）推动业务系统“四融合”,发挥资金自平衡管理引领作用

1. 推动市场开发与自平衡管理融合,源头把好资金入口关

工程项目在招标阶段为后期创造良好的经济效益和可靠的现金流是资金“开源”的基础。为此,中铁六局通过超前筹划、深度运作、严格把关,从源头提升工程项目经营质量。一是严格履行项目经营决策程序。在项目经营过程中,对可研评审、标前测算、投标评审、合同签订全过程均认真履行两级评审和集体决策程序,坚守经营底线红线,科学合理筛选投标项目,坚决杜绝先天亏损项目。二是将项目资金能否实现自平衡作为投标关键依据。在投标评审管理办法中明确“涉及垫资或变相垫资施工项目及工程进度款支付比例＜80％的项目”原则上不得参与投标。项目投标阶段,公司重点关注业主资信状况、项目资金来源、履约保证金缴纳方式、过程中资金支付比例等关键条款,从严把控资金风险,避免承揽资金风险高、大额或高比例垫资等难以实现资金自平衡的项目,从源头上把好项目资金入口关。三是不断提升标前联动效果。通过推动投标项目标前联动,努力做好优选标段的联动、工程量清单(工程数量)编制的联动、项目概预算编制的联动、重大施工方案经济比选的联动、“亏”变“盈”的联动、重大措施费的联动、合同收款条款的联动等,切实通过标前联动,提高可计量、有效益的收入组织能力,为企业增加经济效益,也为资金回流创造良好条件。

2. 推动项目责任成本管理与自平衡管理融合,确保资金支出可控

工程项目在施工过程中如果缺乏有效的成本管控,必将造成项目效益流失和资金流失。中铁六局多年来通过责任成本管理,有效地控制了工程项目成本支出,在推行资金自平衡管理以后,将自平衡管理与责任成本管理有机融合,起到了较好效果。一是提高工程项目前期策划质量。从工期安排、资源配置、工序衔接、队伍选用、资金筹划等方面下功夫,严格执行“方案决定成本”的策划

理念，注重施工组织方案经济比选，选用队伍时严格落实资金自平衡方案中的支付比例，推动自平衡管理与施工组织有机融合；不断优化施工组织设计及方案，避免过程中停工、窝工和抢工、赶工情况，杜绝隐性成本浪费；通过科学合理施工组织，提高施工组织效率，降低施工成本。二是合理编制责任成本预算。责任成本预算是项目施工过程中成本控制的主要依据，同时也是项目对外资金支付的重要依据，因此，预算是否与项目实际情况相符是预算能否充分发挥管控作用的首要条件。对新中标项目，中铁六局会在完成工地调查、市场调查和前期策划的基础上，按照工作量清单，分成本要素编制责任成本预算，保证预算科学、合理；同时，在相关管理制度中明确责任成本预算必须在项目开工三个月以内下达，确保预算的及时性；在项目施工过程中，如果工作内容、市场环境等外部因素发生重大变化则对责任成本预算及时进行修正；通过准确、及时编制项目责任成本预算和过程中动态调整，为项目降本增效提供了有力保障。三是提升过程管控效果。项目部对下达的责任成本预算按照成本要素分解到各责任部门，通过各责任部门对劳务、物资、机械等直接费用的量价双控降低直接成本，通过加强现场经费预算的管控力度，降低非生产性支出；通过施工全过程的成本管控，降低对外资金流出，推动项目实现资金自平衡。四是严格考核奖惩。中铁六局建立了完善的责任成本考核机制，每季度按完成工作量对项目进行责任成本计价和考核，考核结果与项目部全员绩效薪酬挂钩；通过及时兑现考核奖惩激励项目降本增效，确保项目实现经营目标。

3. 推动“双清”管理与自平衡管理融合，扩大企业资金来源

抓好清收清欠，确保资金来源，是实现资金自平衡的有力保障。中铁六局牢固树立“一切为双清，双清保一切”的管理理念，建立健全长效工作机制，常态化、制度化抓好双清工作。一是不断完善清收清欠管理机制，通过建立组织机构、健全责任体系、明确各层级管理职责，做到各单位主要领导亲自抓、分管领导具体抓、项目经理全程抓，形成了分工包保、各司其职的清收清欠管理局面。

二是深化“两经融合”机制。工程项目工经部门每月及时登记已完工未计量台账,准确掌握已完工未计价及已完工待清算变动情况。财务部门作为清收工作发起人,定期与工经部门分析已完工未结算状况,明确清收工作重点,制定清收工作方案,协同做好财政评审、二次经营、竣工验交等工作。同时,将清收清欠工作目标分解细化到每一个具体人员,做到压力与任务层层分解、层层传递、层层落实,不断提升双清工作效果。三是抓好在建项目验工计价和资金回收。中铁六局始终把“已完工未计量”的确权工作作为“双清”工作的重中之重来抓,做实做细验工计价和变更索赔基础资料,确保足额收回合同约定的工程预付款、备料款、施工进度款,加快收取估验工程款,积极争取超前计价收款,加快资金流入,与项目施工生产形成良性循环,确保施工生产有序推进。四是加快收尾项目清理销号,抓好收尾项目清概索赔工作,确保尽快完成末次验工计价。强化项目经理对项目收尾管理“终身制”责任,按照“谁主管谁负责,谁形成谁清欠”的原则,对每笔尾工款明确盯控责任人,下达清理回收时间。对存在的尾工、克缺整治、交验手续不全、审价分歧等问题,积极与业主沟通,组织力量专门解决,消除回款障碍。五是创新双清工作思路,对拖欠时间较长的应收款项,针对不同业主情况,充分运用经济、行政、法律和市场等手段,千方百计清欠回款。抓住国资委清理拖欠民营企业账款的时机,充分利用内外部资源和舆论监督,加强与业主的沟通、联系,推动债权清理。认真梳理长期债权现状,认真分析业主资信情况,对于资信差、恶意拖欠的业主,形成清欠方案专题研究后,果断开展法律清欠。

4.推动物资集采管理与自平衡管理融合,提升物资集采管理效能

中铁六局以降本增效为目标,积极开展物资集中采购管理。一是通过物资集采模式,扩大水泥、钢材等主要原材料采购规模,通过严格招投标管理,紧盯市场价格波动行情走势,加大与资源厂家的沟通协调力度,针对不同情况采取不同的定价机制,如参照网价或者厂家挂牌价等,就近择优选择供应商,最大化降低运输费

用，确保价格成本受控。二是推动辅助材料及零星材料通过电商平台采购。通过电商平台对合格供应商的筛选，在保证质量的前提下比选价格，择优采购，在降低成本的同时提高采购效率。三是根据项目付款能力设置差异化回款方案，加大资金较好项目提前回款力度，适当放宽回款较差在建项目及收尾项目支付条件，缓解其存量债务支付压力，帮助项目资金自平衡方案落地，保障项目实现均衡生产。

（三）合理编制资金自平衡方案，提升项目资金管控能力

1.编制项目资金总平衡方案

中铁六局对工程项目的生产经营实施目标管理。工程项目中标后，公司及时完成测算并下达项目经营责任目标。项目部根据公司下达的各项责任目标，结合施工产值进度安排，测算各年度各项费用结算负债金额，根据“以收定支”原则，测定各项结算负债支付比例及资金流出，在此基础上形成项目资金总平衡方案。对于盈利项目，确保项目全周期及各年度资金自平衡；对于亏损项目，确保实现开工初期及项目建设期内资金自平衡。

一是预测资金收入：根据各年度产值计划，产值计价率，承包合同中支付条款、支付时间、预付款条款和质保金条款测算项目全周期、分年度预计收到的工程款，扣除应上缴上级单位的管理费、预留最低资金保证金后为项目可分配资金。

二是预测资金支出：资金支出考虑各种比例型资金支出和刚性资金支出等性质，比例型资金支出包括劳务费、材料费和机械费等支出，可按照比例卡控支出；刚性资金支出包括农民工工资、职工工资、税务费用和现场经费等支出，需及时足额支付。同时考虑合同资产、存货等因素影响，测定各项结算负债支付比例，支付比例不得超过上级公司规定的上限。

2.编制项目资金分类平衡方案

项目资金总平衡方案确定后，需在人工费、材料费、机械费等分类项目间进行分配，以全周期自平衡方案中确定的分类现金流出为资金分配上限，在保证年度现金流入大于现金流出的原则下

由各部门灵活测定各项费用结算负债的付款比例和付款金额，确保支付比例总体均衡。同时要考虑各分类成本在“过程付款、封闭后付款、预留款支付、质保金返还”等不同期间的支付比例，将支付比例和支付时间准确分摊至相关年度。

3.落实资金支付条款

资金自平衡方案中的付款条件必须落实和体现在“招议标”要约及各类经济合同中，而不是通过“长期拖欠”等方式执行，不能因此影响企业的社会声誉，甚至形成诉讼风险。因此，项目部对自平衡方案中确定的付款时间、付款比例和付款方式等条款，要在统筹考虑项目所在地各种材料物资、协作队伍、机械租赁等通行的或约定俗成的市场规则基础上，与外部供应商、劳务队伍进行谈判协商，为企业争取对项目有利的合同价格和支付方案。为此，中铁六局通过大规模集中采购提升议价能力，并选择与综合实力强的物资供应商、劳务队伍建立长期合作关系，通过树立合作、互利、共赢的管理理念，以给任务、给技术、给协作等多种方式使其接受项目部的合同价格和支付方案，共同实现资金自平衡。

4.履行决策程序

项目资金自平衡方案报施工企业审定后，应当履行企业的集体决策程序后正式发布，通过正式的决策程序将资金自平衡管理的理念和意识深植于每个管理人员的心里，推动资金自平衡工作有效开展。同时，项目部要将自平衡方案进行责任分解，横向分解到各年度，纵向分解到各部门、工区（或作业队）、站、场等，并明确责任，确保自平衡方案落实落地。

（四）推动项目全周期资金筹划，实现资金管理的良性循环

1.深化工程项目全周期资金筹划

建立以“资金自平衡”为目标的工程项目资金筹划基本逻辑，将资金筹划思维从“以支定收、简单向上传导压力”转换到“以收定支、先收后支、不收不支”的原则上来，注重资金筹划与“目标营业收入、责任成本目标、目标利润”等项目目标管理的紧密衔接、协调统一。资金筹划主要包含开源与节流两个方面，其中资金支付控

制是资金自平衡管理的核心。企业通过对资金支付的统筹管理，将有限的资金用在“刀刃”上，通过落实分年度资金筹划方案，强调项目资金使用的计划性、针对性和效益性，推动现场有序生产，最终实现施工生产与资金收支的良性循环。

(1)严格资金预算管理

资金自平衡管理从实质上来说，是集工程项目责任成本管理和债务支付筹划为一体的项目资金预算管理。工程项目通过资金预算管理，以现金流为“镜子”，及时暴露工程项目建设过程中存在的突出问题，为公司统筹治理和资源配置提供抓手。企业要在进一步细化、分解资金自平衡方案的基础上，针对工程准备阶段、工程初期、工程施工高峰期、工程收尾阶段的不同资金需求，对资金支付进行预估、预判，按月滚动编制资金收支预算，统筹协调各种资源，减少浪费，严禁无预算使用资金，不断提高资金分析预测能力，强化预算刚性执行能力，从而减少资金管理的盲目性和随意性，坚决杜绝心中无计划、收入没把握、支出没原则的粗放模式，逐步消除项目部执行力低、管理松懈、效率低下的情形。

(2)提高资金使用效率

项目部将有限的资金根据不同时点的主要需求在材料款、劳务费、机械租赁费、现场经费等款项间区分轻重缓急进行支付，掌握支付节奏，提高资金使用效率，从而保证现场施工有序推进。同时，工程项目通过加强施工组织能力，不断优化施组方案，合理安排施工生产，及时计量、确认工作量，快速回笼资金，由此在施工现场形成“施工生产有序推进→快速收回资金→资金支出均衡合理→施工生产有序推进”的良性循环。

(3)控制债务支付风险

项目部在过程中严格按照自平衡方案及相关合同控制债务支付比例，不得突破。在做好付款控制的同时，也要把好结算关，严格控制超定额数量计量、违规劳务结算、超合同范围和超定额数量供料以及窝工、抢工、阻工、返工、“撤场经济”等现象，严肃结算纪律，增强契约精神；同时，做好对合作方的主动服务，降低心理预期，取得理解信任，从源头降低债务风险。

(4)推动资金集中管理

中铁六局高度重视资金集中工作，通过中国中铁内部账户、银企直联和间接资金集中多种方式努力实现工程项目银行账户资金集中，充分发挥资金沉淀效应，提高资金使用效率。对于资金充裕的项目，公司通过激励政策导向和债务支付卡控，为公司贡献现金流。项目部根据资金状况，合理使用其他支付方式，如通过开展电子承兑汇票、云信和供应链金融等支付方式做大“资金池”，延缓资金支出，缓解资金压力。

2. 提高公司资金调剂能力

中铁六局建立了公司层面资金筹划机制，加大资金集中管控力度，加强项目债务集中管理，提升资金内部统筹调剂能力，做好公司层面资金自平衡工作。一是全面掌握所属工程项目双清动态，及时掌握所属工程项目的施工进度与资金到位情况，专人盯控重点工程项目双清工作进展，积极推动双清工作，为统筹管理资金努力“开源”。二是不断优化工程项目资金计划及拨款审批制度，提高工程项目结算负债集中统筹管理力度，在不推高债务风险的基础上延缓对外资金支付，缓解资金压力。三是做好在建项目之间的短期资金调剂管理，提升资金在公司内部循环的速度和流畅度，提高资金运营效率。四是设立资金池，做好短期融资统筹规划。在推进银行承兑融资基础上，发挥商业承兑汇票低保证金的优势，加大商业承兑支付比例，尤其是针对老项目、账龄较长的债权、物贸欠款等，加大商业承兑运用筹划，合理审慎使用应付账款保理、融资租赁等供应链融资产品，延缓资金支付，做大资金池。

(五)完善自平衡管理支撑体系，保障资金自平衡管理系统高效运行

1. 建立非自平衡救助体系

工程项目受到建设周期长、内外部环境复杂等多种因素交织影响，在实施资金自平衡管理的情况下依然有部分项目在过程中

难以实现自平衡，甚至少数亏损项目最终也无法实现自平衡。对这些项目，公司在资金短缺原因分析清楚、管理责任明确的基础上适时给予资金支持，保障现场实现均衡生产。为此，中铁六局建立了对项目资金缺口进行救助的管理流程和集体决策程序，针对项目资金缺口，必须分清是“时间性缺口”还是“永久性缺口”。“时间性缺口”是项目实施过程中暂时的周转性缺口，“永久性缺口”则是项目经营亏损导致的资金缺口。对“时间性缺口”资金支持要明确还款期限，相关责任人要背书承诺到期归还；对“永久性缺口”必须分清资金短缺的管理责任，对应承担管理责任的人员在进行责任追究的基础上方可给予资金支持。通过履行资金支持的决策程序，分析原因、厘清责任，倒逼项目管理者履职尽责，形成高度适配、权责统一的激励约束机制，从而促进项目整体管理提升。

2. 合理运用金融工具

中铁六局在全面推进资金自平衡管理的基础上，积极拓展融资渠道，采取灵活有效的金融手段和金融工具，合理筹集资金，作为自平衡管理的有益补充，增强了公司资金调剂能力。一是合理运用金融工具，通过资产证券化、应收账款保理等业务拓展流动资金来源。2021 年，中铁六局积极与各类金融机构、中铁资本、中铁信托等单位合作，灵活运用各类供应链金融工具，拓展融资渠道，在控制综合费率的基础上，通过应收账款保理及资产证券化业务，为重点工程项目顺利推进提供了资金保障。二是实行债务集中管理，提高各单位办理票据额度，通过合理使用银行承兑票据及商业承兑汇票对外支付，在提高全局资金存量的同时延缓债务支付，缓解资金紧张导致的暂时困难。三是合理、审慎运用应付账款保理业务，缓解短期内资金压力。在合理控制风险的前提下与债务方充分沟通，与商业银行、中铁保理等单位合作，通过办理应付账款保理，延长资金支付期限，加快资金周转，提高资金使用效率，提升债务风险管控能力。

3. 健全监督及考评体系

完善的监督考评机制是资金自平衡管理工作得以落实的重要

保障。中铁六局通过监督检查与考核的结合，推动子分公司和项目部自平衡管理工作取得实效，逐步消除各单位制度失灵、管理失控、效率低下等现象。一是建立季度总结通报制度。子分公司每季度对公司整体及选定的重点项目“自平衡落实情况、存在问题、经验做法和有关意见建议”等进行总结上报；集团公司对子分公司的执行情况进行审核汇总，对推动落实较好及较差的单位进行通报，促进整体提升。二是通过资金救助申请对非自平衡项目的情况进行把握，要求非自平衡项目在上报资金救助申请时要对自平衡开展情况、资金缺口产生的原因等情况进行详细分析，促进自平衡工作的开展。三是定期不定期对各单位资金自平衡工作进行检查，并将资金自平衡管理纳入财务监察、经济活动分析及各项财经检查中，对发现的问题要求及时整改，形成闭环。同时，在检查过程中与被检查单位对执行过程中存在的疑惑和问题进行沟通交流，通过答疑解惑来宣贯文件，推动自平衡管理工作与实际工作紧密结合。四是建立考核机制。将子分公司、项目部的资金自平衡工作纳入考核体系，合理设置考核指标，原则上，项目经理、书记30％兑现(绩效)薪酬与资金筹划工作成果、救助资金是否按期收回挂钩。通过考核机制，建立责权利清晰的资金管理体系，激发正向激励机制。

三、建筑企业集团以财务价值创造为导向的资金自平衡管理实施效果

中铁六局通过构建资金自平衡管理系统，明晰各层级前后台职责分工，加强后台管理、前台控制措施，发挥资金自平衡管理引领作用，强化工程项目全周期资金筹划，提升资金运营管理能力，带动项目管理整体提高，价值创造成果日益凸显。

(一)提高了资金统筹管理能力

一是提升了清欠效能。公司通过明确双清工作目标，压实双清工作责任，定期通报双清进展，适时开展双清工作督导等手段措施，取得了较好的清欠效果，提升了清欠管理水平。2021 年，集团

公司累计收回资金 335 亿元，较上年的 313 亿元增加 22 亿元。二是推动了资金预算管理与施工生产的紧密融合。通过自平衡方案的制定、审批与分解落实，提升了资金预算对整体及分阶段资金收支的预测、管控作用，同时通过在施工过程中根据项目实际情况进行动态调整，充分发挥了资金预算管理的前瞻性和针对性，有效提升了资金预算的管控效果。2021 年中铁六局实现经营性净现金流量 4.95 亿元。三是增强了项目风险防控能力。各工程项目在细化自平衡方案的基础上，将资金收支筹划与现场施工生产紧密结合，有效保障了施工生产的顺利进行，避免了停工导致的成本增加、资源浪费及对企业声誉造成的影响，保障了重点工程项目均衡生产，按时兑现节点工期。2021 年下半年，南沙港、丰台站等一批重点项目在资金高度紧张的情况下，依然完成了保工期节点的任务；同时，对静兴、宜彝、成自、和邢等项目在履行决策程序后进行了资金支持，保障了重点工程项目均衡生产，兑现节点工期，截至目前，各项目均按照明确的还款时间如期归还借款。

（二）增强了企业核心竞争能力

中铁六局通过加强资金自平衡管理，缓解了企业资金紧张的局面，提升了项目经营管理能力，增强了企业的核心竞争能力。一是通过资金自平衡管理与业务管理深度融合，实现优化资源配置，高效兑现合同履约，彰显了企业管理水平，提升了对外营销竞争力，以此带动了企业双清管理、物资管理、责任成本管理等模式不断优化，形成了推动企业发展的高效运转机制。二是通过开源与节流并重的自平衡管理，强化了以项目为起点的现金流管理，明确了各层级管理责任，形成高度适配、权责统一的激励约束机制，倒逼各层级管理者履职尽责，以此推动项目全周期高效运转，促进整体管理提升。三是围绕“一切工作到项目”的总基调，改善了粗放管理模式，企业管理聚焦到工程项目，以资金管控为抓手，通过资金的流动，引导了企业动态管理和资源的有效配置，实现了工程项目管理从结果考核向过程管控转变，保障了施工生产顺利进行，提升了企业管理能力和履约能力。

（三）提升了财务价值创造能力

中铁六局通过综合运用自平衡管理理念，及时把握自平衡执行情况，做到及时发现问题、及时预警，实现由上而下进行财务资源配置，提升财务价值创造能力。一是通过有效发挥现金流的“晴雨表”作用，透析企业发展质量情况，警惕出现账面盈利、实际资金严重匮乏情况，确保企业现金流正向流动常态化。二是通过平衡资金收入与支出，及时采取措施应对项目资金缺口，提升了工程项目资金管理的计划性、前瞻性，避免了工程项目因资金断流导致停工，保证项目高效运转，提升企业声誉。三是通过双清管理与债务管控，严控资金支付，通过开源与节流并重，加快资金流入，均衡对外资金支出，实现资金的高效使用，减少外部融资需求，降低企业资金成本，实现企业价值提升。

（成果创造人：李密福　陈　静　张振光　栗唯铭　卢崇哲
聂克坚　成秀梅　冯普选　李　旭）

繁忙干线铁路集中修施工精细化管理

中国铁路郑州局集团有限公司施工管理办公室

中国铁路郑州局集团有限公司(以下简称郑州局集团公司)地处中原,位于全国路网中心,与北京、上海、济南、武汉、西安、太原六个铁路局集团公司为邻,管辖铁路区域横跨河南、山西、山东三省,京广、陇海、京九三大繁忙干线在此交会,是立足中原、服务四方的交通命脉,承东启西、连接南北的经济走廊,地理位置十分重要,被誉为全路的“心脏”。近年来,郑州局集团公司主动适应铁路发展形势需要,由于“牵一发而动全身”的铁路运输特点,运输安全的重要性更为凸显,对行车设备的良好运用提出了更高的要求,对行车设备较好地实施技术改造和进行大中修施工提出了更高要求。集团公司认真贯彻落实全路施工管理工作要求,创造并实施繁忙干线集中修精细化施工管理,采取了优化机构设置、加强组织领导、做好前期准备、加强风险研判、严格施工安全质量控制等措施,施工管理水平不断提升,对确保施工安全、提高运输效率发挥了积极作用。

一、繁忙干线铁路集中修施工精细化管理的背景

按照国铁集团统一部署和集团公司固定设备“一年补款,两年到平衡、三年上台阶”的工作安排,集团公司 2021 年的集中修任务前所未有,总体工作量是往年的 3 倍左右,工作量主要集中在京广、陇海、京九、侯月、新焦、新兖及焦柳等繁忙干线。随着集中修期间工作量的大幅度增加,需要不断提升作业效能,进一步确保施工安全和提高作业效率。集团公司在主要繁忙干线集中修期间实施精细化管理,主要基于以下几个方面的因素:

（一）适应设备整治施工的需要

近年来，集团公司陆续开通了普速宁西复线、瓦日线（长子南至台前北间）；高速郑焦城际、郑开、郑机城际，郑徐、郑太、郑阜、郑万等线路，同时完成了宁西、孟宝增建二线和长子、汤阴、郑州、商丘、南阳西、平顶山西、郑州北等站的站改施工。2015 年至 2020 年，全局营业线施工项目都突破了 1 万项，年均达到了10 884项，较 2014 年增加 1 043 项，增幅 10.6％，同时，每天还有近 500 项的维修作业施工（以调度所方面按供电臂、车站为单元进行统计）。在此情况下，仍然无法满足设备整治的需求，超期服役的运输设备仍然有较高的数量。到 2020 年底，仅钢轨超期服役需要大修更换的就有 260.3 公里，其中陇海线 166.5 公里、京广69.4 公里、新兖线 24.4 公里。另外，车流密度较大，钢轨重伤数量也较大，据统计，焦柳线平均每公里重伤数量达 2～4 处（达到 2 处可以安排，达到 4 处必须安排）的就有 125.9 公里。

（二）适应施工管理变革的需要

一是重点施工管控的需要。近年来，集团公司重点项目、大型施工同步开工、全面开花，施工点多面广、专业交叉、施工时间跨度大，安全控制难度增加。2020 年，集团公司集中修期间的Ⅱ级施工就达 324 项，平均每个月 46.2 项（集中修 7 个月）。二是外委项目监管困难。外委施工项目种类繁多，专业跨度大，施工工艺复杂，施工时间灵活，监管难度大，特别是上跨下穿施工数量多、难度大、风险高，挑战巨大。三是夜间天窗风险较高。普速线路新菏线下行天窗、京广北线新乡至安阳站间的上行天窗在 18:00—次日 6:00时段，夜间时段作业占全局普速线路施工量的 20％左右。夜间运输设备的维修施工，不但作业效率不高，且打乱了作业人员的作息规律，劳动安全压力大，易发生安全事故，需要对运输设备进行集中整治，进一步保证设备质量，缓解夜间作业压力。

（三）适应运输精细调整的需要

随着铁路运输进一步走向市场，客货运输随着市场的需求和变化进行调整，天窗也伴随着运输市场进行调整，加之临客的加开以及军运、特运、大量高等级货物班列的开行，取消天窗和压缩天窗作业时间的现象越来越多。另外，由于国家加大“公转铁”措施的不断深化和落实，货运形势也是呈现向好的态势，在图列车对数不断增加，因天气变化、设备故障、卸车积压等局部梗阻导致大范围车流积压的问题也时有发生。为确保运输畅通，国铁集团也是在不断调整优化施工管理方式。

(四)适应垂直天窗施工的需要

设备维护及施工单位对天窗时段超图需求越来越多，特别是以电务为主、工务综合利用的设备维修，每月安排约 500 次的垂直天窗。由于垂直天窗同时影响上下行线，均未在列车运行图中铺画，实际执行中不但组织难度大，而且也不利于行车安全，给施工管理带来了新的考验；另外，还有大量涉及地方的“上跨”“下穿”需要的垂直天窗，更需要繁忙干线集中修期间进行精细化施工管理。

二、繁忙干线铁路集中修施工精细化管理的主要做法

(一)优化机构完善职能，为集中修施工提供专业管理保障

施工办是集团公司集中修工作的主要管理部门，是干线集中修期间重要的协调和组织机构，主要工作是制订施工计划、审核施工方案、研究运输方案及相关工作。2020 年至 2021 年，集团公司对施工办机构设置进行优化，加强集中修的管理工作。

1. 健全施工管理机构

2020 年，集团公司结合集中修工作实际，在充分调研的基础上，对施工办的机构进行调整，印发《郑州局集团公司关于改革优化集团公司施工办机构设置的通知》(郑铁劳卫〔2020〕71 号)文件，将集团公司调度所内设施工办公室更名为施工管理办公室(以下简称“施工办”)。施工办主任由调度所主任兼任，施工办 3 名副主任按职能机构副职配备；科室设置依据作业流程设置为施工月计划科(原施工方案科)、施工日计划科(原施工计划科)、施工分析科、施工组织科(增设)，其中新增的施工组织科，主要职能重点是

施工现场的作业管控，特别是集中修期间的现场作业管控。

2. 完善施工管理职能

2020 年下半年，为进一步加强集中修期间天窗修管理职能，集团公司将安全监察室负责的天窗修管理职能及人员移交施工办，核减行车安全监察科监察（负责天窗修管理工程师）编制 1 名。天窗修管理工作包含《郑州铁路局铁路营业线施工安全管理实施细则》（郑铁办〔2013〕50 号）的修订和完善；同步，集团公司标准化规范化建设涉及施工安全管理的工作一并移交施工办。

3. 深化施工机构融合

为确保施工办内设的施工月计划科与施工日计划科工作的紧密融合，2021 年初，集团公司再次“打破”机构设置框架，将施工月计划科和施工日计划科合并，并依据区域划分为施工计划一科（管辖高铁线）、施工计划二科（管辖京广、侯日通道、太焦等线）、施工计划三科（管辖陇海、京九、焦柳、宁西等线），消除或减少月计划与日计划结合部问题，同时按集中修线别进行集中管理，为确保集中修线路施工计划质量提供有力保证。

（二）成立施工指挥机构，为集中修施工提供组织领导保障

为进一步加强主要干线集中修的组织领导，2021 年集团公司成立“一部三组”：以总经理为总指挥，分管工电、运输副总经理和总调度长为副指挥，各相关部门主要领导为成员的“集中修施工指挥部”；指挥部下设安全监督、质量监督、现场协调三个工作组。同步，建立相应的制度，为确保集中修施工任务安全、高质、保量完成奠定基础。

1. 强化领导，严格要求

集团公司对集中修施工高度重视，集团公司主要领导多次在集团公司交班会上，对集中修施工提出指示和要求，并到集中修施工现场检查调研指导施工管理、组织工作。集团公司主管副总经理及总调度长多次召集会议，专题研究施工方案，协调施工配合。集中修期间，指挥部每周六组织召开周交班会，听取一周集中修施工情况，解决重要问题，并对下一阶段工作进行部署和要求。2021 年，

集中修期间，累计解决问题50个。

2.打破壁垒，补强力量

相关业务部室抽调主管领导和专业干部组成郑州、洛阳、南阳集中修现场协调组、安全监督组、质量监督检查组，每日协调解决存在的问题，对安全关键监督检查，对施工标准进行指导规范。同时，各系统又分别采取针对性措施，强化系统方面工作。集团公司施工办每日收集整理问题库，逐日落实问题整治情况，直至问题销号，形成闭环管理。

3.强化组织，抓好落实

集团公司施工办作为集中修施工指挥部办公室，按时组织召开日交班会，收集汇总施工过程和运输组织中存在的问题，并协调解决。基层各站段成立施工领导小组，落实责任，各负其责，加强结合部控制和日常工作沟通协调；严格落实353号电报要求，加强业务外包单位管理，强化"一部三组"作用发挥和设备管理单位主体责任落实，加大对施工现场的组织盯控、协调配合力度。

（三）充分做好施工准备，为集中修施工提供技术物资保障

1.科学制订施工计划

集团公司多方筹措资金，优先保证施工方案的实施。工务、电务、供电、建设等系统，全面梳理设备大中修、基建、站改施工需求，核实集中修期间工作量，并多次召开专题会议，以"最大限度利用集中修天窗资源"为原则，研究制订集中修施工计划和安排。施工办依据国铁集团调整的集中修轮廓计划，汇集各系统施工任务，多次组织相关部室及施工单位集中编制和核审集中修计划，并将陇海、焦柳线集中修施工按线别编制图表，将线路行别、地点、时间、项目、内容、单位等要素纳入图表，保证大修、维修平行安排、互不干扰，确保集中修过程"安全可控、进度可保"。

2.加强方案审查调研

各施工单位认真开展工作量和设备状态的调查，与配合单位间充分做好技术交底，相关业务部室现场复核，准确提报施工方案与计划。集中修期间，施工办共下现场调研、踏勘30余站，以保证

Ⅱ级施工和复杂施工方案的可行性。对集中修施工方案，相关各部室进行联合审查；对集中修临时变更方案的施工，施工办到现场组织方案会，研究确定施工方案。

3. 协调增加施工机械

针对工务任务量超过施工能力的问题，集团公司积极向国铁集团工电部汇报，协调 9 个铁路局集团公司 266 台工务机械车和路用车辆支援集团公司集中修施工，并先后两次组织专题会议进行对接，研究解决问题。施工前，工务部组织对外局施工队伍进行 353 号电报等规章制度的宣贯，对 198 名工务机械车驾驶人员就“六不动车”、“两标”、防溜管理等进行专项培训鉴定，对车辆状态进行全面检查。另外，针对施工作业人员不足的问题，集团公司多渠道联系劳务公司，对接掌握其施工能力，并进行初步筛选，最终通过招标确定施工队伍。工务部等系统加强劳务人员的培训，保证集中修按期开工。

4. 保证路料提前到位

春运期间，集团公司组织预卸长轨 165 对/85.5 公里，卸道岔用料 166 组，尤其是春节假日期间，组织 4 个单位干部职工放弃休假进行预卸长轨，为大修换轨做好准备；同步还进行部分点线上的预卸道砟，为先期大修清筛地段补砟奠定基础。集中修开始后，集团公司调度所值班副主任专职负责集中修相关工作，特别是施工车辆的运行，逐列落实运行计划，及时解决问题，实现 3～4 天完成装运卸一列长轨，较以往集中修运轨周期压缩了 50%。

(四)加强现场作业控制，保证集中修施工安全和施工质量

1. 源头把控安全风险

集团公司牢固树立“安全第一”的思想，集中修期间施工任务再重，也要首先保证安全，只有确保施工安全才能确保施工任务的有序推进。为确保集中修施工安全，集团公司修订完善 353 号、50 号等施工安全管理、技术标准文件，集团公司各部门强化相关制度的落实。集团公司施工办从施工方案编制、计划审查源头入手，认

真审查把关、消除施工安全风险，加强施工安全风险研判和提示，针对施工任务较大的实际，及时提醒施工单位，统筹好安全和效率的关系，以安全为前提，不盲目抢进度。同时，各专业结合系统作业特点，有针对性地加强作业安全风险研判和提示。

2.加强施工现场盯控

保证施工质量是保证设备质量的前提和根本。为保证施工质量，集中修期间集团公司各系统从自身的作业性质和工作特点出发，采取针对性措施，从严格作业标准、推进新工艺、运用新技术等方面入手，全力保证施工安全和质量。集团公司相关各部室安排专人到现场盯控施工主体和配合各站段加强领导，干部包保与现场盯控相结合，严格按标准组织施工，卡控施工关键环节，确保施工安全。调度所严格执行“行车不施工、施工不行车”的“天窗”修制度，从施工命令的拟写、调度命令的下发、开通条件的确认、点毕首列车的放行等各环节明确要求，强化过程控制。

3.加强安全监督检查

集团公司施工办强化Ⅱ级施工现场组织协调工作，结合计划安排，优化包保人员“交路”，杜绝包保“空档”。施工包保人员加强对包保施工项目方案的研究，强化关键环节安全卡控，集中修期间，安全包保施工349项。集团公司安监室通过定人定点、落实责任，加强监督检查，加大陇海、焦柳线集中修施工日常检查和盯控力度，及时查找安全风险并及时消除隐患，督促各项安全措施和应急预案的落实，确保各项安全保障措施的贯彻落实。

4.应用新型施工工艺

一是工务、电务部联合下发《普速铁路钢轨接头无孔加紧装置和冻结接头使用指导意见》(郑工线函〔2021〕39号)，推广运用无孔加紧装置和冻结接头，解决现场重复换轨工序的实际问题，杜绝带孔焊缝的产生。二是工务部下发《集团公司工务部关于印发普速铁路精捣精测实施方案的通知》，全面施行精测精捣作业方式，各工务段认真落实，延长大机捣固质保期。三是移动闪光焊的推广运用，取代大修换轨起点道上铝热焊，共完成道上闪光焊238

个，焊接质量进一步提升。四是精准设计打磨策略，结合不同区段的钢轨廓形测量和外观状态评定，个性化安排砂轮角度和打磨遍数，通过重塑轮轨关系，达到延长钢轨使用寿命的效果。

5. 加强施工质量控制

全面推行施工质量监督检查制度，工务部制定《普速铁路工务设备修理质量监督检查管理办法》，分项目制定“质检员质量监督卡控表”，设置专职质检员，对每处施工的关键技术标准、质量标准进行全过程监督，与施工负责人共同确认开通条件，确保施工质量。发挥质检效能，工务部组建 116 人的质检队伍，全程进行施工质量监督检查，及时上报工务部，并分析整改。供电系统质检员共计参加作业 924 人次，对 462 次接触网全面检查工作进行全覆盖检查，发现问题及时整改。电务系统通过信息共享，质检人员监督检查发现的问题及时通知管内各车间进行风险提醒，防止类似问题重复发生。

(五)加强施工组织管理，提高集中修作业效率和“天窗”利用率

1. 强化运输组织保障

一是积极寻求各方支持。积极向国铁集团汇报集团公司陇海、焦柳线集中修方案，联系协调武汉、上海、西安、济南、太原局集团公司商议运输秩序调整事宜，争取理解和支持。集中修期间，根据机车、车流实际情况，密切与相邻局的联系，较好保持分界口大接大交。2021 年，日均交接客货车分别为 718.2 列、719.9 列，同比分别增加 88.2 列、89.9 列。二是积极调整运输组织。严格卡控编组站、区段站编组质量，调整机车、机班，调整部分车流迂回运输，为集中修创造条件。运输、机务、车辆部及调度所研究制定《优化郑州北、洛阳东站列车技术作业组织方案》《郑州局集团公司提高运输效率会议纪要》等运输组织措施，提高洛阳、郑州北、商丘枢纽作业效率。调度所每天结合车流实际情况，调整原经集中修施工线路车流迂回其他线路运输，减少集中修线路通过车流压力。调度所制定措施，对施工点前的惯性晚点客车进行明确，并要求各班组对惯性晚点的 9 列客车加强协调，重点组织，消除和避免客车

晚点对施工的影响。三是实施施工分号图。一方面结合运输实际安排集中修区段相关分界口货物列车停运，如，焦柳线部营口停运货物列车 11 对、太要口停运货物列车 10 对、虞城县口停运货物列车 7 对；另一方面集中修期间，集中修线路不开行天窗内的临客和旅游列车。此外，结合车流实际，合理调整集中修时段内的施工、维修天窗，如侯日通道集中修期间，调整焦柳线水运村至月山站间、新月线、新菏线的施工、维修天窗。

2. 严格落实天窗计划

一是严把日(班)计划。调度所严把日(班)计划、阶段计划质量关，严格落实天窗时间调整或取消的程序和要求，确保施工天窗正点兑现，为现场施工顺利实施创造条件。集中修期间，陇海线施工天窗兑现率完成 99.6%，焦柳线施工天窗兑现率完成 99.1%，杜绝调度责任的天窗兑现和对天窗的影响时分。二是强化组织协调。集中修期间，施工办编制集中修分区段施工计划图，图表内明确施工内容、地点、时间、单位等内容，并下发相关的机关部室及站段，为确保各项施工有计划推进提供保证。三是严控施工延点。按照国铁集团要求，持续开展施工延点追踪分析，凡发生施工延点，组织召开专题分析会，查明延点责任单位和原因，督促其迅速补强施工组织措施，必要时在全局范围内专题通报，确保施工安全有序。

3. 改进施工组织方式

一是推行“无障碍”施工组织。各系统围绕工务大修施工，加强协调配合，特别是施工前的调查，提前处理影响大型机械化施工作业的问题。电务、供电、通信、车辆、建筑等单位按照“谁的设备谁负责”的原则，及时挖探、拆除与恢复有碍施工的设备，做到应拆尽拆，进一步推进无障碍施工上新台阶，确保施工顺利进行。二是推进施工地段设备质量同步达标。工务系统根据大机清筛、大修换轨、更换道岔、大机捣固等不同项目的天窗施工，积极推进调高垫板的拆除、失效枕更换、桥隧以及岔区夹直线清筛、更换道岔前后木枕及钢轨、轨枕拔锚、补齐扣件、标志刷新、旧料回收等工作。

三是换岔机械化。各换岔工地均采用挖掘机开挖道床，推进新道岔，抓枕机配合更换岔后轨枕。四是探索使用小型机械配合道岔清筛施工，将夹直线一并纳入清筛范围，安全完成道岔清筛 75 组，弥补大机清筛的短板。五是工务部统筹安排并动态调整道砟供应计划，优化卸砟作业组织，由采石供应段整列发送道砟，设备管理单位按需卸车，提高卸砟车的利用率和卸砟的针对性，风动卸砟车运用周期由原来的 4 天压缩到 3 天。

4.综合利用“天窗”资源

以工务大修施工为主线，同步安排电务、供电、建设等系统开展施工、维修作业，实现天窗利用最大化，施工效率最大化。一是集中配置施工资源。各专业系统深入内部挖潜，优化资源配置，调剂施工人员、机具、材料等，保障施工效率和进度，确保全面完成各项施工任务。集团公司工务系统，安排郑州工务机械段 111 台大型养路机械车、35 辆轨道车、4 组长轨车，分布在集中修线路 22 个场点同步作业；供电系统抽调非集中修区段的许昌车间业务水平较高的 12 名高空人员，与维修车间和开封车间，每天使用 4 台接触网作业车、4 台车梯，开展供电段级跨车间集中修，提高作业效率。电务系统提前研判，统筹安排，跨车间调配人员满足配合施工需要，集中修期间共计跨车间调配人员 6 336 人次，保障施工组织的有序进行。二是增加养路机械进行施工。天窗时段外，相关单位结合站场条件，有计划安排大机进站场施工，提高大型养路机械利用效率，保障站线设备质量。如：2021 年 3 月份，根据圃田站站场设备整修需求，以及车流的变化情况，工务部、运输部、调度所及圃田车站积极配合，在保证安全的情况下增加 7 个大机线捣施工站线天窗。三是大力开展平行作业。各系统有针对性调整作业安排，尽量与工务大修天窗套用，开展平行作业，实现不同系统、不同类别的施工在同一区域的天窗综合利用。调度所充分结合车流及站场作业实际，最大限度满足各系统维修作业需求。四是提高天窗利用率，对部分能力紧张区段采取针对性的作业方式，如针对陇海 3 处施工给点不足 210 分钟地段，采取两端进车、跟踪续行等方式提升纯作业时间所占比重。

5.严格“天窗”分析考核

集中修期间，集团公司加大分析考核力度，为集中修的顺利进行提供有力保证。一是严格统计分析。认真贯彻落实国铁集团有关部署要求，对施工作业未兑现的施工，逐项进行统计，并要求施工单位认真分析，查明原因、落实责任，并将施工兑现情况逐日上报国铁集团。同时，编发集中修施工日报，汇总前日施工情况，收集相关部门工作情况，主要内容包括施工车辆开行、施工兑现、重点施工进度、存在问题、各部门反馈情况等。2021 年，累计编发施工日报 164 期、周报 23 期。二是严格专项考核。集中修期间，严格执行国铁集团运输调度差异化考核规定，在加大延点责任考核力度的同时，通过严格问责考核，倒逼责任单位担当作为，有效遏制施工问题的反复发生。2021 年，专题分析管内施工延点问题 9 件，同比减少 6 件，减幅 50%。三是严格考评制度。认真落实月通报、季考核、年检评。月通报：每月将施工计划兑现情况、存在的问题等内容进行通报。季考核：按照集团公司考核的规定，结合各系统的施工兑现及存在问题等情况，对相关单位（部门）进行考核，并纳入集团公司安监室季度考核通报中。年检评：每半年对相关单位和部门的天窗执行情况进行检查评比。2021 年，集团公司组织 8 人对集团公司车务、电务、工务、供电、车辆、机务、建筑等系统进行检查，累计发现和解决问题 253 个。

三、繁忙干线铁路集中修施工精细化管理的效果

2021 年集中修，运输和施工组织难度非常大。集团公司实施的施工精细化管理，克服了诸多困难，确保了施工安全的总体平稳、施工任务的较好完成。

（一）完成了集中线施工任务

通过对繁忙干线集中修精细化施工管理，进一步强化和规范了施工专业管理基础，确保了设备整治的需求。2021 年，集团公司集中修任务全面完成，大修项目任务量创历史纪录，其中更换道

岔 884 组，同比增加 338 组，增幅 61.9%；更换钢轨 505.6 公里，同比增加 157.6 公里，增幅 45.3%；线路清筛 693.6 公里，同比增加 394.6 公里，增幅 132%。

（二）提升了施工管理水平

一是施工天窗密度创历史之最。陇海线累计安排施工 1 243 处，日均安排 35.5 处；焦柳线累计安排施工 626 处，单日安排17.9 处；两线合计安排施工 1 869 处，日均安排 53.4 处。二是平均单次天窗时长创历史之最。单次施工平均给点时间 187 分钟。三是施工车辆运用数量创历史之最。支援郑州局集中修工作的有 9 个铁路局集团公司 12 支外援队伍的作业车 226 台辆、本局 343 台辆，累计作业车达 569 辆；集中修路料、施工车辆开行陇海线 1 316 列、日均 37.6 列，焦柳线 499 列、日均 14.3 列，总计 1 815 列、日均 51.9 列。四是施工力量创历史之最。工务系统集中了 43 支队伍，约 8 725 人开展集中大修，电务系统出动 21 320 人次、供电系统 2 950 人次，参与配合工务大修。同时，电务系统安排 30 个施工小组，供电系统安排 13 个施工小组开展了本专业设备的整治。

（三）保证了运输设备质量

2021 年运输设备的良好整治，彻底扭转了运输设备整治任务亏欠的现状，实现了集团公司固定设备“一年补亏欠、两年到平衡、三年上台阶”首年奋斗目标。设备的良好整治也确保了质量的明显提升，设备故障率和故障时间也得以大幅度压缩。2021 年，集团公司线路设备质量明显改善，全年累计发生设备故障 695 件，同比减少了 246 件，减幅 26.1%；累计线故延时 745 小时，同比压缩了 100 小时，减幅 11.8%，处于全路领先水平。运输设备质量的提高保证了运输效率的提高，2021 年，集团公司车辆周时 1.28 天，同比压缩了 0.07 天；列车旅速完成 41.1 公里/时，同比提高了 0.1 公里/时。线路故障延时压缩 100 小时，经测算累计减少对货车的影响 299 列，增加换算周转量 229 513 万吨公里，全年累计增加清算收入约 1 095 万元。

（四）实现了运输施工双促进

2021 年，郑州局集团公司通过繁忙干线集中修精细化施工管理，提高了集团公司施工组织管理水平，进一步提升了设备运用质量，为确保集团公司运输经营任务的完成提供了有力保证。2021 年，集团公司实现运输进款 357.24 亿元，同比增加 33.39 亿元，增幅达 10.31%；日均完成装车 7 691 车，同比增加 33 车，增幅0.43%；发送货物 17 371.0 万吨，同比增加 234.6 万吨，增幅达1.36%；发送旅客 11 173.65 万人，同比增加 1 483.21 万人，增幅达15.31%；完成换算周转量 2 568.74 亿吨公里，同比增加154.79亿吨公里，增幅 6.41%。

（成果创造人：刘　勇　董　林　尹志东　李志强　张浩民
韩培杰　王建斌　吴春生　李建功　王建超）

“以货补客”激励考核体系在基层单位的成功应用

中国铁路哈尔滨局集团有限公司劳动和卫生部

中国铁路哈尔滨局集团有限公司是中国国家铁路集团有限公司所属的国有独资企业，2015 年取得国家 5A 级物流企业资质。

中国铁路哈尔滨局集团有限公司位于全国路网的东北端，管辖范围地理坐标北纬 43°56′(斗沟子站外)至北纬 52°59′(月牙湖站，全路最北端车站)，东经 117°42′(满洲里站外国境线)至东经 134°49′(抚远站，全路最东端车站)。全年局管内最高气温41.6℃(泰来)，极端最低气温－52.3℃(漠河)，年均气温－3℃～3℃，年均降水量 400～650 毫米。

中国铁路哈尔滨局集团有限公司管辖线路覆盖黑龙江省全境和内蒙古呼伦贝尔市，营业里程 8 416.875 公里，其中高铁 1 401.132公里，占 16.6%；复线铁路 3 779.857 公里，复线率 44.9%；电气化铁路 3 232.250 公里，电气化率 38.4%。经兰棱、五常、泰来、太阳升、鹿道、阿尔山北、双城北 7 个分界口与沈阳局集团公司邻接；经满洲里口岸和绥芬河口岸，分别与俄罗斯后贝加尔铁路、远东铁路接轨。线路总延展长度 16 750.539 公里，配属机车 1 017 台，其中电力机车 272 台，占 26.7%；配属客车 4 289 辆，其中空调客车 3 938 辆；配属动车组 98 组。集团公司下设 50 个运输站段、5 个运输辅助单位、12 个非运输一级企业。

一、“以货补客”激励考核体系在基层单位成功应用的背景

1. 整体经营形势，受影响严重

2020 年初以来，全国各地旅客列车运输人数急剧下降，客流

量锐减，尤其2021年初以来，哈尔滨局集团公司管内形势严峻。旅客列车大面积停运，客运发送量急骤下滑，哈尔滨站等主要客运发送站，日均旅客发送量仅为日常的十分之一，甚至百分之一。上述情况，对集团公司整体经营形势造成了严重影响，继续按部就班、常态推进，将无法完成国铁集团下达的各项经营任务。

2.“以货补客”策略，是应对影响的必要手段

面对突发情况，为了克服和最大限度减少对经营的冲击，改善集团公司经营质量，保障职工收入，哈尔滨局集团公司围绕国铁集团“以货补客”战略方案，提出并积极推进了“以货补客”增运增收经营策略，就是以货运为主、客运为辅，通过提高货物发送量，增加货运收入，来弥补客运歉收空间，保持集团公司运输能力及运输总收入的整体稳定，从而防止企业整体经营指标大幅度下滑，进而影响职工收入。

3. 既有分配机制，不足以适应“以货补客”策略激励需要

客运和货运是铁路企业运输收入的最主要来源，哈尔滨局集团公司在各级、各项考核分配机制中，始终将客运发送人、货运发送量、客货服务质量等作为核心考核指标。但是，既有分配机制对货运、客运、安全、稳定、党建的考核激励力度相对均衡，平行发力，没有突出“以货补客”战略的重要性。为了确保“以货补客”策略落到实地、见到实效，稳住集团公司经营大盘，进一步激活集团公司发展动力，推动集团公司可持续、高质量发展，有必要出台和完善更有针对性的考核激励机制。

二、“以货补客”激励考核体系在基层单位成功应用的主要做法

进一步强化货运激励考核，是对既有考核体系的再完善、再补充，主要是对特定的环节实施精准激励、定向激励，既有考核体系中已有且能够有效发挥作用的考核激励措施继续适用。大体分为集团公司对基层单位考核激励和基层单位内部考核激励两个层面。

（一）集团公司对基层单位实施货运增量考核

1. 货物发送量增量考核

受到影响，集团公司部分旅客列车经常阶段性停运，客运收入

下滑较为严重。同时,受区域经济、公路运输等多方面制约,货物运输也面临货源不足、运量下滑的严峻考验,为有效遏制货源下滑趋势,并争取更大增量,弥补客运收入的部分亏口,真正打赢"以货补客"攻坚战,决定在货物发送量上加大考核力度,并制定了货物发送量预算考核方案。

设定四个阶梯目标,分别实施考核激励。一是确保把影响降到最低,以各单位上年同期货物发送量完成数为考核基数,当月货物发送量完成数同比每增加 1 万吨,给予第一目标激励;二是确保全年任务指标完成,以各单位当月货物发送量预算为考核基数,当月货物发送量完成数每超出预算 1 万吨,给予第二目标激励;三是努力完成奋斗目标,以各单位当月货物发送量奋斗目标为考核基数,当月货物发送量完成数每超出奋斗目标 1 万吨,给予第三目标激励。四是争取更大增量,以各单位当月货物发送量贡献目标为考核基数,当月货物发送量完成数每超出贡献目标 1 万吨,给予第四目标激励。

对当月货物发送量同比增减的单位,在站段领导班子工作绩效考核中增减 5 分;对当月货物发送量兑现预算的单位,在站段领导班子工作绩效考核中增加 10 分。

2. 集装箱增量考核

一是设置集装箱兑现预算考核:以各单位当月集装箱日均装车数预算为考核基数,当月集装箱日均装车完成数超预算目标时,按每超 1 车给予 1 000 元激励;二是设置跨局敞顶箱增量考核:以当月各单位跨局敞顶箱预算目标为考核基数,当月跨局敞顶箱日均装车数超预算目标时,按每超 1 车给予 500 元激励。按月度考核结果实施激励。

3. "全程铁""水转铁"增量考核

为鼓励站段延长货物运输半径,争揽集港转全铁直通运输货源,从而提高运输收入,对各单位"全程铁""水转铁"增量进行考核激励。以月度为考核周期,一是各单位当月进关车数较去年同期每增加 1 车,激励百元;二是各单位当月进关货物全程运距较去年同期每增加1公里，激励百元。

4. 项目开发成果考核

为鼓励各单位在品类项目开发上作出突出贡献，在增运增收上取得明显效果，对各单位组织开发的公转铁、散改集、港前仓、厂外仓、班列项目，以及其他自主研发的创新性物流项目进行考核激励。以季度为考核评定周期，按照新增运量、收入、盈余、示范性等评判标准，由攻关领导小组对项目开发成果进行综合评价，依评定等级分别给予不同标准的激励。

5. 货运营销工作质量考核

为进一步促进站段货运营销及服务质量提升，对各单位货运营销工作中存在不作为、懒作为以及推诿扯皮等问题纳入倒查考核。客户（企业）未通过站段直接向集团公司申请货运项目，并反馈站段在货运营销工作方面存在不作为行为，经倒查核实责任认定为依据。以月度为周期，将以下情形纳入绩效考核：不主动对接市场、主动营销造成应争未争、应铁未铁，导致货源流失的；对客户提出的货运议价事宜，含糊其词答复客户，有意推诿、故意拖延的；对客户提供的资料不认真调查核实产生偏离度较大问题的；在货运议价方面存在其他不当行为造成不良反馈的，视情节轻重，按每件次实施考核。

6. 装卸车考核

以月度为周期，实施考核。一是效率考核，对集团公司所属十个车务段和绥芬河站等三个直属站，按照不同区域分为两组，分别实施站线平均停留时间同比压缩激励和专用线平均停留时间同比压缩激励，同比每压缩0.1小时，即给予一定数额的激励。二是卸空车考核，主要是对集团公司调度所的考核奖罚。每日卸空车，以应卸车数为基准，按每超欠1车，即给予考核增减奖罚。三是闲置空箱卸车考核，主要对各集装箱办理站、存放站，以及集团公司调度所进行考核。对闲置空箱组织卸车落地，加速车辆周转，以各集装箱办理站、存放站查定卸车能力为基数，每日完成卸车基数时，只激励卸车站；每超过卸车基数1辆时，分别激励卸车站和调度所。四是压减不良车考核，主要对集团公司所属海拉尔车务段等三个单位实施：①每日以海车 5 辆不良车为基数，每少（多）1 辆，奖励（扣罚）单位一定数额的绩效工资；②每日满洲里站到达并利用装车消化不良车 1 辆，奖励单位绩效工资；③每日齐齐哈尔车辆段满洲里运用车间入段并修复不良车 1 辆，奖励单位绩效工资。

7. 集装箱运用效率考核

集团公司按各站段工作量大小为标准，将 13 个货运站段分成 2 组，13 个站段共同参与分组考核，当月内没有产生在站超 30 天大点箱时，给予考核激励。

8. 分界口交车考核

为进一步畅通局间分界口，提高沈阳局集团公司和进关方向移交车总量，为后续装车上量释放空间，决定在分界口交车上加大考核力度，对调度所、相关车务站段、机务段进行考核：①车流迂回运输考核。因分界口通道能力不足、移交车流晚点、接运机车不足等情况，组织利用平行通道迂回运输交车，按每列激励迂回车流编组车站。②机车折返组织考核。因分界口接运机车不足，组织机车紧交路、立折（站折）、向中间站送移交车流等，按每列给予相关的机务、车务单位绩效激励。③排车压量考核。因分界口接运机车不足、移交车流晚点等情况，组织快速中转、提高技检效率、列车赶点运行等，按每列给予相关车务、机务、车辆单位绩效激励。④调度所交接车组织考核。交车组织：加强与国铁集团和沈阳局集团公司协调，加强移交车流组织，抓好接运机车交路，统筹各口通过能力，加大交车组织力度，为后续装车增收拓展空间。分别按交车总量、进关两个方向设置交车考核定量，基础分 15 分，每个方向实际完成超定量 10％及以内＋2 分，超 10％以上＋5 分；欠定量 10％及以内－2 分，欠 10％以上－5 分。交车总量定量（日均）：一季度 3 800 辆，二季度 3 800 辆，三季度 3 800 辆，四季度 4 100 辆。交进关车定量（日均）：一季度 700 辆，二季度 900 辆，三季度 900 辆，四季度 1 000 辆。交车总量或单个分界口交车辆数完成历史较高水平，每次+2分；因分界口能力不足、移交车流晚点、机车不足等，组织分界口迂回运输，每列+0.2分。因分界口机车不足，组织机车紧交路、立折，每列+0.2分。接车组织：对集团公司装车任务总体紧缺的空棚车、敞车有效运力，加强与国铁集团和沈阳局集团公司协调，加大分界口接车组织力度，满足装车需求。分别按两个车种设置接车考核定量，基础分15分，每个车种实际完成超定量10%及以内+2分，超10%以上+5分；欠定量10%及以内-2分，欠10%以上-5分。接空棚车定量(日均)：一季度180辆，二季度240辆，三季度270辆，四季度300辆。接空敞车定量(日均)：一季度800辆，二季度1 000辆，三季度1 000辆，四季度1 200辆。发生调度责任事故，取消当月调度安全指挥和分界口工作差异化考核资格。受到国铁集团书面(文电、通知、命令等)表扬或奖励，每份+5分。

9. 技术站提效考核

进一步提升局站协同作业水平，畅通主要编组站、区段站，提高作业效率，打通制约运输提效的关键节点，对相关车站外围等线、编组高质量直达列车等进行考核。①编组站、区段站外围等线考核。将五个区段站分为两组，一组：哈尔滨南站、三间房站，考核等线时间，每班未产生等线时，给予绩效考核奖励；每班产生等线时，按等线时间考核，划分为等线30分钟以内、30分钟至1小时、1小时至2小时、超过2小时四个标准，并分别给予递增式的绩效考核扣罚。二组：让湖路站、绥化站、南岔站，每班完成图定解体列车接车后，每超接一列，即实施绩效考核激励；未完成图定解体列车接车列数，每产生一列等线，即实施绩效考核扣罚。调度所按各站考核总量考核。②编开高质量列车。组织进关车流编组超出编组计划标准的远程直达列车，如成都局直达、昆明局直达等，每列分别考核激励相关编组站和调度所；配合沈阳局集疏港等运输需求，组织沈阳局车流编组超编组计划的直达列车，如灵山图定3列，实际5列，或按到站品名整列直达列车，如金港粮食专列等，每列考核激励相关编组站。

10. 机车运用提效考核

充分挖掘机车运用潜力，创新机车运用方式，全力保障货运增量运输动力供应，对作出突出贡献的机务段机车、机班进行奖励。①和谐机车逆向牵引考核。和谐机车逆向牵引（枢纽区段、具备换向条件未执行换向的除外），按每列（次）给予相关机务段绩效激励，图定补机单机逆向返回时除外。②开行超重列车考核。按18点报告G2CB报表统计数据，每超重100吨分别激励相关机务段、调度所。③内口机车紧交路考核。组织电力、内燃机车站内折返（站通），按每台次给予相关机务段、调度所考核激励；对紧交路机车，压缩库停20分钟及以上，按每台次给予相关机务段考核激励。

11. 综合保障质量考核

为提高后厂设备质量、机车运用管理等系统综合业务保障水平，为货运增量工作提供强有力的基础支撑，对相关系统单位根据工作质量情况进行考核奖励。对设备管理单位，根据设备故障发生数与去年同期比较，每季度按下降比例给予阶梯式一次性激励，定期考核清算。对运用和设备综合保障单位，根据增量保障质量情况，纳入运输站段领导班子工作绩效考核。

（二）集团公司对车务单位实施运输总收入贡献考核

进一步强化"以货补客"战略。集团公司在实施货运增量单项考核激励的基础上，加大对车务站段运输总收入贡献的考核激励力度，将考核贡献率加分额度由每月15分增加至30分，对月度完成本单位运输总收入预算的单位，按各单位对全局运输总收入的贡献率，给予考核加分激励，即：单位月度运输总收入贡献加分＝单位月度运输总收入完成值÷集团公司月度运输总收入完成值×30。

同时，按照各单位完成运输总收入与预算目标比，另进行增减考核。即：年预算在50亿元以上的单位，较预算每增减1%增减0.25分；年预算在50亿元以下30亿元及以上的单位，较预算每增减1%增减0.22分；年预算在30亿元以下15亿元及以上的单位，较预算每增减1%增减0.15分；年预算在15亿元以下8亿元及以上的单位，较预算每增减1%增减0.10分；年预算在8亿元以下的单位，较预算每增减 1%增减 0.05 分。

（三）货运营销人员市场化考核

在既有考核分配机制的基础上，重点强化对货运市场营销分中心相关人员争揽货源的定向激励，推进实施市场化薪酬考核机制，通过宽带薪酬和“基础＋绩效＋突出贡献”的考核激励方式，提高营销人员闯市场、创效益的动力和活力。分配原则：坚持“多争多得、以果定收”的原则，实施宽带薪酬和差异化绩效联挂考核激励。坚持“绩效收入不封顶”的原则，突出绩效考核和突出贡献的激励作用。坚持统筹年发送量和收入、年度预算和同期比较、基础货源和增量货源以及专项考核指标的原则。

1. 考核分配模式

档案工资封存，实施宽带薪酬，实施“基础＋绩效＋突出贡献”，按照岗位序列、分级管理、晋级考核和指标综合考核的分配模式。①划分岗位序列，将各货运分中心，按照行政管理人员、综合分析人员、市场营销人员划分岗位序列，其中，市场营销人员（客户经理）岗位序列按五级进行星级划分管理，根据实际情况确定各岗位序列、不同层级的基础工资标准，原则上营销人员起步星级为一星级。同一序列层级为同一基础工资标准。②基础工资设定，一星级市场营销人员月度基础工资采取年度评定的原则，最高值不超过本单位上一年度剔除集团公司表彰奖励、一次性奖励等因素后月度平均工资的 30%。层级系数的确立：原则上每上升一个层级，基础工资较下一层级提高 10%。分中心主任（正科职）系数不低于一星级市场营销人员基础工资的 1.5 倍，分中心副主任（副科职）系数不低于一星级市场营销人员基础工资的 1.4 倍，综合分析人员系数不低于一星级市场营销人员基础工资的 1.2 倍。③弹性浮动管理，营销人员基础工资层级根据营销业绩考核评定结果进行弹性浮动，每季度评定营销人员基础工资层级，并按相应层级调整基础工资标准，根据评定期内考核业绩指标的情况对基础工资进行上升一级、持平或下降一级的浮动调节。

为避免短期指标波动过大影响绩效考核结果，分中心绩效考核采取月度预支、季度考核、年度综合考评的方式。各单位根据实际情况确定预支比例，月度预先支付一定绩效工资，每季度进行绩效考核，多退少补。各站段应结合全年指标兑现情况开展年度综合考评，并纳入四季度绩效考核兑现中。绩效基数，市场营销人员绩效工资原则上不低于工资收入的70%。各层级绩效工资根据相应层级系数乘以绩效考核得分进行计算。层级系数，按照营销人员层级，设立相应绩效考核系数，其中一星级市场营销人员系数为1，每上升一绩效工资层级各单位根据实际情况相应增加系数，原则上五星级系数不高于一星级市场营销人员系数的3.0倍。营销分中心主任（正科职）比照五星级市场营销人员系数，营销分中心副主任（副科职）比照四星级市场营销人员系数，综合分析人员比照三星级市场营销人员系数。联挂指标，分中心行政管理序列和综合分析序列季度绩效考核以本单位货物发送量、货运收入、集装箱发送量作为考核联挂指标，单项指标以完成预算百分比和完成同期百分比作为考核依据。

2. 季度绩效考核

以包保区域或品类的货物发送量（基础货源＋增量货源）、货运收入作为考核联挂指标。单项指标以完成预算百分比和完成同期百分比作为考核依据。基础货源即为营销人员包保区域或品类以上年完成水平为基数，结合宏观政策调整、产业政策调整、重点企业经营状况以及当年中长协、服务保障、物流总包、量价互保和战略协议等方式锁定的货源总量；增量货源即为年度预算指标、市场预期和品类结构变化等因素下达的货源增量任务。为鼓励多增多揽货源，充分调动积极性，其中基础货源占比不低于总量的65%。各单位根据本单位货源结构特点设定基础货源和增量货源的绩效考核权重，原则上基础货源、增量货源比重在1∶1～1∶1.2之间。集团公司每季度分劈下达各站段基础货源和增量货源预算，各站段根据营销人员包保区域或品类将预算进行分劈，落实到具体项目组及个人。每季度各单位营销人员完成的基础货源和增量货源情况，由各单位成立的绩效考核领导小组进行评定，并对评定结果进行公示。为体现营销人员“多劳多得、不劳不得”，分中心人员月度绩效考核不设基础分值，以各考核联挂指标每完成预算和上年同期的百分比折算相应分数。同时各单位根据实际情况，以不低于各指标兑现预算的65%设定否决条件，即该项指标未兑现预算的65%，该项指标得分为零。分中心行政管理序列和综合分析序列季度绩效考核原则上按照货物发送量占比不低于50%的权重进行考核。各单项指标原则以预算占比不低于50%的权重进行考核。触发否决条件时，核减责任指标对应权重×100分。营销人员季度绩效考核，原则上按照货物发送量占比不低于50%的权重进行考核。各单项指标原则上以预算占比不低于50%的权重进行考核。触发否决条件时，核减责任指标对应权重×100分。

3.年度突出贡献考核

在实现集团公司预算任务的前提下，启动实施突出贡献奖励。突出贡献奖包含营销贡献奖、营销创效奖、营销明星奖三项奖励。营销贡献奖，为激励各货运站段为全局货运增收增量多作贡献，全方位提高货运营销服务，全面加强货源组织和内外协调，实现可铁尽铁、应增尽增，对增运增收表现突出的货运站段进行评比奖励。对在增运增收上取得明显效果、为全局完成全年运量和收入任务作出突出贡献的货运站段，按照运量同比增量（占比50%）＋收入同比增收（占比50%）综合排名，奖励排名前三的货运站段。营销创效奖，为推进以货补客，有效争揽公路货源，争取更大增量，争揽进关货源，争取更大增收，对各分中心项目组全铁增量贡献进行考核奖励。对在激烈竞争领域，通过“公转铁”“水转铁”，实现全铁增量、进关增收，作出突出贡献的分中心，按照进关同比增量（占比50%）＋进关同比增收（占比50%）的综合排名，奖励排名前三名的货运站段营销分中心。营销明星奖，为鼓励各单位在项目开发上作出突出贡献、在增运增收上取得明显效果，对各单位提报参评的新增公转铁、散改集、港前仓、厂外仓、班列以及其他自主研发的创新性优秀物流项目进行考核奖励。对于具有典型示范性、增量

10 万吨以上的新增公转铁、散改集、港前仓、厂外仓、班列以及其他自主研发的创新性优秀物流项目，按照示范性评价（占比 50%）＋新增运量（占比 50%）排名的综合排名，奖励排名前三名的货运站段营销分中心人员。

三、“以货补客”激励考核体系在基层单位成功应用的效果

实施进一步强化货运激励考核各项措施，充分调动了广大干部职工抢市场、揽货源、保畅通的积极性，基本实现了货物“揽得回来、运得出去”。

1. 产生的经济效益

2021 年，哈尔滨局集团公司全年完成货物发送量 20 381 万吨，同比增长 2.1%；货运收入 252.6 亿元，同比增长 3.3%。2022 年上半年，激励成效更加显著，哈尔滨局集团公司聚焦全年运输生产任务，克服了疫情影响相关企业停工停产、进口货物锐减和突发限流，以及石油、木材等重点品类波动等多重不利因素，实现了 119 天装车过万辆，完成货物发送量 10 619 万吨，完成预算的 104%，同比增长 8%，货物发送量创 10 年以来历史同期新高，集装箱发送量、日进送装车数创历史同期新高。完成货运收入141.9亿元，完成预算的 113%，同比增长 19.5%，实现“以货补客”增收 16.4 亿元。货运收入创历史同期新高，货运收入增幅全路排名第 3 位。货运总收入率达136.6元/吨，同比增加 12.8 元/吨，增幅 10.6%，增幅全路排名第 3 位。

2. 产生的社会效益

2021 年，哈尔滨局集团公司全年完成煤炭中长协运量 4 963 万吨，全力打好国家电煤保供运输、转储粮抢运攻坚战。开发“公转铁”项目 212 个，全面提升运输效率，优化京哈、滨洲、嫩林线天窗和施工组织，充分释放煤运通道能力；实行口岸宽轨重交，畅通中欧班列运输通道，全年经口岸站进出境中欧班列 4 782 列、45.9 万标箱，同比分别增长 25.8%、32.2%，为地方经济的复苏和相关战略，提供了有力支撑。

3.产生的工资增长

通过实施"以货补客"定向激励体系，有效克服了疫情影响，较好地完成了集团公司运输总收入经营目标，同时用货运的盈利来弥补客运的亏损，开拓了新的增长点，保证了集团公司工资总额结算能力，实现了职工收入的稳步增长。2021 年，哈尔滨局集团公司职工平均工资增长 4.5%。2022 年 1—7 月，职工平均工资增长 5%。这不仅提振了职工信心，还激活了企业发展动力，推进了集团公司可持续、高质量发展。

（成果创造人：潘忠锐　肖　辉　何宏飞　杨振阁　刘延生
吴　鸿　祁　宇　尹家城　张恩硕　程显亮
孙廷满　施　茁）

标杆企业建设指标体系构建与实施

中国铁路设计集团有限公司

中国铁路设计集团有限公司（以下简称中国铁设），是中国国家铁路集团有限公司（以下简称国铁集团）所属企业，前身为铁道第三勘察设计院集团有限公司（铁三院），成立于1953年，总部位于天津市，是以铁路、城市轨道交通、公路等工程勘察、设计、咨询、监理、工程总承包、产品产业化业务为主的大型企业集团，具有工程设计综合资质甲级证书，企业综合实力位居行业前列，是国家首批认定的高新技术企业。建有城市轨道交通数字化建设与测评技术国家工程实验室、轨道交通勘察设计国家地方联合工程实验室、博士后科研工作站等研发平台，获批国家企业技术中心，在高速铁路、城市轨道交通、重载铁路、综合交通枢纽、磁悬浮等领域具有核心竞争力。2017年，企业冠名“中国铁路”，明确提出“建成国际一流千亿级工程产业集团”的战略目标。2021年营业收入达到361亿元，企业净资产达到94.3亿元。

一、标杆企业建设指标体系构建与实施的背景

标杆企业建设，既是贯彻落实国家推动国有企业改革“培育具有全球竞争力的世界一流企业和做强做优做大国有资本”有关要求，也是国铁集团对设计集团公司发展寄予的厚望，更是设计集团公司自身发展的迫切需求。2019年设计集团公司明确提出“要争创标杆企业”的宏伟目标，并将《建设标杆企业实施方案研究》管理课题作为年度重点行政工作任务。设计集团公司主要领导在改革与发展工作会议上强调“各单位要切实推进标杆企业建设，对标行业、对标业务、对标专业的标杆，找差距、补短板、强弱项，深入研究

实施计划和方案措施，实现做强做优引领行业发展”。此外，党委工作报告中提出要把争创标杆企业作为设计集团公司的目标导向和价值追求，明确实施“建设标杆企业三年行动计划”。行政工作报告将“建成行业标杆企业”写入经营方针，从“在服务国家战略中当标杆、在勘察设计中做表率、在工程建设中当先行、在打造产业链中有担当、在服务‘一带一路’倡议中展作为”五个方面对创建标杆企业进行了进一步诠释。推进建设标杆企业是设计集团公司落实国家、国铁集团要求，实现转型发展的重要抓手，意义十分重大。

（一）推动国有企业做强做优，国家有要求

2013 年，国资委接连印发《中央企业做强做优、培育具有国际竞争力的世界一流企业要素指引》（国资发改革〔2013〕17 号）和《中央企业做强做优、培育具有国际竞争力的世界一流企业对标指引》（国资发改革〔2013〕18 号），并称“两个指引”，全面拉开了中央企业对标世界一流企业的帷幕。其中，“做强”主要体现在：强在自主创新上，提高企业竞争力；强在资源配置上，优化资源使用效益；强在风险管控上，提高企业整体抗风险能力；强在人才队伍上，培养素质优良企业团队。“做优”主要体现在：经营业绩优，公司治理优，布局结构优，企业形象优。

2017 年，党的十九大报告进一步提出，要“完善各类国有资产管理体制、改革国有资本授权经营体制，加快国有经济布局优化、结构调整、战略性重组，促进国有资产保值增值，推动国有资本做强做优做大，有效防止国有资产流失。深化国有企业改革，发展混合所有制经济，培育具有全球竞争力的世界一流企业”。由此标志着“推进中央企业做强做优、培育具有全球竞争力的世界一流企业”这一目标，正式上升到党和国家的战略层面。

2019 年 1 月，国资委出台《关于中央企业创建世界一流示范企业有关事项的通知》，提出力争建设一批“三个领军”“三个领先”“三个典范”的世界一流企业。其中：“三个领军”是指在国际资源配置中占主导地位的领军企业、引领全球行业技术发展的领军企业、在全球产业发展中具有话语权和影响力的领军企业；“三个领先”是指在全要素生产率和劳动生产率等效率指标领先、净资产收益率和资本保值增值等效益指标领先、提供产品和服务品质上领先;“三个典范”是指践行新发展理念的典范、履行社会责任的典范、拥有全球知名品牌形象的典范。因此,推动国有企业做强做优做大,是新时代国家的要求。设计集团公司着力打造千亿级产业集团,解决做大的问题,着力推进标杆企业建设,解决做强做优的问题,是响应国家号召、贯彻国家战略的重要体现。

(二)力促设计集团公司转型发展,企业有需要

1.践行交通强国、铁路先行的使命任务

党的十九大提出了建设交通强国的目标要求,国铁集团党组主动把握铁路企业发展定位,鲜明地提出了交通强国、铁路先行的历史使命,并确定了“三个世界领先”“三个进一步提升”的目标任务,为新时代铁路高质量发展指明了方向,在发展改革工作会议中提出要“主动把国铁企业改革发展放在培育世界一流铁路企业中去谋划,在对标中找差距、找不足,在对标中奋发有为,迎头赶上,奋力走出世界一流铁路企业改革创新发展之路”。作为国铁集团唯一直属勘察设计企业,设计集团公司在铁路事业全局中肩负着重要责任和使命,国铁集团十分支持设计集团公司发展并寄予厚望,希望作为其唯一直属勘察设计企业,能够建成行业标杆企业。

2.实现设计集团公司战略目标的有力支撑

设计集团公司第一次党代会提出“力争用10年到15年时间,打造成为以勘察设计为基础、工程总承包为核心、工程产业为驱动、多元业务为补充的千亿级工程产业集团”的改革发展总目标要求,确定了设计集团公司的行业标杆地位。而建设标杆企业,正是从设计集团公司战略目标出发,对标国内外先进企业,定目标、找差距,定措施、补短板,为推动设计集团公司转型发展,把战略宏伟蓝图变为奋斗硕果提供有力支撑。

3.提高综合管理水平的重要手段

对标管理是帮助企业改善管理、获得竞争优势和实现管理创新最行之有效的方法之一。建设标杆企业的过程,可以带动设计

集团公司借鉴领先企业的优点，开展竞争性学习；通过向业内或业外的最优企业学习，实现模仿型创新；通过持续追踪、对标目标企业，达到不断改进，最终确保自身的创新速度超过竞争对手，实现速度性优势，是提高设计集团公司综合管理水平，巩固行业地位、扩大影响力的重要手段。

二、标杆企业建设指标体系构建与实施的主要做法

（一）总体思路

应用对标管理先进管理手段，以设计集团公司转型发展建设国际一流千亿级工程产业集团战略目标为导向，对标杆、找差距、补短板，分“建体系、找差距、定计划”三步，系统、有序地开展标杆企业建设。

（二）指标体系

指标体系是衡量标杆企业建设水平的鲜明标尺，是全程、动态的衡量标准，兼具评价性和导向性特点，既与设计集团公司转型发展建设千亿级工程产业集团的战略目标相衔接，能全面反映不同阶段战略目标的实现程度，也能指明不同时期的努力方向和工作重点。按照“目标层—要素层—指标层”的总体架构，聚焦“做强”“做优”，体现“做大”，确定建设标杆企业指标体系。

1. 目标层设置

根据设计集团公司“一个目标、两个手段、三个方向、四类业务、五大区域、面向世界”的总体经营方针和“市场、生产经营、技术创新”三位一体制度建设，结合所处行业特点，融合设计集团公司改革发展总目标，确定标杆企业目标层包括“整体业绩优异、核心技术领先、人才结构合理、管理运营高效、企业影响力显著”五大目标。

“整体业绩优异”是设计集团公司建设标杆企业效果的最直接目标，反映了不同阶段的业绩水平，能够体现打造国际一流千亿级工程产业集团战略目标的推进进程以及总体经营方针的实施效果。

"核心技术领先"是核心技术水平与科技创新能力的综合体现，反映了"市场、生产经营、技术创新"三位一体中对技术创新的需求。

"人才结构合理"是转型发展进程中人力资源从数量和质量两个方面的量化体现。

"管理运营高效"是执行水平、执行效率的指标体现。

"企业影响力显著"是软实力的综合体现。

2. 要素层设置

结合行业、企业特点，聚焦设计集团公司改革发展重点，将五大目标进一步细分为15项要素。

"整体业绩优异"目标层设置总体业绩、盈利能力、资产质量三个要素，分别反映在建设标杆企业进程中取得的整体业绩、发展潜力和发展质量。

"核心技术领先"目标层设置核心技术和科技创新两个要素，分别衡量技术水平提高、创新能力增强的幅度。

"人才结构合理"目标层设置核心人才和人才结构两个要素，用以反映各业务板块的人才规模和人才构成。

"管理运营高效"目标层设置战略流程、人员流程、运营流程和风险管理四个要素，分别量化战略贯彻、人力资源配置、计划执行效率及风险防范水平。

"企业影响力显著"目标层设置品牌效益、企业文化、社会责任、国际影响四个要素，分别量化品牌影响、行为文化建设、服务社会发展以及国际影响力等综合软实力。

3. 指标层设置

围绕目标，通过对目标影响因素的分析、归纳和总结，设立65项具体指标，其中体现"做强"指标40个、体现"做优"指标22个、体现"做大"指标3个。

（三）行动目标

在服务国家战略中当标杆、在勘察设计中做表率、在工程建设中当先行、在打造产业链中有担当、在服务"一带一路"倡议中展作为。

（四）任务举措

1.加强市场开发和资产管理，推进整体业绩进一步提升

一是巩固传统市场，立足高端市场，发展规划咨询、提高铁路勘察设计利润率，开发城市轨道交通与新型市政项目，拓展公路与市政道桥项目，加强总包管理，壮大产业化，开发海外业务，积极开拓收入新增长。

二是健全完善资产管理机制，推动资产经营、资本运作业务的开展。

三是结合自身特点，规范财务管理，推动由业务管理向综合管理、经济管理转变，提高营业利润，保障净利润增长率与净资产增值率基本持平。

四是争取项目回款，降低资金垫付、占用，提高经营现金净流量；加强债权清理，降低应收账款存量，保证营业收入增长率高于总资产增长率、应收账款增长率；降低长期性应收款项和流动负债，保证各项进款以流动资产的方式结算，保持大额固定资产投资稳定。

五是严格控制投资风险，完善应急处置机制，做到事前防范，发生应急处理及时有效。严格落实债权管理主体责任，明确债权领导责任制、债权工作交接制和债权现任管理责任制。

2.加强创新投入完善创新机制，促进技术水平进一步提升

一是坚持市场、生产经营、技术创新"三位一体"机制，通过经营、市场开发争取优质项目，促进核心技术研发。加大科研成果及BIM等自有技术在项目中的应用，提升自有技术转化率；加大科技成果在工程总承包的应用，增加工程总承包中高新技术收入占比。

二是加大科技研发投入，联合建设单位、科研院所、运营单位、施工企业、装备制造企业，形成研发应用联合体，形成"产学研"一体的综合科技创新机制。

三是积极申请承担国家、行业标准的编制工作，通过计量奖励鼓励各单位承担标准的编制；加强市场经营开发，承担国家重大项

目、重大课题，不断积累项目设计、建设经验，奠定科技创新基础；加大科技创新投入，保证科技创新人财物支持。

四是提高信息化程度，构建专利研发平台机制，通过计量奖励，激励引导，激发单位和员工技术创新、专利申请热情；提高具有产业化前景的课题占比，保证转化率的落实。

五是加强创新平台建设，推进远程协同设计系统研发及推广，加大投入，带动科技创新工作的发展；考核指标与计量奖励双管齐下，保证科技开发投入目标的完成。

六是做好优秀项目梳理与筛选，及时跟踪外部奖项申报信息，合理安排申报项目，做好与外部奖项评选单位的沟通联系，积极拓展申报渠道，提高获奖概率。

3.加强骨干人才选拔培养，推进人才结构进一步优化

一是按照《中国铁路设计集团有限公司高端专家培养工作暂行办法》，首批选拔高端专家培养人选20人，成立集团公司、生产研究单位两级专家工作室，集合资源，培养院士、大师等高层次专家。

二是研究起草《中国铁设集团公司骨干人才队伍管理办法》，立足服务“人才强路”战略和转型发展，在发展涉及的重要业务领域分类分层开展骨干人才选拔培养，打造一支规模适度、门类齐全、素质一流、梯次配备的骨干人才队伍并动态保持。

三是服务转型发展，建立完善的管理人才培养机制，明确管理人才晋升渠道，着力推进经营管理人才队伍建设，打造一批适应新形势下转型发展要求的管理人才。

四是结合《中国铁设职业资格证书奖励办法》，于每年三月份下发持有执业注册证书人员奖励文件，通过动态调整奖励金额和奖励范围、对紧缺注册证书给予一次性奖励等措施，鼓励职工主动考取各类职业资格证书。

五是以打造千亿级工程产业集团为目标，以“四类业务”发展为引导，统筹推进经营管理、专业技术和技能工匠人才队伍建设，分领军人物、首席专家、专业带头人、青年拔尖人才四个层次，逐步

选拔培养1 000名左右骨干人才，通过骨干人才带动整体人才队伍建设。

4.加强流程再造和制度建设，推进运营效率进一步提高

一是以设计集团公司发展战略为指导，根据“一个目标、两个手段、三个方向、四类业务、五大区域、面向世界”的经营方针，全面开展各二级单位及职能部门发展战略研究；系统研究战略评估方法，制定适应于设计集团公司战略的绩效评估办法，确定专门部门定期根据外部环境对设计集团公司战略进行评估并及时反馈高层，形成从战略评估到战略调整的一整套制度流程。

二是对领导层执行力七条基本行为进行指标量化，结合集团公司及各二级单位领导层工作特点，制定层次清晰、操作简单、指导意义明显的评价办法，引导执行力全面提升。

三是稳步有序推进机构优化调整，按照集团管总主建、区域主战的两级管控体系原则，设计集团公司各部门按照机构优化调整方案，对标标杆企业，系统研究，加快构建运行高效、管理顺畅、职责清晰的集团化管控体系；以设计集团公司规章制度、政策规定为指导，各二级单位结合自身业务特点、人员结构特征等多方面因素，构建满足集团发展战略要求、适应自身特点的体制机制。

四是根据战略目标要求，系统制定涵盖招聘、培训、考核、绩效、薪酬等方面的人力资源保障管理办法；根据各板块业务特点，系统梳理各板块作业关键环节，规范各板块作业过程，最终针对各板块形成覆盖其业务需求、适应其业务特点的业务流程手册；各事业部、区域公司和子公司充分发挥担当精神，不等不靠，以市场需求为导向，以有利于“主战”为原则，依法合规加快推进本级管理体系建设，更好地服务市场，增强自主经营能力。

五是选择重点项目按照质量计划进行试点推进，积累经验后，不断扩大质量计划应用范围，在2021年实现全部项目按照质量计划推进。

六是推行标准化作业，实施项目绩效考核。强化质量风险控制，开展质量绩效考核。

5.加强品牌塑造和社会担当，促进企业影响进一步扩大

一是实现品牌价值增长关键是保持设计集团公司在现有运营水平下持续经营，实现净利润、有形资产持续增长，这就要求积极拓展市场，做大净资产规模，从而提升品牌价值。

二是结合“企业文化建设”管理课题成果，完善企业文化理念部分，发挥企业文化理念的核心引领作用；强化制度文化、行为文化建设，编制针对不同层级、不同岗位的《员工道德与行为规范》，并选树正面典型进行宣传。

三是充分发挥设计集团公司作为国铁集团所属企业的优势，积极承担规划研究、城市轨道交通目标市场规划研究工作，切实做好铁路、城市轨道交通前期咨询评估工作，树立市场品牌优势。

四是扎实推进“一带一路”项目工作，持续做好对外经济援助项目承揽工作。与商务部、外交部等国家部委积极沟通，获取相关项目信息，指导海外地区业务；与中远、中交、中铁、中铁建等企业构建信息分享机制，寻求项目机会；不断加强自主开发能力建设，以市场需求为导向，充分利用“一带一路”，对外援助项目渠道、资源、公共关系及经验，拓展发展空间，优化市场布局。加快属地化布局，加强分公司能力建设，持续深耕已形成规模的东南亚、东非、中东欧等地区市场，积极拓展新区域。

五是依托国家政策承担海外重大项目，积累设计、建设经验，提高在海外市场的地位和国际铁路行业的话语权；做好技术开发，以技术创新作为切入点开拓市场，在行业标准制定上奠定技术基础；加强与中咨协会沟通联系，提高国际大奖申报材料填报质量。

三、标杆企业建设指标体系构建与实施的效果

设计集团公司自2019年开展建设标杆企业三年行动，这期间2020年新冠疫情突发。设计集团公司干部员工众志成城、砥砺奋进，以无所畏惧的勇气和兢兢业业的奋斗持续推进标杆企业建设工作，并交出了一份令人满意的成绩单，标杆企业建设指标共65项，

完成指标项55项，完成率约85%。通过三年的对标建设，使得设计集团公司整体业绩持续提升、科技创新成效显著、人才结构不断优化、管理机制不断完善、企业影响力大幅提升，对综合管理水平起到了较强的促进引领作用。

（一）整体业绩持续提升

通过三年行动，设计集团公司2021年营业收入达到361亿元，是2018年142亿元的2.5倍；企业净资产达到94.3亿元，是2018年46.3亿元的2.0倍；利润总额和净利润分别达到21.5亿元和18.5亿元，是2018年14.0亿元、12.2亿元的1.5倍；合同额三年累计完成1 199.5亿元，完成率129%。成本费用利润率维持在6%以上，体现出设计集团公司成本费用得到有效控制。资产状况整体良好，不良资产比率连续三年保持在0，一直处于较低风险水平。

（二）科技创新成效显著

科技创新15项指标全部实现标杆企业目标值，超额完成率高达70%以上。创新投入占营业收入比重一直保持在3%以上，其中2020年、2021年均达4%以上；三年累计获得省部级以上科技奖达106项，其中2021年53项，创历史新高；三年累计取得461项专利，成绩斐然；专利转化率保持在9%左右，为产业化发展提供助力平台；每年承担省部级重大课题数量从2018年的10余项增长至2021年24项，在行业中的总体地位进一步提升。

（三）人才结构不断优化

开展骨干人才选拔，已选拔核心技术及核心管理人才共计约700名同志纳入骨干人才队伍；各类注册工程师占比持续提升，从2018年的18%增长至2021年21.4%，累计提升3.4个百分点；积极从基础类业务向其他业务调配资源，加快配置区域公司关键资源，推动各板块核心人才资源与业务相匹配，助力生产经营。

（四）管理机制不断完善

按照“两级管控”体系加快推进战略流程、运营流程和人员流程建设。战略流程方面，高质量编制设计集团公司“十四五”规划，并建立一套完整的战略评估与动态调整机制。人员流程方面，发布多项人力资源保障管理办法，领导层执行力评价体系基本建立。运营流程方面，成立华南、华东等总指挥部，健全各类业务生产经营管理办法，厘清生产经营组织流程。深入推进企业管理改革，“1＋N＋X”分层分类制度图谱初步成型。企业风险管理基本可控。

（五）企业影响大幅提升

积极参与国省级铁路规划项目，服务川藏铁路、雄安新区铁路建设，主持雅万、匈塞等“一带一路”项目设计，为设计集团公司在国内外赢得广泛赞誉。“ENR全球150强工程设计企业”从2018年的第57位升跃至2021年的第42位，“中国工程设计企业60强”由2018年第7位升至第5位，“中国承包商80强榜单”从未入榜单晋升至第43位。

（成果创造人：刘为群　李　刚　叶　鹏　毕海峰　焦文涛
高明明　王　俏　孙智超　张　健　李京涛
张同飞　商丽娜）

国铁企业"制衡式结构、分层式管理"创新治理机制

中国铁路广州局集团有限公司企法部

广州局集团公司是依据《中华人民共和国公司法》设立的一人有限责任公司，主要管辖湖南、广东、海南三省铁路，有京广、赣深、广深港、沪昆、张吉怀等 19 条高速铁路，京广、京九、沪昆等 24 条普速铁路；有控股(参股)合资铁路公司 29 家，一级非运输企业 17 家。截至 2022 年 6 月底，广州局集团公司总营业里程 11 329 公里，企业总资产 7 314 亿元，用工总量 15.06 万人；2022 年上半年，日均组织始发旅客列车 1 412 列（动车组 1 204 列、普速客车 208 列）、日均发送旅客 78.7 万人（最高日达 166 万人），日均组织装车 5 568 车、卸车 9 717 车、发送货物 5 209.7 万吨。公司制改革以来，广州局集团公司以改革创新的精神、依法治企的理念、现代化管理的手段，在全路率先探索实施公司治理现代化途径的基础上，进一步优化创新公司治理运行机制，加快推进新时代铁路改革步伐，推进企业治理体系和治理能力现代化。

一、国铁企业"制衡式结构、分层式管理"创新治理机制的实施背景

（一）全面深化国铁企业改革的形势需要

党的十八大以来，党中央出台了一系列重要文件，部署推进国企改革，明确公司制是现代企业制度的有效组织形式，是建立中国特色现代国有企业制度的必要条件。习近平总书记围绕全面深化改革作出了一系列精辟论述，深刻回答了为什么要全面深化改革、怎样全面深化改革等重大理论和现实问题，特别是站在时代高度，

对改革进行了多角度全方位的理论思考。改革开放是决定当代中国命运的关键一招。中央从加快国有企业改革发展、实现国有资本做强做优做大、保障国民经济持续健康安全发展出发，作出的一系列重大决策部署，对深化国企改革具有极其重要的指导意义，为全面推进国铁特色现代企业提供了根本遵循和行动指南。2020—2022年是贯彻落实国铁企业改革三年行动方案的攻坚之年，客观要求广州局集团公司必须结合公司制运行的实际情况，把深入学习贯彻习近平总书记关于国有企业改革发展和党的建设的重要论述、关于铁路工作的重要指示批示精神作为首要任务，加快构建中国特色国铁现代企业制度体系，逐渐提升路网设施、运输供给和安全管理水平，优化国铁资本布局和产业结构，促进混合所有制改革取得新进展，使市场化经营机制更加健全，国有资产监管方式更加完善，竞争性环节逐步市场化，管理和科技创新持续深化，改革发展红利充分释放，党的领导和党的建设全面加强，做精客运、做大货运、做优非运输业，全面提升广州局集团公司的竞争力、创新力、控制力、影响力、抗风险能力。

（二）加速优化现代企业制度的迫切需要

法人治理结构是现代企业制度的重要特征。为服务国家战略安排，国铁集团提出在全面建设社会主义现代化国家新征程中，铁路要率先实现现代化，要求铁路企业体制机制改革创新水平进一步提升，具有中国特色的国铁现代企业制度和运行机制全面建立。同时，根据“产权清晰、权责明确、政企分开、管理科学”的现代企业制度特征，紧密结合铁路设备联动、作业联劳、管理联系的特点，以及铁路运输集中统一指挥的基本要求，在规范有效制衡机制的基础上，进一步优化公司治理运行机制，逐步建立中国特色国铁现代企业制度，确保各治理主体权责边界明确，决策、执行、监督各环节运行顺畅，形成规范完善的管理制度、灵活高效的管理机制、优良卓越的管理效益，推进铁路管理现代化，保障企业法治化市场化运行。2018年以来，广州局集团公司及其所属非运输企业虽然全部构建了董事会、监事会、经理层等法人治理结构，公司制改革取得了重大进展，但客观地说，改革的深度还不够，董事会、总经理办公会等治理主体的权责还有模糊地方，权责边界需要作出进一步厘清；个别单位党委会、董事会、经理层等治理主体成员仍然重叠，需要进一步深度优化完善；一些规模小、人数少的二级非运输企业决策程序复杂，影响决策效率。面对新形势新目标新要求，新时代国铁企业亟须进一步加快创新体制机制，切实增强责任感和使命感，准确把握公司治理工作的定位，大力推进创新，努力实现突破，进一步构建优化国铁特色现代企业制度。

（三）着力凝聚改革发展力量的现实需要

国有企业的治理目标是壮大国家综合实力，实现和服务全体人民的利益，建立健全权责清晰的国企法人治理结构，在更大领域和更高层次上促进国有企业治理能力的提高。当前，国铁企业改革发展已进入攻坚期和深水区，系统性、复杂性和艰巨性前所未有，迫切需要我们推动国铁企业加快做强做优做大。董事会是国有企业的出资人代表，如何将资源配置好，规范董事会议事规则，加快建立适应现代企业制度的配套制度体系，确保国有资产保值增值，是重大的治理命题。在国铁企业建立外部董事占多数的新要求，就是有效规范董事会建设的一项基础性制度安排。《中共中央 国务院关于深化国有企业改革的指导意见》（中发〔2015〕22号）和《国务院办公厅关于进一步完善国有企业法人治理结构的指导意见》（国办发〔2017〕36号）要求，到2020年国有全资的公司要全面建立外部董事占多数的董事会，进一步加强外部董事的队伍建设，壮大专职外部董事队伍；要提高专职监事比例，增强监事会独立性和权威性。为贯彻落实党中央、国务院建立健全市场化经营机制、激发企业活力的决策部署，根据国铁集团关于深化三项制度改革的文件精神，广州局集团公司推行经理层任期制和契约化管理，将进一步克服企业现有用人管理弊端，贯通企业领导人员流通渠道，推动企业领导人员真正实现能上能下、能进能出，收入能增能减；同时，在公司制企业推进市场化选聘职业经理人的用人机制改革，不断完善法人治理结构，扩大选人视野、增强人才活力、发挥企业家作用，提升治理水平，调动广大职工群众干事创业的主动性和积极性。为解决改革后实际运行过程中的实际问题，必须统一思想，转变观念，着力优化创新，发扬创新精神，努力开创适应市场化运行的长效机制。

二、国铁企业“制衡式结构、分层式管理”创新治理机制的主要做法

（一）优化法人治理结构，形成有效制衡机制

1. 全面加强党对企业的领导

将党建工作要求写入国有企业公司章程，是落实党组织在公司法人治理结构中的法定地位的重要制度安排。一是推动“党建入章”确立法定地位。将党组织的地位功能、机构设置、职责分工、工作任务等重点内容纳入章程，充实章程总则，增加“党委会”或“党建工作”专章，通过将党建工作总体要求的主要内容全部以“句、条、章”等形式，写入新组建公司章程，修改完善部分所属企业章程，进一步理顺党组织关系；根据部分单位的实际情况，以最终是否能促进党建工作、促进企业发展为衡量尺度，进一步修改章程，理顺党组织关系；在集团公司本级和所属企业中修订章程，对修订的内容、范围、时间等进行了明确，进一步增强国铁资本的控制力、抗风险能力。截至 2021 年底，广州局集团公司完成了全部公司制企业“党建入章”工作，明确党组织在公司法人治理结构中的法定地位。2022 年 7 月，为贯彻《关于中央企业在完善公司治理中加强党的领导的意见》精神，从组织上制度上机制上确保党委的领导地位，推动制度优势更好转化为治理效能，广州局集团公司在修订《章程》的同时，调整了《党章》和《公司法》在条文中的先后顺序，在总则中新增党组织设立的特别条款，明确了公司党委书记、董事长由一人担任等，强化党组织的领导地位。二是建立“四同步四对接”运行机制。通过建立“四同步四对接”（即“党的建设与改革发展同步谋划、党的组织及工作机构同步设置、党组织负责人及党务工作人员同步配备、党的工作同步开展”，实现“体制对

接、机制对接、制度对接、工作对接”），进一步明确将党的领导嵌入公司治理各个环节。首先明确组织体系，切实将党建工作和改革发展工作一起谋划、一起部署、一起落实、一起检查，确保党的领导、党的建设在企业改革发展中得到充分体现和切实加强。其次，健全组织机构，合理设置党群工作机构和部门；新建或实行改组、改制、联合、兼并、混改或其他形式改革的，坚持以资产为纽带，按照谁出资、谁负责、谁管理的原则，合理地设置调整党组织。加强力量配备，所属基层党组织负责人必须具备党章规定的各项基本条件，符合新时期好干部标准和国有企业领导人员“20 字”要求，熟悉党建思想政治工作，懂生产经营管理，有带队伍的工作经历。做好经费保障，保证群团统战工作的开展，配备足够数量的党务工作人员，保障党组织的工作经费。三是落实“三重一大”研究讨论前置程序。完善决策内容，将企业发展战略、改革方案、涉及职工利益等方面的“三重一大”事项，全部纳入党组织研究和决策范围。对涉及风险性决策事项，必须开展法律风险和财务风险审查论证，并形成书面论证材料；对需要提交董事会、总经理办公会决策的“三重一大”事项，党组织重点关注“五个是否”问题（即是否符合党和国家路线方针政策、是否符合国家法律法规、是否能够实现国有资产保值增值、是否符合社会公众利益和保障职工合法权益、是否符合企业改革发展正确方向）。广州局集团公司董事会、总经理办公会严格执行“三重一大”决策制度和议事清单范围，2021 年共召开董事会会议 10 次，研究审议议案 35 个，全部通过决策；共召开总经理办公会会议 27 次，研究审议议题 99 个，全部通过决策。四是坚持党对人才队伍建设的领导。完善工资总额与生产任务、经营贡献、劳动效率增长率和 N 项关键指标联动制度，形成“全要素挂钩、全覆盖考核、全口径结算、全过程调节、差异化分配”工效挂钩考核新机制，实现职工收入增长与企业效益增长同步，劳动报酬提高和劳动生产率提高同步。市场化引进 16 名“高精尖缺”人才，在深土公司、华南监理公司等一级非运输企业探索实施岗位管理和市场化用工、分配机制，在广州南车站、广州动车段试点操作技能人才岗位聘任制改革，在电务系统试点岗位优化管理和绩效分配改革，队伍活力明显增强。

2. 推行专职外部董监事机制

一是研究建立制度。派出外部董事制度是现代企业制度的重要组成部分，通过建立派出专职外部董事机制优化董事会的组成结构是中央提出的解决国有企业董事会与经理层人员高度重合问题的基本思路，是完善国有企业法人治理结构的重要举措。公司制改革以来，为解决党组织成员与董事会、经理层成员高度重叠，广州局集团公司在全路率先推行非运输企业专职外部董事（监事）制度，先行出台了向一级非运输企业派出专职外部董事（监事）制度，实践中取得比较好的成效，实现了决策权和执行权分离，提高了企业决策水准与质量；2022 年 6 月，重新修订完善了《派出专职外部董事（监事）实施办法》和《派出专职外部董事（监事）履职评价办法》，进一步优化集团公司出资企业治理结构，扩大专职外部董事（监事）制度适用范围，精简优化了履职保障、履职评价等已另行制定的对应内容，确保了集团公司管内合资铁路公司、非运输企业全面实施专职外部董事（监事），为公司治理结构优化提供了制度支撑。二是有序推进实施。2020 年首批选取决策比较复杂、历史遗留问题较多、经营风险较大的 6 个单位试点实施专职外部董事（监事）制度；半年后对试点情况进行评估，达到预期目标后，2021 年向全部非运输企业全面实行专职外部董事（监事）制度，进一步优化所属非运输企业董事会和监事会结构（2022 年生产力布局调整，将其中 4 家非运输企业合并为 2 家，目前为 15 家非运输企业），形成有效制衡机制。在此基础上，组织有关部门摸清各级全资企业和控股合资公司章程明确的治理结构要求，以及目前治理结构现状，加快推进外部董事占多数的治理制度。三是提高履职能力。为促进广州局集团公司向一级非运输企业派出的专职外部董事（监事）依法规范高效履职，一方面通过现场观摩、集中培训、交流学习等形式，增强专职外部董事（监事）履职知识；另一方面制定发布了集团公司派出专职外部董事（监事）履职评价办法，明确履职标准和评价机制，实行年度履职评价和任期履职评价相结合的方式，加强日常考评和动态管理，促进了专职外部董事（监事）履职能力的提升。从2021年情况来看，各专职外部董事（监事）按要求积极到任职公司开展调研，以实地走访、现场察看、座谈交流为主要形式，掌握现场一线实情，收集第一手资料，为任职公司经营发展提出好的意见建议，并撰写了质量较高的调研报告20篇，进一步发挥了外部董事（监事）为任职公司出谋划策、防范风险的积极作用。

3.试点企业职业经理人制度

一是精心挑选试点企业。按照优先支持商业类子企业，以"市场化选聘、契约化管理、差异化薪酬、市场化退出"为原则，推进职业经理人制度，经过多方比选，2021年最终选取了市场化程度较高、在改革前沿阵地的所属二级非运输企业深圳铁青公司，开展职业经理人制度试点。二是建立健全"1＋5"制度。借鉴优秀国有企业职业经理人制度建设的实践经验，结合企业实际情况，经反复研究，形成了"1＋5"制度体系，"1"是《职业经理人管理办法》，该办法对职业经理人的选聘、退出、管理等进行较全面、系统的规范，"5"是《职业经理人绩效考核办法》《职业经理人薪酬管理办法》《党支部委员会议事规则》《董事会议事规则》《经理办公会议事规则》等5个配套办法。三是着力抓好"三个关键"。在人才选聘方面，通过南方人才市场平台公布招聘信息，同时在企业内部发布招聘通知，五湖四海、不拘一格招聘职业经理人。经过层层遴选，这次试点在内部产生了职业经理人，按规定签订劳动会同、岗位聘任书、经营责任状，并对其原档案进行了封存（外部产生不需要）。在管理权责方面，根据权责对等的原则，优化调整了职业经理人的岗位设置权限、人员调整权限、物资采购权限、资金支付权限、合同审查权限等，授予了职业经理人更大的经营管理自主权。在激励考核方面，实行"强激励、硬约束"的机制，职业经理人薪酬与经营业绩考核结果紧密挂钩，根据市场预测适度提高目标任务额度，实行超奖欠罚；公司其他成员薪酬考核办法由职业经理牵头制定，加大公司内部二次分配力度，取得了明显成效。

4.推进契约化和任期制管理

为全面建立健全市场化经营管理机制，2021年集团公司会同相关股东方探索在广汕铁路公司试点实施经理层任期制和契约化管理，并形成长效机制。其间，主要把握好“五个环节”：一是签订业绩责任书。由董事会授权董事长与股东推荐的经理层成员签订年度和任期业绩责任书，作为考核依据。业绩责任书明确了考核内容指标、考核指标目标值、确定方法及计分规则等。二是明确考核指标。根据岗位职责和工作分工，按照定量与定性相结合、以定量为主的导向，结合企业发展战略、经营预算、重点任务等情况，科学合理设置各聘任岗位人员年度和任期考核内容指标。三是强化过程管理。定期检查分析考核内容指标完成情况，对完成情况与时间不匹配的，督促相关人员及时采取有效措施；对因客观原因不能完成指标，或上级调整对公司考核要求的，按规定及时作出相应调整。四是组织实施考核。由董事会按照契约约定对聘任人员开展年度和任期考核，形成考核结果与奖惩意见并向被考核人反馈。考核结果与被考核人选拔任用、薪酬激励、退出解聘等挂钩。五是严格兑现奖惩。向各股东单位通报考核结果，按规定严格考核或发放薪酬奖励；因考核结果按照规定不胜任或不适宜担任现职的经理层人员，提请股东单位进行调整，及时中止任期、免职解聘。

（二）厘清治理主体权责，促进规范高效运行

1.创建清单决策机制

一是组织修订公司章程。公司章程是企业内部的宪法。2022年7月组织相关部门完成了集团公司本级章程的修订工作，对会议组织及决策流程等方面进行了优化、调整，明确了治理主体的角色定位及职权划分。修订后的章程进一步强化了党在企业的全面领导，修订后的章程条款数量由原来的83条增加到96条，并对相关的内容进行了修改，对相关的表述进行了调整，主要强化董事会建设，明确了治理主体的角色定位，明确了董事会、监事会的届期要

求，强调依法经营合规管理，对高级管理人员的范围进行了明确等。二是制定出台决策清单。2020年，广州局集团公司在全路率先建立了“清单化”决策机制，厘清集团公司各治理主体的权责边界，标明各治理主体的权限额度。实施清单决策当年，董事会决策效能提高了43%，同时增强了经理层经营自主权；2022年修订后，以清单形式明确了董事会、总经理办公会及领导人员决策事项分别为23项、32项、26项，真正实现了“分层式”管理、“清单化”决策。同时，指导所属企业根据集团公司决策清单的出台和变化，及时制定和完善相应的治理机制，厘清权责边界，提高决策效能。三是规范决策议事程序。根据国铁集团发布的公司章程范本和公司章程管理办法，在开展集团公司及所属企业公司章程修订的同时，及时组织对董事会、总经理办公会议规则进行修订完善，规范重大事项决策程序，明确决策会议组织方式，为企业决策程序提供基本遵循。四是发挥决策咨询作用。建立了董事会专门委员会制度，设立提名委员会、薪酬与考核委员会、审计和风险管理委员会，明确各专门委员会的职责、支撑部门和运行机制，为董事会决策提供支撑和保障。2021年7月，审计和风险管理委员会、薪酬与考核委员会均召开第二次会议，分别对集团公司经营业绩考核扣分项目以及所属单位存在的问题进行了分析研判，向董事会提出了加强经营业绩考核、风险防控措施等合理建议，有效保障董事会科学决策。

2.创建制度框架体系

一是完善顶层设计。按照现代企业制度建设要求，为适应董事会外部董事占多数的新机制，研究制定了制度图谱，健全以公司章程为基础的企业内部制度体系，发布了集团公司加强企业管理制度体系建设方案，明确“一个总纲、三个层级、十二项类别”制度体系框架，形成了集团公司基本管理制度、具体规章制度、一般管理制度清单，规范了体系建设工作机制。二是强化制度管理。加强制度体系的动态管理，修订集团公司企业管理制度管理办法，进行分层分类管理；推进管理制度的“立、改、废”工作，组织对各系统、各专业的管理制度进行全面梳理，2021 年按 30%的比例对 557 个制度进行了精简，着力解决现有管理制度与公司章程、议事规则不一致的问题，确保现有管理制度在公司章程的框架下运行，充分发挥公司章程在企业治理中的基础作用。公司制改革以来，集团公司机关各部门累计修订文件 300 余份，为规范公司制改革后新体制新机制运行提供了制度保障。

3. 构建业绩考评体系

一是强化导向引领。为促进广州局集团公司及所属企业治理主体严格规范高效履职，以经营业绩考核为抓手，加大治理主体的经营质量激励约束考核，进一步明确经营目标，压实经营责任，增强责任感和紧迫感。例如，2021 年围绕国铁集团“两坚守两实现”攻坚任务，加强“两坚守两实现”攻坚战专项激励，专项激励按照突出贡献、正向激励、差异考核、分档奖励的原则，在确保安全和成本控制目标的前提下，按运输总收入完成必保目标和奋斗目标分两档给予奖励。二是加强过程监控。广州局集团公司组织召开经济业绩考核专题研讨会，对国铁集团经营业绩政策全面分析研究，明确各项指标责任部门，制定完成措施。加强经营业绩指标完成情况测算，实行经营业绩考核月、周分析制度，对欠进度指标、发生考核减分指标及时提出预警，督促牵头部门、责任部门及时制定措施，确保经营指标完成进度。三是优化考核指标。坚持分类立标、精准考核，根据国铁集团最新调整的经营业绩考核办法，广州局集团公司对年度经营业绩考核各项指标以及重点任务进行分解，重点导向安全效益，安全指标、效益指标考核权重较大，明确各项指标及重点任务责任部门，压紧压实经营业绩责任。

（三）规范两级运行机制，提高合力共为水平

1. 实施权力清单管理

为贯彻落实中央深化国有企业改革的部署要求，推进法治化市场化运行机制建设，构建国铁现代企业制度，落实铁路企业市场主体地位，理顺广州局集团公司与所属单位管理关系，提高公司制企业管理效率，实现权力运行公开化，规范管理行为、防控决策风

险和廉政风险，广州局集团公司依照国铁集团的有关做法，研究制定发布了广州局集团公司权力清单以及所属站段、非运输企业、合资铁路公司负面清单，梳理出权力事项270项、禁止事项74项，为管内安全生产、经营管理等方面主动作为、规范运作提供依据和基本遵循。权力清单目录，由管理领域、权力事项、设定依据、决策形式、行使方式、承办部门、适用范围、提报方式等要素组成（其中，权力事项是指广州局集团公司行使的，对所属单位产生制约作用的事项；行使方式分为审批审核、直接决定等方式。审核审批是指各单位需要事前报广州局集团公司审批审核同意；直接决定是指广州局集团公司直接决定，不需要各单位事前请示）。负面清单目录由管理领域、禁止事项、管理措施、设定依据、适用范围、管理部门等要素组成（其中，禁止事项是指国铁集团或广州局集团公司制度文件规定禁止从事的事项，各单位严禁开展；管理措施是指广州局集团公司机关各部门按照职责分工，通过实施计划、组织、协调、控制等手段对各单位加强管控，杜绝禁止事项发生）。

2. 推进站段“两化”建设

深入推进运输站段标准化规范化建设（以下简称“两化”建设）是推进国铁企业治理体系和治理能力现代化，实现铁路高质量发展的一项重要战略决策，是国铁集团、铁路局集团公司对站段实施有效管控的重要手段。运输站段标准化规范化建设以安全质量效益为核心，在安全生产、综合管理和党的建设等方面，均设置了考核指标。广州局集团公司以标准化规范化创建为载体，抓好对标评价、强化对标创建、深化示范引领，大力夯实企业发展基础。一是强化组织领导。将站段标准化规范化建设作为“一把手工程”，广州局集团公司主要领导挂帅，各分管领导推动，各部门、站段主要负责人上手，成立工作专班，构建起上下贯通、逐级负责、保障有力的工作格局。二是设计顶层方案。聚焦“基础指标全面达标，创优指标排名靠前，入围国铁集团标杆站段数量占比10%以上”的创建目标，按照“导向创优、广铁特色、上下贯通”等原则，确定300分个性评价指标，研究制定了广州局集团公司标准化规范化建设工作方案；组织指导 66 个站段结合自身实际 100％细化了实施方案，基本完成“两单”“两书”“一卡”编修，构建起广州局集团公司“1＋6”站段标准化规范化建设制度体系。三是建立常态机制。把推进标准化规范化建设工作融入日常，抓在经常。每月，企法部汇总形成并在广州局集团公司月度联席会上通报推进情况、存在问题，并提出下一步工作要求；每季，督导站段开展自评，查找分析问题，制定整改措施；每半年，会同专业部门开展半年度考评，检验阶段性建设成效，现场指导帮促江村车站、株洲车辆段等 4 个站段研究提出改进工作措施；每年，牵头组织开展年度考评，分系统召开现场会，收集对考评指标的意见建议并分专业研究完善个性指标。四是优化激励机制。对选树为国铁集团标杆站段的，增加站段领导班子成员奖励，并分别按人均 800 元、600 元、500 元的标准增加站段工资总额；对评定为广州局集团公司达标站段的，划分两个档次，在经营业绩考核中分别加 10 分、7 分；对取消评价资格、全路排名后 10％、不达标的站段，在经营业绩考核中分别扣 10 分、7 分、5 分。五是开展达标创建。突出广铁鲜明特色，结合“五级联创”，着力开展立标打样，形成头雁效应，创造特色品牌。通过专业指导、重点培育等方式，广州局集团公司电务系统以“智能电务”为主题在广州电务段召开了广州局集团公司首场标准化规范化现场会，电务、客运、机务、工务、房建等系统也先后打造了专业特色强、示范意义大的样板站段，为推进标准化规范化建设起到了示范引领作用。

（四）深化法治国铁建设，发挥支撑保障作用

1. 着力健全法治工作体系

一是健全合规管理制度。针对公司制改革、《民法典》出台等新情况及管理需要，建立健全了严格加强合同管理十个要求、严禁违反合同管理十类规定、严禁站段单位对外开展十类事项等合规管理制度，对合同管理、重大决策法律论证、重要文件合法性审核、重要经营活动法律意见等事项进行了优化调整，使合规管理工作有法可依、有章可循。二是规范合同管理机制。全面落实合同法

律审查制度，按照国铁集团《合同审查指引》开展合同审查，最大限度防范合同法律风险。综合运用网上巡查、合同抽查、实地检查等方式，开展合同检查，及时下发通报，督促限期整改，并将检查情况纳入经营业绩考核，强化责任追究。2020 年、2021 年分别审查合同 28 074 份、23 096 份，分别涉及标的额 1 422 亿元、652.88 亿元。2022 年，截至 7 月底，已审查合同 12 959 份，涉及标的额 460.80 亿元。三是完善重大决策法律论证。推行分类论证，明确企法部为广州局集团公司本级重大决策法律论证部门，法律意见书由总法律顾问签发；广州局集团公司所属单位根据本单位法律事务管理办法开展重大决策法律论证工作。2020 年集团公司及一级非运输企业开展重大决策法律论证 1 023 项，出具论证意见书 951 份，提出法律意见 391 条；开展经营事项法律审查 1 273 项，出具审查书 831 份，提出重大法律风险意见 9 条，因法律风险问题否决经营项目 3 个。2021 年共出具法律论证意见书 761 份，其中企法部为集团董事会、总办会出具法律论证意见书 124 份，确保了依法合规决策，有效防范了经营风险。

2. 着力提升依法治企能力

坚持以习近平法治思想为指导，把依法治企摆在全局性、战略性、保障性位置来抓，推动法治广铁建设全面、系统、深入开展。一是健全领导责任体系。完善各企业主要负责人履行推进法治建设第一责任人的职责工作机制，各企业主要负责人各司其职，对重点问题亲自研究、部署协调、推动解决，把落实情况纳入领导人员综合考核评价体系，将法治素养和依法履职情况作为考察使用干部的重要内容。二是提升主动维权能力。2021 年，创建了“检监企公益诉讼协作平台”共保铁路安全新机制，广州局集团公司与广东省检察院广铁分院、广州铁路监督管理局举办了启动仪式，共同签署《关于建立公益诉讼协作配合机制共保铁路安全的意见》，三方将在铁路安全生产，涉铁环境污染、食品安全、防疫公共卫生等领域的公益诉讼开展协作，形成解决铁路安全隐患的公益保护合力，有效维护铁路运输安全，走在全路前列。2021 年 12 月，广州局集团公司与广东省检察院广州铁检分院在广州南站开展了“法治护航回家路”普法宣传活动，受到了广泛赞誉。三是推进重点领域主动维权常态化。采取协商谈判、各方签认、行政机关介入、司法诉讼或仲裁等多种法律手段，消除了损害铁路设施设备、侵害铁路施工作业等一批安全隐患。2021 年共处置安全领域主动维权12 件，结案 8 件，2022 年以来处置安全领域主动维权 10 件，结案 6 件，收回赔偿款 12 904.51 元，既维护了铁路运输安全，又对社会公众起到警示教育作用。四是健全教育工作机制。牢固树立“大普法”观念，按照“谁的业务谁普法”的要求，把普法教育与其他教育紧密结合，把法治教育课程融入各类专业教育培训，有效推进法治宣传教育工作。

3. 着力强化法治队伍素质

一是全方位设置课程。以“政治过硬、本领高强”为目标，在领导人员培训班中，统筹设置了公司制改革、现代企业制度建设等课程；在机关管理培训中，围绕推进公司制改革、加快建立现代企业制度等主题，把《公司法》、公司治理课程纳入常规培训内容，有效促进顶层设计管理人员的能力提升。二是常态化组织轮训。每年举办公司治理、外部董事专题培训班，重点对合资铁路公司及非运输企业的专职外部董事、监事等高级管理人员进行培训。例如，2021 年 7 月、2022 年 5 月分别以专职外部董事（监事）履职和 17 家企业保障工作为重点，先后两次举办培训班，每期约 30 人次，聘请广州局集团公司财务、计划、经开、物资、法律、董事会办公室等部门专家授课，开设外部董事与国企董事会建设理论及实务、决策会议组织及议题论证规范等课程，提升管理人员企业治理能力。组织开展企业之间、路内外之间的工作交流，相互学习借鉴公司治理的有效做法和先进经验，截至 2022 年 6 月，开展跟班学习交流 260 多人次，有效促进了公司治理能力的提升。三是长期性储备人才。组织所属企业公司治理、法律事务等工作人员到广州局集团公司相关部门跟班学习。2021 年 4 月组织了第二批专职外部董事（监事）到第一批试点单位粤通物流公司列席董事会观摩学习，会后开展座谈交流，快速有效提高工作能力。同时，加大调研攻关力度，针对合资铁路公司治理过程中面临的困境，围绕广深股份、广东铁路、海南铁路等合资公司经营困难现状，提出25条合资公司改善经营具体措施。针对广州局集团公司经营管理难度、任期激励机制、运输结构优化调整等重点热点项目(任务)，形成8篇集团经营专题调研、解读分析报告，为提高企业治理能力，提高企业经营质量提供有益参考。

三、国铁企业“制衡式结构、分层式管理”创新治理机制的成效

近年来，广州局集团公司持续优化公司治理机制，依法规范有效运行，取得了明显成效，得到了国铁集团和相关部门肯定，先后2次在全路企法系统年度工作会议、全路发展改革专题会议上作了经验介绍。

1.深入巩固党组织的法定地位

广州局集团公司坚持以习近平新时代中国特色社会主义思想为指导，认真贯彻中央关于深化国有企业改革的决策部署，全面推动落实国有企业改革三年行动和国铁集团有关部署要求，把党的领导融入公司治理各个环节，完成“党建入章”工作，明确了党组织是公司法人治理结构的有机组成部分，加强了党组织对企业的全面领导，充分发挥了党组织把方向、管大局、促落实的作用，党和国家的政策得到了充分贯彻落实。在完成“党建入章”工作的基础上，严格落实“四同步四对接”和“党建入章”机制，在调整运输生产力布局、推进所属企业改革时，同步加强党组织建设和工作开展；根据职业经理人制度、员工持股等改革推进情况，动态修订公司章程，确保党的领导有效嵌入企业治理各环节。

2.深度优化企业法人治理结构

近年来，广州局集团公司把完善法人治理结构作为推进企业治理体系和治理能力现代化的核心内容，按照“两级法人、三级管理”的管理构架，全面厘清了广州局集团公司、合资铁路公司、非运输企业、运输站段的管理关系，进一步突显铁路局集团公司市场主

体地位，运输站段生产作业单位作用更加明确，构建了各司其职、各负其责、科学规范、高效运转的现代企业运行机制。在广州局集团公司层面成立了董事会专门委员会，为董事会决策提供咨询；同时，在所属非运输企业全面实行了专职外部董事（监事）制度，形成了有效制衡机制。从近两年的运行情况看，各专职外部董事能迅速转变角色，尽职履责，有效发挥规范决策、防范风险、监督制衡和建言献策等作用，切实维护广州局集团公司和任职公司的利益。通过优化公司治理运行机制，明确集团权力清单及所属单位负面清单，在全部非运输企业实施专职外部董事（监事）制度，促进公司治理更加规范；通过组织 66 个基层站段开展标准化规范化建设，基层单位治理水平和治理能力得到全面提升，2021 年度共有14 个站段入选第一批重大运输站段，在全路排第 2 位。在国铁集团公布的 2021 年度运输站段标准化规范化建设考评结果中，广州局集团公司管内有 20 个站段被评为首批全路标杆站段，占全路标杆站段总数的 10.9%，在全路排名第 2 位，实现集团公司运输站段标准化规范化建设既定目标，推动站段治理能力更加科学规范。

3.深层构建国铁现代企业制度

近年来，广州局集团公司持续优化法人治理保障机制，在全路率先推动完成粤湘琼三省铁路安全管理立法，实现铁路安全管理法治化，走在了全路前列。通过大力开展普法工作，进一步形成“大普法”格局，广州局集团公司普法工作得到了各方认可，2021 年 12 月荣获全国“七五”普法先进单位荣誉称号。大力推进依法主动维权，用好诉讼保全等措施，维护国铁企业权益，截至 2021 年底结案 37 件，收回债权1.11亿元。通过任期制和契约化管理，建立了以固定任期和契约关系为基础，根据合同或协议约定开展年度和任期考核，并根据考核结果兑现薪酬和实施聘任（或解聘）的管理方式，充分激发企业领导人员干事创业动力、活力，加快培养优秀企业经营管理人才队伍，为企业改革发展提供坚强的组织保障和人才支撑。

4. 深刻激发企业发展新的活力

通过优化公司法人治理结构，释放公司制改革效果效应，逐步增强干部职工经营管理观念、法治化市场化经营意识，企业依法决策、各单位依法管理、管理者依法经营的能力水平明显提升。通过深入实施队伍提素年，激发了企业发展活力和职工队伍内生动力，特别是面对持续影响，广州局集团公司认真落实"四补"经营策略和"两坚守两实现"攻坚战部署，坚持客货齐抓、运输业与非运输业"两个轮子"一起转、开源节流双向发力，在逆境中实现经营逐步恢复，连续第 7 年完成盈亏目标。通过优化国铁资本布局，完成广东区域合资公司第一阶段重组，内设机构精简 73.7%；通过武广客专湘粤两省路地股权无偿划转，推进沪昆客专、广深港高铁路地股权调整，进一步向长大干线集中，可减亏 14.38 亿元，确保了国有资产保值增值。在经营困难的情况下，广州局集团公司广大干部职工齐心协力、鼓足干劲、挖潜提效，2021 年完成旅客发送量 4.5 亿人，同比增加 5 800 万人、增幅 14.8%；货物发送量再创 1 亿吨历史高位，达 1.16 亿吨，同比增加 300 万吨，增幅 2.65%，经营质量和效益进一步提升，实现了企业全面发展，注入了新的活力。

（成果创造人：陈少宏　唐元林　梁荣波　成　剑　王　珊
云灵童　蒋　述　聂　标　江　飞　许燕妮）

“大数据＋巡察”推动政治监督高质高效

中国铁路太原局集团有限公司党委巡察工作领导小组办公室

中国铁路太原局集团有限公司(以下简称太原局集团公司)是依照《中华人民共和国公司法》注册、由中国国家铁路集团有限公司(以下简称国铁集团)出资的一人有限责任公司。现有干部职工10万人，是全国铁路货运量最大，重载技术最先进，换算周转量、运输密度和劳动生产率最高，唯一运输主业整体改制上市的铁路局集团公司，是国家5A级综合服务型物流企业。集团公司管辖大西高铁、张大客专、郑太高铁、石太客专、南北同蒲、大秦、侯月、瓦日、石太、太中、朔准等干线和支线，总营业里程5 346公里，其中客运专线856公里，主要承担山西省的客货运输任务和周边冀、陕、蒙、京、津等省区市的部分货运任务，在全国铁路网和山西省综合交通运输体系中处于重要地位，为国民经济和区域经济发展作出了积极贡献。

太原局集团公司先后荣获“全国五一劳动奖状”“全国模范劳动关系和谐企业”“全国模范职工之家”“山西省五一劳动奖状”“山西省功勋企业”“山西省优秀企业”“山西省文明单位”等称号。

一、“大数据＋巡察”推动政治监督高质高效的背景

随着信息化时代的到来，大数据在管理方面的运用越来越广泛，对人们的思维方式、生产生活等影响越来越大。党的十八大以来，党中央对巡视巡察信息化建设工作高度重视，党的第十九届中央纪律检查委员会历次全体会议上多次强调，要“加强信息化建设，提升巡视巡察工作科学化水平”。《中央纪委国家监委信息化工作规划(2018—2022年)》明确指出“开发巡视巡察监督工具软

件，运用大数据理念，强化数据综合、统计、比对、分析，拓宽发现问题渠道，提高监督质量和工作效率”。为深入贯彻党中央决策部署，《中共中国铁路总公司党组巡视工作规划（2018—2022）》对铁路企业巡视巡察信息化建设提出了相关要求。太原局集团公司党委巡察工作于2018年启动。为认真落实党中央的统一部署和国铁集团党组的周密安排，扎实推进全面从严治党向纵深发展、向基层延伸，在政治巡察从零起步、各项工作亟待规范的情况下，迫切需要构建一套适合实际需求的巡察工作管理信息系统，运用“大数据＋巡察”的方法，进一步完善巡察体系、规范巡察标准、深化巡察工作、提高巡察质效，实现对巡察工作的统一指导、统一协调、统一督导，以信息化建设助推巡察工作规范化建设，从而推动集团公司党委巡察工作高质量发展。

（一）推进“大数据＋巡察”建设是提高巡察工作质效的迫切需求

太原局集团公司党委深入学习贯彻《中国共产党巡视工作条例》，根据国铁集团党组关于巡视巡察工作规划部署和铁路局集团公司党委开展巡察工作的指导意见，研究印发了《中共中国铁路太原局集团有限公司委员会巡察工作规划（2018—2022年）》，明确了5年集团公司党委巡察工作的总体目标、基本原则和推进方案，力争通过持续努力，推动政治巡察不断深化、巡察监督体系逐步完善、巡察任务按期完成、成果运用扎实有效、监督合力不断增强，为推进集团公司全面从严治党提供有力支撑。随着巡察工作不断深入开展，产生的巡察信息数据量越来越大，这些信息数据的梳理、筛选、连接、分析等如果完全采用人工的方式操作管理，将牵扯大量的时间精力，既影响工作效率，也会降低工作精度。同时，如果在梳理信访信件、分析谈话记录、统计调查问卷等过程中，不能充分对掌握的信息数据进行关联比对、深刻挖掘，将影响巡察辅助决策的功能发挥，逐渐制约集团公司党委巡察工作的高质量发展。因此，运用大数据技术，开发建设巡察工作管理信息系统，优化工作模式规范工作流程，促使巡察信息管理更加精细、更加有序、更加高效，已成为提高巡察工作质效的当务之急。

（二）推进“大数据＋巡察”建设是提升巡察工作规范化的内在需要

为确保各巡察组开展现场工作有章可循、有规可依，太原局集团公司党委依据《中国共产党巡视工作条例》等一系列相关制度规定，探索建立了适应自身实际需要的巡察工作规范，以及相对固定的工作流程和配套的工作模板。由于巡察组以兼职人员为主，每个人对巡察工作制度和规范的掌握程度不同，在流程的执行和工作的把握上也存在一定的差异。开发建立巡察工作管理信息系统，通过固化工作流程、统一报送格式、进行工作提示等手段，实现巡察工作全过程动态监控、全流程实时跟踪，促使各项规范、要求得到不折不扣贯彻落实。同时，利用巡察工作管理信息系统对巡察组下沉了解、查阅资料、组织座谈、列席会议、问卷调查以及个别谈话时发现的问题及时分析、筛选、加工，帮助巡察干部更加精准地锁定系统性、倾向性、普遍性问题，有针对性地分析问题线索、选择谈话对象、深入推进巡察，为巡察组坚持问题导向，持续深挖细查、深入梳理总结打下了扎实的基础。

（三）推进“大数据＋巡察”建设是督导巡察整改落实落地的强力抓手

发现问题是巡察工作的生命线，解决问题是巡察工作的落脚点。被巡察单位收到反馈意见后的集中整改阶段，需要报送党组织整改工作方案、整改问题阶段推进情况、整改措施具体执行情况，以及集中整改期过后未销号问题延期整改的进展情况等材料。通过对突出问题整改落实情况的审核，可以看出党组织负责人是否自觉履行第一责任人责任、其他领导班子成员是否认真履行“一岗双责”、整改重点是否聚焦班子、整改措施是否高效易行并建立长效机制等。为了能在最短时间内掌握被巡察单位实际整改情况，及时加强针对性督导，需要借助巡察工作管理信息系统，分阶段分项目完善巡察整改反馈，强化巡察整改督导，定期进行特色做法的梳理总结，及时纠正巡察整改工作中存在的问题，推广富有实效的经验做法，提高巡察整改的整体质量，持续拓展巡察工作的成效。

（四）推进“大数据＋巡察”建设是强化各方监督协调联动的有效手段

赵乐际同志在十九届中央纪律检查委员会第四次全体会议上强调，要建立巡视巡察机构与有关部门的协作配合机制，加强与组织、审计、信访等部门的协调协作。巡察工作管理信息系统的开发建设，能有效推动巡察监督与纪律监督、审计监督、财务监督、专业监督的贯通融合，充分发挥实时互联互通以及“大数据”分析整合作用，提高巡察监督的针对性和精准度；将巡前和巡中了解到的情况，通过系统进行有序存储，也为后续研判政治生态、动态调整监督重点提供了参考依据；巡后将发现问题系统梳理，及时反馈给分管领导和有关部门掌握情况，推进系统整改，在保证巡察任务高质量完成的同时，打通与各方面监督的内在联系，进一步发挥政治巡察的综合监督作用。

二、“大数据＋巡察”推动政治监督高质高效的主要做法

为深入落实中央关于巡视巡察工作规范化、信息化建设总体部署和国铁集团党组“一轮比一轮好”的要求，太原局集团公司党委坚持在工作方式方法上积极探索创新，把推进巡察工作信息化建设作为规范巡察工作、提高巡察质效的重要抓手，结合集团公司党委巡察工作实际，创新运用“大数据＋巡察”手段，开发运用了具备巡察现场数据采集、信息综合查询导出、实时数据统计分析、原始资料关联归档、文件模板综合查阅、巡察信息实时互通 6 大功能的太原局集团公司党委巡察工作管理信息系统，该系统以前两轮巡察实践为框架和模型，从 2020 年第三轮巡察开始运用，经过后续多轮巡察实践优化后，各项功能已基本成熟，为进一步提升巡察工作的规范性、精准性、科学性，提高巡察监督质量和工作效率提供了有力有效的平台，为巡察工作高质量开展拓展了更多元化的思路，具体的做法初步梳理为以下四个方面：

（一）统一领导，科学谋划

太原局集团公司党委扛起主体责任，坚持统一领导，把巡察信息化建设作为推动巡察工作高质量发展的着力点，统筹谋划，高标推进。一是增强政治性。系统的开发建设牢牢聚焦巡察发现问题这条生命线，紧密结合太原局集团公司党委巡察工作信息化建设的总体思路，进行统筹谋划；紧密围绕现场巡察过程中巡察问题的规范处置，搭建构架、设置模块、梳理流程，为巡察工作规范化建设提供了信息化的管理平台。二是增强系统性。结合问题录入、初审、提交、审核、纠偏等程序，在系统中对应开放了巡察组员、信访专员、巡察组长、党委巡察办四级用户权限。党委巡察办用户主要对各巡察组提交上来的下沉了解、非下沉了解、信访举报和问题底稿等数据进行审核管理以及对系统进行日常维护；巡察组组长可以审核管理本组组员提交上来的数据信息，组长审核通过后再提交党委巡察办角色；巡察组组员角色主要是录入本次巡察过程中产生的数据，且只能查看个人所录入的数据。三是增强安全性。依托铁路内部专网平台，系统登录实施“本机硬件地址＋硬件密钥＋授权认证”三重验证机制，信息数据全部加密传输，为安全高效开展巡察工作提供了保障。四是增强时效性。通过实时汇集巡察现场各项数据，及时跟进巡察任务开展进度和各种具体问题线索、信访举报等事项的了解进程、办理状态情况，对现场巡察工作动态做到了实时掌握；同时，通过将巡察工作机制、工作流程的规范化要求在系统中予以明确，结合一键式操作和智能化应用，对发现问题进行分类规范管理，快速检索匹配查询导出，实现了由全人工运行转化为人机结合的工作模式，最大程度地减轻了巡察组的工作量，有效减少了巡察数据以电子文档、扫描件零散报送，导致的信息不安全、文档难管理、分析统计效率低等诸多问题，进一步提高了工作精准度，提升了巡察问题信息处理效率和质量。

（二）统筹管理，持续优化

在巡察工作信息化建设的实践中，太原局集团公司党委坚持边谋划边推动，边实践边总结，边完善边提高，促进巡察工作信息管理系统功能不断优化，操作更加便捷。一是强化调查研究。开发建设过程中，我们认真学习借鉴太原局集团公司各专业大数据系统开发经验，特别是集团公司纪委纪律审查工作管理信息系统的运行模式，在第二轮巡察工作结束后，组织相关人员查阅资料、共同研讨、梳理流程、提出需求、设置模块、确定功能，并运用第二轮巡察数据进行模拟演练，初步搭建了具备巡察现场数据采集、信息综合查询导出、实时数据统计分析、原始资料关联归档、文件模板综合查阅、巡察信息实时互通 6 大功能，满足巡察发现问题及相关各类信息的采集、传输、处理、储存、更新、拓展和维护等实际工作需要的巡察工作管理信息系统。二是强化实践总结。把巡察实践作为巡察系统使用的试金石，在保障巡察工作顺利进行的前提下，第三轮巡察采取线上线下并行的模式，扎实做好“两手准备”，组织力量同步推进。从巡察工作管理信息系统实际运用的结果来看，系统的应用有效提升了问题录入、研判、统计、导出的效率，实现了数据一次录入、组办互录互通、信息实时更新、结果一次生成。三是强化完善提升。在信息系统功能基本完善的情况下，第四轮正式投入巡察工作运用，不断运用工作实践检验该系统的实用性、时效性和高效性，并在后续每轮巡察过程中及时收集巡察组提出的建议，建立巡察系统运用问题库，持续优化模式功能，推动巡察系统日趋完善。

（三）统配实际，构建功能

发挥信息系统便捷高效的优势，不断规范发现问题相关信息的归类，快速检索、导出相匹配的信息，最大程度地减少了巡察组的工作量。一是设置巡察监督模块。该系统通过设置“巡察任务”“下沉了解”“非下沉了解”“任务进度”“巡察办录入”5 项功能，实现巡察过程中现场巡察信息的采集、审核、提报等功能。二是设置巡察信访举报模块。分类设置电话、二维码、互联网邮箱、邮政信箱、巡察意见箱等巡察工作信访举报渠道，动态实时采集巡察过程中职工群众反映的各类问题。三是设置巡察问题底稿模块。通过连接已录入系统的问题，在系统内直接编制底稿，既能确保问题佐证材料齐全，又能根据是否纳入线索情况实现与纪律审查工作管理信息系统的无缝对接。四是设置巡察工作明细模块。按照查阅资料、组织座谈、个别谈话等 7 种工作方式分类显示现场巡察信息，实现对现场巡察期间各类信息的综合查询。五是设置巡察大数据模块。实时对 12 类 260 余项巡察数据信息进行多角度统计分析、图表化清晰显示，从巡察发现问题的发生时间、处所、层级、类别的深层剖析，到工作量统计、被巡察单位政治生态研判，再到巡察方式成效分析，等等，为全面掌握巡察工作整体情况提供参考。六是设置巡察工作规范模块。包含“巡察机构”“巡察业务流程”“巡察模板库”“巡察政策库”等 8 项内容，为巡察工作提供了各类规范模板。七是设置信息发布模块。主要用于巡察期间督导通知等重要信息的发布，确保太原局集团公司党委相关工作要求及时传达到各巡察组。八是设置领导批示模块。主要用于学习传达巡察期间各级领导对巡察工作的批示要求。九是设置巡察整改模块。主要提供巡察期间立行立改问题的查询与导出，巡察结束后通过对被巡察单位反馈问题整改落实情况的监督，以及有关材料、报告的审阅，为针对性督导巡察整改，拓展巡察成效提供支撑。

(四)统率规范，强化运用

该系统的开发建设主要是坚持问题导向、目标导向、结果导向相统一，以信息系统为着力点，推动巡察工作规范化建设。一是规范巡察操作。太原局集团公司党委将巡察 6 个阶段工作，细化为 30 个工作任务、135 个工作项目、138 个工作流程、216 个工作模板，并全部纳入信息系统进行管理。巡察工作人员既能够系统查看责任范围内各项要求，进行 50 多项不同类型的数据管理操作，也能对文档、流程的处理情况和历史操作进行调阅与查询，为巡察组提供了巡察各阶段的详细任务指引，也为巡察干部开展工作提供了有益参考。二是严格问题审核。制定《问题研判处置工作流程》，通过自动获取日报、党委巡察办集体研判、对接巡察组修改完善等 9 项具体环节，对巡察发现问题进行“两上两下”的研判审核，确保入库问题描述清晰、定性准确。三是智能分析研判。巡察工作管理信息系统在对各部门提供的、历轮巡察产生的结论性数据进行整合分析，自动生成 13 种统计分析资料的基础上，一方面围绕发现和查找的问题线索，按照“人物、时间、事件”等关键字进行自动关联比对，以拼接式、填空式等方法，对相关工作内容、相关事件流程精准还原，为巡察工作发现问题提供全方位参考；另一方面通过对巡察信息数据中高频问题的筛选、事件关系的穿透、共性问题的汇总等，增强巡察工作管理信息系统深入发现问题、综合分析问题、系统梳理问题的能力，推动解决相关专业领域的深层次问题；同时，通过大数据的相关性、因果性逻辑，进一步延伸监督视角，对被巡察单位即将“超范围”“碰红线”的行为进行预警，促进了立行立改，遏制了问题增量。四是深化协调联动。集团公司党委组织各个监督部门共同组建大数据中心，集中收集近年来各级监督部门的问题线索、处置结果等信息，并以标准的格式进行录入、整合、加工，建立数据精准、安全可控的数据库，为巡察工作信息化建设提供了充足翔实的数据基础，为巡察成果运用提供了安全可靠的共享平台。针对巡察发现的涉嫌违反中央八项规定精神、涉嫌设立和使用“小金库”等问题线索，及时通过系统推送集团公司纪委，确认为线索后，立即移交、立查立办、立行立改，形成震慑，为巡察工作的深入推进打开了局面，得到了职工群众的认可和信任。五是明确整改责任。对已审核入库的问题，及时细化补充问题的涉及部门、涉及领域、发生时间、发生层级等项点，提前做好现场巡察结束后向专业部门移交问题的准备工作，为推动巡察问题系统整改、全面整改打好基础。六是强化考评督导。制定《巡察组工作质量考评办法》，将巡察发现问题、工作质量等 37 个考评项点纳入巡察系统，党委巡察办结合巡察组织、问题质量、工作纪律等情况，通过信息系统定期对巡察组巡察工作质量进行考评，实时公示累计得分和存在问题，引导巡察组按照巡察工作方案和统一安排部署，有序开展工作，并紧密围绕巡察监督重点推进巡察，树立规范巡察工作、提高问题质量的鲜明导向。

三、“大数据＋巡察”推动政治监督高质高效取得的效果

太原局集团公司党委巡察工作管理信息系统开发运用两年多来，集团公司党委已依托该系统，先后组织开展四轮常规巡察，覆盖26个基层党组织，累计发现问题2 585件，形成问题底稿1 759个，受理信访举报344件，移交线索626条，有效满足了巡察发现问题及相关各类信息的采集、传输、处理、储存、更新、拓展和维护等实际工作需要。同时，该系统实时与太原局集团公司纪委纪律审查信息系统无缝对接，实现对巡察问题底稿的实时推送、研判、移交，实现了线索实时转办、底稿一键查询，推动线索快查快办，强化巡察震慑效应，为推动集团公司党委高质量开展巡察，推进全面从严治党、加强党内监督发挥了重要作用。巡察工作在太原局集团公司上下赢得了认可，树立了威信，也积累了丰富的工作经验，取得的具体成效主要体现在以下两个方面：

(一)为巡察工作高质量发展打下了坚实的基础

随着巡察工作管理信息系统在巡察工作中的深入运用，进一步拓宽了收集和发现问题的信息渠道，增强了巡察组处置问题的效率和质量，促进了巡察监督与纪检监督的横向衔接、贯通融合。

一是巡察工作规范化建设持续深化。太原局集团公司党委紧扣国铁集团党组标准化规范化建设要求，以巡察工作信息化建设推动规范化建设为抓手，逐步构建了以五年规划为统领、党委巡察工作制度为主线、巡察日常管理制度为配套支撑的“1＋10＋N”工作制度体系，其中“N”为日常管理制度，已细化15项，涉及人员、底稿、保密、信访等多项工作。通过在系统中固化每轮巡察3次领导小组会、2次党委会、1次专题动员部署会等规定动作的时间节点；精心梳理、录入《巡察工作实施方案》《巡察任务书》《实务手册》《培训指南》《重要制度汇编》《巡察学习资料》等参考资料；实施巡察工作任务清单化管理，从巡察办到巡察组到被巡察单位，从巡察组组长到联络员，从被巡察单位材料准备到巡察组向巡察办移交资料，建立“3＋2＋2”清单，并围绕巡察6个阶段，建立了动员、培

训、进驻、报告等 9 项巡察阶段任务推进清单，实现了巡察工作每一道程序都有规范流程、每一个环节都有工作清单、每一项工作都有参考模板，逐步形成了一套全流程规范化的巡察工作机制，有效帮助了巡察工作人员进一步厘清工作程序，更加规范有序地开展工作。

二是巡察队伍得到了锤炼提升。按照"队伍配备充实、人员结构合理"的要求，在每轮巡察前从纪检监察、组织人事和财务、审计、宣传等部门挑选讲党性、讲原则、综合素质强的优秀干部，并适时抽调安全、材料、法律、工程以及党校青年教师等专业骨干组建巡察组，录入信息系统进行动态管理。目前，已初步构建包含 274 名巡察干部的人才库，近一半巡察干部参与过两次及以上巡察工作。同时，坚持在"建、育、管、用"上下功夫，加强巡前培训、巡中历练、巡后考评，并推荐优秀巡察干部作为太原局集团公司党委选拔任用领导干部的重要参考，先后有 21 名干部走上重要岗位。

三是巡察监督与纪检监督实现了高效衔接。在巡察信访举报和巡察问题底稿编制功能中，通过与纪律审查工作管理信息系统的无缝数据对接，实现对巡察报告问题底稿纳入线索的实时推送、研判、移交，确保巡察期间纪检组织就能及时跟进核查巡察发现的突出问题，推进快查快办，形成边巡边交边查的快速链条。两年多来，依托巡察工作管理信息系统共处置问题线索 515 件，立案 669 件、纪律处分 306 人、组织处理 7 人，彰显了巡察"利剑"的震慑效应。

（二）为集团公司各项工作稳步提升提供了坚强的保障

通过巡察工作管理信息系统对巡察过程中产生的重要数据分层次、分需求进行梳理汇总、统计分析、综合研判，有效提升了巡察数据统计分析直观度，为集团公司党委更加深入地了解被巡察党组织基本情况，更加全面掌握被巡察单位最薄弱的管理、最突出的问题，更加精准地分析研判被巡察党组织政治生态提供了重要支撑，从而进一步找准了影响和制约太原局集团公司改革发展的短板和深层次问题，发挥巡察"震慑、遏制、治本"作用，以巡促改、以巡促建、以巡促治，推动集团公司党委重点工作有效落实、政治生态持续向好、发展质量不断提升。

一是党员干部践行“两个维护”更加自觉。聚焦“两个维护”，深化政治监督，每一个被巡察党组织都经受了一次全面的政治体检，每一名党员干部都接受了一次深刻的党性教育，践行“两个维护”的具体行动更加坚定自觉了，想干事、能干事、干成事的氛围更加浓厚了，重点工作落实也更加有力有效，上有号召、下有行动，政令畅通、高标推进越来越成为太原局集团公司上下普遍的思想共识和行动自觉。

二是党员干部纪律规矩意识明显增强。聚焦遏制增量目标，坚持巡察监督与纪律监督有效衔接，巡察期间第一时间移交重要问题线索，集团公司纪委及时跟进、快查快处、公开通报典型违纪违规问题，形成了有力震慑。广大党员干部的纪律规矩意识明显增强了，从上到下按规矩办事、按规律办事逐渐形成习惯，重遏制、强高压、长震慑的监督效果不断凸显。

三是基层单位经营管理行为不断规范。聚焦影响和制约太原局集团公司改革发展的经营管理问题，多领域、全方位深化巡察监督，督促被巡察党组织和专业部门上下联动，抓实巡察整改，修订完善了一批制度办法，明晰了经营管理的红线底线，从源头上堵塞漏洞、防控风险，强化了规矩意识，规范了经营管理。

四是基层党组织党建基础进一步夯实。聚焦被巡察党组织职能责任落实，围绕领导班子建设、党建和意识形态责任落实、基层党组织建设等开展政治监督，党委委员落实“一岗双责”更加自觉了，基层党支部的工作质量明显提高了，组织生活真正开展起来了，在客货增运增收、疫情防控、防洪防汛等关键时刻，党员作用更加凸显，党支部凝聚力和战斗力明显增强了。

五是基层党组织政治生态持续向好。聚焦集团公司高质量发展，综合研判被巡察党组织政治生态状况，深入查找隐形变异“四风”问题，着力推动全面从严治党向纵深发展、向基层延伸。党员领导人员逢会必讲党风廉政建设，逢会必讲廉洁风险防控，“严”的共识不断凝聚，“严”的氛围不断强化，政治生态持续向好。

六是职工群众获得感幸福感持续提升。聚焦职工群众身边不正之风和“微腐败”问题开展政治监督，充分发挥巡察联系群众纽带功能，一批职工群众反映强烈的问题得到解决，自上而下的规矩意识越来越强，工作作风越来越实了，职工群众心气更顺、干劲更足了，获得感成色更足、幸福感更可持续、安全感更有保障。通过不断优化完善巡察系统，编制出一张工作流程“全覆盖”、上下衔接“无缝隙”、监督检查“无盲区”、整改落实“无死角”的巡察信息化数据网，助力巡察工作高标推进，以良好的工作成效践行“发现问题，形成震慑，推动改革，促进发展”的巡视工作方针，为太原局集团公司“弘扬大秦精神，实施强局工程，创建模范路局，建设一流企业”提供更加坚强有力的政治保障。

（成果创造人：王金虎　安　民　贾世杰　胡绍颖　方　园
李时雨　郭　超　董文选　左文渊　石娟娟
项　国　白　鑫）

深化运输供给侧改革推进提质增效体系的构建与实施

中国铁路武汉局集团有限公司

中国铁路武汉局集团有限公司（以下简称武汉局集团公司）地处长江经济带发展、中部地区崛起、一带一路建设等发展建设的关键方位，是全国铁路网重要枢纽，承担湖北省全境、河南省南部以及安徽省、湖南省、江西省部分地区铁路运输任务。总营业里程 6 556.7公里，其中高铁 1 831 公里。管辖线路 112 条，其中主要干线 20 条，包括京广高铁、沪蓉客专、武九客专、汉十高铁、郑万高铁、武咸城际、武冈城际、武孝城际、仙桃城际 9 条高速铁路，京广、京九、焦柳、武九、汉丹、襄渝、宜万、浩吉等 11 条普速干线。分界站 24 个，其中高铁 7 个、普速 17 个；分界口列车总对数 1 468 对，其中旅客列车 756 对、货物列车 712 对。设有运输站段 40 个，配属机车 1 046 台，客车 1 858 辆，动车组 235 标准组。

一、深化运输供给侧改革推进提质增效体系的构建与实施的背景

（一）国家层面

受全球金融危机影响，以及长期以来突出需求侧改革，宏观经济政策的边际效应逐渐下降。在此背景下，创新性提出供给侧结构性改革，以图破解目前经济增长有关问题，通过优化运输供给侧结构，提高运输供给效率和质量，满足现有需求，挖掘潜在需求，促成社会总供给和总需求相匹配，最终实现经济长期增长。

（二）国铁集团层面

2016 年以来，受国内煤炭、钢铁等传统工业影响，铁路经济形势持续走缓，经营压力一度增大。铁路作为国民经济发展的大动

脉，大众化交通运输工具的属性，决定了铁路运输的供给侧结构性改革必须紧紧围绕提升客货运输产品有效供给，更好服务经济社会发展大局来研究和思考。

（三）集团公司层面

受特殊情况影响客运持续低迷，货运增长乏力，部分站段运输组织精细化水平不高，运输基础薄弱，激励机制不足等问题突出；部分技术站满足既有作业方式，面对形势变化，不能主动转变观念，改进落后、松散的组织方式。因此，武汉局集团公司急需大力推动运输组织变革，坚持以市场为导向，动态调整客运供给能力，深入实施货运增量行动，夯实运输基础工作，补齐设备设施短板，提升干线通过能力，深入实施挖潜提效，努力推动运输组织更加精细、更有效率、更为安全、更高质量。

二、深化运输供给侧改革推进提质增效体系的构建与实施的主要做法

为深入实施“三大举措”，进一步推进“六个变革”，全面优化运输组织，提高集团公司运输效率和效益，根据集团公司部署，聚焦“建成战略支点、筑牢发展基点、打造枢纽节点”发展战略，坚持敞口交接、做精客运、做大货运，大力推动运输组织变革，夯实运输基础工作，补齐设备设施短板，深入实施挖潜提效，切实强化枢纽功能，提升干线通过能力，运输部组织相关部门研究制定了有关措施，经集团公司党委会前置研究、总经理办公会研究通过，于 2021 年 6 月份发布了《武汉局集团公司关于深化运输供给侧结构性改革推进提质增效措施及分工方案》（武铁运〔2021〕72 号）（简称“提质增效 30 条措施”），并统筹推进落实。

（一）优化列车运行图，提升客货运输能力

1. 完善列车运行图编制

根据国铁集团部署，武汉局集团公司持续优化客货产品结构，提高运力资源配置水平，重新查定列车运行图技术标准，发挥列车运行图的运输组织核心作用。一是利用国铁集团“一季一图”机

会，不断优化客车开行方案，提升客车开行品质，实现京广高铁京武段常态化按时速350公里高标运营，大幅压缩武汉至北京、上海、深圳、杭州、福州、成都等方向动车组旅时，进一步激发湖北城市圈与其他城市群间的经济活力。二是结合郑渝高铁、阜黄高铁黄黄段新线开通，开辟武汉至重庆、成都、昆明、台州等城市新路径，进一步扩大武汉、襄阳两大枢纽辐射区域，提升管内高铁网络通达性。三是提高跨局班列开行能力，2021年跨局大宗货物直达班列较2020年增加7列，增幅达11.3%。

2.强化一日一图编制质量

武汉局集团公司以基本列车运行图为框架，结合施工日计划安排，统筹各专业协调配合，持续提升车、机、工、电、辆、供等信息来源准确性，提高一日一图编制质量。一是按照客流变化规律，创新客车开行模式，先后在武咸城际、汉十高铁、阜黄高铁黄黄段实施周中、周末图，适应旅客出行需要，节省动车组运营成本。二是在汉十高铁、武咸城际、阜黄高铁黄黄段周中、周末图的基础上，完善运能常态化、动态化调整，确定"一季一图"列车开行结构框架，合理安排淡季停运、减编，旺季增开、加编，实现能力精准投放。三是健全"一日一图"核对机制，增加了工作单跨工种、跨岗位间核对机制，及时沟通协调客运部"灵活开行"方案工作单，截至目前已安排260份工作单。四是分别在汉十高铁、汉宜线开行分解动车组，重联动车组由汉口站分别开行至襄阳东和宜昌东站后进行分解运行，不仅减少了空车的回送费用，而且提高了开行效益。

(二)优化运输组织，提高运输组织效率

1.实施成组装车新模式，提高车流组织效率

为减少中间站调车作业钩活，提高车流组织效率，从货运装车源头优化，建立按去向成组装车新模式。选取管内装车作业量较大、调车作业频繁的麻城站作为成组装车试点站，以麻城站及下一个技术站编组计划车流组号范围为基础，同一组号范围内的到站，装车时尽量组织安排在同一(或相邻)货物线装车，减少车站编组列车时翻钩作业次数。麻城站实施成组装车以来，日均集结编组

阜阳北、九江西区段列车交淮滨、蔡山分界口 2 列，不仅减少了车站日均调车作业钩数，而且减轻武汉北站解体迂回车流的作业负担，加快了车辆在管内周转时间和节约运输成本；在此基础上，先后在谷城、平顶山东、双河、胡集、丹江、枣阳等 11 个车站逐步推广成组装车，例如 2022 年 5 月、6 月麻城成组装车分别为 261 组 2 919辆、266 组 2 783 辆，谷城成组装车分别为 208 组 1 630 辆、165 组 1 388 辆，平顶山东成组装车分别为 354 组 5 230 辆、352 组 5 410 辆等，大幅减少了中间站调车作业钩活，缓解了周边技术站的作业压力，加快车辆周转速度。

2. 推进局站一体化系统建设，提高计划编制质量

为实现调度所与技术站间车流信息互联互通、计划执行过程透明、精准编制及执行班计划，在武汉北、襄阳北路网性枢纽编组站建设局站一体化系统，通过该系统，车站端辅助车站调度员推算车流、编制阶段计划、预铺驼峰、编尾调车作业计划等功能。调度所可以通过局站一体化系统实时掌握车站作业计划编制、车流推算等信息，及时调整计划方案，加强调度所与车站之间相互沟通，实现计划精准编制。2021 年 12 月、2022 年 3 月分别在武汉北、襄阳北站完成建设并投入使用。

3. 加大中心站建设力度，提高人员作业劳效。

以孟宝线 CTC 系统改造为契机，建设孟宝线调度集中 CTC 中心站，提高孟宝线运输组织劳效。该调度集中 CTC 中心站是将孟宝线的余官营、姚孟、平顶山、邓李、丁营和裴城站设为 6 个区域集控站，并在平顶山东站建立孟宝中心站，控制 6 个区域集控站的接发列车及调车作业。6 个区域集控站各设 1 名应急值守人员，孟宝中心站设 2 名车站值班员，较改造前减员 18 人，减少54.5%，人员作业劳效实现大幅提升。

4. 运输组织延伸专用铁路，提升专用铁路效率

研究并推广站企（港）一体化合署办公模式，协助专用铁路优化运输流程，完善装卸组织方案，实现运输组织向专用铁路延伸。目前，武汉局集团公司已在平顶山东、商水、驻马店、明港、枝城、枝江、

王树岗和蒲圻站8个站推广站企(港)一体化合署办公模式。以枝城站港一体化组织为例,枝城港铁运公司与枝城站共同建立生产联络制度,枝城港铁运公司指派运输、货运等作业人员在枝城站驻站合署办公,枝城站与港务局双方互通路、港生产作业信息,协调组织车流合理有序进出港,促进专用铁路提高作业效率,适应车流增长需要。

5. 推广实施站机作业融合,提高调车作业劳效

为强化技术站调车组人员与调车司机联劳协作,提升调车作业效率,在武汉北、襄阳北编组站和漯河、枝江、麻城等区段站实施站机作业融合,优化调整调车司机绩效考核模式,实现调车司机和调车组共同按工作量考核。该模式是将机务对司机、车站对调车组分别单独考核融合为一体化考核,司机和调车组绩效与调车工作量挂钩,主要考核完成的任务数量、工作质量等,形成站机联劳共管共建的有效机制。通过实施站机一体化绩效考核,实现了同工种月度工资差距在800元左右,解决了按班制计件岗位干多干少一个样的问题,调动调车司机和调车组联劳积极性,充分体现多劳多得的原则,提高调车作业整体效率。

6. 创新完善货运产品体系,提高货运市场竞争力

为深入推进货运增量行动,持续推广敞顶箱运输、荆门东至恩施"小油龙"、管内循环列车等货运产品,提升市场竞争力。一是发挥敞顶箱清洁环保、好装好卸、快装快卸等优势,组织开行荆门东至恩施"小油龙"完成发送吨5.79万吨,武昌南至仙桃东站渣土完成发送吨16.69万吨,天门至明港白云石完成发送吨17.68万吨,麻城至淮滨、光山至界首市矿建循环列车目前已分别完成发送吨1.57万吨、0.9万吨。二是发展铁海联运班列、中老铁路班列,打通外向型物流通道,其中宁波港铁海联运开行240列,钦州港西部陆海新通道班列开行2列,提高货运市场竞争力。

7. 改造升级设备设施,提升运输效率收益

2021年以来先后完成浩吉铁路引入襄阳北三场、武汉北上行系统扩能及CIPS升级等站场改造施工,提升了襄阳北和武汉北

站的通过能力和办理车数。例如浩吉线引入襄阳北三场后，襄阳北站日均办理车 27 347 车，同比增加 5 764 车，最高办理车达 30 699车。武汉北站上行系统扩能及 CIPS 升级改造施工后，武汉北站上行系统到达场（Ⅳ场）到发线由 12 条增至 16 条、调车场（Ⅴ场）调车线由 36 条增至 48 条、出发场（Ⅵ场）到发线由 13 条增至 18 条，武汉北站日均办理车 20 151 车，同比增加 2 441 车，最高办理车达 26 711 车。

8. 优化枢纽布局及车站分工，提升枢纽运输畅通

通过优化枢纽客运站和技术站分工，提升枢纽运输能力，实现枢纽畅通。一是优化武汉枢纽客运站分工。以武汉站承担京广高铁为主，兼顾武九客专、武冈城际、黄黄高铁等东西向高铁为辅，汉口站承担汉十高铁、沪蓉线等东西向高铁客专为主，京广高铁跨线动车组为辅，武昌站承担普速客车为主，兼顾管内城际跨线动车组为辅的功能定位，综合考虑枢纽铁路运输组织能力、旅客出行需求、基础设施设备条件等因素，优化武汉枢纽客运站分工。考虑普速客车在汉口站内通过或始发产生延续进路，影响汉口站通过能力，结合每季度国铁集团列车运行图调整，分步骤取消或调整在汉口站办理的普速客车。例如将汉口站始发终到的 2 对普速客车调整至武昌站办理，贯通经由汉口站的上海南至荆门 K252/3、K254/1 次的机车交路，2 列通勤列车车底由汉口调整为武昌入库整备检修，提高汉口站动车组办理能力。二是优化技术站分工。以盘活武汉、襄阳两大枢纽为目标，着重打造以武汉北、襄阳北编组站为引领，漯河、信阳北、麻城、枝江、宜昌东区段站为辅助的“二主五辅”新格局，持续推进编组站扩能改造，逐步弱化部分区段站解编能力，适时调整车流径路和编组计划，持续优化编组站与区段站分工，强化技术站和中间站相互服务意识，加大武汉北、襄阳北等技术站对管内物流基地及主要装卸站的服务保障力度，针对不同的卸车站采取按专用线、货物线、站顺成组等不同的编车方式，为周边主要装卸作业站编组高质量列车，减少中间站调车作业钩活。例如，2022 年 2—6 月，武汉北站编组高质量列车共 2 666 列

98 312 辆，减少中间站调车作业共 27 733 钩；襄阳北站编组高质量列车共 1 311 列 39 824 辆，减少中间站调车作业共 12 945 钩；停用了信阳站驼峰解编功能，将解编作业合理分担至周边技术站，减少车流二次作业，提高车流整体组织效率。

9. 制定新的运输组织考核办法，激励引导站段提质增效

结合武汉局集团公司运输组织实际，2022 年初组织制定并发布了新的运输组织效率考核办法，新增停时、有调中时等指标，同时引入运输工作质量差异化考核，将编组站解编列数、技术站服务中间站、成组装车、技术速度、旅行速度等纳入运输组织差异化考核，对任务超计划的车站予以奖励，更加注重提升车站作业效率，激发点上作业效率持续提升，激励引导运输站段落实运输提效主体责任。2022 年上半年，集团公司实施运输组织考核奖励共计站段 3 837.8 万元，实现集团公司周时完成 1.50 天，比年计划压缩 0.08 天，同比压缩 0.01 天。

（三）优化机车运用组织，提升机车乘务运用效率

1. 创新汉丹线标准班，压缩货运机车乘务员作业时间

为提高汉丹线整体运输效率，研究并优化汉丹线机车乘务交路，将原双班单司机值乘模式（2 名司机）调整为标准班乘务交路值乘模式（1 名司机和 1 名副司机），选取汉丹线武汉北至襄阳北站间的货物班列、直达、直通和部分区段列车，推行汉丹线货物列车标准班模式。调度所、武汉北站、襄阳北站、襄阳机务段和江岸机务段按照作业标准时间相互协作，强化精准叫班、计划兑现、贴线运行、按图行车，压缩机车乘务员作业时间。统计 2021 年 8 月 31 日汉丹线标准班实施后，机车乘务员一次作业时间平均 8 小时 18 分钟，较未实施前减少 4 小时 37 分钟，辅时占比从 32.1％压缩至 28.1％；机车乘务员平均月劳时也由 199 小时压缩至 170 小时，机车乘务员平均趟工时压缩约 12％，进一步加快了机辆周转，提高了计划精准性。

2. 优化货运机车交路，提升机车运用效率

为满足货运上量需求，提升枢纽通过能力，研究优化机车交

路，提升了机车运用效率。一是为解决信阳北站机车换挂次数多、运输不畅的问题，优化信阳枢纽机车交路，将南阳西至武汉北站间10对货车机车交路在信阳站拉通，减少信阳枢纽机车换挂作业次数，缓解了信阳枢纽运输组织压力。二是结合天仙、天潜线货运上量需要，研究并落实长荆线货运电力机车交路延伸至天仙、天潜线，并同步优化机车和乘务交路。三是为加速信阳至平顶山东间机车车辆周转，提高运输效率，拉通信阳至平顶山东间直达、直通货物列车乘务交路，机车乘务实行标准班模式。

3. 优化机车牵引定吨，提升牵引质量匹配水平

为提高机车牵引定吨，实现支线与干线机车牵引定数相匹配，解决因牵引定数不匹配而进行补轴、减轴的问题，组织对长荆线、鸦宜线等支线进行牵引试验，并结合国铁集团列车运行图调整，提升了支线的牵引定吨。一是武汉局集团公司协调西安局集团公司将武汉北至新丰镇站直通货车牵引定吨由4 500吨提至5 500吨，提高宁西线通过能力；二是将长荆线武汉北至荆门南上下行，和谐型电力机车牵引定数由4 500吨提至5 000吨，实现长荆线与焦柳线牵引定数匹配；三是将襄阳北至襄州北站上行区段电力机车牵引定数调整为5 000吨，提高线路通过能力；四是将鸦宜线和谐电力机车牵引定数由4 000吨提至4 500吨，提高了鸦宜线牵引吨数。

4. 开展达标达速活动，提高货车技速和旅速

为全面提升机车速度，运输部与机务部从制度保障、操纵办法优化、强化培训等方面入手，联合开展货运列车“达标达速”活动，并深入推进，点上抓调机效率，集中对《站细》第72条调机运行速度限制进行了全覆盖清理，并会同机务部门取消部分技术站人为设置的“一度停车”点，为调机提速提供规章保障；通过添乘、查看STP系统回放等方式对调机速度开展常态化跟班写实，对运行速度较低的机车及时协调机务部门解决，确保单机走行和牵出速度不低于20公里/时，推进不低于15公里/时；线上抓运行效率，强化调度指挥，增强乘务员贴线运行意识，落实武九线、襄渝线等跨

局乘务交路货车提速的相关要求。2022 年上半年货车技速和旅速分别为 61.2 公里/时、48.4 公里/时，同比提升 3.2%、5.7%。

5. 动态调整调机运用，提高调机运用效率

按照适应货流、车流变化的需求，实行一季一调，采取扩大调机作业范围、更换调机型号等方式，优化调机使用率，充分发挥每一台调机运用效能。2022 年以来，在提高调机使用效率、适应货运上量需要的同时，共核减调机 5 台，提升了调机劳效，实现节支降耗的目标。例如调整信阳、信阳北站调度机车运用方案，核减信阳北调机 1 台，同步优化信阳北站 1 台 DF_4 型、2 台 HXN_{3B} 型调度机车以及信阳站 1 台 HXN_{3B} 型调机的作业范围及牵引小运转列车任务，同时将信阳北站 DF_4 型调度机车整备周期由 3 天扩大至 10 天，提高调机整体运用效率，满足中间站调车作业和配空、装车需求。

（四）优化列检作业，提升车辆运用组织效率

1. 创新列检作业模式，提升列检作业效率

为创新列检作业模式，提升列检作业效率，集团公司在安装有 TFDS、CIPS 系统或技术作业信息交互系统的武汉北、襄阳北等技术站列检作业场，研究推进到达列车检查作业以 TFDS 动态检查为主、现场检车员作业为辅的作业模式，先后在襄阳北站、武汉北站实施到达列车检查作业以 TFDS 动态检查为主、现场检车员作业为辅的作业模式，充分发挥设备作用，提高车辆作业劳效，同时优化列检作业环节，压缩到达列检作业时间。

2. 调整动车检修功能，优化动车组检修布局

不断优化车辆检修运用布局，基本实现武汉动车段，汉口、襄阳动车运用所各速度等级动车组互修互存，减少车底空送，使各速度等级动车组运用效率更加合理。一是襄阳动车所担当的汉十高铁交路（CRH380AL 型动车组）车底安排入汉口动车所检修、存放。二是汉口动车所担当的汉十汉宜跨线列车（CRH2A 型动车组）车底安排入襄阳动车所存放、整备；郑渝高铁新增汉口至成都、重庆、昆明等方向的直通交路使用 CR400AF 型复兴号动车组，由

汉口动车所担当及检修，提高运用效率。三是汉口动车所担当的武汉枢纽汉口—武汉确认列车(CRH2A型动车组)车底安排入武汉动车所存放、整备。四是优化调整部分经由武汉枢纽、武九客专时速200公里交路给武汉动车所担当，释放汉口动车所存车能力后将武汉动车所存放的外局过夜车底调整至汉口动车所存放。

(五)优化施工组织，提高天窗利用水平

1.创新施工管理理念

武汉局集团公司创新提出施工维修"22431"管理理念，第一个"2"是指"2个结合"(要抓好维修与维修、维修与施工的结合)；第二个"2"是指"2个利用"(要抓好多专业综合利用、单专业集中利用)；"4"是指"4个分类"(按项目性质和相互影响程度把维修项目分为绿灯、绿黄灯、黄灯、红白灯四类组合方式，进行分类管理)；"3"是指"3项控制"(控制好计划平衡实施、现场安全防护、劳务组织安排)；"1"是指"1个目标"(提高维修质量，实现降低故障率、提高运输效率和提升运输组织质量)。为此，将维修项目共细分为四大类(其中绿灯442个、绿黄灯41个、黄灯16个、红白灯12个)、511个子项，全局普速铁路共划分基本作业区域3 844个(其中局管区域3 312个，站管区域532个)、基本天窗单元数1 190个。2021年实施普速铁路天窗综合利用，实施以来全局整体的天窗综合利用率从40％逐步提升到了目前的50％～55％，武汉北等部分站段达到65％～75％以上。2022年以来，借鉴普铁综合维修的成功经验，为提高天窗共用，解决计划结合部安全风险，在高铁进一步贯彻"22431"理念，联合北羊公司开发了高铁综合维修"一体化"计划管理系统，5月份组织进行了系统试用，6月份发布了规范高铁综合维修一体化作业管理办法，进一步规范了高铁计划管理，提高了天窗共用。

2.调整天窗运用模式

根据国铁集团确定的年度集中修框架，研究制定管内年度基建和大中修方案以及年度轮廓施工进度计划表，按照"淡旺季错峰安排，平行通道错时安排"的原则，为各系统、各单位统筹安排全年工作，有序编制月度计划，加强对大型、重点施工的统一管理，提供有效支撑和依据。对集中修和集中整治的线路大力实施多专业综合、单专业集中“2个利用”，遇大修项目天窗时间在180分钟及以上时，同行别的相邻区间一并安排150～180分钟维修天窗，实施好施工与维修、维修与维修“2个结合”，实现天窗综合利用效率提升；同时，在实践中不断优化区域划分和天窗项目细分，探索枢纽大站划小单元，实施“大小阶梯、大小循环”天窗组织模式，化解枢纽天窗紧张难题，进一步释放枢纽通过能力。

3. 提高施工计划编制质量

为进一步提高施工计划编制质量，提升运输效率，通过施工管理信息系统，以年度施工计划为龙头，综合安排大中修、基建工程和设备施工，合理编制月度施工计划，加强施工与运输的深度融合，做精做细施工月、日计划。一是总体研究年度计划。在国铁集团确定的整体框架下，对管内线路(汉丹、武九等9条线路)比照实施集中修(周日为运输调整日)，采取集中修线路在非集中修时段按照“4＋3”，非集中修线路按照“5＋2”的天窗给点模式，研究全年基建和大中修方案，制订全局年度施工轮廓计划和普速线路天窗安排。二是精细编制月度计划。在年度施工轮廓计划的基础上，利用施工信息化手段，增加“计划冲突检查、系统增补计划、供电单元自动核对、轨道车运行计划系统上报、施工项目管理机构预审”等系统模块，大大减轻了计划管理人员劳动强度，减少了出错概率，提高了月度施工计划的编制质量，为后续精准实施打下了较好的基础，月计划兑现率提升至75％左右。三是精心组织每日计划。制订了日计划和运行揭示调度命令模板，安排专人对“邻线限速、受令处所”等关键项点复核；实施“月、日计划”系统自动对比，有效防止了计划和命令错漏风险。四是大力推动“施工系统与调度日班计划管理系统”结合，实现了施工计划和轨道车运行线条上台，有效促进施工与运输进一步融合，为高质量的列车工作计划打下较好的基础、统计2022年1—4月份施工计划5 723次，日计划兑现率达到99.3％，环比提升1.3％。精准高效的施工维修作业，不仅有效降低了施工对运输组织的影响，而且保障了管内铁路设施设备良好的状态，为实现客货运输提质增效奠定了优质基础。

4. 强化邻近营业线施工计划管理

按照邻近营业线施工全部纳入营业线施工安全管理要求，一是细化邻近营业线施工（A、B、C 三类）施工项目，对 A 类共 4 项和 B 类共 4 项（不能设置防护的施工）比照营业线Ⅲ级施工纳入集团公司月度施工计划；对邻近营业线 B 类不纳入集团公司月度施工计划的施工以及 C 类施工由主管业务部门负责编制邻近营业线施工安全监督计划，并在“营业线施工计划、邻近营业线施工安全监督计划、维修计划”全面实施“安全风险”告知，并发布了武汉局集团公司铁路营业线施工管理实施细则。二是在施工管理信息系统中增加了邻近营业线施工安全监督计划管理功能，实现邻近营业线施工监督月、日计划“申请、会签、审核、下达、查询”的网上全流程闭环管理。

三、深化运输供给侧改革推进提质增效体系的构建与实施的主要成效

武汉局集团公司始终坚持以“敞口接车、做精客运、做大货运”为工作总目标，以提质增效 30 条措施为抓手，深入实施挖潜提效，深化运输供给侧结构性改革，全力推动运输工作从粗放管理向精细组织，从规模速度向质量效益转变，运输效率持续提升。2021 年，武汉局集团公司周时完成 1.53 天，同比压缩 0.13 天；2022 年 6 月底，武汉局集团公司周时完成 1.50 天，同比压缩 0.01 天。

（一）运输能力得到显著提升

通过坚持“敞口接车”，采取加密、压时、提速等方面的措施，提升通过、解编、机辆能力，释放发达路网红利。

1. 通过能力大幅提升

2021 年，武汉局集团公司分界口交接、编组站办理车等指标 140 余次打破历史纪录，创历史最好水平。武汉局集团公司分界口日均接 527 列/交 513 列，同比增长 20%/19%，在全路 6 个分

界口交接超千列的路局集团公司中排名第一，其中浩吉线构林南口日均接39列/交30列、同比增长达100.7%/74.4%。

2022年6月底，武汉局集团公司分界口日均接565列/交554列，同比增长5.6%/5.4%。

2. 编组站效率创新高

2021年，武汉北站和襄阳北站两大编组站办理车数、解体编车列数屡创新高，其中武汉北站最高办理26 711车、襄阳北站最高办理30 699车，日均办理车同比分别增长13%、16%。襄阳北站日均解、编列数为156列、145列，同比增加9列、9列；武汉北站日均解、编列数为135列、128列，同比增加15列、10列。

2022年6月底，武汉北站最高办理25 662车，日均解、编列数为147.5列、136.3列，同比增加15列、11.6列。襄阳北车站最高办理29 782车，日均解、编列数为158列、146列，同比增加3列、1列。

3. 货车技速、旅速大幅提升

2021年，武汉局集团公司货车技术速度为59.4公里/时，同比增长0.3公里/时，增幅0.5%；货车旅行速度为47.9公里/时，同比增长0.3公里/时，增幅0.6%。

2022年6月底，武汉局集团公司货车技术速度为61.2公里/时，同比增长1.9公里/时，增幅3.2%；货车旅行速度为50.2公里/时，同比增长2.7公里/时，增幅5.7%。

（二）客车品质实现全面提升

通过深耕“做精客运”，采取优化枢纽客站分工、创新客车开行模式、优化动车组检修布局等一系列措施，更加贴近客运市场需求，不断提高开行效益，提升动车组使用效率，全力提升客车品质。

1. 大幅增加标杆车对数

2022年6月底，武汉局新增时速350公里高品质标杆车18对，其中我局担当4.5对，实现了湖北至北京间8—18时每小时均有进京标杆车的突破。

2. 大幅压缩高铁旅时

2022年6月底，武汉、襄阳东、宜昌东至北京西最短旅时缩至

3 小时 48 分、3 小时 55 分和 5 小时 54 分，较现图分别压缩 24 分钟、57 分钟、154 分钟；汉口至重庆北、成都东最短旅时分别缩至 4 小时45 分和 6 小时 55 分，较现图分别压缩 64 分钟、69 分钟，进一步释放了武汉城市圈与京津冀城市群、“鄂、渝、蓉”长江经济带城市群的经济活力，助力区域经济发展。

3. 客运收益明显提升

2021 年，武汉局集团公司完成旅客运送量 22 551.7 万人，同比增长4 873.1万人，增幅 27.6%；客运收入 1 607 483 万元，同比增长 473 227 万元，增幅 41.7%。

（三）货运实现高质量发展

通过调结构、稳增量，坚持稳中求进，巩固扩大运输结构调整成果，将大宗货物运输作为货运增量的主攻方向，拓展公转铁增量；重创新、促融合，坚持守正创新，持续深化货运组织改革，提供高质量运输供给；降成本、增效益，优化全程物流成本，形成增运增收、节支降耗、齐抓共管的格局。

1. 提升货运运能

2021 年 12 月底，全局分界口货车总对数达 677 对，同比增加 49 对。2022 年 6 月底，分界口货车总对数达 712 对，浩吉、漯阜、孟宝、襄渝、宁西等主要干线货车对数同比共增加 37 对，增长 5.5%。

2. 货物发送量持续增长

2021 年货物发送吨完成 8 736.8 万吨，同比增加 737.1 万吨，增幅 9.2%，货物发送吨为近八年新高，11 月 4 日单日装车 5 358 车刷新历史纪录。货物单日卸车 14 次刷新纪录，11 月 29 日最高纪录达到 10 164 车。2022 年 6 月底，货物发送吨完成 4 635.0 万吨，同比增加 276.5 万吨，增幅 6.3%。

3. 推进运输组织向专用铁路延伸

以平顶山东、枝城站为试点，编制和实施站企、站港一体化运输方案，将运输方案延伸至专用铁路，建立站企、站港定期生产联络制度，实施调度合署办公新模式，促进专用铁路提高作业效率。

（四）高质量发展作出新贡献

1.服务国家战略

擦亮高铁国家名片，黄黄高铁、郑渝高铁襄万段提前顺利开通，京广高铁郑武段按时速350公里高标运营工作高质量完成，复兴号智能动车组上线运营，集团公司技术装备水平进入全路第一方阵；服务长江经济带发展，强化铁路在综合交通运输体系中的骨干作用，沿江铁路货运体系逐步完善，“公转铁”“水转铁”运输快速发展，铁水联运货物运量同比增长10.7%；打通“一带一路”铁路运输通道，推行国际联运运单物权化，中欧班列开行质量持续提升、到发同比增加89列，中老铁路和西部陆海新通道班列实现突破。

2.推动区域发展

坚决扛起保障物流畅通、促进产业链供应链稳定的重要责任，全力保障、电煤、化肥等重点物资运输，建立电煤应急保供机制，为经济社会平稳运行提供运力保障。上半年，全局接卸电煤2 323.7万吨，同比增长5.3%。巩固拓展脱贫攻坚成果同乡村振兴有效衔接，运送脱贫地区货物1 109万吨，减免物流费用3.3亿元。

3.保障路网畅通

强化枢纽局的责任担当，坚持敞口交接，深化运行图、计划落实、机车保障、卸车组织等关键环节提质增效，在车流加大且不均衡、施工集中的情况下，保持了较高的运输效率。2022上半年，分界口日均接交货车552列、540列，同比分别增长4.9%和4.7%，日均周时1.5天、同比压缩1.2%，日均卸车8 478车、同比增长16.1%，均创历史同期最好水平。

（成果创造人：赵　峻　彭　磊　林　敏　汪逸民　李　敏
易　欣　梁　杰　李　波　刘闻东　高　麟
晏章雄　邹　强）

铁路企业法律纠纷案件管理体系的创建与实施

中国铁路成都局集团有限公司企法部

中国铁路成都局集团公司(以下简称成都局集团公司)是隶属于中国国家铁路集团有限公司的国有大型独资企业,主要从事铁路客货运输及相关服务业务,其前身是1953年1月成立的重庆铁路局,1957年迁至成都,成立成都铁路局,主要管辖四川、贵州和重庆"两省一市"及云南、湖北境内部分地区的国家铁路干(支)线及合资铁路,局管内地形复杂,坡陡弯急,桥隧相连。成都局集团公司作为西南地区交通行业龙头企业,截至2022年6月底,营业里程达到11 466公里,其中高铁3 886公里,占总里程的33.9%;资产总额10 384.24亿元,其中固定资产6 378.23亿元,居全路前列;2021年客运发送量26 657.6万人,客运收入276.5亿元,分列全路第三、第四名;下设单位102个,用工总量13.3万余人。2021年,成都局集团公司新发案件233件,往年结转案件118件,涉案金额124 907.82万元;结案246件,避免及挽回损失28 752.26万元。

一、铁路企业法律纠纷案件管理体系创建与实施的背景

(一)全面贯彻依法治企的必然要求

党的十八大以来,以习近平同志为核心的党中央创造性地提出了"四个全面"战略布局,其中全面依法治国作为新时代坚持和发展中国特色社会主义的基本方略,指出必须强化依法治理,用法治思维和法治手段解决企业安全生产问题。这为成都局集团公司在新征程中如何做好法律纠纷案件管理工作点明了路径。依法治企是依法治国的重要组成部分,是市场主体在依法治国层面上的

必然要求和集中体现。成都局集团公司作为国有企业，是综合交通运输骨干力量，是推动国民经济又快又好发展的重要动力，承担着自觉遵守和践行国家法律法规的社会职责，必须坚定不移地走依法治企之路，必须加强企业法律纠纷案件管理体系建设，才能有效贯彻落实依法治企、依法维权目标任务，提升依法经营、依法办案水平，为铁路企业高质量发展提供有效可靠的法律支持和保障。

（二）落实现代企业建设的必然选择

国铁企业改革三年行动实施方案中明确指出，法律工作主动融入经营管理是大力推进管理体系和管理能力现代化的重要任务之一。随着国铁企业改革的纵深推进，大交通行业竞争加剧，铁路企业作为经济主体将更加积极参与各种各样的经济活动，同时法律风险与法律纠纷更不可避免。在日趋激烈的市场竞争下，面对日渐复杂的法律纠纷，如何在现代企业的道路上不偏不倚前进，对防范化解管理中出现的各种法律风险提出了更高的要求。因此，加强企业法律纠纷案件管理体系建设成为现代企业建设的当务之急，铁路企业必须认真研究、准确把握和执行相关法律法规，充分发挥法律纠纷案件管理在企业各类行为中的服务与保障作用。

（三）改善铁路外部环境的迫切需要

“十三五”以来，我国已建成世界先进的铁路网和发达的高铁网，在铁路大发展的浪潮下，西南铁路路网建设快速发展，随之而来面临的运营场景、风险和考验也更为复杂，特别是随着铁路企业市场化进程加深加快、“一带一路”铁路开放包容格局形成、智能化现代化铁路逐步建成，客货运输、生产管理等领域疑难复杂案件逐步增多，挑战铁路基本管理制度的新案件逐步显现；加之成都局作为典型“坡陡弯急、桥隧相连”的山区铁路，高速铁路沿线地质情况复杂、桥隧比高，受西南地区极端恶劣天气和地质灾害多发频发影响，以铁路沿线安全领域纠纷为代表的外部法律风险长期存在，一定程度影响了铁路企业发展前进的步伐。建立一套完整的铁路企业法律纠纷案件管理体系，将强化铁路运输内外部现场环境监督检查和治理能力，完善铁路运输法律风险预防应对机制，从而进一步实现保障铁路旅客、客户人身财产安全，确保企业运输生产安全稳定的高质量发展目标。

（四）提升依法维权能力的必要途径

随着依法治企理念在铁路企业的全面部署和推进，铁路企业在公司治理、资产管理、合同管理等方面的主动维权意识不断增强，已经学会用各种法律手段和途径解决运输、生产、经营中的纠纷问题，维护自身合法权益，但在此过程中还存在日益增长的法律纠纷妥善处置需求与法律纠纷处置资源、能力供给不充分的矛盾，以至于在法律纠纷发生后，铁路企业专业高效的法律应对措施往往不够。面对新阶段、新发展、新需求，做好成都局集团公司法律纠纷案件管理工作，必须要通过优化组织架构、完善规章制度、壮大法律队伍、增强业务能力、完善防范措施、规范维权程序等手段建立铁路企业法律纠纷案件管理体系，加快补齐法律纠纷案件管理短板。

二、铁路企业法律纠纷案件管理体系创建与实施的主要做法

（一）铁路法律纠纷案件管理体系构建的总体思路

法律纠纷案件管理体系是以习近平新时代中国特色社会主义思想为指导，深入贯彻中央全面依法治国工作会议精神，围绕全面推进实施国铁企业法治建设规划，并始终秉承诉讼是依法解决纠纷的最后手段，以组织管理、人力资源管理、纠纷化解环境改善为管理基础，以案件纠纷应对机制、主动维权机制构建为管理手段，全面、系统设计构建的一套管理体系。该体系能切实增强企业以自有力量依法维权能力，为依法治企提供坚实可靠的组织保障、环境保障、制度机制保障和队伍保障，其主要内容包括：建立铁路法律纠纷案件管理组织体系、打造纠纷处置人力资源保障体系、优化铁路纠纷化解法治环境、完善法律纠纷案件应对机制、强化铁路纠纷主动维权机制、强化法律纠纷案后管理机制。

（二）建立铁路法律纠纷案件管理组织体系

完善的铁路法律纠纷案件管理组织体系是案件办理、主动维

权等工作的根本保障。经过长期实践，成都局集团公司总结出一套以总法律顾问为主导、企法部为依托、基层法律事务部门为基础、各专业管理部门紧密配合、相互协调、高效运行的法律纠纷案件管理组织体系。

1. 完善总法律顾问制度

推进完善总法律顾问制度是治理体系和治理能力现代化的重要支撑。成都局集团公司贯彻落实国铁集团部署安排，结合生产经营实际，设立了总法律顾问岗位，确立了总法律顾问对成都局集团公司合规管理、重大事项法律论证、法律纠纷案件管理、涉诉债权清收、企业决策、外部董事管理等法律事务总体负责的机制；明确了总法律顾问对法律服务所的领导和管理职责，进一步发挥了总法律顾问的牵头指导作用，从整体上为铁路企业各类法律纠纷案件处置把准了思路和方向。

2. 优化内部组织结构

法律服务所作为法律纠纷案件管理的具体实施部门，在企法部的指导下统筹做好法律案件管理工作。2021 年 3 月，为加强法律纠纷案件管理工作，成都局集团公司进一步优化机构设置。一是增设运输法律事务室、经营法律事务室和法治建设室，并明确运输法律事务室负责运输站段案件管理和主动维权等工作，经营法律事务室负责非运输企业涉诉债权管理和外聘律师管理等工作，法治建设室负责地方立法、普法宣传和路地协调等工作。机构的细化设置进一步厘清了职责，为成都局集团公司法律纠纷案件精细化管理奠定了基础。二是为更好指导异地单位应对处置纠纷案件，分别在重庆和贵阳派驻 2～3 名法律顾问，为辖区单位提供及时、高效、便捷的法律服务，为实现法律纠纷问题精准施策解决提供了先行条件。三是根据工作需要，法律服务所实行“一个机构，两块牌子”，对外加挂“法律事务中心”牌子，为加强路地畅联协作、形成解纷合力提供了有力保障。

3. 构建基层法律职能部门编制

成都局集团公司因企制宜在所属各单位构建法务编制。一是在所属非运输企业设立法律事务室；二是在客运、车站、车务、工务等 40 家法律事务工作较多、法律需求量较大的站段设置专职法律顾问；三是在其他站段单位设置专兼职法律顾问，主要负责本企业（单位）法律事务工作。截至目前，成都局集团公司所属 14 家非运输企业已全部完成机构设置和法律人员配备，40 家主要运输站段已全部设置专职法律顾问岗位，其中 29 家单位专职法律顾问配备到位，其他单位中已有 15 家设置兼职法律顾问岗位并配备到位。编制的明确为成都局集团公司推进业务界面更加清晰、管理流程更加规范的纠纷案件两级管理模式创造了有利条件。

（三）打造纠纷处置人力资源保障体系

人才建设是一切工作的基础，成都局集团公司充分认识到高素质法治人才队伍的基础性、先导性作用，以提升法务人员纠纷应对能力，补强两级铁路企业法律队伍为目的，夯实法律纠纷案件管理人才保障体系。

1. 实行法律人才多阶段招调机制

成都局集团公司针对法律人才总量不足的问题，坚持引进增量和盘活存量并举，扩大人才队伍。具体为通过调研摸底，掌握所属各单位法律专业人员现有储备、需求缺口等情况，并根据需要将历年招录在其他岗位工作的法学背景大学生，以及没有专门从事法律工作的铁路律师调整到专兼职法律顾问岗位；同时综合运用校园招聘、社会招聘等方式，有计划引进法律专业人员。2020 年以来，全局法律人员需求缺口 38 人，既有法律人才储备为 45 人，根据工作需要，已统筹调配了 37 名具备法律背景或法律职业资格的人员到法律岗位，引进了 42 名法学大学生至相应单位从事法律工作。

2. 建立法律顾问多层次挂职机制

在长期实践的基础上，成都局集团公司出台《中国铁路成都局集团有限公司法律顾问管理办法》，固化法律顾问不同平台挂职锻炼的方式。一是对于新任职法律顾问，严格实行“先培训、后上岗”制度，按计划分批次组织到企法部进行 3～6 个月全方位轮岗培养，培养合格后，由人事、企法部研究调配上岗。二是对于既有法律顾问，实行“上下互挂，主辅互挂，交叉学习”方式，安排机关法律顾问到所属单位挂职，所属单位法律顾问到机关和市场化程度高、经营风险多的非运输企业挂职，促进法律顾问了解具体生产经营活动，做到法业融合。三是对于优秀法律顾问，由成都局集团公司选派到国铁集团挂职锻炼或到法院交流学习。通过多层次、多平台的挂职锻炼机制，为提高法律事务管理质效提供了人员保障。2021 年以来，成都局集团公司已有 33 名新法律顾问在企法部挂职锻炼培训合格后，配备到相关单位；共委派 1 名骨干铁路律师到法院交流学习，选派 2 名法律顾问到国铁集团挂职学习。

3. 健全铁路律师多领域细化机制

一是与人事培训部门共同建立了对新通过法律职业资格考试职工准予报销一定考试培训费用的制度，鼓励职工学习考取法律职业资格，对取得相应资格证书的人员给予 3 000～6 000 元奖励，鼓励符合资格条件的积极申报铁路律师。截至目前，已有 4 人获得奖励。二是细分铁路律师专业领域，即对铁路律师队伍进行综合评估、分类管理，形成专精于合同管理、劳动用工、建设工程等十个特定领域的细分人才队伍，进一步提升铁路律师队伍处理行业性法律事务专业能力。三是统筹铁路律师专长发挥，安排铁路律师参与重大案件研讨、诉讼纠纷处理、普法宣传等工作，并定期对工作情况进行评价，真正实现铁路律师“有事干、有考核、有进出”的动态管理，综合提升铁路律师专业领域实务经验。

4. 强化外聘律师全流程规范管理

外聘律师作为法律人才队伍的补充保障，为实现外部法律资源合理、有效运用，成都局集团公司出台外聘律师管理实施细则，明确了外聘律师准入条件、管理职责、选聘程序等工作要求。一是建立外聘律师库，按照准入条件，严格评审，选择经验丰富、声誉良好的优秀律师事务所入库，并实行动态管理。二是成立法律专家评审小组，根据案件情况，结合案件具体要求对外聘律师进行选聘。三是严格外聘律师考核，围绕法律素质、专业能力、服务质量、职业道德等重点内容，对常年法律顾问实行年度考核评价，对于评价等级为优秀的予以接续聘任，对于考核等级不合格的及时清理出库。

(四)优化法律纠纷化解法治环境

良法是善治之前提，良好的法治环境为法律纠纷案件规范、高效解决提供了安全稳定的环境基础。成都局集团公司坚持法治引领，统筹推进内外法律纠纷法治保障机制建立，培植法治思维理念，形成了有利于厉行法治的良好环境氛围。

1. 创新铁路安全地方立法

成都局集团公司在完成四川省、重庆市和贵州省铁路安全地方政府规章的基础上，自 2020 年开始全面启动“两省一市”铁路安全地方立法工作。《贵州省铁路安全管理条例》已于 2022 年 1 月 1 日起施行。《四川省铁路安全管理条例》和《重庆市铁路安全管理条例》以“成渝双城经济圈建设”为契机，在四川、重庆开创协同立法模式，于 2022 年 5 月 1 日起同步施行。三部条例作为“两省一市”首次较为全面规范铁路安全管理的地方性法规，完善了铁路安全法制体系，有利于规范铁路沿线生产生活行为，对保障铁路安全畅通、保护人民群众生命和财产安全具有十分重要的意义，为铁路外部环境整治、法律纠纷案件办理提供有力有效的法治保障。

2. 健全铁路纠纷法治体系

一是制定《成都局集团有限公司贯彻落实法治国铁建设规划措施(2021—2025 年)》，围绕全面增强铁路干部职工法治观念、健全完善集团公司企业管理规范、大力提升集团公司企业治理效能、推进多层次多领域依法治理、深化完善运行监督机制、提升法律工作支撑保证能力等多方面，构建了全方位法治成铁建设体系，为全面实现成都局集团公司治理体系和治理能力现代化提供有力支撑。二是印发《成都局集团公司法治宣传教育第八个五年规划(2021—2025 年)》，突出学习宣传习近平法治思想和《宪法》《民法典》《安全生产法》《反恐怖主义法》等法律法规，加强领导人员、青年职工、关键岗位和窗口单位人员的法治教育，营造良好法治环境。

3.推动普法宣传教育常态化

把法治宣传作为法治环境优化的重要一环。一是组织全局干部职工深入学习贯彻习近平法治思想和全面依法治国基本方略,加强对以《宪法》和《民法典》为核心的中国特色社会主义法律体系,与铁路运输生产安全和经营管理密切相关的法律法规等内容的学习宣贯。2021 年以来,累计开展宣讲活动 80 余场。二是创新开展"总法说法"活动。由成都局集团公司总法律顾问组织专班形成《民法典》《安全生产法》《刑法》等重要法律宣讲课件,深入站区、车间班组开展宣贯活动。三是针对"5 月《民法典》主题宣传月""6 月安全生产月""12.4《宪法》周"等重要时点,积极联合公检法等单位因地制宜在客运车站、列车车厢和货运营业厅等人员集中场所开展联合普法活动,为铁路运输生产创造良好外部法治环境。四是持续开展以案说法。以知识产权侵权、环境侵权、人身损害等实际发生的纠纷案件为背景,形成相应的法律纠纷风险剖析和提示,采取以案说法的形式开展法律知识普及。

(五)完善法律纠纷案件应对机制

成都局集团公司围绕依法办案、依法维权的法律纠纷案件管理要求,坚持以合法、高效、经济的多元纠纷解决手段为主,诉讼仲裁为辅的原则,以最低成本、最好效果为目标,及时高效处置解决纠纷案件,切实维护铁路企业合法权益。

1.完善法律纠纷应对制度支撑

围绕纠纷案件组织应对,先后出台《中国铁路成都局集团公司法律纠纷案件管理办法》《中国铁路成都局集团公司外聘律师管理实施细则》《中国铁路成都局集团公司内部经济纠纷调解实施细则》《关于明确领导人员参加法律纠纷案件庭审活动有关事项的通知》《关于进一步加强主动维权领域法律服务工作的通知》等系列制度办法,明确了法律事务归口管理部门牵头协调、相关部门共同参与、涉案单位具体承办、有关单位协助配合的案件应对处置格局,为规范和加强法律纠纷案件管理,有效提高法律工作水平,促进企业正常经营管理活动提供了顶层制度支撑。

2. 构建法律纠纷多元化解机制

积极与管内各地方公检法机关沟通联系，合理运用各种法律手段，主动、有效进行维权，逐步构建了法律纠纷多元化解机制。一是牵头成都铁路运输中院，在成都局集团公司下属集中办公点挂牌成立“成都铁路运输中级法院法官工作站”，统筹安排涉铁纠纷诉源治理工作，开展巡回审判、庭审直播、讲座培训、诉讼指导、咨询服务等系列普法活动；同时选取 1～2 个下属单位作为试点，合力打造“无讼站段”，为企业从“事后维权”到“事先预防”的根本转变提供有力的司法保障。二是联合成都铁路运输第二法院、成铁公安局西昌公安处，在全路率先建立“铁路矛盾纠纷多元化解工作机制”，并在喜德站、西昌西站、攀枝花南站等地，挂牌成立首家涉铁三方矛盾多元化解工作站，明确三方通过建立联席会议和联络对接机制、开展专项活动、举办联合培训、协调配合沟通等方式，高效化解铁路建设、运输、经营中形成的纠纷，推动铁路矛盾纠纷诉源治理工作，实现了“小事不出站，矛盾不成讼”。三是围绕涉铁刑事犯罪、涉铁公益诉讼案件等方面，联合重庆两江地区人民检察院印发了《关于进一步加强检企协作助推成渝地区双城经济圈建设的意见》，明确了涉铁检察办案协作、常态化联络、涉铁专家智库建立、安全隐患问题联防联控和联合开展专项普法宣传等机制。

3. 建立重大案件会商盯控机制

对于涉及企业基本管理制度、社会广泛关注、影响面较广、争议标的额较大等重大案件，实行总法律顾问、企法部主任牵头，法律顾问、外聘律师和法学专家参与的重大案件办理机制，通过集体会商、集中研讨，形成措施有力、针对性强的“一案一议”诉讼应对措施，切实解决工作衔接问题，形成纠纷案件处置合力。对于因历史遗留问题或违法违规投资经营引发的纠纷以及企业在创新转型中发生的新类型案件、涉外案件，实行重点关注、动态盯控，督促涉案单位认真落实纠纷案件办理和责任履行，避免因案件处置不当、不力造成对企业的社会公信力和商业信誉的二次损害。

4. 实行一般案件自主代理机制

成都局集团公司严格遵循法律顾问、铁路律师自主代理诉讼案件为主，外聘律师介入为辅的原则，应对一般涉诉案件。一是对于法律关系复杂的疑难案件由成都局集团公司指派铁路律师办理；对于法律关系简单、且涉案单位配备有专兼职法律顾问的案件，由成都局集团公司指导涉案单位办理。二是针对涉案单位未配备法律人员的案件，由成都局集团公司统筹调配本级及所属各单位铁路律师，实行跨区域、跨单位交叉办案或联合办案，力争做到成都局集团公司管内案件自主代理全覆盖。三是对于确需借助外聘律师的案件，涉案单位同时指派一名自有法律人员全程参与配合案件代理，并及时总结学习好的做法，取长补短，提升自身办案能力，从而加快对自有法律人员的培养，实现以自有人员代理案件为主，外聘律师办理为辅的有利局面。

（六）强化法律纠纷主动维权机制

加强铁路企业对法律纠纷的主动维权既能为企业减少不必要的损失，又可以为企业创造价值。成都局集团公司始终坚持依法维权、主动维权原则，从重点领域着力，用创新手段开展依法主动维权，大力维护铁路合法权益。

1. 创新安全领域权益维护

成都局集团公司始终把铁路安全维权摆在突出首要位置。一是以新《安全生产法》施行和“两省一市”《铁路安全管理条例》宣贯为契机，联合安监室对工作机制、路地协作、分工职责等进行细化，要求所属单位推进安全领域主动维权工作。二是注重发现铁路安全隐患线索，及时分析研判维权可行性，并通过主要领导路地会谈、分管领导带队对接、具体经办单位日常沟通的方式，构建隐患盯控机制等多方式治理铁路线内外安全隐患，切实保障铁路运营安全。2021 年，联合成都监管局约谈政府部门和路外企业共计 16 次，强化了沿线安全环境治理主体履职担当；对标国铁集团隐患分类，排查隐患问题 11 295 处。三是推动铁路企业与地方政府，按照职级对等原则构建“双段长”工作机制，定期对责任区域内铁路沿线安全环境进行日常巡查、安全管控，并运用法律手段解决相关问题。如在 2021 年成都局集团公司针对巡查发现的宜宾金沙江铁路桥下违建、中江县仓山镇地方污水排至铁路生产单位隐患、简阳水害及广元东货场违法占地等问题分别向当地有关政府部门去函协商沟通，确保相关权益得到维护。

2. 创新涉诉债权案件执行

为加大风险债权案件胜诉后的执行力度，破解执行困难存量债权的清收难题，成都局集团公司对 107 件债权案件实施"总法牵头、部门领导包片、法律顾问包案"，深入重点单位督导，研究实施"一案一策"，根据案件的不同情况，摸准清理工作问题关键、找准工作推进重点和抓手。为防止当事人规避执行及转移财产，建立案件诉讼保全机制，努力实现逢案必保。充分研判国家关于采取司法措施开展清债的政策规定，形成《采取委托律师全风险代理、法院悬赏执行司法方式开展涉诉风险债权清收的试点方案》，选取 4 家重点债权单位 8 个案件试点，为债权清收提供多种方法途径，有力推动攻坚期和啃硬骨头阶段涉诉债权清收工作。

3. 创新职工权益维护手段

一是通过扎实开展法治宣传，提升职工遵法守纪意识，确保铁路安全稳定畅通。二是针对职工法律诉求，开通了法律咨询电话和平台咨询服务，为解决干部职工生产生活中的法律问题提供了渠道，同时对专业性较强的问题，推荐相关领域律师提供免费咨询。自开通以来共计解答咨询 1 700 余件，利用网络视频连线方式，解答一线职工法律咨询 210 余人次。三是建立职工法律援助机制，针对职工在工作中因工作原因受到他人辱骂、殴打等情形，指派铁路律师进行援助，切实维护职工合法权益。如重庆客运段的案件，通过指派铁路律师介入、处置，最终侵权人赔偿 6 100 元，并被拘留 10 日，切实保障了职工合法权益和正常铁路运输秩序。

（七）强化法律纠纷案后管理机制

为充分发挥法律纠纷案件管理治本功效，成都局集团公司坚持做好案后管理，把以案促改作为有效载体和抓手，堵塞经营管理漏洞，促进"事后处置"变为"事前防范"，让纠纷案件成为企业管理水平提升的"助推器"。

1. 明确案后基本管理要求

一是明确要求涉案单位获悉法律纠纷案件裁判结果后5个工作日内上报《成都局集团公司法律纠纷案件结案报告》，对案件发生原因、处理措施、应诉效果等进行总结分析，落实案件管理主体责任。二是明确涉案单位收到生效裁判文书后，应当依法及时主张权利、履行义务，避免影响铁路企业生产经营活动；对被执行有异议的，应依法提出书面异议，有效维护铁路企业合法权益。三是明确涉案单位应建立一案一档案件档案管理制度，做好案件档案管理，梳理包含法律文书、答辩状及代理意见、判决书等案件资料，并按年度交本单位档案部门集中统一管理，实施永久保管，需要借阅、复印的，应按照档案管理有关规定办理。

2. 强化以案促管工作机制

一是定期形成半年、全年《案件分析报告》，对办理案件类型、结案情况、案发原因进行分析，提出下一步建议，报主要领导审批后，下发各所属单位，真正实现"以案促管、以管创效"目标。二是针对易发、频发纠纷案件，深入拓展分析案件背后的管理漏洞和法律风险，编制《法律风险告知书》。2021年以来，共针对图片、字体、文章等著作权、使用除草剂、民间借贷、网络诈骗等编制《法律风险告知书》16份，实现将管控措施与内控要求、制度管理流程优化相结合，为防范铁路企业经营管理中的薄弱环节和存在的风险提供法律支持。三是组织法律顾问梳理常见纠纷案件法条依据、证据资料、代理思路，建立合同管理、铁路建设、劳动用工等多个领域案件办理指引，把实践中的好经验、好做法固化为长效机制，通过示范传承，实现法务人员办案技能和技巧迅速提升，案件处理效率和效能持续提高。

3. 健全监督考核机制

以加强法律案件责任追究及案件处理激励约束机制建设为支撑，构建纠纷案件管理监督考核体系，形成工作管理闭环，督促各方主体重视纠纷案件管理，严格履行职责义务。一是对法律纠纷案件处置组织不力、应对失误或错过最佳应对时机的人员及单位进行通报批评。二是将因决策失误、管理不当导致单位损失或造成不良影响的重大法律纠纷案件纳入对企业领导人员的考核评价，作为企业领导人员薪酬激励、管理监督、违规追责的重要依据。三是突出正向激励，针对案件管理和应对处置过程中作出突出成绩或者为企业避免或挽回重大经济损失的单位和个人，按照有关规定予以表彰和奖励。

三、铁路企业法律纠纷案件管理体系构建与实施的效果

（一）法治建设水平显著提升

随着铁路企业法律纠纷案件管理体系的实施，助推成都局集团公司法治体系、法治能力、法治文化一体建设，在依法治理、依法经营、依法管理的道路上稳步前进，法治建设成效显著提高。一是管理规范逐步完善。由党内规范性文件、经营管理制度、运输技术规章三大体系组成的制度图谱及对应的制度管理机制逐渐形成，公司法人治理机制基本实现规范化。二是铁路依法治企水平显著提升。法律法规、政策制度在全局得到坚决执行，生产经营活动在法治轨道有序运行，依法治理、依法经营、依法管理和依法维权深入推进，法律风险得到有效防控，市场各方利益得到有力维护，杜绝了重大违法违规事件的发生，树牢了铁路企业良好的诚信经营形象。三是铁路内外法治环境更加优化。随着“两省一市”铁路安全地方立法的完成以及“平安铁路”建设的有序推进，内外纠纷妥善化解，干部职工法治意识和法治素养明显提高，社会各界和广大公众了解铁路、支持铁路和共建铁路的格局健全完善。2021 年以来，成都局集团公司累计开展关于《宪法》《民法典》《安全生产法》等法律法规的宣贯学习活动 500 余次，受众人数 60 000 余人次；向沿线中小学校、周边村落住户开展路外安全宣传教育 20 000 余次。

（二）企业权益维护效果显著

通过铁路企业法律纠纷案件管理体系的实施，案件办理的质量和效率大幅提升，突发事件应对能力显著增强，合法权益得到有效维护，法律工作创造价值成效显著。一是办案效果显著提高。

2021年，成都局集团公司共办理法律纠纷案件351件，年度累计结案246件，胜诉207件，胜诉率84.15%，较上年度上升6.35%，避免及挽回经济损失28 752.26万元。二是合法权益有效保障。在涉诉债权清收方面，2021年累计收回涉诉债权8 321.36万元，2014年以来累计已收回或减少涉诉债权97 287.13万元；在土房维权方面，2021年底办结土地纠纷问题4件，收回房屋3 103.61平方米，确保国有资产不受侵害。三是社会效应显著提升。本着案结事了、化解矛盾原则，2021年通过协商、调解等形式成功化解纠纷50余件，实现当事人满意、企业权益无损少损的双赢局面，有效防止了矛盾激化，避免诉累。

（三）法律人才队伍深化发展

随着铁路企业法律纠纷案件管理体系的实施，成都局集团公司深入推进高素质法律人才队伍建设，持续深化两级法律人才队伍发展，着力建设一支正规化、专业化、职业化的法治工作队伍。一是法律机构设置进一步完善。全局已有54家运输单位设置了法律顾问岗位，14家非运输企业全部设立了法律事务室。二是法律队伍进一步壮大。法律队伍从2019年113人扩大到143人，具备法律背景人员占比从7.35%增加至58.04%，其中本科学历占47人，研究生学历占18人，平均年龄35岁，队伍呈现年轻化、高学历趋势；涵盖法学专业和非法学专业人员的铁路律师已壮大至46人。三是法律队伍智库作用进一步发挥。法务人员主动运用法律学术知识，与高校合作高质量开展生产经营重要问题研究，形成"一带一路"货运多式联运"一单制"运单物权化、法律风险防控体系防控研究等多个法律课题研究成果，成果紧贴经营管理中心工作，具有较强前瞻性和实践性，为铁路企业高质量发展提供了智力支撑和决策参考。

（成果创造人：余成新　蔡明刚　刁　恒　谢　伟　李晓梅
王　鑫　朱焌吉　李朝霞　郭　茜　吉　光
汪政伟　秦　璇）

铁路货运服务新模式的构建与实施

中国铁路昆明局集团有限公司货运部

中国铁路昆明局集团有限公司于 2017 年 11 月 19 日挂牌成立，是中国国家铁路集团有限公司下属和独立出资的大型铁路运输企业，注册资本金 81.164 亿元，职工总数 3.99 万人。主要从事铁路客货运输服务和多元化经营业务，管辖铁路线路主要分布于云南省境内，跨越四川省、贵州省、广西壮族自治区，共经过 4 省 15 个地州市、64 个市（区）县，有准轨（轨距 1 435 毫米）、米轨（轨距 1 000 毫米）两种轨距，是全国 18 个铁路局集团公司中唯一准米轨并存的公司。截至 2021 年末，管内线路总延展长度 8 191.981公里。2021 年 12 月 3 日，中老昆万铁路如期建成，中老两国最高领导人视频连线共同出席通车仪式，并下达列车首发令，成为首条采用中国标准、中老两国合作建设运营，并与中国铁路网直接连通的境外铁路，成为全路唯一一个运维管理延伸到国外的集团公司，也是全路唯一一个与 3 个国家相邻，具有中老、中缅、中越 3 条国际大通道和 3 个国际铁路口岸的集团公司。

一、铁路货运服务新模式构建与实施的背景

随着国家调整运输结构，打赢蓝天保卫战，“公转铁”战略的深入实施，铁路货物运输量大幅增长。自 2017 年以来，铁路推行的货运票据电子化有效提升了货运业务的信息化水平，取消了纸质票据传递等作业环节，显著提高了货运与行车、机务等部门的沟通协调效率，为货运增量提供了有力支撑。但是，铁路货运需求受理、制单核算、费用收缴、到达交付、货损理赔等服务内容还停留在传统的一站一厅服务模式。随着我国经济社会的快

速发展，客户的货运需求呈现多样化、个性化趋势，特别在铁路货运业务办理方面，客户迫切希望得到手续办理更加便捷、服务功能更加完善以及能够满足个性化需求的增值服务，如一站式网上及手机App办理业务、货运单证电子化、费用电子支付、货物在途情况实时追踪等。但是现有货运服务模式是需要客户多次到车站货运营业厅办理提报需求、缴纳费用、领取单据、开具发票等业务，未能实现一个部门管理、一个窗口受理、一次办结业务，客户体验不佳。同时，对铁路内部而言，分散在各地的货运营业站均需设置客服、计划、制单、进款、交付等岗位，岗位冗杂，浪费人力，作业组织模式依旧单一传统，作业效率低下，货物运输作业流程复杂烦琐。由此可以看出，货运服务模式直接影响货运服务质量的好坏和客户体验，传统的货运服务模式已经不能满足客户对物流服务高效、便捷的新期盼，间接影响着铁路物流产品在物流市场中的信誉和竞争力，阻碍了铁路扩大市场份额。因此，新形势下要促进铁路货运良性健康发展，构建货运服务新模式势在必行，主要体现在以下几个方面：

1. 业务流程烦琐客户体验不佳

客户提出运输需求后在铁路内部需要完成需求受理、核算制单、货物装卸、车辆挂运、到达交付及货损理赔等一系列作业环节，串联式的作业过程完全依靠人工进行纸质单据的传递，不仅耗费大量的时间，而且效率极为低下，客户需要多次往返营业厅，费时费力。例如，专用线（专用铁路）产权单位与铁路办理车辆交接时，纸质的货车调送单需由路企双方签字确认后，交回车站核算相关杂费；另如，客户提报需求后需填写纸质货物运单交车站，车站装车制票后，还需加盖业务章，运输合同才成立；再如，客户交纳运费，从车站领取货物运单、杂费收据后，需再次交回车站换开增值税发票等。由此可见，各业务环节间客户和车站作业人员都要进行多次单据传递，才能办理完托运及领货业务。

2. 不同车站服务标准落实有差距

为规范站点间的服务标准，昆明局集团公司统一将货运服务标准的执行、检查、考核和评比纳入日常管理，但是部分车站干部职工的思想意识仍然停留在组织生产层面，尚未树立"以客户为中心"的服务理念，对方便快捷、敞开受理的工作要求认识不到位，畏难情绪和等靠思想严重，个别车站仍然存在对客户态度冷淡、主动服务意识不强、工作积极性不高等问题。2019年、2020年货运服务质量全路排名仅为第八、第九名，货运服务质量停滞不前。

3. 车站布局分散服务资源浪费

昆明局集团公司管辖铁路线路主要分布于云南省、贵州省、四川省、广西壮族自治区境内，经过4省区15个地州市、64个市(区)县，共有98个货运营业站。营业场所分散、作业量各不相同，由于部分站点位置偏远、交通不畅，职工和客户来往车站极为不便，在设备资源和人力资源方面都存在不同程度的浪费。例如，不论大小规模的车站都需配置一整套货运设备，办理需求受理、核算制单、内交付等业务。部分小站长期无作业，营业厅、计算机、打印机等办公设备闲置，使用率不高，不仅增加办公成本支出，而且系统维护管理存在困难。同时，不论车站作业量多少，均要设置需求受理、核算制单、到达交付、十八点统计、货运安全等所有岗位，分工精细。据统计，需求受理岗位人均每日仅受理56车，核算制单岗位人均每日仅制单35车，部分车站工作量极不饱和，作业效率低。

4. 人员素质参差不齐

昆明局集团公司现有98个货运站，货运内勤人员合计418人，内勤人员涉及业务达8个之多，不同业务、不同站段，对规章文电学习不同步、理解掌握不透彻，造成现场货运人员业务水平参差不齐，作业标准执行不一致，不利于货运职工队伍素质整体提升，客户在各站服务体验存在差异。

5. 货运服务方式单一

既有的需求提报、核算制单、费用收缴、到达交付、货损理赔等服务方式还停留在人工一对一的服务方式，单一的服务方式导致服务效率低下，在客户较为集中的时间段客户等待时间较长，传统的人工服务方式与其他物流行业信息化、网络化服务也形成鲜明对比，客户渴望服务需求更加便捷、高效。

综上所述，构建铁路货运服务新模式，以组织架构创新、业务流程创新、体制机制创新、评价考核创新“四大创新”和生产组织体系、受理服务体系、营销服务体系“三大体系”建设为突破口，以新机制催生新服务，通过“贴近市场、优质便捷、体验良好”的服务让客户满意，通过“人员精干、协同高效、规范有序”的管理让职工认可，是昆明局集团公司货运系统落实“我为群众办实事”的具体措施，也是昆明局实现机制创新、提质增效的目标。

二、铁路货运服务新模式构建与实施的内涵和做法

基于传统铁路货运服务模式的现状及存在不足，围绕客户服务需求，依托铁路 95306 整体改版升级，以实现货运业务集中办理为着力点推行改革，试点服务机制创新，通过业务流程再造、服务资源整合、队伍素质提升构建货运服务新模式。主要内涵与做法如下：

（一）构建集中办理推进方案

2021 年初，昆明局集团公司在广泛征求相关部门和单位意见的基础上，制定了货运服务新模式构建试点实施方案，于 2021 年 2 月 19 日上报国铁集团货运部恳请给予指导，同时申请将昆明局集团公司作为全路首个试点单位，在全局推广试用铁路 95306 整体升级后的货运业务全流程网上办理功能，为货运服务新模式的构建提供强有力的信息技术支撑。

2021 年 2 月 26 日，昆明局集团公司主管运输的副总经理组织货运部、调度所、信息技术所、计统部、财务部、科信部、劳卫部和各车务段就实施方案进行专题研究部署和动员。在确保货装安全、资金安全、业务正常、重点运输、队伍稳定、客户体验不受影响前提下，3 月 1 日试点工作在曲靖车务段正式启动，并按以下推进计划先行先试集中受理、集中营业和集中服务模式，打通货运服务

新模式下的作业流程和业务环节。

1.站段试点阶段

2021年3月1日至5月31日前为站段试点阶段。以曲靖作为试点站段，将其管辖范围内33个货运站的内勤业务集中到曲靖办理。组织相关部门对货运服务新模式进行全流程设计和完善，对集中后的岗位职责进行明确，并制定应急保障措施；同步组织开展宣传动员、客户走访、设备安装调试、人员选拔、业务培训、方案细化、制度健全等工作。

2.路局试点阶段

2021年6月18日至9月30日为路局试点阶段。分三个步骤将全局98个货运站的需求受理、核算制单、费用收缴、十八点统计、税票开具、货损理赔等内勤业务集中到昆明统一办理。

第一步，将曲靖车务段需求受理、核算制单、费用收缴、十八点统计集中到昆明办理。

第二步，将昆明车务段14个货运营业站的需求受理、核算制单、费用收缴、十八点统计集中到昆明。

第三步，将昆明东站、开远车务段、广通车务段各货运站的需求受理、核算制单、费用收缴、十八点统计集中办理。

3.全面总结阶段

2021年10月1日至11月30日前为总结提高阶段。总结试点工作经验，分析存在问题，进一步完善制度、优化流程、健全机制。后续，新建线开办货运业务的车站直接将内勤业务集中到昆明办理。

目前，包括2021年12月3日开通的中老昆万铁路玉磨段，以及2022年7月22日开通的大瑞铁路大保段在内全局共101个货运营业站的需求受理、核算制单、费用收缴、收入进款、十八点统计、货损理赔、增值税发票开具等业务已全部集中到昆明货运受理服务中心办理，为全路货运组织改革创新积累了先行先试经验。昆明局集团公司在2021年全路95306整体升级和货运集中办理工作动员部署会议上做了专题汇报，得到国铁集团的高度认可和国铁集团货运部的一致好评。国铁集团还组织沈阳、兰州、乌鲁木齐等五个铁路局集团公司到昆明局集团公司进行调研学习。

(二)构建货运内勤业务新流程

依托铁路 95306 改版升级后实现的电子运单、电子签名、电子支付、电子领货、网上理赔等新功能、新服务,对比新旧业务变化构建货运内勤业务新流程并不断优化完善。

1.明确职责边界

明确集中办理主要负责客户注册、需求受理、运单审核、实货确认、核算制单、十八点统计、货损理赔、业务咨询等货运商务服务。车站货运岗位主要负责证明文件采集、装载方案审核、进出货物(集装箱)、装卸组织、货物仓储、到货催领、杂费核收、费用退补、费用收缴、接取送达、专用线交接、取消托运、货物变更、现金收缴等货运生产服务。

2.构建作业流程

梳理货物运输全过程中涉及的需求受理、装车作业、核算制单、费用收缴、统计分析、到达交付、杂费核收、收入进款、税票开具、货损理赔等环节,制定货运内勤业务员集中后的集装箱和整车作业全流程,推动受理中心、车站紧密衔接、协调联动,解决了业务办理繁杂不顺畅的问题,最大限度地提高货运生产效率。

(三)构建科学的服务管理体系

科学的服务管理体系是提升综合实力和核心竞争力的保障,只有结合货运工作实际,深化管理制度的融合,构筑完备的科学管理体系,才能实现货运生产管理标准化、人员效能最大化、生产组织最优化,不断推进铁路货运高质量发展。

1.健全管理制度

为进一步规范货运业务集中办理有关作业,保证货物运输安全、生产组织有序、服务质量良好,制定下发《昆明局集团公司货运业务集中办理实施细则》(昆铁货〔2022〕63 号),明确集中办理和车站职能划分、业务流程和功能及需求受理、核算制单、费用收缴、收入进款、税票开具、十八点统计、货损理赔作业的业务流程和相关规定。

2. 建立服务规范

制定《货运受理中心服务规范》，对集中办理人员的仪容仪表、服务用语等进行规范，以客户为中心、以提升客户满意度为目的，做到文明得体、精神饱满、专注热情，制定统一的服务标准和服务纪律。

3. 制定作业指南

制定《岗位作业指导书》，清单化、具体化作业各环节，按照需求受理、核算制单、费用收缴、收入进款、十八点统计、货损理赔、税票开具岗位分别编制作业指导书及安全风险提示卡，将安全风险控制在源头，解决在事前。

4. 开展应急演练

认真贯彻落实"安全第一、预防为主、综合治理"的安全生产方针，制定货运受理服务中心《火灾应急预案》《断电及网络故障应急预案》《突发事件防范及处理措施》等应急预案，每半年定期组织职工开展火灾救援和断电网络故障应急演练，增强职工安全防范意识，切实提高货运受理服务中心干部职工遇火灾事故等紧急情况的反应能力、救援能力和处置能力。

5. 划小管理单元

设一个日勤制班组和三个轮班制班组，日勤制班组负责需求受理、费用收缴、收入进款（会计、出纳）、十八点统计、发票开具、理赔、内交付等工作。轮班制班组负责货运核算制单及有关工作。

6. 实施绩效考核

以工作业绩为导向，在全面考核的基础上，考虑安全压力、劳动强度、难易程度等实际，实行分级管理、逐级考核，突出重点，体现差异，确保绩效考核结果与收入分配紧密挂钩，切实发挥收入分配激励约束作用，优化职工收入与经济效益联动，调动职工积极性；按照向关键岗位、高技能人才倾斜的原则，建立健全绩效考核体系，规范绩效考核流程，严肃绩效考核纪律，保证绩效考核质量和成效，并将绩效考核结果进行公示，接受职工群众监督。

7. 做好分析总结

始终坚持问题导向和底线思维，在准确研判和有效防控上下功夫，逐步形成工作质量日分析、月总结制度，就当月工作情况、存在问题、防控措施进行总结分析并形成会议纪要，职工差错率呈明显下降趋势，工作质量得到稳固提升。

（四）构建高素质人才队伍

人才是创新之核、发展之要、强企之基，为深入实施人才兴企、人才强企战略，以高质量人才工作助推昆明局集团公司高质量发展，对“一专多能、一岗多站”的集中办理货运人员素质提出更高要求。从储备选拔、技能提升、培养晋升、任职资格管理、年度考核等方面入手，健全以技能系列、荣誉系列为主要发展路径的技能人才成长通道，形成纵向有阶梯、横向可贯通的技能人才发展路径。

1. 制定人才储备机制

由车务站段在35岁以下具有1年及以上货运内勤工作经历的货运人员中，按照本单位派驻中心人数的16%预备率储备货运人员，灵活采用竞争性选拔、组织选拔、助勤跟班学习培训考察选拔等多种方式补充人员以满足中心货运人员队伍补充需求，并择优选拔工班长及预备工班长。

2. 加强技能人才培养

加强源头管理、提升过程监督，常态化开展日抽问、周学习、月练赛，营造“比、学、赶、超”的良好氛围，对业务技能靠后的同事，采用结对帮扶提升业务技能，确保“真学、真赛、真见效”；积极组织货运值班员、铁路货运员工种的岗位练兵、技术比赛，鼓励参加职业技能等级认定，提高受理服务中心技师岗位设置比例，对符合聘任技师的，优先聘任技师，为货运高质量发展提供有力的人才支撑。

3. 选树岗位示范标兵

开展标准示范岗评选，发挥先进典型的示范引领作用，充分调动树立进取、担当、服务、自律的导向，通过对集中办理货运人员进行考核评价，将考核结果与收入分配、选拔任用、培养教育、管理监督、激励约束、交流退出等结合起来，促进集中办理货运人员提升政治素质和工作本领。自集中办理以来，共有64名集中办理人员被评选为标准示范岗。

（五）构建自助化服务方式

根据铁路货运客户需求，联合铁道科学研究院率先研发了货运业务自助办理智慧一体机，自助机采用轻巧、高性能、可组件化的Vue框架结合Webpack、HTML、JavaScript、CSS等网络技术，具备缴费、单据打印、业务办理、信息查询、服务指南、通知公告等多种功能，客户可通过自助办理机缴纳运杂费、打印运单等单据、办理领货手续、查询业务及公共信息、查看服务指南和通知公告，无须排队等待。

（1）缴费功能。客户可以通过登录95306账号、验证经办人身份信息、扫描运单条形码或输入运杂费单号查询关联的待支付运单或杂费收据，并可通过自助服务终端内置的POS机支付运费或杂费。

（2）单据打印功能。客户可通过自助办理机打印运单需求联、货物运单、电子调送单、投保理赔、进出门凭条及杂费票据。

（3）业务办理功能。客户可登录95306账号办理领货手续，设置领货人和支付到站杂费。

（4）信息查询功能。客户可以进行需求查询、货物追踪、车站查询、运费查询等，可查询阶段需求、日需求、空箱需求信息，可根据省市、路局等查询条件查询营业站服务信息，可根据发到站信息、货物信息、服务信息查询运费。

（5）服务指南。可以查看主要货运业务简介和办理流程指南。

（6）通知公告。可以查看各路局发布的公告信息，包括重要通知和停限装公告。

目前，铁路货运业务自助办理智慧一体机已在7个站段货运营业厅广泛推广使用。

（六）构建全方位服务场所

选择地理位置优、交通便利、宣传展示效果好的德胜大厦三楼共2 000多平方米的办公用房，打造全路首个集客户服务、商务洽谈、市场营销、货运内勤、95306语音服务为一体的货运服务场所即货运受理服务中心，于2021年11月27日竣工投用。

货运集中办理服务场所面积约2 162平方米，分设服务、洽谈等候、业务处理、95306客服、管理办公5个区域，将货运售前、售中、售后服务融为一体，可全程跟踪客户需求和服务质量，及时回应和解决客户关切问题。

（1）服务区为客户提供货运业务咨询办理、货损理赔、税票开具及自助服务。

（2）洽谈等候区为客户提供不同类别的区域，根据客户办理业务的种类、特点，可提供一对一、一对多、多对多的洽谈等候服务。

（3）业务处理区分为需求受理、核算制单、收入进款（会计）、收入进款（出纳）、费用收缴及十八点统计6个岗位。

（4）95306客服区为客户提供7×24小时远程不见面服务，及时回应和解决客户关切问题。

（5）管理办公区可为工作人员提供休息、学习、用餐场所。

三、铁路货运服务新模式构建与实施的效果

（一）经济效益

昆明局集团公司以货运服务模式构建工作为契机，在提质增效上狠下功夫，对货运岗位进行优化整合。将101个货运营业站（包含2022年新开办站点）内勤业务岗位由186个精简为50个，减幅73.1%；由80名集中办理货运人员承担了原车站418人的货运内勤工作，减幅80.9%。为方便客户，在现有车站营业厅设置综合服务窗口，通过兼职并岗方式由货运值班员或到达交付货运员为客户办理相关业务。调整后富余的货运人员将及时补充至货运外勤、市场营销、专用线交接、货装安全管理等岗位，提升货装作业现场安全管控能力和货运营销服务水平，为实现货运增量目标打下坚实基础。货运集中受理凝聚干部职工冲刺全年任务目标的信心和力量，营销人员积极在货运增量上想对策，在货运营销上出成效，在经营创效上尽全力。2021年昆明局集团公司货物发送量完成6 407.9万吨，同比增加375.5万吨，增幅6.2%；货运收入

完成 83.2 亿元，同比增加 9.6 亿元、增幅 13.0%。2022 年上半年，昆明局集团公司货物发送量完成 3 531.0 万吨，同比增加 377.1万吨，增幅 12.0%；货运收入完成 48.21 亿元，同比增加 7.52亿元、增幅 18.5%，任务完成较好。

（二）社会效益

1.优化业务流程

（1）“四个一”全程服务更贴心。结合铁路 95306 系统功能升级，营销和客服人员主动对接客户做好宣传解释工作，指导客户下载 95306 手机 App，完成用户注册、数字证书申领等，引导客户线上办理货运业务，实现“一个网站、一部手机、一个窗口、一次办结”全流程服务，提升客户体验。

（2）线上办理业务更便捷。货运受理中心通过铁路 95306 网站、95306 手机 App、95306 电话等方式，为客户在线提供货物运输需求提报、全程追踪、运费查询、货运信息查询、网上理赔、投诉建议及求助信息反馈等服务，客户线上办理业务不受时间和空间影响，随时随地均可办理。

（3）电子化办公更省心。一是客户通过铁路 95306 上传货物运输实名制相关证明文件（包括营业执照、个人身份证、联系方式、联系地址及所用印章的证明文件）、运输证明、技术资料等，铁路不再要求客户提供纸质资料存查；二是货物运输业务全流程实现电子运单、电子支付、电子领货、电子调送单等多项功能，为客户提供无纸化办公，节约物流成本，铁路 95306 让客户全程无忧。三是内部职工减少了纸质单据的传递、整理、统计、保管工作，减轻了工作压力，为现场职工减负。

（4）业务集中更高效规范。货运受理中心以全方位服务客户为核心，整合货运服务资源、优化业务流程，各工种之间明确岗位职责、作业标准和流程、风险点及防控措施，相互紧密配合，通过“贴近市场、优质便捷、体验良好”的服务让客户满意；通过“人才培养、协同高效、规范有序”的管理，确保货物运输生产秩序，实现机制创新提质增效目标。

(5)职责分工更明确。业务集中后，车站重点组织安全生产作业，路局层面统一掌握市场需求和运力对接，强化了营销服务和运力资源的有机衔接，提升了专业化管理，为打赢“两坚守两实现”攻坚战提供了有力的保障。

2. 提升职工素质

通过将人力资源集中到昆明局集团公司货运受理服务中心，优化岗位配置，改变货运人员由原来“一岗一站”向“一岗多站、一专多能”转变，推行 95306 客服、需求受理、核算制单、十八点统计、货损理赔等多个岗位融合的作业模式。通过各岗位职工的轮岗交流，激发了职工工作热情，提高了货运职工业务学习积极性和职工岗位胜任能力，取得了促进岗位成才的良好效果。职工可以快速理顺作业流程，实现各岗位间作业无缝衔接，提高作业效率，对岗位风险的防范做到心中有数，营造专、精、优的人才培养氛围，为培养“复合型人才”奠定了基础，有利于职工队伍建设，加快货运系统知识型、技能型、创新型人才建设，进一步提升货运系统技能人才队伍建设水平。人均受理量由集中前的 56 车提升至 460 车，人均制单量由集中前的 35 车提升至 307 车，货运劳动生产组织模式发生了根本性变化，人均劳动效率实现跨越式提升，劳动力资源得到持续释放。

3. 强化业务技能

(1)开展货运人员轮训。抽调车务站段近年从院校毕业分配入路的综合素质高、业务能力强、工作出色的大学生，技能等级为高级工以上的货运值班员、预备班组长，近期站段重点培养、有晋升意向的货运人员到昆明局集团公司 95306 货运客服中心开展轮训，在补强 95306 人工话务接线能力保障服务质量的同时，为一线货运职工提供学习交流的机会，为站段培养更多业务骨干。

(2)开展货运优秀技能人才交流学习。组织开展以“学习高铁先进科技，争做优秀技能人才”为主题的交流学习活动，由货运部张志琼技能大师工作室组织，联合站段技能大师工作室，通过查找差距、取长补短、共促提升，在货运系统内部营造专、精、优的人才培养氛围，为货运系统优秀技能人才提供交流学习平台，不断提升货运人才队伍素质。

(3)开展货运轮岗。抽调95306接线员到货运受理服务中心各岗位进行学习并轮岗，营造可上可下、相互学习交流的机会，提升货运人员基础业务水平和主动服务的意识，以更好地服务客户。

4.创新服务方式

打破既有一站一厅的服务模式，将分散在各个货运营业站的需求受理、核算制单、费用收缴、收入进款、十八点统计、货损理赔、税票开具等内勤业务集中到货运受理中心办理。发挥“互联网＋物流服务”优势，由“一岗多能”货运人员统一对外提供全流程服务，能在线上办理的绝不要求客户到现场办理，必须到现场办理的“最多跑一次”，需要面对面办理的由营销人员提供上门服务，真正让客户省心、省时、省力、省钱。2021年全国铁路物流服务质量综合评价中，昆明局集团公司跃居第一名，服务水平再上新台阶。

5.整合服务资源

整合发报、红外、车号识别、超偏载、电子施封锁等多口径轨迹信息，建立全路统一的在途轨迹数据库，基于大数据分析，为客户和路内各级单位提供车辆轨迹追踪和到达时间预测，便于车站提前做好卸车组织和生产安排准备；发挥“昆铁＋”“昆铁货运”微信公众号的作用，多方式发布营销宣传信息、多渠道查询货运资讯、多样化提供增值服务，完善既有铁路95306、货运站、集装箱管理、货运制单系统功能，最大限度实现货运数据共享和无纸化作业，提高作业效率和管理水平。

6.规范服务行为

坚持目标导向和问题导向，编制岗位作业指导书，制定服务质量评价及考核标准，强化制度建设和日常管理，实现服务流程便捷、服务标准统一、服务行为规范，营造“靠服务赢市场、以服务谋发展”的经营环境。

7. 提升服务质量

践行“服务是最好的营销”理念，通过铁路 95306 客服中心服务电话为客户提供 7×24 小时全天候一条龙服务，全面协调解决客户急难问题，及时回应客户需求，全程跟踪需求兑现情况和服务质量，使铁路货运服务更加贴近市场。

8. 改善客户体验

依托新版 95306 系统加强了与客户全方位、全流程的信息交互，对客户实施服务渠道多样化，使客户办理业务更方便快捷同时客户通过全流程追踪、到达预测、电子支付等功能，能够合理安排取货和安排后续生产经营，减少货物到达不确定性带来的经营风险，降低了资金占有量和企业经营成本，大大提高了铁路货运服务的透明度和获得感，给客户带来了更良好的体验感。

9. 防控廉政风险

分层级、分岗位配置 95306 系统操作权限，实现货运业务办理全程卡控、全程留痕、全程追溯，让业务办理更加透明清晰，铲除了国际联运、运价下浮、重点物资运输等重点业务环节“靠路吃路”滋生土壤，强化了货运领域廉政风险防控能力。

（成果创造人：陈　沛　赵雁峰　王　萍　陈俊纲　孙梦婕
常　欣　吴　娟　崔　煜　郑　玲　代惠玲
何安然　彭利红）

依托复兴号高原双源动力集中动车组打造轨道交通产品全场景一体化服务保障的创新与实践

中车大连机车车辆有限公司

中车大连机车车辆有限公司(以下简称中车大连公司或公司)是中国中车股份有限公司全资子公司,是以机车和城市轨道交通车辆研发制造为核心业务,相关领域多元业务协同发展的高端轨道交通装备综合服务供应商,是机辆工业和铁路事业的中坚力量,为社会经济发展作出了重要贡献,被誉为“机车摇篮”。公司现有员工 9 000 余人,具备年新造机车 400 台、检修机车 400 台、新造城轨车辆 1 000 辆、大功率发动机 700 台的能力,产品和服务覆盖五大洲 31 个国家和地区。

公司始终坚持“技术立企”,勇当轨道交通装备原创技术策源地和现代产业链链长,构建了涵盖机车、动车组、城轨车辆、发动机的产品谱系,自主研发了中国第一台大功率干线货运蒸汽机车、第一台干线内燃机车、第一代干线货运主型内燃机车。近年来,公司相继研制大功率交流传动电力机车、时速 160 公里动力集中电动车组等新产品,推动中国机车装备实现由“东风”到“和谐”再到“复兴”的重大跨越。“毛泽东号”机车五次换型全部选用公司最新产品,公司成为行业典范。2021 年,公司参与拉林、中老铁路两个标志性工程建设,以复兴号首登“世界屋脊”、首航“一带一路”向建党百年献礼!

一、依托复兴号高原双源动力集中动车组打造轨道交通产品全场景一体化服务保障创新与实践的背景

轨道交通产品的安全稳定运行,不仅涉及产品主机企业高质

量发展，也影响铁路正常运营秩序、人民生命财产安全，甚至关乎国家战略和国际影响。加快创新实践轨道交通产品服务保障模式，持续做强做优轨道交通产品服务保障能力，意义重大、势在必行。

（一）勇担央企使命，坚决落实党和国家政治任务的必然要求

川藏铁路是习近平总书记亲自谋划、亲自部署、亲自推动的世纪性战略工程。习近平总书记强调，“规划建设川藏铁路是促进西藏发展和民生改善的一项重大举措”“要发挥科技创新关键性作用，迎难而上、敢为人先，坚持科学施工、安全施工、绿色施工，建设好这一实现第二个百年奋斗目标进程中的标志性工程”。中车大连公司作为川藏铁路轨道交通装备的提供者，深入贯彻落实习近平总书记重要指示批示精神，牢记“国之大者”，勇担央企使命，坚决保障复兴号高原双源动车组按期交付、安全运行。

（二）坚守人民安全，全心践行以人民为中心的必然要求

复兴号高原双源动力集中动车组面临严苛的运用环境，主要体现为海拔高、含氧量低、紫外线强、桥隧比大、昼夜温差大等，这些因素都对高质量保障列车安全稳定运行提出了新的巨大挑战。中车大连公司坚持人民至上、生命至上，迫切需要针对高原等特殊运用环境，重塑重大产品研发流程、制造流程、维保流程，构建服务保障重大产品在全场景条件下的一体化管理范式，确保重大科研项目有力有序执行、重大科研产品安全可靠运行，满足人民群众对美好出行需求的向往，守护人民群众出行安全。

（三）紧抓发展机遇，加快推动公司高质量发展的必然要求

产品卓越、品牌卓著、创新引领、治理现代是建设世界一流企业的重要内容。中车大连公司作为中国中车的核心子企业，致力将自身打造成为轨道交通及相关领域最值得信赖的综合服务供应商，推动公司由轨道交通装备提供商向综合服务供应商加速转变。全面响应细分市场需要，满足不同应用场景，加快形成轨道交通装备“全寿命、全场景、全链条”服务能力，持续为市场和客户实现价值创造，已经成为中车大连公司加快转型升级，高质量推动公司

"十四五"战略落地的有效路径。

二、依托复兴号高原双源动力集中动车组打造轨道交通产品全场景一体化服务保障创新与实践的主要做法

中车大连公司坚决以服务党和国家重大战略需要为引领，坚持产品先进性与可靠性并重，产品制造周期与交付时间并重，产品安全运用与高效维保、项目推进与党的建设并重，按照"需求拉动、业务主导、管理支撑、资源保障"的工作思路，创新形成了以"1141"为内核的轨道交通装备产品全场景一体化服务保障模式和机制。第一个"1"，即"一牵引"，聚焦价值创造，突出打造全场景客户系统解决方案交付能力，以项目管理牵引重大项目高效运行；第二个"1"，即"一支撑"，立足研发、制造、运用"三个现场"，全方位、多角度推进质量管理与重大项目深度融合、有效支撑；"4"，即"四协同"，通过研发设计、生产制造、交付协同、运维服务 4 条主线协同联动、高效贯通，大幅缩短重大产品研发周期，提升产品全寿命周期质量；最后个"1"，即"一保障"，坚持发挥党建引领作用，创新开展党建联学共建活动，"将支部建在车上"，以高质量党建保障重大项目高质量推进实施。

（一）同项同行，统一筹划凝聚共识

打造全场景一体化服务模式，需要一支掌握过硬技术、善于创造性解决难题的项目团队。为完成高原双源动力集中动车组项目，中车大连公司改变既往项目组建方式和运作方式，从组织、客户、项目和思想四个维度，统一筹划，加强顶层设计，凝聚团队共识，保证同项同行。

1. 组织维度：选优配强，组建联合项目组

中车大连公司改变了过去的项目团队构成模式，多人联动、多部门协调，强化信息沟通，提高产品研发速度和效率。

一方面，改变过去一名总体设计师牵头，各系统选派主管设计师辅助的设计团队构建方案，创建了一支由公司副总工程师牵头，四位总体设计师组织，八位系统主管设计师带领各自系统设计小

组，具体组织分工明确、任务责任到人的系统设计研发团队架构。

另一方面，工艺、质量、售后部门选派优秀的成员与研发团队一同办公，组建联合项目组，相关单位服务于设计工作，与设计师一道论证产品设计方案，快速攻克研制 25 个重点课题，包括隧道场景运用、噪声振动控制、防火技术应用、互联互通互控等课题，确保技术研发速度。

2.客户维度：深挖需求，建立项目交流会沟通机制

只有深度了解客户需求，才能真正得到客户满意。在高原双源动力集中动车组的执行前期，中车大连公司就建立了多方位、多层次的用户沟通渠道，化被动服务为主动贴近用户、服务用户，提升产品品质。

一是在产品设计、制造阶段，采取“走出去、请进来”的用户互动、对接、交流等多样形式捕捉高原用户对产品、服务和运营的关键需求、期望和偏好，有针对性地选取有效信息，集众人之力，将高原双源动力集中动车组打造成为中车大连公司“智造”名片。

二是建立与客户的项目交流会机制，保证项目管理联络，互通信息有无，明确客户对响应速度、功能实现、标准法规、安全底线、实物质量、交付期限等方面的要求，为项目的研发制造提供了必要条件。

3.项目维度：统筹规划，保障项目顺利实施按期交付

在项目全过程中，中车大连公司积极搭建协同管理平台，与其他联合体单位加强沟通协作，共同把控项目工作思路与方向，一体化管理并监控项目研制进度。制订项目总体推进计划及一体化里程碑计划，共设置 37 个里程碑节点，项目全过程采用周例会和周报机制，保障推进过程可控；同时，积极推进设计管理、工艺管理、质量管理、采购管理、制造管理、售后管理、商务管理等 7 条业务线的及时有效对接，推动形成“专业互动、整体联动”的联合体项目机制。

同时，在项目统筹规划阶段，对项目成员的岗位职责再细化，重点做好项目能力的识别和管理职能的高效和运行，责任分工明

确，人员优势互补，按时完成了技术方案设计、施工设计、技术规范和试验大纲等技术文件编制；对生产单位的各项技术服务任务明确，服务生产所需的子计划兑现率达到100%，加快生产制造以及提升产品质量。

4. 思想维度：党建联建，促进多方力量凝聚

高原双源动力集中动车组项目不仅在内部需要多个业务单元共同协作完成，外部还需要在国铁集团和中车集团统一组织协调下，与株机公司、浦镇公司、株洲所等企业组成联合体共同完成，面临工期紧、标准高、难度大等诸多现实考验，需要整合多方力量、协调多方资源、合力攻坚克难。

中车大连公司作为项目核心成员，在国铁集团和中车集团的指导下，精准抓住了党建这一有力抓手，结合项目特点，切实提高政治站位，坚持守正创新，在国铁集团和中车集团的组织领导下，在党建联学共建方面进行了卓有成效的创新探索，构建了“共习理论、共学党史、共研技术、共组团队、共做调试、共保运维”的“六共一体”党建联学共建实践机制，通过开展“曾经与未来，你与辉煌”“机车质量，我的责任”等多项联合党日活动，以深层次的思想文化变革为目标，促进多方力量凝聚，帮助员工思想跃升，坚定战胜高原各种不利环境的信心，打造出一个具有行业影响力的高水平项目团队，真正做到让用户满意，让党和国家放心。

（二）技术攻关，铸就产品创新内核

高原双源动力集中动车组除需要适应高海拔、多隧道外，还需填补内燃、电力双动力源的世界空白，技术攻关难度极大。中车大连公司坚持研发、运维技术一体化思维，打造内电融合技术平台，通过收集前期各类内燃机车外部运用质量信息，根据信息内容分类、统计及分析，并提取关键要素，形成动车组技术案板，为设计规划、持续改进及后期决策提供必要支撑，总结梳理形成技术优化方案，提供可靠性建议，以改善产品适用性和用户体验。世界首创高原环境下“内燃＋电力”双源动力，世界首创动车组内、电双端互控的运用模式，内电模式快速切换，实现动车组在电气化区段和非电

气化区段跨线运营，是名副其实的“全能型选手”且安全性更高。

同时，高原双源动力集中动车组是高原山区铁路定制化产品，创新采用隧道压力波控制、“弥漫式＋分布式”双模制氧系统等技术举措，使得该产品可灵活应对高海拔、高寒、强紫外线、多雷暴、多桥梁、多隧道等环境；创新采用控制及监测智能化双网并行技术，动车组自感知、自检测健康状态诊断体系，远程车地数据传输等多种安全监测手段，确保动车组安全稳定运行。

此外，高原双源动力集中动车组装用中车自主高原型柴油机。以高压比叶轮、可变喷嘴环增压、PHM 健康诊断、降噪控制实现自主研发的高原型柴油机运用海拔最高、高原功率最大、各项性能指标最优，也是中车大连公司以实际行动助力碳达峰碳中和、深刻践行绿色发展理念的具体举措，获得客户满意。

（三）并行研发，压缩产品研制周期

中车大连公司作为联合体首列高原双源动力集中动车组的工艺及现场管理牵头单位，承担了整个项目联调联试期间的工艺及现场管理方案策划。一是编制了《高原双源动力集中动车组联调联试工艺及现场组方案》等 5 项管理程序、《高原双源动力集中动车组联调试验整备作业规程》等 2 项作业规程和 13 份动车组联调联试工艺文件，保障了首列动车组联调联试工作的圆满完成，为中车大连公司后续联合调试项目的现场管理及调试技术打下坚实的基础。二是由于项目工期紧张，改变了过去的“先设计，后工艺”的技术方案推进流程。为提高效率，在产品设计研发与工艺方案制定两条业务线采取同步联动的新型管理模式，即工艺师服务于设计师，共同开展设计研发和工艺制定。设计师确定三维模型图纸的准确性后，工艺师立即按设计方案制定工艺方案，如发现设计存在错误、工艺难度过高、材料不满足要求等设计瑕疵时，立即向设计师反馈问题，与设计师一同对设计瑕疵进行修正。由于工艺部门“迈前一步”的工艺服务，既减少了设计图纸的返工，也加快了工艺方案的制定速度，两条业务线合一的研发管理模式，明显降低了高原双源动力集中动车组的研发周期。工艺与设计的互动，将产品的设备布局、电磁干扰影响性、布线路径、捆扎方式等问题进行反复讨论，助力产品高标准设计。

（四）生产制造，协同保证准时交付

1. 生产制造协同

一是摒弃以板块为主的生产管理模式，将项目管理作为生产管理新模式，按项目管理思维从车体生产、转向架生产、电器件生产、机车总装贯串管理，处置生产中各项问题，提报相关风险，为保证项目顺利执行提供了生产系统强力保证。二是以 SAP 系统和 MES 系统的应用为契机，从储备式计划管理向以生产订单为依据的拉动式计划管理模式转变，逐步实现计划管理由业务管理向数据管理转型，逐步实现数据协同共享和业财一体化融合，将计划管理体系融入 PLM-SAP-MES 为主线的信息化体系。三是坚持聚焦职工素质提升，不断开展签订师徒协议、技能提升及高端人才培养计划等形式的人才培养活动，将技术引领、工匠精神予以传承和延续。四是工单管理，以自我革命理念为加持，实现了多劳多得、少劳少得，充分激发员工干事创业积极性。五是定期开展各项能力竞赛，营造良好的"比学赶超帮"学习氛围。

2. 技术服务协同

高原双源动力集中动车组进入生产阶段，为保证制造快速推进，技术、工艺部门采取创新的制造服务管理模式。一是技术人员到生产车间第一线，在生产单位设立临时办公点，与生产人员研讨生产制造难点、工艺需求，与质量部门共同开展质量提升检查方案的制定与评判，开展生产准备的技术服务工作。二是设计师和工艺师全程参与制定下料工艺卡片、指导操作者严格按图纸生产、确认生产下料等创新管理，将车体、电气柜等部件提前投产近 20 天，高质量地按高原双源动力集中动车组的交货期完成产品交付工作。三是采用变更申请单制度。内燃动力车相关变更共产生技术变更申请单 47 份，技术变更经技术部门、工艺部门、质量部门、物流部门会审后再开展具体实施，实施完成后由专人确认闭环。四是现场管理合作供应商的技术变更。特别是软件变更，前后共实施了 21 次软件和硬件更改，技术变更项点严格受控。

3. 采购供应协同

为做到生产物料管理最优化，中车大连公司首次增设了物料采购流程的服务管理工作，技术、工艺等部门参与采购，提高了物料采购的业务办理效率，降低了物料管理成本。一是物料采购部门联合技术、工艺部门提前组织开展生产物料储备管理，特别是工艺部门现场服务，积极配合同步进行工艺行程匹配，减少业务办理时间，及早敲定配件流程。二是与供应商商议最佳交货时间，在不影响产品装配进度的情况下，减少公司内库房占用和仓储时间。三是技术部门开展物料采购现场服务，针对内燃动力车高原运用环境，严格把控部件绝缘、密封、抗紫外线等关键性能，以标准为依据，高标准把控外购件的环境适应性。四是质量、售后充分梳理动车组一体化简统部件，保证整列接口方案的一致性，充分梳理源自 FXN3 机车、FXD3-J 动力车的继承性设计，甄选高可靠性方案及部件，为采购部门提供选择高可靠性部件供应商的参考建议。物料采购流程中加入的服务管理，使物料采购部门提前启动采购工作，及时识别采购风险，协同相关部门开展外购件的高原适应性检查验证工作，保证部件的运用可靠性。

（五）运维服务，提升服务保障响应速度

1. 体系架构升级再造

为适应高原服务现场“高标准、严要求”的工作需要，必须摆脱路径依赖和惯性思维约束，通过技术、管理及体制机制的创新，对现有的高原售后服务管理进行升级再造，进一步加强体系顶层设计，从全局角度出发对原有售后服务体系的各系统、模块、层次、要素进行创新和优化。

一是建立体系功能模块。为便于动车组售后服务体系各类工作流程、表单的结构化，编制体系文件、流程、节点、表单结构化编码，理顺流程上下级关系，对不同表单数据进行关联，包含信息管理、文件管理、安全管理、人员管理、物料管理、作业管理、运营监控、供方管理、培训管理、沟通管理、文化建设及体系管理等 12 大功能模块。

二是引入“一个基点、两条主线、三重管理、六个要素”的方式方法开展。一个基点指的是以“作业岗位”为原始坐标搭建业务流程。两条主线是指在“作业岗位”两侧的“输入线、输出线”。三重管理为“标准管理、风险管理、异常管理”，其中标准管理为编制并维护更新“作业岗位”的输入、输出标准；风险管理为制定风险预警阈值，并采取安全有效的手段予以规避；异常是已经发生了的风险，必须要制定并采取得力措施进行消除。通过在售后服务活动过程管理中建立节拍化、岗位制的工作流，从而确保“人、机、料、法、环、测”六要素的顺畅运转、协同运行。

三是建立人员岗位体系，根据中车大连公司自身情况、用户需求以及前期高原服务经验，设定了高原服务站全新的岗位安排。设置5个专职岗位、3个兼职岗位以及1个临时性岗位，人员分工明确，提升现场服务效率。

2. 管理机制精益求精

为保障高原双源动力集中动车组安全、高效、稳定运营，对兄弟公司的服务模式和服务管理水平进行调研，探究公司间的差异，学习优点，规避不足，对存在差异的用户互动模式和服务渠道兼容并蓄，开辟一条适用于中车大连公司在高原现场的服务管理模式。

一是服务标准化。是指保障常态和非常态时期的服务质量均能达到故障处置迅速、信息反馈及时的水准。中车大连公司围绕动车组服务业务线开展，以信息管理、文件管理、人员管理等12个子单元，采用“模块化”思维构造服务管理模式，将各项业务进行归纳、整合，提高管理模式的融合度和组织柔韧性。二是管理层级化。明确在中车集团布置的三家主机单位共同服务的“组织架构”基础上，整合公司内外服务资源，垂直建立公司、事业部、现场服务站三级服务管理层级机制，层层发挥优势资源，推动高原现场服务快速有序开展。同时，水平建立与供应商一起从人员、配件、服务、管理等多维度共享的“一体化”售后服务模式，减少管理成本和人员消耗，提升工作效率，做到资源最大限度充分利用。

3.“高原警铃”快速响应

为顺利完成高原双源动力集中动车组安全运营这一政治任务，中车大连公司将事业部、技术部门、质量部门、工艺部门组成一体化团队，制定了快速拉动“高原警铃”的服务应急响应模式。

一是明确各部门的工作职责和范围。中车大连公司以各部门负责管理业务板块为模块化管理基础，明确高原双源动力集中动车组在应急响应时的职责分工。

二是搭建远程技术支持平台。以“勇于突破、敢为人先”的精神，以中车大连公司为中心，搭建包含公司领导牵头的高原双源动力集中动车组服务平台，“一个中心、两个平台”，实现公司专家团队与现场技术保障的远程技术对接，进一步畅通信息快速流转渠道，提高处置效率，快速应对产品出现的各类问题。

三是搭建应急组织保障体系。为进一步保障现场问题及时、快速、高效处置，切实提升产品应急处置保障响应能力，对车组在运用中出现的未造成停车的质量问题，在接到信息后也会立即组织质量会，充分利用401先锋阵地资源，制定处置预案，回段后第一时间到达现场进行处理，对标高铁模式，故障不过夜。

四是特别强化服务管理，即使非常态时期，公司仍能按保障计划。

4.创新远程技术支持

根据高原用户的职工能力水平差异较大、职工混搭、地方方言沟通不便的情况，对其量身定制“长时间、大角度、宽范围”的技术培训，期望用户早日形成独立的维护能力，减少公司在高原服务现场的长期人力成本。

一是以“全寿命”思维构造售后技术支持文件体系模式，围绕动车组售后服务业务开展的时间线，将各项工作所需的技术文件编制成为《高原双源动力集中动车组整备手册》《高原双源动力集中动车组趟检手册》《高原双源动力集中动车组数据下载手册》等技术手册，现场服务站人员以图文并茂的手册为指引，进行各项高质量、严要求的售后服务工作。

二是搭建信息统计框架，编制高原双源动力集中动车组专用的全寿命周期信息统计模板，为后续有偿服务模式的建立打下数据基础。

三是编制《高原双源动力集中动车组配件工具手册》《高原双源动力集中动车组配件清单》等服务支持文件，帮助员工在日常作业中，查找库存配件和工具工装快速准确，及时预警短缺配件信息，提高服务用配件和工具工装保障力度。

四是深入一线进行技术支持，组织后方的技术骨干携带技术任务在现场常驻，加强现场服务力量和编写更多适合现场作业的技术文件。

（六）夯实基础，全面加强产品质量管控

对于机车来说，质量是生命，安全是底线。项目初始就提出“打造高质量产品，全力打造中国内燃动力车平台的新标杆”的质量目标。

1. 群策群力共保质量

高原双源动力集中动车组除有超高的技术要求外，其产品品质也是客户的关键需求。公司改变质量部门单独盯控产品可靠性的方式，组织质量、售后、技术、工艺部门共同提升高原双源动力集中动车组可靠性。

一是各部门共同对公司生产的和谐系列、复兴系列内燃机车运用情况进行梳理，共整理了内燃动力车可靠性提升借鉴项点147项，全部落实入设计方案中，提升可靠性。

二是借鉴先进技术。在高原双源动力集中动车组生产准备阶段，融入新技术、新工艺，并依据设计图纸，采取新的质量保证措施。例如对159处紧固螺栓逐一进行专用工装三维建模，并通过3D打印技术制造划线工装，使之成为生产过程中螺栓紧固的重要保障措施。

三是搭建联席会议机制。公司领导定期组织各单位召开技术、质量联络对接会，确保充分调动公司内资源，极速解决用户提出的技术难题，构建高效、协作的一体化的服务新模式，有效推进了质量问题的处置效率。

2. 评价体系促进可靠

中车大连公司以高原双源动力集中动车组项目为契机，开展由内向外、自上而下的可靠性提升工作。一是质量部门对质量体系流程进行了细致优化，共计完成 4 个管理流程优化和 7 个管理流程确认工作。二是捋顺质量管理核心业务流程及工作内容，以指令业务流程为线索，以表单、记录管理为手段，完善公司质量管理制度和流程，明确管理接口和节点，提升质量管理工作效率。三是夯实第三层级质量管理体系搭建工作，厘清质量管理职能岗位的业务流程，编制、修订岗位说明书和作业指导书，细化质量管理部门及各分厂第三层级程序文件。四是完善供应商评价机制，按照前期各型内燃机车同种功能的部件名称、装用车型、所属系统进行多家供应商评价，对同种功能部件中的多家供应商纵向评价，对多种部件同一家供应商横向考察，按照产品质量及服务等方面，对供应商综合排名，优选质量过硬、与公司配合度高的供应商。通过遴选高水平部件供应商，与高水平的供应商携手共赢，一同保障高原双源动力集中动车组的运用可靠性。

3. 质量培训深入基层

高原双源动力集中动车组是中车大连公司能力提升年的头号工程，以“全员参与、全面覆盖、能力提升”为目标，融合公司内外资源，构建公司质量意识培训机制，组织开展了技术研发、物资采购、供方管理、质量管控及项目管理等多角度、多维度的专业性培训，提高员工的质量知识、理论和业务水平。一是加大对质量管理人员的培养力度，强化“以老带新”“以强扶弱”，提高员工质量意识，推动基层单位质量管理人才队伍的专业化和长效化。二是加大内部专业质量人员的培训深度广度以及运用重点开展特色培训的方式，在质量管理基础、供应商资质审核、技术标准贯彻、计量理化检测等方面组织培训宣贯学习，强化意识、提升技能，加速打造“一专多能”的“T”型质量管理人才队伍。三是进一步细化、优化检查标准、作业要领书等文件，通过技术资料培训，让基层员工做到“检查标准统一、检查方法规范、检查结果可信”，最终实现质量管理标准全覆盖、均衡化、一体化。

三、依托复兴号高原双源动力集中动车组打造轨道交通产品全场景一体化服务保障创新与实践的效果

（一）填补空白，让复兴号奔驰在祖国广袤的大地上

复兴号高原双源动力集中动车组是一次整合多方力量、协调多方资源、合力攻坚克难的重大项目，是国有企业充分发挥中国特色社会主义制度优势在机辆工业不断自主创新、填补相关领域空白的具体实践。通过打造轨道交通产品全场景一体化服务模式，历史性实现复兴号对31个省区市的全覆盖，完成“让复兴号奔驰在祖国广袤的大地上”的重要嘱托，向建党百年献礼，实现项目在内燃、电力双源动力集成及融合控制，中车自主高原型柴油机，智能化安全监测，优越的乘坐舒适性，高原多隧道环境适应性，全场景一体化服务管理模式等七个方面的系统创新，彰显了中车勇当原创技术的“策源地”，现代产业链的“链长”的担当，展现了中车在深入贯彻总书记关于高铁自主创新重要指示精神和视察中车重要指示精神，切实把碳达峰碳中和、智能制造、维护民族团结、巩固边疆稳定、助力乡村振兴等国家重大战略和党中央重大决策部署与公司改革发展“有机贯通、一体推进”方面的积极作为。

（二）客户满意，兑现高原双源动力集中动车组服务承诺

中车大连公司以自主创新满足全场景高技术水平产品为硬件，以一体化服务模式为软件，满足了用户“高技术、高可靠、高标准”的服务需求，为公司在高原地区的市场持续开拓打下了坚实的管理基础。得益于适用高原的服务管理模式，生产阶段里程碑节点全部提前或按照计划节点完成，实现里程碑节点100%兑现，且相较既有产品的制造质量有明显提升；随着高原双源动车组管理模式的高效运行，高原双源动力集中动车组运用稳定性、可靠性得到了有效保障。售后服务人员在拉林铁路开通初期出现的地面设

备侵限等异常状态情况下，仍可迅速、准确地传递车组信息，有力地协助了用户进行车组应急救援。2021 年 6 月开通至今，高原双源动力集中动车组“零”机破，得到了用户的高度评价。

（三）擦亮品牌，提升“机车摇篮”美誉度

党的十九大确定了建设社会主义现代化强国的战略安排，“交通强国、铁路先行”是满足人民对美好生活向往的责任担当。川藏铁路是富民兴藏的新天路，是习近平总书记关心牵挂的大事，作为川藏铁路重要组成部分的拉萨至林芝段开通，为富民兴藏注入了新活力，回应了西藏各族人民群众对于复兴号的翘首期盼，实心实意为群众办了实事，让更多的老百姓共享铁路科技创新成果、拥有美好出行体验，增强了幸福感、获得感和安全感。以高原双源动力集中动车组驶上“世界屋脊”等重要新闻为宣传载体，“机车摇篮”品牌美誉度持续提高，影响力持续上升。

（四）提质增效，输出全场景一体化服务模式

此次全场景一体化服务模式的升级再造，形成了一种“可复制、可平移、可输出”的全场景一体化服务模式，契合了国铁集团和中国中车对高原地区的服务要求和标准。同时为满足适应新形势下的“全寿命周期”运维管理的需要，累计实时录入高原双源动车组运维信息 150 余项，开展运维数据分析 10 余次，不断完善基础“大数据”，为未来的“全寿命周期”运维管理提供坚实的数据保障。中车大连公司研制的“澜沧号”，借鉴平移此服务模式，在习近平总书记的见证下，投入运营，为“把中老铁路建成‘一带一路’、中老友谊标志性工程”贡献了“机车摇篮”力量。

（成果创造人：郭　涛　陈　钊　杜永强　张春阳　陈吉超
董　皓　杨曦亮　陶立超　李　男　那青锋）

运输站段标准化规范化建设考核评价体系构建与实施

中国铁路北京局集团有限公司企法部

中国铁路北京局集团有限公司是以客货运输为主的特大型国有企业，管辖范围覆盖京津冀全域及山东、河南、山西省部分地区。集团公司现有干部职工 173 948 人，下设单位 117 个，共有班组 11 000多个，管辖范围内共有正线 200 多条，营业里程 9 000 多公里。集团公司年货物发送量 35 000 万吨，旅客发送量 34 000 万人次，运输收入 750 亿元。为有效落实全路"强基达标、提质增效"工作主题，有效夯实集团公司安全基础和管理基础，切实提升集团公司经营效益和经营质量，集团公司企法部构建并实施了基于二元结构化评价模型的运输站段标准化、规范化建设考核评价体系，建立了一套涉及安全、质量、效益、管理、党建的完整规范的考核评价标准，搭建了各专业一体化考核评价的平台和融合单项考核评价的接口，有效提升了运输站段整体考核评价的质量，为集团公司高质量发展奠定坚实基础。

一、运输站段标准化规范化建设考核评价体系构建与实施的背景

（一）适应国铁企业管理体系和治理能力现代化，实现高质量发展的必由之路。近几年以来，全路改革发展的步伐持续深入，特别是公司制改革以来，运输站段的管理跨度越来越大，大量新设备新工艺投入使用。然而，我们运输站段在基础管理工作、人员素质储备、作业标准流程等方面与铁路改革发展的新要求还有很多不匹配、不适应的地方。国铁集团党组领导正是在深入洞察当前运输站段的管理难度，全面分析运输站段人员现状的基础上，坚决且

及时地提出了深入推进运输站段标准化规范化建设考核评价工作的新要求，以此全面提升运输站段的管理水平和工作质量，以更好适应铁路改革发展的现实需要。

（二）有效落实强基达标、提质增效工作主题的必然要求。国铁集团明确提出强基达标，就是坚持抓基础、强基本、重基层，坚持各项工作的标准和规范，完善管理制度和工作流程，明晰管理权责，强化职工教育培训，构建科学严密的考核评价体系，切实筑牢铁路事业发展的坚实基础。运输站段标准化规范化建设考核评价工作正是国铁集团抓基础、强基本、重基层的强有力抓手，可以说基础指标的项点运输站段如果全部有效落实，基础管理工作将达到一个很高的水平。考评标准首次引入创优指标，鼓励运输站段在强基达标的基础上，最大限度提质增效，全面提升本单位经营质量和经营效益，为集团公司乃至国铁集团经营效益作出更大贡献。

（三）客观评价运输站段工作成效的统一标尺。国铁集团主要领导明确运输站段标准化规范化建设考核评价工作是运输站段领导班子抓好日常工作的指导书、规范管理的指挥棒、工作业绩的评价表。运输站段标准化规范化建设考评结果是要在全路同系统的单位中比一比、晒一晒，要用评价结果来检验站段、站段领导班子及各级管理人员的工作成效及工作业绩，促进和提升工作质量。同时，集团公司主要领导也要求将运输站段标准化规范化建设考核评价工作作为考核站段领导班子的重点内容，纳入对领导班子的经营业绩考核，切实提高运输站段领导班子抓好这项工作的积极性、主动性。运输站段领导班子、各级管理人员要真正按照国铁集团、集团公司两级主要领导要求，不折不扣地抓好贯彻落实。

二、运输站段标准化规范化建设考核评价体系构建与实施的主要做法

运输站段标准化规范化建设考核评价体系的考核原则、评价主体、指标设置等均按二元结构化设计，突出对运输站段的全方位、多角度综合评价，提升考核评价的针对性、规范性，为强化运输

站段管理提供了有益的借鉴。

主要做法是：

(一)设计二元结构化评价主体

运输站段标准化规范化建设考核评级工作是国铁集团、集团公司两级共同实施的一项重点工作，其考核评价工作由国铁集团和集团公司两个主体共同完成。国铁集团作为主评价主体，其评价权重占70%，集团公司作为辅评价主体，评价权重占30%。国铁集团评价坚持五项原则。一是坚持基本工作定位，按照专业管理系统一致、综合管理全路一致、党的建设一体贯通的总体原则开展修订工作。二是坚持问题导向和目标导向，以安全、质量、效益为目标，以解决实际问题为出发点，坚持评价指标既全面覆盖又突出重点，既注重结果又兼顾过程，既有定性要求又有量化考核。三是坚持达标和创优并重，既引导站段切实加强基础工作，又鼓励站段向先进对标对表，全面提升治理能力和治理水平。四是坚持科学务实管用，坚持实用实效、可操作、可量化，有制度支撑，有规范要求，不增加基层负担。五是坚持在继承中创新，充分汲取以往成功做法，同时把各系统、各方面的最新要求纳入考核评价之中，使考评更全面，更适应运输站段管理的实际需要。集团公司评价坚持三项原则，一是引导全面达标。引导各单位深入贯彻落实强基达标、提质增效工作主题，全面对标基础指标相关考核项点，切实加强安全质量、综合管理、党的建设等基础管理工作，提升管理水平。二是鼓励创优争先。鼓励各单位向先进对标对表，落实国铁集团创优指标，全面提升运输效率和效益，为集团公司“首善之局”建设提供有力支撑。三是持续动态提升。促进各单位持续改进管理标准和工作流程，着力提升工作质量和效果，实现集团公司安全基础、管理基础和经营质量的持续提高。

(二)构建二元结构化文件支撑

国铁集团运输站段标准化规范化建设文件体系是1+2。1是一个总纲，即：国铁集团《关于运输站段标准化规范化建设的指导意见》(铁总企法〔2019〕17号)；2是两个考评标准，即：《国铁集团关于实施运输站段标准化规范化建设考核评价工作的通知》(铁办〔2021〕66号)及《中国铁路北京局集团有限公司关于实施运输站段标准化规范化建设考核评价工作的通知》(京铁企法〔2021〕150号),其中:2019年17号文件明确了运输站段标准化规范化建设的指导思想、总体原则和立、学、落、对标的主要任务。66号文和150号文是在17号文统领之下的具体评价标准。三个文件既是顶层设计,又有很强的操作性,共同构成了全路标准化规范化建设文件体系,各单位在运用过程中注意掌握。

集团公司主导的科室、车间、班组、岗位标准化规范化建设的文件体系是3+9。3即,《关于深入开展标准化规范化建设的实施意见》(京铁企法〔2019〕246号)、《关于印发中国铁路北京局集团有限公司职工岗位星级管理指导意见》(京铁劳〔2019〕358号)、《关于深入开展"毛泽东号"式班组建设的决定》(京铁办〔2020〕357号);9即,运输部、客运部、货运部、机务部、车辆部、工务部、电务部、供电部、土房部9个专业系统下发的标准化规范化建设实施方案。集团公司246号文件和9个专业系统标准化文件中涉及运输站段标准化规范化建设考核评价内容不再执行,统一按66号文件和150号文件执行。科室、车间、班组、岗位标准化规范化建设相关要求保持不变,继续执行。运输站段标准化规范化建设考评结果实际上是科室、车间、班组工作质量的集中反映,各单位要踏踏实实抓好科室、车间、班组、岗位标准化规范化建设工作。

(三)建立二元结构化指标评价模型

此次国铁集团运输站段标准化规范化建设考核评价指标由国铁集团66号文件和集团公司150号文件两个文件共同构成,一并执行。指标设置分为基础指标和创优指标两大类。

基础指标实施千分制考核,由国铁集团通用部分和集团公司个性部分组成,其中:国铁集团通用部分由10个方面否决指标、4个方面加分指标和总计700分的基础考核项点三部分构成,450分的安全质量效益(客货运包括安全管理、服务质量、生产经营)、150分的综合管理、100分的党的建设这三个方面,实施增减分考核。集团公司个性部分由300分集团公司个性考核项点构成，个性部分的类别与通用部分保持一致，按照突出专业管理的原则，分值按安全质量效益150分、综合管理100分、党的建设50分分劈。评价项目和评价内容有的与通用部分一致，也有部分新增。评价项点与通用指标不重复、不矛盾、不细化，全部是新增项点；评价项点突出可衡量、可量化、可考核要求，单项减分最少1分，按2分、3分、5分、7分标准设置，只减分不加分。基础指标不是随意设置的，是成体系的，全部考核项点都是有制度依据、文件支撑和规范要求的，是本着导向精准、科学务实，实用管用原则制定的，主要来源于年初一号、二号文件及专业规章、综合管理制度。各单位要对标查找文件依据，全面夯实建设基础。

创优指标由国铁集团制定，按百分制计量，主要考核运输站段工作量、效率、效益、质量四个方面，充分反映运输站段的整体经营结果和经营质量。具体操作过程中，国铁集团根据各站段的每项创优指标在全路本类型站段的排名情况，换算该项指标的得分，再根据该项指标的重要程度赋予相应的权重，根据每项指标的排名得分及权重，计算总分。同时，为了强化站段安全管理，设置安全考核修正指标，把基础指标（通用部分）中站段责任安全事故减分的总数，按1‰的比例对站段创优指标总分进行缩减，计算出创优指标最终得分。

（四）实施二元结构化考评标准

运输站段标准化规范化建设考核评价标准按照国铁集团和集团公司两个层级分别开展，其中：

集团公司按千分制评定，考核评价结果依次分为不达标、达标、优秀、标杆四个等级。800分以下为不达标，800分（含）以上为达标（其中通用指标不低于600分，个性指标不低于200分，通用指标和个性指标合计不低于800分）。900分（含）以上为优秀，标杆站段在优秀等级中择优产生，标杆站段数控制在站段总数的20%以内。这次之所以将达标等级设置为800分，一是参考了前两年的考评结果情况；二是与集团公司原百分制的考评标准保持一致。但从千分制的考评指标来看，如果单位工作质量不高，很容易出现减高分的情况，各单位一定要引起高度重视，避免出现因扣减分值过多造成不达标现象。

国铁集团评定分两步走。第一步，按 700 分的基础指标通用部分确定入围站段和基础较差站段。国铁集团专业管理部门核实铁路局集团公司报送的基础指标通用部分得分，站段未被取消评价资格且得分排在同一排名组站段总数前 60%的，作为入围站段参加创优指标排名。基础指标通用部分评价得分在后 10%的（含被否决的站段），为基础较差站段，国铁集团要指导铁路局集团公司制定帮促措施，同时要在日常工作中有针对性地加强检查和调研。对于北京局集团公司的运输站段来说，不被评为基础较差站段是一个底线标准，要全力杜绝；入围 60%是一个下限标准，所有站段都要认真分析指标构成，尽量少减分多加分，力争全部入围。第二步是根据创优指标评定的实际得分评定国铁集团级别的标准站段。创优指标的得分事关国铁集团对铁路局集团公司的总体评价。有的站段的体量小、总体工作量在全路不占优势，无论怎么努力都达不到本组 20%。无论体量大小都要努力提高运输效率和经营效益，争取更好的组内排名，更高的创优指标得分。国铁集团明确，全部参评站段均计算创优指标得分（否决站段除外），集团公司参评站段平均分影响国铁集团对集团公司的评价结果，特别是北京工电大修段、北京大型养路机械运用检修段、北京通信段三个单位分别代表一个类型的分组，创优指标得分影响更大，要特别重视。

（五）采用二元结构化考评程序

运输站段标准化规范化建设考核评价工作实施分组评价、分级评定的考评程序。

分组评价是将运输站段按照承担业务的不同划分为 3 大系统 15 个类型，分别建立考核评价指标体系，同一类型站段可根据情况设置分组排名。一是车务系统。分为车务站段、客运车站、客运段、货运站段 4 个站段类型。二是机辆系统。分为机务段、机辆检修单位、动客车车辆段、货车车辆段 4 个站段类型。三是工电系统。分为工务段、工务机械段、电务段、通信段、供电段、房建段、高铁基础设施段(综合维修机构)7 个站段类型。

分级评价是每季度站段自行评价、每半年集团公司全面评价、每年度国铁集团核实评价。各单位要充分运用季度自评这一方式,结合日常检查,认真检视自身存在的问题,实时进行整改,及时校正建设方向。各部门本着专业负责、系统负责的原则,认真做好半年评价,采取挂牌督办、整改销号、约谈帮促等方式形成巩固提高的闭环管理。两级评定是集团公司年度综合评定和国铁集团年度两头评定。各单位要高度重视评价结果,认真做好年度总结工作,对于好的做法一以贯之地坚持下去,对存在的不足制定出切实有效的具体措施加以整改,对一时不能解决的短板要有整改的路线图、时间进度表。

(六)运用二元结构化奖励激励政策

国铁集团对复核后的标杆站段进行命名表彰,并考核激励,按照排名前 5%、5%~10%、10%~20%三个档次,分别给予国铁集团标杆站段主要负责人 10 000 元、7 000 元、5 000 元的奖励,其他班子成员按照主要负责人的 0.8 倍实施奖励。考核激励经费,国铁集团单独增加铁路局集团公司年度结算工资总额,可见国铁集团领导对考评结果和考核激励的重视。

集团公司对评定为达标及以上站段且未被国铁集团认定为基础较差站段的给予奖励,其中:达标站段按人均 200 元给予奖励,优秀站段按人均 300 元给予奖励,标杆站段按人均 500 元给予奖励。集团公司对被国铁集团评定为标杆的站段另按人均 500 元给予奖励。在此基础上,如果国铁集团公布分组排名,集团公司将根据工资总额决定机制规定,对全路排名前三分之一名次和较上年度排名进步的站段按不同标准增加工资清算。集团公司主要领导反复强调,要加大对运输站段标准化规范化建设投入,目的就是要正向激励各单位全面对标对表,提高创建质量,夯实首善之局建设根基。

(七)创新二元结构化评价结果运用方式

站段标准化规范化建设评价结果,作为站段班子成员和各级干部年度考核的重要参考依据,评价结果纳入对集团公司和站段两级领导班子经营业绩考核。

对国铁集团标杆站段集团公司会大力宣传，总结经验、强化交流，统一发放标杆站段奖牌；对集团公司标杆站段由各业务系统组织做好经验交流。

被国铁集团评定为基础较差站段，国铁集团指导铁路局集团公司制定帮促措施，在日常工作中有针对性地加强检查和调研。被集团公司评定为不达标站段，集团公司各专业部门组织深入分析，查摆存在问题，开展重点帮促指导，制定个性化整改方案并督导落实。

三、运输站段标准化规范化建设考核评价体系构建与实施的效果

北京局集团公司于年初组织开展了 2021 年度运输站段标准化规范化建设考核评价工作，共 14 个分组 75 个单位纳入评价范围。经考核评价，达标站段 73 个，未达标站段 2 个(秦皇岛工务段、石家庄工务段)。所属单位基础指标平均得分 1 033 分，其中，通用部分平均得分 745 分，个性部分平均得分 288 分；基础指标 1 000分(含)以上 60 个，900～1 000 分 15 个，通用指标 700 分(含)以上 67 个，600～700 分 8 个。基础指标最高分 1 203 分、最低分 952.6 分；通用指标最高分 917 分、最低分 681 分；通用指标中安全质量效益指标最高分 674 分，最低分 387 分，考评结果整体良好。

(一)切实提升了运输站段标准化规范化创建质量

北京局集团公司由各专业部门负责，结合本系统的评价指标，逐项明确国铁集团和集团公司对应文件依据，使考评人员全面掌握考评标准；同时，结合本系统重点检查内容，制定统一检查模板，提供考评组成员，确保考评过程尺度一致，充分保证考核的规范性。各专业部门将千分制的评价指标在部室层面进行了分解，匹配科室职责，明确了负责人员，做到项项有人管、标标有人抓；同时，将动态对标引导创建活动日常化，利用专业管理人员下站段调研检查添乘等时机，同步做好标准化规范化建设责任指标推进情

况的检查、指导、评价、帮促工作，将对标过程与日常检查相结合，与专业管理评价相结合，与半年、年度安全评估相结合，与综合管理督导检查相结合，实现对标的动态过程控制，快速提升创建效果，保障考评质量。

（二）对首善之局建设起到了明显的带动示范效应

各系统、各单位在标准化规范化建设中坚持继承深化、创新发展，总结提炼经验做法，打造选树先进典型，形成和推广了一大批建设成果，通过以点带面、示范引领、辐射带动，有效提升了整体建设水平。车务系统，打造"1＋23 星级"管理团队，运输部 10 名专业管理工程师与 23 个车务站段专业管理干部组成 10 个 1＋23 专业技术管理团队，提升专业管理水平，在上半年全路车务专业评价中排名第一。客运系统，以打造客运服务品牌为抓手，提炼服务理念、丰富服务内容、扩大服务范围，将京张"雪之梦"、北京西"036"、北京南"润秋服务组"、北京站"素萍服务组"等一批服务品牌精神和服务标准拓展到管内车站的各个领域，在全路客运专业评价中排在前列。货运系统，大力推进专业管理规范，近两年修订 17 项规章制度，并将营业部和班组台账由 149 项压减为 56 项、报表由 59 项压减为 39 项。机务系统，出台指导意见，将"毛泽东号"机车组基本经验融入岗位、班组和车间管理之中，在集团公司命名表彰的 8 个"毛泽东号"式班组中，机务系统有 2 个班组当选。车辆系统，积极总结提炼推广先进作业法，"梁满囤四字工作法""赵金民式"检车法、车下作业"七个一"、车上作业"五禁五须"等作业法，为职工学技练功和落实标准创造了良好条件。工务系统，坚持"实际、实用、实效"原则，系统推进立标、学标、贯标，组织修订完善作业指导书 465 个，实现多媒体化 128 个。电务系统，充分运用科技手段推进标准化规范化建设，运用高铁智能钥匙盒系统卡控上线作业安全，利用北斗定位对现场人员实现厘米级的精准定位控制。供电系统，制定公布《干部现场检查指导书》，分类明确供电系统干部现场检查的 93 个必查项目、301 个必查项点，健全完善干部检查履责标准，提高现场检查质量。房建系统，实施"一站一手册"管理，针对既有客站制定《房建专业巡检作业标准》，针对在建客站制定《房建专业提前介入工作手册》，促进精细管理、精准介入。同时，通过各系统、各单位相互学习借鉴，手机在线学习App、定置化管理模式、调度指挥中心建设等一系列建设经验得到广泛推广应用。

（三）为集团公司高质量发展奠定了管理基础

一是促进了基础管理完善。推动规章制度、标准流程的规范完善，是标准化规范化建设的核心内容之一。各系统、各单位、各层面通过系统梳理和实践验证，发现和解决了很多标准缺失、管理漏项、规章制度滞后于发展变化等问题。集团公司定期组织清理并公布有效规章制度目录，结合实际做好立改废工作，并依据规章制度逐级细化明确工作职责、标准、流程，有效提高了规章制度和标准流程的适用性、严谨性、实效性。二是促进了工作行为规范。标准化规范化建设和职工岗位星级的考核评价，为站段、科室、车间、班组加强管理提供了抓手和平台，评价结果也起到了很好的激励和鞭策作用。评价扣分使职工直观看到哪些工作需要改进，进一步增强了职工集体荣誉感，明确了共同努力的方向，使职工由被动执行转变为主动执行标准。同时，考核评定涉及职工切身利益，公开、阳光、透明的考评机制，也倒逼管理人员的管理行为必须更加严谨规范。三是促进了素质能力提高。通过建立健全各类标准和落实专业督导责任，促使管理人员更好地学习掌握规章制度，理解更加透彻、落实更加自觉，履职能力得到进一步提升。通过推进素质与岗位相匹配、绩效与收入相适应，考核评定与各类评先、技师聘用、班组长选拔、管理岗位招聘等紧密结合，有效激发了职工学技练功的热情，实现了从“要我学”到“我要学”的转变，形成了比学赶帮超的良好局面。四是促进了质量效益提升。推进标准化规范化建设考核评价工作，是一个考核评价、专业督导、典型引路、持续改进、全面进步的过程。落实标准、规范管理，使各个方面、各个环节的工作都处于良好状态；提高标准、改进管理，质量、效率、效益也会随之得到提升。通过逐级完善考核评价体系，有效促进了逐级负责、岗位负责，使工作质量和劳动效率得到持续提高。五是促进了职场环境改善。标准化规范化建设考核评价工作将环境标准作为一项重要内容，细化制定职场环境、工具材料等管理标准，明确责任区，推行定置管理，环境整治效果非常明显。段部、车间、科室、班组的职场环境得到全面改善，资料、台账、料具等分类摆放、编号清楚、管理有序，展现出了现代化一流企业的形象；同时，良好的环境又强化了全员自觉执行落实标准和主动推进标准化规范化建设的意识，增强了凝聚力、向心力。

（成果创造人：李　明　李　超　李景伟　张　翼　刘　儒
韩力宏　于笑洋　朱学喜　张海洋　刘　楠
何维鑫　魏　博）

紧抓环京潮汐客流　扩大管内市场份额

中国铁路北京局集团有限公司客运部

中国铁路北京局集团有限公司地处北京和全国路网中心，管辖范围东临渤海、南延黄河、西抵太行、北越长城，覆盖京津冀全部区域及山东、河南、山西省部分地区，与沈阳、济南、郑州、太原、呼和浩特 5 个集团公司相接。截至 2021 年底，管内共有正线 200 多条，其中高速铁路 13 条(京津城际、石太客专、京沪高铁、京广高铁、津秦高铁、津霸客专、霸徐线、石济客专、京哈高铁、京雄城际、京包客专、崇礼线、张大客专)，繁忙干线 6 条(京哈、京沪、京广、京九、津山、石太)，干线 6 条(丰沙、京通、京承、京原、石德、京包)。全局营业里程 9 000 多公里，其中高速铁路 2 479.158 公里。全局客运系统管辖客运单位 25 个，其中直属站 11 个、车务段 10 个、客运段 3 个、北京客户服务中心 1 个，共有客运职工 23 562 名。全局办理客运业务车站 168 个，配属动力集中动车组 FXD3-J 型 9 组 18 台、动车组 260 列、客车 2 406 辆，共开行旅客列车 797.5 对，其中高铁动车组列车 495 对。

一、紧抓环京潮汐客流扩大管内市场份额的背景

习近平总书记在党的十九大报告中对当前我国经济发展阶段作出重要论断，我国经济已由高速增长阶段转向高质量发展阶段，正处在转变发展方式、优化经济结构、转换增长动力的攻关期，建设现代化经济体系是跨越关口的迫切要求和我国发展的战略目标。

必须坚持质量第一、效益优先，以供给侧结构性改革为主线，推动经济发展质量变革、效率变革、动力变革，提高全要素生产率，不断增强我国经济创新力和竞争力。

面对我国经济发展方式的转变带来的压力与挑战，铁路客运作为国民经济发展的基础和服务保障产业，必须主动作为，适应新常态，以旅客需求为出发点，以经营效益为导向，充分发挥日趋完善的路网优势、高速铁路的竞争优势、京津冀协调发展的区位优势，深化客运产品有效供给，将一系列的产业优势转化为效益优势，不断提升客运增收创效能力。

（一）深化国有企业改革的具体行动

党的十八大以来，以习近平同志为核心的党中央对深化国有企业改革高度重视。国有企业是壮大国家综合实力、保障人民共同利益的重要力量。要加快推进国资国企改革，推动国有资本布局优化调整。必须做强做优做大，不断增强活力、影响力、抗风险能力，实现国有资产保值增值。抓住环京潮汐客流对推进北京局集团公司由运输生产型向市场经营型、由规模速度型向质量效益型转变，增强企业内生动力和发展活力，消除制约铁路企业发展弊端，加快建立以市场化经营为导向的现代企业组织模式和运行机制，具有重大现实意义。

（二）助推京津冀协同发展的必然之举

北京局集团公司的管辖范围完全覆盖了京津冀“两市一省”所有区域，便于京津冀区域间路网统一规划与建设；北京局集团公司多年的运营管理经验，积累了京津冀区域旅客出行大数据，了解旅客出行规律和需求，便于量身打造贴近市场的客运产品，因此，助力京津冀协同发展交通一体化先行，北京局集团公司具备天然优势，使命天然。铁路运输作为京津冀交通一体化的重要组成部分，旅客运输必须与政府规划同步发展，强化铁路与城市交通的高效衔接，提高京津冀区域客运组织效率，已经成为铁路运输的一项政治任务，必须做好做实。

（三）解决困境拓展市场份额的必要举措

2020 年以来，全国多地受影响限制进京，北京局集团公司管内直通客流受到较大影响，深挖管内客流潜力是破解困境，拓展客运市场的必然选择。北京局集团公司管内客发量占全路总客发量的56%,在全路各局管内占比排名中列第7名,管内客流占比远远小于上海局、广州局、成都局集团公司,较上海局集团公司(占77.6%)少21.6个百分点,较广州局集团公司(占74.6%)少18.6个百分点,较成都局集团公司(占78.4%)少22.4个百分点。北京局集团公司所在的京津冀地区是全国最有活力的城市集群之一,管内客流增长潜力巨大。如果能准确掌握管内早晚通勤客流需求,精准补充管内高铁运力,必将带动北京局集团公司管内客流的显著增长。

(四)放大铁路客运市场竞争优势的必由之路

社会经济的持续发展和人民生活水平的不断提高,催生出旺盛的出行需求。通达全国的高速公路网络、“村村通”工程以及“门到门”的灵活便捷优势,使得公路运输保持较大市场优势。民航凭借日益密集的航线、灵活的价格策略和快速高效的优势不断扩大市场份额。不同交通方式间的市场竞争日益加剧,需要铁路运输立足自身大运力、高速度、低成本、绿色化的竞争优势,科学细分市场,依托日益完善的高速铁路、区域干线、城际铁路和市郊(域)铁路网络,准确把握旅客需求结构升级的趋势,建立多层次、多节点、多通道的铁路客运产品结构,最大限度满足旅客多样化、个性化出行需求。通过深挖环京潮汐客流需求,提供产销适配的客运新产品,在服务京津冀协同发展的同时,全面提升铁路客运市场竞争力。

二、紧抓环京潮汐客流扩大管内市场份额的主要做法

紧抓环京潮汐客流扩大管内市场份额是深化铁路公司制改革的重要内容,北京局集团公司坚持以市场为导向,以运输组织改革创新为动力,通过优化潮汐列车开行方案,深入挖潜运力资源,提升环首都“1小时交通圈”铁路运力供给和服务品质,增强内生动力和市场活力,切实解决好铁路客运高质量发展过程中面临的问题和挑战,全面提升铁路客运产品有效供给质量,开创新时代铁路客运高质量发展新局面,为更好地促进京津冀协同发展,服务经济社会发展,满足人民日益增长的美好生活需要提供有力保障。

借助全路2021年四季度调图契机，围绕管内京津城际、京沪高铁、京广高铁、京张高铁、京哈高铁、津秦高铁（津保客专）共6个板块，优化潮汐列车开行方案，深入挖潜运力资源，提升四季度（10月11日—12月31日共82天）客运经营效益，扩大管内铁路市场份额，不断提高客运经营质量。

（一）京津城际北京南至天津（武清）增加停站2列

北京南—武清区间，里程84公里，运行21分钟。

北京南—天津区间，里程120公里，运行30分钟。

1.运力配置

2021年京津城际基本图122对[北京南—天津（西）118对，天津—滨海4对]，其中周五116对[北京南—天津（西）112对，天津—滨海4对]，周一114对[北京南—天津（西）110对，天津—滨海4对]，周二至周四103对，周六116对，周日117对。高峰线6对。周末全天武清下行24列，上行28列。高峰全天武清下行25列，上行31列。周末全天天津（西）下行112列，上行110列。高峰基本图＋高峰线，全天天津（西）下行124列，上行124列。

2.客流情况及缺口分析

（1）北京南—天津：全天日均往返发送6.7万人，其中：下行北京南至天津，日均发送3.3万人。高峰时段每周五18:00—20:00，发送旅客1万人。运能缺口1 600人次，需增开3列，21:00以后能力充裕，满足客流需求。上行天津至北京南，日均发送3.4万人。高峰时段每周一6:45—8:00，发送旅客7 400人。运能缺口1 400人次，需增开3列。国庆假期客流高峰期北京南至天津间下行运能缺口6 000人次，需增开10列；上行运能缺口将达到7 000人次，需增开12列。

（2）北京南—武清：全天日均发送量9 380人，其中：下行北京南至武清，日均发送5 066人。高峰时段为北京至武清每周五18:00—20:00，发送旅客1 400人。运能缺口1 200人次，需加开2列，21:00以后能力充裕，满足客流需求。上行武清至北京南，日均发送4 333人。高峰时段武清至北京周一6:45—8:00，发送旅客 1 400 人。运能缺口 1 300 人次,需加开 2 列。国庆假期客流高峰期北京南至武清间下行运能缺口 3 500 人次,需增开 6 列,上行运能缺口达到 4 000 人次,需增开 7 列。

综上所述,北京南—天津(武清),每周五 18:00—20:00 间运能缺口 2 800 人次,需增开 5 列;天津(武清)—北京南,每周一 6:45—8:00 间运能缺口 2 700 人次,需增开 5 列。国庆假期客流高峰期北京南至天津(武清)间下行运能缺口 9 500 人次,需增开 16 列;天津(武清)—北京,上行运能缺口将达到 11 000 人次,需增开 19 列。

3. 北京南至天津(武清)间技术条件限制

以京津城际下行为例,能力制约因素为武清办理停站和北京南站接发车咽喉交叉,分 4 种情况:一是武清通过列车,北京南发车间隔需 5 分钟;二是武清停车待避通过车,北京南发车间隔需 6 分钟;三是武清连续停车列车,北京南发车间隔需 10 分钟;四是武清办理停站与后续武清通过列车,北京南发车间隔需 12 分钟。同时,北京南站终到、始发咽喉交叉需间隔 8 分钟。

下行方向:目前北京南至天津(武清)18:00—20:00,共 120 分钟,开行 15 列,其中武清停车后续为通过列车 4 列,占用通过能力 48 分钟;武清停车待避通过车 1 列,占用通过能力 6 分钟;武清通过 10 列,占用通过能力 50 分钟;合计 104 分钟,剩余 16 分钟为 C2649 次与 C2062 次、C2069 次与 C2584 次北京南站咽喉交叉各占用 8 分钟。下行高峰时段 120 分钟全部占用,不具备再增加列车条件。

上行方向:目前天津(武清)至北京南 6:30—8:00(90 分钟)间开行 11 列,其中武清停车后续为通过列车 2 列(占用通过能力 24 分钟)、武清连续停车列车 4 列(占用通过能力 40 分钟)、武清通过 5 列(占用通过能力 25 分钟),合计 89 分钟。90－89＝1 分钟,上行高峰时段能力已饱和,不具备再增加列车条件。

4. 增加运力主要做法

高峰时段邻近列车增加停站 2 列次,吸引客流错峰出行。

由于京津城际高峰时段无法增加停站车次，我们研究了高峰时段后续列车增加武清停站方案，参考北京南经停武清最后一班下行车次 C2595 次（北京南始发时间 21:27、日均售出 200 人、收率 38.5 元/人）上座率高达 97%，在后续下行方向 C2663 次、C2669 次增加武清两个停站，北京南始发时间分别是 22:08、22:46。

（二）京沪高铁北京南至廊坊早高峰增加廊坊上行 2 列

北京南—廊坊区间，里程 60 公里，运行 21 分钟。

1. 运力配置

周末全天廊坊下行 28 列，上行 26 列。高峰全天廊坊下行 30 列，上行 28 列。早高峰上行方向 7:00—9:00 间廊坊站始发 1 列，通过 3 列，办客 5 列，该时段主要是外局进京列车，尚未接入我局。廊坊站只能在 4 道办理始发，目前开行 1 列廊坊站始发列车 G7802 次为地方政府补贴列车（1 000 万元/年）。晚高峰下行方向 17:00—19:00 间廊坊站通过 16 列，办客 2 列。

2. 客流分析及运能缺口

北京南至廊坊间共发送旅客 22.9 万人，日均 1.53 万人，其中：下行北京南至廊坊，日均发送旅客 7 200 人，每周五 17:00—19:00，高峰时段发送旅客 2 700 人，占全天总量的 38%。运能缺口 1 300 人次，需增开 2 列。20:36 分北京南至廊坊 G7801，可以满足客流需求。上行廊坊至北京南，日均发送率 8 066 人，每周一 7:00—9:00，高峰时段发送旅客 3 200 人，占全天总量的 39%，运能缺口 600 人次，需增开 1 列。国庆假期客流高峰期北京至廊坊间上行运能缺口将达到 4 000 人次，需增开 6 列。

3. 增加运力主要做法

早高峰增加廊坊上行 2 列次。

(1)京沪高铁增开 1 列天津南始发车，解决天津和廊坊早高峰进京需求。使用 G111 次车底提前出库，空送天津南，天津南—北京南增开 1 列始发列车，经停廊坊站（天津南 7:12 开，廊坊站 7:30/32、北京南 7:53 到）。至此，京沪高铁管内沿线各站早间均有进京始发列车。

(2)优化京沪高铁上行列车停站。将 G1048 次增加廊坊停站，廊坊站 8:53/57、北京南 9:18 到。

（三）京广高铁北京西至涿州东、高碑店、保定东、石家庄增开早高峰 2 列

北京西—涿州东区间，里程 62 公里，运行 25 分钟。

北京西—高碑店东区间，里程 83 公里，运行 30 分钟。

北京西—保定东区间，里程 139 公里，运行 41 分钟。

北京西—石家庄区间，里程 281 公里，运行 1 小时 19 分钟。

1. 运力配置

周末全天涿州东、高碑店东、保定东下行 81 列，上行 111 列。高峰全天涿州东、高碑店东、保定东下行 85 列，上行 118 列。周末全天石家庄下行 95 列，上行 95 列。高峰全天石家庄下行 103 列，上行 102 列。

早高峰上行方向 6:30—8:00 间涿州东通过 7 列，办客 1 列；高碑店东通过 6 列，办客 2 列；保定东通过 3 列，办客 4 列；石家庄始发 4 列，通过 0 列，办客 5 列。

2. 客流分析及运能缺口

北京至涿州间日均发送旅客 7 467 人，其中下行日均发送 3 547人，上行日均发送 3 933 人；北京至高碑店间日均发送6 333人，其中下行日均发送 3 067 人，上行日均发送 3 267 人。北京至保定间日均发送 1.73 万人，其中下行日均发送 8 533 人，上行日均发送 8 800 人。北京至石家庄间日均 2.98 万人，其中下行北京至石家庄发送 22.7 万人，日均 1.51 万人；上行石家庄至北京发送 22.0 万人，日均 1.47 万人。

下行方向，周五 17:00—19:00 为客流高峰时段，至保定4 000人，至高碑店、涿州各 1 500 人，至石家庄 6 000 人。运能缺口 1 200人次，需增开 2 列，20:00 以后能力充裕，满足客流需求。

上行方向，周一 6:00—8:00，涿州、高碑店、保定、石家庄至北京分别为 1 600 人、1 600 人、2 200 人、3 400 人。石家庄—北京间，6:00—8:00 开行高铁列车 7 趟（均为始发终到列车），能力较

充足，但涿州、高碑店和保定间缺口 3 000 人次，需增开 3 列。

国庆假期，京广高铁管内上下行高峰时段客流高度集中，出现较大运能缺口，石家庄往返缺口 2.5 万人次、保定往返缺口 1.1 万人次、涿州东往返缺口 0.4 万人次、高碑店东往返缺口 0.23 万人次，需要加开列车补充运力。

3. 增加运力主要做法

增开早高峰 2 列。

(1)首次实现涿州东站开行始发车 1 列，满足涿州早高峰进京需求。使用 G485 次车底(CR400AF，定员 1 152)，提早出库空送至涿州东站，开行早高峰涿州东—北京西 1 列(G6730 次，涿州东始发 6:20，北京西 6:45 终到)。

(2)利用外局车底，套跑增开石家庄始发早高峰进京列车 1 列，同时满足高碑店东、涿州东早高峰进京需求。通过积极争取国铁集团支持，协调成都局集团公司，利用在京停留车底 G309/10 次套跑开行早高峰石家庄—北京西 0.5 对，(G6722 次，石家庄 6:26始发、定州东 6:49/51、高碑店东 7:20/22、涿州东 7:31/33、北京西站 7:58 终到)。

(四)京张高铁北京北(清河)至延庆、怀来、宣化北、张家口增开早高峰 1 列、重联高峰时段 2 对、增加停站 6 列

北京北一清河区间，里程 11 公里，运行 12 分钟。

北京北一延庆区间，里程 69 公里，运行 40 分钟。

北京北一怀来区间，里程 98 公里，运行 44 分钟。

北京北一宣化北区间，里程 152 公里，运行 56 分钟。

北京北一张家口区间，里程 172 公里，运行 1 小时 10 分钟。

1. 运力配置

周末全天张家口下行 46 列，上行 46 列。高峰全天张家口下行 55 列，上行 55 列。周末全天怀来、宣化北下行 40 列，上行 41 列。高峰全天怀来、宣化北下行 51 列，上行 49 列。上行方向周日 19:00—21:00 间怀来办客 2 列、宣化北办客 4 列、张家口办客 7 列；周一 7:30—8:00 间延庆始发 1 列。下行方向 17:00—19:00

间怀来办客 2 列、宣化北办客 2 列、张家口办客 6 列；周一 7:30—8:00 间延庆 2 列。

2. 客流分析及运能缺口

(1)北京北(清河)至张家口：日均发送旅客 1.27 万人，其中下行日均发送旅客 6 667 人，客流集中在周五 18:00—20:00 间约 2 000人，运能缺口 1 000 人次，需增开 2 列。上行日均发送旅客 6 000人，客流集中在周日 19:00—21:00，是返京通勤客流高峰约 1 700 人，运能缺口 1 000 人次，需增开 2 列。

(2)北京北(清河)至怀来、宣化：日均发送旅客 1.27 万人，下行日均发送旅客 3 200 人，客流集中在周五 17:00—19:00 间约 700 人，运能缺口 500 人次，需增开 1 列。上行怀来、宣化至北京日均发送旅客 2 933 人，客流集中在周日 19:00—21:00 是返京通勤客流高峰约 800 人，运能缺口 500 人次，需增开 1 列。

(3)北京北至延庆：日均发送旅客 1 578 人，其中下行日均发送 713 人，下行高峰时段为周一 8:51—11:00，G8883 次(8:51 始发)和 G8885 次(11:00 始发)利用较好，能够全部售出，基本没有候补需求，其他时段列车上座率不足 4 成。上行日均发送 865 人，上行高峰时段为周一 7:30—8:00，G8882 次全部售出，基本没有候补需求，其他时段列车上座率不足 4 成。

北京北(清河)至怀来、宣化、张家口间周末上下行高峰时段均存在能力缺口，需要加开列车补充运力；北京北至延庆间日常上下行高峰时段均为早高峰时段，进出市中心均有客流，目前看无运能缺口，午后客流整体趋缓，无需加开列车。国庆假期京张高铁管内上下行高峰时段客流高度集中，出现较大运能缺口，至张家口往返缺口 1.0 万人次、至宣化往返缺口 0.5 万人次、至怀来往返缺口 0.2 万人次。

3. 增加运力主要做法

增开早高峰 1 列、重联高峰时段 2 对、增加停站 6 列、设计张家口往返太子城换乘方案。

(1)利用京张高铁确认车重叠区段，增开早高峰 1 列，充分挖掘京张高铁早间确认车重叠区段，在早高峰京张高铁开行1列下花园北—北京北高峰线G9914次(7:15—8:06)，可满足下花园北、怀来进京客流需求。

(2)调整京张高铁交路。管内D6727/8次清河至张家口间(D6727次:17:26—19:07;D6728次:19:43—20:52)及其相关交路具备重联条件，在客流高峰期可根据检修情况，使用一组GRH5A检备车底对D6727/8次及其相关交路进行重联。

(3)精细化安排京张高铁新增D字头停站方案，确保管内停站不减反增6列次。四季度图，通过研究调整高峰时段重联车底增加运能，克服速差带来的停站减少困难，确保怀来、宣化北、张家口停站在高峰时段办理列车比三季度图增加6列，具体如下：

上行方向19:00—21:00间，怀来、宣化北、张家口共办客11列，合计增加3列。怀来站办客2列(其中重联1列)，重联后折合办客增加1列;宣化北站办客2列(其中重联1列)，重联后折合办客减少1列;张家口站办客7列(其中重联1列)，重联后折合办客增加3列。

下行方向17:00—20:00间，怀来、宣化北、张家口共办客16列，合计增加3列。怀来站办客5列，持平;宣化北站办客4列(其中重联1列)，重联后折合办客增加1列;张家口站办客7列(其中重联2列)，重联后折合办客增加2列。

(4)创新设计张家口至太子城间换乘接续方案，吸引潜在客流。根据客流调查，张家口至太子城间有一定的客流需求，由于京张高铁现图列车运行密度较大，不具备开行张家口至太子城间直达列车条件，故设计了旅客换乘方案。根据张家口车务段测算，下花园北站旅客非同台换乘，列车间隔需要满足10分钟，具体换乘方案如下。

一是张家口至太子城间换乘方案。早高峰换乘交路：呼和浩特东至清河D1002次张家口8:30/33，下花园北8:50/52;北京北至崇礼G8811次下花园北9:07/09，太子城9:28到张家口至太子城用时55分钟，换乘列车间隔19分钟。晚高峰换乘交路，大同南至清河 D1116 次张家口 17:20/23，下花园北 17:45/52；北京北至崇礼 G8817 次下花园北 18:10/12，太子城下 18:32 到。张家口至太子城用时 69 分钟，换乘列车间隔 27 分钟。

二是太子城至张家口旅客 1 套换乘方案。崇礼至清河 G8818 次太子城 19:24 开，下花园北 19:42/45；清河至呼和浩特东 D1019 次下花园北 19:51/53，张家口 20:10 到。太子城至张家口用时 46 分钟，换乘列车间隔 11 分钟。在不考虑下花园北到发线占用和咽喉交叉的理想状态下，张家口至太子城间直通列车旅行时间 57 分钟。上述 3 套换乘方案其中 2 套优于直达车方案，不仅满足了张家口至太子城间的客流需求，而且对潜在客流具有较大吸引力。

（五）京哈高铁北京朝阳至密云、承德增开 10 对，增加高峰时段停站 3 列

北京朝阳—密云区间，里程 65 公里，运行 26 分钟。

北京朝阳—承德南区间，里程 192 公里，运行 52 分钟。

1. 运力配置

周末全天承德南下行 52 列，上行 47 列。高峰全天承德南下行 70 列，上行 65 列。上行方向 16:00—18:00 间承德南办客 6 列。下行方向 17:00—19:00 间承德南办客 9 列。

2. 客流分析与能力缺口

(1)北京朝阳至密云：日均发送旅客 653 人，其中下行日均发送 374 人，高峰时段为周五 18:00—19:00，G7863 次日均发送旅客 290 人，上座率 50.3%。上行日均发送 279 人，高峰时段为周一 7:00—7:30，G7862 次日均发送旅客 142 人，上座率 12.3%。北京至密云间能力充足，基本满足客流需求。

(2)北京朝阳至承德：日均发送旅客 7 933 人，其中下行日均发送 3 867 人，客流集中在周五 17:00—19:00 间约 1 300 人，运能缺口 800 人次，需增开 1 列。上行日均发送 4 067 人，客流集中在周日 18:00—20:00 间约 1 300 人，能力缺口 600 人次，需增开 1 列。国庆假期京哈高铁管内上下行高峰时段客流高度集中，出

现较大运能缺口，承德往返缺口0.3万人次。

3. 增加运力主要做法

增开10对、增加高峰时段停站3列。

(1)优化东北方向列车开行结构，京哈高铁增加10对。借助朝凌高铁、沈佳高铁开通契机，优化北京地区3个始发站去往大连北方向列车，北京南站不再办理大连方向高铁列车(后续东北方向仅办理2对沈阳高铁)，北京朝阳站和北京站均增加大连北方向高铁列车。调整后，京哈高铁线图定列车由现图60对增加10对至70对，其中，大连北方向增加9对列车(北京朝阳站始发8对、北京站始发1对)，哈尔滨西方向增加1对(北京朝阳站始发)。北京站始发终到由现图4对增加1对至5对。另外，高峰线增加1对(北京朝阳站至大连北站)。

(2)优化京哈高铁运行图，高峰时段增加承德停站3列次。抓住四季度调图契机，增加高峰时段承德方向停站列车，上下行共计增加3列，其中上行方向16:00—18:00间承德南办客7列，增加1列；下行方向17:00—19:00间承德南办客11列，增加2列。

(六)北京至唐山间增开唐山方向5对、重联1对

北京—唐山区间，里程177公里，运行1小时36分钟。

北京南—唐山区间，里程234公里，运行1小时3分钟。

1. 运力配置

周末全天唐山下行23列，上行29列。高峰全天唐山下行29列，上行31列。上行方向10:00—12:00唐山经停3列。下行方向18:00—20:00间唐山经停2列。

2. 客流分析

北京至唐山间日均发送旅客9 667人，下行日均发送旅客4 667人，上行日均发送旅客5 000人。北京至唐山2021年同比减少开行62列，客流减少1.7万人(日均影响1 140人)，主要原因为D6629、D6615、D13等京哈线动车停运，致使后期下行经停唐山的车次出现时间段断档的情况，预估日均影响1 100人。

高峰时段：北京至唐山下行客流集中在周五18:00—20:00达

到 1 100 人。唐山至京上行客流集中在周日 10:00—12:00 间约 1 500人。上下行合计运力缺口 4 250 人左右,需加开 2~3 对北京—唐山间的始发终到动车组列车。国庆假期京哈普速线管内上下行高峰时段客流集中,出现较大运能缺口,至唐山往返缺口 0.6 万人次。

3.增加运力主要做法

津秦高铁、津保客专:增开唐山方向 5 对、重联 1 对。

(1)利用腾退运行线,补强津秦方向运力,满足北京(南)至唐山间客流需求。四季度调整图京津城际、津秦高铁停运 1 对图定客车、3 对高峰线,按照“停车不停线、减车不减能”原则,充分利用腾退运行线增开 5 对自担当管内客车(2 对北京南至秦皇岛、3 对天津、天津西至秦皇岛),经停唐山站,其中,G8929 次填补满足下行 15 点运能缺口,G8928 次满足上行 12 点运能缺口。

(2)优化调整套跑交路,为津保客专列车扩能创造条件。现图秦皇岛至邯郸东间 G6290/91、G6292/3 次为复兴号单组,该对列车长期超员、运能不足,但受制于与京津城际 G8923/8926 次套跑,无法重联增加运能。四季度图,通过客运、运输、车辆部门反复研究,彻底拆开 G6290/91、G6292/3 次与 G8923/8926 次调整套跑交路,为秦皇岛至邯郸东间 G6290/91、G6292/3 次重联开行创造了条件。

三、紧抓环京潮汐客流扩大管内市场份额的实施效果

我们利用编制 2021 年第四季度调整列车运行图的有利时机,会同运输部、机务部、车辆部等部门深入研究、通力协作,克服了管内主要枢纽车站接发车能力、线路通过能力及动车所检修能力均已趋饱和,新增列车空间十分有限等不利因素,多措并举,针对 6 个方向板块,制定 13 条增收措施,在四季度调整图中实现增加列车 25 列,增加管内停站 75 个。经测算,2021 年 10 月 11 日至 12 月 31 日(82 天),通过增运措施,6 个方向板块共计增加发送 140 万人,增加客票收入 1.5 亿元。

1. 京津城际增运 0.36 万人、增收 13.9 万元

增加停站后增加 300 人/日，10 月 11 日至 12 月 31 日(82 天)增运 0.36 万人、增加收入 13.9 万元。

2. 京沪高铁增运 8.44 万人、增收 223.5 万元

G111 次周一(满员)增加 1 283 人、日常 760/天，10 月 11 日至 12 月 31 日(82 天)增运 6.8 万人、增加收入(北京至廊坊间客收率 26.5 元人)180 万元；G1048 次 10 月 11 日至 12 月 31 日(82 天)增运 1.64 万人、增加收入(北京至廊坊间客收率 26.5 元/人)43.5 万元。

3. 京广高铁增运 13.7 万人、增收 565 万元

G6730 次日均增运 850 人，日均收入(北京西至涿州东间客收率为 26.6 元/人)2.25 万元，10 月 11 日至 12 月 31 日(82 天)增运 7 万人、增加收入 185 万元；G6722 次日均增加 820 人，10 月 11 日至 12 月 31 日(82 天)增运 6.7 万人、增加收入(3 个区间平均客收率 56.1 元)380 万元。

4. 京张高铁增运 8.46 万人、增收 454.5 万元

一是增加 G9914 次 1 列，日均增运 480 人，日均收入(客收率 50 元/人)2.4 万元，10 月 11 日至 12 月 31 日(82 天)增运 4 万人、增加收入 196 万元；二是精细化安排京张高铁新增 D 字头停站方案，确保管内停站不减反增 6 列次。日均增运 240 人、增加收入(北京至张家口间客收率为 73.9 元/人、北京至宣化间客收率为 62.5 元/人、北京至怀来间客收率为 45.5 元/人)1.7 万元，10 月 11 日至 12 月 31 日(82 天)增运 2 万人、增加收入 138 万元；三是创新设计张家口至太子城间换乘接续方案，吸引潜在客流。日均增运 300 人、增加收入(张家口至下花园北间客收率为 24 元/人、下花园北至太子城间客收率为 25 元/人)1.47 万元，10 月 11 日至 12 月 31 日(82 天)增运 2.46 万人、增加收入 120.5 万元。

5. 京哈高铁增运 36.1 万人、增收 8 345 万元

一是优化东北方向列车开行结构，京哈高铁增加 10 对。每日增运 4 200 人，日均增收 100 万元，后 4 个月 82 天增运 34.5 万人、

增收 8 200 万元。二是优化京哈高铁运行图，高峰时段增加承德停站 3 列次。日均增运 195 人、增收 1.76 万元，10 月 11 日至 12 月 31 日(82 天)预计增运 1.6 万人、增收 145 万元。

6. 津秦高铁、津保客专增运 39.5 万人、增收 2 975 万元

一是利用腾退运行线，补强津秦方向运力，满足北京(南)至唐山间客流需求。日均增收 14.5 万元，后 4 个月 82 天增运 23 万人、增收 1 175 万元。二是优化调整套跑交路，为津保客专列车扩能创造条件。日均增收 22 万元，后 4 个月 82 天预计增运 16.5 万人、增收 1 800 万元。

(成果创造人：王　勇　李　燕　许盛刚　陈立军　张兵兵
周中锐　张　旭　李开远　甄　蒙　李彦斌
冯彦钧　白舰兵)

集团公司党支部标准化规范化建设创新与实践

中国铁路南宁局集团有限公司党委组织部

中国铁路南宁局集团有限公司(简称南宁局集团公司)是中国国家铁路集团有限公司的全资子公司,于 2017 年 11 月 19 日由原南宁铁路局改制挂牌成立,前身为柳州铁路局,成立于 1953 年 1 月 1 日。截至 2021 年底,管辖运营柳南客专、贵广客专、南昆客专等 7 条高速铁路和湘桂、黔桂、焦柳等 7 条国铁普速干线,营业里程 5 829 公里,其中高铁里程 1 859 公里,职工总量 62 962 人,其中在岗职工 62 535 人。集团公司党委下设 1 922 个基层党组织,其中党委 71 个、党总支 198 个、党支部 1 653 个;党员 22 580 人,其中在岗职工党员 21 398 人。集团公司先后被评为"全国模范劳动关系和谐企业",并荣获"全国五一劳动奖状"。2022 年,南宁局集团公司坚持以习近平新时代中国特色社会主义思想为指导,深入贯彻习近平总书记对铁路工作的重要指示批示精神,弘扬伟大建党精神,坚持稳中求进工作总基调,完整、准确、全面贯彻新发展理念,自觉服务和融入新发展格局,按照国铁集团党组部署要求,统筹各项重点工作,统筹发展和安全,坚持强基达标、提质增效、节支降耗,不断把全面从严治党引向深入,推动高质量发展取得新成效。

一、集团公司党支部标准化规范化建设创新与实践的实施背景

面对全面从严治党向基层延伸、向纵深推进的新形势新要求,坚持"达标、提质、创优"的思路,大力加强党支部标准化规范化建设,对全面提升党支部建设水平,夯实集团公司高质量发展的根基

堡垒，具有重大的现实意义。

（一）是新时代推动全面从严治党向基层延伸的政治任务

党的十八大以来，习近平总书记高度重视标准化工作，指出“标准决定质量，有什么样的标准就有什么样的质量，只有高标准才有高质量”。以习近平同志为核心的党中央大力推动全面从严治党向纵深发展，强化大抓基层、大抓支部鲜明导向，为推进基层党支部标准化规范化建设提供了根本遵循。中央相继印发《中国共产党支部工作条例（试行）》《中国共产党国有企业基层组织工作条例（试行）》为加强党支部标准化规范化建设提供制度依据。中央持续推进国有企业深化改革，要求把坚持党的领导、加强党的建设贯穿改革发展全过程，特别是强调推动全面从严治党在国有企业落实落地，必须从基本组织、基本队伍、基本制度抓起严起，为加强党支部标准化规范化建设提出了时代课题。南宁局集团公司必须领悟“两个确立”的决定性意义，坚决做到“两个维护”，夯实党的执政基础的高度，切实加强党支部标准化规范化建设的政治、思想和行动自觉。

（二）是新时代全面提升党建质量的内在要求

党的十九大报告指出，党的基层组织是确保党的路线方针政策和决策部署贯彻落实的基础。企业基层党组织，是紧密联系职工群众的基本机构，是党联系职工群众的桥梁和纽带，也是反映职工群众诉求意愿的第一线。自 2016 年以来，南宁局集团公司党委始终把党支部建设作为强基固本之策，相继在全局运输一线开展党支部三年基础工程建设，扎实推进“三会一课”质量年、开展达纲要党支部建设，持之以恒抓基层、夯基础，基层党支部建设质量不断提升，但也必须清醒地认识到，基层党建工作距离全面进步全面过硬还有一定差距，特别随着集团公司高质量发展持续深化，面对运输供给侧结构性改革，生产布局调整、机构改革等给基层党建带来了许多新课题新挑战。比如，有的党支部有形覆盖还不规范、有效覆盖还不到位；有的支委作用发挥不够充分，支部书记唱“独角戏”问题还在一定程度上存在，组织生活的规范性严肃性还有待提升；有的党支部融入中心、发挥作用的工作机制还不够健全，实效性还不够强，等等。对于这些影响党建质量提升的短板弱项，我们需要在标准化规范化建设上下功夫，切实以规范促标准、以标准提质量，全面提升各板块各领域党支部建设水平。

（三）是新时代推动集团公司高质量发展的重要保障

党支部是党的基础组织，是党在社会基层组织中的战斗堡垒，是党的全部工作和战斗力的基础。当前，南宁局集团公司深入贯彻落实新时代党的建设总要求和新时代党的组织路线，奋勇担当交通强国、铁路先行历史使命，正处于全面推进高质量发展的关键阶段，各项任务多头并进、矛盾问题交融叠加。实践证明，越是改革发展形势严峻，越要坚持抓基层打基础不动摇，持续夯实改革发展的根基堡垒。通过加强党支部标准化规范化建设，推动基层党建与中心工作深度融合，充分发挥基层党组织的战斗堡垒作用和党员先锋模范作用，突出强化政治功能和组织力提升，切实把干部员工的思想行动统一到集团公司党委的决策部署上来，最广泛、最充分地调动各方面积极性，为集团公司高质量发展凝聚强大合力。

二、集团公司党支部标准化规范化建设创新与实践的主要做法

南宁局集团公司党委坚持以习近平新时代中国特色社会主义思想为指导，大力践行新时代党的建设总要求和新时代党的组织路线，把党支部建设放在更加突出的位置，每年组织党支建设工作调研，召开党支部建设工作会议，做好整体统筹规划，层层落实责任。各级党委把党支部标准化建设作为最为重要的基本建设，定期研究讨论、加强指导；同时纳入党建工作责任制，两级党委委员落实党支部工作联系点制度。各党支部落实主体责任，抓好党支部各项工作落实，在全局形成“强化大抓基层、大抓支部鲜明导向”，通过在夯实基础、严格组织生活、建强班子队伍服务保障中深化党支部标准化、规范化建设，全面提高党支部建设质量。

（一）坚持在夯实基础中推进党支部标准化规范化建设

1. 建立健全标准化体系

对标《中国共产党支部工作条例（试行）》，以《集团公司党支部建设实施细则》为遵循，制定《关于推进党支部标准化规范化建设指导意见》，本着精简、务实、高效的原则，将党支部工作"一体化"考核，党支部分类定级、晋位升级与党支部标准化规范化建设达标认定相结合，从政治建设、组织建设、班子建设、党员教育管理、组织生活、活动载体、运行机制、工作保障等8个方面建立标准化规范化考核评价标准，形成"1套指导意见＋4个考评标准＋3项考评载体"工作模式，健全党支部委员会建设指导意见、党支部书记队伍建设指导意见、党内活动机制、考评机制。下发《指导意见》解读并纳入组织工作，新任职党委书记、党支部书记班强化培训，指导基层各级党组织修订完善管理办法，明确"达标、提质、创优"的工作思路。以国铁集团党组组织部直联南宁电务段贵港电务车间党支部为试点，本着"实际、实用、实效"原则，指导基层党组织建立6项工作制度和14项电子工作记录，全面构建涵盖全面、相互衔接、运行规范的党支部标准化规范化工作体系，让党支部干有方向、做有目标。

2. 优化基层组织设置

按照党的一切工作到支部的导向，以党的组织体系建设为重点，提高党的组织覆盖和工作覆盖质量，建立科学完善的组织体系。对9个系统1 676个党支部（总支）的设置逐一分析，结合生产布局调整、党支部作业性质、党员分布状况、班制特点等，指导基层单位党组织从务实、管用、有效角度出发，健全党支部建设制度体系；同时，为适应机构改革及形势任务需要，重点指导车务、电务、建设系统、非运输企业等单位动态优化调整党支部（总支）设置215个，其中撤销107个、新成立103个，确保党的工作始终在严密的组织体系下运行，充分发挥党支部在安全生产、经营创效、铁路建设等领域的战斗堡垒作用。强化功能型党支部建设，构建"项目＋支部"模式，将支部建在高铁上、建在重点项目上、建在培训班上、建在扶贫攻坚上、建在巡视巡察中。强化政治吸引力，提高高铁乘务党支部组建率，充分发挥流动的战斗堡垒作用；深化柳州枢纽“538 党建高地”联创共建，着力破解“联”而不“团”问题，全面推进各站区高铁综合维修一体化联合党支部、普铁党建联创共建，“联”出效率，建出“创响宁铁”系列联创集群，实现了使党的组织和党的工作在各系统、各单位全覆盖，无盲区。

3. 以点带面示范引领

通过“抓两头，带中间”的方法，将南宁车辆段南宁动车所党总支“致远先锋”、南宁车站客运二车间等一批党支部(总支)作为典型培育，示范引领打造一批具有先进性、示范性、引领性的“标杆党支部”，激励党支部创先争优、达标提质；总结提炼支部内在特质、精神内涵，分期分批分领域培育打造一批过得硬、叫得响、推得开的标杆党支部，通过示范交流，推动抓点成线、连线成面；结合党建工作创新案例征集活动，征集先进党支部优秀工作法，择优选择创新案例纳入汇编，提炼亮点、固化经验，努力形成以点带面、整体推动的良好效应。同时，为帮助后进党支部转化，举办后进党支部书记专题培训班，重点教方法、补短板，提高履职能力；采取“联学、联检、联动、联建”式的结对帮扶，推动各站区所党支部建设质量提升；针对 2021 年党支部分类定级评定的 52 个薄弱党支部，从帮查问题、帮严制度、帮带班子、帮创品牌入手，示范带动督促“薄弱”党支部整改转化，确保整顿一个、转化一个、成功一个。

4. 规范基层党组织制度台账

围绕推进党支部标准化规范化建设，以提升党支部建设质量，本着“结合实际、突出使用、注重实效”的原则，全面启动党支部“瘦身”计划，彻底解决形式大于内容、资料盒繁杂、程序流程空转等问题。一是突出实用，优化制度。以国铁集团党组组织部直联的南宁电务段贵港电务车间党支部为范本，指导单位党组织在修订相关制度时尽量具体，减少党支部层面制度的建立，杜绝形式化、表面化。凡是上级党组织有明确要求可以直接对照执行落实操作，不再重复制定；对推动单项工作、重点任务、印发办法、意见等，要明确基层抓落实、可直接操作执行，不再重复发文，规定制度总数不能超过5项，做到轻装上阵、有的放矢。二是突出实效，精简台账。坚持一张清单拉到底，整合各类清单、台账，明确工作要求，有效减轻基层负担。根据党支部标准化规范化建设要求，对党支部工作资料科学系统分类，按照车间、班组、科室建立日常工作记录电子版，将党支部日常工作分解为工作制度、工作总结、组织设置、班子建设等10个大项的内容，依托党建工作信息化平台，完善“集团公司党委、单位党组织、党支部”三级管理系统，对党支部建设开展情况进行全程监控，通过数据信息实时抓取，线上线下结合，最大限度地精简资料台账。三是加强指导，规范运行。采取“抽支部、点问题”和“到实地、线上看”等方式，将督导直接延伸到党支部，不打招呼、一盯到底，对党支部制度建设和台账设置情况进行深入了解，做到问题在现场发现、措施在现场制定、工作在现场落实，把党支部工作制度和台账设置情况纳入站段党委“中梗阻”专项整治的重要内容，着力解决好“上热中温下冷”现象，对党支部制度审核把关不严、落实不到位的在月度党群工作例会上进行点名通报，推动基层各级党组制度台账精简规范。

（二）坚持在严格组织生活中推进党支部标准化规范化建设

1.狠抓“三会一课”质量提升

一是夯实“三会一课”基础。通过印发《关于推进“三会一课”质量年的实施意见》，明确总体要求和主要目标、方法步骤，制订推进计划、任务清单和“三会一课”指导书，常态化推进“三会一课”质量年，接续实施衔接紧密、贯通持久的“三会一课”质量年“回头看”督导检查，切实做到全覆盖、强有力、促规范的效果。二是强化“三会一课”功能。通过下发指导书、组工夜校、送教上门、专题培训等方式，指导基层党组织规范党员大会、支委会、党小组会的会议议程、学习内容、重要议题、议事决策清单等环节，通过“四不两直”检查，结合党建工作季度考评、专项检查、联建互评等方式，全方位、全覆盖、全过程检查指导；同时，采取增派现场观察员对“三会一课”相关活动进行纪实，推动“三会一课”质量螺旋式提升，使议事决策更加科学规范，党员民主权利进一步发挥，党支部凝聚力、战斗力进一步增强。三是创新“三会一课”形式。分单位、系统、集团公司3个层次开展“大培训、大PK、大交流”78场次，1 200多名党支部书记上台讲党课，授众党员6 600多人；采取“走出去”方式，培训1 034名党支部书记，结合“党课开讲啦”活动，以“逐梦百年、先行有我”为主题，开展党支部书记、党员培训优质课评选活动，评出31门优质课，超过5 000余名党员受教，优质课纳入培训课程资源库；深入开展“不忘初心、牢记使命”主题情景式党课竞赛，通过以讲带学、以讲促做，组织开展51场次竞赛，2 634人参与创作了338节党课，增强党课的吸引力、感染力。

2.严格落实民主评议党员制度

一是注重“细”字抓部署。针对民主评议党员格次新变化，组织专题研究，进一步细化明确受到党纪处分、发生责任事故等情况的党员评定格次范围，便于各级党组织掌握要求、对照落实；制定《关于召开2021年度组织生活会和民主评议党员的工作提示》，明确会议主题、基本要求、对照标准、程序步骤、评议要求和时间节点等，为各单位党组织开展工作列好时间表、画好“线路图”。二是紧扣“实”字抓进度。建立逐级审核把关制度，集团公司党委组织部全程指导各单位，各单位党组织主要负责人作为第一责任人，负责指导所属党总支，车间级党总支全覆盖指导所属班组党支部，确保每个党支部都能明确工作要求、掌握方法程序；建立周跟踪汇报制度，每周收集一次各单位会议召开进度，实时掌握全局各单位整体推进情况，对工作推进进度慢的，及时了解和加以指导，特别是针对百色、钦州地区一段时间党员不便集中、召开会议难的问题，及时研究确定线上会议形式，确保工作按时按质完成。三是聚焦“严”字抓督导。抓住“关键少数”，全程列席指导11个非运输企业领导班子成员所在的党支部组织生活会，对问题查找不准、以工作建议代替批评意见等问题现场纠正，以确保会议质量，不走过场；坚持时间服从质量，加大随机抽查力度，成立3个工作督导小组，以“四不两直”方式随机对54个基层单位科室、车间、班组党支部

(总支)开展组织生活会和民主评议党员工作进行专项督导检查，采取进班组、问党员、核记录等方式，全面核查会议真实性，对会前准备不充分、相互批评走过场、会议程序不规范等问题，下发通报和运用干部作风问责考核，确保真开真评、取得实效。在“严”的总基调下，比如，南宁供电段党委创新方式方法，采取指派党委委员、党办人员、党支部书记、优秀党员与“基本合格”“不合格”党员进行“4＋1”结对帮扶，采取月度党小组会分析党员表现、季度支委会评定转化效果、半年党委书记专题会研究帮扶情况的方式，督促“基本合格”“不合格”党员转化，取得了良好的效果。四是瞄准“效”字抓转化。集团公司党委组织部推进“基本合格”“不合格”党员转化工作，坚持“实事求是、民主公开、转化教育、稳妥处置”的原则，着力整顿不合格党员，对去年评为“基本合格”及“不合格”的 278 名党员逐一回访，经过各单位党组织书记审核签字，确认“基本合格”及“不合格”党员全部完成转化。

3. 创新开展党日活动

着力解决主题党日与重点工作结合不紧密、“学”与“做”存在脱节等问题，以提升党组织组织力为重点，把主题党日与中心工作、重点工作紧密结合起来，结合集团公司“党旗在基层一线高高飘扬——以实际行动庆祝中国共产党成立 100 周年”活动的工作部署，动员引导各级党组织和广大党员聚焦集团公司“五个建好”新目标，在集团公司基层党支部中开展“鼓足干劲开新局，党旗飘扬我先行”主题党日活动，每季度下发主题党日活动方案，引导各基层党组织真学实干、学做结合，创新活动形式和载体，逐步形成“主题党日＋”模式，推动基层党支部活动载体、工作方式、运行机制等方面的工作创新、制度创新，使党支部活动更好地融入中心工作、融入党员需求、融入群众关切，使主题党日成为党员的学习日、议事日、奉献日。通过指导各基层党支部结合实际，从“学、议、访、查、做”等五个方面入手，创新“主题党日＋”的形式，设计形式多样、特色鲜明的自选动作，要既体现“规定动作”的政治功能，又体现“自选动作”的组织力色彩，增强主题党日活动的针对性和实效性，进一步提高党支部组织生活质量，引导广大党员在稳货补客、经营创效、改革创新、铁路建设等各项急难险重任务中作表率、当先行。

（三）坚持在建强班子队伍中推进党支部标准化规范化建设

1. 选优配强党支部书记队伍

一是严格首任审批制度。注重加强党支部书记的任前“政治体检”，针对巡察中发现的个别单位对首任专职党支部书记未报审的情况，对全局专职党支部书记任职情况进行排查，对 181 名首次任职的专职党支部书记任职资格进行审批，有 3 名人员因不符合条件未通过审批。二是严抓党支部书记履职管理。督促基层单位党组织将党支部书记述职评议与评先评优、绩效考评等挂钩，严格责任追究，通过层层压力传递和结果考核，推动党支部书记履职尽责、发挥作用。对党支部工作抓得好的、成绩突出的，加强奖励力度，3 名党支部书记被表彰为国铁集团优秀党务工作者，其中 1 名班组党支部书记被表彰为中国铁路优秀党支部书记标兵；推荐 4 名车间专职党支部书记到基层单位党员领导岗位、集团公司党群部门挂职锻炼。对履行党建工作责任不力的 35 名专职党支部书记，26 人调整岗位、9 人降级，形成“基层党建工作抓不好不行，不抓更不行”的正确导向，激发了党支部书记的工作积极性。

2. 强化党支部书记培训

一是分系统举办党支部书记培训班。按照分类、分层、分级、分步骤的原则，分别举办了新任职车间级党支部书记任职资格，先进党支部书记工作经验交流，班组和高铁乘务党支部书记示范，运输、货运、非运输企业党支部书记等 6 期培训班，共培训专兼职党支部书记 356 人；统筹考虑不同系统、类别党支部实际，坚持“干什么学什么、缺什么补什么”，量身定制课程，确保学习有侧重、质量有保证，促进党支部书记队伍由“参差不齐”向“整体提升”转化。二是举办党支部书记培训优质课评选活动。结合“党课开讲啦”活动，以“逐梦百年、先行有我”为主题，开展党支部书记、党员培训优质课评选，按照单位推、现场听、集中评、推广用的流程，历时 3 个月，评选出基础知识、基本业务、综合能力、工作实践 4 类 31 门优质课，超过 5 000 余名党员现场受教，参与人数为历次之最；将活动中涌现的优质课、优秀师资纳入集团公司党支部书记、党员教育培训课程资源库和人才资源库动态更新管理，优化党员教育培训内容供给和基础保障。三是组织开展党支部书记网络培训。组织全局 1 591 名专兼职党支部书记参与国铁集团党组“党支部书记强基提素工程——网络培训开讲啦”，实现基层单位专兼职党支部书记参培率 100%的目标；培训期间，下发 12 期学习通报，组织开展 78 场次学习分享交流会、座谈会等，高质量地完成培训任务，成为 21 个参培单位中合格率先达到 100%的 7 个单位之一。

3. 加强党支部书记接续力量培养

印发《优秀年轻党员大学生挂职党支部副书记管理办法》，从推荐、选拔、培养、鉴定等方面进一步规范挂职程序和要求，解决层次责任不明确、挂职任务不清晰、评价机制单一等问题。通过遴选 112 名优秀年轻党员大学生挂职车间、班组党支部（总支）副书记，加强政治历练和实践锻炼，12 名优秀大学生通过挂职锻炼得到提拔使用，29 名纳入党支部书记后备队伍继续培养，强化接续力量培养，全局现储备专兼职党支部书记后备人才 1 635 人，支部书记的岗位吸引力不断增强；同时，实施政治素质补强、工作能力补课“双补”培训，采取精准分类施学完成第 3 轮集中轮训任务，累计培训专兼职党支部书记、委员、党小组长 1 827 人次，创历史新高。

（四）坚持在服务保障中推进党支部标准化规范化建设

1. 深化党员“三无”竞赛活动

在深入总结 10 年来党员“三无”竞赛开展情况的基础上，把“三无”竞赛作为运输一线党内创先争优的经常性载体，把强化“三无”作为从严控制党员“两违”的经常性抓手，指导运输站段党委从创党员先锋岗强人防、创红旗设备强物防、创党内品牌强技防入手，通过开展特色的党内活动，不断提高党员工班长比例、党员技师比例、高铁领域党员比例、党员参加集团公司级及以上技能竞赛和获奖比例，降低党员“两违”率，杜绝党员责任事故，以实际成效检验党员保安全的效果，提升党内保安全能力。截至2022年6月30日，全局创建党员先锋岗2 851个，建立红旗责任区951个，创红旗设备760个；党员工班长2 564个，占工班长总人数50.0%；党员技师、高级技师1 820人，占技师、高级技师总数61.1%；今年以来，党员参加集团公司级及以上的职业技能竞赛168人，占参赛总人数26.0%，其中获得名次党员51人，占获得名次总人数33.8%；党员"两违"人次同比下降36.6%。

2.深化党内品牌建设

一是打造品牌集群。坚持把党内品牌创建作为党建工作创新的重要突破口，在全路率先出台《中国铁路南宁局集团有限公司党内品牌管理办法》等系列指导文件，以"三大工程"为引领，注重系统谋划、加强整体推进，经过10年的经营培育，目前集团公司各级党组织已经创建命名党内品牌534个，打造了一批覆盖管内5个站区57家单位300多个党支部的党内品牌，形成了百花齐放的党内品牌集群，其中，打造了"刘三姐·南宁东""刘三姐·映梅"等31个客运服务品牌集群，展示了铁路良好社会形象；在全国首创"高铁无轨站"党内品牌，在广西区内构建形成16个"高铁无轨站"集群，得到国铁集团党组主要领导的肯定批示并在全路推广。二是展示品牌成果。组织召开以深化党内品牌建设为主题的党建工作会议，邀请地方领导观摩及作路地党建联盟经验介绍，编印《党内优质品牌集萃》等物化材料，修订完善党内品牌管理办法，集中展示了党内品牌创建工作取得的丰硕成果，党内品牌创建综述"强党建之根，铸发展之魂"在《人民铁道》《学习强国》刊发，得到国铁集团党组组织部领导高度肯定。三是扩大品牌效应。坚持把党内品牌创建作为提高集团公司党建工作质量的切入点和突破口，努力把规范变成示范、把标准变成标杆、把高原变成高峰，引领党建工作总体实现后发赶超、争先领跑，党政工团以及护路联防等多项工作在全国、全路各级会议上作了经验交流，特别是政法办在第一次全国铁路护路联防办公室主任会议上作了发言，是介绍经验的3个省区之一。社保部"走基层、访家庭、促和谐"活动连续三年保持全路前列，其中 2019 年度排名全路第一。离退部被国铁集团推荐参加全国老干部先进集体和先进个人评选，是全路被推荐的两个集体之一。办公室信息调研、信访工作走在全路前列，在国铁集团《铁路政工》以及《铁路信息》刊稿数量连续 3 年排名全路第 1，在 2020 年全路信访工作考评中排名第 2，先后荣获“铁路信访工作先进集体”、自治区“人民满意窗口”荣誉。

3. 深入开展党内主题实践活动

近年来，面对一些不利局面，以“岗位当能手、攻坚作标杆”党内主题实践活动为主线，组织在广大党员中广泛开展党员先行系列活动。在“防控疫情、党员先行”中，各级党组织和广大党员始终带头坚守疫情防控第一线，共成立党员突击队 1 425 支，16 410 名党员主动请缨奔赴防疫前线，参与突击奉献 26 500 人次；在“防洪抗汛、党员先行”中，广大党员以雨为令，闻汛而动，全力确保汛期铁路安全畅通，整治防洪安全隐患 3 981 个；在“节支降耗、党员先行”中，广大党员在增运增收上展作为，节支降耗上亮实招，在经营创效上做文章，实现节支约 1.05 亿元，共组建志愿服务队 2 412 个、参与党员 30 714 人次、开展课题攻关 1 656 次、完成防洪隐患整治 3 981 处、节支约 1.17 亿元。

4. 深化党建联创共建

一是加强高铁综合维修工区联合党支部建设。以南宁东高铁综合维修车间联合党总支为试点，围绕解决工电供结合部问题，有效发挥联合党支部的政治优势，结合实际制定《集团公司高铁综合维修车间联合党支部建设指导意见(试行)》，成立高铁综合维修工区联合党总支 13 个，区域化党建联创共建阵地 12 个。二是开展路地党建联盟。与崇左市委组织部联合开展“党建引领・联盟启航”主题党日活动，确定组织阵地联建、组织生活联动、基层治理联管、党员干部联育、中心工作联抓等 5 项共性、6 个市(县)17 项个性的合作内容，形成以“共筑组织基础、共添组织活力、共保和谐安宁、共促担当作为、共推经济发展”为主要目标的广西首个路地党建联盟。三是开展“空铁”联学联建活动。组织高铁乘务党支部培训班学员，与桂林两江国际机场党委、桂林航空公司党委联合开展“空铁联建·品牌服务”学习经验交流活动，促进品牌服务提升。四是深化旅客列车“多乘一体”党支部建设。深化高、普铁务党支部建设，以“服务与山水同美、旅途与文化相伴”为理念，围绕“联建组织、联抓队伍、联创品牌、联保安全、联展形象”五个方面内容，印发《关于深化旅客列车“多乘一体”党支部联创共建方案》，扎实推进旅客列车“多乘一体”党支部建设。五是实施党建＋扶贫项目，指导督促柳州工程分公司党支部带领职工群众，围绕建筑材料质量比选把关、细部质量的盯控、加快进度实施措施、各关键环节施工质量检验等方面开展突击奉献排查活动，在一线工程项目建设中充分发挥党员的模范带头和党支部的战斗堡垒作用，确保高标准高质量按期完成扶贫工程项目建设。

三、集团公司党支部标准化规范化建设创新与实践的效果

近年来，南宁局集团公司党委通过大力加强党支部标准化规范化建设，建成标准化规范化党支部 700 个、示范党员活动室 10 个、标准化规范化党员活动室 20 个，在全局上下形成“强化大抓基层、大抓支部鲜明导向”态势，各系统各单位党支部建设水平有效提升，为集团公司高质量完成各项生产经营任务提供了组织保障。在党内品牌引领力方面，以党支部为创建主体的党内品牌建设，经过经营培育，截至目前南宁局集团公司各级党组织已经创建命名党内品牌 534 个，其中集团公司本级命名 104 个，构建了百花齐放的党内品牌集群。在中国共产党成立 100 周年之际，南宁车辆段南宁动车所党总支在 5 年一次的全国“两优一先”表彰大会上被中共中央授予“全国先进基层党组织”称号，南宁车站客运二车间党总支被评为中国铁路党支部建设十大标杆之一，百色工务段百色线路车间百色线路工区党支部书记、工长汪伯华被评为中国铁路优秀党支部书记十大标兵之一，南宁车务段凭祥车站“国门车站党旗红”工程被命名为 10 个全国铁路党员教育示范基地之一。在职业技能竞赛方面，以党员职业技能竞赛为主要载体，推动各党支部

党员职业技能提升。集团公司累计选送 113 名选手参加全国、全路各级竞赛 32 个工种(岗位)比赛,有 41 人在 21 个工种(岗位)比赛中获得优胜名次。在两年一次的第六届全国铁道行业职业技能大赛中,集团公司获团体一等奖,创造了参加国家级一类职业技能竞赛的历史最好成绩,其中,工务系统铁路线路工竞赛包揽了个人全能前 3 名,5 名参赛选手全部进入前 10 名,获得团体第 1 名,创造了工务系统参赛最好成绩;在第六届“振兴杯”铁道行业青年职业技能竞赛暨全国铁路第六届青年职业技能竞赛无损检测员(工务)工种决赛中,集团公司获团体总分第 2,个人综合全能第 3、第 7、第 10 名的好成绩;在急难险重任务方面,近年来,在防洪、节支降耗等重点工作任务中,各党支部充分发挥战斗堡垒作用,共成立党员突击队 1 425 支,志愿服务队 2 412 个,参与党员 30 714 人次,建立红旗责任区 951 个,创红旗设备 760 个,开展课题攻关 1 656次,完成防洪隐患整治 3 981 处、节支约 1.17 亿元。在专业管理方面,根据国铁集团公布的 2021 年专业管理评价结果,集团公司货运系统排名全路第 2,供电系统排名全路第 3,机务、车辆、车务系统均排名全路第 4,客运系统排名全路第 8。在经营业绩方面,集团公司经营业绩考核成绩在全路排名实现了从 2017 年排名第 17 到 2018 年排名第 15,到 2019 排名第 9,再到 2020 年排名第 5 的连续跨越式进步。集团公司先后荣获“全国模范劳动关系和谐企业”“全国五一劳动奖状”。党建工作的高质量发展有力引领了企业的高质量发展,不断推动集团公司各项工作提档升级,向全路第一方阵迈进。

通过加强党支部标准化规范化建设的实践总结,得到以下启示:一是必须坚持守正创新、集成优化。党支部标准化规范化是指导落实基层党建工作的一套目标、制度、流程、载体、方法,是一个完整的体系,一方面要严格遵循《中国共产党支部工作条例(试行)》《中国共产党党员教育管理工作条例》《国铁企业党支部建设细则》等制度“硬杠杠”;另一方面还要在创新实践中总结“活经验”,固化新机制,系统集成标准化规范化建设体系,增强基层党建的实效性。二是必须坚持统筹推进、分类施策。集团公司管辖点多、线长、面广，加强党支部标准化规范化建设必须坚持顶层设计、统筹谋划，区分不同领域、不同类型、不同层级，分类明确党支部设置原则、议事范围、工作重点、运行机制、考核标准，分类明确党员教育管理监督服务以及发挥作用的途径载体，使每类党支部建设都有标准，每类党员管理都有规范，切忌“一刀切、一锅煮”。三是必须坚持齐抓共管、形成合力。党支部标准化规范化建设是一项系统工程，需要齐抓共管和发挥支部主体作用相结合。党员领导干部应带头深入支部抓支部，形成大抓基层示范效应；各级党委（总支）应把抓好党支部标准化规范化建设作为组织体系建设的基本内容、管党治党的基本任务、检验党建工作成效的基本标准，抓好摸底调研、对标争创、考核验收、工作督导、基础保障等各项工作，系统指导、深入推进；党支部应在标准化规范化建设中唱“主角”，夯实基础工作，完善工作机制，积极探索创新，努力打造标准化建设“示范点”。四是必须力戒形式主义，务求工作实效。推进党支部标准化规范化建设，要坚决避免以形式替代内容、以留痕替代实效，要通过标准化规范化建设，全面加强党支部硬件软件各要素建设，让支部班子更加坚强有力、党员队伍更加先进纯洁、工作运行更加规范高效。

（成果创造人：林景东　彭信辉　周海军　张　芸　冯文冲
潘世炜　张　泉　黎　明　覃艺谋　刘　芳
饶美泉　陈　宙）

以提升管理效能和转型升级为目标的流程再造项目建设与实施

中车齐齐哈尔车辆有限公司

中车齐齐哈尔车辆有限公司(以下简称齐车公司)是中车铁路货车业务支柱企业,也是我国铁路货车、铁路起重机设计主导单位和制造领军企业,先后获得"国家一级企业""第十三届全国质量奖""全国文明单位""中央企业企业文化建设示范单位"等荣誉。截至2018年末,齐车公司职工总数8 568人,资产总额72.9亿元,先后主导我国铁路货车三次大的升级换代,拥有9大系列300多个品种的铁路货车产品,主导研制了国内领先的重载、快捷、集装化、公铁联运系列产品,累计生产铁路货车近40万辆,国内市场占有率20%以上,自主研制30～45吨轴重世界顶级重载货车并批量出口,累计向澳大利亚、巴西、哈萨克斯坦等30多个国家和地区出口整车产品超过4万辆;大吨位铁路起重机的市场占有率80%以上,开创铁路起重机整机出口先例。拥有国家级工程技术研究中心,建成国际领先的铁路货车整机疲劳与振动试验台、国内行业一流的工业CT检测中心和综合试验室,产品试验、检测能力居于国内行业首位。

一、以提升管理效能和转型升级为目标的流程再造项目建设与实施背景

(一)落实国家高质量发展和市场化改革的需要

党的十九大指出中国经济已由高速增长阶段转向高质量发展阶段,提出了高质量发展的新表述,明确着力转变发展方式,推进产业全面转型升级。公司最大的顾客进行了市场化改革,工作重心落实在增强自我发展能力上,对装备制造企业要求已不再是供

应数量上的简单叠加，而是转向产品升级和质量提升。按照国家高质量和集约式发展部署，客户产品升级和质量提升需求，齐车公司作为中国铁路货运装备行业的领军企业，必须加快转型升级步伐，必须把实现转型升级的重心放在“练好内功”上，实现制度流程体系的效能提升、强身健体。从推进制度流程体系的高质量入手，释放价值创造能力和满足客户需求能力，从而推动技术和管理创新能力的高质量、产品和服务的高质量，促进企业整体运营效率的提升，最终实现企业可持续的高质量发展。

（二）落实中车对标国际一流企业的需要

随着制造强国的推行，制造业的产业格局、企业经营模式都在发生巨大的变革。中车集团响应国家号召，创建世界一流示范企业，实现高质量发展，要求深化企业改革。企业在由传统制造向智能制造转变，由粗放型管理向精益化管理转型，这既需要我们具备“硬”实力，不断通过技术创新掌握核心技术，满足市场需求的不断变化，更需要具备相应“软”实力，不断通过管理创新，健全制度流程体系，并内化为企业的核心生存力，支撑“硬”实力升级。

（三）提高运营管理效率和促进转型升级的需要

公司于2000年进行第一次整章建制工作，虽然每年都开展例行的制修订工作，但是伴随外部经营环境的变化和内部管理模式的变化，需要再集中进行一次整章建制工作。以激活基层活力为目标的管理重心下移和内部承包机制已经成为公司全新的管理模式，需要新的管理流程和制度与其配套。新版9 000标准增加了很多管理过程，并且对部分过程提出了更高的要求，例如需求管理、质量风险管理、外部提供等，新的要求需要融入公司现有的管理流程和制度中。公司国际化战略也在不断推进，公司的内部管理流程和制度也需要按照市场化运作进行调整。

二、以提升管理效能和转型升级为目标的流程再造项目建设与实施主要做法

（一）应用APQC模式，设计公司整体流程框架

应用APQC模式（跨行业流程分类架构），基于公司使命、愿

景、价值观构建公司的经营管理流程总体架构，设计了市场营销、产品设计、工艺设计、生产制造、产品交付、售后服务6个价值创造过程；设计了人力资源、基础设施、信息化管理、财务管理、科技管理、资质管理、外部提供、仓储物流、质量管理、安全管理、环境管理、能源管理、消防管理、治安保卫、法务管理、保密管理、行政管理、知识管理18个支持过程；设计了战略规划、方针目标和经营计划、股权投资、组织管理、制度流程、绩效管理、体系管理、内控风险、变更管理、成本管理、审计管理11个管理过程，搭建了公司制度流程体系总体架构。

（二）进行分系统流程设计，构建分系统的制度体系

1. 对管理过程和关联要素进行重建，打造专业系统规章制度体系

以APQC模式大流程为基准，秉承重新构建的思想，以“过程方法”为基本原则，将原有制度文件中的管理事项和要求全部打散，按照管理过程和关联要素对所有打散的活动进行重新设计和构建；将原来一事一规定的按要素建立制度的方式，变更为将有紧密联系的各要素进行集成，按过程建立制度的方式，在具体过程中按要素之间关系设计了制度的大纲细目和流程；通过过程化的制度就能看出各要素之间的关系，不必像原来需要到手册中查看制度之间的关系，通过制度的系统性、整体性设计，提高制度的适用性和可阅性，以便于查阅和执行。

各系统制度制定过程中，由各系统主要领导和专家骨干人员阶段性进驻项目组共同研讨评审，在公司所有层面进行广泛的意见征求，经总经理办公会审议通过后发布实施；共设计人力资源、物资供应链、安全环境、质量管理等16个专业系统的规章制度体系。

2. 以“五对接”为方法，充分识别、落实相关要求

采用规章制度对流程要求进行固化，以“五对接”为方法，全面开展流程要求的识别。“五对接”具体包括：与上级文件对接、与管理体系标准对接、与精益管理对接、与信息化系统对接、与问题改进对接。对“五对接”识别出的流程管理要求，运用公司规章制度

进行全面承接，包括：多制度按流程整合、无效制度流程废止、职能要求进管理流程、现有制度按流程拆分，最终建成公司的规章制度体系，全面响应公司流程架构的管理要求，建立制度的制修订和循环改进评价的动态管理体制。

3. 以精益体系评价专项工作为载体，持续优化管理流程

按照“活动导入、制度承接、体系搭建”工作步骤，以年度精益体系成熟度评价专项工作为载体，深度对标检查精益管理水平持续提升的长效机制，以《中国中车精益管理体系贯标工作指南》为指引，持续优化管理流程框架，并结合《计划管理线建设工作指南（V1.0）》和《工艺管理线建设工作指南（V1.0）》等要求，逐步优化公司计划管理、工艺管理等流程；以《中车质量管理体系成熟度评价准则》为标准，逐项对领导作用与战略管理、核心业务流程、支撑平台和经营结果四大模块和十三个重点流程进行项点标准对照检查，不断提升公司精益和中车Q管理体系的成熟度，对照检查中发现的问题，运用管理制度进行优化调整。

4. 通过信息系统建设固化操作规范，确保制度流程落地实施

通过改善ERP系统人机交互操作界面，拓展信息系统功能模块，提升生产订单、物流凭证、成本归集、生产数据维护等业务管理的效率；通过对物资采购业务需求管理平台、合同评审管理平台等原有信息系统优化，固化业务审批权限管理要求；通过物流配送、生产工位精益管理等系统建设，实现业务数据信息共建共享，打造一体化经营管理信息平台；根据流程再造和系统调整变化，同步开展ERP优化改进提升，对所有系统操作流程730个业务蓝图全面梳理设计，用信息化系统进行固化，使流程再造成果充分落地实施。

（三）统筹策划，保障整章建制平稳顺利

1. 组建高效团队，形成强有力的组织保障

作为公司整章建制的总负责人，总经理积极倡导，牵头组建组织变革团队；分管经营副总经理靠前带队指挥，以企业发展和用户导向为目标，以指标业绩为标准，强力组织、系统策划；成立整章建制专项工作组以弱矩阵方式在四号会议室集中开展工作。各系统

制度制定过程中，抽调各系统人员阶段性进驻项目组，16个系统制度制定工作组共涉及38名中层领导和112名管理专家。各部门由领导带队抽调骨干人员与项目组共同研讨评审，在具体制度编写过程中调动全部门人员参与起草和研讨。

2.确定阶段性目标和工作任务，分阶段实施

整体工作历时3年分三个阶段进行，2019年重点围绕支持过程和责任制进行，涉及人力资源和设备系统制度，安全生产、消防、环境、设备四个责任制制度；2020年围绕管理过程进行，涉及质量、安全、审计法务、经营管理、财务、供应链、信息化、企业文化系统制度；2021年围绕价值创造过程进行，涉及营销、设计、工艺、生产系统制度。

（四）以整章建制为载体，同步开展体系整合

以整章建制为载体推进体系整合和“多标一体”经营管理体系建设。将环境、职业健康安全、EN15085、AAR M-1003、韩国制作者认证、精益、知识产权、两化融合、信息安全、测量体系业务调整到经营管理部门，实现体系的统一管理，提升了体系管理的系统性；开展体系认证机构整合工作，推动多体系联合外审，认证总费用由100万元降低到60万元，提升了外审工作效率；应用过程方法和价值链分析，重新识别、梳理、优化体系业务过程，设计“多标一体”经营管理体系一级过程21个（其中COP5个、SP12个、MP4个），二级过程80个（其中COP11个、SP57个、MP12个）；定义“综合＋专业”体系管理模式，统一组织开展多体系联合内审和管评，降低各单位体系迎审工作量，提升了管理效能；基于先进性、兼容性、充分性设计了经营管理体系构架平台，完成质量、环境、能源等17项体系整合，建成了“多标一体”经营管理体系手册。

（五）以制度流程落地执行为目标，同步开展记录表样整顿

为确保制度流程落地实施，在2021年启动原始记录表样的专项整治工作，以公司生产经营实际需要为基准，对原始记录表样应废未废，应改未改，应设未设等情况进行系统的梳理和整顿。对整治范围内的所有记录表样的归属管理进行界定，明确记录表样的

归属责任单位；根据记录表样数量及单位归属，按计划时间节点分批次进行格式、内容优化，各单位提报，经营规划部组织专业系统进行平衡审查，修改确认后进行发布。通过专项治理整顿，公司记录表样由原来的1 575种缩减到1 172种，过程中：废止569种，修订428种，新设109种，沿用635种，整体记录表样数量减少了26%，同时保证了公司记录表样的适宜性和有效性，后续公司将进一步加强记录表样的日常管理，适时组织制修订工作，全面提升管理效能。

（六）建立整章建制“回头看”常态化机制，不断优化完善制度流程体系

为保持规章制度的充分性、适宜性、有效性，实现“制度内容的持续完善、制度落实的高效执行”的制度建设目标，建立了以“聚焦公司流程再造持续优化的要求，关注外部法律法规变化的要求、关注上级公司下发的制度要求，抓实制度宣贯、抓实制度执行”为重点的制度“回头看”常态化机制，定期组织各专业部门持续识别制度执行过程中出现的问题完善相关制度；重点针对制度管控的变化点，定期组织开展制度宣贯与培训，确保业务人员对制度内容应知应会；持续开展制度执行情况的监督检查，对不按照制度执行的违规行为通报考核，确保制度有效落实。

三、以提升管理效能和转型升级为目标的流程再造项目建设与实施效果

（一）运行效率提升，业务流程合规

通过流程再造、部门整合、业务流程信息化，变按部门按层级信息传递为线性节点连接，企业采购、物流、成本核算等管理链条大幅缩短。同时，逐级下放权力，设置过程绩效，明确过程总负责人和过程节点负责人，通过业务流程的合并、冗余步骤的减少、流转顺序的调整，业务流程运转质量和效率提升30%左右。

采用“五对接”方式方法，充分识别相关方要求，推进业务流程有效合规。建立需求、配置、信用等制度流程，规范业务执行；实施

招标、采购、仓管分离，降低采购风险；实施制造分厂辅助库存提级统一管理，盘活呆滞物资，减少“两金”储备风险。业务流程优化完善过程中，企业文化部对规章制度与企业文化、品牌、行为规范的一致性进行审查，合规管理部门全程参与规章制度合规审核，确保业务流程符合国家法律法规、监管规定、行业准则和公司章程等要求，有效防控合规风险。

（二）重建专业系统规章制度体系

以 APQC 模式大流程为基准，按照管理过程和关联要素对各专业系统进行制度流程设计，按过程将具体流程中的动作规范进行梳理，通过过程化的制度能清晰表现各流程规范之间的关系，通过信息系统的优化完善便于查阅和执行。

梳理制度、流程类文件共 1 300 余项，规章制度数量由 600 余项减少到 223 项，减少约 60%。对中车和齐车公司下发的 350 余项制度进行承接；同步实施以流程再造为载体的“多标一体”经营管理体系建设；同步开展信息系统固化和记录表样整顿工作，梳理优化 730 个系统操作业务蓝图，整顿记录表样 1 200 余份。

（三）具有较强的可操作性

流程再造项目应用了 APQC 流程框架模式，基于公司使命、愿景、价值观和经营管理实际情况，围绕价值创造过程、支持过程和管理过程进行顶层设计，涵盖了公司所有业务，此种模式确保了公司流程体系对所有相关方要求可进行持续融入，清晰表现了公司各流程之间的相互关系，具有兼容性和可拓展性。公司流程再造项目的经验和做法在齐车公司项下子公司进行交流推广，在齐车公司全级次子公司进行深度落实，助力子公司流程制度体系建设，提升了齐车公司全级次子公司制度流程管理水平。

（成果创造人：陈宏超　刘明伟　王海成　王永成　克雪文
王凤娟　王志军　项　彪）

国有施工企业以降本增效为目标的大型铁路项目集约管理

中铁五局集团有限公司

中铁五局集团有限公司(以下简称中铁五局)是具有铁路、公路、市政、房建四项特级资质的总承包施工企业,下辖 11 个工程公司,公司注册资本金 56.15 亿元,总资产 530 亿元,在册员工 2.2 万人,享受国务院政府特殊津贴 3 人;机械设备 8 680 台(套),年施工生产能力 1 000 亿元以上。中铁五局市场遍及 28 个国家和地区,先后参加国内 160 多条铁路,300 多条公路,以及各地城市轨道、水利水电、市政公用、房屋建筑、机场码头、地下管廊等领域的建设,是国务院表彰的全国 14 家先进企业和单位之一。公司先后荣获"国家科学技术进步奖"特等奖 1 项、一等奖 2 项,"鲁班奖"25 项,"国家优质工程奖"50 项,"全国用户满意工程"等国家级奖项 41 项,土木工程最高殊荣"詹天佑奖"12 项,省部级科学技术奖 57 项,国际隧协(ITA)年度大奖 1 项,是中国基础设施建设的重要力量。

一、国有施工企业以降本增效为目标的大型铁路项目集约管理背景

(一)是适应铁路市场竞争与企业经营发展形势的需要

当前,按照国家宏观经济形势要求,建筑行业不断转变发展方式,铁路工程项目呈现大标段、高要求的特点,面对铁路建设领域竞争日趋激烈的形势,铁路施工企业必须强化项目施工管理,以实现现场保市场的经营策略。作为传统铁路施工企业,铁路任务仍然是中铁五局各业务板块中的重要组成部分。按照中铁五局的发

展战略，实现规模增长，必须紧紧依托铁路市场，积极参与铁路项目竞标，通过抓好在建铁路项目的施工组织和集约化管理，实现铁路建筑市场的滚动发展。

（二）是强化企业内部管控提升发展质量的需要

施工企业经济效益主要来源于工程项目，抓好项目施工组织是施工企业管理的基础工作，是提升企业发展质量的抓手。大型铁路项目大多具有工程复杂、管理跨度大、风险管控难度大的特点，一般由铁路施工企业的多个工程公司参建，如何通过设立精干高效的管理机构，发挥组织管理的优势，有效降低管理成本，实现项目全要素管控、全过程组织，是铁路施工企业需要解决的管理课题。

（三）是实现中国中铁领军企业建设目标的需要

浩吉铁路集聚了中国中铁和中国铁建两大系统以及中建、中交、中电建、北新路桥等众多施工单位，是一个集中展现各单位实力和风采的窗口路、大赛路和管理提升路。中国中铁旗下17家二级公司参与浩吉铁路建设，多家单位同台竞技，不仅比拼施工实力，还比拼施工企业的综合管理水平。抓好浩吉铁路的施工组织和经营管理，打造管理样板，充分展现五局的管理实力和水平，既是股份公司建设浩吉铁路"一争当、两带头"的总体目标要求，也是局对大型铁路项目"开工领先、全程领先、勇争第一"的总体部署。

二、国有施工企业以降本增效为目标的大型铁路项目集约管理主要做法

（一）统一管理分别履约，突出集约管理的组织优势

五局对浩吉铁路重点控制性工程5标和土建综合工程15标两个标段的组织管理、团队管理、要素管理进行有效融合，强化局对大型铁路项目的统筹管理。

1. 指挥机构精干高效，实现组织管理融合

在中标浩吉铁路5标和15标后，五局组织对两个标段基本情况进行深入调研，局主要领导主持召开专题会议，对浩吉铁路项目

的客观环境、实施要求进行综合分析，对浩吉两个标段的组织管理模式进行了比选。

针对5标主要以隧道为主，所有作业面主要集中在一个隧道，工程量不大，施工类别较少，管理较为集中，工程提前半年进场的施工特点，实行项目部＋作业队两级管理，由局委托参建的四公司设立项目部并下设作业队，负责5标项目的管理。

针对浩吉15标工程量多管理跨度大、工程类别多交叉影响大、重难点工程多桥隧比例大、地质条件复杂施工难度大、安全风险高质量要求严等特点，决定设立局经理部，由机械化公司、贵州公司、四公司、六公司参建，实行“局经理部＋工区项目部＋作业队”三级管理。局经理部设七部二室一队，领导班子由局任命和委派，部门人员由局统一在四个子公司中调配；工区项目部由参建公司组建，对应设立七部二室一队。

由于5标、15标处于同一区域，同属一个业主，局成立浩吉铁路工程指挥部，代表局对浩吉铁路5标和15标进行统筹协调管理。局指挥部依托局浩吉15标经理部进行直接管理，不再单独设立职能部门，依托15标项目部部门行使职能。通过实行集约管理和协同办公，将5标和15标两个项目纳入局指挥部的统一管理、统一指挥，确保了项目组织机构精干高效运转。

2.班子成员分工协作，实现团队管理融合

局指挥部作为局的派出机构，由局副总经理兼任指挥长，配备一名专职党工委书记和6名副指挥长，强化大型铁路项目的集约管理和统筹协调。

局指领导班子成员实行分工协作，每个班子成员工作各有侧重，其中，局指挥长负责区域内两个项目的全面统筹管理；局指党工委书记负责区域党群工作和两个项目地方关系协调，并兼任15标党工委书记；局指常务副指挥长负责指挥部的日常管理，兼任15标项目经理，并负责对5标的监管；1名副指挥长兼任5标的项目经理，侧重负责5标的施工组织管理；局指其他三名副指挥长，分别兼任15标项目总工、质量总监、安全总监，同时分别分管

5 标的技术管理、质量管理、安全管理。

在决策程序上，凡是两个项目的重大事项，须经局指领导班子会议研究决定，其中 5 标和 15 标项目经理均以副指挥长身份参会，会议决定以局指文件、会议纪要等形式下达。在落实班子责任分工中，兼任项目经理的两个副指挥长分别具有项目经理例行的权限，对于例外事项，15 标须向局指指挥长报告，5 标须同时向局指指挥长和四公司领导报告。

通过明确局指领导班子职责分工，两个项目的核心管理人员融入局指挥部领导班子，并各司其职，相互协作，有机融合为统一的整体。

3. 搭建资源共享平台，实现要素管理融合

局指挥部依托 15 标经理部进行统筹协调、督导项目安全优质按期完成工程施工任务，组织和督促参建单位落实浩吉管理要求。局指挥部只负责两个标段重大事项的把关和协调，项目日常经营管理由两个标段独立组织实施。

15 标经理部作为局的派出机构，代表局全面负责 15 标项目的施工经营管理，履行项目的组织、指挥、协调、控制、监督、服务职能。5 标项目部作为四公司的派出机构，代表局和四公司，负责项目的生产指挥、施工组织、成本管理、工程技术管理及工期、安全、质量、环保管理。15 标和 5 标在局指的统一领导下，实行单独履约、分工负责、独立核算，共用局指这一管理平台，在管理要素上实现资源共享。如，两个标段均在卢氏县境内，征拆协调资源的共享共用，快速突破了两个标段的征拆瓶颈。5 标自购料供应渠道、拌合站等工厂化集中加工配送等管理要素的共用，为 15 标三工区的快速起步和良好开局奠定了基础。两个标段地质类似和工艺标准相同，共享共用 24 米仰拱栈桥、机械湿喷手、手机报检平台等工装工艺操作技术，整体提升了局浩吉管段的隧道施工能力。

（二）统一策划优化布局，突出集约管理的资源优势

1. 系统进行项目管理策划

开工前，局分管领导带队，采取综合策划和专业策划相结合的

方式，快速启动施工调查、重难点施工方案和专项施工方案比选、标后风险评价等管理策划，形成项目管理总体策划书，上报局审批后实施。

在整体策划方面，系统梳理浩吉两个项目的工程重难点和关键线路施工节点，综合分析评估两个项目面临的形势，明确管理思路、方针、目标、管理举措、组织机构、职责定位和项目管理制度等，确定了"开工必先、全程领先、勇争第一"总体目标。

在专业策划方面，系统进行临建工程规划、工地有形化布置、机械设备成套配备、安全质量、成本合同、技术方案、资金管理、风险预控等实施性施组优化设计；逐一解决临建工程规划布置、重难点工程专项施工方案、关键线路推进方案、标后经营管理难点和经营策略，为两个项目的协同推进奠定了基础。

2. 合理组织施工作业层

在作业组织管理策划方面，两个标主要选用自有作业组织，其中，5 标由四公司设立 6 支隧道专业施工作业队和 5 支加工服务型作业队；15 标由机械化公司、贵州公司、四公司、六公司设立 17 支综合施工生产型作业队和 21 支加工服务型作业队，施工生产作业队按承担任务 2 亿～3 亿元、管段 3～5 公里的标准设立，管控层按精干高效、满足现场、弹性动态的原则配置 10～20 人，作业班组实行单工序劳务分包、多工序劳务分包、专业分包等多种管理模式；加工服务作业队管控层一般设 1 名负责人和少量管理人员，作业层以自建型班组为主，全部采取计件承包。

3. 配套工厂化机械化装备

5 标和 15 标所有钢结构、混凝土、填料、T 梁、箱梁等均实行工厂化集中管理、集中加工、集中配送。各参建公司统一配备了钢筋笼自动滚焊机、数控弯曲机、湿喷机械手、拱架安装机、24 米自行式仰拱台车、水沟电缆槽整体台车、三臂凿岩台车等设备，局指多次邀请专家到浩吉对工艺工装进行研讨，并广泛开展工艺工法、科技创新活动，相继进行门架式凿岩台车、拱架安装机和二衬台车等工装改进，以工装保工艺、以工艺保质量，破解了机械配套后的管理配套问题。

（三）统一标准集中管控，突出集约管理的管理优势

为了保证和落实局的管理意图，局指统一标准，强化两个标段的集中管控，高标准推进项目工程建设。

1.强化制度的统一性

局指通过梳理转换、修正优化，确立17项局浩吉铁路基本管理制度，形成四个层级“金字塔”形的项目管理制度办法体系；通过细化开工标准化、复工标准化、作业标准化实施细则，完善《项目管理手册》，确保现场管控有章可循。通过梳理18个关键环节清单，分专业完善42项《关键工序作业指导书》《工序作业要点卡》，统一工序作业标准，强化交底培训和执行考核，确保技术标准、管理标准和作业标准在现场落地；通过编制《工序作业示范点建设实施方案》《综合标准区段建设规划方案》，将15标分8个综合区段、5标分2个标准区段，大力推行首件工程评估、典型示范、样板引路，纵深工序作业示范点建设，快速打造标准区段，引领局管段工程全面达标创优。

2.推行标准化工序作业

一是着力推进开工建设“五同步、三确保”，即主体工程、临时工程、附属工程、主要设备和模板配置、安全防护和工地有形化建设统一规划、同步实施，确保临时工程布局合理、防护到位、标识规范，确保主体工程开工时临时工程满足主体工程施工需要，确保主体工程完工时附属工程同步达标。二是着力推进工序作业达标验收，通过开工达标验收、首段（首件）工程评估、工艺标准推广应用等措施，对单位工程开工实行全要素管控，严格开工条件和开工程序，明确两个标段关键线路推进速率，确保工序作业一次达标、一次成优。三是分阶段梳理关键线路、工点关键环节和关键工序的施工组织，有序推进重难点工程施工。

3.实施方案预控和技术质量分级管理

在方案预控方面，坚持以技术入手、经济结束为原则，充分发挥四个层级施组方案预控职能，不断完善以方案编制为前提、以动

态优化和过程控制为手段、以跟踪落实为重点的三级预控管理体系，分级落实预控管理职责，不断比选、优化和验证重点工程施组方案的安全性、经济性、可行性。在分级管理方面，按照浩吉要求，全面推行技术质量分级管理，通过流程再造，细化责任矩阵，统一等级申报、等级验收、工序报验授权自检、自主变更授权的管理口径，并按照工程难易程度和风险级别，集中编制作业指导书通用版，督导工区编制作业指导书实用版，形成技术质量分级管理工作清单，实行A、B、C三类分级管理。

4. 充分利用信息化手段

一是物资管理的数据化。将两个标段的型材、粉煤灰、外加剂、锚具等主要自购物资融入股份公司集采平台，运用物资管理7.0系统和成本管理2.0系统，实现消耗核算与财务管理无缝连接；运用拌和站信息化平台，将拌和计量超标的动态预警和砼生产过程手机适时监控有效连接；运用衡云过磅应用软件，实现线上线下互联互通和信息化办公。二是现场管控的数据化。将工艺工法、工序作业指导书、工序作业要点和安全操作规程等，绘制成二维码，树立在工地现场，方便作业工人手机扫描和手机查阅；开发应用“三检”报验手机App信息平台，大大缩短工序报检时间，提高施工效率。三是风险预控的数据化。运用安全质量隐患排查系统，及时上传现场隐患，督促各管理层级自觉跟踪隐患整改和隐患闭合情况；运用监控量测预警系统，指导隧道施工作业，动态反应岩层受力情况，实现风险动态预控，保证施工有序可控。

(四)统一协调相互配合，突出集约管理的团队优势

1. 协同营造和谐环境

针对5标和15标位于城乡接合部，城乡建设遗留问题多、铁路施工征拆任务艰巨、征拆难度大等具体实际，局指根据项目管理整体策划明确的征拆工作方案，通过成立征拆领导小组，集中最优资源、最佳管理要素，主动寻找征拆突破口；通过建立征拆问题库，明确阶段性拆迁和对外协调重点，明确节点目标，制订推进计划，采取上下联动、分级负责、各个击破的方式协调地方关系，精准把

握各阶段征拆协调工作节奏，快速构建“大征拆”格局，为两个项目工程快速开工和有序推进创造施工条件，营造良好外部环境。

2. 协同开展二次经营

按照局红线成本管理、项目二次经营方案和精细化管理要求，局指制定二次经营策划书和二次经营考核办法，定期梳理变更题材，明确专人跟踪，分阶段细化推进计划，分步骤推进两个项目的二次经营工作；多次组织工区管理技术干部钻研合同研讨办法、拓展思路收集题材，采取共性问题集中处理、个性问题分类处理的方式，争取监理、设计和业主单位的多方理解和支持。通过努力，5 标申报并完成设计变更组卷 449 项，实现正变更 12 919 万元、负变更 8 667 万元；15 标申报并完成设计变更组卷 598 份，实现正变更 50 982 万元，负变更 9 785 万元。

3. 协同推进项目党建

局指党工委紧扣项目工期、安全质量、效益等目标，坚持以企业价值体系为核心，以“铸魂、育人、塑形”为主线，以“工程优良、干部优秀、队伍廉洁”为目标，以项目精神文化、行为文化、制度文化、物质文化建设为重点，在两个标段大力开展项目文化示范点建设，通过不断改善一线员工工作生活环境，提高职工幸福指数；运用安全体验馆、技术党课和项目礼仪文化培训等载体，提升员工素质；组织党建品牌推进会、参观红二十五军旧址、劳动竞赛、廉洁主题实践活动，提升了凝聚力，激发员工参建浩吉、奉献浩吉热情。

三、国有施工企业以降本增效为目标的大型铁路项目集约管理成效

（一）争创了多个形象进度第一

局浩吉铁路两个标段实现了快速进场、快速施工，在较短时间内形成全面大干局面，并在同期进场的标段中取得首家斜井破千米、率先完成晋豫管段第一墩等多个第一，施工进度在浩吉晋豫指挥部管段长期处于领先。在晋豫管段技术质量 A 级评定中，5 标和 15 标三个工区率先通过验收，标准区段建设作为晋豫管段工程

样板和五局的管理名片，被业主单位大力推广。

（二）促进了项目管理的精细化

集约管理优势的形成，为五局部署实施项目管理实验室活动创造了有利条件。一是项目管理更加灵活规范。浩吉项目共总结提炼出管理创新成果26项，汇编成《中铁五局浩吉项目管理成果集》，对管理制度进行了两轮全面的优化和修正。二是实现了项目的效益目标。项目管理实验室活动的有效开展，逐步封堵了效益流失的漏洞，实现了局和子公司对项目的效益预期，其中混凝土、防水板、土工布超耗分别低于子公司平均水平的10%和8%。三是机械化水平大幅提升。通过不断加强施工组织，强化资源配置，项目施工中采用三臂凿岩台车、湿喷机械手、自行式仰拱栈桥、新型二衬台车、水沟电缆槽台车、防水板台车等隧道机械化施工成套设备和工装，保证了重难点工程顺利开展。

（三）赢得了良好的企业声誉

局浩吉项目通过集约管理强化施工组织，为企业争得了荣誉，5标和15标分别荣获浩吉2015年和2016年度先进集体称号，并获得浩吉2016年上半年信用评价第二名、2019年下半年信用评价第一名；股份公司2016年劳动竞赛第一名等较好成绩。15标经理部和二工区落实班组长责任制的做法在股份公司交流经验，一工区隧道工班荣获2016年湖南省和全国“质量信得过班组”称号。2019年，在15标卢氏车站举行了站前工程验收示范段现场观摩会，西安铁路局集团公司、浩吉铁路，以及浩吉铁路蒙陕、晋豫管段全线设计、监理、施工单位相关领导115人现场观摩了验收示范段建设。

（成果创造人：龚小标　陈　明　高海祥　阳家明　刘　勇
申志远）

大型建筑央企以“3＋100”立体挂职为核心的年轻干部培养体系建设

中铁五局集团有限公司

中铁五局集团有限公司（以下简称中铁五局）是世界500强企业中国中铁股份有限公司骨干成员企业，主要从事国内外建筑工程投资、设计、施工及运营管理，经营范围涵盖铁路、公路、建筑、市政、城市轨道、水利水电、港口航道、机场、水环境治理、林业、房地产开发、文旅、酒店经营、机械制造、物资贸易等业务，在册员工2.2万人，拥有高级专业技术职务人员2 487人，其中正高级工程师103人、高级工程师1 877人；拥有各类专家87人（110个专家称号），其中享受国务院政府特殊津贴3人、省级政府特殊津贴2人、湖南省创新人才1人、“詹天佑奖”青年奖1人、行业协会专家17人（中施协科技专家15人）、“茅以升铁道工程师奖”3人、股份公司专家2人、局级专家81人。党的十九大以来，中铁五局坚持以习近平新时代中国特色社会主义思想武装头脑，从服务国家战略和企业改革发展需要出发，持续加大人才工作力度，重视优秀年轻干部的选拔、培养、使用，秉承中国中铁“开路先锋”企业文化，大力实施“人才强企”战略，通过长期实践和系统筹划总结出了以“3＋100”立体挂职为核心的年轻干部循环培养机制，利用不同层级、种类的培养平台，采用挂职锻炼的方式做好优秀年轻干部的系统培养，基本建成一支数量充足、素质优良、结构合理、富有活力的优秀年轻干部队伍，建筑行业高精尖和领军人才不断涌现。

一、大型建筑央企以“3＋100”立体挂职为核心的年轻干部培养体系建设背景

（一）是贯彻落实国家培养用好年轻干部的需要

2018年6月29日，中共中央政治局会议审议并通过了《关于适应新时代要求大力发现培养选拔优秀年轻干部的意见》，年轻干部是领导干部正常交替的新生力量，是国家事业的接班人，是推进经济社会未来发展的新动力。发现培养选拔优秀年轻干部是加强领导班子和干部队伍建设的一项基础性工程，是关系党的事业后继有人和国家长治久安的重大战略任务。坚持把发现培养选拔优秀年轻干部工作摆在重要位置，始终注重激发激励年轻干部担当作为、干事创业。习近平总书记在2022年春季学期中央党校（国家行政学院）中青班开班式上强调，年轻干部接好班，最重要的是接好坚持马克思主义信仰、为共产主义远大理想和中国特色社会主义共同理想而奋斗的班。当前全面深化改革进入攻坚期，要进一步发挥国企在国民经济中所担负的政治基础和物质基础作用，贯彻新发展理念，落实创新驱动和高质量发展要求，深入推进供给侧结构性改革，更需要我们立足长远、统筹协调，建设一支忠实贯彻习近平新时代中国特色社会主义思想、符合新时期好干部标准和国有企业领导人员“20字”标准、忠诚干净担当的高素质专业化年轻干部队伍，为中国特色社会主义建设注入源源不绝的生机和活力。

（二）是国家大型建筑施工企业新发展的需要

企以才治，业以才兴。中央经济工作会议提出“适度超前开展基础设施投资”，积极推动区域协调发展，推进新型城镇化、城市群建设，以城市城际铁路、轨道交通为代表的“新基建”将迎来建设高峰，水利水电、水污染治理、城市更新、市政管网、JR等工程建设力度加大，投资＋基建拉动内需的模式依然不会改变，建筑市场已经逐步形成传统与新兴交织，多元化和专业化共存的发展特征。近年来，中铁五局虽然在做强做优做大企业方面进行了积极努力，但企业的规模排名、行业地位、领军优势正在逐渐弱化，究其根本就

在于人才资源不够强大、人才引领的优势不够突出。中铁五局要推动高质量发展,建设中国中铁王牌工程局,关键是要在当今的市场竞争中,大力引进和培养基础人才,着力发展核心人才,创新人才培养方式,激发人才创新活力和创造潜力,加快建成一支规模宏大、结构合理、素质优良的优秀人才队伍,以人才建设的加速度打造企业发展的新高地。年轻干部以"3+100"立体挂职为核心的培养体系建设,是促进企业转型升级和适应建筑业产业发展趋势的重要途径,是建筑施工企业培养优秀年轻干部、提升核心竞争力、增强可持续发展能力的内在要求。

(三)是促进优秀年轻干部自身发展的需要

年轻干部刚参加工作或刚晋升到领导岗位不久,对个人要求一般较高,对自身成长成才也有迫切的渴望,这就需要对年轻干部选拔培养工作予以更多关注。中铁五局以深化人才发展体制机制改革、创新人才培养模式为动力,积极推动年轻干部队伍建设。目前,年轻干部作为培养的主要人群存在以下特点:一是毕业生实践能力普遍不强。2021 年招聘高校毕业生 945 人,其中工程类专业 705 人,占比 75%,有实习经历的寥寥无几,且对岗位的适应期普遍较长。二是 40 岁以下专业技术人员占比低于股份公司平均水平。中铁五局 2020 年末专业技术人员占比 62.7%,其中 40 岁以下占比 66%,较股份公司低 5%。三是毕业生缺乏基层经验。高校应届毕业生作为机关培养干部的主要来源,虽然知识结构良好,长于宏观管理和政策制定,但是因缺少基层工作经历,对实际情况缺乏足够了解。四是基层干部缺乏机关经验。有些基层干部虽熟悉一线情况,善于处理复杂问题,但因缺乏在更高层次机关工作的经历,尤其缺乏相关领导岗位的工作经验,容易导致站位不高、大局意识不强。怎样快速解决以上问题成为年轻干部培养的重中之重。

二、大型建筑央企以"3+100"立体挂职为核心的年轻干部培养体系建设主要做法

(一)落实组织责任,把好"管理关"

挂职锻炼工作的特殊性要求相关部门和单位必须明确职责分

工协作，充分发挥各自的职能，对挂职人员跟踪管理、全程管理，建立一套科学合理、行之有效的管理体制和办法，确保管理工作制度化、经常化，在实际工作中实施管理、强化责任、抓好落实。2019年局制定并实施了《中铁五局集团有限公司优秀年轻干部挂职锻炼工作管理办法》，建立以局为主导、各所属单位配合的锻炼方式。局层面通过分析项目重难点情况、基层调研等方式确定挂职项目作为挂职平台，由局人资部牵头，各年轻干部自愿报名，先由各子公司进行筛选并进行人选推荐，最后局人资部优中选优确认挂职干部人选，挂职期间三方共同管理。

1.强化派出单位的责任

派出单位应明确挂职人员的交流目的、工作任务并提出工作要求，使挂职人员带着任务奔赴接收单位，这不仅使挂职锻炼干部有了明确的目标，而且也为挂职工作结束后的考核工作提供了有效的考核内容。在挂职人员到达接收单位后，派出单位应继续关心、支持挂职人员的工作，注意了解选派挂职人员在挂职单位的现实表现，主动征求所在单位的意见，及时同挂职人员谈心交流，提出要求，帮助解决实际问题。派出单位也应当在挂职锻炼结束时，督促他们搞好总结，认真地做好组织鉴定。

2.强化接收单位的责任

接收单位负责选派干部的日常管理和培养教育、锻炼工作，对挂职人员明确分工，做到既放手工作，又要给予必要的指导和帮助；根据挂职人员本身特点、特长及培养方向，安排合适的岗位大胆使用，为挂职人员进入接收单位核心决策阶层提供条件，保障挂职人员的职权、职级与职责对等，搭建施展才能的舞台；培养他们的主观能动性，锻炼他们谋大事、议大事、处理复杂问题和驾驭宏观局面的能力。在对挂职人员进行监督和管理方面，接收单位要每季度一次听取挂职人员工作汇报和思想情况汇报，在安排下挂人员的工作时，要敢于压重担，把下挂干部安排在第一线上，使其切实接触实际工作以达到锻炼的目的，为今后走上工作岗位，更好地开展工作打下坚实的思想基础和作风基础。

3. 强化组织部门的责任

组织部门对挂职人员进行宏观管理，负责了解掌握挂职人员的思想、工作情况，研究解决选派工作中带有普遍性的问题，发现和掌握一批优秀年轻干部，要求挂职人员每半年向人力资源部门报送一次思想、工作总结。组织部门挂职期间定期听取工作汇报，跟踪考察，召开座谈会进行工作经验和成长体会交流，及时帮助他们解决工作和生活中的困难和问题；挂职期满后，认真进行民主评议及总结鉴定工作，对接受培养锻炼的后备干部实行定期、定量考核，将培养成熟的干部单独管理，随时备用。

（二）健全制度保障，把好“程序关”

1. 制定计划方案

局人资部每年初根据年轻干部培养总体计划目标或重难点项目施工情况，拟定具体的挂职锻炼方案，各级人资部按挂职岗位、任职条件等要求推荐合适的人选，明确培养方向，由局人资部协商相关单位达成一致意见，提出建议方案。一是制定选拔标准。挂职干部选拔的标准应站在本单位人力资源开发系统以及未来人才需求的高度上通盘考虑，秉持“德才兼备，以德为先”的标准，坚持对党的事业和挂职干部高度负责的态度，注意干部能力的同时，更加注重干部的品德，综合考虑年龄、意志品质、专业特长、理论功底、健康状况、心理素质等多方面因素，选拔综合素质高的干部外出挂职锻炼，特别是将有发展前途的年轻业务骨干选派去挂职，杜绝拼凑人头、糊弄任务、完成指标现象的发生；对于贪图个人私利、能力不强、不符合要求的干部，坚决排除在挂职干部选拔范围之外。二是规范选拔程序。选派工作应该按照个人报名、组织推荐、资格审查、组织考核、讨论决定、岗前培训、履岗任职等程序严格进行，对于挂职干部的选派必须坚持群众路线，听取广大职工和群众的意见，选派群众基础好、民众支持高、百姓口碑佳的干部挂职锻炼，杜绝领导“一言堂”，在坚持选人原则、严把用人关卡、符合程序规范的前提下，扩大公众民主参与度，灵活运用公开报名选拔、竞争择优机制、匿名投票、差额推荐等多种民主方式，真正将群众基础好、工作能力强、急需要挂职锻炼的干部选拔出来，提升挂职干部选拔工作的透明度和满意度。三是建立挂职干部“一人一策”。“一人一策”包括特别档案表、培训计划表、导师带徒协议等内容。干部挂职期满后，挂职干部本人要填写《挂职锻炼人员考核鉴定表》，局人资部会同相关单位对挂职干部进行考核了解，通过个别谈话、民主测评、查看工作实绩等方式，与挂职单位协商一致后出具鉴定意见，鉴定表存入个人档案，作为今后调整使用的重要参考之一。

2. 明确派出方式

明确挂职干部的派出方式。挂职方式采取“重点部门上挂、基层一线下挂、重要岗位专挂”。“下挂”，即上级机关向下级机关和基层组织派出干部担任职务，这可以使“下挂”的干部熟悉基层工作，了解民生疾苦，利于今后工作的开展，这是干部挂职锻炼的最常见也是最经典的形式；“专挂”，即向同级机关派出干部担任职务，“专挂”的干部既可能在同一地区内的其他单位工作，也可能会异地任职。“上挂”，即下级机关向上级机关派出干部担任职务。对于这部分挂职锻炼的干部来说，可以开拓宏观视野，完善大局意识，提高协调能力。比如 2021 年，局投资运营事业部共计组织三期 13 人次的投资经营储备人才挂职锻炼，培训周期为半年，结合局属各单位投资经营开发工作需要，分批组织局属各单位的投资经营储备人才到投资运营事业部本部进行随岗学习。事业部要求挂职干部了解日常工作情况，参与重大问题研究、决策，学习解决复杂问题的方法，从而拓展挂职干部的工作思路，做好投资开发和风险防控能力，满足投资业务人力资源需求。部门制定了《投资业务专员随岗学习活动方案》，确定了工作学习计划和阶段性目标，有效地提高了子分公司投资运营人才储备。

3. 进行动态调整

对于挂职干部来说，严管就是厚爱，要始终将挂职干部置于党组织的管理监督之中，通过动态优化、进出有序的管理，确保挂职干部队伍政治过硬、能力过硬、作风过硬的建设目标，始终保持队伍的先进性、纯洁性。一方面，要做好挂职干部储备的动态调整、备用结合。要意识到挂职干部储备不是“一选定终身”，储备与使用有联系但不强挂钩、可参考但不画等号，将在挂职干部培养计划、重点项目、竞争性选拔中涌现的优秀人才及在岗位上作出突出贡献的优秀人才及时补充进储备库，将经实践检验不符合条件的人选调整出储备库，推进培养选拔工作的有序化和规范化。另一方面，要坚持将管政治、管思想、管作风、管纪律统一起来，强化挂职干部的监督管理。要建立健全与挂职干部谈心谈话制度，及时关心关爱挂职干部成长，通过营造风清气正的政治生态，形成“自信、他信、互信”的文化氛围，倡导积极作为的绩效导向，建立有价值的激励政策和约束机制，多维度增加干部获得感、成就感、幸福感。

（三）严格筛选标准，把好“资格关”

1.严格层层筛选

通过公开报名、子分公司筛选上报、局制定建议名单、挂职单位选择四个步骤，选择适合自身发展的干部。做好优秀年轻干部队伍建设工作，选拔是首要环节，选的苗子政治上是否过硬、素质上是否有潜力、作风上是否合格决定了干部队伍建设成败，这意味着优秀年轻干部队伍建设需要从源头着手，在坚持政治标准和国有企业领导人员“20字”标准的基础上，既从广处着眼，放宽选拔视野，不拘一格降人才，为广大青年干部提供成长进步的空间，也要从优落脚，明确选拔导向，进优汰劣，优中选优，树立良好风气，把牢入口关。一是坚持全局导向，扩充储备数量。从国有企业发展现状来看，几十年的“铁饭碗”“大锅饭”逐步被打破，混改步伐加快，干部人才流动加速，做好优秀年轻干部队伍建设工作当务之急就是做好储备规划，提升储备数量；同时，要意识到优秀年轻干部作为党和国家事业接班人，接的不是具体的某一个位子或者某一个领域的班，而是要以发展的眼光谋篇布局，需要将干部储备视野拓展到企业转型发展的各个关键领域和环节，既要从现有优秀年轻干部中“优存量”，也要从优秀人才中“求增量”，注意培养有专业背景的复合型领导干部，使“蓄水池”保持一定规模和水平。二是坚持基层导向，关注实践能力。实践磨炼是优秀年轻干部经风雨、见世面、壮筋骨、长才干的最好课堂。从国有企业年轻干部成长规律来看，不了解市场经营环境，不了解一线发展实际，很容易陷入纸上谈兵、邯郸学步、虚谈废务的误区，因此在制定选拔方案、实施储备选拔时，要特别关注储备具有基层工作经历的干部尤其是对在改革发展稳定第一线，在完成重大任务、应对重大事件中表现突出的优秀年轻干部可根据需要开放“绿色通道”，及时纳入储备使用视野。干部挂职制度应该重点选派有较强专业背景的干部，学术上可称作技术官僚或技术型干部，而不是综合职位的党政干部。无论在基层还是上层，都离不开技术型干部，他们需要各种实践机会和交流机会。

2. 合理选择单位

着眼培养复合型优秀年轻干部，不仅要开展各方面基础性知识和新知识、新技能学习培训，帮助年轻干部完善履行岗位职责必备的基本知识体系，提高综合素质，还要在各层次的干部培养训练营中，围绕企业的热点、难点、痛点问题，设定攻坚项目和实践课题，鼓励优秀年轻干部开拓思维、创新思路，在攻坚克难中提升团队精神、担当意识和实践能力。干部挂职锻炼的去向，要本着兼顾业务大体对口和接收单位工作需要的原则，在本地区本系统或跨地区、跨系统安排。干部挂职去向不要过于集中在少数经济较发达地区，要注意选派一定数量的中青年干部到艰苦地区和基层挂职，主要选择重难点工程项目以及经营亟待开发的地区。例如2021 年局选派了 100 名优秀年轻干部到深圳地铁 14 号线挂职锻炼，选拔出的挂职人员均为“90”后，年龄最大的 28 岁，最小的23 岁，均为一本院校的土木工程及相关专业，具有 2 年以上工作经历，助理工程师职称 18 人，工程师职称的有 2 人，都是具有高素质的技术人员。深圳地铁项目施工包括车站主体、区间盾构、既有线改造以及安装装修，存在施工范围广、工艺多、岩溶地区大等重难点，无论从施工技术还是施工管理角度都具有相当的挑战。

3. 分配优秀导师

挂职期间对挂职干部进行个性化培养，由局人资部会商有关单位指定导师，该导师必须是相应岗位的优秀代表或拥有过硬的技术能力。挂职期间局人资部将不定期了解挂职干部表现情况，听取挂职单位和挂职干部个人意见，对挂职干部的导师和岗位适时进行调整。中铁五局施行“双导师制”，给挂职干部配备一个工作导师，由导师负责挂职干部在挂职期间的思想政治、业务工作等方面的指导；给挂职干部配备一个生活导师，解决生活上出现的各种困难。导师制起到了准考核机制的作用，能够对挂职干部的政治表现与工作绩效实时监督、指导，有利于提高挂职锻炼工作的有效性。

（四）做好前期规划，把好“培养关”

1. 围绕两大中心

一是围绕“经营开发”开展工作。为继续高扬经营开发龙头，抓好大经营、大开源，全面推动企业转型升级和新旧动能转换，配合全局经营发展计划及培训计划，对看得准、有潜力、有发展前途的年轻干部，有计划安排他们到经营发展第一线、企业转型主战场、客户服务最前沿“墩苗”锻炼。企业党委有意识推动优秀年轻干部在复杂环境、艰苦岗位、关键时刻担当作为，让基层一线成为优秀年轻干部健康成长的“磨刀石”。在制度层面，明确将优秀年轻干部放到“吃劲”岗位，尤其是经营发展的第一线和转型发展的关键领域之中，特别注重通过实践考验并提升优秀年轻干部在时间紧、任务重、压力大、矛盾多的形势下应对复杂局面、解决突出问题的能力；在实践层面，要全局调用选拔，将一批特别优秀的年轻干部放到经营一线去挂职重要岗位，真正挑重担、啃硬骨、闯险滩，赛场选马，优胜劣汰，并结合业绩表现、担当作为情况，推动表现突出的挂职干部进入一线经营单位的领导班子队伍。2021 年中铁五局制定了《关于经营人员导师带徒工作的实施意见》，子公司共推送徒弟人选 117 名，经局初选、面试后，确定了前 50 名最终名单。根据徒弟目前从事或拟定从事的专业方向，考虑所在工作地点及调动岗位影响等因素，结合徒弟单位领导意见及本人意愿，在征求劳人部及拟定导师相关建议后，按专业业务能力和市场营销能力分类配对的需要，对前期导师人选进行了分配，并安排到对应窗口挂职锻炼。二是围绕“项目管理”开展工作。选派有较强专业技术背景的干部到重难点项目进行锻炼，他们需要各种实践和交流机会，通过多类型、多难点、多技术的项目积攒经验。技术型干部挂职一方面可以避免上任伊始就要领导一个项目或一个公司的窘境；另一方面无论上挂还是下挂、平挂，技术型干部可以很快投身自己熟悉的专业领域，结合当地具体情况发挥积极作用，双方的满意度都会较高。

2. 提高挂职匹配

一是强化挂职需求分析、提高挂职匹配效率，需要建立挂职接收单位、挂职选派单位和挂职主管部门三方协调机制并各司其职、协同行动。挂职接收单位和地区要在充分调研基础上，提出挂职干部的实际需求，在科学、精准分析和汇总急需、紧缺专业及职位基础上，公开发布或向上级主管部门申报有关挂职单位和职位需求信息。挂职干部选派单位根据不同挂职项目和计划目标要求，引导各层级、各类别干部自愿选择报名，并通过一定的考核、考察程序，选派适合的“挂职干部”，提高挂职干部与挂职岗位匹配度。二是挂职干部主管部门积极发挥组织协调作用，努力搭建供需匹配平台和工作机制，制定完善各项制度措施，促进挂职干部、选派单位和接收单位之间的有效对接，提高挂职匹配效率。人力资源部发挥统筹功能根据一定时期内企业工程、重大项目的工作需求和年轻干部所需提高能力需求进行方向性的指导规划，在制订计划时立足长远统筹大局充分考虑未来发展的需要，有一定的前瞻性保证今后实施的连续性，颁布实施挂职锻炼的通知，明确挂职锻炼的目的，对参加单位、参加人选和挂职时间作出指导性说明。三是局人力资源部对派出单位和接收单位的人力资源现状作可行性分析，了解接收地的优势行业、特色产业和存量巨大的人才类型，选准接收地和职位使双方各取所需。各子分公司听从人力资源部的统一安排和指挥按照对挂职锻炼工作的统一规划，结合本单位的实际情况制订切实可行的中长期计划，并将其纳入上级部门的整体规划之中统筹兼顾协调运行；有特殊需求的时候，寻求组织上的帮助，在全局范围内选择更适合的人才。

3.注重分类实施

通过对挂职干部的调查了解后，分为经营开发、施工技术等方向，并根据具体的锻炼需求，选择在局或子公司层面的机关、项目进行挂职锻炼，在强化干部自身学习锻炼的同时，也增强了各挂职单位的综合实力。优秀年轻干部的储备需要着眼近期使用与长远战略需要，分层次分梯队有侧重进行分类差异化储备培养。实施部门制定详尽的具体实施安排，实施挂职锻炼的具体单位即派出单位和接收单位要对本单位干部队伍的基本情况掌握清楚如干部队伍的年龄结构、专业结构、知识结构、学历结构、工作能力、发展潜力等，依据这些基本情况从实际需要出发对本单位挂职锻炼工作作出科学合理的规划，明确培养方向制定切实可行的实施方案，制定关于挂职锻炼具体实施的规定，对挂职锻炼人员的培养考核、管理进行明确规定，把责任落实到人确实把挂职锻炼工作落实到实处，保证挂职锻炼工作收到实效把培养干部作为挂职锻炼工作的出发点和落脚点，使人力资源在系统的统筹规划和科学的实施方案中得到最大限度的开发。

（五）注重过程管理，把好"过程关"

1.重视综合考核

一是建立挂职干部"月报告、季调度、半年专项考核、年底总评"制度，建立长期关注、全面考察的持续培养锻炼机制，加大跟踪问效力度。党组织及人事部门要建立年轻干部成长档案，明确责任，落实培养措施，深入优秀年轻干部选拔、培养的关键节点中，近距离观察、了解其成长情况；对有发展潜力、需要递进培养的，及时根据需要推动岗位交流实践、管理能力提升、专业能力强化，固强补弱；对各方面条件比较成熟的优秀年轻干部，及时提拔使用，以确保培育工作不断取得实效，推进干部队伍结构的动态优化。二是绩效考核的方式采用定期考核与不定期考核相结合，加强日常的监督监控，将平时的考核结果与年度考核结果结合起来，并且采用多种考核方法，避免单一方法造成的一些误差。派出单位和接收单位联合制定挂职锻炼工作鉴定书，考核期间，挂职人员按照鉴定书上的内容从工作情况、工作业绩、工作能力、工作态度方面进行自我评价。考核部门主管对挂职人员通过面谈形式，了解挂职人员的工作完成情况，结合其他考核主体的考评意见对挂职人员进行评价和审核，通过对挂职人员和相关单位进行谈话，增进组织部门与挂职人员的思想交流和沟通，肯定工作成绩，指出缺点和不足，明确努力方向，激励挂职人员的工作热情。三是通过考核反馈，对挂职锻炼工作中存在的问题及时解决，对出现的违纪违法行为严肃惩处，使挂职锻炼这项工作沿着健康、正确的方向发展，不仅将挂职锻炼的考核结果作为日后职务升降的主要依据，也将其视为挂职干部回到原岗位后工资调整、奖金核发与培训资格的重要依据。很多挂职锻炼人员回到原岗位后，由于种种原因可能并没有得到职位上的晋升。灵活运用考核结果，使挂职锻炼考核成绩在回岗后在其他方面仍然产生作用，不仅可以达到避免挂职干部的"短视"行为效果，还可以消除未被晋升挂职干部的消极态度。

2. 做好日常保障

一是建立定期沟通交流机制。局人资部不定期与挂职干部、挂职项目及单位进行联系，了解挂职干部的挂职表现和有关诉求，针对双方反馈的内容，及时制定解决方案并协调双方。二是建立组织保障机制，健全监督与管理制度。中铁五局将挂职干部薪酬、日常报销、福利等内容写进办法，统筹制定管理方案，随时接受信息反馈，及时解决、协调挂职锻炼期间出现的各种问题，保障干部挂职锻炼的有效性。2021 年初，局人资部通过咨询项目及联系挂职干部本人对深圳地铁项目的薪资发放情况进行了了解，其中大部分干部工资已按时发放，少部分还未发放的及时联系项目及项目所在公司及时进行协调，并于一周内全面落实完毕。

3.加强技术培养

接收单位应当为挂职干部着力打造一个良好平台和工作环境，使挂职干部全身心投入到工作中去，引进好、培育好、开发好挂职干部，真正发挥挂职锻炼制度的长处和作用。一是做好岗位保障工作。部分接收单位只让挂职干部负责联通上下、完善资料等工作，分配空职、闲职，不安排具体工作，这样的安排和认识使挂职干部不能真正接受实践的锻炼，起不到磨炼捶打挂职干部的作用，浪费了人力、物力、财力。接收单位应该在仔细考察挂职干部能力、特长、专业、方向后，放心大胆使用挂职干部，打破职位安排的顾虑和权力分配的禁区，让挂职干部“早挑担子、多挑担子、挑重担子”，仔细落实好每一位挂职干部的职位职务以及承担的职责范围，有权才有责，有责才有为，为挂职干部搭造展示能力的宽广舞台，让挂职干部接受群众的考核。具体做法上，可以让挂职干部挂职到具体的重难点岗位，让挂职干部进入核心技术层，集思广益，帮助挂职干部成长。二是日常工作中加强技术交流频次。定期要求挂职单位进行技术交流，整合资源优势，开展以项目管理和技术管理为主题的业务培训工作，每月组织开展一次座谈会，听取挂职同志工作及思想汇报，结合挂职同志具体工作岗位和内容，针对性指导；根据挂职同志意愿，动态调整挂职同志岗位，基于挂职同志熟悉和了解现任岗位基础，可申请调整岗位，完善挂职锻炼目标。如局深圳地铁指挥部由周浩博士主持挂职锻炼工作，每周进行项目的重难点分析研讨，各挂职干部根据近期工作提出疑问，导师们作出详细解答，挂职干部之间、挂职干部与导师之间相互讨论，学习氛围热烈浓重，积极调动了挂职干部的工作兴趣和学习动力。

三、大型建筑央企以“3+100”立体挂职为核心的年轻干部培养体系建设成效

(一)推动了企业人才队伍年轻化

按照中铁五局“十三五”人才规划内容，以挂职锻炼的方式加强年轻干部培养，坚持以七支人才队伍建设为统领，坚持高标准、

高要求，实施分层分类构建，大力推进“九项工程”，通过理论训练、实践锤炼，各类人才竞相迸发，人才聚集效应初步显现。到“十三五”末，一批“80后”的优秀年轻干部陆续走上领导岗位，不断为班子建设注入新鲜血液，40岁以下年轻干部比例提高了5个百分点；坚持“经营出精英、精英抓经营”的人才培养思路，打造了一支适应经营新形势、市场敏锐性强、经营能力突出的职业经营人才队伍，全局职业经营人才队伍突破1 000人；培养造就了一支综合素质高，既熟悉生产经营又善做党群工作的复合型党群工作人才队伍。

（二）提高了重点项目经济效益

2019—2020年，结合局重难点项目，通过报名，从全局选派110余名优秀年轻技术干部到银西铁路、成贵铁路、深圳地铁等各重难点项目进行挂职锻炼。如西安地铁6号线侧坡车辆段项目是西安市首座TOD模式上盖开发车辆段，该项目体量大、工期紧，8个月需完成18亿元产值。为加快施工生产进度，强化现场技术管理，并依托项目培养锻炼一批青年技术人才，局从毕业院校、所学专业、年龄、品格、工作表现等方面进行层层筛选，最终挑选出11名年轻技术干部到项目任职，为该项目日均产值500万元以上贡献了力量。挂职干部的技术能力得到了较大的提升，提高了挂职单位的技术力量及解决困难的能力，也增加了派出单位的优秀技术人员储备。

（三）实现了年轻干部自我提升

2019—2021年共计挂职锻炼培养了150余名挂职干部，其中60余名得到提拔重用。2014—2020年，局推荐了3名副处级干部，到郴州市汝城县挂任副县长，5名正科级干部，任外沙村、交圭村、台辰村驻村第一书记。2020年，选派了中南大学博士生1名，到局深圳地铁指挥部挂职担任副总工程师。通过局选派的干部层次高、眼界广、能力强，局指挥部、项目部及三级公司在挂职干部的安排上，统筹考虑，充分结合所选派干部的专业特长、知识结构及主要经历等，科学安排，挂职单位结合工作需要，合理安排岗位及分工，明确岗位职责，使其分管工作与其他工作人员分工不交叉、不重叠，在挂职过程中充分发挥挂职干部在项目施工技术、经营开发工作中的优势，做好对外交流、技术指导等专业化工作，让他们有职有权地开展工作、施展才华。

通过“3+100”挂职锻炼计划，中铁五局创建了优秀年轻干部培养的多元化平台，塑造了优秀年轻干部的全面化形象，形成了优秀年轻干部成长成才的循环机制，营造了优秀年轻干部积极参与挂职锻炼的舆论氛围，使人才队伍建设内容更加丰富，大量的优秀年轻干部得到了快速成长，受到了挂职干部和挂职单位的一致好评。

（成果创造人：陈广森　宋海龙　熊国胜　何　萍　高海祥
尚　赛　贺　洋　陈　明）

铁路隧道超前地质预报平台的智能化创新管理

中铁二院工程集团有限责任公司

中铁二院工程集团有限责任公司，简称中铁二院，隶属于世界双500强企业——中国中铁股份有限公司，是国内最大型综合性勘察设计企业之一，两次获得国家科技进步最高奖。

建院以来，中铁二院缔造了多项中国及世界交通史上第一：新中国第一条铁路成渝铁路；第一条具有自主知识产权的无砟轨道铁路遂渝铁路；世界穿越喀斯特地貌范围最长、岩溶地质情况最复杂的高速铁路——贵广铁路；世界首条修建在大面积湿陷性黄土地区的高速铁路——郑西高铁；世界首条环岛高速铁路——海南环岛铁路等。

中铁二院业务范围涵盖规划、勘察设计、咨询、监理、产品产业化、工程总承包等基本建设全过程服务，横跨铁路、城市轨道交通、公路、市政、港口码头、民航机场、生态环境等多个领域。

中铁二院主持或参与建设的铁路通车里程超过36 000公里，占全国铁路通车总里程的1/4，其中高速铁路超过12 000公里，占全国高铁通车总里程的1/3；参与建设的城市轨道交通工程通车里程约2 900公里，占全国已运营通车里程的1/3；先后参与设计了近7 200公里的高速公路，以及一大批大型地标性市政工程。

一、铁路隧道超前地质预报平台的智能化创新管理的背景

CZ铁路地处青藏高原东南部，具有“三高两强”特征（高烈度地震、高地应力、高地温及强烈发育多样化地质灾害、强烈发育活动断裂），地质情况复杂，工程前期地质勘察工作难度极大、地质资

料有限，施工前期难以查明沿线的所有不良地质，铁路隧道工程超前地质预报面临重大挑战。

在数字经济快速发展和扩张的背景下，数字化、信息化、智能化与传统产业结合已经成为企业转型的浪潮，创造性构建铁路隧道超前地质预报体系显得更加紧迫，主要体现在以下几点：

（一）基层需求的紧迫性

超前地质预报信息化、智能化的需求来自现场，产生于基层，过去依靠地质人员翻山越岭，每个隧道工作面收集数据，再回到项目部汇总数据的方式，无法胜任CZ铁路超前地质预报的应用场景，即使通过增加人手、投入更多的交通车辆，也无法保证数据的完整性和汇总资料的及时性。以雅江地质组为例，如果所负责的隧道全面施工，将会有接近100个工作面需要进行超前地质预报，这不仅导致技术人员面临巨大的工作量，也会对管理体系产生全方位的冲击。因此，基层的技术人员和管理人员迫切需要一种全新的超前地质预报手段，以保证现场收集信息的完整性，提高信息流通的效率，加强掌子面素描、瞬变电磁、地质雷达等预报方法的准确率，促进团队内部的协同工作能力和业务组织能力。

另一方面，在信息数字化时代，管理人员和技术人员已经习惯了数字化产品，在生活和工作过程中遇到某个问题或者某种需求，人们更倾向于使用数字化的产品来解决。企业转型，也类似于个体的数字化解决方案，被称为"产品思维"，是以数字化服务、基层推广、内部应用、业务间的数据流、协同办公来强化企业的数字化体验的。把握这一轮发展机遇，顺应基层数字化升级的需求，不仅能够使公司站在时代改革创新的前沿，还能在激烈的市场竞争中占据优势。

（二）行业竞争的紧迫性

信息产业本身就是一个竞争激烈的行业，自2012年"互联网＋"提出，2015年"中国制造"颁布，2018年"新基建"纳入"十四五"规划，信息产业逐步从服务行业生态圈向服务国家基础战略进化，这无疑加剧了信息行业内的竞争。而当前铁路工程勘察设计领域市场竞争也同样日趋白热化，辐射式经营成为企业参与竞争的一个重要模式。在打造核心竞争力的同时，逐步扩展到更多的专业和领域，在新领域建立良好的用户口碑，打造新的增长点和业务“根据地”，最终提高勘察设计的整体服务质量。隧道超前地质预报的信息化、智能化就是铁路工程勘察设计行业在信息技术领域的扩张，也是信息产业响应国家战略、落实新基建新旧动能转换的一次跨越式升级，同时也面临两者的竞争压力加码，在众多厂商、设计院推出自有知识产权的超前地质预报信息化产品的背景下，只有秉承创新思维，化压力为动力，从技术层面、思想观念、经营模式上实施创新，在质量、进度、成本三方面提出更高的标准，实现公司隧道超前地质预报智能化平台。

（三）跨专业融合的紧迫性

铁路隧道超前地质预报智能化，涉及地质、物探、计算机、隧道等多个专业，需要跨专业共同发力，在需求分析、架构设计阶段引入现场技术人员的智慧，共同确保系统研发符合专业管理的要求。当前单一知识或者技能的提升对所在领域的整体效率提升作用越来越小，水平扩展知识范围，升级领域工作方式和效率成为领域创新的发展重点，引入创新并不是简单地做加减法，正如在20世纪90年代工程设计领域引入计算机辅助设计（CAD），带来的不只工程设计行业的效率提升，也反作用于计算机领域，使得后者创造或优化了大量的图形算法，让计算机工程也得到了长足的发展。

正是这种专业融合的紧迫感，凸显在超前地质预报工作中，表现为在技术侧，围岩分级算法、三维重构算法等依赖于计算机的智能算法急需迭代开发，最终的成果将极大地帮助地质人员提高日常工作效率；在管理侧，急需引入数据库技术、大数据技术，以“数据驱动”作用于日常的工作量统计、变更管理，可以为现场施工管理带来革命性的影响，将传统的管理从依靠经验的“艺术”转变为依靠数据的“科学”。

（四）创新实践

因此，公司投入大量的人力物力，组织研发了铁路隧道超前地质预报智能化平台系统，以系统构建作为创新硬件、管理实施作为创新软件，打造软硬件一体化全面创新平台。通过引入物联网、5G、大数据分析和人工智能等前沿技术，实现了对CZ铁路超前地质预报的安全质量控制、数据传输共享、现场快速处理、动态施工管理、大数据智能学习，为CZ铁路隧道安全施工和快速推进提供决策支撑；同时结合技术升级和现代化管理思维，锤炼超前地质预报项目团队，提高地质人员和现场施工人员的工作效率，加速推动企业数字化转型。

二、铁路隧道超前地质预报平台的智能化创新管理的主要做法

(一)现场采集方法的创新

1.整体思路

CZ铁路隧道超前地质预报主要包括地层岩性预测预报、地质构造预测预报、不良地质预测预报、地下水预测预报，依赖的方法为地质调查法、物探法等，其中地质调查法又主要以开挖工作面(掌子面)地质素描为主，需要地质人员逐个掌子面进行查看分析，利用常规地质理论、地质作图和趋势分析等，推测开挖工作面前方可能揭示的地质情况。而CZ铁路长大隧道多，工程进度压力大，不可能做到每个掌子面都去观察分析，因此课题组组织了多次现场勘察研究，决定按照地质条件将隧道开挖工作面分为三种预报类型：一般地质条件、较复杂地质条件和复杂地质条件，创新性地对这三种工作面适配不同的预报方法，引入深度学习网络、工业物联网和三维建模等前沿技术，将信息化、智能化不同程度地加强到地质素描整个工作流程当中。

2.复杂地质条件下采集方法

复杂地质条件是指工作面岩体破碎或者极破碎，岩石通常为较软岩或软岩，有经常渗水现象，成洞性差，工程上采用台阶法进行施工的情况。正是由于该地质条件下需要大量人工判断工作，人工智能在特定条件下的泛化能力较差，在这种情况下介入，反而会引起很多误判，因此课题组针对该地质条件的解决方案是尽量

提高信息录入的便捷性，增加人工智能对于人工工作的辅助性，让人工智能当好“助理”，用信息化优化整个工作流程，提高工作效率。例如康定 2 号隧道 1 号横洞，课题组最早采用了采集端软件收集数据，利用收集到的数据训练围岩分级的人工智能模型以辅助以后专业人员进行判断，但是报告的生成、围岩的具体分级都是依靠人工实现。

3. 一般地质条件下采集方法

该种地质条件是指工作面岩体完整或较完整，岩石通常为硬岩或极硬岩，很少有渗水现象，工程上采用全断面法进行施工的情况。由于该种地质条件好，人工智能已经能够处理大量的识别场景，不需要地质人员时刻部署在现场，日常工作可以由施工单位将智慧掌子面扫描仪部署到现场进行采集，最后把现场情况和识别结果一起打包并通过物联网上传至数据中心。地质人员可以随机抽查机器识别效果，做到不需要到现场即可完成地质素描工作，整个流程完全依赖人工智能，在保证超前地质预报结果和施工安全的同时极大地提高了地质人员的工作效率，降低了超前地质预报的成本。

4. 较复杂地质条件下采集方法

较复杂地质条件处于一般和复杂之间，由于该种地质条件较好，大部分工作将由人工智能来完成，地质人员只需要根据一些特殊情况进行人工纠正即可，地质人员也不需要部署在现场，日常工作可以由施工单位上传隧道内重要的和具代表性的地质现象的摄影和录像，由地质人员进行判断纠偏。该过程人工智能和现场施工人员一起扮演“地质人员”的角色完成地质素描工作，系统不仅要提高人工智能的识别精度，还需要提高上传数据的效率，保证数据传输的一致性，避免关键信息丢失。整个流程自动化程度较高，并且对于人工智能得到结果进行的纠偏，将成为提高整体模型泛化能力、精度的重要一手资料，帮助公司在未来的类似工作中，提前预判地质条件，掌握更加先进的生产力。

（二）报告智能生成的创新

1. 整体思路

生成各类报告是现场管理的最主要工作，占据了地质专业人员极长的工作时间，目前大多数工作都是人工完成，数据和信息主要靠口头传递，Office 文档作为辅助。在该过程中，中间的统计数据没有保留，最终报告也是经过多次提炼后的成果，只是解决了现场需要，而对于未来智能化的帮助较低，公司升级未来价值链瞄准的是核心的盈利能力、更先进的生产力、可持续发展的经营规模，打造这些能力不是只做好一个产品、设计好一条线路，而是对勘察、设计、施工新价值创造的永恒追求，基于大数据分析技术的自动化的批量报告无疑是实现这种价值追求的最好切入点。

2. 地质素描报告生成

地质素描报告是数量最多的现场报告，根据管理办法需要每开挖 1～5 米即生成一份报告。在大多数情况下，相隔不久的地质素描报告大多数文字几乎相同，简单的复制粘贴能够解决报告有无问题，但是极容易出错，例如里程冠号误保留、围岩分级结论误保留、日期出错等。隧道超前地质预报智能化平台收集了现场数据，具有最精确的开挖里程、岩体结构等成套信息，是生成报告的最原始资料。因此，课题组设计了一套基于知识图谱、正则表达式的自动化报告生成机器人，根据 CZ 公司制定的模板，以里程为唯一传入参数，统计得到报告中的描述、结论、报告人等关键指标，由知识图谱生成"贴近人工编写"的整体报告，在避免报告生成中出现低级文字错误的同时，将编写效率提高了数倍。目前该报告生成已经在现场推广应用，受到广大地质人员的一致好评。

3. 周报月报生成

周报月报是站在统计的维度，将现场工作汇总上传至 CZ 公司，为上级管理部门精细化管理提供基础数据源。这类工作统计十分烦琐，由每个地质组统计每个地质专业人员负责的各隧道掌子面开挖、物探试验等情况，再由指挥部汇总每个地质组的工作，同样的数据要传递数次，增加了技术人员、管理人员的工作量，每到统计周报的时候，地质组通常会加班到凌晨2点，影响了第二天的工作计划。由于工程处于开工阶段，上级单位想要了解的重点时刻在变，导致工作无法形成固定的模板，统计时间也不固定，漏报现象比较突出。

在海量数据语境下，这就是典型的大数据分析场景：变化的需求、巨量的数据、不确定的结论。受益于前期数据采集工作，掌子面地质素描和物探数据的结构化和存储已经全面完成，数据中心初步具备了大数据分析的基础，由相关统计算法和知识图谱组成的周报月报生成模块被提上议程，该功能不仅能够提高报告的生成效率，还能防止漏报、错报等现象，是打造超前地质预报现场管理模式创新的排头兵。目前该功能已经在雅江地质组小规模推广，正在逐步优化过程中。

（三）数据智能分析的创新

1.整体思路

数据分析是隧道超前地质预报的核心阶段，通过创新提高该阶段各项工作的效率，可以为地质专业管理取得事半功倍的效果。现场数据在上传至数据中心后，解决了数据结构化和数据传输的问题，但是从数据应用的角度来看，这些原始数据仍然无法直接用于生产和管理活动，原因在于其存在3大问题：数据特征具有隐匿性、数据碎片化严重、数据质量差，产生了“脏数据进，脏数据出”的数据分析灾难。要解决该问题，需要对数据进行转换和清洗，并且引入特征工程，使用数据预处理、降维、特征评估等方法，筛选得到更好的数据，最后应用智能算法或深度学习框架实现多个数据分析应用场景的自动分析，提高现场地质专业的工作效率。数据智能分析集合了计算机科学、工程地质、统计学、网络工程等多个专业，完成了数据从采集到应用的闭环，以智能围岩分级和智能掌子面三维重构为代表的典型应用，创造性地将深度学习引入了传统的工程地质领域，通过数据的不断积累、算法的不断训练迭代，最终实现将公司地质勘察领域数十年的经验与计算机模型融合的价值创造。

2. 数据预处理

数据预处理为特征工程的重要组成部分，也是数据从原始状态转换到可分析状态的重要一步。数据预处理是所有智能化工业大数据平台必备的数据分析方法，铁路隧道超前地质预报智能化平台在应用该方法过程中，增加了地质专业的特色，主要是参考了《铁路工程地质勘察规范》《铁路隧道超前地质预报技术规程》对数据进行了归一化、离散化、标准化，在解决了数据质量差、数据碎片化严重等问题的同时，将数据按照规范组织起来，提高了后期应用层智能算法处理的准确性和处理效率。

3. 智能设计图信息抽取

设计图信息抽取是铁路隧道超前地质预报智能化平台相较于其他类似平台的独有特色功能，课题组充分地利用了设计院在前期勘察工作中的优势，在开始构建铁路隧道超前地质预报系统的研发阶段，就考虑了勘察设计期间大量图件、资料的结构化和数字化，以便于地质人员在多平台端快速查找指定位置的勘察设计信息，打造高效率、高准确率的现场智能办公环境。课题组结合 Object Arx 技术和 Open Gis 语义转换，智能抽取超前地质设计图上的各预报设计方法的里程范围和设计描述信息，包括地质概况、围岩级别、不良地质（大变形、岩爆、高地温、瓦斯）、涌水量、地质复杂程度分级、重点预报内容、超前地质预报（地质调查法、物探法、超前钻探法）、微震监测。以超前地质预报所需要的当前隧道“埋深”信息为例，过去地质人员只有通过人工测量的方式，通过在设计图中转换里程、计算里程、按比例尺计算差值、测量图中位置、测量埋深差值、按比例尺算出埋深等繁杂过程，才能得到该位置对应的里程，而通过智能算法和数字化的设计图纸，该过程可以由计算机得到，极大地减少了地质人员工作量。根据课题组统计，仅智能化测量埋深这一步骤，就减少了地质人员 10 分钟的计算时间，准确率也提高了 90%以上。

铁路隧道超前地质预报同时支持地质人员使用 Auto CAD 对超前地质预报进行正向设计，并将正向设计后各预报方法的详细信息结构化保存到铁路隧道超前地质预报系统数据库中，为地质专业的信息化打下坚实的基础。

4. 智能结构面识别

隧道掌子面的岩体特征，主要由岩体结构、岩性组成，其中结构面的识别效果，直接影响了岩体特征的判断，从而影响超前地质预报的准确率。目前结构面识别只有通过地质人员进行判断，依赖地质人员的个人知识和经验，不具备识别的客观性；再则由于CZ铁路隧道开挖工作面非常多，地质人员能看到的掌子面非常有限，导致一些重要的结构面被遗漏。

铁路隧道超前地质预报智能化平台创新性提出以图像处理的方式来识别结构面，在技术层面，通过采集端软件收集大量地质人员人工判识的结构面信息，以掌子面图像和结构面元数据组成信息对存储在数据中心，通过数据预处理，获得质量较高的训练集和测试集，同时运用VGG-16卷积神经网络，训练了一套可以识别掌子面迹线的人工智能模型，在大量数据的训练下，逐步提高该模型的准确率和识别精度；在管理层面，通过应用—调优—应用的管理迭代，逐步将结构面识别模块推广到基层技术人员手中，与技术层面的迭代升级结合，共同打造边应用边升级的智能结构面识别功能。目前结构面识别的训练集数量接近500组，测试集100组，模型识别准确率在35%左右，并且该准确率将会随着更多的数据加入，变得更加准确。

通过智能结构面识别，课题组为超前地质预报提供了一种更加客观的、不依赖于人工的识别系统，这不仅能够打牢数据应用的基础，更能填补智慧现场的管理空白。

5. 智能掌子面三维重构

隧道超前地质预报系统应用三维模型的难点和痛点在于：缺少一种高效的、所见即所得的三维重构系统，将掌子面、隧道的真实情况构造并展示出来。根据课题组前期的调研，大多数系统要么忽略了这一块功能，要么还停留在现场拍摄+人工建模的阶段。随着激光雷达价格逐渐下降，民用厘米级的激光雷达已经跌破一万元，性价比极高。课题组采用激光雷达＋图像拍摄＋本地建模的方式，利用激光雷达良好的三维空间建模特性，配合人工智能标定、拼接图像形成三维模型的纹理，最终实现了一套可本地实时计算的掌子面三维重构子系统，现场即可得到三维模型。根据多次和地质人员、技术人员现场拍摄、生成、对比模型和掌子面现状，该子系统的建模精度完全可以胜任地质编录标准，地质人员甚至可以坐在办公室里完成现场的掌子面地质素描，极大地提高了工作效率，是未来智能化地质工作的重要突破，具有里程碑意义。

6.智能围岩分级

智能围岩分级是在智能分析技术与现场管理层面上的创新结合。传统的围岩分级存在人工干预程度大、客观性差等技术问题，同样也影响综合报告分析成果、围岩变更等现场管理。课题组仍然秉持智能化和信息化方案解决该问题，从问题的根源出发，优先解决围岩分级人工处理的问题，从而优化综合报告、变更等管理问题。

通过研究人工处理的围岩分级，发现现场主要分为两种方式：第一种是通过严格的计算，使用BQ算法得到围岩分级；第二种是根据《铁路隧道超前地质预报技术规程》由人工根据定性分类指标，如岩体破碎程度、结构面组数等得到一个合适的分级指标。可见后者更适合当前系统采集的数据结构，也可以和已实现的结构面识别等智能算法关联起来，从而形成整体数据分析的联动。因此，课题组搭建了基于HR-Net神经网络的神经模型，在输入端对采集数据进行了标准化数据预处理，将原始数据转换为定性指标，便于神经网络进行学习，通过积累训练集和多次迭代，该神经网络对围岩分级的识别率能达到85%以上，一举解决了围岩分级的人工分级问题，极大地提高了分级效率，并且可以作为一种基础手段，为后面的综合报告、变更等管理模块提高计算服务，提高施工现场管理的智能化程度。

（四）数据上传交互的创新

1. 整体思路

隧道超前地质预报数据上传至公司地理地质数据中心后，实现了众多数据分析应用，提高了地质专业内外业工作效率，这些数据和分析结果需要继续向上传递，到CZ公司、国铁集团等上级部门，以满足不同管理维度的基础数据需求，因此，急需打通公司和CZ公司的接口，实现一份数据多种视图的应用，这样，不仅现场地质人员无须在多个系统里填写相同数据以节约时间，还能够提供管理维度的统计服务，降低管理人员的工作强度。

2. CZ平台接口

由隧道超前地质预报智能化平台组织数据，按照CZ超前地质预报平台的接口规范传入数据，该过程最大的问题在于数据安全。课题组对敏感数据都作了非对称加密，在保证数据自身安全的同时，还引入从事网络安全的专业公司对整个系统进行漏洞扫描和渗透测试，发现的问题立即整改，从硬件、软件上保障通信链路上的数据安全。在传输的终点，CZ平台也相应地设计了令牌等机制保证数据输入的合法性，而整个平台本身已经通过了等保三级测评。

因此，数据上传从发起方、通信链路、接收方都作了安全防护，保证了数据一致性的同时确保了数据安全性，为数据管理打好了底层基础。

3. 管理统计接口

隧道超前地质预报管理是项目管理方法和地质知识的综合体系，包括各类报表生成管理、工程资料管理、工作计划管理、工程进度管理、质量管理等工作，必须建立在良好沟通的工程进展和地质情况信息基础上。目前现场管理虽然实现了信息化，也建立了信息传递、交互、存储的机制，但是在数据利用上仍然跟不上管理的需要。

因此课题组利用大数据分析技术，从改善现场各类统计方法入手，接管了大量工作强度大、重复性高的报表生成活动，以滑动时间区间作为输入，在工点、项目部、标段维度统计工作量、进度等核心指标，利用 CZ 平台接口，数据统计功能还能继续向上传递统计信息，为上层应用提供更精确的现场管理信息。课题组还考虑工程项目后期数据量越来越大，数据查询效率降低的问题，在设计阶段就将算法并行化，使系统能够根据数据量大小，动态调整计算资源，确保统计运算的可靠性和稳定性。课题组通过大数据技术，为现场地质专业管理提供了一种替代人工的方法，节约了管理人员的大量时间，使其能够将更多的精力放在进度管理和质量管理等核心活动上。

（五）系统持续集成的创新

1. 整体思路

隧道超前地质预报智能化平台开发是和现场施工活动同时进行的，这也决定了该系统的功能将会在很长一段时间内处于动态更新阶段，这为软件项目管理带来巨大的风险，近期风险是无法提供现场用户满意的功能，项目失败；远期风险则是用户需求超过了系统的可扩展能力，升级失败。课题组在解决该问题上，主要考虑用软件开发方法中的敏捷开发结合持续集成技术实现项目管理风险可控、进度可控。

2. 敏捷开发

敏捷开发主要是利用迭代管理，将项目周期分为多个迭代周期，每个周期内实现完整的软件开发过程，包括需求分析、系统设计、系统实现、系统测试和部署，可见每一轮迭代结束后，对于用户而言都是可工作的版本，用户较之传统的软件开发，可以看到项目的每一次进步，对于可工作版本也可以提供反馈，帮助开发团队及时整改，防止系统到后期才发现不满足用户需求而导致项目失败。敏捷开发提倡拥抱变化，可扩展性强，非常适合超前地质预报系统这类需求不明确，工期长，项目中期可能会出现新技术、新方法的大型系统。课题组采用敏捷方法，以 3 周为一轮迭代，快速地将系统推向现场地质专业人员，每一轮迭代结束后，都邀请地质人员和开发团队一起总结问题、发现更多的问题，并在康定组、雅江组、巴塘组试点使用。多轮迭代结束后，隧道超前地质预报智能化平台不仅完成了现场功能的完整实现，还将诸如人工智能、大数据分析等新技术纳入系统，创造了多个新技术的首次使用，提高了现场技术、管理工作的整体效率。

3. 持续集成

为适应铁路隧道地质专业需求的频繁变更，地质专业结合持续集成方法构建自动化的开发、提交、构建、测试、跟踪、部署和交付一站式流程，形成了地质专业的企业数字化和信息化管理的行动指南。

企业管理的各个层级遵循持续集成的理念，保证了铁路隧道超前地质预报系统版本迭代的稳定性和可靠性，确保了预报结果平稳快速分析和预警，提高了预报结果的准确性，增强了地质专业信息化和数字化的信心，最终实现数据驱动和价值驱动的系统持续集成系统。持续集成同时也是企业管理创新的一种文化，一种能力，对企业价值观的展现和企业风气发挥了非常积极的作用，代表了地质专业和信息专业的良好融合，提高了工作人员和企业的凝聚力，增强了企业文化自信心。

（六）地质专业管理的创新

1. 整体思路

随着隧道超前地质预报智能化平台在现场的逐渐推广，它也影响了地质组的管理观念，越来越多的技术人员和管理人员不仅成为终端用户，还成为系统改进的推动者。早期系统问题频出，确实影响现场人员的使用积极性，但是在软件开发方法作出调整后，更多的现场需求被直接纳入系统中，现场人员看到了系统的进步，以及自己的想法被开发团队实现所带来的工作效率提升，这无疑唤醒了管理人员的创新意识，激发了技术人员建言献策的动力，为平台的推广应用带来更多的创新思路。

2. 管理技术的创新

现场技术人员从随身携带的记录本和常用手机软件中发掘了新的需求，即一款在移动终端上能够记录现场情况，并立即上传的应用，不仅可以解决纸质资料不易归档，回到项目部仍需重新输入系统的问题，还可以解决信息沟通不及时，资料反复收集缺少统一来源等困难。因此，课题组根据现场需求，不仅实现了移动应用，还利用云计算技术优化了公网接口和数据库系统，打造了整套移动办公环境；同时管理人员还优化了一些现场管理的冗余流程，将无纸化办公引入该环境中，实现了“1＋1 大于 2”的效果，即移动互联网＋云计算技术构成了地质专业现场管理持续创新的环境。

3. 管理模式的创新

随着管理技术，也就是信息化、智能化技术的逐步落地，已经不是简单的支撑管理模式，更成为管理创新中的核心要素，使以人为本的数字化升级与管理创新融为一体。

一是以数据驱动、云平台服务的新管理模式在协同办公、分工协作上具有巨大优势。技术人员之间大量的信息交互摆脱了过去依靠口头交流的方式，而是以共享文档、共享数据的方式实现，智能化平台的消息队列降低了“及时沟通”的成本，任何数据的上传和更正都能立即体现在系统之中，结构化的数据组织方式使得信息更加规范，加强了信息的流通效率，技术人员可以从共享的数据中获取自己关注的“业务视图”，快速完成自己手中分配的工作，而不用担心这些数据何时、以何种方式传递到下一个工作节点中。比如地质素描，技术人员只需要在系统中填写自己负责的部分，处理好施工单位上传的掌子面情况，生成掌子面素描，不需要频繁地打电话和施工单位确认情况后再编写素描，更不用在数据变化后还被动地去确认和修改，将技术人员的工作优化到了最简。

二是消除信息孤岛、提高智能化管理使得数据的应用更加活跃。项目管理需要的是信息共享和高效的执行力，过去的管理方式大量依靠“人”的主观能动性，而智能化平台在整个过程中扮演了部分“人”的角色，将大量、重复性、计算型的任务依托于计算机实现，降低了“人”在工作中巨大的精力浪费，计算的客观性也避免了其可能犯下的错误概率。比如生成报告过去靠多方打电话、发模板、统计数据，中途过程极易发生错误，导致误判围岩分级；而变更为半自动化的报告生成流程，一切以数据为基础，通过滑动时间统计各类报表即可，智能化优势被逐步放大。

三是通过隧道超前地质预报智能化平台的推广，其联系物联网的底层架构、高可用的顶层设计都为今后更广阔的泛在互联打下了基础。在智能建造、智慧城市上培养的不只是一支系统开发的团队，更是一支管理创新的团队。CZ 铁路地质专业管理模式作出的每一步优化和提升，都是对新方向的探索和发现，这样的能力泛化，运用到新的领域将是巨大的拓展。

四是管理模式创新打造的是创新生态，数据治理只是这个生态里的一个有机环节。随着数据量的增加和业务需求的激增，生态内创新只会越来越多，良好的架构设计和数据基础，将为工程设计勘察行业更美好的未来提供有力支撑。

三、铁路隧道超前地质预报平台的智能化创新管理的效果

通过隧道超前地质预报系统在 CZ 铁路的成功推行和完善，由传统滞后的预报方式蜕变成实时协同的预报方式，大大地减少人力投入成本，同时也极大地提高了生产效率。地勘院从隧道超前地质预报系统实施后 5～8 年内将获得 25%～30%的效率提升，按人均 200 万元产值计算，根据科技成果产生经济效益的计算方法：$\mathrm{CI}=\frac{\mathrm{BI}\times r}{n}$（CI 为人均每年收益，BI 为人均每年产值，$r$ 为效率提升比，n 为年数），将获得 50 万～60 万元/(人·年)的直接收益。在管理收益方面，隧道超前地质预报系统的影响主要集中在提升专业化管理和加强组织机构间信息共享方面，对于管理收益的量化比较困难，一般采用的核算比例为 5%～15%。

通过隧道超前地质预报系统在 CZ 铁路的成果推行和完善，实现了地质、物探、隧道和计算机等多专业的成功融合，这标志着铁路勘察信息化和数字化在铁路勘察设计领域的跨越式进步，为“新基建”添砖加瓦。

通过隧道超前地质预报系统在 CZ 铁路的成功推行和完善，

对复杂高原地质实时监测和准确的预报结果，提高了对管理人员、技术人员、施工人员的生命和财产安全的保障，同时也积极地保护了高原地质生态平衡，以科技的手段维护高原环境的可持续发展，带来了不容小觑的生态效益。

通过隧道超前地质预报系统在 CZ 铁路的成功推行和完善，强化了企业“纵向监管＋横向协作”的管理模式，有力地促进了企业整体综合实力的提升，保障了企业的长期稳定发展。

（成果创造人：张雨露　朱泳标　李　东　徐正宣　张广泽
冯　涛　宋　章　伊小娟　杨　科　邹　杨
唐兴荣　李　娜）

智能化客车轮轴检修系统的建设与应用

中国铁路呼和浩特局集团有限公司包头车辆段

包头车辆段成立于2013年，作为呼和浩特局集团公司唯一的动、客车车辆段，主要负责集团公司所有配属动、客车的运用检修任务，目前配属普速客车2 237辆(含代管集通公司415辆)，动力分散型动车组16组，动力集中型动车组6组；配备各类机械设备1 012台(套)。包头车辆段下设14个科室，9个生产车间，共有220个生产(乘务)班组，现有职工2 540人。近年来，包头车辆段在集团公司的统一领导下，坚持安全发展理念，坚守高铁和旅客列车安全万无一失的政治红线和职业底线，紧扣强基达标、提质增效任务，大力推进实施以科技创新为支撑点的安全强基、队伍提素、设备提质、经营增效等工程，全段实现了安全水平持续稳定、队伍素质持续上升、改革创新持续发展。2020年以来，包头车辆段荣获第六届"全国文明单位"称号，被国铁集团授予"全路标准化车辆段""全路示范标准化动车所"称号，被集团公司评选为"安全管理优秀单位""职工培训先进单位"。

一、智能化客车轮轴检修系统的建设与应用背景

(一)客车运输安全稳定的发展需要

铁路作为国家战略性、先导性、关键性重大基础设施，是国民经济大动脉。党的十八大以来，新增投产铁路运营里程5.3万公里，其中高速铁路新增投产营业里程3.1万公里，全国铁路复线率59.5%，电气化率72.8%，均为世界首位。铁路运输安全质量各项指标居世界前列，中国铁路总体技术水平已经迈入世界先进行列，但在取得辉煌成绩的同时铁路安全工作仍面临严峻挑战和考

验。随着新客车开行、运输组织方式变化等出现的新情况，传统旧方式已经无法满足新时期“动客车安全万无一失”和“提升服务品质”高标要求的需要，如何保持铁路运输安全持续稳定成为摆在铁路人面前的一道难题。

作为草原铁路客车唯一检修基地的包头车辆段必须始终坚持交通强国、铁路先行的理念，坚守动客车安全万无一失的底线，围绕现场实际需要，坚持创新管理，借鉴相关经验，大力开展技术革新，提升检修效率和质量，始终保持客车运行安全，为草原客车保驾护航。

（二）打造客车智能化检修模式的需要

建设中国特色社会主义现代化强国已成为当代铁路人的重要使命，大数据时代的来临，利用物联网、大数据、云计算等技术对作业过程数据进行收集汇总，实现生产过程智能化管理已经是一些新兴行业的发展趋势。从信息化建设开始以来，在铁路客车相关领域中，各种软硬件信息化管理模式层出不穷，智能化、数字化检修装备使用以及与其相匹配的管理模式也已经成为铁路客车检修管理水平持续健康发展新的抓手。铁路车辆轮对轴箱装置作为铁路车辆的重要部件，主要作用是承受车辆载荷，轮轴检修属于铁路客车检修过程中的重要组成部分，其质量的优劣大大影响客车的运行安全与质量，其检修流程管理与信息技术控制也是整个客车检修技术控制的关键点。为符合铁路现代化发展过程，符合客车轮轴检修设备自动化、控制智能化的建设要求，包头车辆段必须紧扣智能化客车轮轴检修管理模式的构建和实施紧扣安全生产主题，从信息化、智能化的角度进行深入探索，完善专业化创新管理体系，以客车轮轴检修效率提升、质量提升、管理提升、环境提升为目标，围绕作业现场、工装设备等要素不断探索创新，大力推进动客车检修全面智能化升级已经成为当前迫切需要解决的实际问题，更是今后客车检修工作发展的必要趋势。

（三）提升客车检修管理水平的需要

近年来，随着呼和浩特局集团公司客车配属数量的不断增加，所需检修的车辆轮轴数量也随之增大，生产任务与现有轮轴检修模式之间的矛盾日益突出。人工作业存在作业强度大、人身安全风险大、检修工艺标准低等问题制约检修质量和生产效率。人工测量记录存在数据误差大、数据记录不完整、数据丢失等问题制约深度分析和精细化管理水平提升。为深入落实国铁集团提出的铁路强基达标、提质增效发展要求的具体指示，根据《铁路客车轮轴组装检修及管理规则》(铁总运〔2013〕191 号)提出的“轮轴信息化管理”要求，包头车辆段遵循该原则，同时打造符合现代企业发展的“自动化、信息化、智能化”客车轮轴检修系统，提升客车轴承检修管理水平。

二、智能化客车轮轴检修系统的建设与应用主要做法

(一)明确指导思想和原则，厘清管理思路

针对传统车辆轴承检修工序烦琐，作业质量低，人工作业存在作业强度大、人身安全风险大、检修工艺标准低等问题制约检修质量和生产效率，人工测量记录存在数据误差大、数据记录不完整、数据丢失等问题，包头车辆段统一思想，形成三项安全管理工作的基本原则：一是安全工作第一，保障旅客安全利益至上原则；二是坚持质量第一原则；三是融合发展，创新与维持相协调的原则。

为解决轮对轴承检修作业管理工作中存在的棘手问题，根据《铁路客车轮轴组装检修及管理规则》(铁总运〔2013〕191 号)提出的“轮轴信息化管理”的要求，包头车辆段以确保客车安全万无一失为原则，坚持智能化、信息化改革，通过深入开展调查研究、深度分析，成立创新团队，充分分析轮轴检修存在短板并对全路相关单位进行深入调研后，提出智能客车轮轴检修管理平台并组织实施，以自动传输、数字检测、机器人作业、数据记录等手段，实现配件传输仓储、匹配装配、检修工艺执行等方面流水作业和智能管理，提升作业效率和检修质量；实施数据采集、存储、分析技术的全面使用，使得全寿命、全周期、全覆盖大数据分析得以实现，并以此为指导进一步提升规范化管理和标准化作业水平；实施以物联网、云计

算等技术实现轴承零件检修过程的实时自动监控，实现工序间的质量卡控，约束作业人员按流程作业，最大程度降低检修过程的返修率，减少因返修造成的材料浪费；实施以机械手、传输带、机器人大量使用，大幅降低作业人员劳动强度，避免职工与废弃油脂、铁屑铁锈、油漆粉尘等有害物质接触，彻底改善职工作业条件，提高身心健康水平；通过应用智能化设备配备、建立智能化作业模式，认真做好过程管控和追溯分析等过程，针对性地解决轴承检修工作中的质量、效率、应急、现场等管理需求，构建了以“五个提升”为目标的创新体系思路。“五个提升”即提升检修效率和检修质量、提升队伍素质、提升设备质量、提升置场环境、提高生产任务兑现率。

（二）应用智能化设备配备，提升检修效率和产品质量

包头车辆段智能客车轮轴检修平台由轴承自动化检修、轴箱自动化检修、轮对检修、轴端配件检修、轮轴组装等先进设备，应用CCD视觉检测、激光刻印、高精度无线位移传感、物联网、云计算等新技术组合联动，大幅提升检修效率和管理水平。

1. 运用倍速输送线和提升机系统，提升作业效率

针对轴承旧有配件搬运效率低，工位间不能合理运转的情况，通过运用倍速输送线和提升机系统，实现轴承检修过程中各工位、各工序的合理自动搬运，实现了工件到位检测、取放料自锁互锁功能、机械防撞和电气防撞双重保护、线体速度可调、线体具备过载保护、防卡料等功能，打破了“手推人拉”的检修模式，通过自动化设备大大地提升了检修工时。

2. 以“二维码”为媒介，抓实轮轴检修过程质量管控

针对传统人眼识别、手工抄录的旧模式，变更升级为人工观察、二维码读取的数字化采集模式。通过对检修轴承刻印二维码，建立轴承一一对应的识别身份码，在检修的每个环节中将信息逐步通过二维码身份识别系统录入数据库中，从而在检修全过程将作业人员、信息数据采集与轴承识别码绑定，将各环节信息连起来，利用物联网、大数据、云计算等信息技术对轴承检修作业过程

的数据信息进行收集汇总，建立轴承检修全生命周期数据库及作业过程的可视化管理；同时为保证质量卡控，各检测工序作业过程中出现不合格会实现自动报警，保证上道工序检测不合格或未检测的零件将不能进入下道工序，实现轮轴检修全过程中互控；测量数据可网络查询及精准选配、质量追溯，增进检修作业的透明度，严格控制了轮轴检修过程质量。

3. 建立智能存放系统，提升轴承配件存放能力

为保证新轮轴间投产后产能提效，包头车辆段将检修能力、配件储备能力等作为设计的理念，利用轴承智能存放选配库系统，实现无人看管条件下智能出入库管理，将检修完毕合格轴承存放至立体库，并在接到大数据综合处理系统指令后将待使用轴承送至出口位置；搭建网络架构，实现各项数据汇总、查询、反馈、智能配对、运行状况的可视化管理、协同生产等功能，将原有检修模式实现较大提升。轴箱存放能力由原有 100 个提升至现有轴箱立体库(可存放 260 个)，将轴承存放能力由原有的 200 余套提升至现有轴承立体库(520 套)，将轮轴存放能力由原有 500 多条提升至现有两个存轮场(1 000 余条)。

4. 更新全自动轴承清洗设备，降低安全隐患

针对以往采用的水洗、加油洗等有污染的轴承清洗作业方式，利用轴承清洗风干机，采用通过式罩式清洗，置于轴承磁粉探伤之后，全自动运行。通过移位罩式清洗，清洗机内各工位独立，清洗过程中避免工件产生磕碰伤；采用加热恒温清洗剂，高压大流量精密过滤清洗，保证了轴承零部件清洗干净，满足后工序装配条件；同时选用轴承专用清洗剂，减少了环境污染，提高了轴承清洗质量，降低了安全隐患，改善了作业环境。

5. 运用智能化机器人，提升产品质量

针对以往轴承检修尺寸人工测量工作单一、效率低下等作业难题，运用轴承自动检测机器人、轮对全自动测量、轮辋自动探伤等设备实现了多数据采集、多方位检测、多功能一体化。实现了测量数据实时提取、无线上传汇总、智能分析与反馈，通过无纸化工

作模式大大提高效率，流程卡控和数据一对一溯源，信息化程度高，数据准确；同时结合手工复测，确保检测数据万无一失，不仅实现了轴承检测工位的自动化，还实现了人机互控，确保了测量数据的准确性。

（三）建立智能化作业模式，助推管理水平提升

1. 生产组织合理化

轮轴检修间制订了符合现场要求的生产流程储备计划，确定了以轮对型式配轴箱型式的方法，根据镟修合格轮对的数量和轴型，配备相应数量的轴箱和匹配的轴箱型式。根据现场的情况制定了3.5天的轮对储备数量，解决了轴箱检修流水线、配件辆份等配送过程中数量不清、型式不明等引起的流水线堵塞、配件不足等问题；配置了制动盘换修区，大大减少了制动盘换修委外费用，缩短了检修时间，方便了轮对检修；针对轮轴组装、制动盘组装关键作业环节辆份配送，设置了配件库，并按要求分类存放；根据组装需求，制作了辆份配送小车，将所有配件按型号、数量放置在对应的小车、对应的位置上，确保组装不错不漏。

2. 作业模式智能化

积极探索新的作业模式，勇于突破传统质量管理观念，引入车辆轮轴技术管理信息系统（KMIS），并采用工位机、手持机、设备数据共享等多种数据采集方式，采集生产数据，依托条形码等智能化卡片信息媒介，实现了生产过程自动流转、智能控制、智能统计、数据共享和智能分析，全面掌握轮对生产各环节的情况，使检修质量管理从传统结果验收管理模式向检修全过程监控模式转变。

3. 检修作业过程智能化管理

依据车辆轴承检修信息化管理要求重新构建新的车辆轴承检修过程，以设备控制层、信息采集层、运作操控层、决策支持层的四层系统构架来组建轴承智能检修管理系统，通过在用轴承检修设备和检修过程的视频监控、互联网＋智能控制检测等技术具备智能辅助作业功能，实现轴承检修流水线自动化控制、流程优化，检

修过程的“同步监控、动态分析、智能诊断、自主决策”。

4. 检修数据全覆盖自动采集

通过“人工检查、二维码扫码、菜单式选择、数据汇总提交”的数字化采集模式，取代之前的“人工检查、人工记录”的旧模式，将检查探伤结果录入数据库对应位置，通过终端工位机采用无线 Wi-Fi 的形式上传至服务器数据库，该工序包含内圈/外圈/滚子/保持架外观检查、内圈磁粉探伤、外圈磁粉探伤、滚子磁粉探伤的信息录入。

5. 数据智慧分析和可视化管理

检修作业数据进行数学建模、分析运算、分类管理及可视化监控。通过对检修过程中收支数量、尺寸信息、故障原因、故障数量、故障种类、寿命周期、运行公里数等作业数据按照不同维度进行数学建模，利用数据分析给出作业方案并推送至工位台终端，对检修人员进行作业指导，同时全寿命、全周期、全覆盖的数据分析为优化检修标准和专业管理提供数据支持和经验分析。通过以上措施实现整个检修过程的同步监控、动态分析、智能诊断、自主决策。

(四)认真做好过程管控和追溯分析，持续改进管理体系

1. 严格落实过程卡控，实现产品质量精细化管理

每个检修环节安装工位机，所有作业人员必须按系统流程作业，即时录入检修信息，确保信息的时效性，通过互联网将检修信息传导至下一道工序，测量过程中出现不合格零件时会自动报警，同时上道工序检测不合格或未检测的零件将不能进入下道工序，下道工序对上道工序起到卡控作用，在大屏上可随时根据作业时段、进展情况，合理安排生产组织，使作业岗位安全和管控紧密结合，全过程追踪并能提示安全风险管控状态，做到精准预测防范；测量数据可网络查询及精准选配、质量追溯，增进检修作业的透明度，严格控制了轴承检修过程质量。

2. “落实人机”互控，抓好三个 100%

轮轴检修作业始终坚持人机互控、作业环节互控等对多个作业模式进行卡控，同时采用多种卡控措施保证检修质量。针对轮

对收入测量、轮对超声波探伤、轴承测量这些重点作业岗位，设备自动作业后工作者再次进行100%复核检查。

3. 持续推进班组内的“五个卡控措施”

即更换制动盘及制动盘紧固件作业质量卡控措施、K1(2)等级轴颈的轮对检修作业质量卡控、轴承总组装前原套检修质量卡控措施、总组装作业卡控措施、轮轴间配件质量卡控。通过执行卡控措施，大大降低生产过程的安全隐患。

4. 利用“5T”等监控手段，做好质量追溯和分析

通过TP、TC、TA等监控车轮运行的方式，研究车轮运行中轴温高、车轮失圆等问题，组织技术骨干对上述问题进行跟踪和研究，使轴承故障与车轮TP大等问题显著降低，提升客车走行部运行品质。

5. 突出动态管理，推动生产任务达标

基于新的检修布局、工艺流程，根据日生产计划进行有序调节生产流程，针对各岗位、环节重新制定了作业指导书、设备操作规程，为专业化、智能化、数字化轮轴间提供充分的技术支持。

一是基于客车KMIS系统，完善生产计划，精准完成生产任务。根据轮对与轴承使用情况，精准下达月、周、日生产计划，充分发挥轮轴检修作业一体化系统、智能化轮轴检修计划分析系统、轮轴检修作业网络计划图、生产任务显示板等作用，使职工、班组清晰了解作业内容、任务量、任务进度，为统筹生产组织奠定基础；加强作业者、工班长、车间干部、质检员和验收员对各岗位作业过程的盯控，使检修质量稳定可控，确保生产任务按期兑现。

二是实施“APS”管理，严格卡控各流水线的生产节拍。针对轮轴检修间生产流程，将其划分为五个流水线，通过日计划的下达，各工序按时间节点进行统计和规划，保证在时间节点内完成当日任务；反之，对当日各工序卡滞的原因进行逐一分析，并制定解决措施，保证日生产计划的落实，同时提高生产效率。

6. 实行区域色带管理，完善现场管理体系

包头车辆段推行区域色带管理，对轮轴检修间7大区域68处

作业区域、5处吊具存放区域设置黄黑相间线，对车辆停放、物品摆放、报废品等规定摆放位置设置为黄线，对重点区域设立警示牌，保证现场精细化管理。对124台(套)生产设备明确包机人，在显眼位置张贴安全标示；对117个工具柜、货架进行统一管理，料架工具存放采用漏模、图形标识相结合的方式实现定置定位，实现工具管理智能化、功能区域化。检修配件搬用由人工搬小车推的方式转变为全自动机械手和传输带完成，在职工劳动强度降低的同时彻底消除人身伤害风险。

(五)多措并举，坚持标准化管理，确保管理体系落到实处

1.以制度为引领，做好专业管理

以"凝心聚力，精益求精"打造全国一流铁路车辆轮轴检修基地为目标构建合理的工作流程，明确工作目标、明确包保干部职责范围、明确职工分工，做到职责清晰，提供工作不同方式方法，针对政治、组织宣传、工会、生产、经营、考勤、科研等任务形成对应的政治工作计划、组织宣传计划、工会活动计划、生产作业计划、生产技术准备工作、外协管理、生产调度工作、科技管理、产品开发管理、工艺管理、标准化管理、技术档案管理，劳动考勤、职工奖惩、劳动定额和定员管理等制度。

2.联系现场实际，形成制度约束

为方便职工更好地"学标、落标、达标"，包头车辆段制作了符合现场各班组的"班组可视化软件管理系统"，其涵盖基础管理、生产管理、资料管理、职教管理四大模块，该系统安装在场区的7个学习机，可方便职工更好地学习标准。为发挥职工的能动性，各班组编制了符合本班组作业标准的"一口清"，如分解组："设备质量很重要，每日细心做保养。抛丸之前抄车号，露出本色为最好。收入测量很关键，字迹清晰不潦草。轴箱轴承及配件，轻拿轻放不碰伤。合格配件检修好，安安心心入装配。轴劲厚油上手擦，水轮除锈勤换刷。除锈完毕建档案，及时刻打二维码。轮对测量现代化，确认无误入探伤。"通过发挥职工的积极性，让职工进一步"落标、达标"。

3. 健全班组管理制度，强化科学管理模式

以上级需要，环节客户、职工需求为中心开展整合出关键需求，通过“SWOT”模型，分析职工自身的优势、劣势、机遇和挑战，从满足关键客户关键需求出发明确班组目前工作的短板，并针对短板形成了一整套“5W1H”管理办法，即目标、对策、措施、负责人、地点、完成时间作出详细规划，责任到人，详细到每一个步骤，实现整个班组建设全面化。

同时从安全管理、生产管理、班组管理、物料管理、综合管理等5个方面进行梳理，内容涵盖生产、技术、安全、质量、设备、职教、材料等方面。梳理与健全轮轴检修间现行执行相关制度27个，作业指导书62个，设备操作规程86个，确保了管理制度准确清晰，管理标准精准唯一；整理班组台账管理、安全关键卡控、设备管理、职工培训、消防管理、考勤管理、奖金分配、材料工具管理，细化、修订5个班组管理制度共计30项制度，以严格的标准提升轮轴检修间专业化管理，打牢车间规范管理之基。

4. 分层级、分项目抓好日常发现问题措施检查落实

包头车辆段从实际出发突出客车“六防”等关键内容，结合轮轴间修季节性、阶段性特点，有计划地集中开展轮轴检修间安全隐患排查、安全专项整治和安全风险研判，将重点安全隐患纳入清单进行管理，分层级制定安全风险管控措施，有效防控客车设备质量风险隐患。车间根据安全风险库中风险类别、风险等级、危害程度等要求，对轮轴间现场作业进行风险研判，筛选了22个专项风险点，针对风险项点制定管控措施、管控部门、管控岗位，将责任落实到人；建立客车厂修源头质量卡控机制，多方位、全角度卡控客车厂修源头质量，针对轮对、轴承存在的厂修质量问题“零容忍”，实施质量缺陷信息反馈，追溯整治客车源头质量问题并及时上报至段职能科室；狠抓客车段修质量，严格落实工艺标准和“三检一验”制度，紧盯关键设备零部件检修和更换过程卡控，轮对、轴承一次交验合格率分别达到99.1%。

5. 创新培训模式，促进人才队伍提质

检修装备和管理系统技术含量的提升，需要打造一支业务精湛同时具备较深理论基础和创新思维视野的管理和操作人员，制定现场作业技能、通用科学基础知识、智能信息化新技术齐头并进的职工培训模式。现场专业技能由技术骨干为师资形成“线下观摩—线上理论—线下实作”的学习模式；通用科学基础知识由段内选拔高学历人才组成教学团队定期对机械设计、电子电工、信息通信等专业知识进行培训；智能信息化新技术通过高校、IT 企业开展的网络课堂掌握基本概念和发展趋势。

6. 定人定责，精细设备管理

对 30 项设备标准进行梳理、规范，上传至体系平台，为强化工装设备的修、管、用、养夯实基础。充分利用段修生产息工时间，实施重点设备集中整修，切实消除设备隐患和不良部位；指定专人在培训后包保设备，建立“设备包保人—工长—设备车间专人—工长—设备包保人”闭环管理体系。

7. 精细入微，加强定置管理

根据轮轴检修作业流程与现场环境需要精细入微地划分出不同的检修区域，做到场所标志清楚、区域定置有图、位置台账齐全、物品编号有序、全部信息规范。使各检修区域专业化、模块化以改善现场环境，科学化生产布局，提升检修效率，完善目视化现场内涵，统一职工着装，保证现场的整洁和有序度，使工作现场更加秩序化；根据不同的设备工装器具材料制定管理编号，并记录在台账中与区域标志牌上，在台账中，每类物品按“四号定位”原则编号，“四号”即指库、区、架、位，根据台账就可知道某种物品放在何处，有何作用，促进生产现场管理文明化、科学化，以达到高效生产、优质生产、安全生产。

8. 丰富家园文化，让职工以企业为家

以“建设精彩轮轴，打造美好明天”为主旨积极开展家园文化建设，提高每名职工的参与感，组织大家建言献策，丰富职工工余时间，增进职工之间的交流让职工可以从中感觉到家的温暖，将所采纳的意见与建议以不同形式在轮轴检修间进行展播，提升职工价值感和成就感，形成巨大的归属感；根据技能、知识、经验等方面条件科学合理搭配各作业小组成员以形成融合互补、可靠高效的作业小组。

三、智能化客车轮轴检修系统的建设与应用效果

（一）检修效率创优

在使用车辆轮对轴箱装置轴承检修智能化流水线及其适配的管理方式与检修工艺后，共检修轴承 8 056 套，其中 7 433 套轴承检修合格，623 套因故障报废，一次性交验合格率由过去的 97%提高至 100%，轴承检修量由原来的日均 102 套提高到现在的日均 138 套，检修作业工时由过去的日均 7.5 个小时，缩短到 5.5 个小时，其中节约抄录时间 1.5 个小时，效率提升约 35%。本流水线通过智能精密电测量技术、无纸化操作、依据数据库的轴承和轮对轴颈智能选配，大幅提高工作效率，充分满足了轴承配件的供应需求，现场完全符合标准化建设，有效保证了现场作业井然有序。

（二）队伍素质创优

大力开展职工岗位技能达标活动，充分激发职工学技练功积极性。2021 年以来，轮轴检修间先后荣获全路探伤工技术比武第一名、第三名，车辆钳工 3 人在集团技术比武中名列前茅，4 人被提拔到专业技术、工班长岗位。

（三）设备质量创优

充分运用 TPDS、TCDS、TADS 监控数据，组织技术骨干跟踪研究车轮运行中轴温高、车轮失圆等问题，制定强化措施 7 条，轴承故障与车轮 TPDS 异常震动等问题显著降低。

（四）职场环境创优

推行置场环境和设备包保到岗到人制度，确保责任落实到位。建成轴箱、轴承立体库，大幅度提升轴箱、轴承存放能力，将轴箱由 100 个提升至 260 个，轴承由 200 套提升至 520 套，在满足生产需求的同时实现了自动选配功能，大幅度降低劳动强度；先进设备和

管理模式的投入使用，让作业库区、办公区、活动区环境干净整洁、文化揭挂温馨向上，职工工作环境旧貌换新颜，身体和心理健康都得到保障。

（五）生产任务创优

智能化客车轮轴检修系统的建设与应用，倒逼包头车辆段加强班组培训，提升班组职工业务技能。2021 年以来，全段实现了"零事故""零缺陷"，先后获得全路"十佳女职工标兵岗"、自治区"五一女职工示范岗"、集团公司"先进集体""党内优秀品牌""先进青年集体""先进女职工集体"、段"先进班组""先进班组党支部"等荣誉。

（成果创造人：闫优俊　权绍春　高健民　付利军　闫　巍
王瑞锋　李哲欣　耿　岩　孙金平　刘永征
樊保关　郭水平）

基于对标理论的特大型国铁企业“一流现代运输企业”建设与实践

中国铁路上海局集团有限公司

中国铁路上海局集团有限公司(简称上海局集团公司)是中国国家铁路集团有限公司下属的18个铁路局集团公司之一，于2017年11月19日正式挂牌成立。企业性质为由中国国家铁路集团有限公司出资的一人有限责任公司，主要负责江苏、浙江、安徽、上海“三省一市”范围内的铁路建设、运营管理工作，主要开展铁路客货运输服务和多元化经营业务。企业注册资本金3 988.3亿元，用工总量15.9万人，资产总量8 543亿元，管辖营业里程13 374.3公里，其中高铁6 329公里，配属机车1 490台、普速客车2 985辆、动车组811.5标准组(其中“复兴号”259组)。上海局集团公司资产总量、高铁里程、动车配属均居全路第一，运输总收入、旅客发送量、经营开发综合创效、基建投资额等主要指标均为全路领先。近年来，集团公司获得“全国实施卓越绩效模式先进企业”和“全国用户满意先进企业”等荣誉称号，是全国铁路首家具备国家5A级物流企业资质的铁路运输企业。

一、基于对标理论的特大型国铁企业“一流现代运输企业”建设与实践的背景

(一)深度融入国家战略部署的需要

铁路是国家战略性、先导性、关键性的重大基础设施，肩负着服务党和国家工作大局的重大使命。实现第二个百年奋斗目标，立足新发展阶段、贯彻新发展理念、服务新发展格局，要求铁路在服务经济社会发展和国家战略上发挥更大作用。上海局集团公司

地处全国发展强劲活跃的增长极，位于多重国家战略的交汇点，与长三角一体化发展战略区域高度契合，同时拥有这些年发展积淀的路网、管理、人才等深厚基础，理应在服务党和国家工作大局上展现更大作为。

（二）担当铁路先行排头兵使命的需要

建设交通强国是中央立足国情、着眼全局、面向未来作出的重大战略决策，是建设现代化经济体系的先行领域，是全面建成社会主义现代化强国的重要支撑，是新时代做好交通工作的总抓手。上海局集团公司作为坐拥全路七分之一资产的国铁集团全资子公司，在全路具有重要地位，也具备一定区位优势，但也清醒认识到自身存在的差距和短板。比如对照航空服务质量、货运市场份额等指标，铁路客货运服务还有很大提升空间。上海局集团公司需要提高站位，站在全路看上海，跳出铁路看铁路，以更加开放的思维、宽广的视野来审视自身的发展，清醒看到与区域内先进行业企业的差距，自我加压，对标一流，创优争先，不断改进提升，更好地担当起交通强国、铁路先行排头兵的历史使命。

（三）推动国铁企业高质量发展的需要

自 2018 年以来，中共中央、国务院先后公布《关于推动高质量发展的意见》《关于开展对标世界一流管理提升行动的通知》，国铁集团也公布了《国铁集团关于推动铁路高质量发展的实施意见》。在新时代下，引领和赶超国内、国际先进已成为当前许多企业的重大战略，对标管理成为推进企业高质量发展的重要载体。在复杂局面下，铁路运输尤其是客运市场受到持续冲击，经营形势严峻、困难前所未有；随着高铁运营时间延长、新技术新装备投用以及恶劣天气、外部环境等多因素叠加，确保安全的考验更为严峻；随着区域内路网规模不断完善，加快铁路运输供给侧结构性改革等要求也越来越紧迫。这些新的目标、风险、挑战和难题，要求我们必须及时采取精准有力措施加以应对，在高质量发展中赢得更多主动，推动集团公司持续高质量发展。

二、基于对标理论的特大型国铁企业“一流现代运输企业”建设与实践的主要做法

（一）明确“一流现代运输企业”发展战略，全面引领集团公司高质量发展

1. 基本思路

以习近平新时代中国特色社会主义思想为指导，以习近平总书记对铁路工作的重要指示批示精神为根本遵循，全面贯彻新发展理念，明确建设“一流现代运输企业”发展战略，学习借鉴先进的对标理论，对标行业内外先进企业，结合企业内外部环境，建立高质量发展指标体系，形成一整套富有铁路特色的对标管理新模式，充分发挥战略引领作用，持续优化体制机制，不断提升管理体系和管理能力现代化，不断增强集团公司市场竞争能力、经营创效能力、自主创新能力、风险防控能力、企业治理能力，在服务新发展格局中展示新作为，当好交通强国铁路先行排头兵。

2. 发展目标

围绕建设“一流现代运输企业”发展战略和创建内涵，细化确定“六个创一流”发展目标。

——安全管理水平创一流。安全发展理念根植于心，安全敬畏意识、法治意识、红线底线意识不断强化。把握安全规律特别是高铁安全规律系统深入，高铁运维安全管理体系率先建立。铁路安全治理体系率先建成，安全责任界面清晰、落实有力。安全局面稳定可控，高铁和旅客列车安全万无一失，不发生责任铁路交通一般 A 类及以上安全事故，铁路交通事故大幅下降。

——路网装备质量创一流。高铁里程始终保持全路第一，“八纵八横”主通道管内段基本贯通，支线网络微循环更加畅通，综合枢纽衔接更加顺畅，建设工程品质全路领先。技术装备率先实现现代化，智能化装备、5G 新技术等率先应用推广，精准感知、精确分析、精细管理和精心服务能力显著增强。

——经营服务品质创一流。客货供给精准匹配市场需求，高

品质的产品和服务推陈出新，引流上线、创造消费的能力显著增强，客货运量全路占比和长三角区域市场份额持续扩大，市场认可度和社会满意度不断提升。经营开发更加凸显，客运延伸服务链、物流价值链、铁路产业链蓬勃发展。上铁经营品牌全面叫响，具有上海局集团公司特色的“复兴号”、中欧班列、“舌尖上的高铁”等服务品牌深入人心。

——企业治理效能创一流。具有国铁企业特征、上海局集团公司特点的现代企业制度全面建立，企业治理体系和治理能力现代化显著提升。市场化法治化数字化经营管理机制日趋完善，全面预算管理更加科学精准，法治上铁、数字上铁基本建成。三项制度、修程修制、一体化管理等改革不断深化。

——职工队伍素质创一流。职工素养持续增强、道德品质向上向善，明理崇德守法成为上铁人的行为风尚。职工主人翁意识强烈，参与企业管理、贡献智慧力量的主动性实效性不断提升。职工技术业务娴熟精湛，全员理论实操水平普遍提高，参加行业技能竞赛成绩位居前列，高水平高层次队伍规模持续扩大。人才管理机制更加先进，专业主导的现代培训模式广泛应用。企业文化软实力不断增强，上铁文化体系健全完善。企业与职工命运共同体更加牢固，企业发展合力充分汇聚。

——党建引领保障创一流。党对企业的全面领导制度化具体化，党委会建设持续深入，党建入章形成常态化机制，党的领导与公司治理相统一。党组织的政治功能和组织力全面增强，宣传贯彻党的理论和路线方针政策坚定自觉，党内组织生活严肃认真，党建工作与企业生产经营深度融合，党支部标准化规范化建设再上新台阶。党风廉政建设和反腐败工作持续加强，“两个责任”层层压实，纪律规矩更加严明，监督执纪有力有效，干事创业、风清气正的政治生态得到巩固发展。

3.实现路径

运用《对标管理指南》（T/CAQ10205），借鉴卓越绩效评价准则（GB/T 19580），紧扣顾客、战略决策、公司治理、领导力、过程管控运营、创新管理、品牌管理、资源、测量分析与改进、经营结果等对标核心要素，以建设“一流现代运输企业”为发展战略，以“六个创一流”为发展目标，对标行业内、外先进企业，摸清现状找短板，高标定位找差距，实施高铁、客运、经营、建设“四个强局”建设和货运增量行动，加强党建引领、队伍建设和文化建设，持续实施“对标找差、创优争先”，形成高质量发展评价改进机制，促进“一流现代运输企业”战略落地。

（二）建立“对标找差、创优争先”高质量发展指标体系，全面识别问题短板和发展差距

1. 建立“对标找差、创优争先”高质量发展指标体系

对照“六个创一流”，结合国铁集团铁路高质量发展统计指标体系和集团公司实际，以可量化、可评价为原则，分类分层建立指标体系。

一是指标体系分类。分为核心指标和评价指标。核心指标是企业特定时期核心属性的体现，与企业高质量发展和核心竞争力直接相关，是评价集团公司经营状况的关键性、主导性指标，以安全、全员劳动生产率、净资产收益率、总资产报酬率等结果性指标为主。评价指标是评价集团公司经营管理状况的其他综合性、系统性指标，通过评价指标的多维度对标分析，从变化趋势来反映集团公司管理水平。

二是指标体系分层。构建集团公司、专业系统、基层单位三级指标体系。一级指标是集团公司高质量发展指标体系的总纲性指标，是全景化、多维度评价和推进集团公司高质量发展的具体抓手，包括核心指标 70 个、评价指标 144 个。二级指标是集团公司高质量发展指标体系的中继性指标，是精准化、精细化承接集团公司一级指标、牵引各基层单位指标体系、衡量各专业系统发展质量的方法和手段，包括 11 个专业系统、共 662 个指标，其中核心指标 275 个。三级指标是集团公司高质量发展指标体系的基础性指标，是一、二级指标体系的落地支撑和推进基层单位高质量发展的工作载体，包括运输站段、非运输企业和建设指挥部共计 98 家，实

现全覆盖。

2.坚持对标先进,识别差距不足

一是对标行业内先进企业。对全路 18 个铁路局集团公司 2018—2020 年核心指标进行梳理、分析,对标北京、广州、太原等铁路局集团公司等路内先进企业,上海局集团公司在资产总量、高铁里程、动车组配属、旅客发送量、客运收入、运输总收入等指标处于全路领先,但在货运总量、劳动效率等方面还存在较大差距。

二是对标区域内优秀企业。根据集团公司所处长三角区域和交通运输行业,主要对标上海机场、申通地铁等优秀企业,在客运市场份额等指标处于领先,但在满意度等服务质量方面还有一定差距。

上海地区行业满意度对比

行业分类	服务满意度(%)	
	测评年度	
	2019	2020
轨交	89.09	87.61
机场	88.37	90.27
铁路	85.3	86.2

三是对标自身发展趋势。对照前三年实绩值确定的基准值,上海局集团公司在高铁、客运、经营、建设等方面虽然逐年有提升,但对标“六个创一流”目标还有差距,需要进一步加强。

3.坚持高标定位,建立目标体系

对照“六个创一流”,立足高标定位,瞄准行业一流、系统最优,按照“跳一跳,够得着”原则,明确近期努力目标和长期对标方向,建立高质量发展目标体系,包括:目标基准值、预算目标值和奋斗目标值。

目标基准值:原则上以前三年实绩值为基础,按照 20∶30∶50 的权重设置,作为发展指数计算的基础。

预算目标值:为当年目标任务,以上级下达为主,总体导向逐年向好。

奋斗目标值:为长期目标任务,总量性指标按照分档晋级,常量性指标以系统最优、行业前三、全路最高为原则进行设置。

(三)坚持问题导向和目标导向,以体制机制创新推进“四个强局”建设

1.运用体系化思维,坚持安全第一,建设“高铁强局”

一是构建高铁安全管理体系。把握高铁安全管理内在规律,构建高铁安全管理责任落实机制,严格高铁安全“红线”管理,建立健全高铁全员安全生产责任制,有效发挥专业抓安全主导作用,加大管理人员履职督查问责力度,逐级压实抓高铁安全的责任;构建高铁安全风险管控机制,规范“动态研判、责任认领、定期检查、周期评价、预警干预”流程,把高铁风险控制在隐患形成之前;构建高铁隐患排查治理机制,规范“全员排查、分类整治、挂牌督办、验证销号”流程,把高铁隐患消除在事故发生之前;深化标准化规范化创建,全面夯实基层基础基本功;深入推进高铁安全防护工程建设,全面完成沪苏浙皖三省一市铁路安全地方立法,消除外部环境问题隐患对高铁运营安全构成的威胁;持续改进加强高铁应急管理工作,提升高铁应急处置能力水平。

二是构建移动设备运维体系。把握高铁动车组运维规律,构建动车组设备质量管控机制,严把动车组监造验收、接车检查源头质量以及日常检修质量,常态化开展突出故障攻关整治,确保动车组运行安全;深化动车组修程修制改革,围绕“复兴号”动车组重点,提升自主检修能力,优化检修周期范围,契合客流规律优化检修组织和运用安排,精细集约错峰检修,推行一级修白天检修、网络修,二级修均衡修、“4+3”检修,高级修兼容修、节拍修;推进机器人代替人工检修,推广随车机械师值乘模式,结合检修量变化动态优化调整作业班制,确保设备质量稳定可控。

三是构建固定设备运维体系。坚持源头质量管控,深化高铁综合维修一体化、工电供“三位一体”综合维修管理模式,构建科学规范、制度配套、运行高效的高铁固定设备综合维修管理体系。严把新线建设、设备采购源头,加强设备质量突出问题攻关整治,为

运用安全奠定基础；优化生产组织架构，把握高铁基础设施系统集成度高、养护维修标准高、专业协调要求高的特点，深化高铁基础设施运营维护一体化管理模式运作，提升养护维修水平，保障高铁运营安全；深化设备等级管理，根据繁忙程度、运用环境等因素，将高速铁路工电供固定设备划分为两个等级，对照差异化实施技改和大修、中修、维修修程，减少过度修、冗余修；探索实施"计划修+状态修"，对具备自检、报警和冗余等功能的设备，实施状态修，始终让设备质量和成本投入保持在确保安全的合理区间。

2. 运用品牌化思维，坚持旅客满意，建设"客运强局"

一是打造品牌化服务工作体系。建立安全可靠、方便快捷、优质高效的"复兴号"系列品牌服务管理体系，引领高铁客运服务品质提升，注重差异化服务，全力创造旅客便捷、舒适、温馨出行体验；实现自助实名制进站验证，科学划分候车区域，增设自助换乘闸机，在车站到达层设立旅客换乘中心，深化推进空铁、公铁联运便捷换乘，推广电子客票，实现线上客服中心与线下服务中心功能对接，优化客运组织；开展客运设施和客服设备整治改造，推进既有车站站房改扩建、进站门斗改造、基本站台增设楼扶梯等工程，增加进出站闸机，深化"厕所革命"抓好站车厕所更新改造，补强硬件短板；加快客运站车无线网络建设，改造上铁 12306App 打造旅客服务电子商务平台；实现重点旅客服务"全流程"追踪，推进"上铁旅行管家"项目抓好高端旅客定制化和差异化服务；加强对现场服务质量监督考核，组织第三方用户满意度测评，解决旅客关注度高的问题，不断增强旅客出行的美好体验。

二是构建市场化经营工作体系。坚持运输围绕市场转、生产围绕运输转、要素围绕生产经营转，构建市场化经营工作体系。以经营系列定量指标牵引，以长期预测 95%、中期预测 98%、短期预测 99%为目标，抓好客流分析与预测，开发运用大客流数据分析及开车优化系统，按照高铁"一次铺画，按需开行"、普速"按需铺画，有流开行"理念，匹配客流需求深化"一日一图"运力动态调配；打造高铁商务系列产品、通勤系列产品、旅游系列产品，通过适销对路提升客运盈利面;优化 12306 网站及手机客户端功能实现预约预订,针对城际、市域铁路旅客群体,推出铁路 e 卡通,探索套票、计次车票、月票等客票销售模式,打造个性化的产品体系。

三是构建高效化运营工作体系。按照“体系完备、制度健全、运作良好、作用有效”总体思路,形成涵盖管理职责、规章标准、安全管理、服务管理、营销管理、设备管理、队伍建设、运行控制、应急管理、考核评价等客运十大专业运营管理体系,建立标准化的评价体系和评价标准,开展客运站段全覆盖的体检式双周检查,推进专业运营管理体系建设。按照“集中化指挥、一体化管理、集约化运营、智能化作业”原则,推进客运直属站、客运段、车务段生产指挥中心建设;借助信息化手段推动客运站区网格化管理,全面实施客站设备专业化维保管理;坚持“统一领导、分工负责、各司其职、协同协作”原则,推进动车组客运、车辆、公安、餐饮、保洁等司乘人员一体化管理,推动客运现场集约化运营。

3.运用市场化思维,注重投入产出,建设“经营强局”

一是提升经营业务创效能力。以“专业化、市场化、法治化、数字化”为主线,深化全产业链的经营创新,努力释放更多溢出效益。做强做优商旅服务和土地房屋资产开发板块;深化与运输业的融合发展,打造动车组关键配件等产业基地;积极承接铁路基建和路外项目,强化产业链拉动,带动施工、监理、物资供应等关联企业协同发展;加快发展工业制造维修和科技信息;响应国家“双碳”战略的号召,积极培育打造光伏发电新产业。优化激励机制,扩大项目制成熟人才和职业经理人市场化引进试点,激发经营创效的积极性,促进非运输业实现可持续发展、高质量发展。

二是提升投入产出水平。深化全面预算管理,坚持以预算配资源、用预算促管理、向预算要效益,打造全面预算管理升级版。探索专业部门模拟利润中心,按照系统负责、专业负责的管理思路,建立模拟市场化运作机制,将机车牵引费、线路使用费、接触网服务费等清算收入分解到各个系统,作为相应系统产出,测算与成本的比值关系,科学评价专业部门经济贡献度,促进各专业系统提升投入产出水平；强化生产过程中的成本节约，科学推进修程修制创新，持续扩大移动设备自主修，大力推进专业之间综合修，有效压缩检修成本。实行物资全过程全寿命全周期管理，创新集约化库存管理模式，加强闲置物资调剂和废旧物资利用，加快物资周转，减少资金占用；加强水电油气能耗管理，巩固直购电交易，牵引变电所经济运行成果，推广合同能源管理、智能照明、循环用水等新举措，让节能降耗成为企业和员工的自觉行动。

三是防范控制经营风险。防控资金风险，控制债权、债务风险，提升资金集中管理水平，采取包括集中存储、集中支付等措施，利用好经营沉淀资金。建立健全资产维护保养制度，确保资产安全完整和状态良好，科学合理配置资产，充分挖掘设备潜力，发挥资产使用效率；严把资产处置审核关，制定资产处置内部控制操作规程，严格规范资产损失核销、资产鉴定工作，规范做好资产损失、资产减值审批；完善征拆迁国铁资产处置流程，研究、规范国铁征拆迁处置事项，维护铁路资产权益不受损失；严格合同管理，强化对合同履行情况及效果的检查、分析和验收，确保合同规范履行。

4.发挥路网协同效能，立足服务区域经济，推进“建设强局”

一是构建现代高效的高速铁路网络。在服务国家战略通道建设要求的基础上，加快构建“高铁大能力对外、核心城市辐射”的区域高铁骨干网，强化长三角与主要城市群的快速联系；加快推进“八纵八横”高铁主通道建设，有序推进高铁连接线、高铁延伸线等区域性高铁项目建设；推进繁忙干线辅助通道建设，缓解主通道压力；把握区域性高铁功能定位和建设标准，实现与高铁主通道网的系统衔接，形成分层分类、功能互补高速铁路网络。

二是发展快捷融合的城际和市域铁路网。聚焦内部核圈互联互通，打造以上海为中心，南京、杭州、合肥为副中心，宁波、温州、徐州、黄山等城市为节点，城际铁路为通道的“多三角、放射状”城际铁路网；深化路地合作，以金山铁路、宁波至余姚铁路等成熟的市场化方式为参照，通过优化调整既有线路功能并适当改造开行市域(郊)列车，促进客运网络微循环畅通和延伸。

三是强化铁路建设重大技术创新。围绕铁路大跨桥梁、长大隧道、复杂客站等重难点工程开展关键技术攻关，围绕铁路建设管理模式变化特点开展单价承包试点及非控股代建等成套管理体系研究；开展高速铁路钢管混凝土双块式轨枕机构优化与应用研究，为高铁无砟轨道技术持续创新发展提供技术支撑；推进基于数字化和装配式融合技术的既有高铁站房建造关键技术等研究，构建施工安全动态预测及实时交互智能一体化平台。

（四）全面实施“货运增量行动”，以提升市场份额推进铁路运输供给侧结构性改革

1. 大力推进“公转铁”，提升铁路货运市场份额

推进大宗货物“公转铁”运输，优化大宗货物跨局直达列车方案，提高管内循环列车开行效率；保持集装箱运输强劲增长态势，扩大海铁联运覆盖范围，补强疏港通道，用好用足中欧班列运能，服务长三角地区双循环发展；深入推进铁路货运价格市场化改革，坚持市场化定价总体原则，完善价格形成和运用机制，实施区域化、板块化、阶段化定价策略，区分不同客户价格需求，丰富定价手段，优化产品比价关系，科学测算运输盈亏，提升货运效益。

2. 创新货运服务方式，全面提升货运服务质量

深化货运服务体系建设，创新铁路货运服务方式，强化货运两端服务能力，打造优质先进的铁路货运服务新体系。充分发挥国铁集团 95306 系统作用，优化受理、制票、核算等作业流程，实现货运业务集中办理，提升全环节服务保障能力；强化货运服务全流程监控，增强货运应急服务能力；深化海铁联运、中欧班列平台服务模式创新，融合公铁水运输资源，全面提升货运服务效率；建立货运全程服务评价体系，确保服务有标准、指标可量化、评价专业化，推动客户评价与内部考评有机结合；建立客户服务质量激励考评机制，保障货运服务质量全面提升。

3. 创新铁路货运营销体系，完善铁路货运产品有效供给

强化货运板块营销项目管理，提升货运营销水平，完善铁路货运产品有效供给；强化集团公司、货运中心两级营销管理，推进“管

板块、管项目、管过程、管服务”工作职责落实，健全货运营销激励考核机制，推动板块营销团队作用发挥；推进路地协同、路港联合、路园融合发展的营销策略，创建以铁路货运为主导的多式联运营销模式；推动铁路货源市场结构化、图像化、动态化，优化铁路货运产品、价格政策、运输组织方案，全面提升铁路货运营销信息化应用水平。

（五）加强管理体系和管理能力现代化建设，夯实企业高质量发展的保障机制

1. 加强现代企业制度建设，全面规范公司治理

坚持以建立现代企业制度为方向，构建符合市场需求、符合集团公司实际、内生动力活力持续显现的运行机制，努力实现更高质量、更有效率、更可持续发展。完善集团公司法人治理，把加强党的领导和公司治理统一起来，明确党委在决策、执行、监督各环节的权责和工作方式；突出董事会专门委员会建设，发挥好董事会决策作用和专门委员会咨询作用；完善制度图谱，形成以公司章程为核心的制度体系；全面施行非运输企业专职外部董事制度，提升非运输企业董事会决策科学性；制定外部董事履职指南，有效提升董事监事履职能力。

2. 坚持两个“一以贯之”，全面加强党建引领

全面贯彻落实新时代党的建设总要求和新时代党的组织路线，坚持和加强党的全面领导，推动国有企业党建工作与生产经营深度融合，以高质量党建引领集团公司高质量发展。建立完善党委会“第一议题”制度，健全落实不忘初心、牢记使命长效机制，推进党史学习教育常态化长效化，建立完善重大情况报告制度和重要事项督办制度，确保党中央、国务院决策部署以及国铁集团党组有关要求全面落实；优化以政治工作考核为主体的党建工作定期检查考核制度，着力把党的政治领导力、思想引领力、群众组织力和社会感召力转化为集团公司高质量发展的核心竞争力；强化对“关键少数”的监督，推动“两个责任”贯通协同、一体落实，完善“三不腐”一体推进的制度机制，正风肃纪反腐促进治理功效提升。

3. 实施人才发展机制改革，全面加强人才队伍建设

深化人才发展体制机制改革，优化职工职业发展通道，全方位多层次培养、引进和用好人才，激发各类人才创新创业活力。聚焦重点专业领域，以铁路"百千万人才"为引领，以集团公司"三支队伍"为骨干，构建上下贯通、层次清晰、有序衔接的专业技术人才队伍体系；广泛开展各层次职业技能竞赛，不断提升技能人员队伍整体素质；持续选拔培育各层级技术能手、首席技师、工匠；深化"青马工程"，加强价值观引领、企业文化认同、法律法规教育、心理疏导和人文关怀，促进青年职工全方位健康成长成才。

4. 弘扬铁路精神和企业精神，全面加强企业文化建设

践行社会主义核心价值观，弘扬党和人民在各个历史时期奋斗中形成的伟大精神，赓续上铁红色基因。大力弘扬铁路精神和上铁精神，传承弘扬铁路优秀传统文化，加强铁路文物、遗迹遗存、重大铁路工程的保护利用；发挥文博场馆阵地作用，命名一批爱国主义教育基地；坚持围绕中心、服务大局，以车间班组家园文化为载体，持续深化安全、服务、经营文化建设；实施文艺作品质量提升工程，繁荣上铁文艺，建设"书香上铁"；充分发挥文化大格局作用，积极开展群众性文化活动，推进文化和旅游融合发展；深化精神文明创建，推进志愿服务常态化，提升行业文明程度。

（六）建立和实施指标评价和改进机制，以持续改进机制促进发展战略落实落地

1. 建立指标评价模型

以"对标找差、创优争先"指标体系为基础，基于指标属性、重要程度及关联指标等判断，设置好单项指标属性，分别设定各项指标权重。按照总量指标、常量指标、正向指标、反向指标四种性质区分指标属性；引入指数评价方法，建立指标体系评价模型，按照多维度对标、分权重测评、综合性运用的模式，建立集团公司、专业系统、基层单位三级指标体系评价模型，通过全面体检，精准反映各层级的发展质量；定量指标运用发展指数和达标指数计算得分，定性指标运用等级评定计算得分，指标体系综合考虑指标发展指

数、达标指数、指标评定等级，按相应的权重实施总体评价。

2.建立对标找差信息平台

为实现管理由定性向定量转变，发挥“对标找差、创优争先”指标体系引领作用，研发信息管理平台，实现五大功能：发展整体趋势可视化、系统排序情况可视化、指标实绩状态可视化、分析报告推送模块化、运作过程管控自动化。

通过“纵向对表、横向对标”，由单位内部看趋势向系统之间看排序延伸，充分发挥指标体系引领作用，提升对标管理水平。

一是先进指标排序。运用图表对各专业系统确定的“先进性指标”的预算目标、奋斗目标和完成实绩进行动态展示，按季度分系统对各单位先进性指标完成情况横向动态排序。

二是系统内部排序。运用信息平台实现各系统共性指标最优值、最低值、平均值展示，按系统内排名自动生成本单位最优和最差10个指标进行系统排序展示。

三是系统综合对比。运用信息平台自动汇总功能，形成各单位季度完成指标数量、系统平均以上指标数量及进退步情况。

四是实现自动诊断分析。建立“自评报告”“诊断报告”模版，按季度自动推送，从纵向评价分析、横向对比分析、评价诊断结果等方面反映指标发展状况，促进指标体系引领作用发挥。

3.开展定期对标对表

开展以集团公司监控、系统评价、自我诊断为中心，以信息化、大数据应用为手段的评价机制，各级管理层在安全管理水平、路网装备质量、经营服务品质、企业治理效能、职工队伍素质、党建引领保障等方面，定期对标对表，找出管理上、机制上存在的短板，明确方向、精准施策，发挥好指标体系“定位、画像、体检、引领”作用。

4.建立健全考核激励机制

各层级“对标找差、创优争先”指标体系完成情况纳入责任部门和单位考核体系，基层单位运作情况纳入各单位经营业绩考核，机关部门运作及对所属单位检查指导情况纳入机关工作质量考核，确保各项目标和措施全面落实。

5. 建立健全持续改进机制

集团公司每年形成年度“对标找差、创优争先”工作报告及达标程度通报机制，有关问题纳入下一年度集团公司工作计划，重大短板和差距纳入集团公司“十四五”发展规划，通过持续提升、久久为功，促进集团公司“一流现代运输企业”战略及“六个创一流”目标的落实落地。

三、基于对标理论的特大型国铁企业“一流现代运输企业”建设与实践的效果

（一）企业高质量发展成效明显，服务国家战略能力进一步增强

上海局集团公司近 5 年来营业里程由 9 868 公里增加到 13 374.3公里，增幅 35.5%，其中高铁里程由 3 250 公里增加到 6 329公里，翻了一番；2021 年开行中欧班列 2 450 列，同比增长 11.3%；2021 年全年发送旅客 5.76 亿人，在“三省一市”各类运输方式中，铁路占 36.7%，同比提高 11.6 个百分点；与三省一市铁路、公路、水运、航空、管道相比，2021 年铁路货运同比增长9.5%，增幅在各运输方式中最高，集装箱运输全面发力，同比增长 16.8%，装车占比达 41.1%，其中，海铁联运增长 25.6%、敞顶箱增长 16.8%。服务支撑国家“一带一路”、长江经济带、长三角一体化发展等国家重大战略发展能力进一步增强。

（二）企业核心竞争力显著增强，经营效益效率进一步提升

上海局集团公司实施公司制改革后，法人治理机制逐渐成熟，市场化法治化数字化经营机制不断完善，生产力布局持续优化，企业重组整合稳步推进，合资铁路“一省一公司”在全路率先落地。运输生产和劳动组织改革、修程修制改革、工电供一体化改革、机客车一体化管理改革等成效明显；干部能上能下、员工能进能出、收入能增能减的导向更加鲜明；“数字上铁”基本确立，企业发展的动力更加强劲，2021 年完成运输总收入 907.15 亿元，同比增长 18.7%，其中客运收入 709.01 亿元，同比增长 25%，货运收入 198.14 亿元，同比增长 0.6%；非运输企业收入 260 亿元，同比增

长 19.1%;全年实现利润总额 21.37 亿元。

(三)切实履行企业社会责任,企业员工获得感进一步提升

上海局集团公司积极履行社会责任,忠诚践行人民铁路为人民的根本宗旨,安全保持持续稳定,截至 2022 年 7 月 30 日实现安全生产 3 000 天;铁路 12306 电子客票、95306 货运电子订单、畅通工程等服务新举措让客户体验更美好,服务满意度提升至 88.17%,高铁成为长三角人民群众出行的优先选择;强化了生态保护和污染防治,加快了能源消费结构优化;人才发展体制机制改革得到深化,职工职业发展通道得到优化,各类人才创新创业活力得到有效激发;集团公司与职工群众形成建立紧密的命运共同体,职工民主权利得到充分保障,职工收入与企业效益同步增长,近年来年均工资增幅始终保持在全路前列。

(成果创造人:侯文玉　应慧刚　高　松　王红兵　周　斌
袁志明　桂仁文　龙小培　芮宁斌　袁　磊
钱　涛　宋　杰)

以创新为引领推动非运输业高铁产业做强做优做大

中国铁路济南局集团有限公司经营开发部

中国铁路济南局集团有限公司是依据《中华人民共和国公司法》设立，由国铁集团出资的子公司，注册资本金 1 416.9 亿元，是资产经营型公司，主要从事铁路运输服务和多元化经营业务，承担安全生产、市场经营、队伍建设和国有资产保值增值的主体责任，是自主经营、自负盈亏、自担风险、自我约束、自我发展的市场主体，负责管好、用好区域内铁路和资源，实现国铁集团和铁路局集团公司发展目标。

集团公司下设 33 个运输站段、2 个运输辅助单位、3 个线路巡护所、17 个非运输企业、7 个其他单位，代管铁道战备舟桥处，设鲁南高铁、郑济铁路、综合改造 3 个工程建设指挥部，对邯济铁路、胶济客专、济南北环、中铁渤海轮渡等合资铁路公司履行出资人权责。

截至 2021 年底，集团公司营业里程 6 418.79 千米，其中高速铁路 2 338.82 千米（京沪高铁 405.42 千米、胶济客专 392.96 千米、青荣城际 337.25 千米、济青高铁 311.55 千米、石济客专 120.83千米、青盐铁路 199.71 千米、日兰高铁 444.04 千米、潍莱高铁 127.07 千米），电气化率和复线率分别为 95.6%和 72.5%；管辖车站 386 个（含线路所 32 个），配属动力分散型动车组 174 列 221 标准组、动力集中型动车组 4 组，机车 799 台、客车 1 472 辆。

集团公司坚持“双轮驱动、融合发展、均衡发展”，深入实施“三大举措”、推进“六个变革”，高质量推动安全、高效、智慧、文化、美丽新济铁建设。

一、以创新为引领推动非运输业高铁产业做强做优做大的背景

（一）良好的内外部发展环境为高铁产业做强做优做大创造了条件

“十三五”期间，济南局集团公司管内路网结构由“三纵四横”拓展为“四纵四横”，高速路网呈“两纵两横一环双核”格局；到“十四五”末，管内铁路营业里程将达到 7 100 千米以上，其中高铁达到 3 000 千米以上，全面构建“三环四横六纵”现代化高铁网络，形成覆盖全省的“省会环、半岛环、省际环”格局。随着高铁建设规划的实施，高铁带动的客流、信息流、资金流和产业流，为非运输业商旅服务、建筑施工、加工制造等产业发展提供了广阔的市场。

2019 年，中央经济工作会议提出，要提升产业链水平，注重利用技术创新和规模效应形成新的竞争优势，培育和发展新的产业集群，特别强调，要推动先进制造业和现代服务业深度融合，促进新技术、新组织形式、新产业集群形成和发展。近几年，国铁集团陆续提出要坚持相关多元化发展方向，延伸铁路产业链条，推动产业转型升级和创新发展，推进高铁网与互联网“双网融合”，打造高铁智慧服务体系，发展“高铁+”新兴业态、“高铁+”集成服务，高铁产业发展面临良好的政策环境。

（二）相关业务的快速发展为高铁产业做强做优做大奠定了基础

济南局集团公司所属物资工业集团、房产建设集团、工程建设集团、文旅发展集团、旅行服务公司、机务装备集团、济铁车辆公司、济铁监理公司、信息技术公司等 9 家非运输企业从事高铁产业的经营开发，涵盖商旅服务、建筑施工、加工制造、其他业务 4 大板块。

自 2011 年京沪南高铁开始运营，集团公司高铁产业从艰难起步到飞速发展，业务类别不断丰富，站车广告和站车商业覆盖集团公司各高铁站和担当的全部动车组列车，工业产品相继在高铁建设项目中中标，动车配件维修、高铁站客服维保业务量逐步攀升，业务部门、运输站段、非运输企业目标同向、优势互补、合力共为，

多要素组合、多业态协同、多部门联动推进经营开发的局面初步形成，高铁产业已成为集团公司非运输业发展潜力大、盈利能力强的朝阳产业，经营业绩快速增长，2011—2018 年营业收入年均增长率达到 175%。

（三）解决发展中的瓶颈问题为高铁产业做强做优做大提供了动力

集团公司高铁产业在发展过程中仍然存在一些问题，一是总体占比较低。2018 年，高铁产业在非运输业营业收入中仅占 8.1%，尚未成为非运输业支柱产业；非运输企业承揽的集团公司高铁相关业务占比较低，高铁站客服维保和动车组配件制作维修业务仅占 25%。二是发展不够均衡。车站商业开发介入滞后，开发基础设施不配套；加工制造产品类别不全，技术含量不高，更新换代跟不上高铁发展的速度；在高铁建设市场中处于弱势，工程施工业务尚未进入高铁建设市场；土地综合开发涉及高铁产业项目较少；高铁站客服维保技术力量薄弱，维保力量未整合到位。三是机制尚不完善。集团公司职能部门在高铁项目规划、建设和运营各阶段责任尚不明确，建设和运营全过程联动机制还不完善，高铁产业经营开发整体优势未得到充分发挥。四是专业人才匮乏。高铁产业相关企业普遍存在人员老化和结构性缺员问题，企业策划、市场营销、工程技术、信息技术等人才严重不足。五是管理方式落后。高铁产业营运机制不优，盈利模式单一，管理手段落后，人工智能、“互联网＋”、大数据等现代信息技术手段运用不足。

二、以创新为引领推动非运输业高铁产业做强做优做大的主要做法

（一）以实施方案为引领，明确高铁产业发展目标

1. 制定高铁产业经营开发方案

为进一步推动集团公司高铁产业经营开发，加大高铁资产资源开发力度，提升开发质量效益，集团公司于 2019 年 6 月印发了

《高铁产业经营开发实施方案》。《实施方案》首创铁路非运输业“高铁产业”概念，打破业务板块边界，将商旅服务、建筑施工、加工制造、其他业务 4 大板块 9 家非运输企业涉及高铁经济的站车商业、广告媒体、工程建设、工程监理、工业制造、信息技术、设备设施维保、土地综合开发等 10 余项主营业务纳入“高铁产业”范畴，创造性地按高铁建设实施规划、建设、运营 3 个阶段纵向对业务进行分类，突破以往按横向板块进行企业和业务分类，3 个阶段业务各自独立实施，又相互衔接。

2. 明确高铁产业发展思路和目标

引导非运输企业将经营重点转移到高铁相关业务，推动企业创新发展方式，实现业务转型和升级。明确高铁产业发展思路，发展优势产业、稳定传统产业、淘汰落后产业，发挥运输业与非运输业两个优势，优化管理机制，创新管理手段，推进高铁产业多元化发展，形成覆盖高铁项目规划、建设、运营各阶段的核心业务，强力推进高铁产业做实做精做强。建立 4 个发展目标，一是培育骨干企业。依托高铁资源，统筹集团公司资本、人才、技术资源，围绕商旅服务、建筑施工、加工制造、客服维保业务，培育具有强大发展潜力的骨干企业。二是打造知名品牌。实施品牌战略，创建一批资质全、等级高、实力强的优质服务品牌和产品品牌，全面提升企业知名度和产品竞争力。三是培养过硬队伍。以创新人才使用机制为重点，培养人才、留住人才、引进人才，按照现代企业要求建立经营管理团队，培育一支高素质的高铁产业经营管理队伍。四是创造一流效益。全面提升经营质量，到 2025 年，高铁产业达到营业收入 50 亿元、毛利 15 亿元。

(二)突出各阶段经营开发重点，放大高铁产业关联效应

1. 高铁规划阶段，以土地综合开发和承揽高铁建设项目为重点

以高铁建设项目、涉铁工程、高铁沿线土地综合开发为目标市场，加强项目规划研究，加快项目市场化推进，提高规范管理水平，提高市场占有率。一是突破重点开发项目。结合新建高铁项目实

施沿线土地综合开发，与地方政府对接落实规划条件，多元化筹集征地资金，科学论证、合理规划，研究编制开发方案，重点开发高铁快运、城市物流、仓储配送、房地产以及商业综合体等项目。二是提高施工资质能力。与具备铁路工程施工总承包特级资质的企业联合承担高铁项目施工任务，积累高铁建设项目施工业绩，打造具备铁路工程施工总承包特级资质、房建工程施工总承包特级资质的一流工程建筑企业。三是提升监理服务质量。以提高监理服务质量、提升施工企业施工组织及管理能力为重点，承揽高铁和城际铁路施工和监理业务，打造具备监理咨询综合甲级资质的一流工程监理企业。

2.高铁建设阶段，以工业产品研发销售为重点

发挥局属工业企业品牌、资源、市场优势，以高铁设备设施市场需求为导向，以科技驱动发展，实行产研结合，提升产品研发和创新能力，推动既有产品升级换代，不断引入新项目。一是推动既有产品升级换代。紧跟高铁技术发展动态，掌握新建高铁规划建设进度，推进升级研发，提升既有产品技术性能和可靠性，降低生产成本，在物资采购招标中抢得先机，提高市场占有率；根据集团公司配属车型的变化，及时调整既有产品和项目，确保技术、设备、人员、场地等条件符合生产维修要求；在满足集团公司内部市场需求的同时，积极拓展外部市场。二是推动新产品研发推广。拓展提速、高速产品，探索多种合作开发模式，与铁科院等科研院所和相关企业开展产品研发、项目开发和资本合作，促进科技成果转化，推动新标准产品研发。三是建设集团公司高铁装备制造基地。争取国家和省、市政策支持，利用集团公司既有土地和设施以及沿线综合开发用地，打造集科研、制造、服务、市场为一体的发展平台，集中高铁产业优势，形成集群效应。四是延伸建设业务链条。利用专业人员、管理和渠道优势，积极参与新建高铁项目基建物资采购招标，扩大销售规模；具备全面承揽集团公司管内测量业务的能力，开展高铁线路的精测、精调、复测、CP3 布设等高铁测量业务，打造具备测绘甲级资质的一流测绘企业。

3. 高铁运营阶段，以商旅服务和维修维保业务为重点

以“互联网＋”为支撑，深度开发站车商旅服务，实现商旅服务创新发展。一是推进新建高铁车站商业广告开发。精心制定商业布局和广告开发规划方案，实现车站商业广告全覆盖，将高铁车站打造成为集商旅、购物、餐饮、休闲为一体的综合服务设施。二是推进高铁列车商业广告开发。以规范化服务为基础，运用互联网平台数据分析，挖掘旅客市场需求，实现从“规范化服务”到“个性化服务”提升，推动广告产品升级转型，实现高铁商业广告营销模式不断创新。三是延伸商旅服务业务链条。按照“配餐基地＋配送点”的模式，开展配餐基地和配餐点布局研究，形成覆盖全部动车组列车的配餐网络和集原料商品集采集供、半成品集约加工、中式快餐工厂化生产、温控物流配送、中式快餐销售为一体的一流配餐服务企业。四是推动旅游业转型发展。依托高铁客运站车资源优势，抓住客运提质计划和胶济线运能释放发展机遇，构建高铁散客旅游服务接待网络，引导旅客变游客；发挥 12306 网络优势，加大旅游促销力度，做大高铁旅游业务。五是高铁站广告商业开发提前介入。高铁规划阶段参与审核高铁站广告商业整体布局，确认布局方案、消防评审、物业条件等是否满足经营开发需要；高铁建设阶段检查商业、广告开发所需物业工程条件及配套设备设施落实情况。

按照“统一化管理、专业化维保、市场化运作”要求，支持非运输企业开展设备设施维保和物业维保，提升设备设施运营质量，节约维修保养成本，保障高铁运营安全。一是拓展动车配件生产检修业务。积极推进动车配件新产品和新项目研发，具备自主生产和维修能力，降低运输业采购和维修成本。二是拓展高铁站客服维保业务。按照专业化经营、一体化管理、规模化发展原则，整合客服维保内部资源，建立运维一体化管理机制，扩大业务范围，提高维保质量。三是拓展信息工程承揽业务。支持非运输企业承揽高铁车站信息系统集成、信息技术服务、专业设备供应调试等项目，提高管内高铁信息工程市场份额，积累业绩，提升资质，培育综合性轨道交通信息企业。

（三）制定各项保障措施，压实部门站段企业分工责任

1. 落实分工责任

集团公司对高铁经营资源、重点项目实行一体化管理，各部门履行好专业管理职能，承担统一运用本部门资源发展高铁产业的职责；运输站段发挥资源优势，对非运输企业承揽业务、开拓市场提供支持，将高铁资源优势充分转化为效益；非运输企业提高服务能力和承揽高铁业务能力，增加竞争优势。

2. 实行清单目录管理

建立集团公司高铁产品清单目录和高铁设施设备维修、站车商业、广告开发及客服维保、建设施工、土地综合开发项目库，将高铁产品和项目全部纳入清单目录和项目库管理。

3. 完善管理制度

建立常态化高铁资产资源摸底调查，运用分析评价和资源共享机制，全面掌握高铁资产资源底数；围绕高铁产品清单目录和高铁项目库，修订完善现有制度办法，为高铁产业发展提供制度保障；研究采取规划阶段设计采用，建设阶段定向采购、优先采购，运营阶段委托维保等方式，积极支持非运输企业规范承揽高铁相关业务。

4. 提升研发水平

集团公司统筹安排，非运输企业加大投入，优先保证高铁产业设备设施投入；持续开展产研合作，引进先进技术，培养高铁相关专业技术人才，增强自主创新能力，提高自主研发水平。

5. 创新发展方式

通过股权转让、增资扩股、股权合作等方式，探索高铁车站土地综合开发模式，引入知名房地产开发企业共同参与开发；建立融资平台，充分发挥铁路品牌优势，多渠道、多方式融资，为高铁产业发展提供资金保障；采取技术合作方式引入先进技术和先进管理经验，实现高铁产业技术创新。

6. 提升管理品质

实行统一品牌发展战略，建立完善高铁品牌培育和管理机制。打造“多彩旅程”“济铁工程”“济铁房建”“济铁监理”等品牌推广到

高铁建设运营市场；以建立经营管理队伍、专业技术人才队伍及高技能人才队伍为重点，着力培养高铁产业技术骨干、经营人才、营销人才，建立一支数量充足、满足高铁产业发展需要的人才队伍。

三、以创新为引领推动非运输业高铁产业做强做优做大的效果

(一)带动非运输业经营效益快速提高

《高铁产业经营开发实施方案》实施3年来，对高铁产业相关非运输业优化管理机制，创新管理手段，发展优势产业，提高经济效益，推进高铁产业多元化发展起到了积极的推动作用，覆盖高铁项目规划、建设、运营各阶段的核心业务基本形成。在一度不利的影响下，高铁产业逆势上扬，2019年至2021年经营收入年均增长率6%，毛利年均增长率22%，经营质量得到明显提升；通过方案实施，以创新为引领，有效带动了非运输业经营管理机制更加完善，资源配置更加优化，创效新动能不断培育，创效能力快速提升，2021年非运输业完成营业收入211亿元，较2019年增长14%，实现利润18.5亿元，较2019年增长23%，位列全路前列。

(二)推动各阶段资产经营项目开发

1.积极开发土地综合开发和高铁建设项目

充分发挥铁路在高铁建设、涉铁工程、高铁沿线土地综合开发等方面的优势，加强战略合作和协同联动，积极拓展设计、施工、监理业务，提升市场竞争能力，不断扩大建筑施工市场份额。一是贯彻落实国铁集团土地综合开发要求，充分利用国家、地方支持铁路土地综合开发相关政策，按照成熟一块、开发一块的原则，加快推进高铁沿线土地综合开发项目创效。南苑颐康新居和莱芜雅致檀香湾项目完成交付，章丘熙水台花园项目开盘销售，实施经纬嘉园、淄博南广场等公租房建设；黄台货场林场、淄博站南广场项目完成土地处置，济铁发展大厦完成初步方案设计，泰安站区、临淄货场、日照地区等既有闲置土地开发前期工作正在推进；实施土地“轻开发”，皂村林场种植苗木20余种1.3万棵、育苗3万株，黄河

渔场建成5个冬暖式蔬菜大棚，土地资源增值保值成效凸显。二是发挥集团公司建设管理综合优势，坚持设计、施工、监理一体化运作，完善市场信息跟踪和开发机制，积极承揽涉铁项目。完成郓城电厂等专用线、济宁市G327改建穿越京沪铁路等立交桥，董家口疏港铁路扩能、岚桥港疏港铁路、济南市蓝翔路下穿立交桥等重点工程项目；承揽鲁南高铁曲阜至菏泽段、鲁南高铁菏泽至兰考段（山东段）、济莱高铁、莱西至荣成高铁、济南轨道交通工程等监理业务；与山东高速路桥集团、中国铁设等集团开展战略合作，在EPC总承包项目合作方面实现突破，提升勘察设计咨询及施工管理水平；推进项目部制管理和标准化建设，创建“济铁工程”“济铁监理”“济铁设计”精品项目。深化与山东高速集团战略合作，工程集团要在上跨立交桥合作建设方面实现突破，监理、设计公司要加强铁路专用线设计施工总承包、全过程咨询和工程代建等业务开发。三是提升营业线施工管理水平，增强安全管控能力，着力创建“济铁工程”“济铁监理”“济铁设计”品牌工程，实现设计、施工、监理、监测、保险、土地等相关非运输业务全流程开发、一体化发展，提升整体经营效益。

2. 大力拓展工业产品市场

以优化产业布局、优化产品结构、推动成果转化、推广占领市场“两优两推”为重点，落实国铁集团铁路制造维修产业发展布局规划，按照“成熟一个、推进一个”的原则，加快合资、产研合作项目落地。一是加快枣园和桑梓店铁路制造基地建设，推动工业制造产业转型升级。枣园铁路制造基地已于2022年6月底建成投产，桥梁支座、金属声屏障等高铁产品即将落地见效；桑梓店高铁绿色产业园规划纳入山东省“双招双引”重点项目，正在积极推进前期工作，项目建成后引入先进数字信号电缆生产设备，扩大电缆生产规模。二是提升创新和技术能力，推动工业制造企业转型升级。紧盯路内高铁市场，坚持技术、资本、市场互动融合，与铁科院、中国铁设等科研单位合作推动11项技术成果转化，推进新产品落地创效。与中国铁设合资生产的简统化接触网已完成试挂评审，正在申请 CRCC 认证；与铁科院合作完成铁路隧道防排水板、高铁站台门等新产品研发，铁路隧道防排水板已在川藏铁路、西延铁路等新建铁路项目中标，高铁站台门已在雄安站、北京南站成功安装。三是积极推广高铁产品，推进工业产品结构转型升级。深耕既有工业产品高铁建设市场，2019 年至 2021 年，桥梁支座、信号电缆、贯通地线、电源屏等产品在鲁南高铁、潍莱高铁、郑济高铁、汕汕铁路、怀邵衡铁路等新建铁路项目中累计中标 14 亿元；高铁产品收入 11.2 亿元，占工业产品收入的 56%。四是拓展高铁建设延伸项目，业务规模迅速扩大。2019 年与中国铁设合资成立测量公司，积极承揽高铁轨道精调、水准网复测、沉降观测等测量业务，拓展局内外测量业务市场，收入由 2019 年 3 048 万元增长至 2021 年 5 611 万元，年均增长率 36%。

3.创新发展商旅服务和维修维保业务

深度挖掘高铁站车商业资源，加快项目建设，完善网点布局，提升经营品质。一是优化商业布局。引进新兴业态，盘活闲置资源，完成济青高铁、青盐铁路、鲁南高铁、潍莱高铁等新建高铁车站商业招商，推进济南西站城市通廊、潍坊站南站房、泰安北配楼等新资源商业开发，济南、青岛、济南西、烟台南、淄博北等客站售票厅商业等闲置资源开发；提升自营品牌影响力，丰富自营店商品种类，引入自助设备，建设“多彩乐享”自助专区；建成青岛、烟台、济南东、济南西等 7 个站点“站到站”高铁捎脚快递运输项目，打造“站到站、点对点、门到门”定制化服务；推动高铁广告媒体深度开发。二是推进新线媒体建设和闲置媒体招商。完成济青高铁、青盐铁路、鲁南高铁等新建铁路车站 14 000 平方米广告灯箱媒体建设，实现年合同额 1 500 万元。研发裸眼 3D 可视媒体、智慧 LED 广告屏、旋转 LED 广告屏、车站多功能落地灯箱等科技智能媒体及高端广告媒体，建设车站大屏远程换刊系统，完善广告媒体 BIM 管理系统，开通济南西、青岛北、日照西、临沂北、曲阜东等高铁13站商旅服务通道，推出“大客户预约制全流程服务”产品，与济南遥墙机场联合推出“空铁至尊卡”商旅贵宾卡、与交运集团联合推出“公铁联运卡”等联运服务产品。三是深挖高铁餐售市场潜力。创新研发10余种“单品小碗菜”，在济南西、青岛北等车站推进“热链餐”“悦心早餐”项目，在动车组试点安装自助烹饪设备，满足旅客多样化需求。四是推进“互联网＋”服务。高铁扶手二维码点餐、12306订餐配送、“多彩e购”网上商城、网络直播等新营销方式陆续上线，拓宽营销渠道。五是推动旅游业升级转型。与省内各地市文旅局深度合作，推出“高铁环游齐鲁”项目，推动“互联网＋铁路旅游＋酒店”业务；依托高铁资源，开发文旅大康养，深度开发袁洪峪度假村。

优化维修维保业务管理架构，改进工艺流程、作业程序，逐步扩大高铁市场份额，提升盈利水平。一是拓展机车车辆维修资质。构建以物资工业集团为主，机务、车辆公司为辅的工业制修模式，取得电子插板插件设备维保、动车组闸片检修业务、动车组座椅运用检修等资质，以动车维修业务带动机车客车维修业务发展，扩大自轮运转设备、HXD_3系列机车制动系统C4修、和谐型机车空压机和空调C4修资质，机辆配件制修资质不断拓展，维修品类不断增加。二是拓展高铁车站客服维保市场规模。整合全局信息技术人才和市场资源，实行局内信息系统建设维护和车站客服设备维保一体化、专业化、集约化经营。随着高铁新线的开通和既有高铁站客服维保设备品类的不断增加，客服维保业务收入由2019年的3 900万元增长至2021年的5 488万元，年均增长19%。

（三）促进非运输企业提升管理水平

1.促进非运输企业加快构建现代企业法人治理结构

制定集团公司《关于理顺非运输企业法人治理结构的意见》（济铁经开〔2020〕190号），公布非运输企业法人治理结构设置方案，17家非运输企业实现董事会应建尽建、配齐建强，董事会中外部董事占多数；明确法人治理主体权责，依法行使股东权利和发挥董事作用，履行出资人职责，推进管理由“管资产”向“管资本”转变，规范“三会一层”运作，形成各司其职、各负其责、协调运转、有效制衡的法人治理结构，使企业真正成为依法经营、自负盈亏、自担风险、自我约束、自我发展的独立市场主体。

2. 促进非运输企业资源优化配置

按照专业化、规模化、集约化原则，深入推进非运输企业战略性重组和整合，以拓展服务链、延伸产业链、提升价值链为重点，将优势资源向优势企业集聚，资本布局和产业结构不断优化调整。实行土地综合开发与房建单位分离，组建房产建设集团公司，加快推进土地综合开发市场化运作；为适应高铁客流和自驾游、网络化订房特点，实施酒店业资源重组整合，10 家单体酒店整合重组设立山东济铁酒店管理有限责任公司，统一品牌、统一标准、统一服务，网络化、连锁化、专业化经营格局逐步显现；将印刷、汽贸业务调整划归文化传媒集团，实现了广告与印刷、旅游与汽车业务的融合发展；为做强做优做大工业制造板块，布局投资建设枣园、桑梓店两大高铁装备制造基地；将袁洪峪会议中心由酒店公司划归文旅发展集团，打造文旅产业现代康养基地。

开展股权投资合资合作，引进技术合资合作，物资工业集团参股与中国铁设飞泰科技公司组建铁设（济南）电气设备有限公司，生产简统化接触网装备；引进管理合资合作，房建集团参股与中航物业合资设立高铁物业公司，开展物业保洁业务；拓展市场合资合作，物资工业集团控股与中国铁设合资合作组建的测量公司，拓展管内测量业务；文旅发展集团与淄博市政府合作控股设立淄博传奇文旅发展有限公司，开发高铁游、公益慢火车、铁路沿线民宿文化旅游产业。

3. 促进非运输企业业务流程再造和组织架构优化

随着高铁产业不断发展，非运输业新业态、新模式不断涌现，既有业务管理模式不再完全适用市场化经营需要。非运输企业纷纷根据市场特点和业务模式，实施业务流程再造，倒逼内部机构管理模式创新。集团公司按照应放尽放的原则，确立了“集团公司管总、企业管设”的管理模式，集团公司对一级非运输企业管理人员总量和本部内设机构实行审批，除领导班子以外的人员一律取消干部工人界限，实行岗位管理。子分公司等生产经营机构的设立由非运输企业结合市场拓展、业务管理和项目开发施行动态设置，较好地调动了非运输企业积极性。

4.促进非运输企业健全完善适应市场化经营的制度建设体系

非运输企业以建立健全产权清晰、权责明确、政企分开、管理科学的现代企业制度为方向，构建以公司章程为根本的企业法人治理制度体系。建立完善党委会、董事会、总经理办公会议事规则、重大决策法律论证、专职董事监事履职管理、外部董事管理、落实“党建入章”等制度办法，确保各层级公司治理规范有序；建立“1＋14”经营开发领域制度体系，确保高铁产业经营健康发展。

5.促进资产资本化股权化证券化步伐加快推进

为贯彻落实国铁企业改革三年行动要求，推动高铁相关产业高质量发展，探索在非运输领域通过投资入股、增资扩股、战略合作等方式引入社会资本，推进资产资本化股权化证券化，2020 年集团公司选择工业板块瑞通电务公司进行股改上市研究，以推进瑞通电务公司股份制改造为契机，优化工业布局，推动资产资本化股权化证券化加快落地实施；依托集团公司资产资源优势，以市场为导向，以华锐、瑞通公司为核心打造章丘枣园、桑梓店两大高铁装备制造基地，推进工业制造转型升级，通过瑞通公司股份制改造，瞄准上市打造新三板企业，激发经营活力，放大国铁资本，建设现代企业，为非运输企业改革发展打标立样，做强做优做大非运输业。股改方案已经国铁集团经营开发领导小组审议，近期将提交党组研究、总经理办公会决定。

（成果创造人：王岳峰　崔滕腾　李南华　刘　超　李　昂
石业发　刘　颖　关利军　辛　岩）

基于铁路“货运增量”行动的管理创新与实践

中国铁路兰州局集团有限公司货运部

兰州局集团公司是中国国家铁路集团有限公司管理的大型铁路运输企业之一。经过60年的发展，现已成为西北地区最大的交通运输企业之一，形成了以兰州为枢纽，宝兰高铁、兰新客专、银西高铁、陇海、兰新、兰渝、兰青、包兰、宝中、太中银、敦煌等16条干线和其他4条支线铁路为辐射的西北铁路基本框架。集团公司位于全国铁路网西部东端，营业里程6 052公里，东连西安，西通乌鲁木齐，南接西宁，北往银川，连接甘、宁、青、新、蒙、陕、川7省（区），是西北交通运输和经济建设的大动脉，是亚欧大陆桥在我国境内的重要区段。营业范围包括客货运输、商贸、旅游广告、工业修建、房地产等多种业务，主要担当煤炭、石油、矿产、钢铁、水泥、粮食、盐、化肥、化工产品等物资的运输任务，经济吸引区包括川、甘、青、宁四省（区）及新疆、内蒙古、西藏部分地区，达160万平方公里。集团公司管辖机关行政管理职能机构26个、生产机构1个、附属机构25个、派驻机构2个，基层单位53个，现有干部职工8万余人，资产总额4 381亿元，有力服务地方经济社会的发展。

一、基于铁路货运增量行动的管理创新与实践的实施背景

为贯彻落实中央关于调整运输结构、增加铁路运输量的决策部署，《2018—2020年货运增量行动方案》进一步提升运输能力，降低物流成本，优化产品供给，到2020年，全国铁路货运量达到47.9亿吨，较2017年增长30%。兰州局集团公司相应制定了《货运增量行动方案》目标，2018—2020三年发送量增加538万吨，

2021 年完成 8 186 万吨，同比增加 286 万吨。2022 年国铁集团下达任务发送量 8 310 万吨，年度货源调查 7 910 万吨，缺口 400 万吨。

(一)基于铁路货运增量行动的管理创新与实践实施的必要性

(1)铁路“货运增量”行动管理创新是新时代贯彻发展新理念，推进运输供给侧结构性改革发展，落实“交通强国，铁路先行”重要任务的需要。

(2)铁路“货运增量”行动管理创新是铁路自我变革，优化货运组织，增强内生动力，提升市场活力的需要。

(3)铁路“货运增量”行动管理创新是发挥铁路运输骨干作用，服务于黄河流域高质量发展和西部大开发战略的需要。

(4)铁路“货运增量”行动管理创新是实施国铁集团和兰州集团公司“十四五”规划，聚力打造平安兰铁、创新兰铁、智慧兰铁的需要。

(二)基于铁路货运增量行动的管理创新与实践实施的支撑条件

货运部是兰州局集团公司货运管理机构，主要负责铁路货运发展规划、制度建设、安全生产、经营策略、市场分析、产品开发、保价运输、运条运价、服务质量以及重点物资运输、专用线(专用铁路)接轨和自备车过轨运输等货运专业管理。

1. 机构设置

货运部下设货运管理、货运价格管理、装卸管理、安全质量、运力配置和综合分析 6 个职能科室，定员 32 人、现员 32 人，设附属机构“货运受理服务中心”，内设营销、保价、客服、物流服务、物流建设 5 个科室，定员 26 人、现员 23 人。

兰州局集团公司货运站段采用货运中心模式，在甘肃、宁夏分别设兰州、银川两个货运中心，并管理兰州北、天水、迎水桥 3 站及武威南、嘉峪关车务段货检业务。货运中心内设综合管理、货运业务、安全生产、职工教育、营销策划、市场开发、信息技术、劳动人事、财务收入、党委办公室 10 个部室，下设调度指挥中心、装卸设备检修所2个生产辅助机构，下辖36个货运营业部（兰州25个、银川11个）、89个货运营业室（兰州62个、银川27个）。

2.人员概况

截至2021年10月底，两个货运中心在册职工3 732人（兰州2 535人、银川1 197人），在岗3 662人（兰州2 487人、银川1 175人），其中：管理岗位382人（兰州251人、银川131人）、生产岗位3 250人（兰州2 222人、银川1 028人）、服务人员30人（兰州14人、银川16人），现有货运工种主要有货装值班员、货运调度员、货运员、装卸司机、电动起重机司机5大类。

3.营业里程和场站

截至2021年10月底，兰州局集团公司共有货运营业线路22条4 340公里（国铁2 774公里、合资铁路1 566公里），涉及甘肃、宁夏等6省区，其中：甘肃3 139公里、宁夏1 002公里、内蒙古88.2公里、陕西73.5公里、四川36.0公里、青海1.5公里，合计货运营业里程4 340公里。

全局现有货运办理站119个（兰州86个、银川33个），其中危险货物办理站39个（兰州26个、银川13个），混装货物办理站2个（兰州北、西固城）；货场66个（兰州50个、银川16个）；接轨专用线和专用铁路224条（兰州156条、银川68条），其中专用铁路24条（兰州19条、银川5条）；集装箱办理站点154个（兰州103个、银川51个）。

4.货运设备

全局共有计量检测设备、装卸设备及接取送达车辆1 189台，其中：

(1)计量检测设备380台，其中：动态轨道衡64台、超偏载检测装置18台、轮重测定仪29台、汽车衡72台、专用线辅助交接系统30套、货车电子预检系统34套、装载机电子秤133台。

(2)装卸设备648台，其中：门吊34台、集装箱正面吊32台、堆垛机1台、汽车吊12台、轮胎吊2台、装载机133台、扒料机14台、皮带机114台、内燃叉车208台、电瓶叉车79台、牵引搬运车19台。

(3)接取送达车辆157台,其中:江铃牌轻型货车53辆、欧曼雾炮车28辆、红岩重型货车50辆、红岩牵引车24辆、欧曼普通货车2辆。目前,在用车辆102辆(兰州70辆、银川32辆),接取送达司机64人(兰州54人、银川10人),闲置车辆55辆(兰州36辆、银川19辆)。

二、基于铁路货运增量行动的管理创新与实践的主要做法

(一)总体目标

完成2018—2020年累计增量目标920万吨,2021年货物发送量7 900万吨,2022年度货运底线目标8 310万吨。

(二)战略选择与策划

1. 战略选择

构建SWOT-AHP分析模型。根据甘宁两区域铁路货运发展的内外部环境分析,构建SWOT-AHP分析模型,从定性和定量角度分析影响甘宁两区域铁路货运增量的因素,并根据SWOT四边形进行战略选择。

在确定影响因素后,进一步对不同层次影响因素的相对重要性进行量化评价。课题组应用1～9标度法,并通过与铁路运输企业相关负责人、兰州交通大学交通运输学院教授及地方物流企业多次探讨与修改,对各层次各因素两两比较,整理得到SWOT的判断矩阵(A)、内部优势组判断矩阵(S)、内部劣势组判断矩阵(W)、外部机会组判断矩阵(O)、外部威胁组判断矩阵(T)。

2. 创新策划

(1)为货运客户画像

基于RFM模型对铁路货运客户进行细分(该技术已申请国家发明专利并进入实审阶段)。首先对收集到的数据进行预处理,将所有客户分为大宗稳定客户和零散白货客户,利用SPSS软件对处理后的数据表中的各个变量进行评分,并计算每个客户的综合RFM值,在此基础上进行细分,分析每类客户的行为特征和价

值；接着针对客户细分的结果，以黄金客户、重要挽留客户、潜在客户三种具有代表性的客户为例，描绘用户画像，对用户标签化，识别不同客户的特点，深入全面分析客户需求；最后针对这三种客户，结合 4P、4C 的营销理论提出具有针对性的服务策略，为铁路企业提供客户细分的依据。

(2)客户关系评价体系构建

运用大数据技术手段采集分析用户信息要素；运用 MR、数据挖掘、UE 等技术手段，对目标客户运输需求多少、时间分布、去向分布、时效敏感性、运输质量敏感性、价格敏感性等要素进行多维分析与对比，全面、准确识别客户诉求；根据 RFM 模型建立评价体系。根据 2020 年兰州局集团公司货票相关信息，提取发货人在这一年度的发运量信息，2020 年兰州局集团公司对客户共有1 300余家进行画像，筛选出重点企业，作为大宗物资运输协议签订客户。

评价对象。将通过铁路发运货物的客户全部纳入评价，包括生产型企业，物流企业，商贸企业，政府事业单位，铁路生产、建设单位，其他客户。

评价依据。甘肃、宁夏两省区工(经)信委提供的重点企业客户名单及各地、市重点企业名单；与铁路签订《战略合作协议》的客户以及协议中确定的运量；签订《煤炭中长期合同》的客户以及合同中约定的运量；客户历年铁路发运量及变化趋势，阶段性、季节性以及月度均衡发运情况；生产企业年度铁路发运量占产品总发运量的比例；客户与铁路相互合作的程度，参与铁路货源调查、经营工作情况；客户诚信记录。

评价方法。被评价客户基础分为 60 分，根据客户评价数据，由计算机进行分值排名，每年评价一次，具体加减分权重为：①甘肃、宁夏两省区重点企业加 5 分，各地、市重点企业加 2 分(以铁路局收到地方政府函件为准)。②与铁路及电厂签订三方《煤炭中长期合同》的客户加 5 分；合同约定运量以 20 万吨运量为基点，每增加 10 万吨加 2 分，最多加 20 分。③与铁路签订《战略合作协议》的客户加 5 分；协议约定互保运量以 50 万吨运量为基点，每增加

10万吨加2分，最多加20分。④铁路年运量同比增加的客户每年加2分，连续3年实现增长的客户再加5分。⑤客户年度淡季（5～8月）发送量占全年比重达到30%加5分，每增加5个百分点再加2分。⑥客户年度内连续12个月通过铁路发运的加6分，连续发运10个月的加4分，连续发运8个月的加2分。⑦生产企业年度铁路发运量占总发运量比重，以50%为基点，每增加（减少）10个百分点加（减）2分。⑧配合铁路货源调查、参加路企座谈会等活动，能够为铁路运输出谋划策，提出建议和意见的客户加5分。⑨长期或恶意拖欠铁路相关费用减10分。⑩泄漏铁路运输生产经营重要机密、信息，产生不良后果的减10分。⑪客户违反铁路运输安全规定和运输合同相关约定，发生安全事故的减5分。⑫无理上访，围堵货场等影响铁路正常运输秩序，以及在公众媒体发布不实负面消息的减10分。

客户分级标准。按以上评价方法，将铁路客户分为七个等级，分值大于100分（含）的为一级客户，90分（含）至100（不含）分为二级客户，80分（含）至90分（不含）为三级客户，70分（含）至80分（不含）为四级客户，60分（含）至70分（不含）为五级客户，50分（含）至60分（不含）为六级客户，低于50分（不含）为七级客户。

客户评价机制的应用。①在运力配置方面，根据评价的七个等级，分别对应100、95、90、85、80、70、60分的分值，纳入货运日班计划自动审批系统方案设置。②在货运营销方面，按照客户的分级开展重点营销工作，在分级靠前的客户中选定70家，派驻企代表，参与客户生产及物流运输组织，为客户提供优质铁路服务。③根据客户分级不同，在运输方案制定、直达列车组织、运输价格浮动、承兑汇票结算、装载加固方案、装卸机械调配等方面享受不同的优先权和优惠权。

（三）实施过程

1. 紧盯任务目标，强化过程管控，逐级压实货运增量责任

（1）强化形势任务宣传。结合“奋进新征程、喜迎二十大”主题

宣讲，广泛开展货运经营形势任务宣讲，引导广大干部职工认清形势，明确目标，牢固树立货运经营指标的完成事关国家能源供应安全、经济社会发展稳定，事关国家稳经济、稳大盘政策的落地见效，事关全路货运增运增收、"四保"任务目标的实现，也事关集团公司年度经营目标的实现，更事关全局 8 万职工的切身利益，努力将全员的思想和行动统一到货运增运增收大会战攻坚战中，以时不我待、只争朝夕的紧迫感和使命感抓实抓细各项具体工作，凝聚增运增收强大合力。

(2)全面开展企业走访。坚持"市场跑起来、信息报上来、客户常往来"的营销策略，密切关注市场变化和装车波动情况，按照"有变化必分析、有波动必对接"和"底数清、情况明"的工作要求，先后开展三轮次的市场大营销、企业大走访活动，不间断开展企业对接，不间断挖掘有效信息，不间断解决实际问题，进一步扩大了有效供给、历练了营销队伍、推动了合作共赢。

(3)细化分解任务目标。坚持目标导向，年初将年度货物发送量 8 310 万吨、货运收入 142.97 亿元、集装箱 1 680 万吨等主要经营指标，在综合考虑 2022 年管内刚性减量和增量，以及各单位 2021 年实际完成情况后，及时科学地将任务分劈至各货运中心和车务站段，细化到车间班组；同时，按照国铁集团和集团公司"四保"要求，自我加压确定了全年货物发送量 9 134 万吨目标，同步调整了各单位"四保"任务目标，配套研究了货运增运上量专项考核办法；通过层层分劈指标，逐级压实责任，形成日保旬、旬保月、月保季、季保年的增运氛围，为实现年度任务指标奠定了坚实的基础。

(4)扎实推进阶段工作。认真落实兰州局集团公司"开局就是决战、起步就是冲刺"等决策部署，先后开展了首月首季"开门红"、春运春节装车竞赛、"装车 18 万、卸车 20 万"货运增量、时间任务"双过半"、保障物流畅通促进产业链供应链稳定等活动，6 月份又相继启动"四保"大会战攻坚战和下半年电煤保供专项行动，先后印发了《兰州局保障物流畅通促进产业链供应链稳定工作方案》

（兰铁货函〔2022〕145号）、《兰州局落实“四保”任务目标全力推进货运增运增收大会战攻坚战落实措施》（兰铁货函〔2022〕186号）、《兰州局2022年下半电煤保供专项行动方案》（兰铁货函〔2022〕198号），进一步明确各部门、各单位职责，确定了阶段重点工作，实施动态跟踪、分析、通报、对话制度，持续传递经营压力，确保各阶段重点工作有效落地。

2.把握市场需求，主动应对变化，抓实精准营销

（1）构建新型客户关系。坚持“盯大户、稳大宗”策略，从增强路企黏性、扩大有效供给、提升服务品质、构建共赢关系等多方面入手，与116家企业签订大宗物资运输协议，锁定基础运量6 600万吨，建立路企高层适时会商、中层定期互动、基层常态对接等工作机制，兑现“淡季运量保旺季运力”承诺，形成共赢发展新格局。上半年116家重点企业完成协议运量4 190万吨，协议兑现率达到128.0%，占总运量的87.8%。

（2）推动重点项目落地。坚持把“公转铁”运输作为实现货运增量目标的重点工作来抓，年初研究确定了22个新增运量项目和16个“公转铁”项目，锁定增量货源680万吨。为确保项目及时启动，兰州局货运部严格按照项目制、板块化模式组织推进，分项目、分板块成立攻关团队，确定了包保领导和责任人，明确了增量目标，每周分析经营效益，每月通报进展情况，适时组织联合攻关，通过不断强化过程管控，压实了抓营销、保增量的责任。上半年22个新增运量项目和16个“公转铁”项目实现增量468万吨，

（3）保障重点物资运输。坚持敞开受理、有请必装，优先装车、优先挂运原则，以电煤、防疫生活等物资运输为重点，建立专门装、卸车台账，每日盯控分析，及时配齐补强劳力机具，加强装卸车组织，确保重点物资快装、快卸、万无一失。上半年全局煤炭发运量同比增幅达63.2%，承接疆煤到达量同比增长18.3%，承接港口矿石到达量同比增长110.0%，在服务全路货运增运上量大局的同时，为地方经济发展作出了应有的积极贡献。

3. 抢抓难得机遇，坚持分类施策，多措并举推进增运增收

(1)全力开发议价项目。按照“跟公路竞争、覆盖可变成本、稳定供需关系”的原则，充分运用货拉拉、货车帮、无车承运人等公路运输信息平台，密切跟踪公路运输动态，时时关注港口铁运情况，定期研判货运趋势，加强营销信息的收集、分析和研究，审慎批复议价项目，努力将有效信息全部转化为实货装车。采取价格策略，优化“上浮增收、下浮保量”价格策略，衔接社会物流市场，降低物流成本，提升市场竞争力和吸引力。上半年全局开发上浮议价项目 18 项，形成运量 1 307.1 万吨；下浮议价项目 144 项，形成运量 1 303.7 万吨。

(2)疏通增运上量堵点。坚持把打通堵点、解决瓶颈、提高效率作为扩大市场份额的重要工作来推。今年以来，在路局主要领导、主管领导谋划推动下，启动了柳沟“10＋1”会战，建立了专用线建设工作机制，多次组织研究了货运经营布局，推动解决了玉门、军垦、惠农、打柴沟等一批制约增运上量的问题，加快了玉门隆晟通、甘谷电厂、华夏物流等畅通“最后一公里”的专用线建设项目，同时运输、调度、货运、机务等部门深入现场联合办公，优化运输组织、加强机车供应、解决结合部问题，大幅提升了重点站区增运上量能力。补短板强弱项，提升货运基础设施设备能力，发挥主要物流节点作用，完善物流网络，打通前后“一公里”，尽快形成运量。上半年柳沟、玉门东、绿化、平罗、梅花井 5 个站区分别增运 250 万吨、114 万吨、59 万吨、57 万吨、54 万吨。

(3)促进多式联运发展。坚持把集装箱运输作为扩大货运市场份额的战略性工作来抓，以焦炭、水泥熟料、水渣、矿粉等货物为重点，充分发挥敞顶箱运输优势，先后开发惠农至北京局集团公司焦炭、柳沟至威舍煤炭、迎水桥至成都局焦炭等敞顶箱跨局项目，紧盯敞顶箱使用效率，促进了集装箱上量。丰富货运产品，大力发展集装箱、商品汽车运输和冷链物流，满足“白货”增量需求，“白货”增量是兰州局集团公司货运增量的新引擎。融合现代物流，开发公铁、铁海、铁水及国际多式联运。发挥敞顶箱运输优势，组织

“点对点”货运产品，拓展绿色物流，提高开行质量。上半年全局完成集装箱 878.4 万吨，其中敞顶箱 378.1 万吨，同比增加 95.9 万吨，增长 34.0%。

(4)提高货运经营质量。坚持把跟进市场需求、优化价格策略作为提高经营效益的常项工作，以煤炭、集装箱、化工、焦炭等高附加值、高运价号货物为重点，在兑现“淡季运量保旺季运力”承诺的基础上，使运力向“两高一远”货源倾斜，有效拉高货物吨收入水平。优化货运组织，强化货场(专用线)、车站、调度所全面协同，协调运力资源，加强排空配空，提高装卸效率和接取送达效率。上半年，直通运量同比增加 758.6 万吨、增幅 34.1%，较管内运量增幅高出 25.7%；上浮运量同比增加 361.9 万吨，增长38.3%，较下浮运量增幅高出 34%；吨收入同比增加 15.0 元、增幅 8.8%，较全路平均增幅高出 10.6%；货运收入同比增加 22.4 亿元、增幅 34.0%，货收增幅较货发增幅高出 10.8%。

三、基于铁路货运增量行动的管理创新与实践的实施效果

近年来，兰州局集团公司货运部持续抓实管理创新与实践，并抢抓电煤保供、公路运输不畅等市场机遇，创新供给，改善服务，在全路推进货运增量行动战略中取得显著成绩。

(一)铁路与全社会关系进一步强化

一是强化了与政府部门的协同。甘宁两省区政府主要领导在兰州局集团公司提报的《物流业发展建议报告》上签署意见并指定有关部门落实，形成公转铁项目。

二是强化了与社会需求的协同。完成年度货运市场调查，完成分阶段的货源调查，为集团公司科学决策、编制运输计划、及时调整运输组织方案提供了可靠的依据。

三是强化了路企供需关系协调。2021 年与 110 家企业签订协议运量 6 200 万吨，2022 年与 116 家企业签订协议运量 6 600 万吨，实践了路企共赢。

四是强化了经营过程管控。结合市场形势先后组织制定了春

运、下半年、国庆黄金周、后四个月等关键时段货运经营方案，主要有:《2021年下半年货运增运上量细化方案》(货综函〔2021〕39号)、《兰州局2021年后四个月货运增运增收攻坚战行动方案》(兰铁货函〔2021〕302号)等，强化了稳大宗策略，深化了公转铁运输，推动了多式联运。

(二)铁路货运经营质量进一步提高

一是优质完成货运指标，2020年坚持稳货补客，实施“盯大户、稳大宗，公转铁、拓市场”策略，开发“公转铁”新项目26个，建成投用5条铁路专用线，企业协议运量兑现率达109%，敞顶箱运量同比增长183.9%，全年完成货物发送量7 839.55万吨，超预期值135.55万吨，超1.76%，货发任务兑现率排名全路第三，累计运送防疫和生活物资1.2万车、63.2万吨;开行“点对点”直达专列77列。2021年完成货物发送量8 166万吨，是2015年以来最好成绩，实现货运收入141.6亿元，是货改以来最好业绩;完成集装箱运量1 530万吨，是建局以来最高。2022年上半年完成货发4 770万吨，实现货收88.4亿元，两项指标同比增幅和任务兑现率均排在全路第1位，取得近年来最好经营业绩。

二是管理体系进一步完善，服务质量全面提升，依托95306电子商务平台，实现货运集中办理，运输效率明显提高。

三是路网作用明显发挥，借助西北铁路网区位优势，完成“公转铁”和重点物资运量，铁路特色货运助推地区经济发展。

四是推进货运市场化，大宗协议运量6 600万吨兑现率达到100%，合理发挥货运价格杠杆作用，全社会物流成本同比下降，市场竞争力持续提高。

(三)铁路绿色运输优势进一步体现

一是2021年通过大力推进增运增收，不断巩固扩大“四补”经营策略实施成效。深入开展市场调研，锁定增量目标，促进新增运量项目落实，大力拓展集装箱运输，推动增运上量。通过进一步优化货运服务质量，科学合理运用价格杠杆，促进货运增收，货运收入同比增加21%，按2020年平均利润率6.8%计算，增加利润

1.88亿元。

二是通过开展市场调查，实施多维协同下的营销策略，制定产品设计方案、价格策略方案、运力保障方案、增值服务方案、物流基地节点设置方案、多式联运方案等个性化、区域性物流方案，有利于提高铁路的整体服务水平，更好地降低社会物流成本，2021 年集团公司合计节约全社会物流成本 5.96 亿元，推动了铁路货运高质量发展，同时为“推进公转铁，打赢蓝天保卫战”作出贡献。

三是新冠疫情流行以来，兰州局集团公司货运部坚持以货补客，确保全局现金流稳定，缓解客运亏损压力，实现路局整体运营均衡发展。

（成果创造人：李建国　傅　健　周宝宪　王　军　王建国
苏建宁　于显华　马志德　严建平）

以全链条布局和一体化实施为核心的国家重点研发项目管理体系构建与实施

中车唐山机车车辆有限公司

中车唐山机车车辆有限公司(以下简称中车唐山公司)是中国中车股份有限公司核心企业,是我国轨道交通的发祥地、中国高速列车产业化基地,主要从事轨道交通装备的研发、制造、检修、服务以及工程总包、污水处理等多元化产业。中车唐山公司始终坚持创新发展,打造高端产品技术平台,形成了全系列产品谱系,包括全速度等级的动车组、城际、城轨、磁悬浮、客车产品平台,相继研制出 CRH380BL 型高速动车组、综合检测列车、复兴号系列动车组、CRH3X、时速 160 公里新型中低速磁浮、卧铺动车组、时速 400 公里跨国互联互通动车组、350 公里货运动车组、CJ 系列动车组、无接触网供电有轨电车、新一代无人驾驶地铁等 20 余种新产品。参与的京沪高速铁路工程获得“国家科技进步奖”特等奖,京津城际铁路工程获得“国家科技进步奖”一等奖;自主研制的 CJ2 时速 250 公里城际动车组,荣获中国设计奖最高奖——红星奖至尊金奖,可变编组动车组(CRH3X)荣获“中国优秀工业设计奖”金奖,新型高速卧铺动车组荣获“红星奖”金奖。面向未来中车唐山公司确定了“一商三融一品”的战略定位,以成为世界一流的数字化轨道交通装备服务型制造商为战略目标,坚定不移地走创新发展之路,通过科技创新、模式创新、自主创新实现价值链的延伸,创造绿色智能人文的轨道交通装备,创新全生命周期服务新模式,形成具有公司特色的管理、技术文化优势,向世界一流绿色、智能、人文轨道交通装备数字化服务型制造商不断迈进。

一、以全链条布局和一体化实施为核心的国家重点研发项目管理体系构建与实施的背景

（一）实现高水平科技自立自强对我国意义重大

当前，全球经济结构和竞争格局正在重塑，中国也处于向工业强国迈进的关键阶段，维护国家战略利益、推动高质量发展对科技创新的紧迫需求前所未有。以习近平同志为核心的党中央把创新摆在我国现代化建设全局的核心地位，把科技自立自强作为国家发展的战略支撑。加快科技自立自强是党和国家事业进入新发展阶段、开启全面建设社会主义现代化国家新征程的一项重大战略决策。世界各国都在加紧部署重大前沿领域科技创新，努力抢占未来科技竞争先机。深度参与并赢得新一轮科技革命和产业变革竞争是我国未来发展必须紧紧抓住的重大机遇。

（二）国家全面部署实施国家重点研发计划专项

“十三五”期间，国家科技体制改革加速推进，2014 年国务院印发了《关于深化中央财政科技计划（专项、基金等）管理改革的方案》（国发〔2014〕64 号）（以下简称《方案》），旨在解决由于顶层设计、统筹协调、分类资助方式不够完善，现有科技计划（专项、基金等）存在重复、分散、封闭、低效等现象，多头申报项目、资源配置“碎片化”等突出问题。《方案》遵循科技创新规律和经济社会发展需求，优化形成新的五大类科技计划（专项、基金等）布局体系，针对事关国计民生的重大社会公益性研究，以及事关产业核心竞争力、整体自主创新能力和国家安全的重大科学技术问题，部署国家重点研发项目。《方案》明确了改革的实施进度，提出按照整体设计、试点先行、逐步推进的原则，经过三年的改革过渡期，到 2017 年，全面完成改革。2016 年科技部与中国中车签订定向委托协议，国家重点研发计划“先进轨道交通”重点专项中的 7 项任务定向中国中车组织实施，“先进轨道交通”重点专项成为国家科技体制改革试点中的试点。

（三）中央企业要充分展示在国家重大战略中的责任担当

科技创新已成为参与国际战略博弈、促进我国产业升级、挖掘经济结构性增长潜力的关键核心要素。国有企业特别是央企，是国家战略科技力量的主力军，央企要充分发挥大国重器"顶梁柱"的作用，加强基础研究和应用基础研究，超前布局前沿技术和颠覆性技术，加强原创技术供给，打造原创技术策源地。央企要深刻把握在国家科技创新战略中的职责定位，当好国家科技创新排头兵，聚焦关键"卡脖子"难题，加快关键核心技术攻关，要从注重"点"的突破转向注重"链"和"面"协同创新，要突出从基础研究到工艺再到产品的"正向"突破，切实夯实我国产业创新基础。

中国中车以"产业报国、装备强国"为己任，坚持科技自立自强，全力推进科技创新突破，主动融入国家重大战略，全力承接国家重点研发计划战略任务部署，服务产业转型升级，这既是责任担当，也是提高自身竞争力、实现高质量发展的内在需求。"十三五"期间，中车唐山公司成功申报多项国家重点研发项目，牵头实施"轨道交通新型供电制式车辆与车载储能技术"项目、"轨道交通装备定制生产的网络协同制造集成技术研究与示范应用"项目、"轨道客车装备制造产业集聚区域网络协同制造集成技术研究与示范应用"项目等 3 个项目，牵头"时速 250 公里以上货运动车组研制""高速铁路装备本构安全技术"等 9 项课题，参与"跨国互联互通高速动车组装备与运维系统研制""中速磁浮交通系统关键系统技术研究"等课题 16 项，共获批国拨资金近 5 亿元，自筹配套资金 20 亿元，其中中车唐山公司获得国拨资金支持1.31亿元，自筹配套资金 10.75 亿元。

（四）国家重点研发项目管理面临巨大挑战

国家重点研发计划定位面向世界科技前沿、面向经济主战场、面向国家重大需求、面向人民生命健康，以国家战略目标为导向，旨在解决国家发展面临的突出瓶颈和重大核心科技问题。重点研发计划极强的战略性和引导性贯穿于项目指南编制、评审立项和组织实施全过程；项目设置具有整体性，从基础前沿、重大共性关键技术到应用示范进行全链条创新布局；注重关键节点目标考核和组织实施效果评估，使得项目具有目标定位高、研究任务重、持续时间长、成果水平高等特点，跨部门、跨行业、跨区域的协同创新趋势愈发明显。

国家重点研发计划按照重点专项、项目、课题分层次管理，项目管理单位、课题管理单位要从基础前沿、重大共性关键技术到应用示范进行全链条创新设计、一体化组织实施。中车唐山公司牵头负责的项目、课题、子课题共涉及行业内高校、科研院所、主机企业、部件供应企业、用户单位 50 余家，参研团队 200 余个，主要研究人员 3 000 余人。科技部相继发布了《国家重点研发计划管理暂行办法》（国科发资〔2017〕152 号）等 10 余项管理制度，对项目管理精细化提出更高的要求。项目组织管理中呈现项目主体复杂、参研人员众多、研究计划庞大、过程控制严格、成果交付巨量等显著特点，但项目团队相对松散、缺乏有效约束机制，给项目管理带来了巨大挑战。

（五）国家重点研发资金管理面临巨大挑战

我国的重点研发计划资金实行分级管理、分级负责，项目承担单位是项目资金管理使用的责任主体，负责项目资金的日常管理和监督工作。科学合理的资金预算管理有助于保障重点研发计划的顺利有序实施，提高资金使用效益，有利于加快科学成果转化。

国家重点研发项目专项资金体量较大，多数项目按照不低于 1∶3 的比例配套自筹经费，资金预算与支出的科学性、合理性及规范性，直接影响项目完成质量。中车唐山公司组织实施的国家重点研发计划科研任务，需要管理 200 余个团队、近 25 亿元的经费支出。目前，大部分项目单位已依据国家政策制定了经费管理制度，但是由于预算编制不科学、经费管理制度不够细化、科研人员财务管理知识欠缺等原因，项目实施过程中仍常出现以下问题：专项资金拨付不及时，经费执行率与研究进度不匹配；经费支出缺乏控制，预算调整频繁且报批手续不全；自筹经费到位率偏低，执行规范性较差。各项目参加单位缺少丰富的资金管理经验，对资金预算管理的专业性认识不足，从而给国家重点研发计划资金管理带来了巨大挑战。

二、以全链条布局和一体化实施为核心的国家重点研发项目管理体系构建与实施的主要做法

（一）建立分层管理、分工明确、高效协同的金字塔状管理架构

1. 成立项目管理专门机构

以项目为单位，由项目牵头单位会同课题承担单位，按“项目、课题、任务”三层级进行管理。为统筹做好中车唐山公司牵头实施及参与的国家重点研发项目，2016 年 10 月，中车唐山公司成立重大课题管理领导小组，公司董事长、总经理任领导小组组长，严格落实项目承担单位法人责任，总工程师任领导小组常务副组长负责项目协调推进工作。领导小组下设重大课题管理办公室，由公司科技管理部部长任办公室主任，包含 10 名全职工作人员。

中车唐山公司重大课题管理办公室在领导小组的统一指导下，以国家重点研发项目（课题）为主体，依托全链条一体化部署的创新链，切实为科研人员和创新主体提供精准服务，建立了完善高效的组织动员体系和统筹协调的科技资源配置模式，坚定推进国家重点研发计划实施，保证国家战略实现。

2. 实行“科管、技术、财务”三线管理

在领导小组的统一指导下，重大课题管理办公室实行“科管、技术、财务”三线管理。科研管理线由 6 名专职科研管理人员负责，负责组织协调推进项目实施，落实项目支撑保障条件，在项目各项管理制度的约束下组织项目实施；技术线由抽调的 4 名技术骨干负责组织，设置项目（课题）技术总师，配合项目（课题）负责人，把握项目技术路线，确定并落实项目实施方案与研究任务，监督指导各项研究任务落实；财务线由 6 名专职科研管理及抽调的 2 名兼职财务人员负责，实行科研财务双助理制度，科研管理人员熟悉政策文件、掌握科研管理规律，财务人员负责规范预算支出管理、把握经费执行进度等财务工作，协同推进项目财务管

理工作。同时，中车唐山公司在中车集团的统一指导下，组建项目咨询专家组，对项目实施进行全程跟踪，提供技术指导和咨询把关。

3. 建立金字塔状管理架构

按照项目管理统一部署，按照项目、课题、子课题三个管理层次，中车唐山公司牵头的项目下设的各课题承担单位比照同样管理架构完善课题组织管理系统，接受项目牵头单位的指导与协调，中车唐山公司主要负责各课题层面的管理工作，监管课题下各子课题的研究开展。中车唐山公司牵头的课题下设的各子课题承担单位比照同样管理架构完善课题组织管理系统，接受中车唐山公司的指导与协调，由中车唐山公司负责与项目牵头单位沟通对接，初步建立了各司其职、分工明确、高效协同的金字塔状项目组织管理架构。

(二)切实履行承担单位主体责任，健全细化管理制度

中车唐山公司严格落实项目(课题)牵头单位法人主体责任，建立有效的组织体系架构、管理制度和保障措施，指导并监督各参加单位落实各项管理要求。

1. 建立定期沟通机制，落实各项保障措施

建立重大课题管理办公室与项目负责人定期沟通的机制，深入全面掌握项目进展，加大项目实施的统筹协调力度，对关键节点实行重点管理；同时，加强各课题间、各任务间的协调与配合，提升管理专业化、集成化水平，积极创造条件为项目顺利实施提供组织保障，确保所需资金和人员等配套条件及时到位，及时协调项目推进过程中各项难题，确保项目按期高质量完成。

2. 加强制度体系建设，严肃各项要求落实

由中车唐山公司牵头，认真梳理汇总、学习研究科技部、高技术中心等上级管理部门发布的20余项管理制度，按照各项目不同执行特点，按照项目、课题两个层次，有针对性地建立覆盖项目全生命周期管理的项目执行、资金使用、科研诚信、成果转化等专项制度，提升管理规范化、精细化水平。例如，规范项目全过程管理，

制订项目人员变更、承担单位变动、目标内容调整等重大事项变更报告制度；强化对资金使用的管理与监督，及时将经费拨付至课题承担单位，规范预算调整报批、货物服务采购、相关设备资产管理等流程手续；健全科研诚信管理体系，完善内部监督约束机制、调查处理规则及奖惩制度；构建知识产权评议、申请维护、估价转化等全链条服务体系，优化成果转化利益分享机制，促进项目科技成果产业化。

（三）优化项目实施组织管理机制，统筹推进执行进度

优化以异地协同攻关重大科技任务为核心的组织管理机制，强化项目一体化组织实施。

1. 制定项目实施方案，明确研究任务接口关系

围绕项目核心目标制定项目实施方案，建立任务分解落实机制。实施方案详细拟定了技术路线图，建立了明确的课题任务接口关系，细化项目进度计划，突出关键节点与阶段目标，组织签订课题子任务书150余份，保障实施方案落实；同时充分体现科研工作迭代，实施阶段项目组依据方案统筹落实各课题任务分工与相互配合，协同推进项目整体执行，并根据实际情况动态调整实施方案，做好理论研究、技术创新、设备系统研制、应用示范等不同环节任务衔接，强化核心技术在产品或示范工程中的集成应用。

2. 建立信息共享机制，及时沟通课题实施进展

加强项目组沟通合作，建立信息交流共享机制。通过组织定期项目交流会议、不定期技术研讨、网络群即时交互等方式，及时沟通课题实施进展，反馈和协调解决出现的问题，对重大事项实行逐级报告制度。课题间共享信息数据、科研资源、关键技术、解决方案等，形成目标统一、资源共享、利益共享的科研共同体。

3. 建立风险防控机制，提前预判规避可能风险

中车唐山公司从项目整体层面建立风险预警与防控机制，从项目申报之初就充分分析和预判项目在政策、技术、知识产权、市场应用等方面的风险，并制定应对举措预案；在课题执行过程中，每季度组织各单位更新风险防控清单，识别新的风险项点并制定

风险防控预案，由重大课题管理办公室实施监控各项风险的发生。

4. 构建高效协同机制，打造良好项目执行环境

国家重点研发计划实施的项目往往体量大、任务繁多并且相对复杂，参与的主体也相对较多，因此，在管理工作中为了避免信息不对称、不及时情况而增加管理风险，在国家重点研发计划专项实施的过程中，中车唐山公司依托金字塔状管理架构，逐步探索构建纵向联通、横向联动的高效协同机制，为项目顺利实施打造良好环境。中车唐山公司明确了自身对于项目专项实施方面的职责，始终保持与项目上级主管部门进行有效协同沟通和交流，传达管理政策，反馈项目进展情况，牵头部署相关工作，实现对整个项目实施工作的高效协同引导。

申报立项阶段重大课题管理办公室发挥重要的"服务"职能，紧密跟踪学习相关国家政策和规定，旨在建设一支高素质的管理队伍，让管理人员熟悉重点专项各项流程和规章制度，保障项目申报立项。项目申报立项涉及五大流程，各个流程涉及的事项多，重大课题管理办公室建立各个环节的"服务包"，及时发送至申报人，让项目申报人清楚流程和释放大量时间，将主要精力集中在项目科学技术层面上的设计和凝练。

（四）以全链条布局为核心，全面优化研究任务部署

1. 聚焦关键技术自主创新，服务国家重大需求

国家重点研发计划具备极强的战略导向性，中车唐山公司进一步增强使命感与责任感，聚焦项目目标突破关键核心技术，确保国家战略目标的严肃性，使项目不得偏离目标或降低考核指标。

一方面，依据项目类型开展更有针对性的科学研究，基础研究类任务应侧重从重大需求中提炼并解决关键科学问题，强调发现新原理、新方法、新规律；重大共性关键技术类任务应围绕行业共性问题开展技术联合攻关，产出可转化应用的成熟技术或产品；应用示范类任务应侧重关键技术的高度集成性与辐射带动作用，为行业领域提供规模化应用技术和系统性解决方案。

另一方面，中车唐山公司重点关注当前研究与原有技术基础

的区别，突出凝练创新点，明确研究任务与核心技术增量，项目研究从自身技术问题归纳总结行业共性关键问题，充分重视技术适应性与经济性分析，提高项目成果的应用推广价值，为产业高质量发展提供有力支撑。

2. 从“前沿基础”“关键技术”到“应用示范”的全链条布局

强化前瞻性基础研究，突出重大共性关键技术，使得从基础、技术到应用示范的演进周期大大缩短、链条日趋模糊。中车唐山公司在牵头申报国家重点研发计划过程中，在实现总体目标前提下部署的课题之间实现互相衔接和补充，既要有以前沿基础为指导的研究，也有以技术研发和应用示范为目的的课题，相互之间建立合作共享机制，使科技创新链条更加灵巧，技术更新和成果转化更加快捷。同时，每个任务按照从前沿基础、关键技术到应用示范的层次均衡部署，围绕一个或若干个重大科学问题或重要科学目标，从不同阶段全链条进行研究部署，同一技术实现上设计多个不同研究路线，确保项目目标的完成，使成果转化更加快捷。

3. 从“基础研发”“成果转化”到“产业化”的全链条布局

按照国家统一部署，为了实现科技创新与经济发展的深度融合，中车唐山公司以市场需求为导向，在国家重点研发项目实施过程中注重产业链的建设，牵头申报国家重点研发计划过程中围绕产业链部署创新链，围绕创新链完善资金链，形成从基础研究、应用开发、成果转化到测试加工、产业发展的全链条。研发的上下游各阶段环环相扣，改变了各环节独立、封闭、低效的现象，解决了资源配置“碎片化”的问题。同时，结合我国轨道交通产业发展现状，通过科研任务部署和项目安排优化资源配置，针对链条上的技术薄弱环节重点攻关，以更好地实现全产业链一体化组织实施。

4. 从“企业”“高校”到“科研院所”的全链条布局

作为科技创新的主体力量，企业的角色为技术需求方，高校和科研院所为技术供给方，三者的深度融合是推进“产学研一体化”和技术创新的重要力量。中车唐山公司充分发挥中央企业优势，多领域、多层次、多维度开展科技创新，组成以国有骨干企业为核心，其他所有制企业为上下游、共同发展的先进课题研究队伍，引领带动产业发展水平整体提升；在实施过程中建立了三者的长效合作机制，并通过定期开展活动增加三者之间技术交流，实现了由原来科技体制下各阶段、各任务单独完成转变为现在的三者交叉完成、共享研究结果的深度融合机制。

（五）以一体化实施为核心，全面推进项目高效执行

1. 专业机构、牵头单位、项目负责人的组织管理一体化

中车唐山公司重大课题管理办公室作为重要中间环节，构建了专业机构、项目牵头单位和项目负责人在项目管理中上下联动的一体化组织，并通过建立健全共享信息平台，有效利用即时通信工具，实时掌握各课题的实施进展情况。中车唐山公司重大课题领导小组为项目申报选好队伍，做好对项目资源的分配与管理；项目负责人负责项目实施全过程的组织管理，确保项目按计划更好地完成。重大课题管理办公室在科技部项目管理专业机构的统一领导下，配合项目负责人共同做好对项目总体进度的管理。

2. 总体专家、咨询专家、项目团队的技术支撑一体化

科技部项目管理专业机构聘请了项目总体专家组，代表国家科技管理部门总体把控项目方向，中车唐山公司聘请了项目咨询专家组，负责项目执行过程中的咨询、指导、评估等工作，在总体专家组的指导与项目咨询专家的建议下，项目团队根据研究目标和专项指南制定技术研发路线，实现关键技术上的突破进展并及时有效地解决项目实施过程中遇到的问题。此外，定期组织专家和项目团队在专项研究方向内进行学术交流、成果汇报、项目推进情况汇报，实现总体专家组、项目咨询专家、项目团队的技术支撑一体化。

3. 技术研发、验证应用与市场需求的创新过程一体化

为实现技术研发、应用与需求的精准对接，中车唐山公司在国家重点研发项目指南的牵引下，以来自市场、国防等在国家战略方面技术需求为导向，开展有针对性的研发工作；围绕项目目标，布局基础研究、关键技术研究、示范应用不同阶段的科研任务，分阶

段有序实施，大大缩短了科研进程，提高了整体科研效率，实现了需求与研发的一体化，为国民经济和社会发展主战场提供持续性的支撑和引领。

4. 项目团队的高效协同管理一体化

协同管理是基于协同理论建立的“竞争—合作—协调”运行机制。国家重点研发计划从基础到应用的全链条设计理念，导致项目规模增大、技术含量增加、参与单位增多等情况出现，中车唐山公司在项目管理过程中针对各项目内容和侧重点的不同，在各参与方之间建立良好的交流平台，促进他们的协同与合作，改变了原来多方参与单位的简单组合、信息封闭、工作低效的现象；通过整合不同项目间的各种资源，协同团队间的人员交流，逐步实现高度信息共享，为如期顺利高效地完成专项的目标任务提供支撑。

（六）主动服务严控预算申报环节，加强自查完善预算管理

1. 打造模块化预算申报政策服务包，加强资金预算编制管理

系统梳理国家重点研发计划资金相关管理制度，如：《国务院关于改进加强中央财政科研项目和资金管理的若干意见》《国家重点研发计划资金管理办法》《关于调整国家科技计划和公益性行业科研专项经费管理办法若干规定》《国家科技计划和专项经费监督管理暂行办法》《中央财政科研项目专家咨询费管理办法》等 10 余项经费管理制度，对照国家重点研发计划预算申报书预算科目，分科目摘录预算申报相关管理规定，尽量避免不合规预算项点出现；根据项目实施特点，制定标准化预算描述模板及允许使用的预算项点范围，统一所有参加单位预算申报书行文格式。

建立完善的资金预算编制管理体制，合理编制资金预算，提高预算编制的科学性和准确性。一要与政府相关宏观政策紧密联系，使预算更具前瞻性；二要科学规范、合理真实地编制项目预算，简化科研仪器设备采购流程等；三要加强科研人员和财务人员的沟通配合，充分发挥科研助理队伍在资金预算管理等方面的专业作用，与科研人员更好合作，减轻科研人员压力，使双方充分了解项目内容和预算的关系，为审核预算编制是否合理，实现对预算的

全方位管理提供支持。

2.完善参研单位预算管理制度建设,从源头上规范资金使用

对中车唐山公司涉及国家重点研发计划的所有财务管理制度进行梳理排查,同时要求所有参加单位自查梳理相关制度文件,及时研判财务管理制度的运行成效,对所有不符合国家重点研发计划实际及相关薄弱部分作出动态化调整;以制度化的形式将国家重点研发计划财务管理的目标任务、方法措施、职责权限等固定下来,使研发经费管理规范化、制度化,为科研人员全面投入科学研究提供基础性保障;对项目资金预算编制和执行进行规范,建立和完善制约制度和实施细则。一方面,项目承担单位根据最新资金管理办法和其他相关规定,结合本单位工作实际,及时对资金预算编制与审批、预算执行与调剂、资金开支范围等内容修订内部管理制度,确保国家最新政策落到实处;另一方面,积极引导项目参加单位转变思维,立足科研实际,实施全面规范、公开透明的资金预算制度,及时跟随国家科技计划管理体系改革步伐。

3.加强培训学习,全面提高财务管理人员综合素养

定期组织国家重点研发项目所有参研单位财务管理人员、科研财务助理参加专项培训与学习,由业内专业人士为其讲解新形势下国家重点研发计划财务管理所面临的新任务与新要求,构建丰富而系统的财务管理专业理论知识架构,将现代财务管理理念与国家重点研发计划的推进实施密切结合起来;突出强化财务管理人员具体实操技能,高效处理财务管理所涉及的会计科目,规避不必要的财务管理技术性偏差与谬误。

(七)加强监管严控资金使用,定期调度确保项目高效协同

1.制定资金使用计划,加强资金核算管理和过程监督

项目立项后,中车唐山公司重大课题管理办公室立即组织项目下各参加单位制定资金预算实施方案,分别制定年度计划、季度计划、月度计划,每年底按照研究任务开展情况进行动态调整;待项目资金预算下达后,立即组织向各参研单位拨付专项资金,要求各参研单位严格按照项目任务书和资金预算实施方案开展研究工

作，严格按照预算范围执行。

在财务核算管理方面，规范会计核算和审批程序，厉行节约，严格按照规定的开支范围和合理的开支标准，严格预算执行，确保规范合理地完成预算执行任务。中车唐山公司作为项目承担单位（课题承担单位）切实落实法人责任，做好项目资金的日常管理和监督，督促项目实施团队强化预算执行管理，加强资金使用的规范性，提高资金使用效率。中车唐山公司重大课题管理办公室加强资金审计监督、财会监督和日常监督的融会贯通，采用随机抽查、检查等方式，提高资金监督检查效率；对财务工作检查审计中发现的问题，及时通报项目负责人及整改负责人，要求及时整改，抓早抓小，严格审核和把关；着力在“早、小”和“常、长”上下足功夫，及时发现和改进问题，定期开展财务资金“回头看”，全面总结梳理财务管理过程中存在的主要问题，明确下一步改进落实的具体举措。

2.加强财务管理过程控制，强化执行质量

国家重点研发项目的任务和经费管理是相互交叉、相互影响、相互促进的，中车唐山公司建立了科研管理和财务管理的联动机制，实行由科研管理人员和财务管理人员共同兼任科研财务助理的双助理制度，加强项目承担单位内部管理部门的协调和配合，对项目和经费进行综合管理和监督，提高科研管理绩效。例如，目前直接费用预算科目已从9个统一精简为设备费、业务费、劳务费共3大类，其预算调整权也全部下放，旨在减轻科研人员负担，提高科研人员获得感。中车唐山公司立即组织修订公司内部《科技财政专项资金管理办法》，落实公司承担的国家重点研发计划课题预算调整权限。

建立了经费使用季度报表制度。中车唐山公司每季度梳理汇总各项目所有参研单位预算执行情况，实时掌握资金使用进度，及时避免可能发生的风险，并在每年召开的各项目工作推进会上，对各单位预算执行情况进行通报和提醒。同时中车唐山公司重大课题管理办公室对所有在研项目进行动态化跟踪问效，精准把握项目财务方案执行关键节点，定期组织专家对财务管理成效进行检查。

（八）固化管理经验，建立国家重点研发项目管理系统

中车唐山公司重大科技课题管理办公室系统梳理总结以全链条布局、一体化实施为核心的先进轨道交通装备领域国家重点研发项目管理经验，分析整理项目管理过程中发布的各项工作任务制定的模板，进行了国家重点研发项目管理的标准化、信息化实践，建立了中车唐山公司国家重点研发项目管理信息系统。

中车唐山公司重大课题管理办公室从国家重点研发项目管理及经费管理的顶层制度出发，围绕项目（课题）任务书关于研究任务、绩效目标和经费使用的约定，按照项目申报、项目启动、过程管控、中期评估、综合绩效评价等五大阶段，以研究任务计划、经费使用计划、科研成果计划为管理主线，建立了集政策文件发布、项目清单管理、计划进度管控、技术报告收集、科研成果整理、经费汇总统计各项功能为一体的国家重点研发项目管理信息系统。项目管理信息系统分管理端和采集端，中车唐山公司重大课题管理办公室负责管理端的汇总整理，各参研单位按照采集端的任务推送完成每次管理任务，管理信息系统提供了与项目活动相关的准确的各角度视图，涵盖项目全周期管理。

三、以全链条布局和一体化实施为核心的国家重点研发项目管理体系构建与实施的效果

（一）完成了中车唐山公司首批次国家重点研发项目群全过程管理实践

在新时代国家科技管理体制改革总体框架下，从 2016 年到 2020 年历时 5 年，中车唐山公司完成了首批次国家重点研发项目群全过程管理实践，建立了中车唐山公司国家重点研发项目专项管理机构，按照项目、课题、子课题三个层次，围绕“科管、技术、财务”三条主线，形成了网格化管理机制，完成了从项目立项到项目启动、实施方案制定、年度推进、中期检查、绩效评价等项目全生命周期各项管理工作，实现了 50 余家参研单位、200 余个参研团队、3 000 多研究骨干的高效协同。

截至2021年底，中车唐山公司组织完成了国家重点研发计划“先进轨道交通”重点专项项下承担的全部科研任务，承担的5项课题全部完成课题绩效评价，绩效评价结论为优秀，牵头的1个项目顺利通过项目综合绩效评价，专家评分高达93分；完成了4.5亿元国拨资金、19亿元自筹资金合规、高效使用，未发生一笔因支出不合规而被科技部收回的情况。中车唐山公司项目管理工作受到了科技部高新司、科技部高技术中心、中车股份公司的多次高度评价。

（二）全链条布局、一体化实施成效显著，行业创新能力再攀新高峰

中车唐山公司围绕轨道交通装备领域重大创新任务，从国家紧迫需求出发，完成了面向基础前沿、重大共性关键技术、应用示范三个阶段的全链条创新布局，完成了行业内高校、科研院所、主机企业、部件供应企业、用户单位等创新资源整合，实现了以重大预期成果为牵引的项目一体化实施。

突破了高速列车本构安全技术、多目标均衡的综合节能技术、噪声主动控制技术、轨道交通非接触式供电技术等20余项核心技术，完成了耐碰撞车体、高防火性能车辆、防冰雪转向架、变轨距转向架、非接触式供电系统、大开度装载门、货运地板等30余种原理样机、关键部件试制，创新研制了满足跨国互联互通需求的时速400公里高速动车组、时速350公里高速货运动车组、无接触网供电城轨列车，实现了轨道交通行业基础研究和关键核心技术创新能力的持续提升。

（三）展示了央企责任担当，全面推动国家经济社会发展

通过国家重点研发项目的有序管理与实施，充分展示了中车唐山公司作为中央企业在国家重大战略中的责任担当，实现了从注重“点”的突破到注重“链”和“面”协同创新的转变，实现了从基础研究到工艺再到产品的“正向”突破，具备了交付运营时速400公里及以上高速列车及相关系统、时速250公里以上高速货运成套装备、无接触网供电城轨列车成套装备的能力，全面提升了我国

轨道交通系统技术、设施、装备和运营的安全、效能、绿色、体系化和国际化水平，全面支撑“新型城镇化”、“区域经济一体化”、“一带一路”、“科技强国”、“交通强国”、“制造强国”和“走出去”的实施，切实夯实了我国轨道交通装备产业创新基础，抢占了全球轨道交通行业竞争先机，打造了实现高水平科技自立自强的典型范例。

（成果创造人：陈澍军　王大海　陈　伟　金静飞　徐　晖
孙　静　贾立超　王海娜　赵文雪　赵　峰
袭　望　刘子豪）

合资铁路“资产运营模拟分离＋员工模拟持股”经营机制改革实践

浙江金温铁道开发有限公司

浙江金温铁道开发有限公司(以下简称金温铁道公司)是金温铁路(现称金温货线)的业主单位，是隶属于浙江省交通投资集团有限公司的一家国有大型合资铁路公司，中国铁路上海局集团有限公司是公司重要股东。金温铁道公司成立于1992年11月，目前管辖金温货线235公里、乐清湾铁路271公里、金台铁路165公里、头门港支线41公里，合计运营普速铁路里程500公里以上。公司目前现有员工4 000余人，主要经营业务包括普速铁路客货运输、铁路委托运输管理、市域市郊列车运营、铁路关联业务等。

金温铁路曾开创了建设合资铁路的先河。与之同步，金温铁道公司作为铁路市场化改革的探路者与实验田，秉承“敢为人先、创业有为”的理念，开创了地方合资铁路自管自营、自负盈亏、自我还贷的市场化经营模式，创下多项全国之最。近年以来，公司贯彻落实省属企业“国企改革三年行动”和浙江交通集团“争做世界一流企业”战略，坚持“打造浙江省铁路专业化运营管理团队”的高标定位，在改革创新道路上再出发，创新实践铁路“资产运营模拟分离＋员工模拟持股”经营机制改革，为浙江控股自营铁路“多线合一”经营拓展、“十四五”高质量发展，注入新的动力。

一、合资铁路“资产运营模拟分离＋员工模拟持股”经营机制改革实践的实施背景

金温铁道公司创新实践“模拟分离＋模拟持股”经营机制改革，是基于企业经营现状的主观驱动，是立足时代背景下的顺势而

为，是借势发展转型的内在需求，是符合自身实际的量身定制。

（一）推行经营机制改革，是基于形势要求，走出经营低谷的积极探索

金温铁路（金温货线）开通于1998年6月，作为当时大众出行首选交通方式，推动了浙西南地区经济社会发展，填补了浙赣以东至沿海10万平方公里铁路网空白，具有明显的先行优势。

但是，随着人民对美好生活需求不断提升，近年来国内、省内铁路及高速路网的逐渐成形，特别是铁路迈入高速路网时代以后，普速客运市场份额不断压缩，其效益逐渐微利化、功能化，甚至亏损，特别是金丽温高铁开通以来，浙西南地区双通道竞争格局正式形成，叠加营改增税改、货运清算新政、龙湾货场搬迁、金丽温铁路并站等多重因素叠加影响，金温铁道公司管辖的金温货线在竞争中的劣势越发显现，“十三五”以来，经营效益逐渐走向下坡，具有扭转自身困境、走出经营低谷的迫切需求。

（二）推行经营机制改革，是契合中央方针、抢抓时代机遇的重要实践

党的十八大以来，以习近平同志为核心的党中央高度重视国资国企工作，谋划部署推动国有企业改革。在此背景下，《关于深化国有企业改革的指导意见》《中央企业混合所有制改革操作指引》（国产资权〔2019〕653号）等一批政策文件相继出台，国有企业正加速迎来政策红利期和机遇期。

与此同时，近年来，浙江省省属国资企业加快推进国有资本体制机制改革，在国企改革“三年行动”中明确要“深化企业经营机制改革”“推行骨干员工持股”“努力形成激励充分、约束有效、权责统一的市场化经营机制”。浙江交通集团旗下的高信公司、交通设计研究院、浙商中拓等一批兄弟单位，纷纷开展了不同方式、不同类型的经营机制改革，树立了榜样、展示了路径、提供了经验。

立足“十四五”，金温铁道公司推行经营机制改革创新，是响应高层号召、借力政策春风、抢抓时代机遇的积极实践，是实践“用创新开启未来的担当自觉”的新时代金温精神的重要体现。

(三)推行经营机制改革,是贯彻集团战略、激发企业活力的内在需要

浙江交通集团公司高度重视自身母子公司协同发展,对金温铁道公司寄予厚望。2020年来,浙江交通集团领导多次多场合对金温开展了调研和指导,对金温经营发展工作保持了高强度的关注,给予了强有力的改革政策支持,提出了打造集团公司内部功能类企业改革样板的要求和目标。

当前,金温铁道公司正处于自身发展的关键时期,正迎来省内铁路及轨道交通加快建设、区域合资铁路重组改革落地、集团内部轨道交通运营一体化布局的三重机遇,正开启由单线自管自营模式转向"多线合一"运营管理输出的转变升级。作为省方控股铁路中唯一一支专业化铁路运营团队,公司肩负着发扬"浙江铁路"特色、打造"浙江铁路"自主运营品牌的历史重责,承担着提升省方控股铁路自主运营能力、增强经营效益、树立质量标杆,创造最大价值的重要使命。展望未来五年,金温铁道公司发展与危机共处、挑战与突破并存,在此基础上的经营机制改革创新,是企业今后长期高质量可持续发展的本质要求。

(四)推行经营机制改革,是符合铁路特性、贴近企业实际的必然选择

国有企业经营机制改革的方式虽然有很多,但大多不适用于合资铁路公司。一方面,铁路投资规模大、回报周期长、收益率低,资产的专用属性强,社会功能属性强,经营属性偏弱,叠加合资铁路资产所有权与管理权分离、资产价值不独立、退出机制不健全等诸多问题,对社会资本缺乏足够吸引力,引进优质的社会资本参与铁路企业混合所有制改革难度较大。另一方面,金温资产公允价值百亿余元,就单纯开展员工持股而言,员工持股出资压力极大且出资回报率低于资金成本,难以实现职工与企业利益的真实共享。

在现阶段下,实施经营机制创新,推行有别于现有混合所有制改革、员工真实持股之外的第三种模式——即员工"模拟持股",这既真实符合了铁路行业属性的客观规律,又更加贴近自身经营发

展的客观条件，是金温铁道公司基于现实考虑的必然选择。

二、合资铁路“资产运营模拟分离＋员工模拟持股”经营机制改革实践的主要做法

金温经营机制改革的根本，在于建立企业与职工“经营承包”体系，推动“打造专业化铁路运营团队”发展战略，形成员工与公司利益共享、风险共担的中长期激励约束机制，调动核心员工的经营积极性，促进公司、股东和员工三方利益紧密统一，推动企业长期、持续、健康发展。改革主要内容如下：

（一）改革的实施基础——资产运营模拟分离

推动“打造专业化铁路运营团队”发展战略，必须探索轻资产化经营模式。在本次改革中，金温铁道公司参照铁路行业一般性准则，创新尝试自身“资产运营模拟分离”，实行企业资产所有权和经营管理权适度分离。

在本次改革中，金温铁道公司在财务上模拟分拆形成“资产”“运营”两个组织，并依据《国铁集团委托运输管理办法》及《中国铁路委托运输管理费用清算办法》，确定了两个模拟组织之间的委托付费关系。原则上，所有铁路固定、移动设备在财务上均划入“资产”组织；运营团队整体划归“运营”组织，并承担铁路运营职能。财务部门核定资产、收入、成本、费用的固定标准，从而形成资产运营分离后的财务报表，作为实施激励的具体依据。

采用“资产运营模拟分离”的方式，对模拟的“运营”组织单独开展经营激励，可以有效平滑重资产刚性成本波动（大中修）对经营效益的影响，避免安全生产少投入带来的效益虚增的现象，从而更加显著地体现铁路运营的专业属性，更为真实地展示铁路运营的成果水平，达到强化激励效果的目标，因此，“资产运营模拟分离”也成为金温改革的实施基石。

（二）改革的核心任务——推行员工模拟持股

构建企业与职工“经营承包”体系，必须建立有效的员工激励体系。在传统方式中，国有企业员工持股需以开展混合所有

制改革、以企业真实资产对价出资为前提,而铁路企业投资大、周期长、收益低、变现难、退出难的现实,也决定了混改难度大且员工持股出资意愿低。面对这种情况,金温铁道公司在经营机制改革中,创新设计和推行了一种"员工模拟持股"的全新激励机制,通过另一种方式,实现了员工与企业利益共享、风险共担的改革目标。

1.创新激励方式,实施"双向"考核

在"模拟持股"模式下,由于员工并非真实股东,传统依靠企业利润分红的激励方式不适用。金温铁道公司在改革的方案设计中,制定了一种通过核定效益目标差额的方式,让员工获取"模拟持股"持股权益,即:于工资之外,按年实施上下封顶的定基差额奖扣激励,以实际完成利润总额与设定利润总额(即奖励基准)差额的部分作为激励金,由企业向员工让渡特定比例的溢出经营效益,员工承担同等比例的企业经营风险,从而改变企业与员工单纯的合同雇佣关系,建立经营激励机制。

2.合理设定范围,划分"五个"级别

经过反复研究和案例参考,员工模拟持股范围少则激励不充分,多则失去激励效用,持股人数比例以5%左右为宜,在此原则下,设定主管级及以上骨干员工推行模拟持股,共计208人,以关键的少数带动广大的多数;同时,在个人持股比例上,按员工职级划分公司负责人、管理层、部门经理、部门副职、主管5个级别,确定个人在"模拟持股"计划中的持股份额,并随个人职级变动调整持股数量。

3.科学核定基准,锁定"三年"试行

在激励基数的设定上,统筹兼顾近期新冠疫情影响及未来经营提质增效运营规模效应的空间,力求激励客观、公平、可行。设定2021—2023年为改革三年试行期,在试行期内,以2019年"运营"组织的利润总额为激励基数;在试行期后,以近三年利润总额均值为基数。这种设定,兼具可行性与挑战性,严格遵守了"激励与约束对等"的基本原则。

4. 全面动员部署，实施“三层”宣贯

作为金温铁道公司发展一项具有破题意义、划时代特点的里程碑事件，金温“资源运营模拟分离＋员工模拟持股”经营机制改革是对公司现有权责的一次重新划分，是对公司现有利益的一次重新分配，是自上而下的落实推动，需要深层发动，将改革的精神意图、方案内容、权利责任，全面科学、准确无误地部署传达至每一名员工。分三个层次宣贯部署：公司管理层借助“三服务”“党史学习”等活动，深入基层听取改革的意见建议；公司总部召开改革宣贯工作座谈会，就员工关心的热点问题、改革计划、工作要求进行了专项解读；基层单位深入组织员工的逐一思想摸排，确保改革宣贯到人、政策理解到位、工作部署到点。通过“改革宣贯、方案解读、工作部署”系列活动，改革合力快速凝聚。

5. 专班落实推进，落实“五个”报告

工作专班是集中资源、高效率开展工作的一种有力方式。在金温员工模拟持股的推动过程中，成立了“改革工作领导小组”和“改革工作专班”，并向浙江省国资委申报备案了改革方案，迅速出台了改革《实施细则》，核定了年度持股名单，建立重要工作一事一报、上级对接一周一报、财务核算一月一报、改革成效一季一报、激励兑现一年一报的“五个报告”制度，高标准推进改革各项工作。

6. 带头出资持股，提前“两月”认购

明确改革任务时间表，卡准中国共产党成立 100 周年节日，公司启动“金温铁道公司员工模拟持股认购动员大会”，由领导班子成员、中层管理人员率先示范、做好表率，持股员工迅速响应、及时跟进，合计模拟认购 1 282 万份，比规定时间提前两个多月完成员工模拟持股的出资认购，以快速的响应、积极的行动学史力行、向党献礼。

（三）改革的衍生机制——创新配套机制体系

经营机制改革作为企业中长期激励约束，完善市场化经营机制的战略性、顶层性、总纲性改革，在设计之初已制定了一整套分配、劳动、人事等基础性改革的补充支撑和配套推进，从制度设计上全面调动全体员工干事热情。

1. 聚焦“薪酬能增能减”，配套推进新体系下的“薪酬分配”改革

金温经营机制改革“员工模拟持股”重点针对骨干员工实行经营激励，抓住了关键的少数，在此基础上，需要进一步凝聚全体员工改革共识，强化非持股员工的干劲拼劲，推行市场化薪酬激励机制改革，较大程度保证改革的广度和深度。一是推行了经理层“任期制和契约化”改革，签订经理层聘任协议和业绩合同，按照约定严格考核，实施聘任或解聘、兑现薪酬。二是推行了“职级制改革”，设计“3·18”职级体系，实施动态薪酬激励，打破“以职务定薪酬”的传统薪酬模式，划分基本薪酬和职衔等级薪酬、绩效薪酬比例，以岗位价值为基础、以经营贡献为依据，根据个体绩效、技能差异拉大同岗同级薪酬差距，构建绩效匹配实际、经营注重实效、薪酬激励实干的市场化薪酬激励格局。

2. 聚焦“岗位能上能下”，配套推进新体系下的“人才机制”改革

金温经营机制改革“员工模拟持股”规定了主管级以上员工参与，因此在改革方案中，需进一步打通企业内部职务升降通道，让更加具有实力干劲的优秀人才充实到持股队伍。一是推行“铁军英才工程”，建立后备人才培养储备体系和人才库，通过选拔培养人才 27 人。二是推行“干部年轻化改革”，出台了《“年轻干部培养”三年行动方案》及《中层管理人员到龄退出实施办法》，确立了优化公司中层干部队伍文化素质和“80”“90”后年轻干部占比的干部改革方向，选拔了年轻干部 23 人。通过实践优胜劣汰的人才机制，让想干事、能干事的人有更多发展机会，让优秀人才、专业能手有更多晋升途径，为进一步扩大持股范围提供了备选名单。

3. 聚焦“员工能进能出”，配套推行新体系下的“用工机制”改革

金温经营机制改革注重改善铁路“资产运营模拟分离”后运营组织的轻资产化经营效益，而人力成本是轻资产中的最大成本。在改革驱动下，需进一步完善内部协同更顺畅、工作举措更务实、

岗位融合更到位、管理效率更高效的用工机制体系。一是推行“用人成本管控改革”，实施车机工电辆等生产单位工资总额与实际人数脱钩、与标准定员挂钩、与经营效益挂钩的新机制，引导生产用人单位主动缩减用工、节支降费。二是推行劳务“派遣外包”，加快推进炊事、保洁、门卫、驾驶、装卸、线路工、桥隧工、安防消控等企业内部普通、辅助型岗位“派遣外包”进程，有效降低用工成本。三是推行“岗位共享融合”，打破组织边界、部门“墙”和专业“墙”，实施跨部门劳动力余缺调剂，解决铁路运营中阶段性、季节性高峰用工不足和用工不经济难题，提升人力资源供给效力，推动人力成本节支。

（四）改革的导向驱动——推动经营提质增效

金温“资产运营模拟分离＋员工模拟持股”经营机制改革以实现自身经营扭亏为盈为总体目标，在追求效益优先、利润考核的改革导向下，确立了“开源节流并举、增收节支并重”的经营思路，在经营增收、成本管控上，取得了阶段性成果。

1. 改革驱动铁路运输主业保稳做强

在改革激励下，金温铁道公司针对自身的经营特点和潜力，坚持“客运保稳，以货补客”战略，基于疫情常态下的客运恢复乏力研判，力争货运增运增收弥补运输收入下滑，先后实施了《“以货补客”实施方案》，结合周边货源摸排，倒排全年任务，全力推进36项货运增收目标。在各方共同努力下，2021年全年货物到达量、发送量分别同比2019年增长34.1%和17.4%，货运收入完成预算119.16%。

2. 改革驱动委托管理业务拓展攻关

在改革激励下，金温铁道公司全力尝试切入新的经营领域，培育、拓展新型朝阳业态，努力丰富、做强公司多元化收入。经过集体合力攻关克难，成功受托运输管理乐清湾铁路、金台铁路，开启了自身业务模式由一线自管自营向多线受托运营的转变，开创国内地方合资铁路公司受托运营管理其他铁路的先河；同时，成功拓展台州市郊列车委托业务，在助力浙江省“共同富裕示范区”战略、“轨道上的浙江”建设的同时，创造新的利润增长点。

3. 改革驱动经营生产成本费用节支

在改革激励下，金温铁道公司持续优化调整内部组织机构及岗位设置，各生产单位积极主动降低用工成本，共精简岗位120余个、外包或派遣岗位300余个，人力成本节支约2 560万元；同时，完善供应链管理体系，在大中修、耗材节支、节油节水节电方面取得部分成效，较预算节支约3 700万元；强化内部精细管理，以区域小枢纽理念建设管内永康东运输基地，成功试验并实现管内各区段400～1 000吨的牵引定数提升，实现港铁联运装车能力由240辆/日提升到290辆/日的阶段目标，货车周时、停时逐步压减，不断打破自身运输能效纪录。

三、合资铁路"资产运营模拟分离＋员工模拟持股"经营机制改革实践的阶段成效

经营机制改革全面推行以来，在全体员工共同努力下，金温铁道公司各项工作全面展开，相关的配套机制加快落地，经营中心工作顶住多重压力，取得了一定的突破，收获了积极的变化。2021年，公司超额完成了改革首年的经营任务目标，交出了一份较为理想的成绩答卷：完成营业收入同比2019年增长15.78%；实现利润总额减亏5 543万元。

立足"十四五"开局，金温铁道公司深入实践"资产运营模拟分离＋员工模拟持股"经营机制改革创新，彰显四重意义：

（一）从无到有，开创合资铁路"类混改"新样板

以铁路"资产运营模拟分离＋员工模拟持股"为核心的金温经营机制改革，是金温铁道公司在一无成熟经验借鉴，二无成功案例可循的条件下，破除合资铁路企业因投资大、周期长、收益低、变现难、退出难导致经营体制机制改革难的思维定式，通过自行研究、自主探索，独创的经营激励方式，为社会功能服务类企业提供了一种改革的全新样板和崭新范式，这项改革，在浙江省属国资企业中尚属首次试点，在全国合资铁路公司中具有示范效应，是响应国企改革"三年行动"的生动实践和经典案例。

（二）利益绑定，打造企业与员工"命运共同体"

金温"员工模拟持股"改革实践，系统构建了企业与职工的经

营承包关系，形成了铁路员工与公司利益共享、风险共担的中长期激励约束机制，实现了铁路企业、股东和员工三方利益紧密统一的“命运共同体”，既调动了员工参与改革、主动求变的积极性，又确保了改革追求成效、务实求真的有效性。在改革实际推行过程中，员工改革的热情高涨、持股的意愿强烈、企业“主人翁”的意识浓郁，改革展示出强大的积极能量，具有很好的群众基础。

（三）效益驱动，助推业务“零到一”历史新突破

金温铁道公司推行经营机制改革所取得阶段性成果成效，是在近两年群众出行意愿降低、经济下行压力加大的情况下的经营逆势增长。2021 年，在改革的驱动下，公司一举扭转了自 2019 年以来的利润下滑趋势，实现了利润总额减亏扭亏。与此同时，公司经营潜力得到深层次挖掘，多个方面实现“零到一”的历史突破：成功开通运营浙江省内占地面积最大铁路货场——永康东新货场、增开永康—北仑海铁联运集装箱班列、增开温州—俄罗斯“温州号”特色专列，实现运输业务的新突破；成功推动涉铁产业走向外部，开行红色主题旅游列车，实现涉铁产业的新突破；成功取得实用新型专利 4 项，实现经营创新的新突破；等等。

（四）保驾护航，助力浙江“交通强省”发展战略

2021 年，是金温经营机制改革启动元年，也是“十四五”开局之年。面朝“十四五”，金温铁道公司作为浙江省一支专业化的铁路运营队伍，履行着省方控股铁路自主运营的使命职责。创新实践“资产运营模拟分离＋员工模拟持股”改革，是提升浙江铁路经营水平、壮大运营团队的重要举措，是打造浙江省轨道交通运营实力、助力“建设高水平交通强省”战略的关键途经。当前，金温经营机制改革已经迈出整体的第一步，而力争推动资产运营真实分离、员工真实持股，构建更加长期持续的激励约束机制，是改革的后手和演进方向。

（成果创造人：褚少明　魏义峥　李荣灯　林德吒　林　博
张海燕）

以提高铁路牵引供电设备检修质量为目标的智能系统架构与实施

中铁电气化铁路运营管理有限公司

中铁电气化铁路运营管理有限公司(以下简称运管公司)成立于2005年10月1日,是国内首家从事轨道交通运营管理的专业化公司。公司注册资本金为3.13亿元,现有员工10 000余人,总部设在北京,为中国中铁电气化局集团有限公司下属全资子公司,在北京、天津、济南、上海、广州、南昌、西安、呼和浩特等多地设有维管处(段),共设置车间、工区400余个。经过十几年的发展,运管公司目前与8个铁路局集团公司、21个合资铁路公司合作开展铁路设备运营管理业务,涵盖车务、机务、工务、电务、车辆、供电、房建、给水等专业,并在北京、西安、广州、青岛、成都、南昌、南宁等多个城市开展城市轨道交通设备维保工作,涵盖通信、信号、机电、供电、工建等专业。运管公司充分发挥运营维管反哺工程施工、工业生产和设计的作用,已经成为集团公司"六位一体"核心价值链中的重要一环。

一、以提高铁路牵引供电设备检修质量为目标的智能系统架构与实施的背景

(一)是夯实管理基础,促进企业规模拓展的必要手段

运管公司自2006年进入铁路牵引供电设备委托维护管理市场以来,维管范围内牵引供电设备运行时间已临近或超过其有效寿命管理周期。以沪昆线(江西段)为例,其牵引供电设备至2018年已运行13年,设备接近或超运行周期,设备老化问题逐步显现。牵引供电设备质量是否可靠直接关系着铁路运输的畅通,同时也

是影响企业信誉的关键因素。提升牵引供电设备运维质量是运管公司不断发展壮大过程中必须夯实的基础性工作，也是运管公司全体员工不断努力追求的目标。

（二）是保证设备稳定，优化基层生产组织的重要途径

目前，运管公司各基层班组对牵引供电设备检修大多采用以工区为单位的“单兵作战”模式，既有的检修作业模式严重禁锢着日常生产作业效率。一是各工区除了正常年度检修工作外，工区还存在大量的施工配合任务，造成工区既有人员不能同时兼顾“检修”与“配合”工作，同时受到运输调整、节假日、恶劣天气和其他因素的影响，年度检修、监测很难按计划完成，造成设备失修、维修质量不高等问题时有发生。二是由于牵引供电设备作业必须在“天窗”时间段内进行，因图定天窗时间较短，造成天窗利用率、检修效率不高。三是随着铁路改革发展，修程修制改革势在必行，各工区“单兵作战”的检修模式已经不能适应发展新要求。所以急需对设备维修模式进行研究，构架一种以提高铁路牵引供电设备检修质量为目标的智能系统，破解繁忙干线设备检修效率低下的难题，提升设备维修质量。

（三）是提高综合劳效，实现“强筋健骨”的有效方法

效益是企业发展过程中永恒追求的目标，员工综合劳效、管理水平、先进技术的运用与企业效益息息相关。一是由于牵引供电设备维护管理为劳动密集型产业，供电设备维护模式耗时、耗人、耗力，因此，探寻牵引供电设备检修新模式、解放生产力是提高综合生产效率，实现由劳动密集型企业向技术创新型企业发展过程中的重要步骤；同时，随着劳效的提高，势必降低单位设备内检修人员、物资、设备的投入，从而进一步降低单位设备内的成本投入。二是企业发展的动力在创新，抓创新就是抓发展，谋创新就是谋未来。作为传统的劳动密集型企业，抓住目前“科技化、信息化、智能化”发展机遇，通过不断加大四新技术应用、科技攻关方面的投入，是传统型企业向创新型企业转变的必要途径。三是作为牵引供电

设备运行维护管理单位，管理水平的高低直接关系着维管设备运行稳定、现场作业安全、应急处置效率，是关乎维管市场稳定发展的重要因素。通过检修管理的变化，带动其他工作同步改进，从而促进整体管理水平稳步提高。

二、以提高铁路牵引供电设备检修质量为目标的智能系统架构与实施的主要做法

提高铁路牵引供电设备检修质量，构架相匹配的智能系统，需要从组织机构、员工培训、修前调查、过程管控、维修标准、信息共享等方面着手。运管公司通过优化生产组织、实施标准化流程、组建专业维修队伍、强化过程管控、注重问题整改、搭建信息共享平台和开展智能运维探索七个方面着手，在沪昆线(江西段)集中修过程中发挥人员、机械、设备、科技优势，积极探索牵引供电设备检修新模式，不断提升设备检修质量。

(一)优化生产组织管理，灵活采用不同作业模式

提高铁路牵引供电设备维修质量，需要优化生产组织，做好不同作业模式优缺点调研工作，积极采用“突出强项、定向突破、扬长避短”思路开展牵引供电设备检修工作。一是集中优势资源开展“大兵团作战”，统筹管内资源，调动多个工区人员、机械设备、物资开展集中修工作。二是针对既有天窗时间较短的现状，积极协调路局延长天窗兑现时间，确保在有限的天窗数量内实现检修工作量最大化。三是采用灵活的检修作业模式。通过对不同作业模式的优缺点分析和对比，在检修中采用以下几种或多种检修模式相结合进行检修。

1. 人工登杆检修模式

此模式适用于人员和作业量较少的情况，不需对设备参数测量及接触悬挂检修，所有高空作业人员只负责对接触网支柱本体及外侧附加悬挂点至支撑装置及平、斜腕臂绝缘子的检修。检修时，现场每名监护人员应以监护 3 名高空作业人员为宜，地线操作人员完成地线接挂后，同时参与作业。以每个作业组按 10 人，设

置3处地线为例:其中驻站联络员1人,地线监护、行车防护3人,剩余作业人员6人,设置2名为现场监护,其中1名由工作领导兼任,可安排4人进行高空作业。

2.车梯作业组织模式

此种模式适用于股道数较多的大型站场作业。

车梯检修A类模式:由于利用车梯检修涉及人员较多,可在前期登杆作业的基础上只对接触悬挂及支撑装置进行检修,按正常作业组织即可,设驻站联络员1名,测量监护人员1名,两端地线监护、防护人员2名,两端地线接挂人员2人(1人兼职高空作业,1人兼职测量),测量作业和车梯作业在地线两端交叉进行,车梯辅助及高空作业共计5人,这种作业模式共需要员工12名参与作业。

车梯检修B类模式:按照4人推车梯,高空作业设置2名,两端接挂地线2组为宜,其中1组地线接挂人员为兼职高空作业,作业开始端为一端地线接挂处,便于该组地线接挂人员接挂完成地线后直接上平台参与作业,另一组地线接挂人员完成地线接挂后向另一端地线行走,两组地线接挂人员在拆除地线时交叉进行,这种作业模式共需要员工11名参与作业。

车梯检修C类模式:当作业区段支柱及附加悬挂还未检修时,在B类检修模式的基础上增加1名员工负责登杆作业,这种作业模式需要12名员工参与作业。

3.接触网作业车作业组织模式

此种模式适用于长大区间的作业。接触网作业车检修与车梯作业相比,不需要辅助人员,适宜长距离运行,可多人同时进行高空作业,检修效率相对较高。按照高空作业人员2人(其中1人由底线操作监护)、两端地线监护、防护2人、地线接挂人员2人(1人兼职高空作业、1人交叉拆除地线)、驻站联络员1人、测量及防护人员2人、司乘人员2人配置,此种模式下只需11名员工参与便可开展检修工作。

4.JJC接触网检修列作业组织模式

此种模式适用于长大区间的超大规模作业。该模式采用路内最先进的机具装备检修列和多平台，将2台JJC接触网检修列和1台DPT多平台作业车连挂，形成“2+1”接触网检修车组，作业时协调同步，同时展开多个作业面，对接触网设备进行集中检修、系统检查，检修范围横向到边、纵向到底，做到了全覆盖、无死角、零遗漏，实现了接触网设备检修的“专业化、机械化、集约化”，该种模式下，检修车组单日天窗检修突破7条公里，平均每个天窗检修5.345条公里，相对单台作业车效率提高165%。

（二）优化设备检修程序，实施标准化流程化检修

优化程序、分工合作是保证检修质量的重要因素，集中修工作开展以来，结合现场作业人员执标情况，不断对现场作业各环节进行改进和优化，制定设备分区检修作业程序和标准，实现作业程序标准化流程化。一是研究工序的不同组合，将检修过程进行分解，把各检修程序与员工技能水平、使用工具、材料及作业环境相结合，确定最优程序；二是研究各种检修方式与完成时间的关系，总结检修工作量与时间的相关比例，分析各工区在日常作业的分钟工效，寻求检修工效与检修质量间的平衡值，确定最优检修方式；三是细分作业分工，分解作业步骤，固化检修人员，实施流程化作业，使检修效率与质量同步提升。四是严格执行“三到”制度，即“看到、说到、做到”。看到：对需要检查的部位仔细确认。说到：对相关技术标准或参数进行口述。做到：按照口述标准进行检修（或调整）。

运管公司通过研究实践，将接触网设备进行分区检修管理：支柱和基础区域、附加导线区域、补偿装置区域、隔离开关和避雷器区域属于A区，支持装置区域属于B区，接触悬挂区域、定位装置区域属于C区，跨中承力索及零部件属于D区，跨中接触线及零部件属于E区。以接触网定位装置（C区）检修顺序为例，其检修顺序为：套管双耳→承力索座→与平腕臂连接定位管支撑卡子（反定位有）→与斜腕臂连接定位管支撑卡子→定位管上设备从支柱侧向线路侧逐一检查（正定位：定位器支座→与定位管相连支撑管卡子→防风拉线环→管帽。反定位：防风拉线环→两个与定位管相连支撑管卡子→定位器支座→管帽）→定位线夹。

(三)组建专业维修队伍,实行设备检修定岗定责

提高铁路牵引供电设备维修质量,专业化维修队伍是关键,员工素质是重点,通过组建一支综合素质较高的专业化集中修队伍并开展一系列有针对性的培训工作,为集中修工作的顺利开展“保驾护航”。运管公司在沪昆线(江西段)集中修期间,结合管内设备分布情况,积极统筹资源、优化检修管理。一是组建专业化集中修队伍。在保证工区正常应急值守前提下,抽调其他工区骨干人员组建了一支由专业队伍+驻地工区组成的共计60余人的专业化集中修作业队,采取重点设备“定人”“定点”检修方法,保证设备检修全覆盖,达到设备检修“不落一米、不漏一处”的目的。二是组织专项培训。由主管领导组织、专业讲师授课,先后组织了34期“检修管理”“设备专项修”培训班,对参加集中修的作业人员从理论基础、检修技能、体能训练三个方面分项目、分岗位进行强化培训,提升了员工综合业务素质。三是结合实际,开展多种作业模式检修。沪昆线(江西段)集中修期间,通过对轨道车、车梯、人工检修作业模式的优、缺点进行综合分析,针对不同区段作业环境和设备特点,灵活采用接触网作业车、车梯、人工登杆等不同的交叉组合的模式,在作业组织上取长补短,从而达到检修效率最大化。四是细化分工,固定岗位,明确职责。在集中修工作开展过程中,根据作业队、工区对现场设备掌握情况和每位员工的综合素质,对现场作业进行细分,如由驻地工区负责现场地线接挂、安全卡控、修后设备质量验收和其他辅助工作;由集中修作业队负责专职检修,根据员工安全等级、职业素质情况对小组负责人、高空作业人、辅助人员进行“定岗定责”管理。

现场具体执行为:

(1)接触网检修使用接触网作业车进行时:平台上一般配置高空监护人1名,高空作业人员2名,各工区可根据工区当天作业实际需要适当增减人员。原则上作业平台上每人分别负责1个分区接触网设备的检查,高空监护人负责C、D区接触网设备的检查,2名高空作业人员分别负责B、E区及A区接触网设备的检查。

(2)接触网检修使用车梯进行时：平台上一般配置高空作业人员 2 名，同时安排登杆作业人员 1 名。原则上平台上高空作业人员 1 负责 C、D 区接触网设备的检查，高空作业人员 2 负责 B、E 区接触网设备的检查，登杆人员负责 A 区接触网设备的检查。

通过上述举措，在保证现场作业安全的前提下，设备维修质量得到进一步提升。

(四)严格执行检修标准，强化设备检修质量管控

全面掌握设备运行状况，为牵引供电设备系统“把脉”，是提高铁路牵引供电设备维修质量的前提；实行设备检修工作责任到人，是确保设备维修质量的重要手段；明确设备维修标准，是确保设备维修质量的基本出发点；强化设备修后质量验收，是确保设备维修质量的根本保障；落实设备检修奖惩机制，是促进设备维修质量的重要措施。

一是明确设备检修重点。全面掌握现场设备运行状况，深入剖析设备存在的薄弱环节，做到“有的放矢”。根据季节性工作特点、设备运行情况，组织召开专项会议，从生产组织存在问题、设备检修难点、失修处所、设备薄弱环节等进行研究分析，对供电线、主导电回路、补偿装置等 18 项设备管理薄弱环节进行梳理，进一步明确设备管理、检修重点。

二是强化设备修前调查。结合季节性工作特点和专项整治工作安排，组织开展“走现场、查隐患、促整改”等专项活动，结合 6C 检测分析结果，对接触网设备进行全面“诊断”，找出短板弱项；在次日作业安排时，将设备检修工作量、缺陷处置、6C 问题处置和专项工作均落实在“设备检修重点提示单”上，并明确到每一个作业小组，作业过程中实行小组长逐一确认制度，确保检修作业“对症下药”。

三是根据检修标准和工艺要求制定了作业指导书，作业中严格按作业指导书开展设备全面检查，检修人、互检人对设备状态进行双重确认、检查，全面消除设备“松、脱、断、卡、磨、烧、锈”等设备隐患缺陷，全面提升设备检修质量。

四是严格执行修后设备质量验收。按照“工区修后验收、车间复验、段专项验收”的三级验收方式落实设备检修质量验收工作，做到“工区即时验收、车间每月全覆盖、段每季度全覆盖”，保证修后设备质量。

五是完善检修质量奖惩制度，充分发挥考核激励机制作用。为保证各设备缺陷、隐患得到有效治理，将设备缺陷（隐患）对供电设备运行影响程度按照“A、B、C”三级管控，每月将新发现整治的设备缺陷（隐患）按照 A 类问题 800 元/处、B 类问题 300 元/处、C 类问题 50 元/处的标准兑现奖励，对检修不到位的按照 200 元/处进行处罚，进一步培养了员工在日常检修作业过程中“发现问题、解决问题”能力，调动了积极性。

（五）开展检修质量分析，实现问题整改闭环管理

在开展设备检修期间，坚持问题导向，及时组织分析、总结，落实“日分析、周通报、月总结”问题反馈整改机制。一是安排生产技术管理专职人员负责每日对集中修计划兑现、检修任务完成、检修中存在问题进行分析，并指导集中修作业队对存在问题进行整改。二是主管部门每周形成集中修通报，对本周生产组织、检修任务完成、存在问题情况进行通报。三是每月召开专题会议，对当月集中修情况进行全面梳理，总结经验，找出不足，制定改进措施，并对下月集中修任务进行安排。

（六）搭建信息共享平台，实现现场信息及时互通

在信息化时代背景下，各类数据信息的传递和共享显得尤为重要，信息化建设已成为现代检修管理必要手段。运管公司通过“6C 数据中心及供电调度指挥系统”、OA 办公系统、“管理三化”系统的建设完善，并充分利用其他网络信息平台，为检修管理提供了准确、顺畅的信息渠道。一是通过“6C 数据中心及供电调度指挥系统”平台，将生产管理系统、在线故障定位系统、辅助监控系统、SCADA 复示终端等资源进行了集成，实现了互联互通。二是通过各类办公平台，实现了生产计划、设备台账履历、设备缺陷问题库、6C 监测数据等信息的共享和动态管理。三是积极协调机

务、工务部门开放高速铁路 HMVP 视频、机车运行监控视频、沿线综合视频权限，各工区利用网络系统即可实现鸟害搭建、外部环境、临近施工等巡查分析工作，进一步降低了员工日常作业强度。四是积极利用作业车平台视频监控系统、单兵作业视频摄像装备（执法记录仪）对各工区日常设备检修情况进行实时或定期检查，监督工区检修工作开展质量。

（七）开展智能运维探索，促进设备“大数据”管理

随着科技的进步，一系列科技含量高、综合处理能力强的自动化、智能化设备的运用以及通信网络在各行业内的推广和完善，为牵引供电设备智能运维管理注入了新的“血液”。运管公司不断进行牵引供电设备智能化运维模式的新探索，充分发挥智能化系统在牵引供电设备运维管理工作中的作用。

（1）开展了《无人机巡检运用》《智能巡检机器人》《6C 智能检测分析系统》《基于北斗高精度定位技术的铁路施工作业安全辅助防护系统的研究》《智慧轨道交通运营管理全域数据标准体系与应用研究》《牵引变电所接地网腐蚀诊断与可视化管理系统研究》《软横跨绝缘子更换器的研制》《带电线索间距精确测量装置的研制》《柱上互感器更换装置的技术研究》等多项科学研究。如《智能巡检机器人》实现了变电所无人化值守，巡检机器人能定时对设备进行智能自动巡检，自动生成温度、数据趋势曲线图，当发现设备数据超限，巡检装置会自动告警；《6C 智能检测分析系统》，能智能分析、快速准确判定设备缺陷内容和缺陷等级，减轻供电人员在缺陷识别中的工作量；《基于北斗定位技术的铁路施工作业安全辅助防护系统》可实时检测线路上以及准备上线路的人员、大型机具的准确位置，可视化显示监测的结果，并对监测结果进行预测和分析，做到实时防护监控作业人员安全；《轨面标准线自动标画仪器》集成激光精密定位、机器自动检测技术，实现了轨面标准线智能自动标画，降低了劳动强度。

（2）拓展完善“6C 数据中心及供电调度指挥系统”功能。一是

设备数据“集成化”。在设备基础资料管理中，通过对设备履历、一杆一档、设备参数、图纸影像、巡检记录、设备缺陷、外部环境等相关基础数据的录入，形成牵引供电设备的“大数据”库，实现了供电设备检测监测、运行维修、设备履历、应急指挥等各板块的资源共享和设备管理板块数据信息的互联互通。二是设备检测“智能化”。在设备巡检工作中，通过6C设备周期性智能巡检和中心机房服务器的数据关联功能，实现了6C检测数据自动分析、提示、处理工作；同时，根据系统的提示功能，使使用者在登录系统后能够迅速、准确地掌握管内新增缺陷数量、等级和缺陷地点、缺陷状态、缺陷复核及整改情况，为班组日常精准检修提供了现场一手资料，确保了设备运行质量安全可控。三是生产管理“自动化”。在班组日常生产管理中，通过利用“6C数据中心及供电调度指挥系统”功能板块进行检修计划、工作票据、收工会、工作量、检修记录等信息资料的录入以及综合分析处理，为管理层提供缺陷整治、重点设备检修、专项整治的现场信息和决策依据，进一步提升了生产管理效能。四是检修周期“警示化”。通过系统实时动态更新设备运行数据，自动推送缺陷设备、警示超周期设备，实现修前鉴定智能化、检修作业靶向化、重点设备周期化管理目标，减少接触网作业前数据整理和统计分析的人工工作量，避免了因统计分析原因造成的设备失检漏修，确保设备检测周期有序可控，有效提高了设备维修作业的效率和质量。

三、以提高铁路牵引供电设备检修质量为目标的智能系统架构与实施的效果

（一）筑牢专业基础，设备质量得到提升

1. 设备缺陷问题得到有效治理

2019—2021年沪昆线（江西段）集中修期间，累计发现并整改各类设备缺陷问题4 401处（其中影响设备运行安全的Ⅰ级缺陷275个），整改6C检测缺陷7 914处（其中1C检测缺陷6 961处，

3C 检测缺陷 672 处、4C 检测缺陷 281 处),保证了设备运行安全。

2. 设备故障率明显下降

采用接触网设备集中修、分区检修、设备质量验收等一系列行之有效的手段,设备质量日趋稳定,因检修不到位引发的故障逐年下降。经过对比分析,开展设备质量提升工作以来,2015—2021 年的沪昆线(江西段)设备故障由原来的 19 件逐步下降到 2 件,因检修不到位造成的设备故障下降为 0。

(二)拓宽创效思路,助力企业提质增效

1. 提升了单个天窗综合利用效率

多种检修模式组合的方式较好地解决了常规检修模式下辅助人员多、天窗点浪费多等问题,使集中修作业队能够最大限度地投入人员、机具,开展兵团式、机械化检修作业,作业效率明显提升。常规检修模式下,单个工区参加作业人数按 12 人计,其中作业辅助人数 8 人(工作领导人 1 人、驻站要令 1 人、行车防护 2 人、地线操作 2 人、轨道车司机 2 人),上网作业人员仅为作业组人数的 33%;采取集中修作业模式后,按照 60 人的规模计算,除掉辅助人员,可上网 52 人,占作业组总人数的 86.7%,工区天窗综合利用效率得到极大的提高。

以 2016—2018 年、2019—2021 年期间沪昆线(江西段)两种不同检修模式下人均劳效对比为例:

2016—2018 年期间,沪昆线(江西段)各工区共计利用检修天窗计划 2 161 个(共计 3 371 小时,平均每个天窗时长 1.56 小时),共计投入人员 25 512 人(平均单个天窗 11.8 人),完成接触网设备检修 1 593.669条公里,平均劳效为 0.037 条公里/(人·小时)。

2019—2021 年期间,沪昆线(江西段)各工区共计利用集中修天窗计划 323 个(共计 574.94 小时,平均每个天窗时长 1.78 小时),共计投入人员 16 500 人(平均单个天窗 51.1 人),完成接触网设备检修 1 719.111 条公里,平均劳效为 0.059 条公里/(人·小时)。

通过对比分析沪昆线(江西段)集中修前后单个天窗检修效率,采取集中修作业后,集中修期间单一工区检修期间,员工综合劳效提升了56%。

2.实现了检修成本节支降耗

运管公司各单位自开展集中修工作以来,检修效率和检修质量的大幅提高,相对降低了劳力投入、轨道车出动、燃油和材料消耗等检修成本。

(1)人工费用支出明显下降。2016年至2018年,沪昆线(江西段)11个工区采取"小范围、多线面"检修模式,共计兑现天窗计划2 161个,累计出动25 512人次;2019年至2021年兑现323个,作业人员16 500人次,与前3年相比人员出动人次减少9 012人次。每天集中修作业天窗为1个,按人工费每人每天300元计算,开展牵引供电设备集中修作业与工区"单兵作战"模式相比,共计可减少2 703 600元额外支付费用。

(2)机械设备费用投入明显降低。2016年至2018年,沪昆线(江西段)各工区2 161个天窗计划,共出动作业车1 833台次,出动汽车1 996台次;2019年至2021年,各工区共计执行323个天窗计划,累计出动作业车815台次(相比前3年减少1 018台次),出动汽车1 319台次(相比前3年减少677台次)。每台轨道车每个天窗消耗燃油费按650元计算、每台汽车每个天窗消耗燃油费按25元计算,近3年比前3年共计可减少678 625元额外支付费用(轨道车燃油费661 700元、汽车燃油费16 925元)。

(三)提升管理质量,创新成果取得突破

运管公司坚持"技术创新与创新体制建设并举、技术开发与成果推广并重",全面实施创新驱动发展战略,深入开展科技创新活动,年投入科研经费近亿元,成功获批国家高新技术企业和北京市企业技术中心;不断持续完善科技创新体制机制,成立科技工作领导小组,组建技术专家委员会,完善科技创新体系,建立科研课题分类分级管理机制,强化课题全过程管控,优化科技奖项评选办法，制定科技成果转化管理制度，增强了科技创新体系整体效能。近年来，运营中心取得了6项发明专利、79项实用新型专利、14项软件著作权；承担上级研发成果26项。科研成果7项获得局级以上奖项，其中《一种软横跨绝缘子更换器》《一种带电线索间距精确测量装置》，获得工程建设行业高推广价值专利奖，《客运专线（时速300～350公里）牵引供电设备运营维护技术研究》获得中国铁道学会2011年度铁道科技进步三等奖、集团公司2010年度科学技术一等奖，《接触网理性化检修技术研究》获得集团公司科学技术二等奖；《电气化铁路多专业综合维管研究》《生产管理系统软件的开发》等3项获得集团公司科学技术三等奖；《高速铁路牵引变压器检修工法》获股份公司优秀工法；《高速铁路牵引变电所SF6断路器检修工法》等11项工法获得集团公司三级工法。运营公司出版科技专刊《运管科技》共计12期；发表省部级专业技术论文105篇；开展的《基于北斗高精度定位技术的铁路施工作业安全辅助防护系统的研究》等12项成果取得行业新突破；QC成果获得全国优秀奖7项，省部级优秀奖22项；推广应用的行业和公司自主研发的成果34项，为企业年节约费用300万元以上。

（成果创造人：冯新伟　邓　松　张世杰　孙向旗　徐茂华
赵　航　杨　华　陈世乐　王相峰　李瑕剑
廖　吼　刘　欣）

铁道企业管理
创新成果 2022
（下册）

《铁道企业管理创新成果 2022》编委会　编

中国铁道出版社有限公司

2023年·北　京

目　录

（上　册）

第一篇　全国企业管理现代化创新成果

第二篇　铁道企业管理现代化创新成果

(下　　册)

第三篇　铁道企业文化优秀成果

(特等)

第四篇 铁道企业管理优秀论文

第五篇 铁道企业管理优秀调研报告

第三篇 铁道企业文化优秀成果

（特等）

传承"毛泽东号"精神　创建"毛泽东号"式班组

中国铁路北京局集团有限公司企法部

中国铁路北京局集团有限公司是以客货运输为主的特大型国有企业,管辖范围覆盖京津冀全部区域及山东、河南、山西省部分地区。现有干部职工 178 717 人,下设单位 134 个,共有班组 11 000多个,管辖范围内共有正线 222 条,营业里程 9 354.125 公里;年货物发送量 33 000 万吨,旅客发送量 34 000 万人次,运输收入 750 亿元。

班组作为安全生产、运输经营、队伍建设的前沿阵地,是标准化建设的基本单元,为此,北京局集团公司企法部以传承"毛泽东号"精神,创建"毛泽东号"式班组为抓手,在集团公司大力选树"毛泽东号"式班组,以此,激励班组奋勇担当铁路先行历史使命,全面践行"责任心＋责任制＋基本功＝安全正点"的京铁员工岗位准则,为集团公司高质量发展提供坚实基础。

一、传承"毛泽东号"精神,创建"毛泽东号"式班组背景

一是发扬"毛泽东号"精神,传承红色基因。"毛泽东号"机车于 1946 年 10 月 30 日诞生于哈尔滨机务段,是以伟大领袖毛主席名字命名的机车。1949 年 3 月"毛泽东号"机车随解放军南下入关,落户丰台机务段至今。70 多年来,"毛泽东号"见证了中国铁路发展的历程,成为新中国成立以来涌现劳模最多、安全成绩最好、完成任务量最大的先进机车组,被誉为"机车领袖""火车头中的火车头",从而形成了"报效祖国、服务人民,忠于职守、责任至上,艰苦奋斗、苦干实干,与时俱进、永当先锋"的精神,简称"毛泽东号"精神。

“毛泽东号”精神，已成为北京局集团公司最为宝贵的精神财富。“毛泽东号”精神凝聚了红色革命文化、中华优秀传统文化和社会主义先进文化的基因，并持续为铁路发展、社会主义现代化建设提供强大的精神动力和智力支持。“毛泽东号”精神是在波澜壮阔、砥砺奋进的实践发展中升华提炼的，对扎实开展“毛泽东号”式班组建设，具有十分重要的历史意义和现实意义。

二是激励一线班组，奋勇担当历史使命。国铁集团号召广大铁路干部职工勇担交通强国、铁路先行历史使命，为实现中华民族伟大复兴的中国梦作出积极贡献。集团公司在深入分析当前形势的基础上，适时提出了开展“毛泽东号”式班组建设的重大战略举措，用“毛泽东号”精神感召广大干部职工奉献青春，引领广大干部职工干事创业，为集团公司的创新发展作出贡献。

三是践行岗位准则，使之落实有效途径。集团公司党委在总结提炼“毛泽东号”基本经验的基础上，把“责任心＋责任制＋基本功＝安全正点”确定为京铁员工岗位准则，是提高集团公司现代化治理水平、推进首善之局建设的重大决策。“毛泽东号”式班组创建的重点内容就是创新班组管理增强责任心、严格执行标准落实责任制、强化岗位练兵提升基本功，是一线干部职工以实际行动践行京铁员工岗位准则，是确保京铁员工岗位准则落实的有效途径。

四是提升标准化建设，筑牢首善之局根基所在。班组作为集团公司最基本的生产组织单元，贯彻落实作业标准，直接关系集团公司整体安全生产大局。开展“毛泽东号”式班组建设就是要以“毛泽东号”为标尺，切实加强班组管理，提升班组标准化建设水平，着力夯实首善之局建设根基。

二、传承“毛泽东号”精神，创建“毛泽东号”式班组主要做法

北京局集团公司企法部组织制定了《关于深入开展“毛泽东号”式班组建设的决定》（京铁办〔2020〕357 号），并先后制作了学习“毛泽东号”精神专栏、听戈戈讲“毛泽东号”故事专题及敲黑板——“毛泽东号”式班组建设释义、“毛泽东号”式班组建设决定

的解读等一系列音视频和文字资料，用干部职工喜闻乐见、贴近干部职工生产实际的方式，对“毛泽东号”式班组建设工作进行了广泛宣传，使广大干部职工对“毛泽东号”式班组建设相关要求有了全面深入的了解，对建设重点有了清晰的认识，充分调动了一线职工参与“毛泽东号”式班组建设的积极性，营造了浓厚的“毛泽东号”式班组创建氛围，激发干部职工的参与热情。

(一)采取分步进阶式创建“毛泽东号”式班组

1.由普通班组——标杆班组

首先，明确以完善基础管理为依托，以明晰岗位职责为重点，以完备管理制度为关键，打造作业规范有序、安全稳定可控、任务高效完成、人员素质达标、管理科学先进、环境文明和谐的新型标准化班组的具体创建条件。其次，明确标准化班组的考核实行百分制评分。90 分(含)以上为优秀，标杆班组在优秀等级中按控制比例择优产生；80 分(含)～90 分为达标；80 分以下为不达标。标杆班组比例控制在班组总数的 10%以内(班组总数不足 20 个的站段可以产生 2 个标杆班组)，择优产生各类标杆班组。

2.由标杆班组——“毛泽东号”式班组

“毛泽东号”式班组建设工作不是孤立的单项工作，他是集团公司标准化规范化建设工作的有机组成部分，是标准化规范化建设考评成果的进一步提升，是在标杆班组的基础上采取加分评选的方式产生“毛泽东号”式班组。

(二)必须有四个过硬的“毛泽东号”式班组条件

1.过硬的政治素质

班组成员坚定理想信念，听党话、跟党走，作风硬朗，敬业爱岗，责任心强，服从命令，听从指挥，在“急、难、险、重”等各项工作任务方面先锋作用突出。

2.过硬的班组团队

班组成员觉悟高、技术精、干劲足，班组长以身作则、率先垂范、领导有力，班组骨干密切联系群众、团结一致、联劳协作，班组自管自控能力强，具有干事创业的工作环境和团结向上的班组文化。

3. 过硬的业务能力

班组成员刻苦钻研技术业务，熟练掌握业务知识和业务技能，具有较强的实际工作能力和技术业务素质，能够做到"规章一口清，作业一手精"，在应急故障处理、学规背规等方面名列前茅。

4. 过硬的工作业绩

班组成员牢固树立安全生产新理念，模范遵守各项规章制度，严格执行作业标准。班组安全基础扎实、管理规范高效，在增运增收、节支降耗、经营创效等方面取得显著成效。年度内各季度均被评为标准化建设标杆班组。

(三)明确创建"毛泽东号"式班组重点内容

1. 班组管理责任心强

各单位要健全完善班组管理机制，围绕强化责任心的培育，激发班组成员有激情、想干事、守纪律的良好精神状态，建立健全班组激励考核评价机制和全方位的班组人才晋升通道，突出对班组责任心的正向引导，实现人人想干事、事事有人管的良好工作态势。

2. 执行标准落实制度好

各单位要将作业指导书中的要点、难点、易错点提炼成易学易会、易记易懂、朗朗上口的顺口溜、几字作业法等，便于职工执行；积极推行诚信管理机制，确保班组成员一丝不苟地落实工作标准，严守规章制度职业底线，做到知职责、严执行、会处置，全面落实责任制。

3. 岗位练兵基本功高

各单位要创新职工学技练功的途径，通过强化集中培训、网络考试、微信答题、师徒传帮带、班组团队技术比武等形式，提高职工学技练功的效果，使班组成员真正做到应知应会、必知必会，成为本岗位行家里手，切实提升基本功。

(四)定量与定性相结合细化"毛泽东号"式班组评选条件

"毛泽东号"式班组的评选采取加法评选的方式产生，共设立七项加分条款，这七项加分条款的基点是标准化标杆班组的评选标准。当选“毛泽东号”式班组的先决条件是按照北京局集团公司和各系统、各单位标准化规范化建设的相关规定，年度内四个季度必须全部被评定为标杆班组，这是一个基点标准，也是一票否决标准，一旦有一个季度不是标杆班组，就没有参评“毛泽东号”式班组的资格。在此基础上，北京局集团公司设立了七项加分条款，其中既有班组集体和个人荣获集团公司级及以上荣誉表彰的定量加分，也有对班组承担集团公司重点任务的定性加分，鼓励班组及成员积极承担急难险重的任务，努力为集团公司作出突出贡献。加分评选打破了按系统排队的评价标准，集团公司所有具备参评资格的班组统一排队评选，按得分高低给予命名表彰。

(五)严格把握评选“毛泽东号”式班组程序

“毛泽东号”式班组的建设按照创建、申报、评选三个阶段开展。创建阶段由站段主导，重点做好“毛泽东号”精神的学习宣传，开展践行“毛泽东号”班组管理经验的专题讨论和常态化的技术比武活动。集团公司特别明确了从班组、车间到站段要开展作业指导书中的总结提炼工作，便于职工使用执行。申报阶段由各专业部门组织，在本系统所有符合基本评选条件的班组中择优推荐1～2个。评选阶段由集团公司评选工作领导小组组织，企法部负责具体实施，经集团公司党委会、总经理办公会审议通过后确定最终名单。集团公司“毛泽东号”式班组每年命名一次，不搞终身制，当年评比当年命名当年有效。

(六)完备“毛泽东号”式班组激励措施

1.组织保障

深入开展“毛泽东号”式班组的建设工作是集团公司推进首善之局建设的重大举措，是集团公司党委、集团公司着眼创新发展提出的战略性任务，是强基固本、守正创新的系统工程。各部门、各单位要与标准化规范化建设一起成立相应的组织领导机构，主要领导要履行好第一责任人职责，党政工团合力共为，切实抓好组织实施。

2.人员保障

集团公司要求各单位成立“毛泽东号”式班组的建设工作专班，配齐配强精干力量，充分调动干部职工的积极性和主动性，切实把创建工作落实落细落地。

3.资金保障

集团公司要求各单位要进一步完善内部绩效考核办法，用足用好标准化建设专项奖励，加大对班组建设的激励力度，充分调动一线职工参与“毛泽东号”式班组建设工作的积极性。

4.制度保障

集团公司明确各部门要进一步完善与“毛泽东号”式班组创建相关的劳动用工、人才晋升、工资分配等保障机制建设，确保命名表彰的“毛泽东号”式班组充分享受集团公司三项制度改革的成果。

5.命名激励

集团公司明确对评选出的“毛泽东号”式班组给予命名表彰，颁发统一编号的荣誉证书和奖牌，并通过集团公司内部宣传报道途径对“毛泽东号”式班组进行广泛宣传，鼓励更多班组参与创建，形成比学赶超的浓厚氛围。

6.评先激励

集团公司明确荣获命名表彰的“毛泽东号”式班组的班组长直接当选集团公司级先进生产者，享受集团公司级先进生产者待遇。

7.晋升激励

集团公司规定各单位对评选为“毛泽东号”式班组的班组长，要明确培养计划，出现岗位空缺时，可直接选聘到管理或专业技术岗位，班组长为干部身份的优先提拔为车间副主任，打通班组人员晋升通道。

8.提干激励

集团公司规定各单位对评选为“毛泽东号”式班组的优秀班组成员要有计划地安排到其他班组任班组长，身份为工人的优先提拔为干部。

9. 转职激励

集团公司规定对评选为“毛泽东号”式班组的班组长身份为劳务工的优先转职为正式职工，劳动合同由集团公司签订。

10. 物质激励

集团公司明确对评选为“毛泽东号”式班组的班组成员给予人均3 000元奖励，奖励由班组长按贡献大小统筹分配，最大限度激励班组成员立足岗位多作贡献。

三、传承“毛泽东号”精神，创建“毛泽东号”式班组取得的效果

（一）“毛泽东号”式班组已经成为集团公司的旗帜

基于传承“毛泽东号”精神的新时期铁路运输企业“毛泽东号”式班组文化建设活动开展以来，各单位以学习“毛泽东号”精神，推广“毛泽东号”班组管理经验，践行京铁员工岗位准则为主题，开展宣讲活动，迅速形成宣传学习“毛泽东号”精神的强大合力。各专业部门、各单位结合岗位实际，围绕学习“毛泽东号”精神我们学什么、怎么学，践行“毛泽东号”班组管理理念我们做什么、怎么做，争创“毛泽东号”式班组我们干什么、怎么干，组织开展专题讨论，形成积极争创“毛泽东号”式班组的共识。各单位通过定期组织一线班组开展全员参与的技术比武活动，切实激发全体职工学技练功的积极性和主动性，全面提升一线职工的基本功。集团公司上下真正形成了思想共识，将“毛泽东号”式班组作为集团公司的一面旗帜，引领集团公司标准化建设向纵深发展。

（二）头雁引领效应已经突显

各系统、各单位注重典型的示范引领带动作用，选树了一批有代表性、有影响力的示范典型立标打样，辐射带动，推进了“毛泽东号”式班组创建活动整体发展，典型示范引领的头雁效应得到了充分发挥。班组职工按标作业的自觉性大幅提升，以前一些惯性违章问题和看惯了、干惯了的不良行为得到自觉纠正，广大职工的集体荣誉感明显增强，特别是在职工工作业绩考核中增加遵章守纪、任务完成、工作质量、联劳协作等内容后，强化了职工相互监督的

分量，职工日常不按标准作业、不服从管理、出工不出力等问题明显好转。一线班组团结协作的氛围浓了，干群之间、职工之间的关系更和谐，职工遵章守纪的自觉性和主动性明显增强。

（三）首善之局建设得到有力夯实

新时期铁路运输企业“毛泽东号”式班组建设活动开展一年多了，各系统一线班组不断创新现场的控制手段，建设远程视频监控网络，运用设备监测数据分析，提升职工落实标准的自觉性、自律性，创新出的条块管理、网格化管理、五色图管理、二维码、条形码管理等手段和方法得到广泛推广应用，明显提升了安全管理水平。有的班组编制多媒体的职工岗位作业指导书，形成通俗易懂、短小精悍、言简意赅的可视化、有形化、显性化的操作标准和工作标准，极大提升了职工作业标准化水平。2020 年全年，集团公司消灭了一般 B 类及以上行车事故，未发生责任从业人员伤亡事故，一般 C 类事故同比大幅下降，集团公司的安全基础得到了有力夯实，首善之局建设的根基更为坚实。

“文化列车”送基层　凝心聚力促发展

中国铁路哈尔滨局集团有限公司

中国铁路哈尔滨局集团有限公司（以下简称哈尔滨局集团公司）是国铁集团所属国有独资企业，管辖线路覆盖黑龙江省全境和内蒙古自治区呼伦贝尔市，营业里程 8 416.875 公里，职工 14 余万人。文化体育事业管理所（以下简称文体所）是集团公司直属机构，定员 204 名，管辖 26 个文体场馆，2010 年成立以来，坚持“面向运输生产、面向基层站段、面向职工家属”服务理念，聚焦“举旗帜、聚民心、育新人、兴文化、展形象”使命任务，倾力打造“文化列车”品牌，发挥“文化列车”作用，凝心聚力，持续文化创新，有力促进了哈尔滨局集团公司企业文化发展和经济效益提升。“文化列车”多次在中央电视台、《人民日报》、《工人日报》、《人民铁道》、新华网、搜狐网等媒体报道，成为全路基层工会组织工作学习的榜样，其作品多次在国家、全路获得奖项，“文化列车”被评为“全国铁路基层工会特色工作品牌”，《“文化列车”品牌创建》荣获第 22 届全国铁道企业管理现代化一等创新成果。

一、“文化列车”品牌实施背景

开展工作和活动要以群众为中心，多关注、关心、关爱普通群众，经常同群众进行面对面、手拉手、心贴心的零距离接触，增进对群众的真挚感情。工会干部要深入基层、深入群众，争当全心全意为人民服务宗旨的忠实践行者、党的群众路线的坚定执行者、党的群众工作的行家里手。

党的十八大提出实现中华民族伟大复兴的中国梦。集团公司工会贯彻习近平总书记系列讲话精神，组建了“文化列车”，活跃在运输最繁忙、地域最边远、气候最寒冷、工作最艰苦的基层单位，肩负使命，为基层一线“送知识、送温暖、送欢乐、送健康、送祝福、送指导”，展示铁路人精神风貌，讴歌铁路人时代风采，开展了“文化列车”服务职工走基层活动。“文化列车”应运而生，顺势而为，与时代同行。

（一）“文化列车”是适应铁路行业特点，满足基层文化需求的必然要求

集团公司基层单位点多线长，分布零散，站段、车间跨度大，通勤和驻扎异地职工较多，个别职工存在牢骚等负面情绪，急需进行思想减压和凝聚思想共识。基层单位文艺骨干分布不均衡，车间、班组文化活动单调匮乏，职工迫切需要精神食粮给予慰藉。为适应铁路三级管理，满足基层文化生活需求，汇聚铁路改革发展正能量，共筑集团公司的共同愿景，文体所主动承担起慰问任务。

（二）“文化列车”是践行社会主义核心价值观，激发职工爱岗敬业热情的历史责任

集团公司处于“一带一路”的重要位置，需要向职工灌输新目标、新变化、新常态，需要激发职工主人翁责任感和爱岗敬业的热情。草原、山区的职工大部分是“80后”独生子女和“90后”年轻人，思想活跃，追求时尚。新时代需要伟大精神，这种精神就是社会主义核心价值观，只要把这种精神发扬起来，坚持下去，就会形成推动企业发展的不竭动力。“文化列车”承载着践行社会主义核心价值观的历史使命，传递着集团公司“忠诚、严谨、开放、精进”共同价值观的历史责任。

（三）“文化列车”是实现中国梦与职工个人梦想的有机结合，凝聚铁路发展动力的必然选择

习近平总书记指示，每个人都有理想和追求，都有自己的梦想。进而强调，实现中华民族伟大复兴，就是中华民族近代以来最伟大的梦想。“交通强国、铁路先行”，新时代的铁路肩负着实现伟大复兴中国梦的历史使命，需要不忘初心、践行宗旨，不断激发职

工实现铁路梦的积极性，将中国梦、铁路梦、职工个人梦想有机结合，凝心聚力，才能转化成为实现伟大复兴的中国梦的正能量。“文化列车”是在铁路转型发展进程中的历史必然选择。

二、“文化列车”品牌内涵

“文化列车”品牌内涵：“送知识、送温暖、送欢乐、送健康、送祝福、送指导。”送知识是指通过送各类图书、刊物，充实职工精神头脑，提高职工思想境界，陶冶职工情操；送温暖是指通过送生活日用品，传递组织关怀，改善职场生活条件；送欢乐是指通过丰富多样的文艺节目、联欢互动，让民众体验文化食粮，分享改革发展的硕果；送健康是指通过医疗专家义诊、送健身器械，不断提高职工健康指数；送祝福是指通过送春联、家人问候专题片，汇聚正能量；送指导是指通过培育骨干，服务基层开展文化活动，提高开展活动的科学性。

“文化列车”秉承“走近你、融入你、服务你、贴近你、歌唱你”服务宗旨，突出“接地气、鼓士气、长志气”主旋律，向着“最艰苦、最寒冷、最边远、最需要”的基层一线开行，集政治性、舆论性、导向性、大众性、娱乐性、宣传性为一体，坚持在冬运、春运、暑运、抗洪、战风雪等关键时期，向条件艰苦偏远的站区、道口房、看山房、施工宿营地等处开行，深度挖掘先进事迹，通过歌曲、舞蹈、曲艺、乐器等文艺表现形式大力弘扬劳模精神、劳动精神、工匠精神，将集团公司党委、集团公司对职工家属的关心传递到一线，凝心聚力，激发无限的精神动力，助力企业发展。

“文化列车走基层，一言一行守初心，一点一滴践使命，一枝一叶总关情。”“文化列车”所产生的价值是不能用金钱衡量的，产生的能量是无法估算的。打造“文化列车”品牌是适应铁路企业文化发展的有效选择。

三、“文化列车”品牌主要做法

“文化列车”坚持服务职工走基层常态化开行，坚定政治方向，服务中心大局，注重文化引领，构建培育体系，不断提升服务能力和水平，切实发挥品牌作用，在不断创新中踔厉奋发。

（一）"文化列车"开行重点

1. 把握宣传重点

紧紧围绕学习宣传党的精神、集团公司发展形势和集团公司党委重要部署，制作通俗易懂的答题卡、口袋书、宣传展板，通过现场抢答、问答互动、微信朋友圈转发集赞等形式，及时有效地宣传党的路线方针政策和集团公司建设、运营、改革发展举措、安全经营形势，广泛宣传。

2. 注重导向引领

"文化列车"是一面旗帜，开行到哪里就插到哪里，通过丰富多样的慰问形式和手段，增进职工的幸福感、获得感，产生火、产生热，调动工作热情，激发正能量释放，将党中央的精神、国铁集团、集团公司的部署、时政要闻、安全警示、制度措施、文化生活常识融入慰问当中，选取励志、感人节目歌颂劳动美，传播正能量，弘扬清风正气，保证"文化列车"的鲜明性、导向性。

3. 精设计重质量

坚持文化引领与文艺创新相结合，服务企业与服务职工相结合，科学编制"文化列车"运行图，定交路、定计划，创新开行方式，精心设计方案，集中开行和分散开行相结合，保质保量兑现计划，以文化的传播者、温暖的传递者、情感的体贴者、奉献的赞美者身份去践行"服务职工走基层"精神，以饱满的热情和优良的工作作风投入慰问演出当中，充分体现工会"娘家人"作用。

（二）"文化列车"开行特点

1. 注重抓关键性

抓住春节、两会、冬运、春运、暑运时机，盯住大型施工、抗洪抢险、奋战风雪等关键时段，采取定期开行和应急开行相结合，精心设计主题鲜明、内容生动、形式活泼、地气十足的慰问演出方案，鼓舞斗志和振奋工作热情。

2. 注重抓覆盖性

根据慰问对象点多面大线长的特点，抓惠民覆盖，有针对性地按地区分别组织开行，发挥“文化列车”既是小分队又是别动队的机动性、灵活性的优势，在全局各个地区全方位开行，呈现网络辐射态势。

3. 注重抓文化性

慰问演出兼顾群众性、大众性、娱乐性、新颖性，弘扬先进、歌唱典型，突出接地气、凝人心、聚合力的文化性特点，传递温情、传播文化、传送健康；坚持正确创作导向，编排正能量励志方面的文艺节目，同时又兼顾大众娱乐方面喜闻乐见、雅俗共赏的慰问节目。如：改编的歌舞深受基层职工喜欢，被广泛传播；编制快闪《坐着高铁看中国》华诞献礼节目，在央视新闻频道播出。

（三）“文化列车”开行亮点

1. 挖掘人才增添活力

发挥“放大镜”作用，挖掘人才，培育骨干，进行专业指导，寻找切入点加以舞台锻炼，把人才不断充实到“文化列车”当中，赋予“文化列车”生机和活力，为更好地服务基层文化储备动力；发挥“播种机”“搅拌棒”作用，对基层文艺活动进行帮教、指导，帮助基层单位文艺小分队组建，带动基层单位开展文化活动。

2. 融合地域带动传播

按照“打造一方阵地、带动一个地区、活跃一处文化、服务一线基层”的思路，通过“文化列车”将海拉尔马头琴、佳木斯“快乐舞步”有氧健身操、哈尔滨吹奏乐团、牡丹江京剧、曲艺等各地区的特色文化融合在一起，传播文化，带动地区文化发展。

3. 创新打造衍生品牌

按照“镜头对准一线、画笔描绘一线、创作靠近一线”的任务主线，剪纸协会送剪纸画，摄影协会捕捉精彩瞬间，拉丁、瑜伽、健美操、舞蹈等协会示范帮教，文艺协会一线采风编创作品，通过融入协会特色产品，以产品树品牌，以品牌带项目，创作更多作品，打造更多的品牌，促进各协会发展，使“文化列车”成为出作品树品牌的“摇篮”。

（四）“文化列车”开行焦点

1. 注重聚焦基层所需

经常与基层单位密切沟通，聚焦所需，供其所求，采用“菜单式”自由选择、“订单式”量身定制慰问节目，呼声在哪里，开行就到哪里；牢牢把握“六送”一条主线，紧紧抓住“跟进基层所需，跟进职工所想”两个跟进，强化慰问“条件最恶劣、生活最艰苦、地处最偏远”三个之最，不断满足广大职工群众的精神文化新需求、新期待。

2. 注重聚焦民生民意

发挥“流动意见箱”作用，每次开行都广泛征求基层单位和职工家属的意见和建议，将基层的民生民意分门别类向集团公司反馈，延伸集团公司决策触角，以保证“文化列车”的先进性，将“文化列车”发展成“工会服务职工在基层”的最佳载体，使基层感受到实实在在的温暖。

3. 注重聚焦媒介应用

构建“互联网＋文化”多元宣传平台，充分利用“抖音”“快手”“云直播”“微博”“微信”等媒介，将“文化列车”进行广泛宣传，使更多的职工感受铁路文化，分享铁路发展的硕果，使外界更加了解“中国铁路摇篮”的哈尔滨局集团公司；将每次慰问节目制成光盘、画册送到基层，通过电视机、小广播、活动室等渠道，向广大职工进行宣传。例如：大兴安岭大山深处只有1名职工的线路工区巡山工计文革通过“文化列车”的到访，成为新闻媒体关注的焦点，央视、省台以及全国各网络媒体相继进行了专题报道。

四、实施效果

（一）“文化列车”丰富了基层文化生活，促进了企业与职工命运共同体建设

“文化列车”服务职工走基层，冬送温暖，夏送清凉，春送健康，秋送食粮，强化企业文化的熏陶、教化，以间接的经费投入取得事

半功倍的成效，使企业与职工心连心，有效缓解了工作疲劳和压力，化解了负面情绪和矛盾，调动了职工工作热情，丰富和活跃了基层文化生活。十年来，“文化列车”收到锦旗16面，被誉为流动的音乐厅、移动的图书馆、文化的播种机、健康的医疗队、情感的连心桥、钢轨上的大舞台、铁路的红色文艺轻骑兵，充分体现了“工会之家”作用，为运输安全生产起到了保驾护航的作用。

（二）“文化列车”打造了精神文化家园，汇聚了助推企业和谐发展的正能量

“文化列车”成为“工会服务职工在基层”活动的有效载体，成为丰富职工业余文化生活的有效途径，它贴近生活、贴近实际、贴近职工，做到了融入与交流，实现了沟通与共识，使“大民生”工程取得实效。集团公司干群融洽和睦，精神文化家园增添了生机和活力，职工干劲十足，化解了不良情绪，谋企业创新发展的正能量得到了汇聚和释放，职工诉求信息量递减，谏言献策递增。

（三）“文化列车”活跃了职工文化生活，取得了社会效益与企业效益双赢，奏响了实现共同梦想的时代乐章

通过“文化列车”品牌带动，全局各地区职工文体协会达到78个。齐齐哈尔“鹤之声”合唱团、佳木斯“快乐舞步”健身舞蹈队、海拉尔马头琴协会、牡丹江小品协会、哈尔滨吹奏乐团等组织已经形成自我发展、自我管理、自我创新的建设势头，带动了地区文体爱好者的融入，促进了基层文化生活品质提升和文体协会创新发展。

十年来，培养出12名全路火车头职工艺术家，113名局级火车头职工艺术家，338名局级优秀文艺骨干，涌现出《复兴路上有你》《坚守》《西罗奇》等一大批优秀作品，在国家、全路以及省市级大赛获奖夺冠。

凝心聚力的企业文化，使职工主力军作用得到充分发挥，运输安全生产有序可控，安全天数得到稳步增长，企业效益得到持续提升，社会知名度得到不断扩展，吸引了越来越多的大学生投身铁路行业，为铁路健康可持续科学发展奠定了坚实基础。2021年12月

31 日，全局运输安全生产实现 3 486 天。

文化的魅力无可比拟，文化的价值永放光芒，“文化列车”播种的是文化，传承的是精神，传递的是能量。打造“文化列车”品牌是推进企业文化可持续发展的必然选择，坚持以人为本，不断创新，适应新时代，承载梦想，追逐梦想，用实际行动助力铁路发展。

“蜀愿南飞”助力川南发展

中国铁路成都局集团有限公司内江车务段

内江车务段隶属于中国铁路成都局集团有限公司，成立于1959年1月，地处川南腹地，成渝双城经济圈核心区域，是一个以内江为中心，辐射资阳、自贡、泸州等地级市的铁路基层窗口单位。内江车务段内设机构11个（含党群1个），安全生产调度指挥中心1个，设生产车间10个，段本部位于内江市东兴区。管辖40个车站，对外办理旅客及货物运输业务，对内组织与客货运输密切相关的接发列车和调车作业。全段在册职工1 365人（其中在岗1 313人），平均年龄43岁，大专及以上学历760人，占55.68%。2021年，内江车务段完成运输收入8.31亿元，发送旅客640.41万人，货物发送104.93万吨，装卸车37.13万辆。作为川南地区重要的交通运输企业，内江车务段在川南地区融入成渝双城经济圈，在助力地方经济、促进文化交流和发展中发挥着积极作用，先后荣获“全国文明单位”“四川省先进基层党组织”等荣誉。

2015年12月，成渝高铁开通运营，2021年6月，绵泸高铁内自泸段开通运营，蜀道不再难，时速350公里高铁快速融入和改变着人们的生活，带动了地方经济的腾飞和人们生活质量的飞跃。在成都局集团公司党委宣传部的指导下，内江车务段党委通过现场调研、集中研讨等方式，培育出“蜀愿南飞”的核心理念，以实现“飞”的夙愿、注入“飞”的活力、体现“飞”的展望三层内涵，凸显高铁对川南人民出行、服务地方经济发展的重要意义；以筑梦内车、追梦内车、圆梦内车三个子理念，凝聚内江车务段干部职工保开通、畅运营的合力，得到了干部职工的一致认可。

一、“蜀愿南飞”的实施背景

川南地区气候宜人、资源丰硕，古人因盐设镇、临江建都，创造了许多文化名城、历史名迹，却因险峻的地理环境受到制约。虽然铁路让川南人民走出了山区，但他们对更加快捷实惠的交通方式仍有期盼，对通联四海的高铁渴望久远且强烈。绵泸高铁内自泸段开通运营，俨然成为川南人民出行的主要客运通道，结束了自贡、泸州两地不通高铁的历史，将沿线百姓期盼已久的高铁梦想照进了现实。蜀愿，代表四川人民追求美好幸福生活，快捷便捷出行的夙愿；南飞，代表绵泸高铁不仅构架了一条助推四川南部腾飞的大动脉，更寓意着今后几条高铁建成后，四川联结南方地区共同飞速前进。

（一）“蜀愿南飞”三层内涵

1.实现“飞”的夙愿

川南地区气候宜人、资源丰硕，却因险峻的地理环境受到制约，川南人民渴望走出山区，通联四海，这一夙愿随着绵泸高铁建成而实现。

2.注入“飞”的活力

绵泸高铁将川南城市群接入了成渝经济圈，为沿线百姓带来“同城体验、双城生活”的快捷出行体验，更为地区经济发展注入新的活力与生机。

3.体现“飞”的展望

绵泸高铁扭转了川南城市群交通区位劣势，助推同城化，加快地区经济发展，助推沿线人民走出去，吸引外地游客走进来，加速文化交流融入。

（二）“蜀愿南飞”三个子理念

1.筑梦内车，构建命运共同体

内江车务段立足强化基础、盯控关键、规范管理，构建安全之家；立足钻研业务、比拼技能、争做贡献，构建创优之家；立足共建共享、友爱互助、亲如一家，构建温馨之家；立足弘扬传统、继承经典、引领思想，构建文化之家。

2. 追梦内车，奋进时代新征程

内江车务段坚守政治红线、职业底线，筑牢安全屏障，实现安全立段；坚持群众需求、市场导向，提升经营效益，实现经营兴段；坚持人尽其才、才尽其用，争创一流业绩，实现人才强段；坚持以文化人、以文育人，凝聚发展合力，实现文化凝段。

3. 圆梦内车，我与企业共成长

内江车务段坚持与职工携手同心，共谋发展新篇章；坚持精诚团结，共担责任践使命；坚持风雨同路，共同成长赢未来；坚持砥砺前行，共享成果促发展。

（三）"蜀愿南飞"标识

内江车务段

NEI JIANG CHE WU DUAN

"蜀愿南飞"标识选择橙色作为主题色，橙色中和了"红"与"黄"，作为暖调颜色，代表了决心和信心。选择橙色，是与"振翅腾飞"的凤凰图腾相辉映，展现历经六十甲子风雨沧桑的内车人不改初心、满怀希望、活力四射。

整个图形打破了传统规整的圆形，线条流畅、富有动感，寓意着高速与效率。随着绵泸高铁内自泸段开通运营，川南人民通联四海的夙愿通过一只欲向上腾飞的凤凰与奔腾向前的列车得到展现。

凤凰尾部的羽毛将列车头轻轻包裹，组合成了更具活力与冲劲的"C"型结构，"内车"首拼缩写与列车象形巧妙结合，寓意在高铁时代的脉动中，在"成渝双城经济圈建设"中，内车人将谱写一首首改革发展的华美乐章，助力地方经济腾飞，拓展区域合作。

二、"蜀愿南飞"的主要做法

以"蜀愿南飞"文化理念为核心，坚持文化与管理联动，传播与实践并行，全员和重点兼顾，以凝聚思想共识、行动共识、管理共识和发展共识为主线，将企业文化理念渗透于运营生产的各个环节，促使员工行为规范有序、运营管理精细高效、服务品牌深入人心、企业形象显著提升，为绵泸高铁运营管理提供强大的精神动力和文化支撑。

（一）丰富文化内涵，形成思想共识

1. 坚持学习调研

以"他山之石可以攻玉"的思路，组织业务骨干和职工代表先后前往六盘水、涪陵、重庆、遵义等友邻站段观摩学习，博采众长，启发对企业文化的深度思考与提炼；同时，结合内江、自贡、泸州、富顺、泸县等市县的历史文化，多次深入现场调研，与地方宣传部门深入沟通交流，形成"齐抓共管、用心谋划、用智设计、用力推进"的总体思路，对绵泸高铁内自泸段企业文化建设进行了整合、融合和创新。

2. 坚持集思广益

在干部职工中广泛开展"蜀愿南飞"企业文化理念阐释征集活动，通过专题讨论、座谈互动等形式，组织广大职工对"蜀愿南飞"文化理念进行个性诠释、特色解读，逐步提炼形成了"实现'飞'的夙愿、注入'飞'的活力、体现'飞'的展望"三层内涵和"筑梦内车、追梦内车、圆梦内车"三个子理念，实现了广大干部职工对"蜀愿南飞"文化理念的认同。

3. 坚持广泛宣传

充分发挥各类宣传阵地、内江车务段微信公众平台、互联网群组等媒介作用，强化"蜀愿南飞"文化理念的传播；通过开展"蜀愿南飞"logo 设计活动，持续激发干部职工对"蜀愿南飞"文化理念的理解，形成共同奋斗的思想基础，促使文化理念入脑入心。

（二）统一价值目标，实现行动共识

1. 守底线，坚决确保高铁和旅客安全万无一失

安全是铁路工作的政治红线和职业底线，内江车务段上下牢固树立“人民至上、生命至上”的思想，着力完善安全体系建设，加强安全风险源头卡控，持续强化安全教育提素提质，不断培育干部职工的安全责任意识和作业标准意识，在工作中始终保持警钟长鸣、如临深渊的敬畏之心，确保列车安全、旅客安全。

2. 抓服务，坚决确保旅客出行体验更加美好

为满足旅客对美好出行的需求，内江车务段以实现“平安、有序、温馨出行，让旅客体验更美好”为目标，在服务工作中融入“蜀愿南飞”文化理念，做到“语气柔和一点、解答耐心一点、待客主动一点、说话礼貌一点、服务热情一点”；坚持开展客运服务“每日一练、每月一考、每季一评”，不断提升高铁车站客运人员服务水平；同时，通过开展“做一次普通旅客”职工体验活动，从购票、进站、候车、检票、乘降、出站等全过程查找不足，改进和优化旅客购票、候车、乘降流线，方便旅客美好出行。

3. 促经营，全力以赴打好经营创效攻坚战

内江车务段坚持主动营销，积极走访属地部门开展市场调研，精准掌握市场需求。坚持每日营销分析，借助客运营销辅助决策系统、计划管理系统、12306 软件等载体，紧盯广州、昆明、成都、重庆、西安等方向客流，实时提报票额调整、列车加开及重联建议；主动向旅客宣传推广往返票、联程票、乘意险的便利，联系地方政府、学校等机构，做好团体票营销工作，增加客票发售量和客票收入；通过官方新浪微博推送“坐着火车去旅游”栏目，公布每日列车加开车次、时刻等信息，积极引流上线；联合内江、自贡、泸州等市报社、电视台等媒体，在铁路调图、五一、国庆等重要节点，加强增开列车的宣传力度，实现经济效益与社会效益双丰收。

（三）完善工作机制，筑牢管理共识

1. 抓顶层，加强组织机制建设

成立内江车务段企业文化建设工作领导小组，负责总体谋划、

项目策划和统筹协调。坚持“深度融合、以人为本、突出特色、实事求是、系统动作”五大原则，对文化理念、文化阵地、职工行为、环境氛围等方面建立规范、明确标准，使企业文化理念、目标要求常态化渗透各个专业，延伸到各个岗位。

2.齐推进，密切配合各司其职

内江车务段坚持分工明确、职责清晰的工作思路，配强人员队伍，加大资金和设备投入，为企业文化建设提供有力保障。党委办公室总牵头，抓好重点项目实施和重点工作督办，确保文化建设工作落地落实；职能科室发挥专业优势，抓好文化建设具体项目的组织实施，分工对安全文化、服务文化、经营文化、廉洁文化、家园文化等进行策划和打造，形成了齐抓共管的强大合力和良好氛围。

3.聚合力，发动职工共同参与

内江车务段坚持全员参与、共建共享，发动干部职工为站区文化建设出谋划策，在职工中征集了绘画、书法、摄影等原创作品，用于制作“绵泸凡星”“安全漫画走廊”等文化主题墙，组织职工为职工家园“初心苑”“奋进苑”题名题字，职工参与感十分强烈，进一步增强了干部职工对企业文化的认同感。

（四）筑牢精神高地，汇聚发展共识

1.打造党内品牌

坚持“内练本领、外塑形象”，充分发挥党支部战斗堡垒作用和党员先锋模范作用，对内强化理论学习、技术练兵、应急演练，提升党员的思想素质、管理能力和业务技能，开展党内立功竞赛活动，使党员自觉成为高质量发展的“尖兵”、精神文明建设的“标兵”、企业文化建设的“排头兵”；对外打造“先锋服务岗”党内服务品牌，为旅客提供车票售改签、候车引导、困难帮扶、信息咨询、建议投诉等8项便民服务，努力让“先锋服务岗”成为高铁车站的“代言人”和“一流”产品。

2.选树先进典型

内江车务段把先进典型示范引路作为推动企业文化建设的重要载体，深入宣传报道泸州站站长以站为家、连续作战，地震期间以震为令、坚守一线的先进事迹，该同志被评为成都局集团有限公司 2021 年“新时代 · 成铁榜样”；通过展现绵泸高铁内自泸段开通运营前干部职工日夜鏖战、艰苦奋斗，开通运营后全力确保高铁和旅客安全万无一失等凡人小事，优选全段先进集体、优秀个人打造先进文化墙，为职工提供了榜样示范和企业价值观引导。

三、“蜀愿南飞”的实施效果

随着企业文化建设的推进，文化理念逐步深入人心，内江车务段高质量发展的进程正在加速。

1. 企业的综合实力逐步提高

内江车务段紧盯新线开通、防洪地震、反恐防暴、路外安全、职工稳定、消防等关键，确保了各个重要时期安全稳定，截至 2021 年 12 月 31 日实现安全生产2 217天；生产经营逆势奋进，2021 全年，完成运输收入 8.31 亿元，同比增长 26.14%，其中客运收入 5.92 亿元，货运收入 2.43 亿元；旅客发送 640 万人，同比增长41.29%，货运到达 954 万吨，同比增长 21.51%，其中，绵泸高铁内自泸段完成客运收入 1.14 亿元，占全段客运收入的 19.4%，发送旅客 115.39 万人，占全段旅客发送人数的 18%。

2. 企业的知名度明显提高

随着绵泸高铁内自泸段的开通运营，“蜀愿南飞”的愿望更加圆满，川南地区人民的出行方式发生了翻天覆地的变化，高铁成为人们出行的首选，对铁路的关注度进一步提升。内江车务段坚持“人民铁路为人民”企业宗旨，以对企业、对社会负责的态度，以平安、有序、温馨出行为重点，以旅客、客户满意为目标，塑造了企业良好的品牌形象，截至 2021 年底，先后荣获全国文明单位、全国铁路先进集体、四川省先进基层党组织等称号。

3. 职工队伍素质提升显著

面对川南地区地形复杂、地震多发频发的环境现状，内江车务段干部职工迅速行动，多次有序应对自然灾害突发应急处置，确保了高铁和旅客的绝对安全。在应急处置中，内江车务段认真做好旅客退改签工作,联合设备单位开展现场检查,协调地方部门做好应急帐篷、矿泉水、面包、折叠床等生活物资储备;面对多趟列车晚点停运,站内滞留大量旅客,干部职工耐心细致地向旅客解释,这都体现了职工良好的业务素质、职业操守和与企业共克时艰的高尚情怀。

4. 干部职工的幸福感明显增强

内江车务段坚持以人为本,把尊重、关爱职工作为立足点,换位到职工角度想问题、作决策、办事情。常态开展"春送关怀、夏送清凉、金秋助学、冬送温暖、帮困助学、我为群众办实事"等活动,全年共计解决干部职工生产生活困难 147 件;以"筑梦、追梦、圆梦"为着力点,逐步形成发展为了职工、发展依靠职工、发展成果由职工共享的和谐氛围,为内江车务段高质量发展提供源源不断的内生动力。

以“拓荒牛”精神　建设一流机车检修段

中国铁路上海局集团有限公司上海机车检修段

上海机车检修段成立于2014年12月29日，是国铁集团在全国规划布局新建的七大和谐型大功率机车检修基地之一，主要承担铁路和谐型电力机车专业化集中修任务。检修段现有10个科室、2个车间、28个班组，共有职工575人，占地面积约23.7万平方米，有工艺设备2 800多台(套)。多年来，先后通过ISO9001国际质量管理体系认证，取得国家铁路局颁发的HXD_{1D}型电力机车C6修维修行政许可，为全路首家具备HXD_{1D}型电力机车C6修能力的单位。

建段初期，检修段只有职工383名，均由上海机务段划入。当时面临机车检修技术不完备、工装设备不适应、生产流水不顺畅、人员队伍新老交替素质不足等一系列难题，许多工作必须从零做起。为了充分挖掘队伍潜能，解决面临的种种困难，新组建的段领导班子庄重提炼出了“拓荒牛”精神，并通过这个精神理念引导、氛围熏陶、情感激发、培训提升等手段，旨在凝聚职工队伍合力，推动检修段发展。

一、“拓荒牛”精神实施背景

1.“拓荒牛”精神是提升中国装备水平的迫切需要

中国装备水平的发展，以高铁和大功率电力机车为代表，大都经历了先依赖国外技术引进，后到完全国产化再提升的进程。作为国有企业之一，检修段所承担的和谐型机车检修工作发展，所面临的困局和难题，正是中国装备水平提升受到制约以及核心技术“卡脖子”的体现。要打破这些封锁，要培养国家的技术人才，还要进一步研发出世界领先的制造工艺和水平，不仅要依靠现有中国科研技术人员的辛勤工作，而且还要有一种“拓荒牛”精神加以持续牵引，振奋中国人民、中国制造的信念和决心，就一定能做出具有完全自主技术的装备，造出一件件大国重器。

2.“拓荒牛”精神是保障铁路安全运输的现实需求

安全是铁路运输的重中之重，大功率机车作为铁路干线货(客)运主要牵引动力，机车高级修质量将直接影响铁路运输生产安全。近年来，我国铁路建设突飞猛进，铁路改革发展日新月异，就上海局集团公司而言，营业里程达到 13 374.3 公里，同比增加 527.9 公里，营业里程越长，对固定和移动装备质量安全的要求就越高。2021 年，上海局集团公司配属的机车装备总量达到 1 490 台，作为基层站段之一，检修段不仅需要依靠科学合理的生产组织去保障机车供应，还需要依靠职工建立“拓荒牛”精神，用文化聚心聚力，合力确保铁路运输装备质量可靠，进一步提高铁路物流服务质量，这是保障铁路运输安全的现实需求。

3.“拓荒牛”精神是检修段高质量发展的内在要求

检修段就是将全体职工团结在“拓荒牛”精神下，最大限度地发挥队伍主观能动性，解决成立初期在生产、技术、人员、材料等方面的难题，促进上量扩能、拓展机型、深度自主、用心经营的中心工作顺利进入快车道。但随着机车修程修制改革的推进以及检修机车数量增大，机车故障频发、队伍素质不达标、任务不饱满等新问题接踵而来，这对新时期新形势下的工作提出了更高的要求。为此，在运用安全双重预防、全面质量管理等常规企业管理手段的基础上，检修也要继续通过“拓荒牛”精神增强职工道路自信、文化自信，凝聚全员“开荒种地、躬耕力行、攻坚克难”的思想共识和共同行为，才能更好推动检修段由大向强高质量发展。

二、“拓荒牛”精神内涵

“拓荒牛”精神承接并渗透检修段从建设初期步入高速发展，再到高质量发展的成长过程，呈现检修段人不同时期的精神面貌和取得的历史性成就，主要包括以下三个层面：

1. 开荒种地、从无到有

“在一张白纸上画出最美的蓝图”，这是第一届领导班子带领着全体职工提出的发展愿景。为此，检修段人以只争朝夕的精气神，开荒种地、艰苦创业，终于在南翔机务段（旧址）这块土地上，通过委外修、属地修、自主修“三步走”，积累了技术经验，建立了管理体系，配套了设备设施，把昔日的“荒地废墟”变成了今天的“绿色工厂”，走出了一条具有特色的发展之路。

2. 躬耕力行、从有到大

“上量扩能、拓展机型、自主检修、用心经营”，是从建段第一年提出的发展战略及规划。为了实现这些工作目标，检修段人用了7年多时间，凝心聚力、躬耕力行，有效应对修程修制改革、新机型新修程、外局机车检修等任务变化，有效应对核心技术掌握不全面、工装流水通过能力不足、技术技能人才短缺等问题矛盾，在安全、质量、任务、效益等各方面都取得了新的业绩，保证了检修段持续平稳较快发展。

3. 攻坚克难、从大到强

“聚焦机车检修工作，增强自主检修技术，壮大检修人才队伍，升级工装设备及流水线等综合实力”是检修段人用每一年的生产及投入建设，不断攻坚克难、奋发进取，加快向强转型高质量发展的前进方向。近年来，通过新的部件属地合作修、C6试修、集动D4修等任务的磨炼和考验，整体队伍素质、设备设施、技术标准三大生产要素改造都得到了提升，整个机车检修工作的层次和水平在全路处于领先。

三、“拓荒牛”精神主要做法

1. 领导率先垂范和倡导“拓荒牛”精神

检修段第一任主要领导对干部职工常说的一句话是“我们是来这里开荒种地的”，他们不仅靠言传，还通过领导班子带头下现场、开会议、带着干，向全体干部职工灌输“拓荒牛”精神，逐步实现自上而下的规范，并形成了从管理者到作业者、老职工到新职工、懂技术技能到不懂技术技能的实践。在精神倡导上，由检修段主要领导通过建立首课制度，向每一名新入路职工面对面进行授课，结合“拓荒牛”精神，阐述每一名职工职业生涯即将承担的任务、做人做事的准则以及个人的一些工作经历，利用职业生涯“第一课”的影响，起到了重要的示范引领作用。

2.“拓荒牛”精神与工作同部署同推进

一是将“拓荒牛”精神列入每年的重点工作安排中。如在2017年、2018年检修段职代会上就明确提出要“加强企业文化建设”，赋予“拓荒牛”精神与生产经营相匹配的地位；2019年，进一步明确“拓荒牛”精神实施的方向和载体，首次详细地对“拓荒牛”精神从提炼和固化、培育和共享、弘扬和传承三大实施步骤进行系统的规划，指导长期的运行实施。二是按照重点工作安排和规划，制定政策和机制加以固化，党、政、工、团各级组织群策群力，齐抓共管。比如，我们在公开招聘干部上，导向现场经验丰富、动手能力强的人才；在分配激励上，导向干多干少不一样、干好干坏不一样，使职工既有“拓荒牛”精神的导向，又有制度化的规范。三是成立段“拓荒牛”精神领导小组和工作办公室，有目的、有组织地系统开展“拓荒牛”精神实施和落地工作；设立负责“拓荒牛”精神的专业部门、配合部门，有专职的企业文化工作人员，牵头协调并推进“拓荒牛”精神实施，并将经费纳入年度预算，人员、制度、活动、经费全部落实到位，从而保证了实施的顺利进行。

3.形成“拓荒牛”精神“4＋4”理念体系

适应检修段承修机型拓展、修程升级、任务量提升的发展变化，依照干部职工对教育培训、荣誉业绩、工作氛围的需求加以实施，并转化为指引干部职工确保安全生产、努力提质增效、争创先进模范的具体工作理念和平台载体，形成了“拓荒牛”精神“4＋4”理念体系。

第一个“4”是指：“创先理念”，主要体现在生产组织变革上，自主研创工艺工法、技术革新产品，跨越“人有我有、人有我优”，实现

"人无我有"。"创新理念",主要体现在科技创新工作上,每年举办科创月、"五小"制作竞赛等活动,做到既有"高大上"的精英创新,也包括群众性的微创新。"创优理念",主要体现在人才培养上,遵循"以人为本"的方针,通过系统的教育培训及技能竞赛提高职工业务技能,打造一支高级修技术技能团队。"创效理念",主要体现在任务经营上,作为华东地区唯一的和谐型大功率机车检修单位,肩负着机车检修工作提质降本增效的责任和使命,必须扎实落实机车修程修制改革部署。

第二个"4"是指:"一次做对、一次成优"的检修质量。检修机车作为检修段核心产品,承修机车质量与运输安全、旅客安全紧紧关联,质量是基础、是生命,全体检修人员遵循精检细修、准探丝毫;一次做对、一次成优等工作准则,修出一台台精品机车,不断地为铁路运输提供可靠的牵引动力。"智能、准时"保证物料供应。物料供应在机车检修生产中肩负着十分重要的使命,如果没有物料,检修段直接面临的就是停工待料,影响生产。"科创园"做好人才培育。针对高学历青年职工占比大的实际创办大学生科创培育园,为职工搭建广阔的科创平台,营造浓厚的科技创新文化氛围。机车广场传承"拓荒牛"精神。投入修缮机车文化广场,自制"滚滚向前"等代表机车检修工作的特色摆件,还组织新入路职工在机车文化广场进行宣誓,共同阅览机车赋,实物观摩建设号蒸汽机车和东风号内燃机车,让青年职工亲身了解机车检修事业的历史和未来,影响职工的职业生涯、行为活动。

4.贯彻"拓荒牛"精神的多种做法

一是把"拓荒牛"精神具体呈现出来。一方面,以每时每刻发生的事件、人物为对象,注重从细节、细微的环节入手,定期撰写和编制检修段大事记、宣传画册、职工先进事迹、管理创新课题集、安全质量典型案例、职工论文作品集、文明礼貌指南、职工手册、制度汇编、科技创新论文集、优秀质量管理成果集,制作企业宣传片,围绕检修机车这一核心产品创作《机车赋》。另一方面,制作"拓荒牛"精神宣传手册,对企业文化进行图文解读,向全体职工发放。每年开展段“二十佳”等各类先进评选工作，建设一面先进墙，制作一本宣传册，出刊一期宣传栏，举办一次家属座谈会，召开一场先进表彰会，举办评比文明化生产活动，拓展摄影、书法、绘画、演讲、读书活动，以及各类群众协会开展的各项活动，不断增强职工对“拓荒牛”精神的直观体验和感受；此外，还在检修段生产和生活场所制作理念文化标识、宣传灯箱，推进“拓荒牛”精神落地、上墙工作。二是让职工认同并贯彻好“拓荒牛”精神。由领导班子、管理干部每年对职工进行“拓荒牛”精神宣讲，每年组织开展丰富多彩的文化活动，如文化研讨、技术能手大讲堂、百日冬锻、班组文化建设等系列活动，举行先进个人及集体表彰会、青年职工演讲比赛、读书活动、书画摄影大赛等，使“拓荒牛”精神渗透职工的日常生活中，更利于职工认同并贯彻好“拓荒牛”精神。三是通过项目、课程和会议等传递“拓荒牛”精神。一方面，坚持开展自主检修、科技攻关、教育培训、竞赛活动等多种方式，在提高他们的技术水平、技能水平、管理水平、综合素质等的同时，也通过这些项目和课程，将“拓荒牛”精神传递到管理者、一线职工等。另一方面，通过会议邀请、文件通报、微信公众号等各种方式将“拓荒牛”精神传递到供应商、合作单位等，使“拓荒牛”精神得到相关方的高度认同。如每季都召开安委会、质委会；每半年召开设委会；每年召开工作研讨会，邀请车间负责人、班组职工、合作单位代表等参加会议，向他们部署重点任务、讨论工作问题的同时，也传播检修段的“拓荒牛”精神，使检修段的利益共同体都能接受并自觉实践、运用检修段的“拓荒牛”精神，给检修段的发展提供更有力的支持，合力保障安全质量，最终实现“协同、共赢”。

四、“拓荒牛”精神实施效果

1.形成了检修段特色文化体系

基于“拓荒牛”精神实施，拓展出具有检修段特色的“4+4”文化理念体系，凝练了具有突出行业特色、鲜明地域特色的企业文化，赋予了检修段“三扩三提三创”工作思路的新内涵，明确了“立足上海、覆盖华东、服务全路，高标准、高质量完成和谐型机车检修任务”的“由大向强转型高质量发展”的使命，助推了“建设一流机车检修段”的企业愿景，提升了企业高质量发展软实力。

2. 安全质量、效率效益取得新突破

企业文化建设离不开中心工作，中心工作是载体、是平台，是检验创建工作成效的“试金石”。近年来，检修段得益于文化建设的引领，各项工作呈现良好态势，不断取得了新的业绩。安全上，实现安全生产 2 633 天，连续第七个安全年，没有发生过责任一般行车 C 类及以上事故。质量上，连续两年修竣交付的机车故障率控制在 0.01 件/10 万公里，2021 年修竣机车无机破，质量水平创新高。任务上，年均换算 C4 修产量达到 200 余台，月均产能突破至 26 台，开创了上量扩能的新局面。效率上，各机型停时控制逐年压减至 C4 修 13.1 天、C5 修 15.5 天，提高机车使用效率，为集团公司大大减少购车成本。技术上，建立健全覆盖 HXD_1、HXD_2、HXD_3 型系列机车高级修的技术标准体系，通过了 ISO9001 国际质量管理体系认证和国家铁路局 HXD_{1D} 型机车 C6 修行政许可，成为全路首家取得该项资质的检修单位，不断地为机车修程修制改革作出更大贡献。

3. 人文环境上升到新高度

通过企业文化建设，其内涵不断丰富、提升和发展，增强了职工的文化自信，促使工作氛围、企业发展升到新高度。人才作为发展的基础，一大批年轻优秀的机车检修技术技能人才脱颖而出，极大优化了人才队伍的结构。广大干部职工心齐气顺、比学赶超，遵章守纪、按标作业，展现出“自信自立自强，争当排头”的检修段职工新风貌。

4. 精神文明引向深入并得到塑造

通过文化建设，实现深度挖掘一个新成立的检修段、新行业的文化内涵、核心价值观以及员工行为规范，并应用成果对干部职工广泛进行了深入持久的文化理念宣传教育，引导广大干部职工文明礼貌、宽厚待人、勤政廉政、崇德守信，职工队伍杜绝重大违法违纪案件，做到职工违法犯罪率为 0，连续荣获近年来的“集团公司文明单位”荣誉称号。

“三个自觉”树起金温铁军精神航标

浙江金温铁道开发有限公司

浙江金温铁道开发有限公司(简称金温铁道公司)是金温铁路(现称金温货线)的业主单位,是浙江省和中国铁路上海局集团有限公司管内唯一一个由省方控股、客货兼顾、自管自营的合资铁路公司,受浙江省交通投资集团、中国铁路上海局集团有限公司双方共同管理。公司成立于1992年11月,目前管辖金温货线235公里、乐清湾铁路271公里、金台铁路165公里、头门港支线41公里,合计运营铁路里程512公里,现拥有员工4 300多人,独立拥有一支铁路“车、机、工、电、辆”专业齐全的管理团队和职工队伍,下设4个全资子公司和1个控股分公司。

目前,金温铁道公司每日开行14对跨省跨局的长途普速旅客列车,4对动车组城际列车、10.5对市郊列车,每日开行通往全国各地的14对货物列车,年货运到发量1 100万吨以上,旅客发送200万人次以上,此外公司充分借助铁路运输资源,大力发展货物装卸、涉铁工程施工等多元经营产业。

自1998年开通运营以来,金温铁道公司实施铁路投融资、建设管理、运营管理模式创新,走出了合资铁路公司发展的一条新路子。2020年,为适应浙江省方控股铁路发展形势,金温铁道公司提炼形成了“三个自觉”新时代金温精神:“用信仰铸造灵魂的政治自觉、用奋斗成就幸福的行动自觉、用创新开启未来的担当自觉。”以“三个自觉”文化凝聚员工续写改革创新新篇,并于2020年、2021年受托运营乐清湾铁路、金台铁路,实现“多线合一”,开创了地方合资铁路公司实施多线受托运营的崭新模式。

一、"三个自觉"新时代金温精神的创建背景

（一）创建新时代金温精神，是重振企业士气的需要

金温铁路开通于1998年6月，作为当时大众出行首选交通方式，推动了浙西南地区经济社会发展，填补了浙赣以东至沿海10万平方公里铁路网空白，具有明显的先行优势。但随着人民对美好生活需求的不断提升，铁路迈入高速路网时代，普速客运市场份额不断压缩，"十三五"以来，金温铁道公司经营效益逐渐走向下坡，急待扭转局面、走出低谷。在这种形势下，用与新时代同频、与新使命共鸣的"三个自觉"金温精神作为航标，是提振全体金温人士气、引领公司实现新发展、取得新业绩的重要支撑。

（二）创建新时代金温精神，是打造运营品牌的需要

"十四五"以来，合资铁路"分类投资建设和分层管理"改革加快推进，浙江省完成区域合资铁路重组整合，组建形成浙江铁路发展控股集团。面对省方控股铁路运营发展新形势，金温铁道公司积累和传承20多年运营管理经验，既要当好先行军，也要当好主力军，迫切需要推进自身业务模式由单线自管自营向多线受托运营的转变升级，用改革的勇气、发展的士气、创新的锐气研究落实合资铁路改革任务，加快自身经营机制改革，做好"十四五"谋篇布局加快发展，打造"浙江铁路"运营品牌。在这种形势下，需要全员凝聚发展共识，提升战略意识，释放创新活力，用政治自觉、行动自觉和担当自觉焕发出干劲、拼劲和闯劲推进改革创新，不断提升合资铁路运营管理的效能质量。

（三）创建新时代金温精神，是明晰思想指引的需要

思想决定行动。推动"十四五"高质量发展，需要更高的站位、更坚定的信心、更强的执行力和更高质量的管理。未来五年，金温铁道公司面临省方控股铁路运营能力建设、经营市场拓展、安全生产管控、装备改造升级、运营团队和运营品牌建设五项战略任务，实现这些战略目标，需要有更强的政治意识、战略思维和攻坚思

想。看待手中的工作要有政治自觉，主动把工作摆进全省铁路发展大局；研究和推进计划要有“一盘棋”思想，用战略思维谋篇布局、精准推进，遇到难题要坚定不移、一以贯之、直面应对；有思路超前、果断执行的锐气，能碰硬、敢担责的底气，敢于自我加压、自讨苦吃的勇气，让“三个自觉”内化为铁军的精神追求，外化为铁军的自觉行动，依靠党的坚强领导走好经营路、走出创新路、走稳发展路。

（四）创建新时代金温精神，是凝聚价值共识的需要

发展观统领价值观，随着公司发展战略的提升，企业的价值观也要随之提升，要用全员共识的价值指针凝聚金温铁军的价值认同。以10个优良品格塑造铁军价值指针：忠诚，对党忠诚、对事业忠诚、对金温忠诚、对岗位忠诚；担当，大事担当、小事担当、人人担当、处处担当；务实，老老实实、朴朴实实、扎扎实实地做工作；严谨，严肃认真、严谨工作、严格管理；创新，创新思路、创新方法、开创新局；进取，见红旗就扛、见第一就争；守纪，思想过硬、底线过硬、纪律过硬；高效，事不拖延、事不过夜、事不搁置；执行，按章执行、坚决执行、快速执行；感恩，感恩社会、回报组织、不负金温。

（五）创建新时代金温精神，是强化行为指导的需要

员工的行为导向是实现企业新发展的重要保障，只有高度协同、一致的行为指导才能推进高质量高效率发展。浙江省方控股铁路运营发展任务不是有了战略计划、有了目标任务就能完成的，必须靠每一位金温人立足岗位拼搏奉献，增强用奋斗成就幸福的行动自觉，用奋斗推进公司发展，在企业发展中成就自我，需要把奋斗融入工作细节，做到困难面前不回避、不绕道、不拖延，落实责任“一点不能差”“差一点也不行”；需要把履职落责体现在办文快、落实快、见效快上；需要把工作作风贯穿到遇事严谨、做事细致、凡事务实上；需要把心思精力集中在想干事、能干事、干成事上，做思考力强、纪律性强、执行力强的金温铁军。

二、“三个自觉”新时代金温精神的内涵

“三个自觉”新时代金温精神，概括起来是：用信仰铸造灵魂的政治自觉，用奋斗成就幸福的行动自觉，用创新开启未来的担当自觉。

(一)政治自觉是统领

政治建设是党的根本性建设，政治意识决定行动、唤起担当、砥砺作为。政治自觉是信仰和灵魂的体现，是主观上的自觉，是行动自觉和担当自觉的统领。金温人的政治自觉，就是听党话、跟党走，在政治上始终同党中央保持一致，牢固树立“四个意识”，坚定“四个自信”，做到“两个维护”；就是在企业发展的各个时期和生产经营的各个实践中，不断加强党的建设，积极发挥各级党组织的引领作用，树牢员工的红色信仰，凝聚队伍的红色力量，体现国有企业的政治担当。

(二)行动自觉是核心

思想是本，行动为形。政治的坚定必然体现在行动的自觉，行动自觉是政治自觉的归宿，是“三个自觉”的核心。金温人的行动自觉，就是令必行、行必果，不折不扣执行上级要求，保质保量达成目标任务，坚决杜绝表里不一、口是心非；就是始终坚持积极有为、主动作为，以新时代“奋斗幸福观”激励自己，勇当推进金温发展的奋斗者，在扎实的工作，岗位的坚守中感悟幸福、成就幸福。

(三)担当自觉是动能

履职的关键在尽责，尽责的首要是担当。担当自觉是政治自觉的必然结果，也是行动自觉的优化和提升。金温人的担当自觉，就是把个人发展主动融入公司发展大局之中，与企业同呼吸、共进退；就是面对危机敢于挺身而出，面对失误敢于承担责任，面对歪风邪气敢于坚决斗争；就是要真正把责任扛在肩上，勇于挑最重的担子、啃最硬的骨头，在关键时刻、重要任务前站得起来、冲得上去，在有了问题、出现失误时，不回避退让、不推诿扯皮，全力以赴

解决问题。

三、"三个自觉"新时代金温精神的做法

(一)"微思政"培育铁心向党的金温人

以"三个自觉"融入企业发展的核心信仰,金温铁道公司运用"微思政"模式铸魂,针对铁路点多线长面广特点,把党员员工思想政治工作放在重要位置,积极探索"微思政"模式:展播"身边微党课"、推送"党员微知识"、编写"应知应会口袋书"、制作"美丽金温"微形象和微表情、开展"班前十分钟"微对话、建设网络评议微队伍,推进政治教育化整为微、融入日常,取得了"以微见著""聚沙成塔"的宣教效果。金温铁道公司党委被省委宣传部评为浙江省思想政治工作成绩突出单位。

(二)"新平台"锤炼不辱使命的金温人

以"三个自觉"融入企业发展的核心思想,金温铁道公司借助新平台育魂,把当好浙江省方控股铁路运营管理主力军使命融入精神驱动和文化牵引。从战略上将 23 年在铁路企业投融资、安全管理、运营管理等方面创新实践形成的金温样板转化为构建省域铁路板块的基础保障和发展优势,开展推进省方控股铁路运营能力建设、经营市场拓展、安全生产管控、运营团队建设、装备改造升级、运营品牌建设六个方面战略研究,助力浙江省建设"共同富裕示范区",打造"重要窗口"和"轨道上的浙江"战略,并以此确立了金温愿景:打造全国合资铁路及轨道交通专业运营商,以及金温使命:为合资铁路及轨道运营创造最大价值;在行动上推动自身委托运输业务从"零到一"、管修线路从"一到多"的历史性突破,成功受托运营乐清湾铁路、金台铁路及头门港支线,成功拓展台州市域(郊)列车运营业务,成为第一家受托运营管理其他铁路的合资铁路公司。

(三)"双攻关"激发开拓进取的金温人

以"三个自觉"融入企业发展的核心动力,金温铁道公司开展改革创新攻关塑魂。近年来,随着国内、省内铁路及高速路网的逐

渐成形，铁路迈入高速路网时代对原有普速客运市场份额造成重大冲击，金温铁道公司用转型发展二次创业的形势呼唤创新精神，开展创新发展年、创新改革“双攻”活动，通过53个创新发展课题的推进落地，掀起了全域化、全链条、全覆盖的创新热潮，让安全管控、运输生产、经营管理等方面的难题逐步破解，近两年共计5项成果荣获“全国铁道企业管理现代化创新成果”“浙江省属国资企业优秀课题成果”奖项。在新一轮合资铁路改革浪潮中迈出改革步伐，面向国有企业改革的机遇与挑战，金温铁道公司立足“打造我省铁路专业化运营管理团队”的高标定位，创新合资铁路公司“资产运营模拟分离＋员工模拟持股”经营机制改革，深层次挖掘企业经营潜力、多方面激发企业机制活力、大范围调动员工干事热情，扭转了自身利润下滑趋势，开辟了一条符合自身特点、独具创新特色的铁路企业改革发展新道路，并受推荐参评“2021年浙江省国资国企一件事最佳改革实践案例”。

(四)“抓作风”砥砺求真务实的金温人

以“三个自觉”融入企业发展的核心理念，金温铁道公司通过抓风气管魂，运用“5433”举措打造求真务实的金温铁军。“五强”树新风，用新时代金温精神指引强思想作风，以严实管理强领导作风，用学习铸魂强干部学风，用对标塑形强工作作风，用环境美化强生活作风。“四化”建硬核，以“铁军英才”培养优化干部梯队，以制度完善细化干部管理，以约束激励严化干部考评，以目标导向强化干部担当。“三评”促减负，用“指数化”评价提升办文效率、“模块化”评估提升办会效率、“信息化”评定提升办事效率。“三赛”强履职。开展中层管理人员履职擂台赛、主管级管理人员业绩公开赛和一般管理人员业务排位赛，赛出战斗力、执行力和生产力。金温铁道公司党委被浙江交通集团评为新平台改革发展突出贡献奖。

(五)“筑铁军”凝聚“四有一胜”的金温人

以“三个自觉”融入企业发展的核心品格，金温铁道公司通过筑铁军养魂，实施以质量取胜、以服务取胜、以抓早取胜的“铁军管理”，建设一支“有灵魂、有本领、有担当、有品德、打胜仗”的“四有一胜”铁军团队。在有灵魂上，教育金温人有理想、有抱负、有信仰、有坚定的信念，忠于党、忠于使命、忠于事业、忠于职责；在有本领上，引导金温人锤炼适合岗位需求和公司发展需要的专业素养和“一专多能”的综合素质；在有担当上，激励金温人对工作充满使命感、责任感，增强“舍我其谁”、主动有为、团结协作的主体精神，兢兢业业、精益求精的敬业精神；在有品德上，激励金温人为人公道正派、廉洁高效、忠诚守信、阳光积极、乐于奉献、沉稳担当；在打胜仗上，带领金温人敢上火线，冲上一线，具有攻坚克难、久久为功、创新制胜的突破精神和工作能力，能统筹多方资源、凝聚多方力量、调动多方积极性，尽一切可能达成工作目标。4 000 多名金温铁军不负时代、不辱使命，实现了疫情防控“零感染”目标，打赢疫情防控战役，金温铁道公司被浙江省评为抗击新冠疫情先进集体。

（六）“育清廉”塑造干净清爽的金温人

以“三个自觉”融入企业发展的核心保障，金温铁道公司通过育清廉强魂。让班子清廉，开展清廉金温、清廉部门、清廉岗位建设，创新思路和载体，持续推进清廉铁军建设，打造金温好生态；让管理人员清正，开展“每周一学”“每月一案”学习，通过清廉先锋、党员先锋选树，建立全链条监督工作站，教育管理人员做清正廉洁的榜样、监督执纪的先锋和守牢底线的表率；让员工清爽，通过学习铸魂、红色领航等行动，引导员工树牢遵章意识、守纪意识和规矩意识，以正言正行正风气，弘扬正能量，练就干净品质，塑造清爽的金温铁军形象。近年来，金温铁道公司打造了三个浙江省交通集团廉洁文化示范点，荣获浙江省交通集团纪检监察创新成果一项、浙江省交通集团党风廉政建设宣传先进单位。

四、“三个自觉”新时代金温精神取得的成效

（一）政治自觉塑造“红色金温”

全体金温人以“三个自觉”新时代金温精神铸魂，用政治自觉

激发全员发展自觉，在党建引领创新提升上下功夫，汲取中国共产党管党治党、治国治军的成功经验，创新探索“红色管理”，打造学习教育、制度流程、监督考评、创新创效、选人用人、党群协同六个体系，建设素质提升、基础规范、先进示范、品牌闪光、骨干锤炼、活力凝聚六大工程，塑造了“党的领导融入公司治理更有力、党建工作融入生产经营更深入的‘红色金温’”。公司先后获评浙江省文明行业、浙江省和全国五一劳动奖状、浙江省先进基层党组织、全国安康杯竞赛活动示范单位等，温州站获得“全国精神文明创建工作先进单位”，温州西站被评为4A级物流企业。

（二）行动自觉打牢发展基础

全体金温人以“三个自觉”新时代金温精神助力，用行动自觉推进公司高质量发展，提升了安全管理水平，探索实践山区铁路的安全管理，建立了“安全管理制度＋应急预案＋专业应急处置卡”安全生产体系，贯彻落实中央“安全生产专项整治三年行动”，整治重大安全隐患112项，打牢了安全基础，至2021年底连续安全生产8 276天，实现了第22个安全生产年；提升了经营业绩，顶住对铁路运输业的冲击，以经营提质降本增效为主线，扭转连续两年亏损的经营困局，2021年，金温铁道公司全年完成营业收入20.46亿元，逆势增长15.78%，同步实现利润减亏；建强了专业队伍，职工队伍从当初的300多人，壮大至2019年的3 000多人，从而发展至2021年的4 000多人，打造了一支铁路运维专业化队伍，先后为省内合资铁路、城际铁路、城市轨道交通输送各类人才300多人，技术技能人才总量突破了1 000人；打牢了发展基础，推动了自身多项“零到一”的历史突破，成功开通运营永康东新货场（浙江省内占地面积最大铁路货场）、增开永康一北仑海铁联运集装箱班列、增开温州一俄罗斯“温州号”特色专列，拓展管外涉铁工程、红色主题旅游列车等新业务，实现了“稳主业、强三产”目标。

（三）担当自觉续写改革新篇

全体金温人以“三个自觉”新时代金温精神思为，用担当自觉开拓改革之路，开创国内地方合资铁路公司受托运营管理其他铁路的先河；实践经营机制改革，实施了“员工模拟持股”，配套推行了“经营增收增运”“生产提质提效”“管理创新创优”3 大类、27 个项目；推行了普通岗位的“共享用工”“共享岗位”等用工机制改革以及大工区制、机辆一体化和工电供一体化等生产组织改革，生产效率持续提升，人工成本不断压缩。开拓创新之路，集中开展了浙江省方控股铁路运输调度、机务检修、工电组织等功能布局调整，补强了“长大桥隧自主智能监测”“大机作业”等养护能力短板；率先实施“职衔制”“干部年轻化”“后备队伍管理”“岗位公开竞聘”等 10 余项创新，开展了《委托运输管理运营筹备样板方案研究》等 20 余项前瞻性课题研究，优化了 30 多项工作流程，近两年取得实用新型专利 4 项，释放了发展潜力和动能，夯实了安全经营的基础。开拓温暖之路，发挥社会责任，组建“小候鸟志愿服务队”，为 4 万余名假期来浙儿童、由浙返乡儿童、驻浙儿童提供温暖服务；投入 200 多万元，与四川省仪陇县卫东村、浙江省文成坦岐村、苍南田垅村、泰顺雪溪乡等地结对，采取入户走访、以工代赈、基础建设、产业投资等形式精准帮扶；在客运列车上代卖沿线村民货物，帮销沿线农产品，用金温铁路跑出温暖路，用温暖路开辟共富路。

“宁让汗成线，不让线停电”激活供电企业安全发展

中国铁路南宁局集团有限公司南宁供电段

南宁供电段于2004年11月由原百色供电段和南宁水电段合并而成，担负柳南客专、南昆客专、南广线、南昆线、南凭线、黎南线、黎湛线、河茂线、益湛线、田靖线共计2 396.3运营公里的牵引供电及生产供水供电任务，其中高铁运营里程达490.532公里，接触网换算里程管辖范围跨桂、黔、粤三省(区)13个地级市。现有职工2 110人，设置11个科室、18个生产车间、68个生产班组，是国铁集团首批公布的全路供电系统中工作任务重、管理难度大的5个重大运输站段之一。

近年来，南宁供电段围绕“打造安全生产顶梁柱”工作目标，进一步将“万无一失”体现在铁路供电安全工作，确保供电安全长治久安，提出“宁让汗成线，不让线停电”安全理念，这是对职工思想认知要求到极致、对供电质量要求到极致、对职工业务技能要求到极致，要求职工养成行为规范、强化激励约束、提高队伍素质，激发全员安全生产的内在动力，成为广大干部职工自觉、自律、自动的行为，从而形成了“宁让汗成线，不让线停电”的安全文化。

曾获火车头奖杯、全国铁路先进基层党委、广西壮族自治区五一劳动奖状等多项荣誉，被广西壮族自治区授予文明单位荣誉称号，在国铁集团2021年度运输站段标准化规范化建设考核评价中，获评国铁集团“标杆站段”。

一、“宁让汗成线，不让线停电”安全文化背景

1.“宁让汗成线，不让线停电”是深化企业改革发展的迫切需要

安全是企业做好改革和发展最重要的基础和前提，文化的作用在于凝聚共识、汇聚合力，引领和推动安全发展。实践证明，在铁路改革发展的关键时期，用“宁让汗成线，不让线停电”凝聚人心、升华理念、形成推动安全风险管理的强大合力，意义尤为重要，特别是在面对修程修制改革的新考验、高铁普铁并存的双重压力、新线建设上量的新课题、山区铁路防洪和沿海铁路防台风的严峻挑战，迫切需要借助“宁让汗成线，不让线停电”的力量，全面提升安全工作科学化水平，为企业改革发展奠定坚实基础。

2.“宁让汗成线，不让线停电”是政治工作围绕中心、服务大局的迫切需要

围绕中心、服务大局是企业政治工作必须坚持的指导思想和根本要求。“宁让汗成线，不让线停电”是作为政治工作围绕生产安全、服务企业改革发展大局的切入点和着力点，作为政治工作转化为现实生产力的有效途径，需要科学谋划、认真落实。实践证明，必须紧扣安全生产这一中心，“宁让汗成线，不让线停电”才能落地生根、蓬勃发展。在深入推进改革发展的新形势下，企业政治工作迎来前所未有的机遇和挑战，迫切需要我们进一步发挥优势，推动政治工作理念、内容、载体、机制和队伍建设创新，激活供电企业安全发展。

3.“宁让汗成线，不让线停电”是职工群众全面发展的迫切需要

职工群众既是安全文化的建设主体，又是安全文化的受惠对象。新形势下，职工群众表现出追求个人发展、实现个人价值的强烈愿望。实践证明，“宁让汗成线，不让线停电”既是供电企业发展的迫切需要，也是职工群众个人发展的现实需求。在改革发展的新实践中，企业需要进一步维护、发展职工群众的利益，充分理解和尊重职工群众的发展需求，充分调动职工群众参与建设安全文化的积极性和主动性，增强安全意识，强化安全行为，优化安全环境，使职工群众真正成为供电安全文化的创造者、守护者和受益者，实现企业安全发展和个人全面发展的有机统一。

二、“宁让汗成线，不让线停电”安全文化的主要做法

1. 以“宁让汗成线，不让线停电”理念为核心，引领企业安全发展

一是以安全为导向，确立供电安全理念。紧紧扣住“安全”这一主题，将“宁让汗成线，不让线停电”工作目标制成文化标识，引导职工牢固树立“安全是铁路的饭碗工程”的价值观、“安全就是最大效益”的效益观、“安全生产大如天，安全责任重于泰山”的责任观等供电安全理念；从统筹发展和安全的角度出发，突出抓好防洪、施工、作业、应急等安全关键环节控制，每年通过主题宣讲由段领导班子成员带头宣讲、各级干部重点宣讲 800 余场次，向广大干部职工讲清当前面临的发展机遇和挑战，使职工在潜移默化中养成供电高标准、高品质、高效率的行为准则。二是以互动为手段，多样化宣传供电安全理念。近两年，以“宁让汗成线，不让线停电”为话题，组织职工广泛学习讨论，并在“南宁供电段”微信公众号开设专栏，刊发职工供电安全理念言论文章 140 余篇(幅)，使供电安全风险意识和供电安全理念入脑入心；采取自下而上、上下结合方式，开展座谈交流、专题研讨、征文竞赛、网络互动等群众性安全文化主题活动 272 场(次)，让一线职工在互动参与中提高对供电安全理念的认识。三是以创造为根基，推动供电安全理念落地。供电安全理念不但要符合企业生产实际，还要得到广大职工的认同。以“宁让汗成线，不让线停电”为导向，常态化在全段范围内开展征集岗位安全格言警句、安全理念、安全“金点子”的活动；以“一班组一理念，一车间一精神”为创建原则，在段管的南昆线、湘桂线、柳南客专等站区中，“南昆精神，薪火相传”“精确检测、精细分析”等车间班组精神比比皆是，他们凝聚了职工群众的智慧和共识，汇集了导向安全的正能量。

2. 以“宁让汗成线，不让线停电”理念为基础，提高企业管理水平

一是在明确管理责任中强化渗透。将“宁让汗成线，不让线停

电”安全生产的风险意识、责任意识、忧患意识和创新意识，渗透到安全管理责任体系中，按照逐级负责的原则，突出专业管理与综合管理整体协调，加强过程控制，提高管理效能。比如，以“图、表、卡”的形式向职工提示重点安全风险项目，即：在生产区域的安全关键点张贴悬挂醒目的安全风险提示图片，把部门（车间）安全风险项目罗列成表汇编制作成册供职工传阅，每个岗位风险点做成小卡片发给职工随时携带提醒，让职工更直接地明白安全风险项点。二是在完善管理制度中实现融合。将“宁让汗成线，不让线停电”理念与管理制度融合起来，进一步健全安全生产各项规章制度，构建科学严谨、简明管用、针对性强的安全管理规章制度体系，确保管理有规范、作业有标准、应急有预案、行为有准则，实现文化与制度导向一致、作用互补。比如，制定实施《南宁供电段金牌工长评比办法》《南宁供电段星级技术员评比办法》，近两年评选金牌工长 10 名、三星级技术员 16 名，让干部职工的安全业绩与收入、提级、增资、职称、评先等直接挂钩，形成让保安全的人得好、保不了安全的人受罚的良性机制，从制度管理到文化自觉。三是在规范管理行为中形成导向。把科学严谨、职责分明、严格管理的要求，渗透各专业、各岗位、各环节，贯穿于运输生产全过程，进一步完善调查研究、跟班作业、监督检查、考核激励等管控机制，形成“宁让汗成线，不让线停电”安全管理系统化、规范化、标准化的鲜明导向。比如，为强化作业标准落实，通过开展“全员制作作业指导书”活动，由段领导组织业务科室审核把关，评选整理全段 9 个专业 390 项操作性强的作业指导书，在全段推广使用，补全了作业指导书中的安全风险项点。

3. 以“宁让汗成线，不让线停电”理念为重点，提升企业综合竞争力

一是紧抓职业道德教育。以“马上学习”讲堂为载体，开设系列安全教育 12 期，学深悟透习近平总书记关于安全生产的重要指示批示精神，同时把铁路宗旨、铁路精神和职工普遍认同的“宁让汗成线，不让线停电”安全价值观、责任观作为主要学习内容，开展

职业道德教育；同时抓好安全典型宣传教育，深化“党员五争·党旗飘扬”党建品牌，选树安全业绩好、业务技术优的先进为典型，并通过召开表彰会、张榜公示、上典型人物墙，广泛宣传其事迹，增强荣誉感，激励职工向其学习。近年来，我们把表现优秀的一线职工曾川、韦善科等选树为全路、全区的先进典型，起到了良好的引领示范作用。二是紧抓业务技能培训。各种主题竞赛活动是提高职工业务技能的有效途径，是承载“宁让汗成线，不让线停电”理念的有效载体，是干部职工参与建设安全文化的重要形式。结合春运、暑运、防洪等各个阶段的急、难、重任务，组织开展群众性劳动竞赛、“学技对标，双创立功”、青年小班制积分竞赛、“青创先锋”等活动，做到安全的重点在哪里，竞赛活动就开展到哪里，安全的触角到哪里，竞赛活动就延伸到哪里；引导职工“精一门、专两门、会多门”，向业务“多面手”和技能“全能型”方向发展，不断适应新技术、新设备对业务素质提出的新要求，使得“靠提素质保安全、靠高素质求发展”成为职工的自觉行动。三是紧抓作业行为规范。把落实岗位作业标准作为“宁让汗成线，不让线停电”理念建设的根本任务，组建一支涵盖供电主要工种的标准化作业小分队，按照“标准流程讲解一遍、现场实作示范一遍、重点职工抽练一遍、示范结束总结一遍”要求，开展互动式教学示范。小分队走进全段各班组，通过现场示范和图文并茂课件讲解方式，使业务学习更加生动具体，便于职工理解掌握，适合现场操作。近两年，“小分队”送学到 18 个车间的 72 个班组，参学人数达到 1 500 余人，覆盖现场工区职工的 90%，大大提升了职工作业技能，规范了安全行为，“两违”现象明显减少，设备故障大幅下降。

4. 以“宁让汗成线，不让线停电”理念为载体，激活企业发展活力

一是建设现代化的生产环境，夯实安全基础。把升级改造施工设备作为确保安全生产的“百年”工程来抓，实施“科技保安全”战略，积极引进新技术、新设备，提高施工技术装备的科技含量。依托 6C 管理体系研究，拓展完善轨道车、变配电、现场施工等信

息平台建设，充分挖掘现有监测装置与数据应用潜能，科学整合资源、创新数据运用，基本实现多专业多维度的检测监测体系化规范化建设，为安全生产管理提供坚实支撑。二是建设人本化的生活环境，凝聚职工人心。持续深化“美丽南供·我在行动”品牌建设，不断丰富“环境美、行为美、形象美”文化内涵，坚持每季一评比，分级分档评价生产生活场所环境和备品设施管理情况，积极推进职场环境升级改造，着力打造干净整洁、文明和谐“家”文化浓厚的企业环境；坚持把职工文化建设与安全文化建设有机结合起来，做到文化体育活动紧扣运输安全主题，文化阵地建设着力为安全生产服务，寓教于乐，凝聚人心。近两年，投入了180多万元用于“三线”建设，完善沿线站区职工文体活动设施，为艰苦站区职工建立电子书屋，安装户外健身路径，建好基层职工书屋、职工之家和活动场馆。三是建设和谐化的人文环境，营造保安全氛围。积极探索建设“家企联动”品牌，将亲情元素融入安全生产当中，构建单位、家庭、个人三位一体的安全网络。定期组织职工家属“五个一活动”，即观看一部宣传片、观摩一次职工现场作业、参加一场座谈会、倾听一次职工心声、拟写一句安全寄语，让职工家属了解铁路行业的特点，增进对职工的职业认同、劳动认同和情感认同；设立异地职工服务站，将服务项目、服务方式和联系方法制作成服务联系卡，发给异地工作职工，实行“六必访七必帮”，随时为异地职工家庭提供力所能及的帮助，让异地职工消除后顾之忧。

三、“宁让汗成线，不让线停电”安全文化取得的效果

1. 提高了安全发展水平

在2021年，国铁集团1C检测管内高铁一级缺陷同比下降63%，CDI管理均值柳南客专从1.23下降至0.79，南广线从1.13下降至0.77，高铁质量同比环比均呈现不断提质趋势，坚守了高铁和旅客列车安全万无一失的政治红线和职业底线。去年，南宁供电段未发生责任一般D类及以上事故，责任故障和责任停时同比分别下降60%、54.5%，实现近十年来首次年度安全零事故，荣

获国铁集团 2021 年度运输站段标准化规范化建设考核评价标杆站段。

2. 提高了统一思想共识

"宁让汗成线，不让线停电"安全理念把安全管理的强制性和文化管理的柔韧性有机结合起来，引导了职工、凝聚了职工、激励了职工，最终影响了职工的思想，左右了他们的行为，自觉地把安全视为工作的一个重要组成部分，最终促使职工把遵章守纪作为一种自觉行动，把单位的安全目标融入个人的追求目标，增强了干部职工安全意识、责任意识和使命感，提升了干部职工的凝聚力和向心力，使全体职工心气更顺，全段风气更正更盛，为安全生产经营工作提供了有力保障。2021 年，在集团公司供电系统中，南宁供电段标准化规范化建设评比和安全管理评估均排名第一，为集团公司荣获国铁集团供电系统 2021 年度专业管理考核评价全路第一贡献力量。

3. 提高了职工队伍素质

"宁让汗成线，不让线停电"安全理念把学习安全先进典型与深化安全风险管理结合起来，引导职工倡导崇尚先进价值取向，营造学习先进的文化氛围。2020 年以来，南宁供电段参加自治区、集团公司职业技能竞赛获得前五 11 人，荣获国铁集团职业技能竞赛继电保护工决赛团体第 2 名和个人理论第 3、第 4、第 12，全路职业技能竞赛成绩取得历史性突破；党支部立项攻关 81 项，获集团公司科技进步、管理现代化创新成果、优秀质量管理成果奖 9 项，《铁路供电安全检测监测系统(6C)大数据综合利用平台》荣获 2020 年度中国铁道学会科学技术二等奖，获奖等级和数量都居集团公司前列。

格桑花开　香飘天路

中国铁路青藏集团有限公司格尔木房建生活段

中国铁路青藏集团有限公司格尔木房建生活段于 2014 年 2 月 24 日组建成立，现有职工 261 人，其中干部 61 人，工人 200 人，其中汉族 217 人，藏族 23 人，回族 12 人，土族 6 人，撒拉族 2 人，蒙古族 1 人；下设 7 个科室，6 个车间，2 个生产技术中心，主要承担饮马峡西至唐古拉站、格尔木南站至茫崖镇站共 1 225.127 公里（其中饮马峡西至南山口站 169.244 公里、南山口站至唐古拉站 582.756 公里、格尔木南站至茫崖镇站 473.127 公里）的运输生产办公房屋维修、生产生活供热、给排水以及格拉线、拉日线环保和低压配电工作，格拉线、拉林线、拉日线行车公寓、单身宿舍、生活基地服务管理工作。

格尔木房建生活段地处青藏高原腹地青海省海西蒙古族藏族自治州格尔木市，管辖范围内最高海拔达 5 068 米，人们称为“天路”，这里高寒缺氧、气候干燥、风沙雨雪、人烟稀少。大多数职工抛家舍妻，远距离上下班。面对如此恶劣的生产生活环境，如何让职工安心地、高质量地完成铁路工作，用什么把职工的思想“拧”到一起，成为领导班子在当时急需解决的重要问题。通过调研，当地生长的一种“格桑花”进入了他们的视野。“格桑花”生长环境恶劣，但它不畏风雪严寒，不畏烈日暴晒，在风雨中依然能开出美丽的花朵，它是高原上生命力最顽强的花。“格桑花”孕育出的一种不屈不挠、顽强生长、不怕困难、坚韧不拔的品格，不正是青藏铁路“格房人”应该具备的吗？如果每一名铁路“格房人”，都能成为一朵朵美丽的“格桑花”，那么我们的工作就会所向披靡。由此，段领导班子庄重提出“格桑花开，香飘天路”的理念，而且把这种理念贯穿于安全管理、生产管理、技术管理、队伍管理、党建和思想政治工作的全过程，使无形的理念变成有形的行动，以此推动铁路“格房人”用“挑战极限，勇创一流”的青藏铁路精神，促进各项工作目标任务的完成，从而形成了“格桑花开，香飘天路”文化。

一、“格桑花开，香飘天路”文化的背景

1. 践行“人民铁路为人民”的必然要求

铁路作为国家重要基础设施、国民经济大动脉和大众化交通工具，是中国特色社会主义事业的重要组成部分，是联系民生最紧密，服务群众最直接的行业之一。铁路服务人民群众和经济社会发展的质量，事关广大旅客切身利益，事关人民群众对铁路工作的评价，事关人民群众对党和政府的信任。人民铁路为人民的理念，充分体现了党的“全心全意为人民服务”的根本宗旨。事实证明旅客心中有杆秤，只要我们发扬优良传统，不断创新服务，就会得到群众的理解、支持和欢迎。格尔木房建生活段作为铁路运输的服务单位，坚持以习近平新时代中国特色社会主义思想为指导，弘扬和践行社会主义核心价值观，以举旗帜、聚民心、育新人、兴文化、展形象为己任，更是要以“心里装着旅客，工作方便旅客，一切为了旅客”的理念带头实践和践行，要从战略和全局的高度，充分认识服务改革的重要意义，坚持把服务理念，融入岗位职责中，唱响密切联系群众、服务群众的主旋律。

2. 承担“交通强国、铁路先行”的使命

贯彻落实国铁集团党组、集团公司党委改革发展要求，大力弘扬青藏铁路精神，聚焦“让旅客体验更美好”目标，根据青藏集团公司提出建设“一流的高原铁路服务品牌三年规划”要求，2022 年至 2024 年聚焦站房设施短板，深入推进“冷暖、照明、供水”等基础工程，着力整治与旅客出行密切相关的基础设施，改进旅客出行体验；以“天路格桑花”品牌创建为带动，实现基本服务标准全面落实，差异化、个性化服务全面推广，信息化、智能化服务水平显著提升，旅客出行更加温馨舒适；全力打造“天路格桑花”高原铁路服务

品牌，不断提升运输供给质量，让人民群众获得更舒心、更周到、更温馨的乘车体验。格尔木房建生活段将坚持目标导向和问题导向，以改革创新为动力，依托服务供给硬实力，完善服务文化软实力，提升铁路服务质量，更好地服务青藏两省区经济社会发展。

3. 提升企业改革发展的内在要求

围绕“格桑花开香千里，绽放天路显真情”主题，赋予“服务为本、臻于至善、包容并蓄、和谐温馨”内涵，贯穿“天路情怀，家的温馨”服务理念，为持续开展格房高原特色服务品牌创建，进一步落实“建设命运共同体，奋力作出新贡献”要求，不断巩固深化党史学习教育成果，常态化落实推进全段干部职工强意识、提素质、落标准、保安全目标要求，提升服务管理水平和服务质量，营造舒适环境，融洽寓乘关系，真正讲出格房好故事，传播格房好声音，树立站段好形象；面对当前房建系统由运输辅助单位向运输单位转型的关键期，以及生产机构调整初期存在的人才缺失、制度空白、经验不足、业务素质参差不齐等问题，创建新时期的格房文化、以凝聚人心、鼓舞士气，提升全体干部职工精气神，塑造企业之魂，可谓刻不容缓、势在必行。

二、“格桑花开，香飘天路”文化的主要做法

1. 舒适环境迎亲人

完善公寓服务设施，综合整治公寓、单身宿舍外部环境的硬件设施设备，各公寓合理规划院落，适当种植格桑花（八瓣梅），达到绿化、美化、亮化、优化的目标。“舌尖美食香千里。”加强公寓后厨管理，进一步规范食品蔬菜采购验收程序，合理制定、定期更新菜谱，在色香味上下功夫，让用餐人员普遍满意，途中送餐让乘务员如意，让公寓美食香飘千里天路。“优质服务显真情。”强化服务人员礼仪业务培训，提升服务能力和水平。推行九字工作法，要求服务人员在工作中做到嘴勤、腿勤、手勤，对待入寓人员要态度和蔼，让他们感到家的温馨幸福。利用好资源优势，开辟“格桑花服务台”给入寓人员方便快捷安全的服务。“亲如一家度节日。”每逢节

日，各公寓提前召开共管共建会议，听取乘务员、入寓干部职工意见，改善菜谱，根据节日特点装点门厅、餐厅、房间，特别是春节要组织吃年夜饭，举办茶话会，组织收看春节晚会，让大家感受家的和谐温馨。

2. 心系冷暖促保障

充分发挥车间"供热先锋队"的作用，做好车站候车大厅巡检工作，确保供暖质量和安全，保证供热效果。通过强化供暖服务质量，为格尔木、花土沟车站提供投诉、咨询、报修"一站式"服务，及时排除车站供热系统出现的问题，树立格房"供热先锋队"的良好形象。"设备定检提温度"。以锅炉压力容器安全运行为抓手，重点检查整治锅炉供暖设备的病害，确保锅炉压力容器安全正常运行。冬季供暖工作开始前，下发供暖工作安排的通知，对供暖设备进行详细的检查，确保具备提前供暖条件。供暖期间要求作业人员执行压力温度交接班制度，确保供暖系统压力正常、供回水温度达标。夏季停炉后，根据停炉定检工作安排，完成锅炉及附属设备的定检。加强室内外采暖系统的巡检检查，重点利用春检工作，对使用年限久的地沟管道、换热设备等进行检查，按大修项目、成本项目、车间整改分类建立问题库，作为该段提报大修计划的第一手资料，按轻重缓急的原则逐项整治，逐步提升供暖设备质量。"主动服务亮形象。"严格落实用户回访制度、请修制度，回访时测量供暖用户室内温度是否达标（18℃±2℃），征求用户对供暖工作的意见和建议，对征求到的意见和建议认真分析研判并加以整改，对用户请修的供暖系统存在的问题，各锅炉房及时、保质处理完成，努力提高用户请修的服务质量，保证用户满意，确保优质供暖。

3. 安全施工强质量

加强轨旁设备的巡检检查及限界的测量工作。针对格拉线（唐北段）冬季冻害严重的问题，唐北段房建设备巡检频次由原来的每月一次改为每周巡检一次，管辖内客运高站台限界由每季度测量一次改为每月测量一次；同时加强大修、技改等营业线施工，通过有力组织、精心准备、有效监督检查等方式，从根本上整治轨旁设备病害，确保房建设备状态良好。“优质供水保安全。”加强沿线给水所的日常管理和维护保障，做好反渗透膜的清洗及水泵、紫外线消毒设备、水箱等给水设备的保养维修工作，增加设备使用年限。对管辖内储水设备定期进行清洗，清洗记录保存完整，同时定期对管内各供水点进行水质检测工作，努力做到水槽车和汽车送水水质达标，确保送水安全。“强化整治改环境。”加强车站环境整治、全面改善旅客乘车环境，确保各车站候车室室内照明设备、卫生器具、供暖设备良好，室内地面完好平整，着力为旅客提供明亮、舒适、温暖的乘车环境；加大对旅客天桥、地下通道、站台面层等的检查力度，确保旅客天桥结构牢固、地面平整，地下通道结构良好，努力为旅客乘降提供安全保障；合理安排大修、综合维修，着力整治车站站房外墙破损、抹灰脱落、涂料爆皮、外墙砖脱落等影响美观的病害，逐步改善车站外观，逐步为旅客出行提供美好的观感。“消除病害除隐患。”结合春秋检及日常巡检工作，认真排查管内“四电房屋”的技术状态，彻底清查屋面漏雨、室内漏水等安全隐患并及时整治，同时对彩钢结构的“四电房屋”做好日常巡检工作，避免发生屋面彩钢板变形，檐口板开裂、松动、翘边的情况发生；进一步检查“四电房屋”室内是否安装给排水、采暖管道，发现“四电房屋”内有给排水、采暖管路的及时进行改移、拆除，梳理完善彩钢房屋详细技术台账，确保行车设备安全。

4. 星级评比强技能

树立全段职工是“天路格桑花”服务品牌代言人的理念，通过增强职工的获得感、幸福感，激发职工优质服务的主动性创造性。充分利用各处实训基地等资源优势，采取请进来走出去相结合等方式，强化技能培训，帮助职工提升服务技能。组织开展服务课题攻关和典型服务法征集评选，将攻关成果和优秀工作法汇编成册，形成物化成果，并纳入培训教材推广运用，激励职工探索创新服务方式；把“天路格桑花”品牌创建与星级职工评定相结合，大力表彰奖励作出积极贡献的职工，对表现特别优秀、成绩特别突出的职工，通过职务晋升等方式给予大力度、实质性激励；持续做好对服务者的服务工作，帮助职工解决思想问题和实际困难，消除后顾之忧，进一步激发职工做好服务工作的内生动力。

5. 传扬品牌塑形象

品牌的影响力来自传播力，深入实施品牌塑形工程，加强新闻策划，坚持内外宣传、网上网下宣传、新媒体和传统媒体相融宣传，广泛宣传报道星级“格桑花”、最美“格桑花”，让服务先进典型成为明星网红，让他们通过典型代言传扬“天路格桑花”服务品牌；与新闻媒体广泛开展合作，以春暑运、运行图调整、节假日运输、开展“发现最美铁路”网络宣传活动等为契机，见人见事见情感，讲好“格房格桑花”服务故事；精心制作形象宣传片，利用各种平台展示宣传，进一步提升格尔木房建生活段服务美誉度和吸引力；注重旅客、职工投诉和意见建议的处置反馈，最大限度争取旅客和职工的理解和支持；加强网络舆情监控和舆论引导，杜绝负面炒作和影响，壮大格房舆论正能量。

三、“格桑花开，香飘天路”文化取得的效果

1. 安全生产持续平稳

始终牢固树立安全第一的思想，贯彻落实“大安全”理念，推进安全管理标准化规范化建设，完善双重预防机制，紧扣行车安全、人身安全、特种设备安全、食品卫生安全、消防安全、外部环境安全、网络安全等十类安全风险项点，研判梳理 29 项风险点，制定管控措施 138 条，构建技防、物防、人防“三位一体”安全保障体系。建段以来杜绝了一般 C 类及以上责任安全事故，截至 2022 年 6 月 20 日，实现安全生产 3 039 天。

2. 设备质量显著提升

认真开展春检秋鉴工作，鉴定生产、生活房屋构筑物的技术状态，通过重点检查站房、站台、风雨棚、机务和车辆大库，并对房屋构筑物进行正确评级，对站台、雨棚建筑限界进行测量，做到“一线一表、一站一档”，将发现的问题梳理形成问题库，逐一整改销号；同时，该段积极与集团公司物房部、科信部联系并推进维护管理信

息系统和给水所、污水处理站、电锅炉房等无人化值守系统的建设工作，并利用现有移动网络终端设备和可视化监控系统软件，加强日常设备检查、设备运行值守和施工维修作业现场作业的可视化、实时监督和安全质量卡控。

3.文化建设极其丰富

坚持以文化人、以文育人，拓展文化阵地、壮大文化队伍、丰富文化活动，丰富职工精神文化生活，提升企业向心力凝聚力。加强职工文艺骨干队伍建设，在新职工入段建档时，对职工特长及爱好进行摸底，发现文体苗子，及时纳入工会人才库培养；组织开展红歌比赛、书香铁路读书会、“情系女职工、法在你身边”维权答题；联合党委开展“学党史、听党话、跟党走”职工徒步、“讲党史、感党恩、跟党走”党史故事大家讲活动，成功举办段四届职工运动会；结合房建工作特点，以全路火车头奖章获得者田宇为原型创作的小品《除夕夜我当班》，积极参加集团公司“壮丽一百年·天路铸辉煌”文体活动和第六届天路欢歌职工文艺汇演，均取得了三等奖的好成绩。

4.队伍稳定全面提升

积极开展了“建设命运共同体、奋力作出新贡献”“奋进新征程、喜迎二十大”等主题宣讲，引导全段干部职工树立“我与企业共成长”的理念；围绕“五个聚焦”，制定“我为群众办实事”实施方案和配套措施，着力抓好办实事重点工作，切实解决了职工的实际需求，增强了企业凝聚力，2021年共解决134项实事；扎实开展形势任务教育、法律法规教育，认真落实帮扶救助制度，最大限度地维护职工利益；落实带薪年休假制度，干部职工休假率自建段实施以来每年均达到100%，近年来没有发生任何集体上访事件。全段上下始终保持团结、奋进的精神面貌以及和谐、融洽的党群、干群关系。

“丝路通途　美美与共”
实现中老铁路社会经济双效益

中国铁路昆明局集团有限公司党委宣传部

中老铁路北起中国云南省昆明市，经云南省玉溪市、普洱市、西双版纳傣族自治州，由中国磨憨铁路口岸进入老挝磨丁铁路口岸，向南经老挝南塔省、乌多姆赛省、琅勃拉邦省、万象省，终至老挝首都万象市，线路全长 1 035 公里。中老铁路是中国“一带一路”与老挝“变陆锁国为陆联国”对接项目，在中老两国最高领导人的决策和关心推动下，经过中老两国数万名建设者艰苦奋战，于 2021 年 12 月 3 日全线建成通车。

中老铁路文化建设紧扣习近平总书记关于中老铁路的重要批示，落实国铁集团党组和昆明局集团公司党委建设文化融合线部署，以“丝路通途、美美与共”为主题，以打造更具影响力的文化品牌、满足干部职工文化新期待为目标，建成了双福墨江、茶香普洱、雀舞版纳、和美磨憨等站区文化集群，以及“友谊号”列车，为中老铁路全面提升客货运输品质效率，服务两国民众便捷出行，加快形成内外联通、安全高效的国际物流黄金大通道，促进沿线经济社会发展，增强干部职工归属感、自豪感、责任感和使命感，提供了强有力的文化支撑。

一、中老铁路文化创建背景

深入贯彻落实习近平总书记对中老铁路的重要批示精神，打造具有影响力的中老铁路文化集群，是更好地推动中华文化走出去，以文载道、以文传声、以文化人，向世界阐释推介更多具有中国特色、体现中国精神、蕴藏中国智慧的优秀文化的有效形式。

铁路是国家战略性、先导性、关键性重大基础设施。围绕总书记的重要批示，国铁集团加快推进“八出省五出境”的云南铁路网建设，中老铁路作为第一条国际铁路，着力建设文化标志性工程是中国铁路拉近与老挝铁路乃至东南亚地区各国人文交流和民心相通，体现中国铁路发展理念、价值理念、管理理念、环保理念、人文理念等的重要途径。

昆明局集团公司找准在全国铁路发展大局中的坐标方位和使命担当，提出了“区域性国际枢纽、开放前沿、运营标杆”的发展目标，围绕这一发展目标，推进中老铁路文化创建，是集团公司紧跟时代步伐、乘势而上，守正创新、主动作为，实现高质量发展的行动使然。

二、中老铁路文化内涵

（一）创建主题和站区文化理念

1. 创建主题：丝路通途、美美与共

丝路通途：从古丝绸之路到今“一带一路”，高铁飞驰，“路”始终是中老的重要友谊桥梁、经济纽带。中老铁路有力促进中老政策沟通、贸易畅通、民心相通，“通”成为鲜明的文化标识。

美美与共：中老铁路开通运营，为两国和平合作、开放包容、互学互鉴、互利共赢提供了新的力量支撑，赋能双边经济社会发展，发展成果将更广泛惠及两国人民。

2. 站区文化理念：共提炼形成站区文化理念 11 个，选取其中有代表性的 3 个进行注解。

（1）普洱站区：茶香普洱。茶是普洱历史发展变迁的重要见证者。普洱站区文化建设充分结合地域特点，以当地最负盛名的茶元素为内核，延伸拓展出绿色发展新理念，把中老铁路绿色生态线以文化形式立体展现出来。

（2）西双版纳站区：雀舞版纳。西双版纳傣族自治州神奇的热带雨林景观和独特的风情闻名于世，被称为孔雀之乡。广泛融入文化元素，通过文化塑形，充分展现路地协调联动、民族团结进步示范创建。

(3)磨憨站区：和美磨憨。中老两国是紧密的“命运共同体”，磨憨站位于中老铁路两国的交汇点，是矗立在中老国门的第一站、第一景。“和”即“合”之义，寓意中老两国和平、合作，和和美美，以铁路打开社会、经济、文化交流更多新场景。

（二）线路标识

“山峰、桥梁、列车”元素组合出列车穿越山河、勇往直前的总体形象，表达中老铁路穿山越岭、跨越江河的气势。

（三）文化愿景：山水同道，和合致远

山水：中老铁路沿线多山多水，生态资源丰富，山水延绵。中国与老挝山水相连、血脉相亲，友好关系源远流长。

同道：同一思想，同一原则，预示着中老两国人民志同道合、共同建设中老铁路的信心和决心。

和合：和睦同心。志合者不以山海为远。“和合”是共商共建共享的理念基石。

致远：稳步前进才能到达远方。预示在“一带一路”倡议指引下，中老铁路能够延伸到更远的远方。

（四）核心价值观：治理高效、以质取胜、服务一流、合作共赢

治理高效：从固定设备、移动设备、运输组织、安全管理、外部环境等方面入手，将中老铁路打造为安全标准线，让它成为安全、优质、高效的运输服务新标杆。

以质取胜：突出中老铁路国际运输特点，以“高一格、严一档”的要求，不断提升品质，创新方式，在国际运输中获得旅客、客户赞誉，赢得市场。

服务一流：确立“服务一流”的思想，增强国际服务意识，丰富国际服务内涵，提升国际服务品质，确保旅客在中老铁路上享受

“一流服务”的美好体验。

合作共赢:充分考虑沿线尤其是老挝的实际,认真履行各种承诺,取信于国际社会,以合作赢得市场、赢得效益,从而为“一带一路”倡议成功实践赢得信誉,最终实现合作共赢。

三、中老铁路文化的主要做法

(一)突出整体建设,创优文化环境

充分发挥环境的渗透力、影响力,加强职场环境文化建设,用有形的建设传递无形的理念。围绕站区一体化建设方向,对站区标语展示统一布局,设置展示社会主义核心价值观,“交通强国、铁路先行”“求真务实、守正创新”等核心价值理念;在职工宿舍、活动室、阅览室、餐厅、休闲场地等设置展示由职工自己提炼的车间、班组精神,以及安全警句、廉洁警语等,强化文化熏染,陶冶职业操守;借鉴境内外文化传播工作经验,以站区联谊、站车联欢等交流形式,营造美美与共的良好文化生活氛围;重点选择普洱、西双版纳、磨憨 3 个大型客运站,在车站打造特色服务台,设立学雷锋示范岗,推出流动岗、示范窗、服务队等,打造集咨询服务、应急处置、信息互递、形象展示为一体的服务综合体;坚持职工走到哪,文化阵地建在哪,建好各站区宣传栏、电子显示屏、网上文化阵地等,常态化推出生动、鲜活、正能量的宣传产品,努力实现文化传播润物无声、沁人心脾;在旅客候车区、售票厅、母婴室、过道走廊、楼梯台阶等位置展示铁路服务文化、提醒标识,以及地方独特的民族、语言文化符号等;用好中老铁路标识,拟定标识在站车各个环节运用和使用范围的指导性意见,使整条线路既有别于其他铁路,又处于中国铁路这个大家庭之中。通过文化塑形,中老铁路沿线各车站成为所在地的文化新名片。

(二)抓住文化要素,打造列车品牌

把中老铁路客运列车命名为“友谊号”文化列车,结合中华优秀传统文化、老挝文化等特点,对车厢内饰、服务流程、服务用语、列车广播等量身定制文化形象。为列车员专门设计“丝路花语”特

色制服，在领口、腰部、袖口刺绣中国国花“牡丹花”纹饰，颜色则采用老挝国花“占芭花”的颜色；充分尊重老挝信仰习俗、风土人情以及沿线节日、习惯禁忌等，形成境内、境外服务礼仪“双标准”“高标准”，做好“合十”行礼的推广普及；广播宣传以中、老、英三种语言为基础，背景音乐融合中国古典乐器古琴和老挝传统乐器卡恩；注重乘务员中、老、英三种语言的日常培训，着力提升服务交流、安全应急对话的口语能力，每个值乘班组均配备 1 名英语能手和 1 名老挝语能手，确保交流畅通；提供“差异化”精准服务，为特殊重点旅客提供手持呼叫器，为一般重点旅客提供五色中国结，以清新蓝、希望黄、和平绿、智慧紫、活力红，分别代表老幼病残孕旅客，将中国结用硅胶吸盘挂放于重点旅客上方的座位旁，便于全列乘务员随时掌握重点旅客分布情况，及时主动提供服务；组织乘务员开展舞蹈专项培训，值乘期间结合重大节日，开展歌舞、有奖竞答等互动活动，为旅客带来丰富乘车体验。

（三）挖掘文化资源，丰富文化表达

坚持创造性转化、创新性发展，使中老铁路文化形态多元化呈现。创作推出了推进安全标准化创建、实施管理机制创新、推广先进技术运用等 11 本“十线一平台”物化成果书籍，同步撰写编印形成《中老铁路建设纪实》《中老铁路工程技术论文集》《中老铁路大型画册》《中老铁路大事记》等书籍，切实扩大了文化建设成果展示；由集团公司融媒体中心制作推出的专题片《和合之美》，在中国铁路等新媒体平台广泛传播；在磨憨站友谊隧道口打造的高 4.6 米、长 400 多米的文化墙，以“丝路通途、美美与共”的建设长卷和“山水同道、和合致远”的友谊长卷形式，形象地体现了中老铁路建设的艰辛不易及中老两国人民的深情厚谊；由职工创作的歌曲《梦想的路上》在央视频、新华社客户端播出，产生较好社会反响，诗歌《新的征程》、舞台剧《相会》等，受到干部职工的喜爱和追捧；由普洱车务段打造的中老铁路文化展陈室，充分展现了中老铁路建设之路、友谊之路、和谐之路；中老铁路文旅产品精彩纷呈，有效提升了中老铁路文化符号的表达，“坐着动车游昆万”桌游棋、中老两国

"国花"刺绣团扇等文化产品得到广大旅客的赞誉，也吸引广大旅客深入了解和传播中老铁路文化；人民日报刊发的《争当传承中老友谊的"火车头"》、经济日报刊发的《中老铁路，就是不一般》、工人日报刊发的《钢轨联通万象，通向万象世界》等报道，讲述了有温度的中老铁路故事。

四、中老铁路文化创建的成效

（一）客运服务品质进一步提升，精准满足出行需求

干部职工把践行服务理念变为自觉规范服务行为的习惯进一步养成。在各方高度关注中老铁路等压力下，干部职工积极应对、不畏艰难、上下一心，坚持落实作业标准，践行服务理念，统筹疫情防控和客运组织，较好满足了沿线民众求学、就医、旅游、商贸等出行需求。国内段，精准实施"一日一图"，动态增开动车组列车，日均开行客车 43.2 列，最高峰开行 65 列，最高日发送旅客 3.3 万人次；老挝段，陆续开通了嘎西、孟阿、纳磨、纳堆等 4 个客站，办理客运业务的车站增至 10 个，新购置 1 列"澜沧号"动车组和 1 列普速旅客列车，实现动车组与普速列车共线运行，最高单日发送旅客近 5 000 人次；同时，延长车票预售时间，在老挝主要城市开设售票点，极大方便了老挝人民乘坐火车出行。随着客运站点和车次逐渐增多，老挝境内乘坐火车到万象、万荣、琅勃拉邦等旅游城市观光的游客数量大幅增长，有力激活了沿线旅游经济。

（二）国际物流通道进一步打造，助力外贸保稳提质

中老铁路在中国和东盟间构建起一条便捷国际物流通道，使运输时间大幅压缩，物流成本显著降低。随着今年 1 月《区域全面经济伙伴关系协定》（RCEP）正式生效，中老国际物流需求日益旺盛。集团公司经营成效和经验进一步总结提炼，并得到宣传推广，中老物流文化品牌效应逐步凸显。万象南、纳堆、万荣、琅勃拉邦、蓬洪等车站陆续开办货运业务，积极探索"澜湄快线＋跨境电商""中老铁路＋中欧班列""中老铁路＋西部陆海新通道班列"等铁路国际运输新模式，增强了中老铁路辐射效应和跨境货运能力，让更

多企业享受中老铁路带来的机遇和红利。中老铁路开通运营以来，国内段和老挝段累计发送货物403万吨，其中跨境货物64.7万吨，国内21个省区市先后开行了中老铁路跨境货运列车，运输货物的品类由开通初期的化肥、百货扩展至电子、光伏、冷链水果等100多种，已覆盖泰国、缅甸、老挝、马来西亚、柬埔寨、新加坡等。

（三）运营维护管理进一步强化，保障运输安全畅通

干部职工“中老铁路无小事”的工作意识得到巩固，“确保高铁和旅客列车安全万无一失”，特别是确保中老铁路运行安全等重要理念入脑入心。中老双方精心组织国内段、老挝段铁路基础设施检修维护，设备设施状态稳定良好。针对中老铁路首次度汛，充分运用卫星地图、无人机等手段，加强线路巡查和隐患整治，使中老铁路复兴号、“澜沧号”动车组和普速旅客列车安全平稳运行；加强与海关、边检、地方口岸管理等部门的沟通交流，健全定期会商、联勤联动机制；与海关部门联合优化查验流程，推进运用铁路“快速通关”模式，火车出境前、入境后无须在口岸停留转关，海关查验在内地铁路场站完成，大幅提升了口岸通关效能，也避免了因长期滞留带来的安全隐患；加强口岸疫情防控，坚持人、物、设备、环境同防措施。

“寻百年路，铸济铁魂”传承奋斗精神聚力量

中国铁路济南局集团有限公司

胶济铁路始建于1899年，东起青岛(旧称胶澳)，西至济南，线路全长384.2公里，共35个车站，2018年1月入选第一批中国工业遗产保护名录。胶济铁路纵贯齐鲁大地，1条铁路连接山东最重要的2座城市，横跨3个世纪的风雨沧桑，百年胶济铁路是中国铁路从无到有、从弱到强、从“跟跑”到“领跑”的承载者和见证者。胶济铁路百年发展历程，从一个侧面反映了铁路人听党话、跟党走的思想品格和百折不挠、自强不息的奋斗精神。

近年来，济南局集团公司认真学习贯彻习近平总书记关于文物保护工作的重要指示批示精神，持续加强胶济铁路历史文化遗产的传承保护工作，按照“一线三馆五加强”的总体规划，在胶济铁路沿线，建设以“胶济铁路济南博物馆、青岛博物馆、坊子博物馆”为主体的胶济铁路博物馆集群；大力加强胶济铁路文物保护工作，加强胶济铁路非物质文化遗产传承，加强胶济铁路研究成果创新转化，加强胶济铁路红色基因挖掘，加强胶济铁路博物馆文化传播，着力深化以“寻百年路，铸济铁魂”为主题的博物馆文化建设，不断推动胶济铁路优秀传统文化创造性转化、创新性发展，弘扬发展胶济铁路奋斗精神，为实现企业高质量发展提供底蕴深厚的精神传承和坚强有力的文化支撑。

一、“寻百年路，铸济铁魂”博物馆文化的背景

(一)“寻百年路，铸济铁魂”博物馆文化是加强胶济铁路文物保护的必然要求

胶济铁路百年发展过程，积淀形成了大量珍贵的铁路文物，这

些文物是中国铁路发展变化的历史见证，是铁路历史文化传承重要的物化载体。随着时间流逝、技术变革、时代发展，能够流传于世的胶济铁路文物日益珍贵和稀缺，必须加强“寻百年路，铸济铁魂”博物馆文化建设，通过专门的文博展馆加强对胶济铁路文物实物的管理和保护。

（二）“寻百年路，铸济铁魂”博物馆文化是传承胶济铁路奋斗精神的必然要求

革命战争年代，济铁人在党的领导下舍生忘死反侵略、前赴后继求解放；新中国成立后，济铁人自力更生，奋发图强，拼搏奉献，建功立业；新时代，济铁人传承奋斗精神，不忘初心，砥砺前行。胶济铁路这种“在逆境中前进、在挑战中拼搏、在拼搏中奋起”的奋斗精神，这种“用实干苦干成就事业，用实干苦干开创未来”的文化底色，这种“勇于创新、勇争一流、接续奋斗、唯先势夺”的精神力量，亟待通过以“寻百年路，铸济铁魂”为主题的博物馆文化建设进行传承和弘扬。

（三）“寻百年路，铸济铁魂”博物馆文化是提升胶济铁路文化影响力的必然要求

胶济铁路不仅仅是交通运输工具，胶济铁路和中国近代史上许多重要历史事件密切相关，胶济铁路历史文化遗存是中国铁路历史文化资源的重要组成部分，胶济铁路的奋斗精神是济南局企业文化的精髓，必须加强传承传播，进一步提升辐射力和影响力。当前，济南局集团公司明确了全面建设“安全高效智慧文化美丽新济铁”共同愿景和加快争创“六个一流”战略目标，实现企业高质量发展，要求我们以“寻百年路，铸济铁魂”博物馆文化建设为抓手，通过胶济铁路博物馆文化的传承传播，不断从胶济铁路发展历程中汲取文化底蕴和精神力量，让博物馆文化更好地发挥资政育人、凝心聚力作用，更好地满足广大干部职工精神文化生活需求。

二、“寻百年路，铸济铁魂”博物馆文化的主要做法

（一）立足胶济铁路沿线，深化博物馆文化建设

胶济铁路历史文化资源丰富，底蕴深厚。19 世纪末，积贫积

弱的中国被西方帝国主义列强用坚船利炮打开了国门，德国武力侵占胶州湾，强迫清政府签订不平等条约，攫取了胶济铁路的修筑权和沿线采矿权。胶济铁路先后经历了五四运动、胶济铁路大罢工、胶济铁路解放战役等重大历史事件，饱经风雨，历经磨难，见证了中国近代史的沧桑变化。新中国成立后，胶济铁路励精图治、奋发图强，各项工作日新月异，见证了中国铁路快速发展、领跑世界的辉煌成就。为了更好地展示传承胶济铁路的红色基因和奋斗精神，济南局集团公司党委研究决定，在胶济铁路沿线，大力建设“寻百年路，铸济铁魂”博物馆文化。

“寻百年路，铸济铁魂”博物馆文化的标识：

寻百年路，铸济铁魂

XUNBAINIANLU ZHUJITIEHUN

（二）定位济南、青岛、潍坊，建设三座铁路博物馆

1. 立标打样，首建胶济铁路济南博物馆

坚持“保护为主、抢救第一、合理利用、加强管理”的文保方针，成立博物馆建设工作专班，集团公司党委书记、总经理、分管副书记担任领导小组组长、副组长，领导小组办公室和各专业组按照“寻百年路，铸济铁魂”的主题，建设胶济铁路济南博物馆。该馆是济南局和山东省第一座铁路博物馆，也是全国唯一建于百年德式老建筑内的铁路博物馆。博物馆主楼展区面积 2 995 平方米，辅楼展区面积 237 平方米，室外面积 3 170 平方米，陈列展品759 件，照片 1 314 幅。博物馆分为四个主题展区和四个专题展区，四个主题展区展示了胶济铁路的修建背景、建设发展历程、新时代发展成就及胶济铁路对山东社会经济发展的重要影响；四个专题展区从不同的角度分别介绍了党组织在胶济铁路发展壮大的过程以及

一百多年来与铁路相关的部分物品装备等，通过一段段曲折辉煌的历史。

2. 一体两翼，再建胶济铁路青岛博物馆

济南局集团公司按照在胶济铁路起点站和终点站各建设一座铁路博物馆的工作思路，把建设胶济铁路青岛博物馆作为重点工作提上日程，党委主要领导部署，党政联合印发《胶济铁路青岛博物馆建设实施方案》，强力推动博物馆建设各项重点任务，在青岛站钟表楼建成胶济铁路青岛博物馆，该馆展区面积 1 960 平方米，分为五个主题展厅，陈列展品 1 714 件。青岛博物馆以青岛元素、新时期铁路发展成就为重点，从胶济铁路的视角，展现山东人民反抗殖民侵略、收回胶济铁路路权、求解放谋发展的历史进程。济南和青岛两座铁路博物馆，共同构成了胶济铁路一体两翼、首尾呼应的文博展馆新格局。

3. 一线三馆，构建胶济铁路博物馆集群

胶济铁路坊子站区是亚洲现存规模最大、系统最为完整的蒸汽时代德日建筑风格铁路站区。济南局集团公司立足胶济铁路坊子站区申报世界文化遗产的工作设想，对坊子站区 46 处 95 栋约 17 000 平方米德日老建筑进行修缮保护，以坊子站区机修库、扇形机车库和老转盘为主体，按照“百年胶济重镇，铁路工业名胜，世界文化遗产”陈展主题，建设胶济铁路坊子博物馆、机车车辆展示馆等博物馆集群；在建设博物馆的同时，以百年铁路建筑、蒸汽时代铁路设施、坊子站区历史文化遗存为展示主体，同步建设“胶济铁路工业遗产保护研究基地、文化影视艺术基地、研学实践教育基地”等文化文博设施，高标定位，打造国内一流、国际知名的铁路工业遗产保护利用示范站区。

(三)围绕博物馆文化建设，加强五项重点工作

1. 加强胶济铁路文物保护工作

制定《铁路文物保护利用管理办法》，增强依法保护文物意识，推进文物保护工作步入制度化、规范化轨道。建立健全铁路文物实物管理数据库，组织开展文物实物调研普查，对 2 639 件实物文

物登记造册，纳入动态管理；以拓展胶济铁路博物馆文物展品规模为抓手，面向路内外常态化开展铁路文物、实物征集工作，胶济铁路百年前德制钢轨钢枕、胶济铁路全图、德文版《中国》等 2 000 余件重要铁路文物和老物件得到有效保护；加强与地方政府部门沟通联系，先后争取地方政府文保专项资金 9 155 万元用于老建筑维修保护；与山东省文旅厅签订山东铁路博物馆联合认证、共建共管合作框架协议，协调山东文物管理部门将地方博物馆的铁路文物藏品向胶济铁路博物馆划拨调拨。

2. 加强胶济铁路非物质文化遗产传承

在做好铁路文物保护的同时，加强非物质文化遗产的保护，对胶济铁路各历史时期形成的工艺流程、管理制度、生产技法、文化品牌、优秀传统等存在于人们记忆和习惯的非可视化历史文化信息进行调查摸底，挖掘梳理 1 000 余条重要线索，组织熟悉胶济铁路历史文化信息的老领导、老党员、老劳模和老职工，开展“千人口述济铁历史”活动；按照推进计划分级分类进行采访录像，在全媒体平台适时推送“千人口述济铁历史”视频资料，积极营造活动氛围，展示活动成果；将千人口述历史活动形成的视频资料作为胶济铁路非物质工业遗产的重要内容建表建档，在集团公司史志档案馆设立专区，永久保存。

3. 加强胶济铁路研究成果创新转化

邀请路内外专家学者，围绕厚重文化底蕴开展系统性、专业化研究，以山东铁路建设发展重大事件为脉络，编撰出版《胶济铁路》《山东铁路 1899—2021》等学鉴史料，全面呈现山东铁路建设发展历程，展现胶济铁路服从服务国家战略、促进经济社会发展的重大成就；运用纪实小说、报告文学等纪实类文学体裁，聚焦山东铁路发展成就、聚焦一线先模人物，编纂《文韵济铁》等系列丛书，共计 220 万字；制作《胶济百年》《黄河大桥的百年沧桑》《旅程》等胶济铁路历史文化类影视作品 6 部，通过图书和影视作品对“寻百年路，铸济铁魂”博物馆文化的研究成果进行创新转化和固化物化，不断打造展示胶济铁路历史文化底蕴的新载体。

4. 加强胶济铁路红色基因挖掘

深入挖掘党的一大代表王尽美、邓恩铭在山东铁路沿线组织领导铁路工人反压迫、干革命、求解放的英勇事迹，建成王尽美、邓恩铭烈士塑像，开发革命先烈事迹专题课程，组织党员参观研学，重温入党誓词，砥砺初心使命；针对胶济铁路路权之争、胶济铁路大罢工、张博铁道大队打击日寇等重要历史事件，设计 8 个党史教育模块，推出 VR 网上“云展厅”，打造“行走的党课”，让观众在聆听讲解和现场参观的过程中，加深对胶济铁路红色基因和奋斗精神的理解。

5. 加强胶济铁路博物馆文化传播

利用假期和节假日组织中小学教育机构和青少年儿童到胶济铁路博物馆打卡，通过开展研学游、工业游、红色游，提高博物馆文化的影响力和传播力；与地方政府、社会企业、大专院校广泛开展爱国主义教育联学联建活动，目前，超过 14 万人次在胶济铁路博物馆接受爱国主义教育，胶济铁路博物馆被评为铁路爱国主义教育基地和山东省爱国主义教育基地；加强讲解员业务能力培训，提高讲解服务质量，确保每一名讲解员都能讲清胶济铁路的发展历程、讲清文物背后的故事、讲清胶济铁路的红色基因和奋斗精神，让社会公众对胶济铁路的认识，逐步从交通运输工具的层面，升华到“铁路文化品牌”的高度。

三、“寻百年路，铸济铁魂”博物馆文化建设的成效

（一）推动了文旅产业融合

坚持以文塑旅、以旅章文，推动博物馆文化和旅游产业深度融合、一体推进，将胶济铁路 3 座博物馆和黄台站、北关站等 7 处老车站纳入研学游范畴进行保护性开发，建成济西工业游基地、研学营地、机车公园等铁路特色鲜明的研学旅游项目，推出“行走百年胶济、探寻铁路奥秘”系列研学游产品，与国内 11 家知名研学机构组建“研学旅行合作联盟”，研发推出“国铁国潮”“济铁源泉”“胶济铁路博物馆”3 大系列 370 多个品类的文创产

品，打造26个文博文化经营创效“拳头产品”，通过展示传播“寻百年路，铸济铁魂”的博物馆文化，赋予铁路工业游、研学游以深厚的文化气息和奋斗的精神力量，推动文旅产业实现社会效益与经济效益双提升。

（二）营造了良好文化氛围

发掘提炼形成“寻百年路，铸济铁魂”博物馆文化内涵，以“寻百年路，铸济铁魂”博物馆文化传承发展为主要内容，编纂220余万字图书、8个集成教育模块、6部影视作品，为广泛开展知局爱局兴局教育、爱国主义教育、党史教育提供了生动感人的学习素材和丰富多彩的精神食粮，为引导干部职工在新时代新征程中接续奋斗营造了知局兴局、拼搏进取的文化氛围。

（三）促进了中心工作发展

以“寻百年路，铸济铁魂”博物馆文化建设为载体，挖掘百年胶济的精神之根，塑造济南局集团公司企业文化之魂，凝聚干部职工奋勇拼搏之力。“寻百年路，铸济铁魂”博物馆文化提升了济南局集团公司企业文化建设的探索广度、历史厚度和精神高度，更好地发挥了企业文化导向教化、鼓舞激励、凝心聚力的作用，为激励干部职工传承赓续红色基因、立足岗位建功立业提供了强有力的文化支撑，在文化层面为促进中心工作发展发挥了积极作用。近年来，济南局集团公司安全持续稳定，客货运输、铁路建设等重点工作发展良好，经营业绩逆势上扬创历史新高。

第四篇　铁道企业管理优秀论文

疫情防控常态化下的检测任务资源统筹应对策略

中国国家铁路集团有限公司检测中心
张子亮　李连东　郭　磊

2022年中国铁路运营里程已超过15万公里，其中高速铁路里程已超过4万公里。为确保庞大的铁路网运营安全，铁路基础设施动态检测已经成为越来越重要的技术保障手段。目前，铁路基础设施动态检测主要包括高速铁路综合检测，普速铁路轨道、接触网、通信、信号检测，隧道及路基检测，轨道巡检及钢轨探伤等检测业务，总体由国铁集团铁路基础设施检测中心（以下简称检测中心）负责统筹开展。具体来讲，检测中心的主要任务就是要合理高效利用全路现有高速综合检测列车及各专业检测车等移动检测装备资源，按照工务、电务、供电等专业维修管理要求，对运营铁路进行周期性覆盖检测，以便及时掌握铁路基础设施状态变化情况，为现场的养护维护提供技术支撑。但近几年，新冠疫情的发展已经深刻影响了人们生活的方方面面，对于检测中心来讲，检测任务资源统筹工作也受到了一定冲击。

一、疫情对检测任务资源统筹的不利因素分析

为减少对路网运输的影响，目前高速铁路综合检测运输组织模式为将高速综合检测列车编入路网运行图，利用旅客动车组不繁忙的时间窗口对高速铁路进行检测；普速铁路专业检测运输组织模式为将轨道检查车、电务检测车、接触网检测车等专业检测车分别加挂在旅客列车尾部，跟随旅客列车运行同步对所在线路进行动态检测。

2020 年以前，各项检测业务基本可以正常有序开展，但突如其来的新冠疫情对现有检测模式造成了较大干扰。首先，疫情散点多发，检测任务执行过程中经常遇到检测途经的停靠城市静默管控，检测车及检测人员需要紧急规避，以免被隔离管控，从而影响后续检测任务；其次，疫情导致客流减少，为减少损失，运输部门采取了“一日一图”策略，旅客列车车次变动频繁，专业检测车加挂旅客列车存在困难甚至无车可挂。

铁路基础设施运营检测计划均是以铁路传真电报形式进行发布实施，疫情的不确定性及加挂车次的不确定性，导致检测计划执行困难，计划的有效性大打折扣，往往是检测计划电报刚刚发布，马上就要根据突发情况对其进行变更或取消，朝令夕改，屡见不鲜，给检测计划相关执行单位造成了较大困扰；而且，检测计划的频繁变动，也客观增加了运营检测业务开展的风险性，存在一定安全隐患。

二、疫情防控常态化下的检测任务资源统筹策略

针对上述问题，为将疫情对检测任务资源统筹的影响降到最低，确保各项运营检测任务顺利开展，铁路基础设施状态稳定可控，铁路网安全运行，检测中心积极思考，结合实际，分别针对高速铁路综合检测和普速铁路专业检测制定了应对策略，具体如下：

1. 高速铁路综合检测区域化

高速铁路综合检测区域化的主体思路是综合考虑线路长度、路网联通情况、高速检测列车部署情况等，将全国高速铁路网划分为东北、华北、西北、西南、华中、华南等若干个区域，每个区设置 2～3个支点城市，以支点城市为圆心，向周边辐射检测，检测范围控制在 1 000 公里以内，力争可以当天往返检测。同时，检测人员实行班组化管理，定岗定编定车，人随车走，这样做的好处一是减少了长大交路，避免了与疫情城市的时空交集概率，同时增加了交路编排的灵活性，支点城市之间互为备用，当其中一城发生疫情，可及时将检测车和检测人员调整至其他城市继续检测；二是检测

班组人员相对固定，减少了人员流动，利于疫情防控和轮休调整。

2. 普速铁路专业检测综合化

普速铁路专业检测综合化的主体思路是借鉴高速铁路综合检测运营模式，结合工电供一体化维修管理改革创新契机，将轨道检查车、电务检测车、接触网检测车等专业检测车进行联挂，重点对繁忙干线和跨局干线进行直通、全覆盖、等速检测，最高检测速度可达 160 公里/时。普速铁路综合检测既解决了现有的“挂车难”“效率低”等问题，又解决了长期以来的检测数据碎片化、路局结合部线路检测数据不完整等问题，同时还可以实现工电供三个专业全项目的同步检测、多源数据关联对比及融合分析，从而为铁路基础设施状态综合评价打下基础。

三、实践效果

1. 高速铁路综合检测区域化实践效果

高速铁路综合检测区域化实现了灵活布局、分散控制、综合管理的和谐统一，最大限度地发挥了现有资源优势，效果明显，主要体现在以下几个方面：

（1）大幅降低疫情影响。由于区域化检测避免了检测人员和检测列车的大范围调动，疫情对高速铁路综合检测的整体影响有限。2022 年度，高速铁路综合检测人员队伍及检测列车状态均稳定可控，检测工作有序开展，年度检测总里程有望突破 240 万公里，抵抗疫情冲击的能力大幅加强。以西南检测区域为例，成都发生疫情时，检测列车和检测人员随即转移至重庆，动车组检修和检测人员出勤均未受影响，后续检测任务顺利实施。

（2）检测计划编排更加灵活。区域化检测实施后，检测交路相对缩短，计划编排更加灵活，可在确保检测周期间隔（15 天左右检测 1 次）的前提下，及时根据疫情变化，对检测交路作出调整优化，避免了以前长大检测交路“牵一发而动全身”的情况发生。

（3）检测人员劳动强度得以降低。通过实施区域化检测，检测资源配置得到进一步优化，避免了人力资源浪费。检测人员出差天数有所降低，人员单日平均乘车时间同步缩短，员工幸福指数大幅提高，为下一步企业人才梯队建设创造了有利条件。

2. 普速铁路专业检测综合化实践效果

2022 年，检测中心为提升普速铁路基础设施动态检测效率和质量，首先针对京沪、京广、京哈、京九、沪昆、陇海等六大繁忙干线组织开展了普速铁路综合检测，并取得了良好预期效果。

(1)检测效率大幅提升。多专业检测车联挂相比之前的各专业分别挂车方式，大幅减少了对铁路运输的干扰和影响，可以一次性完成多专业综合检测，极大提高了检测效率和资源利用率，同时有效缓解了各铁路局集团公司的检测压力。

(2)检测质量大幅提升。普速铁路综合检测除实现了工、电、供常规检测项目同步检测外，还进一步将道床、路基、轮轨力、加速度等检测项目纳入其中，拓展丰富了检测手段。检测完毕后，实行“一线一报告”原则，对各线检测数据深入挖掘分析，开展基于多源数据的融合分析和综合评价，充分发挥了专业检测数据综合分析指导现场维修，提升设备质量均衡发展的作用，并得到国铁集团主管部门及各铁路局集团公司的认可。

新形势下铁路调度指挥中存在的问题及对策建议

中国国家铁路集团有限公司运输调度指挥中心
刘恒斌　王文浩　何宇浩　刘　学　郭凯生
中国铁路南昌局集团有限公司调度所
廖小春

铁路运输调度系统作为铁路系统的核心指挥部门，遵循安全性、服务性、高效性原则，全面掌握支配“车、机、工、电、辆”等铁路资源，实现资源的优化配置，有力确保铁路安全，高效完成货运定量目标。

一、发展现状

目前，按照“集中领导、统一指挥、逐级负责”的原则，铁路运输调度指挥系统采用三级垂直管理模式，即国铁集团运输调度指挥中心、铁路局集团公司调度所、站(段)级调度指挥中心，如图所示。2019 年底起，百业受扰，铁路亦难以避免。国铁集团在国家产业结构布局转变、“公转铁”运力调整、“打赢蓝天保卫战”等背景下，制定了铁路稳货补客决策部署、货运保质增量攻坚目标，并采取一系列运能挖潜激励措施，这些对起着核心作用发挥的铁路调度指挥系统，提出了极大的要求。截至 2021 年底，全路 18 个铁路局集团公司调度所调度员共计 10 497 人，伴随新线陆续开通、新技术设备陆续投入应用，调度队伍人

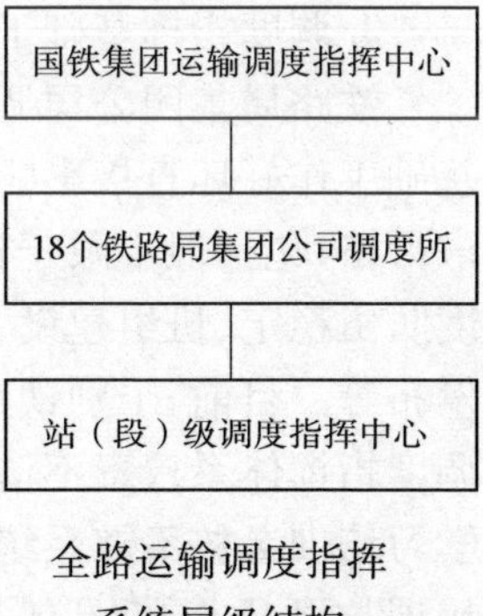

全路运输调度指挥系统层级结构

数每年也在稳步增长。

二、存在的主要问题及原因

1. 对调度指挥工作重视不足

个别调度指挥人员对调度工作认识不足、重视不够，面对复杂的运输网络及繁重的运输形势缺乏安全理性认识，没有真正牢固树立以人为本的安全理念，缺乏稳中求细、实事求是的工作态度，积极主动性不强，重生产轻安全，标准化执行不到位，工作中存在安全隐患；当出现指挥问题时，没有及时改正弥补，没有深究问题根本原因；处理突发应急情况时，违反规章制度，盲目处理，最后产生不良后果。

2. 业务能力不容乐观

调度指挥工作具有重要性强、工作量大、专业性高的特点，要求相关从业人员必须具备良好业务素质，并怀以饱满热情完成工作，但是个别调度人员业务能力不容乐观。一是未形成自觉学习习惯，对《技规》《调规》等规章及新技术设备的学习运用明显不够；二是部分调度人员因长时间高强度工作出现倦怠，影响作业效率；三是应急处置能力不强，遇突发事件时，由于自身应急处置能力不足，有效应对迟缓，处置不当，扩大了不利影响与行车风险；四是，部分列车调度员对调度命令不够重视，发布命令不够严谨，内容出现错误，埋下极大的安全隐患。

3. 调度指挥基础工作有待强化

铁路局集团公司调度所作为调度指挥系统的中坚力量，调度基础工作好坏直接影响其作用发挥。调度基础工作涵盖面广且要求严格，包括但不限于建立完整调度指挥体系、完善规章制度、调度队伍稳定、班组建设、学习培训及考核机制、应急处置、调度命令发布等。目前，个别铁路局调度所重生产效益，轻基础安全，整个调度指挥体系权责不清，规章制度维护更新不及时，对调度人员的学习培训考核不够系统全面，尤其在对调度人员应急处置能力的培训与提升上，仍是任重而道远。同时，新线修建、新技术设备投入使用，给运输调度指挥安全保障工作带来新的挑战，部分调度人员沉迷于过去经验，缺乏主动学习的动力。此外，高速铁路及部分普速铁路调度指挥系统采用调度集中方式，调度员同时兼任车站值班员职责，随之增加了行车指挥、错办进路的风险。

4.运输调度协作性差

一是信息交互性差。部分铁路调度部门与车务部门、政府、地方企业、港务局等，缺乏畅通有效的沟通协调机制，一旦遇到问题，部门间相互推诿，信息传递迟缓，应对措施难以及时有效，严重影响运输效率。例如，某到港货物列车预报信息不准，在报到相对应的联运组后，实际没有按时到港，导致工作人员、设备滞留现场时间长，影响作业效率。二是对设备故障情况缺乏调度协作。针对铁路运输中的调度复杂性，相关调度人员未能对设备故障因素作出充分考量，不能够在发生设备故障时及时与各部门作好协调。

5.自然灾害等外部不稳定因素多

铁路运输需要面临的外部不稳定因素多，例如自然灾害、国际环境、市场需求变化等，由于部分铁路局调度系统长期处理程序性的事务，预案准备不足，调度人员存有惯性思维定式与固有经验，遇外部突发事件时，缺乏行之有效的应对方案，例如2021年郑州局“7・20”特大暴雨灾害时，由于郑州局调度所停电、列车调度指挥系统等所有用电设备停用，启用手工画图并使用电话指挥，这对入所不长的年轻调度员提出了严峻的考验。此外，国际环境的变化直接影响出境货物班列的交接。

三、对策建议

1.强化调度基础工作建设

调度基础工作建设作为立厦之基，分别从如下方面落实：一是系统梳理、修订完善相关技术规章制度，规范内设机构及层级关系，明确工作岗位职责。二是实现调度工作流程化和标准化，科学分析与量化调度工作内容，明确效果质量与评价标准，健全考核奖惩机制。三是加强调度安全预防机制建设。利用历年经验案例和大数据分析手段，加强风险研判，整治安全隐患，收集安全风险库，定期深入开展安全专项整治，明确调度安全关键项点，将调度命令发布、CTC区段人工办理操作、应急处置、接触网停送电等列为重点卡控项点，强化调度安全风险管控和隐患排查，其中，尤其强调调度命令的重要性，调度命令发布之前须详细了解现场情况，听取有关人员意见，命令发布及时、正确、清晰、规范。

2. 加强调度队伍建设，提升调度人员业务能力

欲提升铁路整体运输调度指挥能力，必然先加强调度队伍建设，提升调度人员业务能力，具体从如下方面着手：一是严格调度人员准入制度，即从年龄学历、业务能力、工作经历、思想态度等方面择优筛选。二是调度部门要加强自控型班组建设，要求调度人员提高思想认识，明确自身职责，勤加实操训练，同时，强化风险前移并层层落实，使人人肩负责任，主动将压力转化为控制风险的动力，不断提升自身业务能力。三是构建调度人员的长效培训机制，结合调度岗位特性制定系统化、针对性的培训内容，制作完善岗位作业指导书、必知必会手册、岗位标准化作业技能教学片，切实提升调度人员的专业能力，引导调度人员按章办事，并建立奖惩考核机制予以严格落实。四是铁路各级调度层面定期组织调度人员的技能比武竞赛，建议国铁集团组织的全路级别3年一次，铁路局集团公司组织的全局级别1年一次，以此提高调度人员学习积极性，强化学技练功的优越感，同时绩效激励机制中明确对于竞赛成绩优秀、工作能力突出的调度人员予以优先提拔选用。

3. 强化调度物防技防安全保障

一是围绕推动运输生产信息共享、计划一体化协同编制、全路车流信息管理系统、智能综合调度系统、供电调度智能化管理系统的完善推广工作，实现全过程动态管理，提升调度对运输生产的调度与把控能力。二是开展CTC、TDCS系统专项整治，查找存在的问题，促进CTC、TDCS系统与TDMS等系统间的数据交互转换，降低数据安全风险。三是推动数据采集与监视控制系统仿真模拟实训平台建设，提供不同故障场景的模拟演练需求。四是，强

化季节性安全管理，利用大数据分析调度安全数据，预判不同季节天气、沿线地理环境发生突发事件的概率。面对暴风雨雪天气的考验，国铁集团须及时发布调度命令，要求铁路局集团公司方面及时采取安全保障及调整措施，及时启动应急响应，提前采取强力手段，防止灾害事故发生。

4.全力做好运输服务保障

一是以安全风险管理为重点，基于人员、设备和管理三大要素，建立风险控制体系，从重点领域、关键环节、安全风险等方面着手，制定落实标准化管控措施，实现对现场作业各种安全风险源的有效控制。二是为防控提供强大运力支撑，按照具体部署要求，加强与国铁集团防控办、省市卫健委、地方社区等单位沟通协调。三是加强保障中欧中亚班列、新老兵运输、抢修救灾防疫物资等重点列车的组织盯控，保证通关口岸站、战略要道、繁忙干线的通道畅通，保证电厂存煤量维系在合理区间。四是，为应对疫情，采取以货补客策略，加强货源组织，积极落实空车保障，充分利用大秦线、唐包线、瓦日线、浩吉线，组织百辆空敞车长编列车运输。

5.提升调度应急处置指挥水平

一是《中国铁路总公司办公厅关于加强铁路运输应急处置领导组织工作的通知》(铁总办调〔2018〕50 号)，明确了国铁集团启动应急响应情形及标准，但其中并未明确指出铁路局集团公司的响应标准。以此为依据，大多铁路局集团公司分别制定了符合本局实际情况的响应标准，但是存在一部分铁路局在同一突发事件响应时等级低于国铁集团，确有不妥，须及时作出调整。二是伴随新线开通、新技术装备的投入应用，针对性同步完善应急预案，组织联合应急演练，提高应急处置质量及分析工作。三是充分利用调度应急指挥系统，善用救援方案辅助决策、故障原因研判、影响范围判别的功能，融合各专业调度优势，实现资源共享和信息交汇，及时准确提供线路示意图等基础技术资料，为应急处置指挥提供确切依据。四是逐步完善调度信息系统网络系统和应急处置制度，落实管理责任，畅通调度网络联系通道。

6.加强施工安全专业管理

一是规范施工方案及计划编制。计划审批依法合规，严守专业技术标准，严格逐级审核，落实审批把关责任，正确发布施工调度命令，前移施工安全关口，提前预判风险；此外，对于大型施工，施工办需与施工单位统筹施工方案，尽量减少施工对运输的影响。二是加强对施工作业的全过程监控，不得随意变更施工计划，严禁超范围施工，严格排除外界对施工作业的不利因素干扰。三是施工延点或临时要点时，须按规定程序发布调度命令，同时加大对施工作业的盯控力度；此外，要认真分析原因及查找不足，制定有效应对措施，防止再次出现类似问题，确保施工作业向提前可控、常态平稳方向发展，实现运输与施工统筹兼顾。

落实国铁企业改革三年行动方案 扎实推进动车组修程修制改革

中国国家铁路集团有限公司机辆部
朱庆龙
中国铁道科学研究院集团有限公司机车车辆研究所
李东凯

近年来，我国铁路机辆装备制造技术水平大幅提升，动车组已成为铁路生产力发展水平的重要标志，特别是复兴号高速列车迈出从追赶到领跑的关键一步。相比设计制造技术而言，动车组的运维技术还处于起步发展阶段，动车组修程设置相对保守，对标世界先进水平，修程修制改革仍有较大空间。动车组维修费用是国铁集团的重要成本支出项目，修程修制改革事关国铁企业经营质量和效益，是深化铁路供给侧结构性改革、做大做优做强国铁企业、落实国铁企业改革三年行动实施方案的重要举措。国铁集团机辆部坚决贯彻党组部署，奋勇担当“交通强国、铁路先行”历史使命，积极承担铁路改革发展重任，全面启动动车组修程修制改革，着力构建中国特色机辆运维标准体系。当前，修程修制改革已持续深入推进，产生了巨大经济效益。

一、必要性

随着我国高速铁路网的日趋完善，动车组保有量迅猛增加，从2012年的825标准组增长至改革前2018年底的3 303组，增幅300%以上。伴随保有量的增长，动车组一级修任务量不断增加，日均任务量从441组增加到1 227组，多数动车所一级修能力已趋于饱和，成为动车组开行的主要制约；随着走行里程的累积，动车组高级修发生数量逐年攀升，修程级别逐步深入，检修费用日益剧增，从36.7亿元增长至261.3亿元，增长6倍以上，已占全路大修费用支出的35%。

我国动车组运行场景复杂，涵盖平原、山区、高寒、高原、高温、潮湿、风沙等复杂环境条件和长大坡道、超长桥隧等恶劣线路条件；动车组速度等级、车型种类多，涵盖时速160至350公里共15个车型平台、41个子车型；动车组运行速度高，CR400商业运营速度350公里/时，全球最高；动车组年走行里程差异大，达速运行的CR400高达80万公里以上，CRH6F仅为20万公里左右。在这样复杂的条件下，继续沿袭动车组引进时的修程修制，简单使用统一的标准已不适应我国国情路情，必须针对动车组不同运用特点制定适用的修程修制，自主构建中国特色机辆运维标准体系。

推进修程修制改革，延长维修周期、优化维修内容、减少过度修、严控检修成本，是我国高铁健康、可持续发展的必然要求，是大势所趋、势在必行，也是践行国家绿色、低碳、环保等政策要求的具体实践。有鉴于此，国铁集团党组因时因势提出动车组修程修制改革的经营管理策略。

二、可行性

1. 动车组安全基础稳固

为确保绝对安全，动车组在设计、制造、运用、维修等各环节始终把安全性作为核心目标，实施了一系列行之有效的措施、方法和手段。针对安全相关产品广泛采用安全冗余、故障导向安全等设计理念，从设计源头提升安全性；配备TADS、TEDS、WTDS等地面及车载安全监控设备，运用中超前防范安全隐患；在检修中本着慎之又慎、适度保守的原则强化安全性相关项目的检修要求。修程修制改革启动前，机辆部组织完成了19个(类)关键部件维修周期延长安全性分析，结论均为可行，从安全性角度支撑了改革的可行性。

2. 动车组运用质量良好

随着新造质量不断提升和源头质量整治持续推进，动车组事故率、故障率逐年降低并趋稳，且显著低于国外。法国 TGV 延误 15 分钟以上的故障率为 0.8 件/百万公里；日本新干线动车组停运或晚点 30 分钟以上的事故率为 0.166 件/百万公里；2018 年我国动车组故障中，延误 15 分钟、30 分钟以上的百万公里故障率分别为 0.077、0.035。我国动车组故障率指标明显好于国外。

百万公里安监报故障率变化趋势

3. 国外动车组修程修制优化取得进展

德国铁路公司基于运用经验积累，将 ICE3 动车组 IS100、IS600、IS700 维修周期间隔分别由 4 000 公里、120 万公里和 240 万公里逐步延长至 8 000 公里、165 万公里和 330 万公里。法国铁路公司经过多年探索，实现了 TGV 动车组维修周期延长，如：运营检查由 2 500 公里延长至 5 000 公里，一般检查由 60 万公里（或 13 个月）延长至 110 万公里（或 19 个月）。日本新干线动车组早期架修、大修周期分别为 45 万、90 万公里，自 2002 年 4 月起分别延长至 60 万、120 万公里。

4. 我国已积累了一定的修程修制优化经验

我国动车组已开行 10 余年，基于运用检修经验和数据的积累和反馈，开展了部分修程修制优化工作，取得了显著成效。一级修方面，里程周期由 4 400 公里延长至 5 500 公里，取消联检中重复试验项点，优化作业方式；二级修方面，部分动车组车轴超声波探伤周期由3万公里延长至6万公里，滤网清洁由固定周期优化为视情维修；高级修方面，CRH2A/2C/380A平台动车组高级修周期间隔由45万公里延长至60万公里，部分部件检修方式、范围、标准优化。基于上述工作，形成了一套相对成熟的技术路线和方法，为改革积累了宝贵经验。

综上所述，动车组设计有冗余、质量有基础、安全有保障，国外有改革成功案例，国内有改革经验积累，开展改革工作具备条件。

三、工作思路

1. 打破一个标准管全路的观念

按照分层、分级、分类的原则对修程修制实行差异化管理，分层就是实行国铁集团、铁路局集团公司两层管理，优化修程修制管理模式，给予铁路局集团公司部分管理权限，国铁集团、铁路局集团公司分别侧重管理时速300公里及以上、250公里及以下动车组。分级就是区分不同修程、速度等级，明确运用维修和高级修定位，分别制定重点检查检修范围。分类就是区分不同线路类别、运用环境，充分利用检修运用经验和检测监测数据，科学制定不同的检修周期、范围和标准。

2. 国铁集团统筹修程修制改革工作

国铁集团机辆部负责组织铁科院、铁路局集团公司、主机企业、科研院所等单位共同推进修程修制改革，安排对影响整车检修周期的关键系统和部件开展检测、试验和分析，摸索剩余寿命和质量变化规律，提出延长试验验证方案；按照检修周期与故障规律相吻合，技术条件与检修周期相适应的原则，确定检修周期和优化产品技术条件。

3. 落实主体责任

运用维修方面，国铁集团明确关键质量安全运用标准，铁路局集团公司结合实际情况自主优化检修周期、范围。高级修方面，国铁集团在规程制定中，对影响安全和行车秩序的关键系统和部件，明确检修范围和技术标准，其他系统和部件仅给出基本原则和底线要求，铁路局集团公司根据实际状态和需求具体明确。

四、改革内容

1. 一级修

维修周期方面，时速 300～350 公里动车组由 5 500 公里/48 小时延长至 7 700 公里/48 小时；时速 200～250 公里动车组由 4 400 公里/48 小时延长至 6 600 公里/72 小时；时速 200 公里以下动车组由 4 400 公里/48 小时延长至 6 600 公里/96 小时，特殊天气、特殊季节可根据实际情况缩短。时速 200 公里以上动车组具备机检作业条件的，可实施人检机检交替作业，人工技检周期可在上述基础上再延长 24 小时。

2. 二级修

国铁集团负责制定轮轴探伤周期及标准、车轮运用状态技术标准和检测方法；铁路局根据实际情况自主确定车轮镟修周期和其他二级修项目的检修周期、范围和标准，并持续优化完善；加快推进故障预测和健康管理研究及应用，逐步实现数字化精准维修。

3. 高级修

(1)复兴号动车组。国铁集团组织试验验证，将高级修周期里程间隔上限由 132 万公里分阶段逐步延长到 165 万公里。

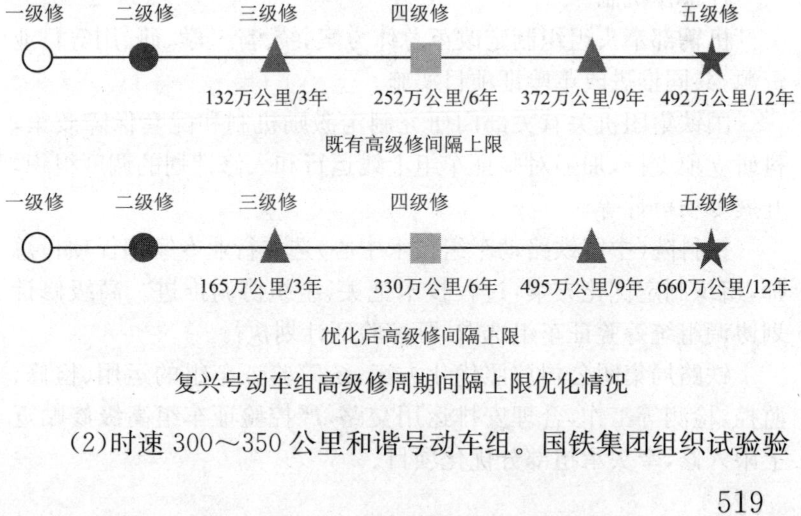

复兴号动车组高级修周期间隔上限优化情况

(2)时速 300～350 公里和谐号动车组。国铁集团组织试验验证，CRH2C/380A 平台动车组高级修周期间隔由 60 万公里/1.5 年延长至 120 万公里/3 年，其他动车组高级修周期里程间隔上限由 132 万公里延长至 145 万公里。

(3)时速 200～250 公里和谐号动车组。铁路局集团公司组织试验验证，CRH2A 平台动车组高级修周期间隔由 60 万公里/1.5 年延长至 120 万公里/3 年，其他动车组高级修周期里程间隔上限由 132 万公里延长至 145 万公里。时间周期先到时，铁路局集团公司可根据动车组运用状态开展延长验证，最长不超过 6 个月。

(4)主要部件。开展部件检修周期、检修范围及方式的优化研究和试验验证，其中对整车检修周期、检修方式、检修成本、运行安全性和可靠性影响较大的部件由国铁集团统一组织，车体油漆、上部服务设施等部件由铁路局组织。部件修程修制优化项目根据运维需求滚动立项，目前已开展 58 项。

五、改革组织实施

国铁集团发挥新型举国体制优势，整合各方资源，形成推动改革的强大合力，制定了高效的工作机制和完善的实施流程，为改革期间动车组安全可靠运行和改革目标顺利实现提供了坚强保障。

1.工作机制

机辆部牵头组织制定改革总体方案，统筹产、学、研、用等行业资源，共同推进改革验证项目实施。

国铁集团机关有关部门研究制定激励机制和配套保障政策，科研立项支持，加强对验证车组上线运行和入修计划的调度组织，开展专项审计等。

铁科院(中国铁路动车组技术中心)选派行业专家担任项目总师，组织制定优化方案，过程技术把关，组织协调推进。高级修计划协调组统筹验证车组选取，盯控验证计划执行。

铁路局集团公司按照优化方案，统筹验证车组的运用、检修、监控、检测等工作，合理安排运用交路，严控验证车组高级修贴近上限入修，牵头承担部分优化项目。

中车主机企业牵头承担或配合项目研究，发挥技术、人才团队优势，调动相关资源开展数据分析、车组状态评估、阶段总结等，按期组织完成验证计划目标。

部件供应商按照方案分工承担检测检验、地面验证和技术支持等工作。

项目进度管理采取项目组周分析、月小结，动车组技术中心季度报告，机辆部专项研究推进的模式。

2.实施流程

(1)方案制定。基于以可靠性为中心的维修理论，借鉴既有动车组修程修制优化实践经验，在确保安全和运行秩序前提下，制定修程修制优化的技术路线，依据技术路线研究制定工作方案，组织专家评审，明确实施意见。

(2)试验验证。基于系统规划、分步进行的原则和科学严谨、实事求是的态度稳步推进改革验证，分阶段、分步骤确定车组数量、开展试验验证，按照评审后的方案组织实施，完成检查检测、数据分析和状态跟踪等工作，形成总结报告，评审后形成结论。

(3)推广实施。按照评审后形成的结论，由国铁集团履行决策程序后，推广实施。以 CR400 动车组首轮三级修周期上限延长至 165 万公里全面实施为例，2020 年 8 月，6 组验证车组通过阶段评审后进行小范围推广，选取 54 组车实施 165 万公里三级修，2021 年 9 月通过总结评审后，全面推广实施。

六、改革进展

自 2019 年改革工作启动以来，全路上下和中车企业同心协力，管、用、造、修有效联动，蹄疾步稳推进各项工作，取得了良好进展和成效。动车组运用质量状况总体良好，未发生因修程修制改革周期延长而导致的事故，百万公里故障率稳中有降，2020 年、2021 年分别较 2019 年下降 9.4%、27.5%。截至 2022 年 9 月 30 日，主要工作进展如下：

运用修方面：时速 300～350 公里动车组一级修人工技检时间

周期延长至72小时，7 700公里里程周期上限得以充分利用，上海局已经达到8 000公里；车轮镟修、轮轴探伤、油脂更换等二级修优化项目已全面推广实施；技术主导局优化二级修项目419项，周期普遍延长10%至50%；牵引冷却装置、空调系统等实现了视情维修。

整车高级修方面：CRH2A/2C/380A平台动车组高级修周期间隔由60万公里/1.5年调整至120万公里/3年；其余和谐号动车组第一轮次高级修周期上限延长至145万公里，已累计入修1 022组，正开展第二轮次延长验证工作，累计入修17组；CR400动车组自2020年4月、2021年9月起，首轮三级修周期上限分别延长至145万、165万公里，145万、155万、165万公里分别累计入修209组、17组、218组，正开展四级修周期延长至330万公里验证，第二轮次145万、155万公里延长验证分别累计入修50组、2组。

部件高级修方面：2019年、2020年国铁集团共安排33项部件修程修制优化项目，2021年、2022年分别增加19项、6项，共计58项，已完成9项，正在开展扩大验证43项，6个新增项目已启动实车验证，累计跟踪验证1 900余组。

七、改革成果

修程修制改革启动以来，成果十分丰硕，成效非常明显，有力支撑了动车组提质降本增效。以2021年为例，工作量方面，动车组运用修减少5.6万余组次，高级修减少339组；效益方面，动车组运用修费用减少约4.5亿元，高级修费用减少约82.5亿元；效率方面，动车组一级修平均走行里程、高级修平均入修间隔里程较2019年分别提高12.3%、15.5%，三、四、五级修组均修时分别压缩11.1天、8.8天、11.4天。

随着改革的深化，改革红利将进一步释放，效率效益将得到更大提升。以复兴号为例，按照30年寿命，CR400、CR300分别年运行60万公里、50万公里，改革前二级修每年扣修15天，三、四、五级修每次修时 30 天、45 天、60 天，改革后二级修每年扣修 10 天，三、四、五级修每次修时 25 天、40 天、50 天初步估算，改革实施后，每组车寿命周期内减少三级修 2 次、四五级修各 1 次，高级修费用减少约 1 亿元；CR400、CR300 检修停时分别减少 375 天、365 天。以未来全路时速 350、250 公里动车组保有量分别为 3 500 组、1 500组，每组年均上线运行 330 天初步估算，30 年可累计节省高级修费用约 5 000 亿元，减少新车购置约 187 组、284 亿元。

八、改革深化研究方向

随着改革工作持续深入，结合改革实践经验反馈和现实需求，修程修制改革将进一步深化。

1. 开展动车组服役中后期性能研究

和谐号动车组设计寿命多为 20 年，目前已陆续进入寿命中后期服役阶段。随着服役年限的增长，动车组技术状态发生变化，结构件在长期承载、振动、冲击作用下疲劳损伤日益积累；电气件在高电压、大电流、强温度应力作用下逐步老化；金属件在复杂运用环境下腐蚀愈加严重。开展动车组服役中后期性能研究，提出服役中后期运维安全强化措施极为必要。

2. 开展动车组修程修制与寿命匹配关系研究

部分动车组运行速度高，年运行里程预计可达 90 万公里以上，里程周期与时间周期匹配关系发生明显变化，如仍执行既有修程修制将导致五级修时间周期过短，造成时间相关部件寿命严重浪费。为此，需开展修程修制与部件寿命匹配关系研究，重新构建修程结构。

3. 开展数字化精准维修方案研究

目前，我国同一动车组实行相同的修程修制，但运用条件千差万别。如：南北方动车组空调累计工作时间和模式有很大差别，不同运行交路车体侧门的开关频次差别很大，这使得产品耗损规律和维修需求有所不同。根据实际运用情况，开展数字化精准维修，可更好地满足维修需求。

九、结论与展望

三年多的实践证明，推进修程修制改革是坚决落实习近平总书记对铁路工作重要指示批示精神，持续深化国铁企业公司制改革的重要举措；是通过深化改革、增强自主创新能力推动铁路高质量发展，进一步释放先进技术装备红利的重要途径；是国铁企业由运输生产任务型向市场经营效益型转变，实现治理体系和治理能力现代化的必由之路。改革永远在路上，改革之路无坦途。当前，修程修制改革工作虽然取得了一定成绩，但越往后改革的复杂程度越高、推进难度越大，对我们的考验也越大。我们必须以更大的攻坚勇气和智慧，以更加科学务实的严谨态度，坚持摸着石头过河和加强顶层设计相结合，统筹改革的系统性、整体性、协同性，以永远在路上的执着和韧劲，稳步推进改革向纵深发展，为实现铁路高质量发展、持续巩固高铁领跑优势、建设交通强国作出新的更大贡献。

关于企业从传统到现代、从优秀到卓越的几点思考

中车齐齐哈尔车辆有限公司企协
刘明伟

中车齐齐哈尔车辆公司很早就承担起我国铁路货运装备科技进步的光荣使命。80多年来，主导推动了我国铁路货车四次大的升级换代，2013年，还荣获第十三届全国质量奖，为我国铁路运输事业作出了历史性贡献。作为我国铁路货车行业的龙头企业，如何站在追求"科技支撑、创新引领、质量更高"的新起点上，让企业从传统走向现代、从优秀走向卓越，笔者有如下几点思考：

一、追求卓越需要优秀的企业文化

卓越绩效是企业不断建设优秀文化的结果，企业文化是演进的，卓越是无止境的。如果说，全面质量管理和ISO9000质量管理体系为公司提供了一个企业管理的体系，可以说，卓越绩效模式为公司提供了一个企业治理的文化。体系是文化的部分，文化通过体系表现自己的部分内容；体系是保证互动的条件，而体现在员工素质上的文化才是互动有效性的保证。两者相辅相成、相互促进，才能使企业在人、财、物上都达到卓越。因此，公司深刻地认识到，只有保持企业文化与时俱进，不断赋予其新的内涵，并克服固有的文化陋习，才能使企业管理体系有效运行，才能使企业真正走向卓越。

多年来，公司注重传承企业历史，沉淀升华企业文化，牢记发展使命和愿景，在打造世界一流铁路货车研发制造企业道路上砥砺前行、积极有为。企业在发展历程中，注重以核心文化理念引导员工的价值取向，经过积淀、总结和提炼，形成了具有齐车特色的

企业文化体系，并不断赋予其更深层次的文化内涵。在日伪法西斯统治时期，齐车人以各种方式积极抗争，体现了英勇不屈的斗争精神；在解放战争和抗美援朝期间，齐车人抢修江桥、修理车辆支援战争，体现了爱国情怀；新中国成立后，在齐皇两厂合并、大规模的改扩建、由修车转为新造车等重大历史进程中，齐车人“争先创优”的精神开始形成和发展；1950 年的齐皇两厂合并，在迁厂建厂的创业时期齐车人形成了“人拉肩扛，刻苦兴家”的优良传统，在改扩建和建设国家铁路货车设计、制造主导厂的过程中，形成了“头拱地，七顶七，不完成任务不回家”的攻坚作风；20 世纪 80 年代以来，公司总结提炼了“求实、进取、创新、奉献”的八字厂风，开始从企业文化角度规范企业形象；1998 年，公司第一次党代会确定了“同心共利，勇为先导”的企业精神，发布了企业文化理念体系，公司“争先创优”企业文化建设步入了规范性发展的轨道；在 2008 年中国北车文化整合中，公司文化理念中的争先、诚信、创新、重责等要素被充分吸收到中国北车核心理念中；在 2016 年中国中车文化整合中，公司在中国中车核心理念的统领下继续彰显“争先创优”的文化本质，完善并搭建了比较系统的企业文化体系，提炼并发布了《公司企业文化特点》，体现了文化的一贯性、连续性、发展性。

公司先后荣获全国文明单位、全国企业文化建设优秀单位、全国企业文化建设百佳企业等荣誉称号。

二、追求卓越需要明确的战略导向

战略策划的质量直接影响企业绩效目标的实现，战略要把企业发展目标与战略和使命对应起来。基于这种考虑，公司以母公司发展战略为指引，结合自身文化、使命和愿景，2015 年提出了中长期发展目标暨 2025 年长远目标“稳居世界铁路货车制造业前三强”，制定了“十三五”发展规划即大力推进技术领先、国际化、相关多元化、规模扩张、质量经营和人才强企六大战略，积极促进企业集团化、国际化、多元化和现代化发展，实现“百亿企业”和“进入世界铁路货车制造业前三强”；在对“十三五”规划进行评估、诊断和分析的基础上制定了“十四五”发展规划即以创新驱动、转型升级为基本方针，以“三力、三新、三高”为发展路径，实施多元化、国际化两大战略，做强做优铁路货车核心业务，发展非货车支撑业务，加大国际业务发展投入，逐步由本土企业向国际化企业转型。在战略规划制定完成后，公司又通过战略执行、战略评估和战略调整，逐步使发展战略更加适应发展环境，更加切合企业实际，使得企业发展战略成为广大干部职工的普遍共识、行动纲领。因此，公司深刻地认识到，只有企业战略与文化、使命和愿景相对应，才能使战略导向发挥作用，战略执行越得力。

三、追求卓越需要领先的技术创新能力

公司按照创新、协调、绿色、开放、共享的新发展理念，按照持续领跑货车要求，立足自主创新，产学研用相结合，强化集成创新，引领我国铁路货车技术发展方向，攀登世界铁路货车技术高峰，使企业技术创新实力由引领国内走向引领国际。坚持实施“四个一代”产品研发策略，系统搭建行业领先的产品设计、仿真分析计算和试验研究平台，实现基于知识管理、仿真分析、试验测试为基础的产品研发平台；积极践行以标准化、系列化、模块化为核心的精益研发理念，形成了行业最全的货车和非货车产品阵容，有效满足了国内外大客户需求；着力构建开放式的技术创新体系，建成行业第一个国家认定企业技术中心、第一个国家认可的产品实验室和计量理化检测中心；建成中国船级社唯一认可的冲击试验室，国际领先、国内首台铁路货车整机疲劳与振动试验台，行业唯一的国家重载快捷铁路货车工程技术研究中心通过组建验收；全面启动国家重点研发计划“先进轨道交通重点专项——轨道交通货运快速化关键技术”研究；深化专利挖掘与布局，累计申请专利 1 302 件，累计制、修订国家、行业标准 90 多项，申请国内外注册商标 60 余件；入围首批“国家级知识产权示范企业”，产品试验室获得加拿大运输部颁发的可移动罐式集装箱冲击试验检测单位资质证书，成为亚洲唯一、全球第六家获此资质的检测单位。目前，企业产品研发队伍、分析计算手

段、试验研究能力居于国内行业首位，综合技术实力处于世界前沿。

四、追求卓越需要持续管理创新

卓越绩效模式既是组织追求卓越的系统方法论，也是组织经营管理成熟度的诊断测量仪，更是组织实施质量奖励制度的自我评价准则。

公司坚持自主管理创新和学习借鉴标杆相结合，不断提升企业经营管理品质和水平。按照夯实精益制造、深化精益管理、打造精益企业的总体路径，突出"专业管理＋精益思维"思路，锁定"品质、效率、效益"目标，夯实精益工具方法应用，开展精益载体建设，打造工位制节拍化拉动式流水生产模式，建设"6621"运营管理平台等工作，公司被评为中车精益管理一级；不断推动历史遗留问题解决，全面完成"三供"职能移交和厂办大集体改革；调整优化内部业务与组织结构，完成四家四级子公司清算注销，完成仓储、设备机电维修业务整合，制定并实施组织变革工作方案，减少10个职能部门和3个生产车间；推进信息化建设，通过国家两化融合管理体系认证，改进和完善ERP系统，完善信息化发展规划；建立能源管理体系，通过能源管理体系认证并获得证书，积极优化能源结构，建立健全能源绩效考核机制，建设能源管理信息化系统，初步实现能源消耗计量"实时化"、能源管理问题"显性化"、能源管理信息"公开化"；将修车分公司货车修理业务并入哈车公司，获得齐车公司增利、哈车公司扭亏的双赢效应；深入开展降本增效，实施"一车一成本"管控模式，开展重点产品专项成本控制，推进系统性成本改进；秉承"以人为本"管理理念，持续深化人才强企战略，研究制订了"两大能力"建设框架图，创新中层后备干部培养模式，形成三个后备人才梯队，设计了多元化专家评聘体系，建立起国际化人才储备库，大力培养复合型国际化人才，成立人才开发中心，进一步推进公司人才资源开发能力建设，建立了职业资格和岗位资格"双认证"管理模式，创建了五个"金蓝领"工作室，开展了"双师型"人才评聘，不断深化人力资源信息化系统建设，有效提升人力资源管理效能；加强自主管理创新能力建设，注意总结提炼管理创新成果，近年来企业累计获得国家级、省部级企业管理创新成果奖40余项。

五、追求卓越需要强烈的顾客驱动

质量和绩效是由组织的顾客来评价和决定的。卓越绩效模式意义上的顾客驱动，不只是观念上的转变，而是意味着企业运行模式的根本变化。公司不仅要考虑产品和服务如何为客户创造价值，达到顾客满意和顾客忠诚，还要预测未来客户期望和潜在客户，由此来改善内部管理，提高经营绩效。

公司始终以客户和市场需求为焦点，以满足并超越客户期望为追求，坚持实施大市场、大客户、大营销策略，大力实施多元化和国际化战略，统筹推动货车业务与非货车业务良性互动、共同发展。在货车业务领域，巩固提升国内市场地位，牢牢占据澳大利亚高端市场，深度开发非洲、南美洲和独联体国家市场，逐步辐射全球铁路货车市场，目前已形成了一批稳定的、忠诚度高的海内外大客户群体，并与诸多国内外知名企业建立了长期战略合作关系；同时，抢点站位，开展国际化布局，投资并购了澳大利亚PRE公司和新西兰车辆服务有限公司两家海外合资公司，将PRE公司打造成中车货车业务板块该区域维保服务中心，打造成公司该区域整机产品销售的“代理商”和配件寄售基地；借势“一带一路”，强化与铁路建设总承包商合作，肯尼亚维保项目成功运作，实现“产品＋服务”整体走出去。在非货车业务领域，巩固集装箱产品技术优势，市场签约额保持较高速度增长，支柱作用更加强劲；新型铁路起重机、粮机等多元新产品相继问世，市场影响力得到提升，目前已分别在大连、齐齐哈尔和哈尔滨建成了特种集装箱研制基地、起重工程机械和非标装备生产基地、钢材物流产业基地，推出了一批具有市场竞争力和广阔发展前景的代表性产品。目前，货车业务和非货车业务相互依托、相互促进、协调发展局面基本形成，为企业持续发展提供了可靠源泉和不竭动力。

抓“四要素链条”推动企业党建工作和生产经营深度融合

中国铁路设计集团有限公司

牛会想　陈育超　王　兵　窦胜谭

崔士平　朱世雄　杨仲兴

一、研究背景及意义

国有企业党建工作要坚持服务经营不偏离，把提高企业效益、增强企业竞争实力、实现国有资产保值增值作为国有企业党组织工作的出发点和落脚点，以企业改革发展成果检验党组织的工作和战斗力，对推动党建工作与生产经营融合提出明确要求。

国有企业党建工作与生产经营能否有效融合、联动发力，是企业能否高质量发展的关键。设计集团公司结合自身特点，深入研究推进党建工作与生产经营融合的路径，分析两者的内在逻辑关系，查找问题，剖析原因，同时结合企业自身特点和发展需要制定对策、量体裁衣，将党建工作与生产经营融合作为一项系统工程，进行了一系列探索实践。

二、研究对象简介

设计集团公司为国铁集团所属的以工程勘察设计为基础的科技创新型企业，党委下属1个机关党委和21个站段级党委，共设200个基层党支部，党员3 000余人，大学本科及以上学历党员占比例达97.30%。

三、设计集团党建工作与生产经营融合存在问题及原因分析

2017年，设计集团公司党委坚持问题导向，结合实际提出当

前党建工作与生产经营融合存在的主要问题:不会、不善融合,找不准结合点,具体表现有:存在“两张皮”现象;党建工作只注重完成规定步骤;“三会一课”等活动未真正带动生产经营工作;融合载体不丰富;融合的动作不扎实等。

分析原因主要有以下几点:推进党建工作与生产经营融合的系统性思维未形成,各级党组织对一体推进工作的领导意识不够强;党建工作全过程推进力度不够;党建工作与生产经营融合的发力点不清晰;党建工作与生产经营融合载体创建工作不完善;党建工作与生产经营融合成果的正向激励见效慢。

四、抓“四要素链条”促党建工作与生产经营融合工作的探索

设计集团公司党委针对上述问题,综合施策,靶向发力,从2017年起,着力抓“四要素链条”探索推动党建工作和生产经营有效融合。

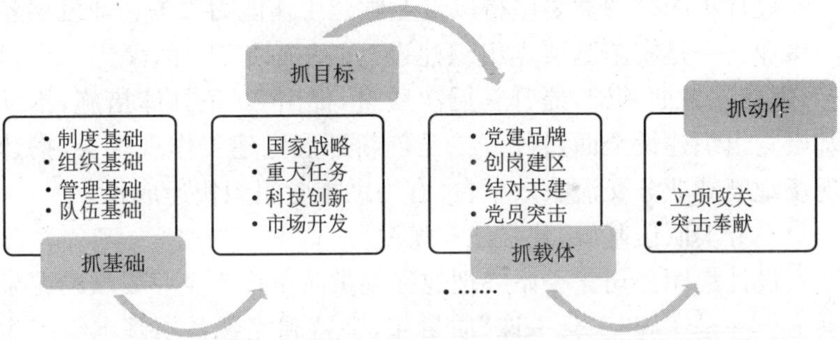

(一)夯实“四方面”基础 为党建工作与生产经营融合提供保障

基础不牢,地动山摇,设计集团公司首先从制度、组织、管理、队伍等方面夯实基础,做好党建工作与生产经营融合的源头工程。

1. 夯实制度基础,织密制度体系

设计集团公司党委坚持把建立现代企业制度作为党建工作与生产经营融合的基础性工程。一是完善公司治理,严格落实两个“一以贯之”,先后完成企业和下属11家控股子公司“党建入章”工作,完善“双向进入、交叉任职”领导体制,形成坚强有力的领导集

体。二是建立完善党委会“第一议题”制度和党委理论学习中心组学习机制，确保党的理论和路线方针政策贯彻落实。三是制定党委会工作细则等15项制度办法，不断完善组织制度体系，推动党组织工作运行更加规范。

2. 夯实组织基础，完善结构功能

设计集团公司党委坚持把严密的组织作为实现党的领导的基本保证。一是按照“四同步、四对接”原则持续优化党组织设置，所属党委从2017年的14家增加到现在的22家，基层党支部从2017年的159个增加到现在的204个，实现党的组织和党的工作全覆盖。二是着眼增强党组织政治功能和组织功能，持续开展党委考核、党支部“分类定级”工作，5年来，131个党组织被表彰为公司先进党组织，3个党组织被表彰为全路先进党组织，实现基层组织建设全面进步。

3. 夯实管理基础，提高党建水平

设计集团公司党委坚持以专业党建工作能力服务企业发展各项事业。一是实施基层党组织建设“强基提质”工程，聚焦一个目标，强化三方面基础，提升三层次质量，提出20条具体措施，推动基层党组织建设全面过硬。二是创新开展党建工作现场会，搭建现场观摩和业务交流有效平台，有力助推党组织快速成长。

4. 夯实队伍基础，建强战斗堡垒

设计集团公司党委始终把建强党员队伍作为企业发展的源泉动力。一是实施“三会一课”质量年，坚持和完善各项基本组织生活制度，使之真正达到团结同志、促进工作的效果。二是制定党员教育培训5年规划，创新“送学到一线”“重走长征路”等培训方式，全面提高党员素质能力。三是提高信息化水平，积极深化“互联网＋党建”实践，做到教育管理不缺位不断线。

（二）明确党建工作与生产经营融合发力目标 以目标明保方向准

在夯实基础的同时，设计集团公司各级党组织明确党建工作与生产经营融合共同目标，确保目标一致、同向发力。

1. 以服务国家战略为首要目标

始终胸怀“国之大者”，不断增强“两个维护”的政治自觉，在大局下行动，是党建工作与生产经营融合的首要任务。设计集团党委深刻学习领会习近平总书记对铁路工作的重要指示批示精神，将确保川藏铁路建设等党中央重大决策部署在企业落地生根，作为融合发力的首要目标。

2. 以完成重大任务为重要目标

强化守土尽责的政治担当，支持党和国家各项事业，完成上级党组织任务部署，是企业的政治责任。设计集团公司党委把打好疫情防控攻坚战、实现“两保一促”等目标任务作为融合发力的重要目标。

3. 以科技创新和市场开发为重点目标

创新是引领发展的第一动力，市场是提高企业效益的主阵地，设计集团公司党委贯穿新发展理念，把科技创新和市场开发作为融合发力的重点目标。

（三）健全各类载体 让党建工作与生产经营融合工作有依托

各类党建工作载体，是保证党建工作与生产经营融合目标不偏离的有力抓手，设计集团公司党委完善各类载体的创建管理机制，让党建工作与生产经营融合有法可参、有据可循。

1. 党内品牌

设计集团公司 2017 年印发党内品牌管理办法，经过 5 年的实践，品牌创建、命名、管理等各环节逐步完善。各级党组织紧扣重点工作，不断提高创建和考评工作水平，严格履行日常管理责任，把品牌创建活动持续引向深入。2017 年以来共培育各级党内品牌 100 余个，命名公司级党内品牌 40 个，获命名全路优质党内品牌 2 个，形成鲜明旗帜效应，引领带动企业高质量发展。

2. 创岗建区

设计集团公司党委坚持把合格党员标准体现在工作岗位上、落实到具体行动中，从 2018 年起全面开展“创党员先锋岗、建红旗责任区”活动。岗区创建与生产经营工作密切相关，真正用完成各项任务的实际效果来评价和检验党员作用。2018 年以来共涌现出党员先锋岗 1 000 余人次，红旗责任区 100 余个，逐渐形成党组织活力在基层、党员作用在岗位的生动局面。

3. 结对共建

设计集团公司积极探索创新载体，推动内外部党组织开展业务交流、党风廉政教育等形式多样的共建活动。2021 年以来推动 16 个党组织与政府机关等外部单位开展结对共建，机关部室与生产一线党支部开展 84 次结对共建，党建工作、中心工作相互促进提高。

4. 党员突击

设计集团公司把党员突击队作为完成急难险重任务的尖兵利刃，两级党委发挥统筹作用，与地方、铁路局集团公司建立日常联络和应急响应机制，确保有求必应。2018 年以来，先后成立 150 余支党员突击队，活跃在各大战场。

（四）抓实各项动作 确保各要素链条闭合有成效

基础夯实、目标明确、载体成熟后，各级党组织抓实动作，推动党建工作与生产经营融合，涌现出一批批生动案例。

“某北斗创新应用党员技术团队”党内品牌锚定科技创新目标，开展立项攻关，取得丰硕成果。2018 年，某党支部创建以某党员骨干为带头人的北斗创新应用党员技术团队党内品牌，经过精心培育，形成各项活动机制，于 2021 年被命名为全路优质党内品牌。品牌以北斗技术应用为攻坚目标，取得优异成果，累计完成科研课题 10 余项，发表论文 7 篇，申报软件专著权 9 项，专利 13 项，成功研发北斗系列产品，直接创造经济效益 1 000 多万元，品牌效应及内涵不断发挥。

“某工程监理党员突击队”锚定服务国家战略目标，高标准推进川藏铁路工作。某党委贯彻落实习近平总书记关于川藏铁路“创新工程”指示精神，组建党员突击队，主动请缨包保 38 公里长的高风险隧道工程监理工作，突击队员发扬“山高斗志更高、缺氧不缺精神”的工作作风，在海拔 4 700 米的现场检查工地，在危岩林立的山路上来回跋涉，为优质安全建设好这一标志性工程不懈奋斗。

某总承包项目党支部锚定项目进度目标，积极开展“联创共建”，凝聚各方面力量，推动项目顺利进展。某总承包项目党支部整合各方优势资源，联合参建单位创立“联创共建、创新项目”工作平台，围绕“机制共建、互动共融、难题共解、典型共树”目标，共享先进理念，共推党内品牌，共谋特色发展，推动党建工作与生产经营融合不断走深走实，通过开展“联合主题党日”和“联合党课大讲堂”等活动，为项目建设提供交流平台，合力推进工程进度，超额实现年度投资额 70 多亿元目标任务。

某生产一线党支部充分发挥“创岗建区”优势，提升市场经营效益。某党支部根据业务类型和市场区域划分党员责任岗和责任区，抓区域市场经营工作，形成你追我赶的局面。以青年党员为组长的西南责任区，收集经营项目信息 20 多条，整理经营信息文档 6 个，编写投标书 38 份，与各类潜在业主单位开展技术交流15 次，完成合同额 1 500 多万元，各类业务得到有效拓展。华南责任区负责人带领 20 人党员团队，年承揽项目 50 多个，合同额突破 1 亿元，与上年同比增长 40%。

五、抓“四要素链条”促党建工作与生产经营融合工作的成效和不足

设计集团公司党委坚持抓“四要素链条”，推动党建工作与生产经营融合工作有效开展，取得显著成效。

1. 思想政治有提升

通过抓紧抓实“四要素链条”政治引领，各级党组织以及行政组织领导人员政治素质、政治能力显著提升，普遍形成了“从生产经营出发抓党建、从党建入手抓生产经营”的思想认识，把党建工作“激发组织功能、激励党员干部”的本质特点充分释放，切实把党组织作用发挥融入生产经营的动员、组织、实施、保障等各环节各

方面，有力推动了生产经营任务完成，促进了企业高质量发展。

2. 服务国家显担当

通过抓紧抓实“四要素链条”站位目标，各级党组织和广大党员干部履行国有企业担当，长期服务于粤港澳大湾区等国家重点建设区域，每年有350多名干部职工长期投身川藏铁路建设，始终在“交通强国，铁路先行”使命任务中发挥先导作用，主动践行“一带一路”倡议，100余名党员干部职工长期奋战在印尼、泰国、匈、塞等国家的建设项目一线。

3. 科技创新开新局

通过抓紧抓实“四要素链条”创新方向，广大党员技术骨干攻关团队立项攻关，在科技创新、产品产业化等方面形成了丰富有形有效的党建工作与生产经营融合工作成果，为“铁路技术装备和创新能力达到世界领先”提供了有力支撑。“广湛高铁BIM设计”荣获2022年度国际BIM联盟大赛基础设施设计组冠军，参与承担多项关键技术的世界首套时速600公里高速磁浮交通系统下线。

4. 生产经营出新绩

通过抓紧抓实“四要素链条”业绩导向，企业高质量发展成效逐步凸显，设计集团公司营业收入从2017年的80.4亿元增长到2021年的360.6亿元，利润由2017年的8.3亿元增长到2021年的21.5亿元。

5. 人才队伍结硕果

通过抓紧抓实“四要素链条”典型选树，企业党委聚焦党员骨干人才队伍建设，先后培养出全国勘察设计大师6人，省级勘察设计大师9人，近年来1名党员同志在建党百年的历史时刻被评为“全国优秀共产党员”，1名党员同志被评为“全国劳动模范”，1名党员同志光荣当选十八届团中央委员。

当然也还存在一些不足，如不同党组织推动党建工作与生产经营融合工作的水平还有差距，党建工作载体适应企业发展的创新质量还需要提高等。

六、结语

推动国有企业党建工作与生产经营融合，是一项系统工程，需要不断适应发展变化，开阔思路，久久为功。设计集团公司对推动党建工作与生产经营融合工作的探索，立足企业特点，展现自身特色，值得其他国有企业参考借鉴。今后，设计集团公司要继续按照习近平总书记“要通过加强和完善党对国有企业的领导、加强和改进国有企业党的建设，使国有企业成为党和国家最可信赖的依靠力量，成为坚决贯彻执行党中央决策部署的重要力量，成为贯彻新发展理念、全面深化改革的重要力量，成为实施“走出去”战略、“一带一路”建设等重大战略的重要力量，成为壮大综合国力、促进经济社会发展、保障和改善民生的重要力量，成为我们党赢得具有许多新的历史特点的伟大斗争胜利的重要力量。以习近平新时代中国特色社会主义思想为指引，巩固经验，守正创新，不断提升党建工作和生产经营融合水平，在新时代发展征程中继续开创企业高质量发展新局面。

围绕“十个达标”扎实推进“立学落对”

中国铁路郑州局集团有限公司郑州通信段　江　楠

2021年以来，郑州通信段聚焦“十个达标”任务，扎实推进“立学落对”，持续深化标准化规范化建设，为推动全段各项工作高质量发展奠定了坚实基础。

一、整章建制，立标上突出“常”“清”“精”

郑州通信段是集团公司唯一的通信管理单位，结合管内点多线长、人员分散等实际，我们把“标准先行”作为破解管理难题的首要抓手，将整章建制作为立标工作的重中之重。

1. 规章制度清理“常”

制定《郑州通信段规章制度管理办法》，明确规章制度归口管理责任，细化规章制度制定、修订、废止等相关要求，每季度、半年分别对技术规章、管理规章进行清理，同步将清理结果以公文形式下发全段并挂网公示，方便各级干部职工日常参照执行。2021年以来，通过常态化开展规章制度清理，公布有效规章制度302个，废止不适用规章制度230个，有效确保了各类规章制度时效性。

2. 履职作业内容“清”

以各类规章制度为基本遵循，建立健全各层级、各岗位工作标准，确保干部职工明晰“干什么、怎么干”。管理人员层面，对安全生产责任制进行全覆盖修订，完善管理干部“一岗一月一表”，以半年、季度、月为周期分别制订风险管控监督检查计划，将责任分解细化，明确相关部门和具体岗位，加强履职过程监督，压实风险管控责任；操作技能岗位层面，结合形势变化，动态抓好作业指导书修订完善，并将21大类的岗位作业指导书录入电子年月表系统，计表作业时实现“点对点”精准推送；突出对“监督者”的监督，针对综合分析室视频分析岗位的特殊性，制定《综合分析室分析关键项目及项点》，完成10个作业类型的分析指导书内容修订，全面落实作业盯控分析“两个100%”要求。

3.评价指标建立“精”

为全面、精准检验各层级落标情况，按照“一级保一级”的原则，将集团公司下发的通信段评价指标进行分解，分解到对应层级，并结合现场实际，紧密围绕安全管理、职责制度、生产组织、队伍素质、职场环境等关键要素，针对性制定了以6个评价项目、121项评价内容、457个评价项点为主要内容的车间评价指标；4个评价项目、259项评价内容、609个评价项点为主要内容的班组评价指标，实现了车间班组各项重点工作的全覆盖，指标的建立更加精准、科学。

二、多管齐下，学标上突出“准”“活”“实”

按照“干什么、学什么”“缺什么、补什么”的原则，区分管理和操作等不同岗位，有针对性地、分层分类组织干部职工开展学标工作。

1.学标内容“准”

按照“干部按标管、职工按标干”的目标，区分学标受众，在管理岗位层面，要求各层级管理干部重点学习履职相关的规章制度、履职指导书以及本层级评价指标，确保各级管理人员可以熟练掌握履职标准和管理重点；在操作技能岗位层面，大力推行“精准培训”，针对不同岗位特点，以作业指导书为主要内容，精准实施理论题和实作项目考试，并要求人人过关，为实现“上标准岗、干标准活、创标准设备”奠定坚实基础。

2.学标方式“活”

为克服通信段点多线长、集中多有不便的实际情况，利用职工培训“空中课堂”平台，采取线上授课＋线下管理的方式开展培训，进一步提升培训覆盖面。围绕提升职工标准化作业水平，制订年度职工脱产轮训计划，分岗位分批次开展轮训 997 人次；为使职工掌握标准、遵守标准、执行标准，每年组织全员以主要安全规章制度为内容开展一次规章制度专项培训；为方便职工更加灵活地开展自主学习，制作岗位标准化作业视频课件，发布在职工培训管理系统和段公众号，职工可随时随地观看学习；为进一步开展精准化培训学习，依据岗位作业指导书，编制开发线务维护、普铁综合维修、高铁综合维修、网络维护、无线等 5 个岗位《职工应知应会培训手册》《职工必知必会培训手册》教材，每月分工种分岗位下达精准化培训业务学习和岗位练兵计划，车间班组以实训演练场为依托，实景化开展标准化作业、应急故障处置等岗位练兵，2021 年共开展 21 600 人次。

3.学标效果“实”

为确保学标效果，我们按照“以考促学”“以对促学”的方式，狠抓学标工作落实。管理干部层面，每季度利用标准化对标检查的时机，组织对科室、车间管理干部进行抽考，将考试成绩纳入季度对标检查结果，2022 年一季度对标当中，共对 15 个车间 30 名管理干部进行了抽考，有 2 个车间因管理干部考试成绩较低被核减季度对标成绩；职工层面，每月安排班组包保干部参加一次业务学习，对学标情况进行抽查提问，掌握不清的，重复提问，仍然不清楚的，列入当月考核；每季度利用星级职工业务理论考试对职工学标情况进行验收，对业务理论成绩低于 60 分的人员，取消星级职工评定资格，督促各级人员主动、自觉地学习标准，将标准熟记于心。2021 年，段职工实作抽考平均成绩提高 5%，集团公司季度抽考平均成绩达到 97.5 分，保持在集团公司站段排名前列，站段职工素质和现场维修能力得到切实提升。

三、务实重干，落标上突出“全”“高”“严”

针对近年来安全压力增大，经营创效指标不断攀升的实际情况，我段以“强化安全生产卡控、提高经营创收效率、加强督导检查”为突破口，确保标准能够落到实处。

1. 安全卡控方式“全”

标准化工作开展以来，我段始终将安全生产的持续稳定作为出发点和落脚点。首先是全面防范安全风险，持续深化双重预防机制建设，每季度对段当前潜在的安全风险进行全面研判，始终坚持逢变必研，辨明风险等级，分层级制定卡控措施，确保风险防控措施有人管、有人控。全年发布 6 期安全预警对 31 个安全风险项点落实了 131 项防控措施，确保项点不疏漏，力度不弱化。其次是全面排查治理安全隐患，强化安全隐患管理，定期摸排存在的安全隐患，建立年度隐患排查清单，开展防洪、消防、人身、通信线路和轨旁设备五个方面隐患治理，加强重奖、快奖力度。2022 年以来共整治安全隐患问题 213 件，段层级奖励 164 人次，44 900 元，集团公司快奖重奖 10 件，28 人次，20 000 元，较好地保障了现实安全。最后是全方位分析管控效果和治理情况。充分发挥综合分析室大数据运用，通过现场作业视频的检索回放，找准发力点，摸清现场作业的关键环节、薄弱环节，运用“三会”(日交班会、周例会、月度安全生产分析会)，对安全现状进行全面分析，把握安全规律，部署安全工作，对风险管控效果进行诊断评价，跟踪隐患治理销号情况，对责任不落实的追责考核，确保风险管控、隐患整治及时。

2. 经营创效提升“高”

为坚决守牢盈亏目标底线，打赢“两坚守两实现”攻坚战，完成集团公司下达的经营任务目标，我段在成本费用控制方面，下发了《郑州通信段关于全力打好坚守盈亏底线攻坚战的通知》，明确各车间、科室全年节支目标，2021 年共压减费用支出 578.4 万元。在经营目标完成方面，下发《郑州通信段创效任务考核办法》，制定“增收补欠”考核指标，明确奖惩措施，将经营结果与部门绩效工资挂钩，进一步激发全员增收创效积极性和主动性。如，郑州高铁通信车间 2021 年为段实现创收 300 余万元，一次性奖励车间 24 000 元；对管内潜在项目进行摸排，梳理已掌握有潜力未签订合同的外委工程项目，提前做好对接，争取新项目增长，颗粒归仓，2021 年完成其他业务收入 5 849.8 万元，超额 0.69%完成年度经营目标，其他业务利润 3 393.29 万元，足额完成既定指标年度目标 3 390 万元。在劳效组织方面，进一步优化人力资源配置，挖潜补充 19 名高铁储备人员，优化 18 名通用工种职工到行车主要工种岗位工作，全员劳动生产率达到 186 组/人，超过全路通信系统标杆站段平均水平。

3. 督导检查手段“严”

为确保“落标”工作不走形式，各项标准能够真正落到实处，成立由主管副段长任组长的标准化督导检查组，在采取季度平推检查的基础上，强化日常随机检查力度，通过随机抽问以及不打招呼检查等以下看上的方式，对各层级标准化工作情况推进情况落实进行检查，发现科室（车间）主要负责人或班组长不履行创建责任的，分别核减当月组织绩效分数或班组长津贴及班组长岗位考核激励标准，督促主动履行责任；发现标准化工作走形式、部门自评分数虚高与实际情况不符、评价指标未分劈到人的，责令限期整改，段标准办定期对问题进行复查，仍然存在问题的，核减当月部门绩效总额。截至目前共开展专项督导检查 4 次，随机抽查 431 人次，考核标准化工作组织不力的部门负责人 6 人次，实现管内科室、车间的全覆盖。

四、奖优罚劣，对标上突出“细”“强”“畅”

我们将“细化对标组织、强化结果运用、畅通反馈机制”作为开展对标工作的有力抓手，确保对标工作取得实效。

1. 对标组织过程“细”

针对以往段内部标准化对标检查各科室单兵作战较多，不但耗时费力，且检查结果难以保证的实际，借鉴集团公司对标组织经验，将以往的单兵式检查改为以安全技术科室为主的业务技术、以综合科室为主的综合管理两组，携带评价指标对标对表对管内车间开展全覆盖式检查，并召开现场问题碰头会，通报检查发现问题，说明问题原因，为车间开展整改明确方向。检查结束后，各部门及时将问题、扣分情况、扣分依据录入段标准化评价系统，由系统自动生成成绩和排名，段标准办根据系统内的问题汇总情况，形成段整体的季度(年度)评标报告，作为考核的主要依据，确保检查结果的公平公正。2021 年新的标准化建设实施方案出台以来，我段共开展 4 次对标检查，累计发现车间层面问题 1 514 条，班组层面问题 2 866 条。

2. 结果运用导向“强”

为鼓励各级单位争创标杆的积极性，进一步强化结果运用，树立明确导向，季度(年度)评价为“优秀”或“不达标”的科室(车间)，在主要负责人层面，分别给予月度(年度)组织绩效加减 2.5 分(10 分)的正负激励，督促切实履行第一责任人职责，主动抓好标准化建设；在一般干部和职工层面，按照具体排名，对全体人员分别给予 5 000 元、3 000 元、2 000 元的一次性奖励或 1 500 元、1 000 元、500 元的一次性考核，以及 300 元、200 元、100 元的人均奖励或 50 元、30 元、10 元的人均考核。季度(年度)评价为“优秀”的班组，按照工长 200 元、职工 150 元进行奖励；评定为“不达标”的班组，按照人均 30 元进行考核。除以上奖励考核外，上级对标检查每扣 1 分，核减责任部门次月工资总额 50 元，2022 年一季度被评定为“优秀”的部门和“不达标”部门，仅标准化规范化建设一项，收入差距可达 17 600 元。2021 年评定为年度不达标且排名在最后一名的郑州通信车间，一次性被段考核 12 000 余元，在全段产生了较大的影响，使各级干部职工看到了段开展好标准化规范化的决心，从而也认识到开展标准化不再是说说而已，是真正的“有考核、有奖励”，进一步激发了各级争当标杆、争创优秀的积极性。

3. 反馈机制运行“畅”

为确保标准化工作持续深入开展，及时解决推进过程当中出现的问题，段建立问题协调机制，畅通问题反馈渠道。段标准办、各科室车间分别明确一名标准化工作具体人员，做好对上对下联系，问题解答、沟通协调等相关工作。建立标准化规范化月度例会机制，畅通问题解决渠道。每月对工作推进情况进行梳理，对存在的问题进行分析，找准原因，明确具体的责任部门及人员限期解决；对单个部门无法解决的，由分管领导协调解决，坚决避免问题堆积。截至目前，共召开例会 7 次，协调解决问题 18 件。建立对标检查问题督办制度，畅通问题整改渠道，将各层级对标检查发现的问题纳入督办系统，适时下发督查通报。为确保 2021 年对标评价问题有效整改，段专题下发《关于标准化规范化年度对标评价问题整改情况督查通报》，明确整改期限及相关要求，确保各类问题全部销号。

铁路建设数字可视化管理浅析

中国铁道科学研究院集团有限公司电子计算技术研究所
张敬涵

一、铁路数字可视化信息模型应用的重要意义和实施目标

铁路建设工程，具有地域广泛、施工复杂、信息繁多等特点。随着信息技术和图形技术的不断发展，BIM+GIS 铁路数字可视化管理已是铁路建设管理的迫切需要。现实的铁路建设项目和空间位置、地质条件等等重要因素都有很大关系，普通的三维模型难以满足工程项目表达在场景比例尺度、模型预览和表达、信息冗余程度等方面的需求，且 BIM 与 GIS 模型是各自独立存在，各自有自己的统一标准，没有实现在铁路专业内的融合与互通，没有铁路特有的三维表达和信息传递模型，所以，迫切需要数据信息模型作为铁路建设信息的载体。基于 BIM+GIS 的铁路自定义标准模型的设计与研究为铁路工程建设信息化可视化管理奠定了基础，为铁路建设数字可视化管理供了有力保障。

1. 铁路数字可视化信息模型应用的重要意义

(1)符合智能铁路建设的需要。基于统一标准和格式的铁路三维数据，一方面可以实现铁路各业务系统的数字化和信息化，规范铁路基础信息和动态业务信息共享交换方式；另一方面可以打造铁路信息化服务与共享体系，最终实现铁路各系统的信息充分共享，全面提高铁路资源综合利用率和展示服务水平。

(2)体现价值，满足多样化需求。基于语义映射转换的 BIM 与 GIS 数据转换模式，既可以满足用户对全局信息把握的需求，又可以提高用户的精细管理能力。模型信息在生产、传递、共享的

过程中，不冗余、不丢失，可以充分发挥铁路建设项目立项决策、勘察设计、工程实施、竣工验收、运营维护全过程信息共享以及铁路建设项目全过程信息化、标准化管理的载体作用。

(3)率先突破，可持续发展。将 RailGML 与 IFC 融会贯通，将 BIM 与 GIS 完整融合，实现铁路信息模型，形成 Rail Information Model，整体推进，重点突破，坚持制造业发展全国一盘棋和分类指导相结合，统筹规划，合理布局，明确创新发展方向，加快推动制造业整体水平提升；围绕经济社会发展和国家安全需求，整合资源，突出重点，实施若干重大工程，实现率先突破。

2. 铁路数字可视化信息模型的实施目标

(1)实现数据多领域协同应用。GIS 以空间分析和三维可视化为核心技术，对地理实体要素的研究提供手段和方案，并且满足用户对铁路工程全局性表达的需求；基于充分信息表达、建筑全生命周期、三维可视化技术、协同作业的特点，BIM 彻底改变了建设工程设计、建造和运维方式，高精度的 BIM 模型不仅为 GIS 提供重要的数据源，其本身整合了建筑的图形、非图形信息，将信息参数化集成，实现数据驱动模型，满足用户对工程的精细化管理要求。二者的有效融合既能满足对铁路工程全局性表达，又能提高工程单体的精细化管控能力，可以深化多领域的协同应用，为铁路工程建设的信息化、可视化管理提供技术手段。

(2)实现数据有效融合。BIM 和 GIS 的数据融合一直是国内外研究的热点，BIM 模型承载的信息容量大于 GIS 模型，国内外一些关注 BIM 模型和 GIS 模型单向通用格式转换的机构，仅仅关注模型本身，而没有放在铁路工程建设实际业务中，没有适用于铁路工程三维模型的研究。而 IFC 和 RailCML 都是在几何对象的基础上封装了语义信息，因此可以尝试对二者进行基于语义的数据转换。设计并研究基于 GIS+BIM 的铁路信息模型(RIM)，自定义铁路三维地理信息数据模型，并且使之可以和 BIM 数据有效融合，轻量化并无损传递信息。

(3)实现铁路工程建设信息数字可视化管理。GIS 以空间分析和三维可视化为核心技术，对地理实体要素的研究提供手段和方案，并且满足用户对铁路工程全局性表达的需求；基于充分信息表达、建筑全生命周期、三维可视化技术、协同作业的特点，BIM彻底改变了建设工程设计、建造和运维方式，高精度的 BIM 模型不仅为 GIS 提供重要的数据源，其本身整合了建筑的图形、非图形信息，将信息参数化集成，实现数据驱动模型，满足用户对工程的精细化管理要求。二者的有效融合既能满足对铁路工程全局性表达，又能提高工程单体的精细化管控能力，可以深化多领域的协同应用，实现铁路工程建设信息化、可视化管理。

二、铁路数字可视化信息模型研究方向

1. 构建铁路三维数据模型

铁路工程建设 BIM 模型根据国际组织 buildingSMART 研究的 IFC 标准进行扩展，形成铁路 IFC 标准，可以把铁路各专业 BIM 模型统一为 IFC 格式存储。GIS 三维模型通用的标准是 CityGML，其主要是基于 GML 对 3D 城市模型定义，因此可以考虑参考铁路 BIM 联盟根据铁路工程业务对 IFC 进行了语义扩展的方法，基于地理信息对铁路工程要素进行分类和编码，并且对 CityCML 进行铁路工程要素的语义扩展，构建自定义的铁路三维数据模型 RailGML，并且使其可以和 IFC 互联互通。

2. 铁路工程要素 GIS 语义扩展

采用 OGC 组织制定的 CityGML 三维模型数据存储框架进行 GIS 语义扩展。此框架提供了 ADE 扩展机制，根据此机制对铁路工程相关实体的类型和属性进行扩展定义，从而对实体泛化、组合的关系进行描述，通过这种描述，以 XML 的语言实现 Schema 和实体文件的具体内容，构建自定义铁路三维数据模型 RailGML。

3. BIM 数据与 RailGML 数据的语义关联与映射

借助 IFC 和 RailGML 同属语义模型的特点，进行信息过滤和提取，建立语义映射转换进行两者属性信息之间的传递，从而实现 IFC 和 RailGML 的数据共享，映射转换思路。

4. 六边形龟裂法模型重组

采用龟裂法和边界四元法的方式，对多面体进行六边形离散网格化。对多面体六边形离散网格进行编码运算，在编码运算的基础上增加网格的层次索引，方便单元查找和层次搜索，其龟裂方法如下图所示：

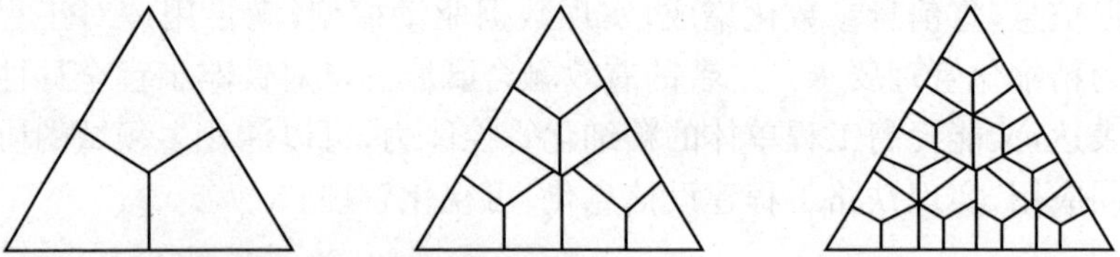

5. 扩展铁路三维数据分类标准

在充分考虑铁路工程的完整性、相关专业的完备性前提下，基于国家分类标准体系对铁路工程设计的地理要素、地质信息、专业要素进行统一规范编码，并根据铁路各个专业特点，制定各个专业统一分类标准，包含桥梁、隧道、路基、轨道等专业，使其符合RailGML数据模型标准，可以有效与IFC模型进行转换，并快速应用于实际工程建设项目。

结合现有标准，将铁路工程要素全面完整地纳入分类标准。参照中国铁路BIM联盟制定的铁路BIM框架和标准，考虑建设铁路GIS框架和标准。中国铁路BIM联盟发布了IFD标准，分类编码应与现行的国标或者行标有关分类与编码体系兼容，因此可以在分类标准体系中扩展铁路工程建设的GIS内容，秉承科学性、系统性、可扩展性、兼容性等原则，在不破坏上述分类与编码体系的情况下，各项目可根据自身的特点进行扩充。

6. 创建铁路工程建设GIS标准格式

BIM模型几何信息崩塌与降维后，需要重组构建新的模型并符合RailGML铁路工程建设GIS统一标准格式。RailGML模型重组的同时将进行轻量化操作，对几何信息和非几何信息进行重组，得到轻量化数据模型，统一为RIM格式标准。

基于铁路工程模型分类与编码，采用CityGML提供的ADE

机制对自定义对象及属性进行扩展，将扩展后的铁路工程实体进行验证。CityGML 标准作为铁路工程信息模型存储的基本架构，通过派生和组合，对各类铁路工程建设实体进行完成的语义描述，利用外部参照建立子类的几何要素关联关系，从而表达几何信息，最终形成自定义的铁路三维 GIS 数据模型 RailGML。RailGML 基于 XML 编码，具有开放的标准化数据模型和交换格式，用于存储铁路数字三维模型。定义了描述铁路中的大多数常见三维特征和对象以及它们之间关系的方法，它还为三维对象定义了不同的标准级别的细节，这允许用于不同应用和目的的对象表示。基于 CityGML 的语义扩张，是从 GIS 视角对铁路工程信息语义定义与融合的新思路。

三、铁路数字可视化信息模型应用

基于 BIM＋GIS 技术结构的铁路工程建设信息系统，集成共享铁路工程管路平台业务数据，以决策支持的可视化为目标，以地理信息技术为支持，服务于铁路工程建设二维、三维一体化支撑系统，目前，该系统已在一些铁路工程建设单位进行应用，取得良好效果。在未来的发展中，BIM 与 GIS 将深度融合，利用数据库系统对其进行高效管理，支持大规模工程的协同分析和共享，发挥数字铁路建设作用，提高铁路行业的竞争能力。

1. 打造智能施工平台，成就智慧京雄城际铁路建设

世人瞩目的京雄城际铁路，充分依托信息化前沿技术打造施工平台，改变传统的铁路工程施工模式，实现现代化、智能化、高效安全化施工在新建京雄城际铁路过程中得以升华落地的目标。

京雄城际铁路施工平台通过 BIM＋GIS 铁路信息模型的应用，在铁路工程项目建设周期内对项目的时间、安全质量和资金实现统一有序的信息化智能管理，极大地提高项目实施质量和效益。施工平台从施工全局把控、施工进度管控、安全质量管控、施工过程管控、成本预控等出发，通过以下主要功能模块助力京雄城际铁路施工平台的智能化施工和管理：

(1)综合展示电子沙盘,融入轻量化 BIM 模型和倾斜模型,结合 GIS 地理信息高效引擎和链接跨平台模块的优势,实现虚拟场景建造,进行一系列如施工进度、工艺工法、属性、检验批、工程影像、工程量、飞行预览、标绘、测量、分析模拟(阳光、雨、雪)、视频监控等浏览和操作、直接进入跨平台模块操作。

(2)4D 施工模拟,实现项目构筑物与时间之间的关系,对重难点工程事先模拟与优化,以更好地把握整个施工的整体进度流程和环节,制定合理方案。

(3)三维技术交底、工艺工法 App 和虚拟样板的巧妙结合,使得施工一线工人无论是在 PC 端还是在移动端都能更加形象、方便、容易地去理解,保证施工的质量、安全,加速施工效率。

(4)无人机巡检可快速实时把控现场的施工进度、现场实况等,对有序安全施工提供了很好的保证。

(5)隐患排查使得对现场存在安全隐患的施工位置进行及时反馈和查收,使其及时整改,极大程度避免很多安全事故的发生。

2. 郑万高铁建设管理 BIM+GIS 综合展示功能

目前,基于 GIS-BIM 技术构建的铁路工程建设地理信息系统在郑万(郑州南站—万州北站)铁路试点应用,实现高铁建设管理。在郑万河南线第 2 标段 40 公里范围内实现了倾斜摄影和三维建模及 GIS-BIM 的综合展示功能。应用参数化规则建模技术,提取数据的属性信息,形成二维数据,然后对其数据进行拉伸,将二维数据转换成三维模型,并对模型进行细化、切割、替换、贴纹理,使模型更趋近现实,构建完成的三维场景可以基于 WebGIS 技术发布服务,用户可以在 Web 端查看,该结构模型的精度可以达到所需的颗粒度,生成局部场景的效果图及关键施工工艺过程的展示动画。

国铁企业合规管理体系建设的有效路径探讨

中国铁路青藏集团有限公司

王立中　陈铁辉　刘增益　王星涛　王　涛

李　志　李　阳

合规，是指企业经营管理行为和员工履职行为符合国家法律法规、监管规定、行业准则和国际条约、规则，以及公司章程、相关规章制度等要求。合规管理本质上是对企业内部管理的要求，企业以内部规章制度的形式，建立合规政策与流程，从而推动和监督合规制度的实施和落实，保证企业的经营行为符合外部规范要求。随着铁路企业向市场化、法治化、国际化方向的快速发展，开展合规管理是大势所趋。2021 年 3 月 18 日，人力资源社会保障部会同国家市场监督管理总局、国家统计局，正式将"企业合规师"纳入《中华人民共和国职业分类大典》。2022 年国务院国资委经过广泛征求社会意见，《中央企业合规管理办法》于近日发布，并于 2022 年 10 月 1 日正式实施。

一、铁路企业构建合规管理体系的重要意义

（一）开展合规管理是加强铁路法治建设的应有之义

在党的二十大报告中，"坚持全面依法治国，推进法治中国建设"被明确为国家治理的一场深刻革命，关系党执政兴国，关系人民幸福安康，关系党和国家长治久安。必须更好发挥法治固根本、稳预期、利长远的保障作用，在法治轨道上全面建设社会主义现代化国家。2020 年 11 月，党的历史上首次召开的中央全面依法治国工作会议，将习近平法治思想明确为全面依法治国的指导思想。国铁集团和各铁路局集团公司随后也提出加强铁路法治建设的战略构想。作为铁路运输企业，要不断适应法治国家发展的要求，把

依法治企、合规管理作为基础性、长期性、战略性的任务来抓，为全面依法治国战略部署的落地作出应有贡献。

（二）开展合规管理是促进铁路改革发展的必然要求

当前铁路企业的各项改革已经进入深水区，深化改革必然发生各方面利益关系的重新调整和法律关系的重构，带来企业结构、运行机制和管理规则的再造，这就要求铁路企业坚持依法合规与深化改革同步推进，加强法务、财务、业务的深度融合，切实增强运用合规思维和合规方式化解矛盾、解决问题的能力，重视以依法合规的方式平衡有关利益，提升内部管理行为的执行效果，确保各项改革稳步推进。

（三）开展合规管理是维护铁路健康运行的重要保障

铁路企业当前正处于公司制改革后重整旗鼓再出发的关键时期，与市场的关系越来越紧密，面临的风险和挑战也越来越大，必须尽快梳理业务流程的所有环节，检视制度规定是否完善，将合规管理融入生产经营全过程，及时发现存在的问题，纠正不合规行为，促进企业规范管理，不断提高管控水平和经济效益，迎接新时代、新形势、新任务对企业经营管理的考验。

（四）开展合规管理是推动铁路走向世界的必由之路

铁路企业作为服务“一带一路”的重要主体，截至 2022 年 7 月，中欧班列累计开行 1 万列，中老铁路开通 10 个月来，累计发送旅客 739 万人次，累计运输货物 851 万吨，其中跨境货物 154 万吨。“中欧班列”“中老铁路”等走出去的任务越来越重、越来越多，要求我们的经营活动必须合乎国际条约、惯例和所在国的法律，尊重当地的风俗和习惯。建立合规体系，可以说已经成为铁路企业在“一带一路”建设中参与国际竞争的必然要求，特别是在目前世界经济逆全球化、贸易保护主义抬头之时，铁路企业只有尽早建立完备的合规体系，才能在国际市场上赢得主动，防范经营风险。

二、合规管理体系建设的基本内容和步骤

（一）合规管理体系建设的基本内容

目前，国内基本共识认为一套完整的合规管理体系至少包含

合规政策和程序、合规组织体系、合规风险识别、合规风险监测报告、调查问责和整改五大基本要素。合规管理体系建设的主要内容就是围绕这五大基本要素建立合规组织体系，制定合规准则和精细化的合规政策，构建完善制度建设、运行机制、合规文化、信息化建设、监督问责机制，建立预防、监控、应对三大合规实施程序体系，并强化合规管理的信息化建设。

（二）合规管理体系建设的步骤（以青藏集团公司为例）

青藏集团公司合规管理建设拟定分“三步走”。2022 年，按照《集团公司制度管理办法》要求，完成集团公司制度体系架构，同步指导基层单位完成制度体系创建工作。2023 年，推进合规管理工作，以推广《青藏集团财务内部控制制度手册》为重点，逐步形成合规管理体系的制度制定、风险识别、合规审查、风险应对、考核评价等工作，基本实现合规体系雏形。2024 年，进一步巩固高原铁路管理体系，基本建立全面覆盖、有效运行的合规管理体系。

三、建立合规管理体系的具体路径（青藏集团公司模式）

合规管理，是指企业以有效防控合规风险为目的，以提升依法合规经营管理水平为导向，以企业经营管理行为和员工履职行为为对象，开展的包括建立合规制度、完善运行机制、培育合规文化、强化监督问责等有组织、有计划的管理活动。

（一）遵循原则

全面覆盖。坚持将合规要求覆盖集团公司各业务领域、各部门、各单位以及全体员工，贯穿决策、执行、监督全流程。

强化责任。把加强合规管理作为各部门、各单位主要负责人履行推进法治建设第一责任人职责的重要内容。建立全员合规责任制，明确管理人员和各岗位员工的合规责任并督促有效落实。

协同联动。推动合规管理与法律风险防范、审计、监察、财务内控、风险管理等工作相统筹、相衔接，确保合规管理体系有效运行。

客观评价。严格依照法律法规等规定对集团公司和职工行为进行客观评价和处理。

(二)职责界定

合规管理工作按照集团公司管理层级,层层落实。

集团公司总法律顾问是合规管理负责人(合规),领导合规管理牵头部门开展工作,组织制定合规管理战略规划,参与企业重大决策并提出合规意见,负责向集团公司党委会、董事会和经理层汇报合规管理重大事项。

集团公司企业管理和法律事务部(以下简称企法部)是合规管理牵头部门,负责研究起草合规实施方案、合规基本制度,组织开展风险识别与预警,参与重大事项合规审查和风险应对,为其他部门提供合规支持。

集团公司各部门负责本领域的日常合规管理工作,按照合规要求完善业务管理制度和流程,主动开展合规风险识别和隐患排查,发布合规预警,组织合规审查,及时向合规管理牵头部门通报风险事项,妥善应对合规风险事件,做好本领域合规培训和商业伙伴合规调查等工作,组织或配合进行违规问题调查并及时整改。

集团公司所属各单位是本单位合规管理工作的责任主体,按照"业务工作谁主管,合规责任谁承担"原则,负责本业务领域的日常合规管理工作,各单位主要负责人是合规经营的第一责任人。

(三)明确合规管理重点领域

结合行业特点和发展需要,重点加强对安全生产、服务质量、设备质量、物资土地、财务税收、劳动用工、经营开发、铁路建设、环境保护、网络安全、知识产权等领域的合规管理。

安全生产领域。牢固树立"青藏铁路无小事、事事连政治"的责任意识,坚守高铁和客车安全万无一失的政治红线和职业底线,贯彻落实好《铁路法》《安全生产法》以及青藏两省区铁路安全管理办法等安全领域法律法规,把合规理念植入安全管理,推动铁路安全管理工作迈上法治化、规范化的新台阶。

服务质量领域。对照新实施的《民法典》和铁路客货运输标准,修订完善集团公司客货服务的各项制度规定,补强各项硬件服务设施设备,提升服务质量,为地方经济发展提供更加优质的铁路运输产品和服务，防范铁路客货运输合规风险。

设备质量领域。严格落实行业标准，严把设备设计要求、制造标准，强化设备源头合规管理，严格落实设备修程修制，加大设备质量管控力度，保证铁路设备质量均衡稳定。

物资土地领域。严格遵守《招标投标法》《招标投标法实施条例》等法律法规，完善物资管理标准化体系，坚持公开采购，以招标采购、战略合作与网上采购作为采购的主要方式。贯彻《土地管理法》《土地管理法实施条例》，规范铁路场地租赁和空置土地综合利用开发。

财务税收领域。按照《会计法》、《企业会计准则》和国家财税领域法律法规以及国铁集团的最新要求，健全完善集团公司财务内部控制体系，形成标准化、流程化的操作规范，严格执行财务事项操作和审批流程，严守财经纪律，强化依法纳税意识，防范财税违规风险。

劳动用工领域。严格遵守劳动法律法规，健全完善劳动合同管理制度，规范劳动合同签订、履行、变更和解除，规范劳务派遣用工，通过业务市场化减少直接用工，防范劳动用工合规风险。

经营开发领域。遵照《公司法》《企业国有资产法》等法律法规，健全完善铁路资产经营开发制度体系、行为规范和专业指引，对重要商业伙伴(合同相对方)开展合规调查，通过签订合规协议、在合作协议中增加合规条款、要求作出合规承诺等方式促进商业伙伴行为合规。

铁路建设领域。依据《建筑法》《招标投标法》《环境影响评价法》等法律法规，建立健全铁路工程建设项目合规管理工作体系，强化对铁路工程项目质量、进度、安全、建设资金等环节全过程合规管控，规范履行铁路工程施工、监理、设计合同，保障建设项目在依法合规的基础上顺利实施。

环境保护领域。依据《环保法》《固体废物污染环境防治法》《水污染防治法》《大气污染防治法》有关规定，按照铁路绿色发展与建设运营高质量协同推进的要求，进一步强化铁路建设生态保护和铁路运营节能减排力度，落实国家环保法律法规要求，防范环境保护行政处罚、民事赔偿等合规风险。

网络安全领域。落实《网络安全法》网络安全等级保护措施要求，加强集团公司关键信息基础设施保护、数据传输安全，确保数字化渠道网络安全合规。

知识产权领域。依据《商标法》《专利法》等知识产权法律规定，加强对集团公司商业秘密和商标的保护，依法规范使用他人知识产权，防范知识产权侵权行为。

突出以上重点领域的同时，在商业伙伴（合同相对方）、党风廉政建设等其他领域，也要将合规管理理念贯彻到位，保障各项工作的依法合规。

（四）建立合规管理运作机制

1.建立健全合规管理制度

借鉴《青藏集团财务内部控制制度手册》，指导各单位、各部门认真分析本部门、本单位现行的各类制度，分析是否符合法律法规及上级的各项规定，对存在合规风险的立即组织修订，并形成制度目录清单，分解落实到相关岗位，责任到人，形成全员普遍遵守的合规行为规范；同时，根据法律法规变化和国铁集团有关要求，及时将外部有关合规要求转化为集团公司内部规章制度。

2.建立健全合规识别预警机制

业务部门及所属各单位，在生产经营履职过程中遇到合规风险事项，要及时主动向合规管理牵头部门及相关部门寻求咨询或审核支持。合规管理牵头部门及相关部门依据相关制度规定，认真研判分析经营管理活动中存在的合规风险。合规管理牵头部门制定《合规管理法律信息双向反馈实施办法》，对反馈信息及时研判，提出建议；对于典型性、普遍性和可能产生较严重后果的风险，及时发布预警。

3.加强合规风险应对

发生合规风险事项的单位（部门）要切实履行主体责任，最大限度化解风险、降低损失。针对合规风险，由集团公司总法律顾问组织相关单位负责人及相关人员共同研判，并通过下发建议书、提示函等方式，督促相关单位制定应对方案，采取有效措施，及时妥善处置。

4. 建立健全合规审查机制

各单位、各部门要将合规审查作为重要文件制定、重大事项决策、重要合同签订、重大项目运营等经营管理行为的必经程序，及时对不合规的内容提出修改建议，未经合规审查不得实施，特别对重大决策要履行法律论证，各单位要重点抓好修订的《集团公司重大决策法律论证管理办法》落实工作。

5. 强化违规问责

各单位、各部门要完善违规行为处罚机制，明晰违规责任范围和惩处标准。针对反映的问题和线索，及时开展调查，严肃追究违规人员责任。

6. 建立健全合规评估机制

各单位、各部门针对重大或反复出现的合规风险问题，对违规或可能造成违规的原因、来源、发生的可能性、后果的严重性、可能造成的损失等进行定期合规风险评估，提出处置建议，并及时向合规管理牵头部门报备，进一步完善相关制度。集团公司每年对所属各单位合规经营管理情况，进行总体评价，结果纳入年度经营业绩考核。

（五）提供合规管理保障

1. 提高重点人员合规管理意识

一是管理人员。集团公司各级管理人员要切实提高合规意识，带头依法依规开展经营管理活动，认真履行合规管理责任，强化考核与监督问责。二是重要风险岗位人员。集团公司重要风险岗位为安全生产，服务质量，设备质量，物资土地，财务税收，劳动用工，经营开发，铁路建设，网络安全，被授权、委派、监察等相关岗位，各部门要对上述岗位人员加强培训，使其熟悉并严格遵守业务涉及的各项规定，防范合规风险。各单位也应明确界定本单位重要风险岗位。

2. 加强制度执行合规管理检查

集团公司建立制度常态化检查监督机制，每年对各单位制度管理职责落实、制定发布、合法合规性审查、执行落实等情况开展检查，对存在问题组织定期通报，并督促指导相关单位加强整改。

3. 建立合规管理队伍

集团公司本级合规管理牵头部门设置专职合规管理岗位，各部门设置合规兼职岗位。各单位应根据业务规模、合规风险水平等因素配备专、兼职合规管理人员。

2024 年形成合规管理的“三道防线”，即：集团公司所属各单位、业务部门是防范合规风险的第一道防线，业务人员及其单位负责人应当承担首要合规责任；合规管理牵头部门（企法部）是防控合规风险的第二道防线，同时也是合规管理体系建设和实施的监督部门；内部审计和纪检监察部门是防控合规风险的第三道防线，监督、评价集团公司整体风险防控措施的有效性。

4. 强化合规管理信息化建设

合规管理牵头部门要积极推广应用《国铁集团企业管理和法律事务信息系统》等合规管理系统，依托信息化手段管理流程，记录和保存相关信息。运用大数据等工具，加强对经营管理行为依法合规情况的实时监控和风险分析，实现信息集成和共享，通过大数据等手段，实现合规风险在线识别、分析、评估、防控。

四、结束语

铁路企业推行合规管理虽然相对滞后，但是有后发优势。近期，国务院国资委公布的《中央企业合规管理办法》，无论是在组织架构、职责分工，还是在合规管理重点领域、运行机制和保障机制、信息化建设等方面均有较大突破。国铁企业在探索实施合规管理体系建设过程中，为实现铁路高效运营和提升市场竞争能力，迫切需要我们探索现有“合规、法律、内控、风控”管理体系协同联动的一体化管理体系建设，建立、健全以风险管控为导向，风险管理体系为框架，合规管理监督为重点，内控业务流程为抓手的法律、风险、内控及合规一体化管理体系，着力破除体制机制弊端，扭转粗放型治理方式，培育和创建具有铁路特色的合规文化，营造更高质量、更高效率、更可持续的发展环境，为铁路改革发展保驾护航。

四维合力:助推标准化班组升级

中国铁路北京局集团有限公司企法部

刘　儒　李　超

北京局集团有限公司是以客货运输为主的特大型国有企业，管辖范围覆盖京津冀全部区域及山东、河南、山西省部分地区。现有干部职工 178 717 人，下设单位 134 个，共有班组 11 000 个，管辖范围内共有正线 222 条，营业里程 9 354.125 公里；年货物发送量 33 000 万吨，旅客发送量 34 000 万人，运输收入 750 亿元。班组作为安全生产、运输经营、队伍建设的前沿阵地，是标准化建设的基本单元，为此，北京局集团公司企法部以四维合力，助推标准化班组升级，以此推动班组奋勇担当铁路先行历史使命，全面践行"责任心＋责任制＋基本功＝安全正点"的京铁员工岗位准则，为集团公司高质量发展提供坚实基础。

一、核心——标准化班组建设责任体系

1. 意识层面

高度的责任心是指导一切工作的基础。基层站段借助组织的力量，充分发挥班组党支部的作用，强化理想信念和集体荣誉感，促使责任意识成为主观自觉，这种自觉表现为事前准备充足、操作执行严格和监督检查到位；反之，若责任意识淡薄，制度再完善，也会成为一纸空文。

2. 制度层面

标准化班组建设，须将"责任心"融于制度建设中，才能有效发挥作用。因此，"严明责任制"是在"高度责任心"的统领下，根据工作岗位和工作实际具体展开，由内而外地发挥其对行为的约束和规

范作用，从而对企业发展、目标达成产生实效。“严明责任制”正是制度层面传导保障作用的最好体现。诸如精准对标的各种规章制度，确保了“责任心”的实现和强化，为“责任心”有效落地提供了制度保障。

3. 行为层面

标准化班组建设明确“基本功”，不仅是技术水准的代名词，也是职工的行为习惯和企业理念的外显载体。有了“责任心”“责任制”，还要有保证任务目标达成的基本能力，这种能力重在适用、好用、管用。技术规范和标准应根据车、机、工、电、辆等不同专业领域、不同班组、不同岗位进行相对个性化的规范与设计，以小见大，最终使企业整体行为规范化、协调化和一致化。

集团公司通过意识、制度、行为层面规划明晰的路径，班组以高度的责任心，约束行为习惯，促进铁路企业管理进入科学化、规范化、系统化的轨道，为安全生产提供坚实保障。

二、方法——分步进阶创建标准化班组

1. 由普通班组——标杆班组

首先，明确以完善基础管理为依托，以明晰岗位职责为重点，以完备管理制度为关键，打造作业规范有序、安全稳定可控、任务高效完成、人员素质达标、管理科学先进、环境文明和谐的新型标准化班组的具体创建条件。其次，明确标准化班组的考核实行百分制评分。90 分(含)以上为优秀，标杆班组在优秀等级中按控制比例择优产生；80 分(含)～90 分为达标；80 分以下为不达标。标杆班组比例控制在班组总数的 10%以内(班组总数不足 20 个的站段可以产生 2 个标杆班组)，择优产生各类标杆班组。

2. 由标杆班组——“毛泽东号”式班组

“毛泽东号”式班组建设工作不是孤立的单项工作，它是集团公司标准化规范化建设工作的有机组成部分，是标准化规范化建设考评成果的进一步提升，是在标杆班组的基础上采取加分评选的方式产生“毛泽东号”式班组。必须有四个过硬的班组条件：一是过硬的政治素质；二是过硬的班组团队；三是过硬的业务能力；

四是过硬的工作业绩。

3. 明确“毛泽东号”式班组重点

一是班组管理责任心强，健全完善班组管理机制，激发班组成员有激情、想干事、守纪律的良好精神状态；二是执行标准落实制度好，将作业指导书中的要点、难点、易错点提炼成易学易会、易记易懂、朗朗上口的顺口溜、几字作业法等，便于职工执行；三是岗位练兵基本功高，通过集中培训、网络考试、微信答题、师徒传帮带、班组团队技术比武等形式，使班组成员真正做到应知应会、必知必会。

三、条件——定量定性相结合细化内容

1. 标准化班组的评选

采取加法评选的方式产生。共设立七项加分条款，这七项加分条款的基点是标准化标杆班组的评选标准。先决条件是按照集团公司和各系统、各单位标准化规范化建设的相关规定，年度内四个季度必须全部被评定为标杆班组，这是一个基点标准，也是一票否决标准；七项加分条款是，既有班组集体和个人荣获集团公司级及以上荣誉表彰的定量加分，也有对班组承担集团公司重点任务的定性加分，鼓励班组及成员积极承担急难险重的任务，努力为集团公司作出突出贡献。加分评选打破了按系统排队的评价标准，集团公司所有具备参评资格的班组统一排队评选，按得分高低给予命名表彰。

2. 评选标准化班组程序

按照创建、申报、评选三个阶段开展。创建阶段由站段主导，重点做好学习宣传、专题讨论和常态化的技术比武活动。集团公司特别明确了从班组、车间到站段要开展作业指导书中的总结提炼工作，便于职工使用执行。申报阶段由各专业部门组织在本系统所有符合基本评选条件的班组中择优推荐1～2个。评选阶段由集团公司评选工作领导小组组织，企法部负责具体实施，经集团公司党委会、总经理办公会审议通过后确定最终名单。

3. 评选标准化班组四个过硬

一是过硬的政治素质。班组成员坚定理想信念，听党话、跟党走，作风硬朗，敬业爱岗，责任心强，服从命令，听从指挥，在"急、难、险、重"等各项工作任务方面先锋作用突出；二是过硬的班组团队。班组成员觉悟高、技术精、干劲足，班组长以身作则、率先垂范、领导有力，班组骨干密切联系群众、团结一致、联劳协作，班组自管自控能力强；三是过硬的业务能力。班组成员刻苦钻研技术业务，熟练掌握业务知识和业务技能，具有较强的实际工作能力和技术业务素质，能够做到"规章一口清，作业一手精"，在应急故障处理、学规背规等方面名列前茅；四是过硬的工作业绩。班组成员牢固树立安全生产新理念，模范遵守各项规章制度，严格执行作业标准。班组安全基础扎实、管理规范高效，要在增运增收、节支降耗、经营创效等方面取得显著成效。年度内各季度均被评为标准化建设标杆班组。

四、举措——完备标准化班组激励措施

(1)组织保障。开展标准化班组建设，是集团公司推进首善之局的重大举措，更是集团公司党委、集团公司着眼创新发展提出的战略性任务，同时也是强基固本、守正创新的系统工程。各部门、各单位成立了相应的组织领导机构，主要领导履行第一责任人职责，党政工团合力共为，抓好抓实组织保障。

(2)人员保障。集团公司各单位成立了工作专班，配齐配强精干力量，调动了干部职工积极性和主动性，把创建工作落实落细落地。

(3)资金保障。各单位完善了内部绩效考核办法，用足用好标准化建设专项奖励，并且加大了对班组建设的激励力度，充分调动了一线职工参与标准化班组建设的积极性。

(4)制度保障。各部门完善标准化班组创建的劳动用工、人才晋升、工资分配等保障机制建设，确保命名表彰的标准化班组充分享受集团公司三项制度改革的成果。

(5)命名激励。集团公司对评选出的标准化班组，给予命名表彰，颁发统一编号的荣誉证书和奖牌，并通过集团公司内部宣传报道途径对标准化班组进行广泛宣传，鼓励更多班组参与创建，形成比学赶超的浓厚氛围。

(6)评先激励。集团公司明确荣获命名表彰的标准化班组的班组长，直接当选集团公司级先进生产者，享受集团公司级先进生产者待遇。

(7)晋升激励。集团公司规定各单位对评选出的标准化班组的班组长，有明确培养计划，诸如出现岗位空缺时，可直接选聘到管理或专业技术岗位，同时为干部身份的优先提拔为车间副主任，打通班组人员晋升通道。

(8)提干激励。集团公司规定各单位对评选出的班组优秀成员，有计划地安排到其他班组任班组长，身份为工人的优先提拔为干部。

(9)转职激励。集团公司规定对评选出的标准化班组的班组长，身份为劳务工的优先转为正式职工，劳动合同与集团公司签订。

(10)物质激励。集团公司明确对评选出的班组成员，给予人均 3 000 元奖励，具体奖励由班组长按贡献大小统筹分配，最大限度激励班组成员立足岗位多作贡献。

五、结尾

北京局集团公司四维合力，助推标准化班组升级，取得了很好的成绩。

1. 标准化班组已成为企业旗帜

开展标准化班组活动以来，各单位以京铁员工岗位准则为主题，围绕标准化班组理念展开大讨论：我们做什么、怎么做标准化？我们干什么、怎么干到标准化？各单位通过定期或不定期组织一线班组开展全员技术比武活动，切实激发学技练功的积极性和主动性，全面提升了一线职工的基本功。集团公司上下真正形成了思想共识，将取得标准化班组作为集团公司的一面旗帜，引领集团公司向纵深发展。

2. 头雁引领效应已经突显

各系统、各单位选树了一批有代表性、有影响力的示范典型立标打样，通过辐射带动，推进了标准化班组整体发展，典型示范引领的头雁效应得到了充分发挥。班组职工按标作业的自觉性大幅提升，以前一些惯性违章和看惯了、干惯了的不良行为，得到自觉纠正，特别是在工作业绩考核中增加遵章守纪、任务完成、工作质量、联劳协作等内容后，强化了职工相互监督的分量，职工遵章守纪的自觉性和主动性明显增强。

3. 首善之局建设得到有力夯实

标准化班组建设活动开展一年多，各系统班组不断创新手段，运用远程视频监控、设备监测数据分析，提升了职工落实标准的自觉性和自律性。创新出的条块管理、网格化管理、五色图管理、二维码管理、条形码管理等手段，都得到广泛推广和应用，明显提升了安全管理水平。有的班组还编制多媒体岗位作业指导书，形成通俗易懂、短小精悍、言简意赅的可视化、有形化、显性化的操作标准，极大提升了职工作业标准化水平。2021 年全年，集团公司消灭了一般 B 类及以上行车事故，未发生从业人员伤亡事故，一般 C 类事故同比大幅下降，集团公司的安全基础得到了有力夯实，首善之局建设的根基更为坚实。

促进市域(郊)铁路高质量发展对策研究

国家铁路局规划与标准研究院

汪　洋　许维高

中国铁路北京局集团有限公司

王俊刚　李　燕

我国已进入中心城市带动城市群,从而带动区域经济发展的阶段。城市群内部各城市间经济联系更加紧密,都市圈核心城市形态正在向"多中心、组团式"方向发展,市域(郊)铁路是城市中心城区连接周边城镇组团及其城镇组团之间的通勤化、快速度、大运量的轨道交通系统,提供城市公共交通服务,是城市综合交通体系的重要组成部分和未来一段时期交通基础设施发展的重点领域。

一、基本情况

1. 发展基础

市域(郊)铁路是伴随我国城镇化和区域一体化发展而产生的新型交通系统,相对于近十年来国家高速铁路、城际铁路和城市轨道交通的蓬勃发展,市域(郊)铁路在我国起步较晚、进展缓慢。我国市域(郊)铁路的发展可以分为两个阶段。一是先期"探索期"。早在 2010 年左右,长三角、京津冀、珠三角地区等率先开展了市域(郊)铁路规划、建设的探索,利用金山铁路等开行市域(郊)列车,规划建设"放射状"市域铁路网,如杭州都市圈、南京都市圈。二是新时代"加速期"。随着新型城镇化建设的深入推进,国家层面密集出台政策支持并规范市域(郊)铁路规划建设。《关于促进市域(郊)铁路发展的指导意见》(发改基础〔2017〕1173 号)和《关于推动都市圈市域(郊)铁路加快发展的意见》(国办函〔2020〕116 号)

等文件的出台，使市域（郊）铁路规划、建设进入高潮。

2. 发展现状

市域（郊）铁路主要集中在北京、上海、广州、深圳、天津、重庆等6个超大城市都市圈以及沈阳、济南、郑州、青岛、南京、武汉、成都、杭州、西安、东莞等10个特大城市都市圈。截至2021年底，全国已运营市域（郊）铁路线路（含市域快线）里程近20 007公里，其中利用既有铁路超过1 000公里。超大城市都市圈市域（郊）铁路发展较快，以利用既有为主、新建为辅；特大城市都市圈市域（郊）铁路处于发展初期，以新建为主、利用既有为辅。

3. 运营模式

市域（郊）铁路采取多种运营模式。一是直接利用既有铁路富裕能力（包括新线开通初期运量不足的情况），增开短途市域（郊）列车。如浙江利用沪昆高铁的富裕能力开通了杭州至诸暨市域列车等。二是对有富余运能的既有铁路，考虑市域（郊）铁路的功能需要，进行适应性改造后开行市域（郊）列车的项目。如北京S2线、天津至蓟州、宁波至余姚等铁路。三是对既有铁路进行改扩建，使之成为专用的市域（郊）铁路。如上海金山铁路。四是新建市域（郊）铁路。一种采取铁路主要标准项目，如成都的成灌铁路、成灌铁路成彭支线和成蒲铁路等；另一种采用城市轨道交通主要标准，如台州S1线、南京S9线、上海16号线和广州21号线为地铁制式。

4. 投资及运营主体

投资及运营主体多样。一是由地方政府出资购买服务，仍由国铁企业组织运营，即由铁路方对既有铁路进行改造后，由地方政府出资购买运输服务，如北京S2线、深圳坪山线等市域（郊）铁路。二是由路地双方共同出资成立独立公司负责市域（郊）铁路建设。如上海金山线由上海市与铁路方共同组建上海金山铁路公司负责金山铁路支线改造，并委托上海铁路局运营。三是由地方政府出资建设，由城市轨道交通公司负责运营。如南京S9线、广州21号线等，实际可看作服务市域（郊）客流的城市轨道交通。四是采用PPP模式。如台州S1线由台州市发展改革委组织实施，台州市开发投资集团、台州市轨道交通建设开发公司、温岭市轨道建设开发公司等市属企业和中国中车集团共同出资，组建项目公司“台州台中轨道交通有限公司”负责资产管理。

5.政策保障

中央和地方各级部门从多个层面推动市域(郊)铁路的规划建设和发展，并出台了多项政策性文件，这些指导意见的出台，标志着市域(郊)铁路的发展已被提升到国家交通战略发展层面。《交通强国建设纲要》提出“建设城市群一体化交通网，推进干线铁路、城际铁路、市域(郊)铁路、城市轨道交通融合发展，完善城市群快速公路网络，加强公路与城市道路衔接”。《关于推动都市圈市域(郊)铁路加快发展的意见》(国办函〔2020〕116号)要求“加强市域(郊)铁路与干线铁路、城际铁路、城市轨道交通一体化衔接，鼓励多线多点换乘，统筹协调系统制式，推动具备条件的跨线直通运行，充分发挥轨道交通网络整体效益”。国家发展改革委《关于促进市域(郊)铁路发展的指导意见》(发改基础〔2017〕1173号)提出“着力扩大市域(郊)铁路公交化运营服务的有效供给，鼓励发展多层次、多模式、多制式的轨道交通系统，完善城市综合交通运输体系”。河北省《河北省关于推动都市圈市域(郊)铁路加快发展实施意见的通知》要求积极有序推进市域(郊)铁路发展，促进干线铁路网、城际铁路网、市域(郊)铁路网和城市轨道交通网“四网融合”发展，提升综合交通运输效率。

二、存在问题

1.对市域(郊)铁路发展认识不足

一是网络层次不清。市域(郊)铁路是都市圈轨道交通发展的重要方向，是都市圈轨道交通体系结构功能的关键一环。部分城市将城际铁路向下延伸或将城市轨道交通无限向上延伸，替代市域(郊)铁路层次网络。二是功能定位不准。部分城市对市域(郊)铁路的功能定位、服务范围、技术标准把握不足，统筹谋划不够，将市域(郊)铁路与其他轨道交通方式混淆，将本该规划建设市域

(郊)铁路的通道规划建设高铁、城际或地铁，造成功能错配。三是模式选择不明。基于对市域(郊)铁路不同的认识，部分城市市域(郊)铁路选择按照城市轨道交通模式新建市域(郊)铁路，部分城市采用利用既有铁路富余能力开行市域(郊)列车，也有部分城市采用部分铁路和城市轨道交通混合技术开展市域(郊)铁路建设。

2. 市域(郊)铁路要素保障仍须加强

一是专项规划略显滞后。市域(郊)铁路网以专项规划批复的仅有温州、天津等少数地方，更多市域(郊)铁路网规划均以都市圈综合交通规划、城际铁路网规划或城市轨道交通网规划的组成部分予以批复，缺乏专项规划的顶层指导，同时造成规划审批流程和部门多种多样。二是标准体系亟待规范。国家、行业、地方及协会组织均在各自层面发布了市域(郊)铁路相关标准，各种标准规范不一、适用范围不同，同时在运营服务、安全监管、审批验收等方面还存在一些空白，亟待进一步规范。三是政策保障有待提升。市域(郊)铁路具有较强的公益性，目前出资建设及购买服务仍以地方政府为主，投资主体较为单一，运输收入远不能弥补运营成本，需要进一步加强投资、运营、财税等方面的政策支持力度，提高可持续发展能力。四是商业开发任重道远。商业开发是我国市域(郊)铁路项目实现可持续发展的重要手段。目前市域(郊)铁路绝大部分项目建设、运营和管理成本基本由地方政府承担，收入来源单纯依靠票款，单一且规模不大，在场站综合利用、商业开发等方面几乎没有作为，多元化投融资体系任重道远。

3. 建设运营管理体制机制还需完善

一是审批机制还不清晰。在规划审批方面，国办函〔2020〕116 号文明确域(郊)铁路规划报批参照城市轨道交通，但市域(郊)铁路规划暂未分线网和建设规划，执行中存在偏差，在项目审批方面，由于采用的制式不同，存在按照城际铁路和城市轨道交通两种审批模式，也存在以城际铁路报批，但采用城市轨道交通模式运营问题，如台州 S1 线。二是路地合作仍不顺畅。现阶段，利用既有铁路开行市域(郊)列车需要地方政府与国铁紧密合作，但二者在改建资金投入、路权开放、资源共享、运营补贴和补贴清算等方面存在较大分歧，没有形成规范的协商程序与合作流程，造成路地双方合作不顺畅。三是服务体系融合不深。不同于城市轨道交通，利用既有铁路开行市域（郊）列车的市域（郊）铁路模式，存在铁路独立成网、独自管理、换乘不便、融合不足、公交化运营困难、资源利用效率低等问题，未能很好地实现"一张票、一张网、安检互认"等便捷化、智慧化服务，制约着市域（郊）铁路更好地满足城市内交通需求。

三、推进市域（郊）铁路发展建议

1.做好规划和设计方面的衔接

在涉及对既有设施进行适应性改造和新建设施的情况下，铁路运营企业要积极与地方相关规划部门和设计单位做好沟通和衔接，按照零距离换乘和一体化运营要求，实现基础设施和运营服务方面的资源共享、互联互通，特别是提升软件方面的互联互通，包括多种出行方式间信息票务互联互通。

2.进一步建立顺畅的路地合作体制机制

明晰产权，强化合作，完善与市域（郊）铁路的沟通协作机制，尽可能将合作各方的责权利以可执行契约的形式加以明确化、规范化、制度化、常态化，在此框架下赋予具体执行主体以足够的自主权，减少"扯皮"现象。

3.完善委托运营模式下的相关清算规则

加强对重大项目的检查，确保市域（郊）铁路规划和项目实施严格按照国家有关审批程序办理，促进各方均能提供公开、透明、合理的线路使用规范、收费标准、清算方法。

4.创新运营组织模式

推动运营企业在运行时刻、运行频率、购票改退签、候车乘车、换乘等方面充分考虑市域铁路乘客出行特点，积极采用多交路、快慢车、过轨直通、灵活编组等形式创新运营组织，加强出行信息引导和公开程度，提升市域铁路出行的便捷化、快速化水平。

5. 运用多元化政策补贴形式

目前，大部分市域（郊）铁路项目都是地方政府直接向国有铁路提供资金补贴。应充分利用市域（郊）铁路对沿线社会经济的带动作用，考虑综合开发利用等产生的效益，运用土地等特定资源开发权对项目运营进行补贴，反哺市域（郊）铁路运营，从而保障市域（郊）铁路可持续发展，并对沿线发挥更好的带动作用。

6. 发挥行业主管部门监督职能

对地方政府与铁路企业合作发展市域（郊）铁路过程实施监督，确保地方政府制定切实可行的建设期资本金筹措方案、建设期债务资金筹措方案以及运营期的还本付息、运营补亏、重置更新等资金保障方案，确保市域铁路财务可持续发展；监督市场环境，确保公平有序，对于国铁企业的违约和不正当竞争行为进行监管和必要的仲裁，保护相关各方的合法权益。

四、结束语

党的十九大报告指出，新时代社会主要矛盾已经转化为人民日益增长的美好生活需要和不平衡不充分的发展之间的矛盾。相对于近十年来国家高速铁路和城际铁路的蓬勃发展，市域（郊）铁路作为联系千家万户、服务亿万群众的交通方式，在我国起步较晚，需要加快推进建设，以适应广大人民群众的实际需要，为民生幸福不断加码。

票据电子化传递对编组站工作影响的应对策略

中国铁路沈阳局集团有限公司运输部
李卫华
中国铁路沈阳局集团有限公司苏家屯站
石　坚　王　猛

多年来货运票据、编组顺序表的纸质传递过程一直是编组站日常作业主要内容之一，随着电子化不断应用深入推进，编组站作业模式也随之发生了变化，研究电子化传递后的作业流程，对提高作业效率、保证运输安全均有重要意义。本文介绍了电子化传递后的现场作业、技术管理的变化，面对作业模式改变后的现状，应用管理战略分析法（SWOT）对票据电子化传递进行剖析和探讨。

一、票据电子化传递的起始和发展

票据电子化传递起始于2018年3月，当时经过货运站系统、箱管系统、现车系统、HMIS系统等18项系统进行升级，部分集团公司试运行数月后的前期准备，铁路货运票据正式实现电子化传递。

四年的时间货运票据电子化传递不断完善系统内容及传递方式，增加了区间卸车、检修车签认、不良货车填记等功能，对规范票据填制、车辆应用、现车标注等起到重要作用。

随着经济的持续发展和科学技术的突飞猛进，电子化应用已成为铁路运输组织的重要组成部分和最为经济合理的综合服务模式。因为电子化传递具有减少人员作业走行距离，压缩纸质票据传递作业时间，信息准确无差错等优点，同时通过电子化传递，能够使票据传输设备使用频率降低，大幅度减少纸张用量，从而降低运输生产成本，环境也得以保护。

二、应用SWOT分析法对电子化传递进行分析

SWOT分析法是一种企业内部分析方法，即根据企业自身的既定内在条件进行分析，分析的主要目的在于对企业的综合情况进行客观公正的评价，找出企业的各种优势、劣势、机会和威胁因素，有利于开阔思路，正确地制定企业战略。应用SWOT分析法把编组站内外环境所形成的优势（Strengths）、劣势（Weaknesses）、机会（Opportunities）、威胁（Threats）四个方面的情况，结合起来进行分析，以寻找制定适合编组站实际情况的运营战略的方法。

（一）优势方面（Strengths）

1. 数据优势

编组站作为铁路货车枢纽，具有解编量大、货车品种多特点。通过电子化传递系统可以读取票据信息，数据快速准确，消除人工修改造成的错误可能性，数据通过系统翻译自动生成作业限制、自动反写现车、报文自动生成、信息快速上车，货物信息清晰反映在现车系统、编组顺序表中，不需要人工填写，票据信息不易丢失、数据内容无法篡改已成为电子化传递最大的数据优势。

2. 网络优势

国铁集团、铁路局集团公司、编组站网络已实现全覆盖，局域网更为完善，三级联网系统的应用，为电子化传递信息提供了基础保障，保证了数据传递的时效性、准确性。

3. 节能优势

编组站存在大量始发、换挂列车，按原有要求需要打印多份编组顺序表，货运票据、列车编组顺序表电子化传递后，纸质票据不再需要打印，每年约节省近20余万份纸质列车编组顺序表，近20吨纸张使用量，节约喷墨、打印色带使用量千余份，大量耗材需求量的下降确实体现了“绿色交通”的理念。

4. 设备优势

编组站原多利用货票传输风管路设备远距离传递票据，该系

统建立时费用约 20 万元，后期还需管理花费仍然较多，电子化传递后，该设备不需再进行保养、大修工作。编组站现已全部实现计算机办公、计算机作业，数据已实现光缆传输，作业设备多采用双机热备，先进的电子设备已成为电子化传递的基础设备保障。

（二）劣势方面（Weaknesses）

1. 系统过于复杂

信息系统种类繁多，一旦现场发生系统间信息未推送或推送错误，需要信息系统管理人员、业务人员综合处理解决，分析、处理时间较长，短时间无法准确判断问题所在，给问题处理带来诸多不便，甚至有可能因此影响列车发车。

2. 操作遗漏错误

编组站作业量巨大，车号人员进行核准作业，行车人员发送电子列车编组顺序表时会存在错误、错发漏发的情况，特别是对二次作业的列车，存在因作业繁忙导致漏通知司机签认、漏重复发送的问题。

3. 人员素质不高

从铁路走向现代化改革的要求来看，困扰铁路电子化、信息化发展的一个重要方面仍然是高层次人才的不足或结构上不适应，作业岗位人员普遍接受新鲜事物能力不强，计算机操作能力急需加强。

4. 设备设施故障

电子化传递全过程需要持续不断的电力、网络作为设备支撑，一旦失去设备支撑，由于没有纸质票据作为依托，就会造成车辆、货物信息无法获取，从而无法进行解体、编组、取送等相关作业。

（三）机会方面（Opportunities）

1. 科技驱动

在新形势下，铁路作为国家重要基础设施、国民经济大动脉这一基本定位，必须主动适应科技发展，编组站作为铁路运输组织核对部分，更是前沿科技的使用地点，必须大力拓展并延伸电子化全过程服务，全方位开展电子化运营模式。2022 年国铁集团工作会议指出“要大力提升铁路科技自立自强能力，进一步巩固扩大我国铁路领跑优势”，同时要求“加强重点领域应用型技术创新、加强网络信息化工作”，运输组织过程信息电子化传递模式进一步得到认可，传递内容会逐步增加、完善。

2. 网络覆盖

编组站几乎位于各主要城市偏远地区，无线网络传递质量欠佳，随着 5G 网络基站逐步建立，无线网络传输能力日益强大，过去无法通过有线网传输的信息可通过稳定、持续的无线网络进行传递，为信息上车创造了良好的作业条件，5G 的网络覆盖将对编组站的作业优化产生巨大影响。

（四）威胁方面（Threats）

1. 网络安全

随着国家对信息网络安全越来越重视，信息系统网络安全的要求将会越来越高，信息系统网络安全压力越来越大，各信息系统测评投入越来越多，信息系统的管理难度也逐步提高。

2. 人才争夺

铁路交通专业高端人才绝大多数与大型科技公司签订工作，而编组站工作环境一般，作业压力大，要求专业性强，需要倒班，收入相比大型科技公司相差较多，从而导致编组在站发展中面临人才吸引能力与培养能力上的不足，部分编组站人才的流失需引起高度重视。

3. 兼容性差

目前虽然成功实施了货运票据电子化、列车编组顺序表电子化，但还存在其他需要人工上报的内容，如十八点报告等，部分系统功能重复，大部分数据已全部能从电子票据库及列车编组顺序表系统中进行提取，上报系统过多影响正常作业。

三、电子化传递的发展对策

SWOT 分析也是制定战略的一种方法，它提供了四种战略（组合），即优势—机会组合（SO 战略）、劣势—机会组合（WO 战略）、优势—威胁组合（ST 战略）、劣势—威胁组合（WT 战略），通过编组站目前的作业方式、发展方向整体分析，应该采用 WO 战略，即利用外部机会，克服内部劣势，具体措施建议如下：

（一）强化设备网络管理

设备作为编组站作业技术支撑，起到决定性作用，由于各项电子设备 7×24 小时工作，非常容易出现设备故障情况，这就要求必须按规定时间巡检设备，严格按照设备检定周期进行保养、维护、大修，对网络传输、系统操作设备须保持两路电源、双机热备，两套机组增加 UPS 转换装置，一套系统出现故障瘫痪后，另一套系统可以无缝衔接作业。同时，信息传输光电缆埋设深度须符合规范要求，设立明显标识，施工前认真探明各光电缆走向，防止因施工挖断光电缆，造成设备故障无法使用，还应消除编组站周围影响无线信号发射、传输的各类强磁场、信号干扰源，保证无线网络畅通。

（二）提高数据分析共享

一方面电子化传递后，编组站每个月系统流转 2 000 余万张电子票据，且已经实现了每车每票数据精准采集，也实现了各环节数据精准采集，可以说为分析提供了大量数据，但目前仍未建立大数据分析决策系统，未能对发到品类、作业限制、运距运价、工作总量等方面进行全面系统分析，没有做到利用数据测算线路通过能力、线路使用情况等，对电子化传递的作用发挥不充分。另一方面现在已经可以从票据电子化系统、电子运统 1 系统提取列车运行时间、司机相关信息、列车编组速报等多项内容，但系统间缺乏共享，仍然需要进行清算运统 1、检修车信息等各系统上报工作，如能共享数据结果，可以大大减少报表上报工作，同时增加统计工作的准确性，避免数据造假的问题发生。

（三）做好系统数据维护

随着票据电子化传递范围的增加，不常见作业的出现，一些开发系统时不完善的功能随之显现。超限超重货物运输记录单的签认、检修车回送签认、不良货车票据填写等多项作业要求功能仍不完善。站名字典、车种字典、内用货车提示等各项基础数据库无法自动更新，导致现车操作受阻、车辆信息与实际不符情况时有发生，这就需要做好日常系统各项信息维护，保证系统功能不断完善，系统数据随时更新，为电子化传递的准确性提供有力保障。

（四）增加系统自动功能

一方面电子化传递需要人工按作业流程操作，但当列车信息改变，造成二次作业时，非常容易遗漏发送。编组站作业变化情况较多，应增加系统自动提醒、自动弹窗等功能，比如在发送电子运统1的作业中，一旦第一次发送后列车编组发生变化，作业人员容易漏发送第二遍或漏通知司机重新签认，此时系统可以在车号核准作业后直接弹窗发送界面，发送后再弹窗提示联系司机重新签认，避免作业人员遗漏，保证列车运行安全。另一方面作业人员有误删、误操的情况，系统应增加自动卡控功能，将票车不符等情况自动卡控系统不能继续进行，避免问题车上线运行。

（五）强化人才素质培养

提高干部职工队伍专业素质作为发展电子化一项重要任务，首先重点培养具有电子化作业理念及先进技术的决策人员、管理人员、技术人员和操作人员，这是彻底消除电子化作业瓶颈的关键所在；其次是组织全员开展针对性培训，教育引导各级干部、职工转变观念，尤其要加强对一线员工电子化作业的意识和能力的培养。编组站特别要重视一线职工的素质，因为编组站的各项作业都是一线职工的付出和拼搏，应对一线职工的电子化作业需求进行调查，根据实际需要编制培训方案，有的放矢地加强培训，提高电子化操作素质，不断提升编组站电子化信息传递能力。

四、结束语

编组站要主动适应电子化作业，才能加快作业进度，提高作业效率，挖掘编组站潜能。积极探索编组站电子化作业发展路径，查找弱项，改进不足，稳步推进电子化信息传递在编组站作业各环节的作用发挥，最大限度减少纸质材料的填写、递交，促进编组站工作高效、安全进行。

客运系统开展
“员工帮助计划(EAP)服务”的研究

中国铁路沈阳局集团有限公司客运部、客运营销中心
王　涛　郭　爽

随着我国高速铁路的快速发展,社会对铁路客运服务的关注程度越来越高,广大旅客对客运服务质量的要求也在不断攀升。客运系统作为铁路企业的窗口单位,服务质量的好坏直接关系铁路企业的声誉和未来发展。客运职工作为直接面对广大旅客开展服务的现场第一人,其服务过程中的心理状态和情绪波动,直接影响铁路客运服务水平的高低。基于客运服务的工作属性,客运系统职工队伍整体的心理素质和心理健康水平都应高于人群平均水平。引入“员工帮助计划(EAP)服务”,帮助客运职工解决在工作中容易产生的各种情绪干扰和心理问题,预防由此引发的心理危机并助力职工进一步职业发展,是有效提升铁路客运服务质量和旅客满意度的应有之举。

一、铁路客运职工开展“EAP 服务”的背景

铁路客运系统承担着将旅客安全、优质、便捷、高效地运送到目的地的重要任务。直接以人作为服务对象,客运服务工作具有明显的“情绪劳动”特点,职工在服务过程中需要不断调整和控制个人的情绪,始终表现出积极热情的服务态度,以适应客运岗位和工作环境的需要。长时间高强度的“情绪劳动”,可能导致职工的工作角色与其自身感受出现分离与错位,从而导致职工由于情绪失调而产生负面情绪,再由负面情绪反作用于现场作业,进入一种“恶性循环”。

"EAP服务"通过为员工设置一套系统的、长期的心理服务福利与支持项目,有效融入组织管理体系,通过专业人员对组织、员工及其家属提供评估、培训、专业指导和咨询等方式,帮助员工自身及其家庭成员解决各种心理和行为问题,提高员工在组织中的工作绩效,改善组织气氛和管理效能。

在铁路客运系统开展"EAP服务",不仅可以充分发挥心理学在客运管理中的作用,让心理服务面向日常工作的薄弱环节,运用心理学分析客运管理工作中的难点和重点,帮助职工加强心理建设,及时化解负面情绪,有效提升心理健康素养;还将进一步调动职工的积极性、主动性,增强其创造性和行为稳定性,从而形成积极向上的工作状态,以此保障铁路企业安全优质高效发展,也将成为"以人为本"理念在企业管理中的良好体现。

二、开展"EAP服务"的必要性

对现代企业而言,拥有一支身心健康、幸福高效的员工队伍是一笔巨大的财富。"职业健康、身体健康、心理健康"的大健康理念已经普遍被广大企业认同和接受,员工的心理健康问题与企业的发展息息相关,维护员工心理健康也已成为提升企业管理水平的重要内容和必然要求。

伴随人民群众生活品质的提升,广大旅客对选择铁路出行体验更美好的要求越来越高,而且更加侧重旅途的全过程体验性和满足感。旅客对服务的满意程度成为衡量服务质量好坏的重要标准,而客运职工在服务过程中的情绪表达则直接影响服务质量。客运管理的核心内容是"人和服务",因此强调服务标准化规范化的同时,更要关注服务过程的情感因素,重视对职工抗压能力和心理健康的关爱。在铁路客运系统开展"EAP服务",不仅可以帮助职工解决心理困扰,更是创建职工积极心理状态的重要手段。

(一)开展"EAP服务"是客运管理的内在需要

铁路客运业务直接接触旅客,存在普遍性,管理制度标准相对整齐划一,严格的检查考核也成为日常管理的重要手段。与此同时，铁路客运服务范围点多、线长、面广，服务过程中也存在较多的不确定因素，客运生产受各种综合环境的影响也相对较大，上述种种因素都给客运管理工作带来不小压力。另一方面，随着列车运行速度和密度的提升，客观上也加剧了客运职工的心理和生理疲劳，部分客运职工一个班次下来，身心疲惫，尤其在春暑运、节假日期间以及特殊情况下，客流复杂，突发事件增多，客运职工的劳动强度及心理紧张程度高。严格的管理制度和长期的身心疲劳，容易导致职工压力过大，使职工即使面对正常的检查考核也会产生不满和抵触。

通过对 5 000 名客运职工心理压力状况开展问卷调查，7.3%的职工群体经常控制不住发脾气，影响工作和生活，这意味着每 100 名客运职工中就有 7 人可能会因为承受不了严格的管理制度和紧张的工作节奏，而出现情绪问题，同时也意味着在服务中客运职工因为心理压力大，有可能和旅客发生矛盾，这是职工队伍中客观存在的不确定因素，也是客运管理不得不面对的现实课题。现实状况要求客运管理者为职工提供一个合理缓解、宣泄压力和情绪的途径，帮助职工及时调节情绪，释放工作压力，面对客运职工开展“EAP 服务”，提供必要的心理疏导理应成为客运管理的重要组成。

（二）开展“EAP 服务”是窗口服务的外在需要

客运工作是铁路企业的重要窗口，一线职工在工作中代表铁路企业的总体形象，文明礼貌、热情周到是对客运职工的基本工作要求。客运工作的显著特性之一是直接面对旅客，服务过程中旅客对于铁路运输工作的不解、抱怨甚至责难，需要由客运职工代表铁路企业去直接面对，其在服务的过程中经受的委屈和承担的压力相对较大。通过对 5 000 名客运职工开展问卷调查，76.4%的职工曾经遭受过旅客的辱骂。

由于客运服务工作的性质特点，要求客运职工不仅要具备日常工作所要求的服务能力和技巧，还要有较强的情绪控制能力和压力调节能力，这样才能较好地完成工作任务，因此，对职工队伍的情绪稳定性和心理健康水平要求较高。客运职工亟需企业从专业角度为其提供心理服务，开展心理健康干预，帮助其及时宣泄工作和生活中的不良情绪，提高其科学有效调节情绪和管理压力的能力。通过开展“EAP 服务”，不仅能帮助职工缓解压力，提高心理承受能力，还能降低职工“情绪劳动”强度，提高工作绩效。

(三)开展“EAP 服务”是情绪劳动的直接需要

“情绪劳动”是指职工为了完成组织所规定的工作目标和期望，而在工作过程中调整和管理自己内心真实的情绪所要付出的劳动和努力。客运工作具有很强的“情绪劳动”特点，职工服务过程中除了要付出体力上的辛劳，还要在与旅客的接触中，为了让其满意而增加感情上的付出，也就是所谓的“带着感情工作”。当职工自身所感受到的真实情绪与组织所要求的不一致时，付出的情绪强度也相应增加。长此以往，不仅会影响职工的心理健康，更会影响总体工作绩效。

将“EAP 服务”引入客运管理工作，从组织角度为职工提供心理援助和支持，能够很好地满足“情绪劳动”的客观需要。开展“EAP 服务”不但可以协助职工解决影响工作绩效的情绪困扰及行为问题，促进职工形成积极乐观的心态；同时，还将有利于企业对职工群体情绪状态的把握和疏导，形成积极向上的企业文化，使企业在中长期的运营发展中不断受益。

三、开展“EAP 服务”采取的具体对策

客运职工“EAP 服务”的开展不能一蹴而就，而是一个循序渐进的过程。客运系统相关单位可以根据不同的环境条件、针对性地解决不同问题，结合国有企业开展职工心理服务的成功经验和自身工作特点，从心理培训、集体活动、情绪通道等不同角度，找准突破口，先行试点、以点带面、逐步铺开。

(一)在职工培训中增加心理健康专题课堂

从国有企业开展“EAP 服务”实践的成功经验来看，通过教育培训宣传开展职工心理服务是最安全有效的方式。教育培训不仅

是宣传职工心理服务的重要方法，也是提高职工心理素质的重要手段。从培训角度切入职工心理服务，在客运系统职工干部培训中增加心理健康专题课，把职业心理健康、压力管理、时间管理、人际沟通、工作与家庭平衡等适应客运职工工作特点的学习内容引入培训计划，不仅可以快速普及心理健康知识，帮助客运职工树立正确的心理健康理念，也可以帮助其直接掌握科学调节情绪、管理压力的方法，提高职工在工作生活中的心理自助能力。

"EAP服务"开展初期，可以在客运系统不同的培训班次类型中增设相应的心理健康专题课。在举办客运系统干部职工培训时，以新职高铁列车员、新职高铁列车长、新职普速列车长为培训对象的资格性培训班次中，可开设情绪调节、压力管理等常识类心理健康专题课，帮助其尽快地适应新职务新岗位；以在职列车长为主要培训对象的适应性培训班的课程设置中，可开设有效人际沟通、旅客心理危机状态的识别和干预等专业性较强的心理健康专题课，提升列车长沟通能力及管理他人情绪的能力；以客运系统管理人员为对象的培训班次中，可增设职工群体情绪管理、团队心理建设等管理心理类课程，提升其运用心理规律做好管理工作的能力。通过培训，不仅能够加强职工心理健康管理的意识，还能帮助其澄清对于心理健康与心理咨询方面的认识误区，有助于"EAP服务"工作的进一步推进。

（二）将职工心理服务与集体活动相互融合

由于工作关系，大部分客运职工与家人聚少离多，职工格外珍惜休班时与家人在一起的时间。如果开展职工心理服务活动，尽量不要占用个人休息时间，否则容易适得其反。可以将心理服务活动与日常组织的集体活动相融合，结合组织内部的集体活动开展"EAP服务"，借以提高职工接受度。同时，其他铁路部门组织的活动可以确定与之相关的不同心理服务主题内容，如心理健康内容可以与工会活动相结合、安全心理知识可以与安全生产活动相结合、职场幸福感的活动可以与党支部的主题党日活动相结合等等。企业可以通过前期调研了解把握当前职工的情绪状态和心理需求，以此为依据确定“EAP 服务”主题。

通过将心理服务和丰富多彩的集体活动相融合，不仅可以帮助职工科学应对压力，及时有效地宣泄调节不良情绪，同时也将企业和组织的关爱及时传递给广大客运职工，增强职工归属感和幸福感。

（三）构建职工负面情绪的合理宣泄通道

旅客在服务体验过程中的满意度是衡量客运工作质量的重要标尺，建立在旅客满意基础上的服务常常产生“客我”关系不对等。如果不能很好地理解和处理这种不对等的“客我”关系，客运职工就会产生委屈和厌烦情绪。上述情况，要求客运职工在工作时要有较强的服务意识和服务技能，对职工队伍整体心理健康水平的要求也相对较高。但就客运系统现状而言，安置型人员从事客运岗位工作的职工人数较多，客运服务水平、人员结构和心理素质参差不齐，若职工对客运工作不熟悉、不适应，在服务旅客的过程中产生不满和委屈情绪在所难免。

通过对 5 000 名客运站段职工开展问卷调查，主要有以下三种情况容易让职工感觉到委屈：一是处理旅客违章遭到恶意投诉，上级不理解，占比 49.7%；二是正常工作遇到旅客不配合，恶意刁难，占比 32.3%；三是旅客提出超出规章制度范围的要求，无理取闹，占比 16.2%。在要求职工提高服务意识和服务技能的同时，组织上要帮助职工及时疏导负面情绪，避免负面情绪的累积而产生工作倦怠。客运系统可以尝试设立职工负面情绪宣泄室，将其作为开展“EAP 服务”的切入口，帮助职工及时有效地疏导情绪、缓解压力，促进职工改变不合理的想法和不科学的问题应对方式；还可以搭建网上建言倾诉平台，或者开通倾听服务热线电话，安排专业人员一对一与职工深入沟通，职工可以匿名诉说心中的委屈烦恼或者表达对管理的不满，也可以提出工作改进建议，由专人负责记录、整理、分析并反馈给相关部门。这样不仅可以为职工负面情绪的有效释放提供一个出口；还可以让组织层面及时掌握职工队伍工作状态和群体心态，及时发现管理工作的盲区、空白，有助于提升客运管理工作的针对性。

四、结语

随着社会心理服务体系建设纳入我国社会治理现代化进程中，越来越多的企业将“EAP 服务”引入管理之中，现实需求和管理理念的转变使职工心理服务成为企业管理的重要工具和辅助手段。在新发展阶段下，通过为职工提供专业化的“EAP 服务”，不仅可以协助职工理顺情绪，预防和减少职工各类情绪困扰及行为问题的发生，还可以帮助职工解决个人心理问题，同时更有助于队伍整体心理素质的提升。

“EAP 服务”实际上是组织提供给职工的强大心理支持系统，也是在客运管理中坚持尊重职工、关爱职工原则，体现组织对职工关怀关爱，构建企业与职工命运共同体的具体体现。职工是企业发展之本、力量之源，做好职工“EAP 服务”工作，既是提高组织绩效、提升企业文化、降低管理成本的有效措施，又是把“全心全意依靠工人阶级”方针落到实处的应有之义，具有重要的时代价值和现实意义。

“线上线下”意识形态阵地管理的实践与思考

太原晋太实业(集团)有限公司

周军生　杨鹏超　武昕彤

党的十八大以来，针对新形势下意识形态领域的复杂情况，习近平总书记指出“经济建设是党的中心工作，意识形态工作是党的一项极端重要的工作”，并对“极端重要”作出具体阐述。当前，随着深化改革，国铁企业出现了很多新变化和新问题，冲击着企业外部和内部思想和观念，对意识形态工作提出了新的挑战。本文基于阵地思维，从建好、守牢、用活、扩大“线上线下”意识形态阵地四个维度提出应对措施，进一步强化铁路基层单位“线上线下”意识形态阵地管理工作，为推动企业高质量发展提供强大动能。

一、“线上线下”意识形态阵地概念

新时代下，互联网已经成为我们面对的“最大变量”，党中央高度重视互联网这个意识形态斗争的主阵地、主战场。当前，我们必须要树立阵地意识，不仅要打好意识形态传统媒体战，更要打好网络意识形态突击战。

“阵地”是意识形态工作的基本依托，铁路基层单位意识形态阵地主要包括办公场所、网络媒体、微信群、出版物、论坛、讲座等各个方面。意识形态阵地是开展意识形态建设的战斗单元，是实现企业全面深化改革和促进企业发展的“护城河”。

“线下意识形态阵地”即传统意识形态阵地，通常是在办公、生产、生活等职场区域设置的，主要是面向干部职工具有宣传教育功能的有形载体，报刊、书籍、站车视频广告(路内路外)、文化市场(行包房、文博场馆、职工书屋)等，包括但不限于固定安装的宣传橱窗、宣传栏、宣传牌、灯箱、电子显示屏等。

“线上意识形态阵地”即网络意识形态阵地，通常是指官方新媒体平台、所辖互联网工作群组等网络信息载体。随着时代的发展，互联网的发展日新月异，其越来越成为企业职工学习、工作、生活的新空间，获取党的声音、组织工作、公共服务的新平台，舆论斗争的主战场，意识形态渗透的最前沿，成为意识形态斗争的主阵地、主战场。

二、“线上线下”意识形态阵地管理的意义

一是落实新时代党中央加强意识形态工作的必然要求。党的十八大以来，以习近平同志为核心的党中央高度重视意识形态工作。意识形态工作是为国家立心、为民族立魂的工作，不仅是宣传思想战线必须担负起的一个战略任务，也是新时代坚持和发展中国特色社会主义的一个重大命题。这为我们做好新时代意识形态工作提供了根本遵循。基层单位作为党中央和国铁企业意识形态建设的一个战斗单元，必须扛起意识形态工作的主体责任，切实强化“线上线下”意识形态阵地建设，牢牢掌握意识形态阵地建设领导权、管理权、话语权，旗帜鲜明地抵制错误观点，确保意识形态领域的安全，扎实做好基层意识形态工作。

二是适应数字经济快速发展的责任担当。当前，人类社会正在进入以数字化生产力为主要标志的全新历史阶段，信息化发展带来媒体格局深刻变革。建好管好用好“线上线下”意识形态阵地，加强和改进既面向铁路又面向社会的新闻舆论工作，加快推进各类媒体融合发展，切实提升铁路全媒体平台传播力，是巩固和壮大铁路宣传思想文化阵地的关键举措，是凝聚“交通强国、铁路先行”奋斗力量的责任担当。

三是推动国铁企业高质量发展的内生动力。强化基层单位“线上线下”意识形态阵地建设，是及时传递党的声音，宣传各级组织工作，统一干部职工齐抓共干、目标同向、步调一致的思想基础和行动自觉的现实需要；是加强国铁企业传统宣传阵地管理，确保

铁路意识形态阵地安全的必然要求；是开展形势任务宣传教育，丰富职工文化生活，增强职工对企业发展的统一认识和文化认同，自觉将个人发展融入企业安全经营发展，凝聚企业发展合力的有效途径。

三、“线上线下”意识形态阵地管理存在的问题

面对新时代复杂而严峻的意识形态工作形势，没有认识到这是一场没有硝烟的战斗，还没有“作战”的准备，具体表现为以下几点：

1.“全员作战意识”不够强

从基层单位意识形态阵地管理情况来看，基层单位职工在主观意识上缺乏有效重视，尚未认识到当前意识形态工作所面临的严峻挑战，对意识形态斗争的艰巨性、复杂性、紧迫性认识不足，对意识形态阵地局部失守失据危险的警惕性不够，基层单位在抓意识形态工作长效推进上用力还不足，更多侧重于重点工作及时部署、按时完成，缺乏深入的研判和探讨，实践环节“手软”，行政依靠党组织的现象普遍，缺乏全员自我上手。

2.“作战防御体系”不够牢

基层单位各级党组织加强意识形态阵地管理情况分析研判不够到位，缺乏健全制度体系，没有真正把意识形态阵地管理的规矩立起来、挺起来，形成各司其职、各负其责、主动担当、忠诚履责的强大合力。一些同志驾驭和应对突发事件的能力不足，预判能力和处突能力有所欠缺，个别舆论走偏，工作被动，一定程度上影响了企业对外形象。

3.“作战攻击手段”不够硬

基层单位在意识形态阵地建设的过程中普遍存在“上面千条线、下面一根针”现象，单打独斗成为常态，认为意识形态工作只是党务工作一部分，甚至只是书记和副书记的工作职责，甚至还存在“说起来重要，做起来次要，忙起来不要”的现象；舆论引导机制不健全，不能促使意识形态“作战”空间加速拓展、跨域联动，“线上线

下”多维战力缺乏后劲，多种作战能力不能同时聚焦，不能达成全域精确聚能释能。

4.“作战武器装备”不够尖

基层单位意识形态阵地管理还存在惯性思维，缺乏创新精神，对新常态下意识形态领域出现的新问题、新现象缺少有效的解决思路和办法，对具体举措研究得还不够深入，习惯运用传统媒体，如报纸、电视、刊物等做宣传思想工作，对于新媒体运营力度不够，在公众号、微博、抖音等新兴媒体“线上”意识形态阵地的应用和引导管理上，探索步伐较慢，开展意识形态工作创新能力有待提高。

四、“线上线下”意识形态阵地管理的措施

意识形态工作是一场没有硝烟的战斗，作为铁路基层单位，我们必须牢固树立阵地意识，从建好、守牢、用活、扩大“线上线下”意识形态阵地四个维度全面发力，进一步强化“线上线下”意识形态阵地管理工作，为推动企业高质量发展提供强大动能。

（一）突出“建”字，提高全员作战意识，建好意识形态阵地

基层单位在集中精力抓企业发展的同时，一刻也不能放松和削弱意识形态工作，必须把意识形态工作的领导权、管理权、话语权牢牢掌握在手中，全力建好基层单位意识形态阵地。

1.建好理论阵地，筑牢思想防线

基层单位应充分利用三会一课、专题党课等载体，把意识形态工作纳入理论学习，坚持把学习贯彻习近平新时代中国特色社会主义思想作为首要政治任务，在学懂弄通做实上下功夫，用理论上的清醒保证政治上的坚定；强化新媒体时代下的理论宣传主渠道作用，充分利用学习强国、铁道党校“网上课堂”“e党建”等学习平台，切实提升线上学习教育效果；充分利用红色文化资源，部署开展参观见学、演讲比赛等活动，扎实做好经常性思想工作，不断增强理论武装的吸引力说服力，推动党的创新理论入脑入心、生根发芽。

2. 建好舆论阵地，筑牢线上线下“防火墙”

基层单位应统筹利用好太铁电视台、《太原铁道》报、《太铁政工》期刊、“太原铁道”微信公众号等各类媒体资源，有计划扩大新闻宣传覆盖面，配合国铁集团、集团公司重大事件宣传，着力抓好舆论引导；把网络舆情作为意识形态阵地建设的重点，充分发挥网络新媒体的主流意识形态传播功能，强化正面宣传教育，充分掌握网络舆论战中的主导权、主动权，巩固壮大主流思想舆论；要用好网络资源，掌握并提高运用新媒体的能力，推动宣传工作传统优势同信息技术的高度融合，将宣传党的政策主张、弘扬先进典型精神、普惠服务职工举措有机地结合起来。

3. 建好文化阵地，构筑文化堡垒

基层单位应充分结合职工工作、生活实际，完善丰富企业展板、职工书屋、党员活动室等内容，统一规范制作企业文化理念标语、标识，建设受职工欢迎的文化阵地，营造浓厚的文化氛围；要深入一线班组，挖掘特色文化资源，制作微电影，创作推出一批具有铁路特色的有灵魂有温度有情怀的文艺精品；要以培育和践行社会主义核心价值观为抓手，通过潜移默化的方式将意识形态融入日常，制作、更新各种社会主义核心价值观宣传广告，持续开展好“讲文明树新风”公益广告等宣传推广活动，推动基层单位文化繁荣发展。

（二）突出“守”字，加强作战防御体系，守牢意识形态阵地

当前，世界大变局加速演变，在大变局中如何加强斗争历练，增强斗争本领，打赢意识形态这场“没有硝烟的暗战”，显得尤为迫切。基层单位应增强责任担当，敢抓敢管，敢于亮剑，充当先锋“战士”，守牢意识形态前沿阵地。

1. 加强意识形态工作领导权，确保意识形态阵地“方向”准确无误

基层单位党组织负责人是意识形态工作的第一负责人，要牢牢掌握意识形态工作的领导权和管理权，从大局出发，把准方向，积极把职工思想向主流意识形态引导，坚持用党的最新理论武装

头脑、凝聚人心，善于抓住牵动全局的牛鼻子，重点突破，带动全局，夯实全体职工为企业发展目标共同奋斗的思想基础，为企业的稳定健康发展提供良好的思想保证。

2. 建立健全意识形态工作机制，确保意识形态阵地“地基”坚不可摧

基层单位党组织要强化意识形态工作主体责任，切实负起政治责任和领导责任，以高度的政治意识和责任意识，抓好意识形态建设工作，建立健全“意识形态工作责任制”，加强阵地建设和管理，不断改进宣传思想工作的方式、方法，通过强化责任、量化指标、优化程序、细化任务等办法，明确责任分工，将软任务变为硬要求，使每一个人都能找准位置，精准用力。

3. 加强职工日常舆论引导，确保意识形态阵地“行动”整齐划一

基层单位应从提高党的领导水平和执政能力、巩固党的执政地位的政治高度谋划意识形态工作，以高度的责任感和使命感提升意识形态工作的能力，在意识形态阵地上牢牢抓住话语权和主动权，宣传正能量、传递好声音、讲出好故事，用主流的思想、客观的事实、负责的态度积极解读国铁集团、集团公司政策和阐释重大舆论，第一时间传递组织声音，夯实基层一线职工思想基础，凝聚精神力量，稳定舆论环境，

（三）突出“用”字，丰富作战攻击手段，用活意识形态阵地

面对艰巨繁重的企业改革转型任务，意识形态阵地不仅要守好，更要用“活”。基层单位要在强基固本的基础上改革创新、精准施策，化被动防御为主动出击，全面提升意识形态工作阵地“战斗力”。

1. 主动出击，抢占舆情高地

基层单位应结合实际情况，定期制作有关意识形态工作的最新学习资料，分发给每位职工，组织在党建微信群交流学习心得；组织召开意识形态工作专题考试，形成以考促学的良好氛围，把握正确发展方向；更要主动出击，抢占舆情阵地，建立专门的马克思

主义理论网站，打造政治理论学习服务平台，提供丰富的网络意识形态理论学习资源。

2. 构建体系，推动协同作战

基层单位要把意识形态工作与党建工作、精神文明建设工作紧密结合，与业务工作同部署、同落实、同检查、同考核，争取各方支持与合作，打好总体战、立体战，形成工作合力，变"内循环"为"大循环"，变"小宣传"为"大宣传"，变"单兵作战"为"集团作战"，构建单位、部门、班组"上下互动、有机衔接"的责任体系，定期召开专题会议，及时分析意识形态工作现状，部署意识形态工作举措，将意识形态工作挂钩考核，确保意识形态工作抓实抓细。

3. 围绕中心，强化舆情处置

基层单位应围绕安全、经营等中心工作主动发声、主动作为，深入研判单位内部易引发舆情的重点问题，推进舆情应对处置机制建设，有针对性地制定舆情处置预案，确保发生突发舆情能够及时有效进行处理，扎实开展政绩观专题教育，多形式开展爱国主义教育，努力挖掘"身边的榜样"，在单位内形成积极向上、开拓进取的正能量；认真开展信息宣传报道工作，全面展现基层单位良好精神风貌，创造良好的舆论氛围，让舆论理论同频共振，充分发挥舆论引导的积极作用。

（四）突出"扩"字，适应战场形势变化，扩大意识形态阵地

习近平总书记在主持中共中央政治局第十二次集体学习时强调："要抓紧做好顶层设计，打造新型传播平台，建成新型主流媒体，扩大主流价值影响力版图，让党的声音传得更开、传得更广、传得更深入。"因此，受众在哪里，宣传报道的触角就要伸向哪里，职工在哪里，意识形态阵地就扩大到哪里。

1. 上接"天线"，发出传统媒体理论宣传"最强音"

基层单位要全面系统、准确科学地把党中央的重大决策，国铁集团、集团公司重大部署宣传好、阐释好、解读好，让党的创新理论"飞入寻常百姓家"。围绕思想理论和实际工作中的热点、难点、疑点问题，结合企业自身文化，精心编排理论学习资料，潜心撰写理

论交流文章，用心刊发理论宣传稿件，要既突出政治性、思想性、权威性，又兼顾通俗性、实用性、互动性，在满足职工心理需求和精神追求的过程中，潜移默化输入社会主义核心价值观。

2. 中接“网线”，占领新型媒体理论宣传“制高点”

基层单位要充分依托集报纸、手机客户端、网站等多种传播形态于一体的新型媒体矩阵，将原有的强制灌输的学习方式转变为喜闻乐见的学习内容，实现正面观点的有效传播。利用新媒体广泛宣传党和国家的大政方针、涉及企业职工切身利益的管理决策等内容，正确引导职工思想；充分利用短视频的创意呈现和全新表达，增强一线职工共情共鸣的互动感受，使互联网这个最大变量成为企业发展的最大增量，使意识形态阵地成为坚不可摧的战斗堡垒。

3. 下接“地线”，确保基层一线理论宣传“时效性”

基层单位要组建宣讲团队，及时把正能量的议题“蕴藏”在接地气的作品中，用家常话进行宣讲教育，掌握分寸、力度，让新闻宣传恰如其分。强化工作创新，塑造话语表达的“多面孔”，利用随手拍、微电影等宣传形式组织开展“送文化下班组”活动，采用“家庭故事”等形式加强引导教育；强化典型选树，立好话语说服的“代言人”，大力宣传先进典型，充分发挥典型示范引领作用；通过“一菜多吃”的本领，扩大意识形态阵地，让每名职工都“吃饱吃好”，凝聚全体职工团结奋进的强大力量，助力企业高质量发展。

国铁企业意识形态阵地建设并不是一蹴而就的，而是要经历漫长曲折的过程，这就要求我们必须坚持不懈地把“线上线下”意识形态阵地管理融入企业的方方面面，使意识形态工作成为国铁企业改革发展、转型升级的“定海神针”。新的征程上，我们必须守土有责、守土尽责，强化“线上线下”意识形态阵地管理，成为意识形态战线的忠诚卫士，为新时代党的意识形态工作作出新的更大贡献。

以深化国铁企业改革三年行动为导向助推国铁企业优质高效发展

中国铁路昆明局集团有限公司企法部
施　宇

改革，是为了在新的征程上更好的出发。党的十八大以来，习近平总书记站在党和国家事业发展全局的战略高度，就国有企业改革发展提出一系列新思想新论断，作出一系列新部署新要求。国铁企业牢记总书记嘱托，心系“国之大者”，坚决贯彻“两个一以贯之”要求，充分发挥改革的突破和先导作用，向最难处发力，向关键处挺进，蹄疾步稳推动企业做强做优做大，企业改革工作取得历史性成就，特别是 2020 年以来，国铁集团全面推进实施国铁企业改革三年行动，制定出台了 10 个方面 110 项改革措施。各国铁企业坚持在大局下行动，纷纷制定出台改革工作方案，深化改革创新，在许多重要领域和关键环节取得新成效，企业综合实力和经营效益不断迈上新台阶，竞争力、创新力、影响力、抗风险能力显著提升，改革发展红利正在逐步释放。2022 年，随着国铁企业改革三年行动收官在即，是否还要继续实施，下一步突破口又在哪里，是当前国铁企业必须面对和思考的问题。下面，就基于昆明局集团公司落实国铁企业改革三年行动的情况，谈谈对深化国铁企业改革三年行动的认识和思考。

一、对深化国铁企业改革三年行动的认识

改革不仅是推动经济社会高质量发展的“金钥匙”，更是解放和发展社会生产力的“助推器”，其对于一个国家是如此，对于企业来讲亦是如此。国铁企业改革三年行动实施以来，改革成果是显

而易见的，就拿昆明局来说，昆明局在本轮改革中共完成97项改革任务，取得重要成果92项，改革成果是丰硕喜人的。从政策源头上来讲，国铁企业改革三年行动是国铁集团深入落实国有企业改革“1+N”政策体系，推动系列改革政策实施落地的具体“施工图”，鉴于国企改革的持续性，深化国铁企业改革三年行动将是今后国铁企业改革工作的必然选择和主攻方向，其具体体现在以下四个方面：

1. 深化国铁企业改革三年行动是构建现代国铁企业制度的必然选择

一般认为，现代企业制度是指适应现代社会化大生产和市场经济体制要求的一种企业制度，是以市场经济为基础，以企业法人制度为主体，以公司制度为核心，以产权清晰、权责明确、政企分开、管理科学为条件的新型企业制度。从理论层面看，国铁企业作为由国有资本投资的一人有限责任公司，国有属性是其最大的特点，这也就决定了其建立现代国铁企业制度的基本要义是坚持党的领导，核心和基础是健全完善企业法人治理结构，而健全完善法人治理结构最核心的就是做实做强董事会。从实践层面看，2020年至2022年国铁企业改革三年行动方案实施以来，各国铁企业按照改革方案要求，扎实推进“党建入章”工作，把党的领导融入公司治理各环节，实现制度化、规范化、程序化、标准化，同时，加强董事会建设落实董事会职权，全面推行外部董事制度，建立董事会专门委员会、董事会授权制度，保障经理层依法履职，不断夯实现代国铁企业制度建设基础，推进管理体系和管理能力现代化建设，取得了良好的改革成效，企业制度更加成熟定型。理论指导实践，实践印证理论，无论是从建立现代国铁企业制度的要义还是基础来讲，都必须通过不断的改革来实现制度的逐步完善，特别是对董事会的建设，必须有革新才会取得实质性的突破，在既有改革成果的基础上进一步深化推进，无疑是下一步现代国铁企业制度建设的必然选择。

2. 深化国铁企业改革三年行动是推动铁路供给侧结构性改革的必然选择

推进铁路供给侧结构性改革的根本目的在于增强国铁资本和国铁企业整体功能，发挥国铁企业专业优势，是一个不断调整优化国铁企业资本布局和产业结构、提高资本配置效率的过程，尤其是路地股权划转、合资铁路公司整合重组、非运输业布局调整、自主创新能力提升等作为供给侧结构性改革的重要举措，其性质属于一项长期性、改进型的工作，不是一蹴而就完成后就能够结束的，以深化国铁企业改革三年行动的方式继续推动各项举措落地见效，将也是推动铁路供给侧结构性改革的必然选择。

3. 深化国铁企业改革三年行动是完善国铁企业市场化经营机制的必然选择

国铁企业公司制改革的关键在于实现市场化经营，而遵循市场经济规律和企业发展规律，是构建国铁企业市场化经营机制的首要前提。国铁企业改革三年行动实施以来，各国铁企业在强化市场主体地位、推进管理人员任职管理、推进企业用工市场化、完善市场化薪酬分配机制等方面迈出了较大步伐，但铁路行业长期以来因其有着特殊的行业管理模式和体制机制约束等历史原因，造成市场化经营的经验和做法还不够成熟，一些个性化问题也在这一过程中浮出水面。通过深化国铁企业改革三年行动进一步深入和完善铁路市场化经营机制也是对当前和今后一段时间国铁企业发展十分关键且必要的工作之一。

4. 深化国铁企业改革三年行动是持续抓好“六个变革”的必然选择

推进实施铁路运输组织变革、管理变革、机制变革、铁路运输供给侧结构性改革、交通运输结构变革、经营方式变革，是提升国铁企业整体竞争能力的重大举措，也是国铁企业改革三年行动的重要组成部分，实施以来，积累了一系列有益经验，为推动铁路高质量发展开辟了新的思路。在此基础上，以深化国铁企业改革三年行动的方式，巩固拓展铁路改革成果，进一步推进“六个变革”持续深入，将有助于铁路更加充分地发挥其在综合交通运输体系中的骨干作用，有助于全面提升国铁企业竞争力、创新力、控制力、影响力和抗风险能力，也是促进企业发展动能转换的必然选择。

二、对深化国铁企业改革三年行动的思路建议

改革是推动国铁企业发展的永恒动力，改革工作只有进行时，没有完成时。按照习近平总书记对国有企业改革作出的重要指示精神和市场经济发展规律，国铁企业改革任务依然繁重，同时也面临新形势、新任务、新要求，特别是近几年，铁路传统运输业务遭受较大冲击，国铁企业经营压力进一步增大。下一步，建议在进一步巩固和完善国铁企业改革三年行动既有改革成果的基础上，继续以三年为周期，不断深化推进国铁企业改革三年行动，逐步从基础性改革向质量效益型多元发展转变，在现代企业制度建设、三项制度改革、资本布局优化、对外开放交流等方面寻求新的突破，着力提高企业市场核心竞争力，不断提升经营质量和经营效益，推动国铁企业持续健康发展。

1. 进一步完善现代国铁企业制度

按照国有企业改革两个"一以贯之"的重大原则，在坚持党对国铁企业领导的这一政治原则下，健全完善现代企业制度作为国铁企业今后改革的主要方向没有变，国铁企业应深刻把握构建现代国铁企业制度的要义和基础，围绕符合现代企业特征、适应规范管理需要、满足法治化市场化经营需求，进一步健全以公司章程为核心的管理制度体系，实现架构合理、层级分明、系统全面、协调配套和运行高效。一是加强公司治理体系建设。按照最新印发的《关于中央企业在完善公司治理中加强党的领导的意见》进一步把加强党的领导和完善公司治理统一起来，通过修改公司章程、各治理主体决策清单及议事规则等制度性安排，进一步明确党组织在决策、执行、监督等各环节的权责和工作方式，规范党组织前置研究讨论重大经营管理事项的要求和程序，明确董事会授权决策和总经理办公会决策内容及方式，从制度层面不断推进企业治理能力提升。二是夯实经营管理制度建设基础。健全完善国铁企业权

力清单制度，加强经营管理制度监督、检查、评估，做好制度立改废工作；加强制度管理信息化建设，搭建基本管理制度信息化平台，实现管理制度网络化管理和资源共享，做到内容全面覆盖、层级架构清晰、横向分类准确、动态更新及时、模块功能完备。三是持续深化推进站段标准化规范化建设，以建制度、优管理为导向，完善各系统、站段各层级标准化创建指标体系，形成标准创建催生管理制度、管理制度保障运输生产的长效工作机制，不断推动站段单位完善管理体系、提升管理能力。

2.持续深化国铁企业三项制度改革

劳动、人事、分配三项制度改革是完善国铁企业市场化经营机制的重要支撑，国铁企业改革三年行动实施以来各国铁企业围绕实现“管理人员能上能下、员工能进能出、收入能增能减”的目标定位制定出台了一系列措施，与以往的管理模式相比，确实取得了很大进步，但因受到历史遗留问题以及诸如国铁企业管理制度的现实约束等因素影响，使整体三项制度在改革过程中存在改革不彻底、改革不到位等诸多现实问题，国铁企业在发展中也逐步面临人力资源局限、人力资源激励相对薄弱等诸多困难，因此，在下一步深化国铁企业改革三年行动中应重点将三项制度改革作为深化改革的重点内容。一是全面推行领导人员任期制和契约化管理，按照约定严格考核、实施聘任或解聘、兑现薪酬，同时，在试点推行职业经理人制度的基础上对关联市场类非运输企业鼓励推行职业经理人制度，发挥职业经理人专业管理优势，并按照业绩贡献实施动态调整，从管理上要效益。二是探索多样化灵活用工方式，健全完善公开、平等、竞争、择优的市场化招聘制度，实行有利于吸引和留住关键岗位核心骨干人才的政策，解决紧缺急需专业人才不足的“瓶颈”问题，从人才引进上要效益。三是完善市场化薪酬分配机制，制定更加有效的激励考核政策，全面实施市场化工资决定机制，尤其是对国铁企业内部具有创新要求高、当期收益不确定等特点的单位支持其建立与行业特点相适应、更具灵活性和市场竞争力的工资总额动态调整机制，从分配上要效益。

3. 加强对非运输领域的改革

近两年来，受世纪性疫情冲击和影响，铁路运输经营面临很大的困难和挑战，在这样严峻的形势下，实现多元经营的大发展成为国铁企业长远发展的必然趋势。从国外经验看，大型铁路运输企业的盈利点多集中在多元经营领域，即运用土地、技术、信息等资源，积极开发路内外市场，大力延伸产业链、服务链取得经济效益。国铁企业如何加强非运输领域的改革，实现多元经营效益提升，是摆在我们面前的重要课题。国铁企业在深化国铁企业改革三年行动中要将发展多元经营作为一项长期战略任务抓好抓实。一是要用好土地房产资源，运用国家和地方政府支持政策，创新综合开发体制机制和经营模式，提高既有资产经营收益，同时抓好新线新增土地储备。二是要盘活支线、市域铁路资源，结合城市建设、轨道交通发展，通过作价入股、综合开发、政府补贴等方式提高经营效益。三是要提高站车资源商业开发价值，在保证运输安全的前提下，主动适应市场需求变化，创新商业模式，扩大品牌效应和规模效益。四是要挖掘专利、专有技术、信息网络等资产开发空间，加强合资合作，体现市场价值，维护合法权益。五是要加强非运输业务领域的开发，在开发路内市场的同时，要积极拓展路外市场，在市场中谋发展、谋效益，充分运用现代技术和商业模式，创新产品和服务，推动铁路产业专业化、产业化、集约化发展，提高整体经营效益。

4. 加强铁路资产资源专业化整合

专业化整合是指企业通过资产重组、股权合作、资产置换、无偿划转、战略联盟等方式，打破企业边界，将资源向主业企业、优势企业集中，其目的一方面是为了通过整合实现规模经济，另一方面是希望实现资源的创新使用深度融合，提升管理效能。在国铁企业改革三年行动中，各国铁企业按照国铁集团的统一部署，积极推进路地股权划转及合资铁路公司重组工作，有效推进了国铁资本向路网干线集中，但对组建由地方控股的区域合资铁路公司平台工作推进较为缓慢，其原因一方面是由于大部分合资铁路公司常年亏损，地方不愿意接手；另一方面合资铁路公司大多采用委托管理模式，沿用铁路的传统经营模式，公司的市场经营活力没有得到有效激发，导致公司扭亏压力较大。下一步，在深化国铁企业改革三年行动中应加大铁路资产资源专业化整合，制定出台有力的支持政策，推动建设由地方控股的区域合资铁路公司平台，充分发挥地方政府对区域铁路投融资的主体作用，推动合资铁路公司改善经营。

5.加快建设世界一流企业

品牌是企业竞争力的重要体现，加快建设世界一流企业是以习近平同志为核心的党中央作出的重大部署。随着中国铁路的不断蓬勃发展，以复兴号为代表的中国高铁已成为一张亮丽的国家名片，中老铁路的开通运营，更是将中国铁路对外开放水平提升到一个新高度。国铁企业应深刻把握当前历史机遇，下一步，在深化国铁企业改革三年行动中坚持战略引领，把世界一流目标融入企业战略，强化创新驱动，着力打造世界一流的核心竞争力，为中国铁路走向世界打好基础。

改革是发展之所需，也是信心之所在。面对国铁企业改革新征程上的新机遇新挑战，我们要继续以逢山开路、遇水架桥的精气神，进一步深化推进国铁企业改革三年行动，更深层次地激发国铁企业的创造力和发展活力，激发推动铁路高质量发展的内生动力，努力为建设交通强国、构建新发展格局当好先行，为实现第二个百年奋斗目标、实现中华民族伟大复兴的中国梦作出更大的铁路贡献。

构建一体推进"三不腐"机制要处理好"五对关系"

中国铁路南宁局集团有限公司纪委
吕欣鸿

习近平总书记在中共中央政治局第四十次集体学习时强调，反腐败斗争关系民心这个最大的政治，是一场输不起也决不能输的重大政治斗争。要加深对新形势下党风廉政建设和反腐败斗争的认识，提高一体推进不敢腐、不能腐、不想腐能力和水平，全面打赢反腐败斗争攻坚战、持久战。笔者认为，一体推进不敢腐、不能腐、不想腐，不仅是反腐败斗争的基本方针，也是新时代全面从严治党的重要方略，构建一体推进"三不腐"机制，实践中要处理好"五对关系"。

一、在目标上，构建一体推进"三不腐"机制要注重政治建设与业务建设相互促进

没有脱离政治的业务，也没有脱离业务的政治。一体推进"三不腐"，不仅适用于反腐败，同样适用于落实中央八项规定精神、纠治"四风"、追责问责、巡视巡察等工作。必须深刻把握不敢腐、不能腐、不想腐的内在联系，把惩治震慑、制度约束、提高觉悟结合起来，落实到党的建设以及正风肃纪反腐各方面。实践中要注重从三方面着力。一是旗帜鲜明讲政治，坚定不移加强党的全面领导。党的十九大旗帜鲜明地把党的政治建设摆在首位。对党员干部来说，讲政治是第一位的。如何理解讲政治的内涵要义，最根本一点就是要讲党性。只有政治过硬，才能在大是大非面前旗帜鲜明，在风浪考验面前无所畏惧，在各种诱惑面前立场坚定，在关键时刻靠得住、信得过、能放心。构建一体推进"三不腐"机制，必须通过政治教育让党员干部不断增强“四个意识”、坚定“四个自信”、捍卫“两个确立”、做到“两个维护”，自觉成为习近平新时代中国特色社会主义思想的忠实信仰者和坚定实践者，强化初心使命，树牢家国情怀，营造干事创业的积极氛围。二是坚决贯彻落实党中央关于国有企业改革发展工作的决策部署。国有企业作为中国特色社会主义的重要物质基础和政治基础，必须始终把讲政治放在首位，狠抓政治纪律和政治规矩，确保政治上绝对可靠、思想上绝对忠诚、行动上绝对紧跟。各级纪检组织必须切实坚守政治监督这个根本定位，坚定不移贯彻落实习近平总书记有关推进国有企业改革发展重要论述，坚定不移贯彻落实习近平总书记对铁路工作系列指示批示精神，坚定不移推进现代企业治理体系和治理能力现代化，把“两个维护”融入血脉、见诸行动。三是注重把全面从严治党和一体推进“三不腐”机制的要求贯穿业务工作全过程、各环节、各方面，使党建与业务高度融合。坚持把党的领导融入企业治理各环节，把党组织内嵌到企业治理结构之中，坚持党建与业务同学习、同报告，廉政情况和工作纪律同承诺、同检查，推动政治与业务有机融合、相互促进；贯彻巡视工作方针，落实上下联动工作要求，深化开展巡察工作，不断提高巡察质效；用好监督执纪“四种形态”，增加党内监督的频次和密度；严肃认真开展党内政治生活，经常进行政治体检，减少党员干部犯错误的机会和空间；大力宣传先进典型、建设廉政文化，引导党员干部正心修身、涵养文化，主动接受监督、乐于接受监督，习惯在受监督和约束的环境中工作生活。

二、在责任上，构建一体推进“三不腐”机制要注重主体责任与监督责任同向发力

要把党委（党组）全面监督、纪委监委专责监督、党的工作部门职能监督、党的基层组织日常监督、党员民主监督等结合起来、融为一体。构建一体推进“三不腐”机制，是政治性、政策性、专业性很强的工作，是一项系统性的复杂工程，其中主体责任在党委，监督专责、协助职责在纪委，落实责任在各级党组织以及党的工作部门。“三个责任”的着力点各有侧重，方法略有差异，但目标相同、方向一致，实践中要注重从三方面着力。一是发挥主体责任的牵头抓总作用。《党委（党组）落实全面从严治党主体责任规定》对党委（党组）落实全面从严治党主体责任应当遵循的原则、责任内容、责任落实、监督追责等都作了明确规定。在“两个责任”中，主体责任是关键、是基础、是“牛鼻子”，监督责任是依据主体责任来规定和落实的。各级党组织要深入研判党风廉政建设和反腐败斗争形势任务，主动把握不同时期、不同单位、不同领域反腐败工作特点规律，因时因势因地制宜做好构建一体推进“三不腐”机制的总体设计，与纪检组织一道，研究细化“三个责任”清单，逐级压实“三个责任”。二是发挥第一责任人引领推动作用。各级党组织书记应当履行全面从严治党第一责任人职责，做到重要工作亲自部署、重大问题亲自过问、重点环节亲自协调、重要案件亲自督办；管好班子、带好队伍、抓好落实，支持、指导和督促领导班子其他成员、下级党组织书记履行全面从严治党主体责任，对发现存在政治、思想、工作、生活、作风、纪律等方面苗头性、倾向性问题的，应当及时进行提醒谈话；发现落实全面从严治党主体责任不到位、管党治党问题较多、党员群众来信来访反映问题较多的，应当及时进行约谈，严肃批评教育，督促落实责任。三是发挥纪检监察组织协助职责与监督责任贯通作用。各级纪检组织要正确处理协助职责与监督专责的关系，在履行全面从严治党监督责任同时，通过重大事项请示报告、提出意见建议、监督推动决策落实等方式，协助党组织落实全面从严治党主体责任，推动“三不腐”同向发力；用好铁路企业信息化程度较高的优势，与专业管理部门、生产经营单位等建立信息共享平台，以实时、真实、客观的数据反馈提高监督效能。

三、在对象上，构建一体推进“三不腐”机制要注重抓住“关键少数”与管住“绝大多数”相统一

“关键少数”是党的事业的组织者、推动者和落实者，对广大普通党员干部具有很强的带动引领作用。通过“关键少数”管住“绝大多数”，直接关系党员队伍状况，直接关系党组织的创造力、凝聚力、战斗力，实践中要注重从三方面着力。一是强化“关键少数”示范作用。领导干部的言行具有风向标作用，其对制度的执行力度大小，还会影响其他党员干部。深入贯彻《中共中央关于加强对“一把手”和领导班子监督的意见》，坚决落实党中央“五个强化”要求，严格执行“十必严”措施，着力加强对“一把手”和领导班子落实全面从严治党主体责任、贯彻执行民主集中制、依规依法履职用权、廉洁自律等情况的监督，引导严以修身、严于律己，发挥“头雁效应”；推动“两个责任”由党委、纪委主要负责同志延伸到其他党委班子成员，发挥以上率下引领作用，形成一级抓一级、层层抓落实格局。二是强化“关键少数”领导作用。“关键少数”要承担起强化制度建设、加强制度执行的重任，通过制度这一硬约束，让“绝大多数”都能按规矩办事，培养良好的工作作风和习惯。紧紧围绕党中央关于全面从严治党、党风廉政建设和反腐败斗争新论断新部署新要求，经常性开展廉政谈话，增强近距离监督实效，督促“一把手”把领班子、带队伍体现在日常管理监督中，通过咬耳扯袖、红脸出汗，使党员干部时时感受纪律约束；分管领导要发挥对所在系统的人和事最熟悉，对廉政风险点、关键点最了解，对防控措施手段最有发言权的职能和优势，提高主动发现问题能力。三是强化“关键少数”能力建设。忠诚需要担当来诠释，担当需要能力来支撑。建立新任职干部岗位培训制度，全面提升领导干部的政治能力，使其政治能力与其担任的领导职责相匹配；定期开展“关键少数”的“一岗双责”专题研讨，强化管党治党意识和能力，严格落实“管业务就要管队伍，管队伍就要管思想”的责任要求；加强日常监督紧盯“关键少数”，让他们习惯在受监督和约束的环境中工作生活，时刻保持清正廉洁的政治本色；进一步制定完善“关键少数”定期述职述责述廉述作风制度，广泛接受党员干部监督评议。

四、在落实上，构建一体推进“三不腐”机制要注重建章立制与落地见效同步到位

党的十九届四中全会把制度建设和制度创新提到推进国家治理体系和治理能力现代化的战略高度。构建一体推进“三不腐”机制，关键在加强制度体系建设并提高制度的运行力和执行力，从源头上管控权力滥用和权力异化，实践中要注重从三方面着力：一是科学制定制度，完善权力配置。制度建设是管根本、管全局、管长远的基础性工作。要立足实际，从基本制度、工作标准、业务流程入手，逐项对标分析、梳理完善，着力健全和规范党风廉政建设工作制度机制，对于空白缺位的要抓紧建立，不全面的尽快完善，成熟经验及时推广，实现权责法定、权力配置有章可循、有矩可依；健全完善分事行权、分岗设权、分级授权、定期轮岗制度，规范工作流程，强化权力制约；坚持权责透明，推动用权公开，探索利用信息化技术手段，建立权力运行可查询、可追溯的反馈机制，解决一些党风廉政建设工作中长期存在的基础薄弱、工作随意、监督乏力、问责宽松软等方面问题。二是强化制度执行，坚决做到令行禁止。程序是制约权力、防止权力任性的伟大发明。把权力关进制度的笼子里，首先是把权力关进程序的笼子里，包括决策程序、执行程序、监督程序等，一方面使其具有职能上的法定性、正当性、有效性，避免权力过度膨胀和滥用；另一方面使其按照既定的权限和程序启动和运行，并且以看得见的方式行使，提高权力运行的公信力。教育引导党员干部铸牢程序意识，自觉在执行落实上做表率，绝不允许做选择、搞变通、打折扣，对违反制度的行为坚决依规依纪问责。建立健全保障制度落实的长效机制，严惩违反制度行为，防止制度被歪曲、篡改、滥用。三是完善权力运行制约机制，做到监督有力。权力腐败的重要原因之一是权力不易、不能、不敢滥用的监督制约制度和预防惩治机制不够健全，腐败分子有漏洞可钻，或虽然有监督制约制度但执行不力、形同虚设。创新反腐败领域法治思维和法治方法的运用，紧盯权力运行各个环节，完善发现问题、纠正偏差、精准问责有效机制，压减权力设租寻租空间；推进纪律监督、巡察监督、业务监督贯通协同，发挥群众监督、民主监督、舆论监督的合力作用；坚持问题导向，做到监督全过程、全链条、全覆盖，在制度执行过程中不断发现问题、解决问题，形成一个动态的制度完善体系。

五、在措施上，构建一体推进"三不腐"机制要注重营造良好政治生态与夯实基层组织相结合

做好各方面工作，必须有一个良好政治生态。政治生态好，人心就顺、正气就足，基层组织就会充满生机活力，就能发挥战斗堡垒作用，腐败问题就会丧失生存的空间。衡量一个部门、单位或组织政治生态的好坏，选人用人是重要风向标，实践中要注重从三方面着力：一是营造良好政治生态。各级纪检组织要正确履职，紧盯选人用人这个根本，督促严守好干部标准，让埋头苦干、实干、能干的干部得到重用，激励广大干部担当作为，营造干事创业的氛围；督促严格执行新形势下党内政治生活若干准则，切实提高民主生活会、组织生活会质量，贯彻民主集中制原则；建好用好廉政档案这一利器，坚决守住选人用人最后一道关口，营造风清气正政治生态。二是强化基层党组织功能。督促各级党组织突出政治功能，以提升组织力为重点，不断增强凝聚力、战斗力，发挥围绕中心、服务大局的功能；以落实党支部工作条例为抓手，扎实推进党支部标准化、规范化建设；以提高有效性为目的，积极推动党支部活动方式创新，强化党员教育培训和实践锻炼，引导党员增强党员意识、发挥主体作用。例如，针对党员干部的思想教育工作，用好主题党日活动这一载体，经常性开展面对面的廉政教育和理想信念教育；发挥党员主体作用，激励党员干部主动参与学习宣传活动；发挥工团组织力量，深入挖掘身边人的先进事迹，等等。三是建立上下联动机制。上级党组织要加强对下级党组织的领导和监督，制定加强基层党组织建设的分类指导意见，着眼基层党建工作的难点问题、瓶颈短板，定期研究讨论、制定方案、抓好落实；上级纪委要加强对下级纪检组织的领导，强化监督检查，充分发挥各自优势，上借下力、下借上势，提高精准发现问题能力，织就一张密不透风的监督网络，不断强化震慑作用；从管理层面逐步建立完善知责明责、履责尽责、考责问责的完整责任链条，强化考核结果运用，让评优表彰发挥贯通上下的指挥棒作用。

国有企业员工绩效管理工作初探

中车大连机车车辆有限公司
陈炳旭　胡传斌

绩效管理指的是企业各级管理者和员工为达到组织目标共同参与的绩效计划制定、绩效辅导沟通、绩效考核评价、绩效结果应用、绩效目标提升的持续循环过程，其目的是持续提升个人、部门和组织的绩效。而国有企业整体体量较大，内部产业结构较为复杂，为不断提高公司的管理水平，降低经营成本和事故发生率，提高公司保持可持续发展的动力，国有企业的员工绩效管理应从内部资源调度、整体制度建立着手，进行有效的计划、组织、协调、监督和控制。本文从如何建立健全国有企业员工绩效管理体系，如何完善绩效考核体系，如何构建企业绩效管理为导向文化机制进行研究和探讨。

一、建立健全企业员工绩效管理体系

要做好国有企业员工绩效管理工作，就必须建立健全企业员工绩效管理体系，包括建立企业绩效管理信息系统、绩效沟通反馈机制，完善绩效管理激励机制以及员工培训制度等，这样才能保证员工绩效管理工作有效顺利进行。

1. 建立企业绩效管理信息系统

有效的信息能力是企业绩效管理的保障。企业的信息管理能力主要体现在企业信息基础架构、信息技术管理水平和信息文化建设三个方面。要提高企业绩效管理水平，就必须建立企业信息化管理系统，尤其是企业绩效管理信息系统。一是根据公司绩效管理理念进行系统的分析和设计；二是用系统管理平台的思想进行系统设计；三是绩效管理系统的模块化设计，既要建立绩效管理平台、统计分析平台、查询平台和在线帮助平台，又要围绕绩效管理平台建立绩效计划模块、绩效执行模块、绩效评估模块、绩效反馈模块以形成完整的绩效管理循环过程。

2. 建立健全绩效沟通和反馈机制

企业管理者在绩效管理过程中，一定要注意与员工沟通。在沟通之前，企业管理者要对员工绩效进行诊断，在沟通的过程中，要告诉员工为什么产生这样的绩效，应该如何避免出现低绩效；同时，依据考评标准和实际工作情况的相关资料，在分析和判断的基础上形成考评成绩。如果对自己得到的绩效评价结果有不同意见，可以通过反馈沟通相应的程序予以解决。

3. 完善绩效激励机制

企业管理者应充分运用绩效结果，对员工进行物质和精神方面的激励，使企业内部形成共同价值观和健康向上新型文化。

4. 树立“均衡发展”的理念

国有企业绩效管理体系的建立和实施，要处理好以下几个方面的工作：一是处理好企业管理产生的社会效益与经济效益的关系，增强国有企业的社会责任感，以此推动企业通过完善绩效管理来追求更好的企业效益产出；二是要对各项工作保持均衡一致，确保企业管理环节的环环相扣，这就要求国有企业领导者提升对绩效管理工作的重视程度，实现绩效管理与其他工作的均衡；三是要保持各管理机制之间的均衡，用绩效管理机制来有效连接其他管理机制，形成有效运行的企业管理机制体系；四是要形成国有企业—行政管理部门—部门员工的均衡协调，确保员工目标同部门企业保持一致，从而激励员工努力创造更好的绩效表现。

5. 制定系统的培训规划

要对绩效系统、管理流程、考核体系、绩效管理文化等进行系统的培训，通过培训使职工全面深入了解企业绩效管理的内容流程和基本要求；了解绩效管理考核工作的基本要求及考核流程；了解自身的工作职责、工作内容和基本要求，不断提升自身的能力素质，更好地做好本职工作。

二、建立科学的绩效考核体系

为了使考核的流程更加完善，考核方式与考核标准更加精准，应建立领导小组监督机制，对绩效考核指标的确立、开启考评、沟通反馈、绩效申诉进行监督。

1. 员工绩效考核指标的建立应该科学

企业要做到科学的绩效考核体系的前提是一定要保证绩效考核指标即KPI的合理性，在绩效指标的建立初期，管理者应坚持使用职位、岗位分析法，针对不同的人、不同的岗位，建立适合每个人的绩效考核指标，以提高员工工作的积极性，保持员工活力。

2. 个人绩效要与组织绩效相结合

绩效管理的目的是持续提升个人、部门和组织的绩效，换言之，组织绩效大于个人绩效，二者不可分割，其最终目的是以个人绩效推动公司组织绩效的高度发展。因此，员工个人绩效考核的指标建立应以组织绩效为框架，要做到指标的建立与个人实际工作始终保持紧密联系，从内部控制角度出发，加强绩效考核，实现个人绩效与组织绩效的高度结合。

3. 个人绩效的指标权重分布要合理

员工个人绩效考核框架的建立其中最复杂的问题就是如何合理地分布个人绩效指标的权重，要抓住关键绩效指标的权重，权重的整体分布一般为百分制，通过抓住关键业绩指标将员工的行为引向组织的目标方向。因此，关键业绩指标的权重分布所占比可为较大分值，可反映职位的关键绩效水平，对员工的行为可以起到引导的作用。

三、构建以绩效管理为导向的企业文化机制

企业文化是一种力量，它对企业兴衰发挥着重要的作用，特别是以追求绩效为导向的企业文化，对国有企业的发展，更是有着不

可估量的巨大作用，拥有优秀绩效的企业文化就拥有竞争优势、效益优势和发展优势。

1. 树立人本化绩效管理理念

要想使绩效管理得到有效实施，必须围绕满足和实现员工的全面发展，以实现企业和员工的持续共同发展，在绩效计划、执行、评价和反馈激励过程中采取更为有效的管理，不断促进员工能力和技能的提高，力求员工价值观与企业价值观一致，充分发挥员工的积极性、主动性和创造性，不断提高企业和员工的绩效水平。

2. 加强企业绩效文化建设

一是要做到奖惩分明，营造公平公正的文化环境，形成员工主动沟通的氛围；二是不断完善公司有关规章制度，形成利益分配和保障机制，为绩效文化建设提供制度保证；三是为职工提供学习和培训机会，不断提高员工技能和素质；四是加强企业信用机制建设，制定诚实守信标准，不断提高员工忠诚度和责任感。

3. 加强企业制度的建设，强化企业文化倡导的价值观

通过加强企业制度的建设，并转化为可操作性的管理过程，且随着运行机制的不断稳定，企业员工自觉性和能动性的发挥也会更充分，这样工作效率及绩效就得以提高和更快完成。企业员工对制度规定内容的理解、认同和遵从后，制度就会对企业文化建设有强化作用，促进企业文化建设。建立以绩效管理为导向的企业文化建设机制，主要是指以绩效管理工作推动企业文化建设工作，并在绩效管理实施与运作过程中体现企业文化倡导价值观念和文化哲学。在具体工作中，企业首先要重视绩效管理机制建设工作，不能单纯地将绩效管理等同于绩效考核；其次，要建立健全绩效管理体系，为企业文化传播提供更具保障的基础平台。

4. 充分利用绩效指标的倾向性引导企业文化照着目标文化转型发展

企业在实际中首先要对企业文化标杆类型进行确立，通过借

鉴同行业先进企业文化及自身文化存在不足的研究，结合自身情况确立一种理想的目标文化。其次，要不断开发测量指标，以满足企业要求。在加强现有绩效测量指标分析的基础上，结合文化发展需要不断开发设立新的绩效考核指标，使绩效考核指标更能全面体现员工实际工作能力，从而促进绩效评价激励作用的更充分发挥。

浅议补签、倒签合同风险及其防范

中国铁路呼和浩特局集团有限公司企法部
冯英辉

一、合同及合同风险概述

合同是民法中最为重要的概念之一。《民法典》第四百六十四条明确规定：合同是民事主体之间设立、变更、终止民事法律关系的协议。《民法典》共有条款 1 260 条，其中，合同编就有 526 条，占到《民法典》总条款的 40%以上，合同在民事法律关系中的重要性由此也可窥一斑。上述《民法典》规定的合同属于广义的合同，我们在这篇文章中要探讨的合同是其中的一部分，姑且可称之为“经济合同”，即：平等民商事主体之间设立、变更、终止商事法律关系的协议，以下均简称为“合同”。

在市场经济社会下，合同是企业对外经营活动中使用最多、功能种类最繁杂、最常见的工作载体，是企业等经营主体为了实现经营目标，获取经营效益，在生产和交换过程中与业务相对方签订的契约，合同在企业实现经营效益的各项活动中，居于非常重要的地位。企业经营有风险，合同作为经营行为的载体，不可避免地承接和蕴含了企业经营活动产生的风险，有效减少和消除这些风险，企业就能实现经营预期，日益发展壮大；盲目忽略风险甚至不能发现风险，企业的经营就具有很大的不确定性，一旦风险成为现实，轻则经济效益受损，重则会对企业的管理链条，或财务资金造成很大的破坏。与企业经营风险相对应，合同风险既包括企业内部的管理风险，也包括企业外部的法律风险。管理风险可能使企业在审计、巡视巡察中被提出问题，发现管理漏洞；法律风险可能会造成合同事项不能达成预期效果，企业利益出现损失。完善而有效的合同管理可以有效避免合同风险的产生，保证企业经营行为的稳定和生产正常运行，乃至于大而化之，提升社会整体发展预期，对社会经济秩序稳定起到重要作用。

控制和排除合同风险，是现代企业管理的重要内容之一，本文就合同管理中的一个点，即补签、倒签合同问题展开，论述补签、倒签合同的成因、风险及防范措施。

二、补签、倒签合同的概念及其形成原因

（一）补签、倒签合同的概念

补签、倒签合同均是指合同各方在合同签订前即开始实施业务事项，在业务事项实施过程中或者履行完毕后，双方才签订书面合同，其中，补签合同在合同文本中标示的签订日期为合同的实际签订日期，倒签合同在合同文本中标示的签订日期早于合同实际签订日期，一般情况下，是合同事项的实际履行开始时间。

补签、倒签合同二者都是未按经营业务正常流程，在确定经济事项后，先审查并签订合同，再按照合同约定实施或办理相关业务事项，二者的区别在于在合同文本中标示的签订时间上采用了不同的时间点。

（二）补签、倒签合同现象出现的原因

合同作为双方交易的法律形式，是对企业经营和交易行为的固定化和书面化，其内容对应了相应的交易行为。合同既是一种商务文书，同时也是一种法律文书。企业确定交易事项后，应当先签订合同，在合同中明确交易内容、价款、支付方式、各方权利义务、违约责任、争议解决等商务事项和法律事项，以规范和固化双方的交易行为。正常情况下，企业对外开展经营业务事项的合同办理流程为：合同前期工作（决策、确定相对方及价款）——合同审查和签订——合同履行（按约定办理业务及收付款）——合同后义务（保密等）——合同完结。但是，在实际工作中，总是存在一些客观或者主观原因，造成合同的办理与这种理想流程状态不一致，其

中一个很常见的现象就是合同补签和倒签。

补签、倒签合同大部分产生于与企业日常经营生产密切相关的项目，其中，承办部门和人员对合同管理存在认识误区，预算和投资安排滞后，合同办理流程延迟，紧急项目的办理等是发生合同补签、倒签的主要原因。

1. 合同承办部门和人员对合同管理存在认识误区

很多业务承办部门及承办人员没有正确认识合同对于规范经营、防范风险的作用，仅把合同的签订及审批作为履行结算手续、对外付款的条件，往往在合同事项履行完毕后，在办理付款结算时由于财务部门的要求才想到签订合同，从而导致补签、倒签合同现象的发生，特别是一些零星的物资采购、维修事项等，因预见性、可控性差，发生的次数多、金额小，合同承办部门认为每发生一笔业务就办理合同审查签订流程很烦琐，往往采用先履行，再集中签署合同的方法。另外，也存在个别单位、部门为了规避相关监督管理要求或程序规定，采取先实施，形成既成事实，再签订或者不签订合同，当进行审计、巡察时，为应对检查而补签、倒签合同。

2. 预算和投资安排滞后

由于生产经营是一个连续实施的过程，而投资计划和资金安排需要层层分解并经过决策审批才能确定，与生产现场存在一定的时间差，一般都会滞后于生产。现场实施单位为了完成延续性的工作安排，或是为了及时承揽到业务，往往会先实施相关业务，待计划或资金安排落实后，再按照批准的预算补办手续补签合同。另外，有时候年初下达的预算或计划满足不了生产经营的实际需要，或是出现一些没有投资计划而又必须实施的项目，造成已实施或者已完工或验收的项目，也只能待投资计划正式下达后才能办理手续并签订合同，从而造成实际上的合同倒签。

3. 合同办理流程延迟

按照规范管理要求，合同审查办理需要经过承办部门起草提交、联签部门合规审查、法律部门合法性审查、单位领导审批等多个环节和流程。合同在审查流转过程中，往往需要对合同依据材料进行补充，对合同文本进行修改，对合同条款进行补充完善，很多时候还需要与合同相对方进行沟通联系，磋商确认，完成整个合同签订流程耗时较长。有些时候，由于承办部门没有及时提交，或合同流转审查部门未能及时办理，任何一个部门或环节的滞后，都会导致合同审查延迟，延误合同的签订时间，造成合同补签、倒签。

4. 紧急事项的办理

在实际生产经营中，也存在一些应急事项时间紧迫，业务紧急，在事件发生的第一时间就必须立即作出反应，采取应对措施，而这些项目的不可预测性、紧急性、偶发性，也会导致项目实施前来不及签订合同，只能在相关事项实施办理中或者完成后合同各方当事人履行相应程序，审查签订合同，造成补签、倒签合同的现象。

三、补签、倒签合同的效力及存在的风险

（一）补签、倒签合同是有效合同

一般来说，合同补签、倒签对合同的效力没有影响，补签、倒签合同仍然是有效的合同，对双方具有约束力。《民法典》第四百八十三条关于合同成立时间，规定为“承诺生效时合同成立”，只要双方意思表示真实，不违反法律强制性规定，合同即有效成立；《民法典》第四百九十条规定“当事人采用合同书形式订立合同的，自当事人均签名、盖章或者按指印时合同成立。在签名、盖章或按指印之前，当事人一方已经履行主要义务，对方接受时，该合同成立”。从上述条文即可看出，即使合同双方未签订书面合同只要合同向对方履行了主要义务，对方接受时，合同有效成立，即合同以实际履行和接受作为成立条件也符合法律规定。

补签、倒签合同虽然是合同事项办理在先，合同签订在后，但根据法律对合同成立条件的规定，书面合同签订的早晚并不影响合同的成立。一方面，只要双方按照要约承诺的方式形成合意，合同即可成立，书面形式不是合同成立的必要条件；另一方面，双方约定采用书面形式订立合同时，即便未签订，也可因为履行和接受

的行为而使合同成立。同时，根据民商事行为意思自治的原则，合同双方在合同文本中自主约定合同的签订时间，不论是不是实际的签订时间，并不违反法律规定。因此，补签、倒签合同只是将已经成立的合同以书面的形式表现出来，并约定了一个签订时间，即便作为书面合意的合同文本实际签订在后，也可以通过在合同文本中明确履行时间等方式对实际签订之前的行为予以追认，将相关行为纳入合同，使之具备履行效力，实现其具有的法律效果。

（二）补签、倒签合同的不足和风险

补签、倒签合同在生产中时有发生，虽然倒签、补签合同的目的也是为了补上合同，使合同各方有了业务事项遵循的依据，并且，补签、倒签合同并不影响合同的成立和合同本身的效力，合同在法律层面上合法有效，在大多数情况下，业务各方也会因诚信原则和长期经营合作的需要，会尽量恪守约定，履行相关事项，较少出现争议或现实风险。但合法不等于合规，大多数未发生风险不等于不存在风险，倒签、补签合同因其存在的法律风险和管理风险，仍是风险管理和制度约束的重要内容。

1. 补签、倒签合同存在的法律风险

由于补签、倒签合同的签订时间与业务事项的实际实施时间存在时间差，合同并不能真实反映合同各方履行合同的情况，在正常情况下，各方基于信任关系和合作关系，能够妥善处理个别争议，但是，当出现一方不讲信誉或是出现重大变故时，往往难以界定责任和违约情形。比如，当一方不承认合同是补签、倒签，要求按照合同文本中的签订时间来确定履行期限，另一方很可能会直接陷入违约境地；对于一些复杂或者工作量比较大，或是市场变化较快的事项，在合同签订前的履行过程中，往往存在很多不确定因素，在合同签订前的时间段，对于履行方式、履行时间等均不存在明确的书面约定，双方权利义务和法律责任的界定不清晰不明了，一旦出现不确定因素影响造成不利于己方的情况，将没有证据可以倚恃，难以厘清双方责任，容易产生争议从而形成法律纠纷。比如对于施工或者承揽业务，发生安全责任事故、人身损害或工程量变更;对于采购业务,可能因为标的物的市场价格出现大幅波动或者质量标准理解不一等,如果没有明确的合同条款约定作为依据,各方出于维护自身利益的考虑,责任将难以确定和划分,争议难以顺利解决,即便通过法律途径得以解决,也会消耗很大的人力物力,使企业付出很大的成本,损害企业的经济利益。

2. 补签、倒签合同存在的管理风险

随着依法治企理念不断深入,依法合规经营和风险有效管控日渐成为企业管理是否成熟的重要标志。作为企业经营的基本制度之一,各企业均会在合同管理制度中明确规定合同审查办理流程,由于合同补签、倒签存在法律风险和经营风险,合同的事前控制作用无法体现,不符合风险防范和管理目标,企业在合同管理制度中均会对补签、倒签合同进行限制或否定。由于合同管理工作是各级审计、巡视巡察的重点事项,频繁出现合同补签、倒签现象表明公司的规范管理不到位或者合同审批流程与履行环节没有合理衔接,成为审计、巡视巡察提出整改项目的一个关注点,对企业形象,对企业经营管理者均会产生较大的影响。

3. 补签、倒签合同存在的其他问题

由于补签、倒签合同在时间上与实际履行或实施的经营和业务存在不一致,也会对财务管理、预算管理、物资管理、工程管理等其他管理事项造成影响,比如出现工程统计失真、形成不良债权债务隐患、设备保修保质期无法确定等问题,特别是还可能造成财务预算决算的失准失真,导致会计信息无法真实反映企业的经营和成本状况,扰乱企业正常的经营和管理秩序,从而引发成本失控、决策失误等更加重大的风险。

四、减少合同补签、倒签的措施

合同管理工作是企业经营管理不可或缺的环节,是防控企业风险的重要内容。合同管理,不仅要有法律思维,也要有商业思维,签订合同,不仅要以防范法律风险为目的,也要努力确保商业交易行为能够得以实现。如何在实现交易目的、减少交易风险的基础上,减少和避免合同补签、倒签,以全面落实合同全过程规范管理是合同管理的一个重要课题。笔者认为可以从合理优化合同形式和加强合同流程管控两个方面入手采取措施。

(一)合理优化合同形式

1.采用渠道采购合同

对于生产中连续进行且在日常生产费用中安排,但无法预估数量、工作量和金额的常规事项,如生产物资采购、日常性维修等,可以采用签订渠道采购合同的方式。每年底,根据生产需要,在依法合规选定相对方后,签订下一年的渠道合同,在合同中约定采购事项和期限,以及采购项目的预估数量、工程量或约定费用结算规则、方式和标准,并明确双方权利义务和违约责任的划分界定;在渠道合同到期后,合同各方根据合同约定的规则以及实际数量或工作量确定合同金额,签订结算协议,办理结算。通过渠道合同的签订,合同各方有了明确的履行依据,如果发生争议,可以根据合同约定予以解决,避免责任不明带来的风险。

2.调整合同履行时间

对于虽然在生产中连续进行,但每年度需要专门批准预算,并进行招标选定相对方的事项,可以在预算下达后及时办理招标程序,根据招标结果再行签订合同,约定合同事项,招标及合同的履行期间不按自然年份约定,而是按照本年度招标完成的日期起至下年同期止来确定;合同的费用采用分段分别约定的方式,本年度阶段按批准预算确定予以明确,下年度阶段约定按照下年实际批准预算进行结算。通过调整合同的履行时间,避免了预算下达前,无法履行招标程序确定相对方,因而无法签订合同的难题。

3.建立小额即时合同特殊机制

《民法典》第四百六十九条规定:当事人订立合同,可以采用书面形式、口头形式或者其他形式。由此可见,合同也可采用非书面形式。企业可以在内部的合同管理制度中规定,对于不涉及安全的小额零星即时结算的临时发生项目,可不采用书面形式合同,并规定不签订书面合同的,承办人员需履行一定的程序,与相对方通过口头合同办理。对于不采用书面形式的小额即时合同，承办人员应当做好相应记录，特别是要留存好与相对方口头协商及合同履行的相关资料，以防一旦出现争议时，能够提出有效的证据。通过建立小额即时合同特殊机制，既顺应生产现场实际的需要，也避免由于无法签订书面合同造成的管理风险。

4. 建立紧急情况合同补签机制

对于抢险救灾等无法预见且又时间紧迫的事项，企业可以在合同管理制度中予以规定，可以先办理相应事项，并明确在一定时间内补签合同的流程，为突发事件的办理保留空间，避免在发生紧急情况时，先进行合同流程则无法及时开展救援等处理工作，后补合同又违反管理要求的两难情况。紧急情况合同补签机制也需要明确告知承办人员做好记录，留存资料，保留证据。

（二）加强合同流程管控

1. 加强相关人员培训

加大对企业合同管理及承办人员的培训力度，一方面培养依法经营管理意识，使合同管理人员充分认识规范签订合同对于减少纠纷发生、防范经营风险、保护企业合法权益的重要性；另一方面，通过培训增强相关人员的业务办理能力，熟悉合同管理各项制度和流程办理要求，熟练掌握合同管理操作实务，特别是关于合同文本的准确性和合同条款的完备性要求，全面提高合同办理的质量和风险防控的能力。

2. 优化合同办理流程

在合规管理大背景下，合同办理不仅是合同文本的起草和审查，而是从合同事项的决策、合同相对方选择、合同文本起草、合同审查签订、合同履行等合同全寿命周期的全过程管理。企业应当在合同管理过程中，结合实际，不断优化办理流程。比如，对提交了相关印证材料的合同事项，可以减少联签部门，避免重复审查；要加强各个部门之间的沟通和协调，尽快完成合同审批，提高合同办理效率；同时，加强信息化建设力度，完成合同管理信息系统的升级改造，提高系统运行的效率和使用的便捷性。

3. 加强合同检查考核

企业合同管理部门要加强对各级承办单位和部门的指导，增加对合同管理工作中易出现纰漏失误环节的监督和检查，对延迟合同审查，不符合规定的补签、倒签合同等行为进行通报批评并予以考核，对规避监督管理的行为进行严肃处理，提高各级管理人员合同管理的规范意识和自觉性。

总之，合同是保护企业合法利益、维护企业经营利益的重要依据。俗话说，常在河边走，哪有不湿鞋。补签、倒签合同无论是否给企业造成实际的危害后果，都存在足以影响企业正常生产经营的风险，作为企业管理人员，我们都应当认真对待，采取有效措施，实施合理管控，减少和避免发生合同补签、倒签现象，充分发挥合同的事前防范、事中控制和事后补救作用，为企业防范经营风险，提高经营效益发挥应有的作用。

“看支点”三个维度 “建支点”三个彰显
——以“支点的力量”推动党建工作

中国铁路武汉局集团有限公司直属机关党委
丁晓中

武汉局集团公司直属机关是全局“指挥中心”，同时也是各项工作的领导者、组织者、服务者，现有 1 981 名职工，其中党员 1 607名，31 个部室，72 个党支部，124 个党小组。

武汉局集团公司已进入高质量发展新时期。直属机关党委紧紧围绕集团公司中心工作，牢固树立“抓好党建是最大政绩”的思想，着重“看支点”三个维度，“建支点”三个彰显、“三不”建支点，全体推进，以“支点的力量”推动党建工作，从激活个体、激活组织到赋能、协同、发展企业，切实把机关党组织建设好、把党员作用发挥好，促使党建工作全面进步、全面提升、全面过硬，努力站好第一方阵，争取以优异成绩庆祝中国共产党成立 101 周年，具体的做法是：

一、找准定位：三个维度看支点

1. 政治建设看支点

聚焦主责，把党建作为最大的政治责任和首要的政治任务，摆在头等重要位置。坚持书记抓、抓书记，全面抓、抓全面，自觉抓、抓自觉，以工匠精神推动党建工作落细落小，落地落实，为促进企业发展提供有力保障；积极开展党史、新中国史、改革发展史、社会主义发展史“四史”专题教育，持续推动党员干部不忘初心、牢记使命；落实“两学一做”常态化制度化，开展集中学习研讨，督促党员领导干部到联系党支部或所在党支部讲党课，带头宣讲习近平新时代中国特色社会主义思想；用好机关大讲堂、季度党建工作会、“学习强国”等平台，开展研讨交流、主题宣讲、征集武铁红色故事等活动，提升学习效果，激励党员干部守初心、悟初心、践初心。

2.政治引领看支点

走在前、作表率，是局机关党建工作的明确定位，也是党建工作的重大历史使命。切实履职尽责层层压实责任，明确职责，建立党建工作责任机制。机关党委履行党建工作主体责任，各党支部书记是第一责任人，各支部委员协助党组织书记抓好党建，党务工作人员负责日常具体工作，形成“党委统一抓、书记全盘抓、班子成员分工抓、党务干部专心抓”的局面；压实责任，层层签订责任状，机关党委书记与各部室党组织负责人，签订党建工作责任状、党风廉政建设责任状，并将之作为年终考核的重要依据，层层传递压力，倒逼履职尽责。

3.政治判断看支点

旗帜鲜明讲政治是国铁企业的鲜明属性，筑牢政治忠诚的生命线，提高政治判断力，最根本的是要带头做到“两个维护”。直属机关是集团公司的指挥中枢、司令部，其政治意识强弱、政治建设效果，直接关系党的全面领导落实落地，也直接反映集团公司干部职工的政治责任和政治担当。必须把提高机关干部政治意识放在首位，旗帜鲜明讲政治，坚定不移向党中央看齐，向党的理论和路线方针政策看齐，向党中央决策部署看齐；严格执行国铁集团党组、集团公司党委关于加强和维护党中央集中统一领导相关规定，认真对标对表，及时校正偏差，始终做到在大是大非面前头脑清醒、眼光敏锐、立场坚定，坚决在思想上政治上行动上同以习近平同志为核心的党中央保持高度一致。

二、三个彰显:支点怎么建

1.“彰显中心”建支点

把学习贯彻习近平总书记重要讲话、重要文章、重要指示批示精神作为党组织首要政治任务和政治责任，列为直属机关党委会、部门支委会第一议题，自觉践行“两个维护”，走好“第一方阵”。围绕集团公司党委中心工作，研究制订年度党建工作计划和落实党建工作责任清单，带头履行第一责任人责任；在机关党委委员的示范带动下，部门党组织书记带头讲党课 144 余场，逐层深入解读践行“两个维护”的重大意义、实践要求；利用 3 天组织 36 个机关部门党组织书记进行脱产培训，每季召开 1 次专题党建工作会议，组织约谈党建述职被评为“一般”和“差”的 3 名党组织书记；从严落实“三会一课”、主题党日等制度，开展经常性政治体检，强化党性锻炼；定制党员“政治生日”贺卡，组织党员过好“政治生日”；按照要求及时召开民主生活会和组织生活会，通过征求意见、谈心谈话、查摆问题、剖析根源、制定措施，班子自身建设得到不断提升；民主评议党员 2 365 人。

2.“彰显赋能”建支点

扎实开展党史学习教育，深化总书记“七一”重要讲话精神的学习，把党史学习教育与打赢“两坚守两实现”攻坚战相结合，引导党员干部学党史、悟思想、办实事、开新局。采取专题研讨、专题党课、主题党日等方式，突出机关党员领导干部带学促学，全员覆盖学，形成一级抓一级、层层抓学习的良好局面；广泛运用专家讲授式、研讨式等灵活多样方式深化学习；用好学习强国、掌上武铁等网络学习平台，及时推送一批“有深度、接地气”的可视化教学资源，增强学习吸引力感染力，不断增强“四个意识”、坚定“四个自信”、做到“两个维护”，自觉在思想上政治上行动上同以习近平同志为核心的党中央保持一致。各部门围绕推动高质量发展，确定“我为群众办实事”项目，同步纳入问题库管理，机关党委确定的“我为群众办实事”9 个项目已完成 8 个，意识形态领域保持了向上向好态势。

3.“彰显导向”建支点

随着全面从严治党深入推进，机关党建进入高质量发展阶段，不仅要解决“抓不抓”的问题，更要解决抓得“实不实”、效果“好不好”的问题。严格落实《中国共产党支部工作条例（试行）》，补强机关党支部短板弱项，针对“灯下黑”“两张皮”等新老难题，拿出务实管用办法一个个加以破解；持续推进机关党支部基本队伍、基本活动、基本制度、基本保障建设，落实“三会一课”基本制度，提升机关党支部堡垒作用，发挥凝聚人心、引领群众的能力；同时加强分类指导、科学精准施策，深入实施创先争优活动，确保机关党建各项工作真正走在前、作表率；坚持严在日常、抓在经常，做到月抽检、季覆盖，确保党支部政治功能凸显、组织体系健全、制度机制管用、作用发挥充分、作风形象良好；加强党员干部的思想淬炼、政治历练、实践锻炼和专业训练，紧扣部门职责任务、紧盯业务薄弱环节，找准党建工作和业务工作、党建要求和党员需求、理论学习和实践运用的结合点，推动党建和业务工作深度融合，引领党员干部在实施“建成战略支点、筑牢发展基点、打造枢纽节点”战略、发挥“八个优势”、推进“八大工程”中当先锋打头阵。

三、“三不”建支点，全体推进

1. 强化不敢腐的惩治震慑

持之以恒落实中央八项规定精神，纠治“四风”，尤其是对形式主义、官僚主义问题盯住不放、精准施治，制定《武汉局集团公司集中整治形式主义、官僚主义实施方案》《集中整治形式主义、官僚主义对策表》，进一步为基层减负；深入整治职工群众身边“微腐败”和作风问题，斩断伸向职工群众“奶酪”的黑手，始终保持惩治腐败高压态势，形成正风肃纪反腐氛围。

2. 扎紧不能腐的制度笼子

着力完善党风廉政建设责任制体系，制定《武汉局集团公司直属机关党风廉政建设责任制实施措施》，明确各岗位党风廉政建设责任制，一岗一责，有岗有责，依规依纪依法，失责必纠；紧盯关键少数和重点领域关键岗位，采取科技＋阳光，精准科学监督执纪问责；全面加强对公权力运行的制约和监督，抓好巡视整改，建立纪检、巡察、审计、组织人事、信访等部门统筹衔接和协作机制，增强监督合力和效力，建立完善标本兼治长效机制。

3.筑牢不想腐的思想堤坝

不断巩固“不忘初心、牢记使命”主题教育成果，积极开展党史学习教育，弘扬党的优良传统和作风，加强党性锻炼、党性修养，筑牢拒腐防变的思想防线；加强警示教育，用身边事教育身边人，用典型案例当头棒喝，实行思想教育、管理监督、严厉惩处共同发力，一体推进不敢腐、不能腐、不想腐，营造风清气正的良好政治生态。

回顾过去，既有成绩，也有问题；立足当前，虽有压力，却有机遇；展望未来，很有动力，更有信心。

海外项目安全管理差异性分析与研究

中国土木工程集团有限公司安全监督部
李福财

安全生产是企业永恒的主题，员工生命安全高于一切。党中央、国务院多次强调，发展决不能以牺牲安全为代价，这是一条不可逾越的红线。中国土木工程集团有限公司，业务范围遍及102个国家和地区，连续多年入选全球最大250家国际承包商百强行列。在全球诸多国家和地区设置了驻外机构，在40多个国家和地区有正在实施的项目。面临安全生产复杂的外部环境和严峻的安全生产形势，再加上海外项目的特殊性，海外项目实施过程中一旦发生重大安全事件、造成人员伤亡，将会造成极大的负面的社会和政治影响，因此，安全管理在海外项目的重要性异常突出。因此非常有必要对海外项目安全管理进行差异性分析，从而有针对性地制定提升策略。

一、海外项目安全管理面临的差异性

1.所在国对安全管理的重视程度参差不齐

根据我国法律规定，安全是一把手责任，安全事故报告和调查处理条款明确，管理链每一层级都必须加强安全生产理念，发生安全事故将受到严厉行政处分甚至刑事处罚。

海外项目在实施过程中，一旦出现安全事故，大多是由工会或者地方权力机构调解处理，难以调解时当地警察局介入，无法调解时由法院裁判。与国内在安全生产方面比较完善的法律法规不同，项目所在国地方政府多以经济利益、解决当地就业为首要目标，在安全生产方面没有完善的安全生产法律体系，也没有可供参考的规章制度。

2.所在国没有专业的安全培训机构

根据《中华人民共和国安全生产法》规定：矿山、金属冶炼、建筑施工、道路运输单位和危险物品的生产、经营、储存单位，应当设置安全生产管理机构或者配备专职安全生产管理人员。前款规定以外的其他生产经营单位，从业人员超过一百人的，应当设置安全生产管理机构或者配备专职安全生产管理人员。

国外的一些高校虽然有相应安全人员培养，但基本没有合格的安全工程师，其原因在于，大学多采用学分制，多数毕业生为半工半读五年甚至十年才毕业，学生往往选择更容易找工作的土木工程学科就读，而不是专业的安全生产学科。企业招聘的属地安全生产管理人员，往往对安全学科略知皮毛。

3.所在国缺少特种设备安全监督管理部门

根据《中华人民共和国特种设备安全法》规定：国务院负责特种设备安全监督管理的部门对全国特种设备安全实施监督管理。县级以上地方各级人民政府负责特种设备安全监督管理的部门对本行政区域内特种设备安全实施监督管理。

在海外项目实施过程中，所在国地方政府没有对特种作业及其持证上岗等等情况进行要求。项目部的安全管理人员在参照国内的规范执行安全检查前，就会遇到当地的操作手没有地方去培训取证等一系列的特种设备安全管理问题。

二、海外项目的安全风险分析

1.生产经营状况

中国土木工程集团有限公司是中国铁建股份有限公司的全资子公司，注册资金为30亿元人民币，公司总部设在北京市海淀区北蜂窝4号。公司的主营业务包括：承揽国内外各类工程的境内外资工程以及承揽我国对外经济援助项目；国(境)外各工业、民用建筑工程的咨询、勘察和设计；承包工程所需设备、材料的出口；对外派遣各类工程、生产及服务行业劳务人员等外经业务。

集团公司的机构设置分为四个系列,一是集团公司总部的综合管理职能部门,二是集团公司下属事业部,三是海(境)外常设机构(公司直属有限公司、有限公司或代表处、办事处、项目部等),四是集团公司下属的国内全资子公司等经营单位。

集团公司的业务大部分集中在非洲和中东地区,当地气温较高,传染性疾病时有流行,政局不稳,暴力冲突时有发生,有些地区社会治安条件较差,是影响公司员工生命健康和国家财产安全的主要危险因素。

2.危险源与风险分析

四十多年来,中国土木工程集团有限公司从一个单纯的劳务承包企业已发展成"1+N"海外布局,形成以工程承包带动施工、设计、投资、运营等多点多面的产业格局。企业面临的内外部环境发生重大变化,影响安全生产的不利因素增多,问题还比较突出。从安全风险看,各国政治风险、恐怖主义风险、建筑施工风险等依然是高危频发,事故隐患排查防范任务十分艰巨。

根据2020年3月6日发布实施的《职业健康安全管理体系要求及使用指南》(GB/T 45001—2020)的要求,经调查和分析,海外项目可能发生的事故、事件和紧急情况主要集中在自然灾难、事故灾难、突发公共卫生事件、突发社会安全事件等四部分,其中自然灾难包括地震、地表陷落、冰雹、暴雨、大风、雷电、暴雪严寒、严重沙尘暴等不可抗力自然灾害;事故灾难包括办公区失火及库房的火灾,锅炉、燃气罐、压力容器、油品爆炸,汽车碰撞或翻倾、吊装机械失稳或倾覆造成的机械事故、触电、高空坠落、物体打击、机械伤害造成的伤亡事故,基坑边坡滑坡或倒塌、脚手架倒塌带来的工程事故;突发公共卫生事件包括群体中暑,不当饮食或人为因素引起的食物中毒,传播迅速、后果严重的突发传染病;突发社会安全事件包括罢工、盗抢、绑架勒索、军事冲突、恐怖袭击等。

三、海外项目安全管理的建议和对策

1.强化安全发展理念,落实全员安全生产责任制

将新安全生产法植根于安全发展理念,强化全员安全生产责任。落实全员安全生产责任制是安全生产工作的主线,一是要细化安全生产责任制,将企业安全生产主体责任细化分解落实到各层级、各项目、各岗位,制定安全生产责任清单,明确各岗位安全生产责任人员、责任范围和考核标准,加强责任落实的监督考核,推动全员主动落实安全生产责任;二是强化合同主体单位安全生产履约意识,着力构建"五个责任体系"建设,将各层级主要负责人、业务分管负责人、技术负责人、安全总监和分包商负责人的安全生产工作职责,融入企业决策、组织管理、资源配备、技术管理、安全监督、施工组织、现场管理等管理活动的业务流程中,实行网格化管理,形成齐抓共管、同向发力、协调联动的安全生产新格局。

2.加强安全投入,持续改善安全生产条件

安全生产投入是实现安全发展的前提,是做好安全生产工作的基础。海外项目必须加强在资金、物资、技术、人员等方面的安全生产投入。一是资金投入方面,要加强安全生产费用提取和使用管理,确保安全生产费用真正用于安全生产工作。二是物资投入方面,要加大安全防护设施、器材和劳动保护用品的投入,切实保障现场作业环境安全;要加快推进桥梁墩身模板、挂篮、钢支撑等用量大、通用性强的主要周转材料标准化设计,提高主要周转材料周转利用率与安全可靠性;要加强设备更新改造投入和进场管理,防止因设备陈旧、带病运转、安全设施缺陷等导致事故的发生。三是技术投入方面,要加强"四新"技术应用,严格技术方案、专项方案审核把关,及时解决现场安全生产技术难题,提升现场安全防护能力,降低危大工程作业安全风险。四是人员投入方面,要持续完善项目部安全生产监管机构和人员配备,各项目部安全总监、各层级的监督管理人员要配置到位,安全生产管理人员数量、能力必须满足现场需要。

3. 做好安全宣传，强化安全培训教育工作

集团公司在建项目分布在世界各地，且大部分在非洲等相对落后的国家和地区，安全生产管理工作仍处在起步阶段，因此，加强安全生产培训、教育及其考核评价十分重要。海外项目要做好教育和培训计划，积极开展培训和考核工作，严格落实持证上岗和从业人员先培训后上岗制度；将班组工前教育纳入工序管理，做到工前教育有制度、有记录、有讲评，并通过工作检查确保相关制度落实到位。

4. 树立正确理念，加强安全隐患排查力度

海外项目要牢固树立“隐患就是事故”的理念，紧盯海外项目隐患排查的重点领域和关键环节，结合自身实际和项目特点，深入开展重难点工程、重点区域、重点部位的隐患排查治理工作，制订检查计划，尝试利用信息化、大数据开展安全隐患排查分析，加强隐患排查力度，把隐患消灭在事故发生之前。

一是紧盯重难点工程，如软弱地质隧道、城市地铁、深基坑、高墩大跨桥梁、既有线施工等高风险项目和吊车作业、高空作业、深水作业、封闭空间作业、模板支架拆除等高风险作业，强化风险识别、隐患整治，制订应急预案，杜绝三违施工。二是紧盯营区、厂房、仓库、通勤交通、堆土场、掌子面、作业面及特殊行业等高风险区域，加强日常巡查和极端天气下的值班值守，严防出现火灾、中毒、交通事故以及泥石流、滑坡、塌方、突水突泥等自然灾害。三是紧盯零散、零星作业，以及安保、治安、卫生、游泳溺水等非生产性事故隐患点，做到管理人员和技术人员不缺位，不放松警惕。

5. 改进工作方法，加大安全监督检查力度

安全监督是为了预防各类安全生产事故发生，由各层级的安全监督管理人员行使其监督职责和权利，对安全生产状况进行监督和检查的一种活动。一是强化安全监督检查力度。按照年度安全生产工作要点制定监督检查计划，定期检查安全生产情况、三年行动落实情况、应急管理情况、危大工程进展情况等。二是积极落实“四不两直”工作方法。“四不两直”是安全生产检查的重要方

式，即"不发通知、不打招呼、不听汇报、不用陪同接待、直奔基层、直插现场"进行暗查暗访。对于监督检查结果，要及时建立隐患排查台账，制定整改措施，做好整改记录，形成工作闭环。三是将监督检查的结果与责任考核挂钩。各层级安全监督管理人员，要真正把安全监督工作做深走实，要把安全监督检查的结果客观反映在对各单位及负责人的安全责任考核上。

6.细化分包安全，提升分包安全管理水平

针对分包管理工作存在的问题，海外项目要提升分包商安全管理水平。在分包商选择、过程管控、考核评价及结果应用四个环节做好安全的全过程管理，促进分包商履职尽责、增强分包商自主安全管理水平。一是严格分包商安全生产条件与能力审查，选择与施工生产任务所需能力相匹配的队伍，依法合规签订分包合同；二是要强化分包商安全责任落实。每一份分包合同，必须结合分包商履行安全生产责任的相关条款，明确分包商现场负责人、技术负责人、安全负责人及班组长等管理人员的资格与能力方面要求，对分包商安全生产费用使用管理、专职安全生产管理人员配备、特种作业人员持证上岗、安全防护、现场跟班作业、设备安全管理、风险管控与隐患排查治理、安全教育培训等方面工作作出详细规定，切实将企业与项目安全生产规章制度要求嵌入对分包商的安全管理工作要求中，与分包商履约评价、工程款结算及信用考评挂钩，压实分包商安全责任；三是要将分包商现场负责人、技术负责人、安全负责人、班组长和关键岗位作业人员纳入项目管理序列，让他们与项目管理人员共同学习培训、共同组织研讨、共同开展检查、共同研究解决现场实际问题、共同保障项目安全生产目标任务的完成；四是要积极利用信息化手段加强分包商信用行为管理、分包安全考核评价及结果应用，着力开展"五优"分包商建设。

7.加强卫生防疫、海外安保和生产经营

海外项目要本着"预防为主、部门联动、合作共赢"的原则，加强卫生防疫与海外安保工作，统筹好疫情防控、海外安保和生产经营。清醒认识当前的复杂安全形势和海外安保工作的重要性，加强情报搜集，做好形势研判，提升安保等级，规避相关安全风险，切实履行主体责任，始终将员工安全放在首位，把风险防范措施落到实处，全力保障海外员工生命安全。

安全是发展的前提和重要保障。2021 年 9 月 1 日，新修订的《安全生产法》开始实施，再一次把保护人民生命安全摆在首位。海外项目在管理中一定要围绕“从根本上消除事故隐患”的核心工作，扎实开展安全生产专项整治，进一步完善安全生产规章制度，强化安全生产责任制落实，提高风险隐患双预控和应急管理水平，确保安全生产工作有序开展。

适应“一流现代运输企业”经营业绩考核机制的优化研究

中国铁路上海局集团有限公司企法部
袁志明

自公司制改革以来，上海局集团公司为适应加快市场化法治化建设和进一步做强做优做大的国企改革新要求，在第一次党代会提出了建设“一流现代运输企业”发展战略和“六个创一流”发展目标，开启了集团公司建设“交通强国、铁路先行”排头兵的新征程，明确了强局建设的目标定位和努力方向。在推进“一流现代运输企业”建设过程中，经营业绩考核作为推进企业改革发展的主要动力机制，是集团公司各项经营管理工作的指挥棒，发挥了重要的导向和引领作用。

对照“一流现代运输企业”高质量发展目标，分析集团公司当前考核办法及近年经营业绩考核结果，结合近期业绩考核专题调研了解的情况，发现还存在不少问题。譬如：考核机制不够科学、指标设置不够合理、考核标准不够规范、过程管控不够到位等，制约了新体制效能的发挥。如何充分发挥业绩考核机制的指挥棒作用，坚持问题导向、目标导向，不断优化考核体系，持续完善考核机制，是当前及今后一个阶段加强经营业绩考核工作的重点和难点。

一、主要问题

1. 考核机制不够科学

一是考核分类不够精准。集团公司考核单位的覆盖面广，考核对象呈多元化，包括运输站段、非运输企业、合资铁路公司、建设指挥部以及其他局属单位，各大类单位的功能定位、经营性质、业务特点差异很大，特别是非运输企业，经营业务、市场化程度、资源禀赋各不相同，用同一个大类考核标准对不同企业实施考核，存在不合理性。

二是考核周期不够科学。集团公司对各单位全部采用年度性考核，考核周期相对固定，容易导致各单位重视眼前利益，不利于导向长远发展，特别是作为独立市场主体的公司制企业，经营策略往往根据市场变化随时调整，商机转瞬即逝，项目投入后赢利也需要一定的培育期，仅实施年度考核，没有引进任期考核，容易引起短期行为，不利于基业长青。

三是激励作用不够明显。从近年的考核结果看，激励作用在各系统之间的体现不够均衡，有的系统单位间高低相差近 70 分，激励作用非常明显，但有的系统单位间没有有效拉开差距。譬如去年客运段系统，单位间最高与最低的分差只有 7 分，各单位考核得分与系统平均分均在 4 分以内，存在一定的平均主义倾向，激励作用不够显著。

2. 考核指标不够完善

一是指标数量不够均衡。各系统之间指标设置数量偏差较大，影响各系统之间的平均分。如：客运段考核指标设置偏少，效益（任务）、效率、质量三大类指标总共只有 6 项，但涉及多专业的单位，指标设置偏多，如涉及两个专业的机辆段，以上三大类指标达到 12 项，涉及工电供三个专业的高铁基础设施段，质量指标就有 5 项，年度考核时客运段系统平均分比机辆段低 33 分，比高铁基础设施段低 20 分，影响考核结果的公平合理性。

二是考核内容不够全面。在承接上级要求上，国铁集团考核集团公司的部分任期考核指标，包括国有资本保值增值率、总资产周转率等没有有效承接；在运输安全考核上，新《安全生产法》有关要求尚未纳入，国铁集团对非责任事故管控新要求未予体现；在提升服务质量上，考核内容不够全面，如客运不良反馈、货运责任投诉等未纳入考核，且服务质量大类权重过小，激励作用体现不够；在聚焦经营效益上，与国铁集团清算办法匹配度不高，如“有调辆数”等有清算收入的指标没有纳入考核；在推进重点任务上，“改革三年行动方案”“数字化转型”等重点工作没有纳入。

三是指标计划不够严格。从近年考核结果看，部分考核部门没有按照建设“一流现代运输企业”的要求，高标定位设置指标计划。有的计划设置不合理，影响集团公司相关考核指标完成；有的设置计划时不顾上年实绩，计划普遍偏低，甚至全年对各单位没有一个扣分点；还有的专业指标边查普惠性加分指标，如“繁忙干线信号百组道岔故障率”指标，各单位完成实绩与考核计划差了一个数量级，导致各单位全部达到加分上限，失去了学比赶超的激励作用。

3. 考核标准不够合理

一是指标权重设置不够合理。针对当前疫情常态化下加强节支创效工作新要求，设备管理单位等支出大户在经营贡献加分规则中，节支率权重仅占 20%，权重设置过小，节支积极性调动不够；运输收入单位运输总收入指标设置了加分上限，经营性单位考核利润等盈亏指标按大类权重也设置了上限，影响相关单位增收节支的积极性。

二是考核标准设置不够科学。有的考核标准采用“一刀切”方式，存在不合理性。如“财务收支结果”考核标准没有考虑不同单位的盈利空间、创收难度和业务特性，导致在计划值普遍较低的情况下，车务、机务、车辆、工务等经营项目较多的单位，加分明显偏高，而编组站、电务段等创收项目较少的单位，加分普遍偏低，对各单位考核结果影响很大，是拉开各系统、各单位得分排序的主要因素，各单位反映也较大。

三是考核标准导向不够精准。对指标属性分析不到位，导致考核标准导向出现偏差。有的指标适合单边考核，有的指标适合双边加扣，如“故障率”指标应越小越好，但采用了单边扣分，超目标没有加分，没有体现降低故障的导向；有的指标要考虑投入产出，如工务系统 TQI 指标，采用双边加扣考核，不符合当前合理降成本的要求；同时考核标准没有与计划值高低、上年实绩挂钩，高目标没有高回报，影响各单位积极性。

4. 过程管控不够到位

一是责任落实还不到位。有的单位业绩指标分解不全面，一些量化指标分解到了车间、班组，但一些定性的监控指标往往分解落实不到位，没有把管理型指标分解落实到职能科室，也没有建立挂钩考核机制，导致有的单位中层干部都认为经营业绩考核是领导班子的事，与职工没有关系；有的单位业绩考核专兼职人员作用发挥不够，牵头协调、督促落实、问题闭环等工作落实不到位，影响单位年度经营业绩考核结果。

二是预评分析还不到位。有的单位业绩考核信息系统运用不到位，数据录入不及时、不准确，系统诊断和预警等功能运用不充分，影响信息化平台作用发挥；有的单位没有将业绩指标纳入经济活动分析，或者仅分析涉及财务的几个指标，其他管理型指标不分析；有的仅分析表面现象，罗列几个指标数据，既没有分析发展趋势、达标程度、系统排序等情况，也缺少深层次的原因分析，更没有制订和实施有针对性的改进措施，预评分析作用发挥不佳。

三是调研指导还不到位。经营业绩考核办法实施后，对考核机制运作情况的调研不够，没有及时听取被考核单位的意见和建议，对各单位机制落实、责任分解、过程管控等情况掌握不够；对优秀单位的工作经验宣传推广不够，对后进单位的现场指导帮促也不够有力；对考核数据资源的深度利用不够充分，没有对管理问题进行趋势分析和管理状态研判，对提升集团公司管理水平的作用发挥不佳。

二、主要措施和建议

1. 进一步健全考核机制

(1)完善分类考核机制。一是指标分类方面。设置安全、效益、质量、效率、监控、重点任务、管理、检查监督和综合工作奖惩9大类业绩指标。二是单位分类方面。对运输站段、建设指挥部、合资铁路公司等，按考核单位功能定位、经营性质、业务特点，突出责献率、难度值和精准化，分类别建立“考核指标暨评分标准”。三是个性化方面。对非运输企业实施“一企一策”考核，按各非运输企业经营发展特点，差异化设置质量效率指标，满足个性化要求，充分发挥业绩考核“指挥棒”作用。

(2)建立任期考核机制。对非运输企业建立任期考核机制，任期考核指标全面承接国铁集团考核集团公司的国有资本保值增值率、总资产周转率、不良资产比率等任期指标，同时结合集团公司实际和非运输企业特点，纳入市场化程度、经营风险防范等非运输业特色指标，设置体现各企业发展战略的个性化分类指标，运用企业分类结果，差异化设置考核指标和考评标准，并与年度业绩考核结果挂钩，形成共性与个性相结合的任期考核指标体系，促进非运输企业注重长远和可持续发展。

2.进一步完善考核指标

(1)突出指标体系的均衡性。加强专业系统之间指标数量均衡性管控，对指标设置偏少的系统，在定量指标基础上，适当增加定性指标，采用分等级或排序方式进行考核，拉开系统内单位间的差距，提升业绩考核的激励作用；对考核指标偏多的系统，将多专业的同性质指标进行整合，采用加权平均、综合计分、调整上限等方式优化考核标准，体现系统间和系统内的相对合理性。

(2)注重考核内容的全面性。一是全面承接或转化国铁集团对集团公司经营业绩考核指标，确保考核责任传递到位，保证集团公司各项目标任务全面完成。二是突出关键绩效(KPI)指标。以确保安全为导向，对接新《安全生产法》，贯彻国铁集团党组关于“责任和非责任事故都要管、都要防”的新要求，完善安全生产考核内容；以提升效益为导向，公司制企业设置成本费用占收入比重、总资产报酬率、经济增加值(EVA)等效益性指标；以增收节支为导向，优化任务效率指标，导向增加清算收入、降低检修成本；以规范管理为导向，加强“零小工程项目”“验工计价”等工作考核，完善资产损失和违规事项考核规定，促进依法合规。三是调整重点任务考核内容。根据集团公司阶段性重点工作变化，及时调整重点任务清单。对已经完成的及时剔除,如“三供一业移交”;对需长期推进的继续保持;对当年新增的及时纳入,如“改革三年行动方案”“数字化转型”“厂办大集体企业改革”等,确保重点任务全面落实。

(3)提升考核计划的合理性。对标“一流现代运输企业要求”,高标定位设置各单位年度业绩考核指标计划和非运输企业任期指标计划。计划值的确定应以确保集团公司经营业绩考核相关指标完成为前提,原则上按同口径严于上年计划或实绩从严下达,对因目标值下达不合理,影响集团公司考核指标完成或出现系统内单位全部达到加分上限的,对相关部门追责考核;同时,计划要突出公平性,防止“鞭打快牛”现象。

3.进一步优化考核标准

(1)优化指标权重设置。突出铁路企业服务质量的行业属性,加大服务质量考核权重和考核力度,同时运用分组排序模式,拉开得分差距,促进服务质量提升;针对铁路运输企业面临的严峻形势,加大节支率考核权重,充分调动各单位节支工作积极性,同时取消运输收入、考核利润等效益指标的加分上限,促进各单位尽最大努力增运增收。

(2)优化指标考核规则。一是以精准导向为原则,科学分析各项指标属性,根据指标设置目的,分别采用单边考核、双向考核、排序考核、进退加扣、完成即加、失格即扣等不同的考核标准,有效拉开差距,形成学比赶超氛围。二是以科学合理为原则,考虑不同单位业务特性和资源禀赋,按不同量级分档设置“财务收支结果”“考核利润”等关键指标的考核规则,采用“抛物线”模型实行“削峰填谷”,避免个别指标“畸高畸低”影响考核结果的均衡性。三是突出逐年向好考核导向,综合考虑当年计划和上年实绩,按目标设置高于、低于上年实绩分别设置考核标准,引导各单位高标定位,“跳一跳、摘果子”,保证集团公司关键指标的全面实现。

4.进一步加强过程管控

(1)落实管理责任。贯彻逐级负责原则,将经营业绩考核指标全面落实到职能科室,逐级展开到部门岗位,纳入单位考核体系,与绩效奖惩挂钩,确保责任全面落实;压实各单位业绩考核专兼职人员责任,采取劳动竞赛、专题培训等方式,提升综合素质,发挥牵头作用,有效推进业绩考核工作。

(2)实施过程控制。加强定期自评,充分发挥业绩考核信息系统诊断和预警功能,及时纠偏改进,落实过程管控。运用经济活动分析会,全面分析各项指标完成进度和发展趋势,对缺陷指标加强分析,及时落实改进措施;运用"对标找差、创优争先"信息平台,及时了解核心指标在本系统排序情况,积极取长补短,避免"事后总结""秋后算账"现象。

(3)加强调研指导。加强业绩考核工作调研,建立顶层设计与基层执行的沟通渠道,通过专题调研、办法解读、经验宣传、重点帮促等形式,及时了解现场执行情况,收集各方反馈意见,及时掌握业绩考核机制运行过程中的问题和堵点,持续优化业绩考核办法,改进业绩考核工作;同时,加强业绩考核数据资源的深度利用,通过分析研判历年管理问题,提出改进策略,提升集团公司管理水平,促进由大向强转型发展。

三、结束语

集团公司经营业绩考核既要贯彻国铁集团要求,也要结合实际,突出考核关键,不能面面俱到,要适当瘦身精炼。年度计划和重点任务要及时下达,让各单位及时明确努力方向和工作目标,上下支撑,协调一致,形成合力,共同推进集团公司"一流现代运输企业"建设。

数智时代为全面质量管理注入新活力

中国铁路上海局集团有限公司企法部
芮宁斌

上海局集团公司负责安徽、江苏、浙江和上海范围的铁路运营管理;营业里程13 606公里,排全路第二,其中高铁6 561公里,排全路第一,动车组815.5标准组(“复兴号”293标准组)。上海局集团公司曾获得中国质量协会“全国全面质量管理推进40周年杰出推进单位”“全国实施卓越绩效模式先进企业”“全国质量管理小组活动优秀企业”“上海市质量金奖”等荣誉。现在已进入数智时代,在“交通强国,铁路先行”新征程中,集团公司面临各项改革创新、管理创新以及新设备、新技术、新工艺等变化,如何为全面质量管理注入新活力,发挥全面质量管理在确保铁路安全生产稳定、确保铁路经营管理创效中的作用,是当前乃至今后的重大课题。

一、深入推进全面质量管理的现实意义

1. 推动铁路高质量发展的需要

党的二十大报告明确提出“高质量发展是全面建设社会主义现代化国家的首要任务”,并就“加快构建新发展格局,着力推动高质量发展”作出全面部署。铁路作为国家战略性、先导性、关键性重大基础设施,是国民经济的大动脉,在满足人民物质生活和精神生活需求、促进区域协调发展、建设社会主义现代化国家中具有至关重要的作用。运输质量直接关乎和影响铁路企业的品牌、效益和形象。当前,国铁集团正聚焦“交通强国,铁路先行”战略部署,带领广大铁路干部职工团结奋斗,不断提升产品和服务质量,确保铁路高质量发展。全面质量管理具有“三全一多样”的特点,即全

员、全过程、全方位和多样化方法，其理论和方法适用于各类组织，与铁路高质量发展相融相通、息息相关。上海铁路局集团公司作为铁路安全生产、运输组织、服务质量提升、经营创新的管理主体，发挥着承上启下的重要作用，因此，持续深入推进全面质量管理是铁路高质量发展的重要举措。

2. 加快企业“由大向强”转型的需要

上海局集团公司旅客发送量位居全路第一、占全路总量五分之一，是名副其实的客运大局、高铁大局。为深入贯彻落实国铁集团关于质量提升行动的总体部署，集团公司结合实际，提出立足新发展阶段，贯彻新发展理念，服务新发展格局，注重各项工作“质的提升”，加快“由大向强”转型发展新要求。全面质量管理工作在集团公司转型发展中的地位和作用越来越为重要，必须将其与集团公司中心工作融为一体，才能实现全局总体目标，因此，持续深入推进全面质量管理是铁路企业转型发展的坚强保障。

3. 提升企业核心竞争力的需要

为贯彻落实国铁企业改革三年行动方案，铁路维修体制改革、铁路运输生产组织作业模式优化、工电供融合、机辆一体化融合等各项管理机制逐步健全，在提升作业效率、改善设备运用质量、增强企业管理水平方面发挥了积极作用、取得明显效果。随着改革创新工作的深入、社会进步、科技发展，大数据、云计算、“5G”、物联网、人工智能等新技术、新方法、新材料的广泛运用，对传统的铁路设备维修养护和铁路经营管理工作等都提出更高要求，因此，持续深入推进全面质量管理是铁路企业科学发展的必由之路。

二、在推进全面质量管理过程中存在的问题

1. 全面质量管理认知不足

一是部分专业系统和单位领导对全面质量管理的新理念、新方法、新知识更新不够，未将其与专业管理、标准化规范化建设、“对标找差、创优争先”等工作有机融合，未充分认识全面质量管理的重要性、紧迫性；二是部分管理人员往往存在事不关己的思想认

识，认为此项工作主要是领导的事、质量主管部门的事，与自己无关，殊不知全面质量管理是经过长时间实践和理论反复总结归纳出来的，质量管理是全员、全组织、全过程的系统管理，无论哪个岗位、哪个环节出现问题，都会影响铁路整体安全和经营业绩；三是部分一线员工认为只要能够完成上级布置的生产任务，落实各项管理要求即可，片面地把质量验收、设备测试等当作质量管理，对全面质量管理知识缺乏系统性认识。

2. 推进机制尚未健全

一是所属基层单位全面质量管理办法不健全。集团公司根据国家质量提升行动的要求，健全完善了集团公司全面质量管理办法，将 QC 小组活动、质量信得过班组建设、现场管理、质量管理体系、质量品牌培育、质量标杆创建、顾客满意等工作全部纳入，并明确各项工作要求。但有的基层单位质量管理相关办法，还仅仅停留在 QC 小组活动方面，推进范围过窄；有的基层单位对各部门、各岗位的质量管理职责并不明确，未能体现全员、全组织、全过程的特点。二是激励机制不完善。有的部门和单位将全面质量管理工作当成锦上添花的工作，对工作开展取得成效的，会按照取得的奖项级别兑现奖励，对站段标准化规范化建设、领导履职及部门履职等方面有加分，有一定激励作用，但对于全面质量管理工作推动不力的单位、车间及班组，惩处力度不大。三是培训机制不完善。质量培训是开展全面质量管理的一项基础性工作，对于人力资源开发和员工综合能力建设具有重要意义，能给企业和员工个人提升带来作用。有的单位未认真梳理培训需求，未结合数智时代的特点，未结合铁路现场实际开展内容丰富、形式多样的质量人才培训工作，导致培训效果不佳，从而造成其他工作开展不深、不实、不细。

3. 理念方法不够成熟

随着新技术、新设备、新工艺的大量运用，铁路设备和管理的复杂程度日益增加，影响因素也越来越多，各单位群众性 QC 小组活动、质量信得过组建设等工作在提质增效方面发挥了积极作用，但未能实施现场管理、卓越绩效模式等多方法、多层级、多维度综合运用，未形成有效融合互补优势，在整体质量目标的实现上有差距，各类安全隐患、服务质量问题时有发生。集团公司内部全员、全组织、全过程运用全面质量管理的新理念、新方法的广度和深度还不够。

4.文化建设仍有差距

质量文化是开展全面质量管理的重要因素，其建设的目的是通过塑造员工以质量为核心的共同价值观，增强员工质量意识，在单位内部形成人人重视质量、人人关心质量、人人守护质量的浓厚氛围，提高员工的积极性和工作质量，从而提高产品和服务质量，高效达到预期目标。但目前，部分专业系统和基层单位往往忽略了质量文化的系统性建设，质量文化氛围还未形成，干部职工的质量意识、质量行为和工作质量有待提升。

5.工作发展不够平衡

因领导重视程度、质量主管推进力度等多方面的原因，各专业系统、单位在全面质量管理工作方面差距较大。推进较好的单位或部门，会与安全管理、专业管理、基础管理等日常工作有效融合，形成良性循环，创造有益价值；推进滞后的单位或部门，把全面质量管理工作当作负担，呈现“两张皮”现象，未能充分发挥全面质量管理对安全生产、经营管理的基础保障作用。

三、数智时代全面质量管理的对策与措施

1.深刻领会全面质量管理新内涵

全面质量管理是一套完整的管理体系，各部门各单位各层级都要加强对全面质量管理的认识，不仅要对产品和服务质量进行管理，也要对工作和体系质量进行管理；不仅要对产品性能进行管理，也要对安全性、经济性、适用性、可靠性等进行管理；不仅要对物进行管理，也要对人进行管理。一是提高决策质量。各级领导要用发展眼光、辩证思维，提高决策质量，牢牢把握中心工作、重点工作，科学制定质量方针、目标、计划。二是提高执行质量。中层管理人员要坚决贯彻上级决策，运用系统管理方法，找到与本部门本科室本车间密切相关的关键、薄弱环节和亟待解决的重要事项，

确定本部门目标和对策，进行具体任务布置，抓好工作闭环。三是提高作业质量。班组长和一线员工要牢固树立“人人都是质量第一责任人”的意识，严格按照标准、规范作业，对作业过程中存在的问题、隐患风险主动识别、持续改进。产品和服务质量是企业内各部门、各单位、各环节工作质量的综合反映。集团公司要利用质量月、安全质量生产例会、形势任务宣讲等契机，加大全面质量管理新知识的宣传普及力度，加快形成“人人关心质量，人人创造质量”良好氛围，实现从“小质量”到“大质量”转变。

2. 建立健全推进保障新机制

一是完善全面质量管理配套制度办法。深刻理解集团公司全面质量管理办法内涵，除了 QC 小组活动、质量信得过班组建设，要将现场管理、质量品牌培育、质量管理体系等工作整体协调推进，明确各部门、各岗位职责、推进目标和具体要求，将全面质量管理做深、做实、做细。二是优化激励考核机制。根据各专业系统、基层单位、车间及班组各层级年初制定的目标，定期组织检查，对推进全面质量管理富有成效的加大奖励力度，对推进不力的进行适度减罚，并纳入标准化规范化站段、科室、车间、班组、岗位考评。三是构建结构合理、素质优良的质量管理人才梯队。集团公司及所属各单位应分层、分类，结合社会发展趋势、行业政策及管理实际，认真梳理培训需求，通过针对性的质量培训和送外培训，建立质量人才库、专家库，搭建质量人才梯队。

3. 积极拓展全面质量管理新领域

全面质量管理是一套科学严密高效的质量管理体系，是一种由顾客需求和期望驱动的管理哲学，全面质量管理中使用的工具和方法，既有统计方法，又有非统计方法。各专业系统、各基层单位既要灵活运用新老七种工具，解决本系统、本站段、车间、班组在生产和管理过程中简单和局部问题，又要集成使用质量功能展开、标杆对比、失效模式分析、六西格玛等新工具，解决关键性、倾向性的复杂问题，还要综合使用 ISO9000 质量管理体系、卓越绩效模式等，来解决各专业系统、基层单位系统性、整体性问题。各层级质量主管部门要深入组织学习，加大对全面质量管理工作的方向、深度、广度及实效性等有关方面教育培训，通过多方法正确运用，构建完善的质量管理体系，保证产品和服务质量提升。各层级质量主管部门要围绕质量管理数字化、先进质量技术方法、最佳品牌管理实践、顾客关系管理、供应链能力、质量人才发展、人工智能应用等主题，勇于探索铁路高质量发展之路。

4. 总结提炼质量文化建设新特色

质量文化是企业文化的重要组成部分，企业文化应以质量为导向，两者相互融合相互促进。铁路各级领导层应确定质量文化发展方向和期望目标，营造有利于文化创建、培育、发展和优化的环境，为质量文化建立必要的架构、机制和资源，用发展的眼光鼓励全员参与，与中心工作有机融合，让质量文化渗透各项工作中，形成浓厚的文化氛围。在国内国际双循环的背景下，加强铁路特色质量文化建设能够帮助广大员工更好地理解旅客、客户对安全、绿色、健康、体验、便捷等质量要素的新需求，从而提升铁路企业对市场需求的捕捉能力，更好地满足消费者的需求升级。

5. 提升质量成果转化应用新成效

各层级质量主管部门要坚持实际、实用、实效的原则，按各单元特点进行先进典型的培育，通过“抓两头、促中间”的做法，促进质量管理整体水平跃升。各层级质量主管部门要积极运用数字经济新特点，以数字变革驱动质量工作，聚智聚力，以数字变革赋能组织掌握质量创新方法，以数字变革推动质量工作向更高水平开展。集团公司各专业系统、各基层单位、车间、班组要打造和依托各类交流平台，加大全面质量管理典型经验的宣传和推广，通过借鉴先进经验，选择适合的质量管理方法，切实将质量管理新理念和新方法运用到实际工作中，形成整体合力。

综上所述，现在已进入数智时代，铁路局集团公司及所属各单位要按照质量强国新要求，直面挑战、抢抓机遇，针对各自存在的不同问题采取相应对策，勇于探索全面质量管理的新方法、新形式、新途径，为全面质量管理注入新活力，使全面质量管理在良性轨道上取得更深入的发展。

构建安全保障体系
提升管理效能的探索与实践

中国铁路兰州局集团有限公司银川车务段
杨　懋　王旭亮　郅永刚
中国铁路兰州局集团有限公司党校
强　璐

习近平总书记指出，推进安全生产领域改革发展，关键是要作出制度性安排，依靠严密的责任体系、严格的法治措施、有效的体制机制、有力的基础保障和完善的系统治理，解决好安全生产领域的突出问题，确保人民群众生命财产安全。兰州局集团公司银川车务段深入贯彻落实习近平总书记关于安全生产重要论述和对铁路工作的重要指示批示精神，坚持安全第一思想，切实把安全作为发展的前提、基础和保障，突出系统思维在安全管理中的主导作用，积极探索建立抓实安全管理工作的一系列长效制度机制，有效推动安全保障体系科学完备、运转高效、有机衔接，促进安全管理工作科学化、规范化、精准化、高效化，从而有效预防控制安全风险和隐患问题发生，确保运输生产安全持续稳定。

一、构建铁路安全保障体系的重要意义

1. 构建安全保障体系，是贯彻新安全发展理念的重要体现

铁路是国家重要交通基础设施和重大民生工程，也是服务国家“一带一路”建设、实施“走出去”战略的重要部分。党的十八大以来，习近平总书记多次主持召开安全生产专题会议，并对铁路工作作出了一系列重要指示批示。铁路企业必须深刻认识和准确把握铁路发展和安全的极端重要性与错综复杂的内外部环境给铁路

安全带来的新矛盾、新挑战，不断健全完善安全管理制度，推动构建科学完备、务实管用的安全保障体系，为确保铁路运输安全稳定提供坚强保障。

2. 构建安全保障体系，是推动铁路高质量发展的必然要求

安全是铁路最大的政治，是铁路最重要的声誉，是忠诚拥护“两个确立”、坚决做到“两个维护”的重要体现，也是推动铁路高质量发展的前提、基础和保障。2020 年以来，外部环境更趋复杂严峻，我国经济发展面临重大压力和考验。铁路作为国民经济的大动脉，必须主动扛起确保安全生产的重大政治责任和社会责任，进一步健全完善安全保障体系，更好地发挥铁路在国家发展中的重要支撑作用。

3. 构建安全保障体系，是提升铁路安全管理效能的现实需要

兰州局集团公司银川车务段管辖 661.46 公里线路、50 个车站和 1 个线路所，管内涉及 CTC 双线自动闭塞、CTC 自动站间闭塞、单线半自动闭塞等多种行车设备，管辖范围广、区域跨度大、行车设备和人员结构复杂。面对严峻复杂的安全形势，有力有序抓好安全管理工作，必须始终坚持问题导向、目标导向和结果导向，把标准化规范化建设作为加强安全治理体系和治理能力建设的有力抓手，提升安全管理整体效能，确保安全生产长治久安。

二、当前安全管理面临的难题

1. 安全第一的思想树立不牢

开展安全宣传教育和警示教育形式单一，教育内容不够“接地气”，传达安全文件简化，分析事故案例与工作实际联系不紧密，事故教训吸取不够深刻，“心有敬畏、行有标准”的思想自觉和行动自觉没有完全形成。

2. 安全管理制度落实不力

部分管理人员对安全法律法规和规章制度的学习不深入，抓安全规章制度落实力度不够。对制度办法在车间、班组、岗位落实情况缺乏经常性的检查问效，没有严格做到“制度管人，制度管事”，敬畏规章、执行标准良好习惯还没有完全形成。

3.安全风险预警效果不佳

安全风险预警针对性、实用性、及时性还有差距，对一些冷门死角问题超前思考、细致预想不到位。专业科室抓预警落实问效力度不够，部分预警的关键风险和重点内容不能及时传递到管理和作业层面。

4.专业安全管理能力不强

部分专业技术人员对当前铁路高质量发展和确保现实安全的严峻形势认识不到位，素质能力与当前高标准、严要求的工作态势不匹配，专业安全管理的作用没有得到有效发挥。

5.安全风险关键管控不到位

安全风险的感知力还有待进一步提高。车间安全关键管控主体作用发挥不力，特别是部分管理人员和职工应急处置导向安全的意识缺失，等靠思想严重。

6.安全技术设备开发应用不够

对如何利用新技术、新设备解决安全管理中存在的问题思考较少，缺乏创新的管理方法和手段，安全技术设备的开发应用与铁路的快速发展不相匹配，技控能力和水平还需进一步提高。

三、构建铁路安全保障体系的主要途径

1.坚持纲举目张抓安全，把准安全管理“方向标”

(1)系统建纲，编制“任务书”。坚持把标准化规范化建设作为加强安全治理体系和治理能力建设的有力抓手，将标准化规范化建设工作与车务段10个子体系和43个管理模块相对接，编制《银川车务段管理工作体系》，形成指导安全管理工作的大纲。

(2)精准列目，铺画“路线图”。突出“管业务必须管安全”的原则，持续加强专业安全管理，以《银川车务段管理工作体系》为“纲”，精准列目，建立形成安全双重预防机制、技术管理、客运管理和职教管理体系，有效落实专业安全管理的职责、权限和考核内容，专业管理在安全生产中的核心作用进一步凸显。

(3)一体推进，耕好“责任田”。紧紧围绕现场安全管理，做好

安全管理的顶层设计，找准现场安全工作的重点和关键点，纲举目张，综合施策，落实督查与考核两手抓，激励与问责双促进，形成上下一心、共保安全的良好氛围。

2. 坚持风险前置抓安全，筑牢风险管控“防火墙”

(1)敲响“警示钟”，把好“思想关”。常态化开展安全警钟日警示教育，制作劳动安全事故3D警示教育片、工伤职工访谈录。打造“让家庭成为安全的后盾”系列警示教育活动，邀请职工家属书写“安全家书”，送上“亲情寄语”，张贴“亲情榜”，摆放“全家福”，时刻提醒职工“亲近安全、远离事故”；建立运用“管控中心＋”警示教育模式，组织职工通过违章视频再现，责任人谈体会、谈反思，不断增强职工的安全敬畏意识。

(2)织密“防护网”，把好“制度关”。研究编印《安全双重预防机制操作手册》，制作形成覆盖全段50个车站和1个线路所的安全风险预警导图和安全风险关键控制图，研判制定各站、各岗位安全风险关键提示卡，构建形成“两图一册一卡”的双重预防机制落实体系。

(3)吹响“预警哨”，把好“防范关”。坚持问题导向和风险研判相结合，从规范安全风险分析、研判、预警、管控、落实、闭环六大流程入手，研究制定《安全预警管理办法》，建立实施“逢变必研、逢变必预、逢变必控”的动态预警机制，真正实现安全风险源头阻断、过程防控、结果受控的管理目标。

3. 坚持专业管理抓安全，构建安全管理“金钟罩”

(1)聚焦“强基”，让规章管理“专业化”。每季度召开技术规章研讨会，有针对性地做好规章动态修订完善。自主研发使用《技术规章管理信息系统》，实现技术规章、设备资料、规范性文电、管理标准、演练资料、一岗一册的电子管理和模糊查询功能；同步建立技术规章监督检查机制，落实车间月度自查、车务段季度考评，进一步推进专业技术管理走深走实。

(2)聚焦“提素”，让应急处置“规范化”。常态化开展应急处置实作对抗演练，针对特定场景，采取分组对抗的方式进行模拟演练;利用实训模型,综合分析各类应急处置情况不断提升应急处置能力和水平。

(3)聚焦“增效”,让作业流程“标准化”。按照“一站一案”的原则,研究制定技术站服务中间站质量标准,强化技术站服务中间站运输组织分析;针对运输组织阶段堵塞问题,常态化开展运输组织措施优化,提高运输组织效率,大大降低安全风险。

4.坚持突出关键抓安全,扎紧安全防控“阻拦索”

(1)目标“准”,狠抓关键人员。牢牢抓住人的不稳定因素,自主研发使用《岗位作业关键人信息系统》,设置关键人专职分析岗位,对公休返岗、新提改职、临时替换班、发生严重违章职工等四种关键人,分类实施精准监控,形成关键人安全自控、互控、他控的良好氛围。

(2)措施“细”,严控关键时段。运用安全信息大数据分析手段,通过预警预测和辅助决策,精准实施管控。运用《安全信息分析与辅助决策系统》,绘制时间类信息模块,通过对同时间段发生安全信息的环比,指导车间、班组合理安排盯控人员,加强违章易发时段的盯控频次,切实把安全隐患扼杀在萌芽状态。

(3)效果“实”,紧盯关键作业。坚持将有限的管控力量充分运用,使管控工作由粗放型向精准型转变,突出对应急处置、途经无信号机防护道岔的调车作业、上线防溜检查等12项关键作业的精准控制,形成关键作业不间断、全方位、立体式地管控模式,不断提升现场关键作业盯控的覆盖面和有效性。

5.坚持“人机互控”抓安全,强化安全管理“助推器”

(1)注重“培”,夯实人控基础。推行“一季度一对规”业务培训,每季度梳理形成《事故案例精准预警学习清单》;推行“一违章一分析”规章学习,将职工典型违章违纪纳入《干部职工素质档案》,找准培训切入点,实现教育培训的“精准化”。推行“一主播一教学”讲学模式,精心打造主播教室,实行“1位老师、N个课堂”的“1+N”教学模式,发挥高技能师资作用。

(2)体现“新”,丰富机控手段。坚持推进人防、物防、技防“三位一体”安全保障体系建设，充分运用科技创新手段，研发使用《设备管理信息系统》《电子交接班系统》《管控中心综合信息系统》三项信息化系统，有效提高行车设备管理和日常运输组织的规范化、科学化、智能化水平。

(3)突出“行”，释放互控效能。坚持突出风险点从“人控”到“机控”的转变。自主研发配备点外上线作业防护语音提示设备，实现车机联控作业关键环节和语音提示功能的相互连接，及时提醒作业人员联控防护，彻底消灭漏防护联控的问题。

6. 坚持组织保障抓安全，激发共保安全“心动力”

(1)“沉浸式”引领，把安全责任“扛起来”。坚持以实现安全生产长治久安为目标，结合实际深化创建“闫亮亮接发车标准化作业示范岗”“张晓光调车示范岗”“黄先源学规贯标党员示范队”等一批党内优质品牌，发挥示范带动效应，引导干部职工坚守政治红线和职业底线，坚决扛起确保安全生产的神圣职责。

(2)“有形化”培育，把安全理念“树起来”。坚持把培育安全文化理念作为安全可持续发展的核心，以弘扬“让标准成为习惯”的沙坡头车站班组精神为牵引，积极开展“让标准成为习惯”大宣传、大讨论、大实践活动，教育引导职工树牢理念、提升标准，努力形成传承和践行“让标准成为习惯”的浓厚氛围。

(3)“走心式”教育，把安全意识“强起来”。坚持深入开展各类安全专项整治行动，突出“以人为本”，牢记“人命关天”，利用警示教育时机，向职工讲清安全形势任务，分析典型事故案例，用工伤职工切肤之痛唤醒大家遵章守纪，以自身惨痛的教训警醒全体干部职工做到敬畏生命、敬畏规章、敬畏职责。

四、构建铁路安全保障体系取得的成效

1. 安全治理体系更加健全完善

坚持系统思维抓实安全管理，形成了以行车设备管理、安全监督检查为主的 10 个子体系 63 个工作项点的安全治理体系。建立了以管理工作体系为“纲”，以安全双重预防机制体系、技术管理体

系、客运管理体系、职教管理体系为“目”的安全管理规章制度体系，切实让完善制度、执行标准形成习惯，形成规矩。

2.安全专业管理更加科学规范

坚持技术规章、作业标准的动态修订、有效审查和定期对标管理，明确现行管理制度 209 项、废止 136 项。通过制定涵盖 57 个评价项目、173 个评价内容、339 个评价项点的标准化规范化评价指标体系，使标准化规范化建有标尺、干有方向、评有依据，形成了高标创建、动态达标、典型引路的良好局面。

3.安全风险管控更加精准高效

强化安全双重预防机制的高效运行，动态完善安全风险库与隐患库，严格落实管控和治理责任。综合考虑人员、设备、环境、作业变化，有效应用安全信息日分析追踪，进行安全风险的有效识别、评价、预警、监控，切实突出风险前置，超前防范，推动安全风险向事前预防、事中控制的有效管理转变。

4.安全关键卡控更加有力有序

通过运用安全信息大数据分析，精准研判现场关键车间、关键作业、关键岗位、关键人，查找安全生产普遍性、苗头性、倾向性问题，提出针对性管控意见和建议，逐级传递安全生产压力，持续强化作业过程控制。通过深化安全生产专项整治三年行动，进一步优化完善关键时期应急预案，安全防范能力得到全面提升，重大安全风险关键全面受控。

5.安全履职能力更加强劲高效

坚持把绩效考核作为严抓管理人员履职的重要手段，以月度工作绩效考核为载体，实现工作绩效与考核分配联挂，强化履职督查与失责严追，激发动力，传递压力。持续完善以关键时期专项督导、重点任务专题通报为主的管理人员作风督查制度，实现“工作清单化、清单责任化”，有效促进安全管理履职质量显著提升。

关于深入推进国铁企业改革的实践与思考

中国铁路广州局集团有限公司

陈少宏　唐元林　梁荣波　江　飞　王　珊　聂　标

中国铁路广州局集团有限公司(以下简称广州局集团公司)深入贯彻落实习近平总书记对铁路工作的重要指示批示精神和国铁集团党组关于国铁企业改革三年行动实施方案(2020—2022 年)的决策部署,聚焦在交通强国、铁路先行新征程中当尖兵当先锋,坚持改革创新,勇于探索实践,持续推动改革全面发力、多点突破、纵深推进。本文全面总结了集团公司三年改革以来取得的成效,分析了企业改革存在的问题,对巩固企业改革成果、持续深化改革、实现改革目标总结了体会,进行了思考。

一、企业改革取得的主要成效

广州局集团公司在国铁集团的领导下,进一步提高政治站位,以高度的政治责任担当笃行,把主体责任放在心上、扛在肩上、抓在手上,积极探索和实践,推动改革取得较好成效。

1. 国铁现代企业制度持续完善

一是党的领导与公司治理深度融合。建立"四同步四对接"和"党建入章"机制,明确党组织在法人治理结构中的法定地位。完成集团公司及所属 65 家公司制企业党建入章,健全完善"三重一大"实施办法,全面落实重大经营决策党组织前置研究讨论程序。二是公司治理机制得到健全完善。在全路率先建立"1＋6＋N"公司治理文件体系,研究制定集团公司决策事项清单,厘清董事会、总经理办公会等治理主体的权责边界。落实董事会中外部董事原则上占多数的要求,推进集团公司本级及所属全资、控股公司制企业外部董事占多数；制定集团公司派出外部董事管理和履职评价办法，在 15 家一级非运输企业全面实施专职外部董事制度，形成有效制衡机制；完成了 89 家集体企业关闭和广东区域集体企业公司制改制，注销集体企业 77 家。三是会议决策机制不断优化。调整优化党委会、董事会、总经理办公会决策机制，研发会议组织平台，规范会务组织流程，实现一平台、全流程、电子化。四是企业管理制度建设持续深化。制定了加强企业管理制度体系建设方案，建立“一个总纲、三个层级、十二个类别”制度体系框架，明确集团公司基本管理制度、具体规章制度、一般管理制度清单，形成以公司章程为统领的企业管理制度体系。五是标准化规范化建设强力推进。聚焦基础指标全面达标，创优指标排名靠前，提出具有鲜明广铁特色的 300 分个性指标；组织 65 个站段全部完成了编修“两单”“两书”“一卡”，形成运输站段作业标准体系。2021 年共有 20 个站段被评为全路标杆站段，占全路标杆站段总数 183 个的 10.9%，排名全路第二。

2.资产资本布局和结构调整不断优化

一是推动路地股权无偿划转。全路首创股权无偿划转方式，2021 年实现湘粤两省地方股权从武广客专全部退出；沪昆路地股权无偿划转方案获得财政部审批，广深港路地股权无偿划转方案已经国铁集团审议通过，划转实现后国铁股权向路网长大干线集中。二是区域合资公司整合重组深入实施。新设广东铁路有限公司，合并三茂股份、广梅汕、赣韶公司，统一整合省内路网资源，形成规模效应；同时，加快推进湖南区域平台公司组建，路省双方已就湖南区域合资公司重组方案达成一致。三是非运输企业重组重构顺利实施。以拓展服务链、延伸产业链、提升价值链为重点，进一步推动非运输业务集约化、规模化和专业化经营，成立了广州铁路轨道装备有限公司，重组整合了文商旅板块 4 家非运输企业，进一步优化资源配置、压缩法人数量，提高经营质量效益和核心竞争力；依法合规建立合资铁路公司权属土地、车站商业和广告等资产委托经营机制，从根本上理顺所属非运输企业的管理关系，形成了资产资源统一集中开发的格局。四是生产力布局调整同步推进。严控站段管理人员规模，将广州站和广州东站、深圳站和深圳北站的业务、资产、人员进行整合，重新组建了广州站和深圳站，消除条块分割，盘活人力资源；落实“去机关化、去行政化”要求，全面优化调整集团公司机关经营管理机构编制，规范消防、线路巡防、反恐和护路工作职责，理顺施工、调度、涉铁、信息管理体制。五是集体企业改革稳步推进。按照集体企业自主决策、主办单位组织实施的改革工作思路，制定集体企业改革工作方案，全部清退自聘、返聘用工和劳务派遣工，全部返回路派工人，返回路派干部，完成退休职工社会化移交工作；完成89家集体企业关闭和广东区域集体企业公司制改制，注销集体企业77家。

3.投融资体制改革稳妥推进

一是全路率先探索铁路基础设施REITs试点。2020年9月启动粤海轮渡基础设施REITs项目，以粤海轮渡资产为基础资产，采用“公募基金＋资产支持证券(ABS)”形式，面向社会公众发行公募REITs产品，可发行50多亿元资金。二是探索创新投融资模式。创新与大型企业、上市公司的合资合作模式，有序推进大田、平湖南等铁路物流基地项目建设吸引社会投资。通过打造土地集约利用的上盖综合体、站区综合体等方式，在深圳枢纽西丽站探索站城融合新模式，由深圳市在西丽枢纽综合开发收益中全部覆盖铁路方出资，有效解决重点项目融资难问题。三是优化合资公司资本结构。积极创新铁路建设融资方式，探索“吸引社会资本参与高铁建设”的铁路投资新模式，在京港高铁赣深段建设引入社会资本投资方面取得了突破。

4.三项制度改革不断深化

一是推行收入分配改革试点。修订“3＋N”工资决定机制，创新工效联动挂钩考核模式，实行多样化考核，对运输单位加大劳产率和劳动用工的考核力度；对非运输企业模拟市场化工资决定机制，实行全捆全挂，鼓励多超多得。在怀化电务段构建基本工资＋技能工资、岗位工资、绩效工资的“1＋3”分配体系，工作量挂钩金额占工资总额比例由27%提高至73%，技能等级由5级增高加密至12级，打破“高水平大锅饭”的成效显现。二是推行职业经理人试点。按照“市场化选聘、契约化管理、差异化薪酬、市场化退出”思路，选取深圳市广铁青公司推进职业经理人试点，制定职业经理人的选聘退出、管理监督、考核评价、激励保障等“1+6”制度体系，完成职业经理人选聘任职；综合考虑市场化“业绩与薪酬双对标”原则设计职业经理人薪酬方案，实行基本年薪、绩效年薪、任期激励的“三元薪酬结构”，建立与岗位职责相适应、与经营业绩相挂钩的差异化薪酬分配机制。三是推行劳动用工改革试点。以深土公司、安茂公司等2家工程企业为试点，探索市场化灵活用工机制，实行市场化决定机制的工资分配制度和“岗位评价、绩效管理”考核机制，安茂公司2021年综效增幅31%；在广州南站、广州动车段试点操作技能人才岗位聘任制改革，在电务系统试点岗位优化管理和绩效分配改革，队伍活力明显增强。四是推行人事制度改革试点。在深土公司、安茂公司推行岗位管理试点，分层分类推进全解重聘、竞争上岗，实行任期制，打破“一聘定终身”，破解“能上不能下”难题。安茂公司所有中层及以下人员实行定岗定位，实现管理(专业技术)人员“上”18人，“下”14人，有效激发队伍活力。拓宽人才选拔渠道，推进市场化引进“高精尖缺”人才工作，引进紧缺急需人才39人。创新人才工作机制，深化专业技术人员晋升通道改革，试点范围扩大至机务、车辆、电务系统所有单位。

5.市场化经营机制逐步健全

一是提升运输产品供给质量。客运方面，健全差异化产品体系，组织广深城际开行一站直达及隔站停列车、实施长株潭站站停公交化列车运行图、调整海口市郊列车延长开行至老城镇站、优化石长黔常线列车开行方案；对接地方政府列车开行需求，推出湛江西至广州南快速标杆列车等购买服务产品，在全路首推新型票制试点，先后在杭深线厦深段、南广、广深、海南环岛高铁等线推行“计次票”“定期票”新型票制产品。货运方面，制定下发货运营销“网格化、一体化、板块制、项目制”实施方案，着力将市场需求转化为运量，共立项28个板块项目，月新增运量68.7万吨；高质量实施货运集中办理，将管内237个营业厅整合为30个综合服务岗，压缩货运内勤岗位人员214人；加强与汽车厂商知名品牌的对接合作，实行“快运班列＋商品车”运输新模式。二是持续推进铁路建设。国家“八纵八横”高速铁路网涉及集团公司管内的“六纵三横”加快成型，建成投产江湛、梅汕、怀衡、黔常等条新线，结束了粤西、粤东北、湘西北地区7个市州不通高铁的历史，高铁已成为沿线群众出行的“主通道”、区域经济发展的“新引擎”；推进广州、深圳、长株潭等综合交通枢纽建设，开通运营长沙北、东莞石龙等物流基地，为建成区域现代化铁路基础设施体系打下了坚实基础；积极推动广东省、海南省及广州市相继出台支持铁路建设推进土地综合开发政策文件，为集团公司开展土地综合开发创造条件。三是深入推进科技创新。以“智慧广铁”建设为牵引，建成一体化信息集成平台，智能运输统计、货运营销大数据分析、智能应急指挥平台、安全风险管控大数据分析、电务8D系统等一批大数据应用系统投入使用；融合5G、北斗、人工智能等技术，在怀化西站全路率先建成“站区一体化综合管控平台”；与华为、中兴等公司合作研发基于5G技术超视距视频上车项目、智能编组站车地信息传送项目，分别在广深港高铁、江村站试用。

6.国铁企业“六个变革”大力推进

一是大力推进实施铁路运输组织变革。深入实施货运增量行动、客运提质计划和复兴号品牌战略，实施海铁联运倍增计划，客货市场份额稳步扩大，有力保障了人民群众美好出行和区域经济社会高质量发展需要。聚焦服务“一带一路”建设，持续提升班列开行质量，管内中欧班列始发站点已由最初的1个增加到8个，2021年集团公司管内始发中欧班列972列，更好发挥中欧班列战略通道作用；积极响应碳达峰碳中和，大力拓展“公转铁”运量，持续压减能耗指标，高标建成一批绿色精品工程，助推了绿色低碳运输体系建设；深入推进实施长沙北、岳阳北、惠州站等站机货一体化，广珠货线、南沙港铁路一体化和东海岛铁路支线一体化，江村站“站机辆”一体化等改革。二是大力推进实施管理变革。机务系统全力推进 HXD_1 系列变流及网控控制系统合作修、克诺尔制动系统属地修。车辆系统取得 CRH1A-A、CRH3C 平台动车组四级修和 CR400AF 平台动车组三、四级修维修资质，形成和谐号主修车型三四级修不出局能力；开展 CR400AF、CR300AF 平台动车组人机交检，在长沙动车所实现机器人规模化应用、开展 360 度机器人故障验证和推广应用，系统劳效全路排名从 2019 年的第 7 跃升至第 4。工务系统撤并渝怀线 7 个中途工区和焦柳线 4 个工区，撤销沪昆线、吉衡线、醴茶线部分车间、工区，节约用工 191 人。供电系统在 17 座牵引变电所实行无人值班值守模式运行，压缩原有用工近 50%；率先在深圳、长沙供电段管内推行“运、检、修”分离改革试点，调整车间 12 个，压缩用工 216 人，节约成本 420 余万元。三是大力推进实施管理机制变革。持续落实并岗位、改班制、减外包等劳动组织改革措施，减少用工需求 8 532 人，实现跨单位调剂冗员 7 538 人。全路首创在张吉怀高铁实现行调、电调“两调合一”；建成华南地区最大的变流器、制动机高级修生产线，动车组一级修平均里程上升 17%；完成焦柳线等 7 条线小运量货运站移交车务实施一体化管理，移交 64 个货运站、分流 639 人。四是大力推进实施运输供给侧结构性改革。深入实施“三大举措”，集团公司动车组开行数量翻番，可直达 27 个省市区，覆盖面扩大 50%；国际班列、集装箱多式联运能力成倍增长。加快既有货场提质改造，完成白石渡、云浮、海口南等 18 个货运短平快项目改造；全面推进国铁采购平台应用，累计发布采购公告 2.6 万多项，运维物资集中采购公开招标项目 100%全流程电子化招标。五是大力推进交通运输结构变革。协调地方政府出台集装箱、中欧班列、铁水联运等方面的补贴政策，有效吸引公路货源转向铁路。与广州港合作合资成立广州港铁国际物流公司、与盐田港签订“1+2+N”战略合作协议等，三年改革以来累计完成海铁联运集装箱吞吐量 118 万 TEU，年均增长 41%；新增开行长沙北至绥芬河、大朗至霍尔果斯、大朗至二连等中欧班列通道，三年改革以来集团公司管内累计开行2 520列。六是大力推进经营方式变革。广州大田物流基地首创以使用权为招商条件引入社会资本，建设国家一级物流基地；深圳平湖南综合物流枢纽按照路地共同出地、深圳市属企业出资方式，成立合资公司共同开发运营，开创路地合作新模式；通过招商引入合作方中铁建工集团，共同开发广州白云站上盖项目，为国内首个铁路局集团公司主导的 TOD 上盖开发项目；推进广州大朗站上盖项目，为全路首个铁路主导、政府支持的共有产权房项目。

二、改革推进中存在的困难和问题

在落实国铁企业改革三年行动取得重大成效的同时，我们也深刻地体会到，推进集团公司改革，还面临一些困难和挑战，主要表现在：

1. 深化改革的现实基础较薄弱

铁路关系着国计民生，具有公益性，经济效益较差，一定程度上影响市场化改革的推进。一是铁路项目引入社会资本困难。铁路行业具有投资规模大、回收期长、回报率低等特点，铁路项目吸引力不够，引入社会资本困难。二是普速客运价格市场化程度低。普速铁路的定价权在国家，企业没有定价权；普通旅客列车价率自1995 年后再未调整，过低的价率严重影响公司可持续发展。三是铁路公益性运输补贴机制有待完善。目前，国铁集团、省、市对军运物资、抢险救灾物资、供港货物运输等公益性铁路运输没有补贴。

2. 深化改革的协调难度比较大

近年来，集团公司全力推进的路地股权调整、区域公司整合重组等改革重点项目，改革任务涉及面广、专业性强，与相关省市地方政府联系紧密，需要耗费大量的时间和精力与地方政府进行沟通对接和争取支持。由于路省双方的改革目标、思路不太一致，仍存在分歧，协调难度大。粤海轮渡 REITs 试点方面，在推动地方政府协助完善 REITs 项目资产权属、土房办证的难度较大，项目审批存在不确定性。

3.深化改革的不利因素难规避

2020年,国铁企业同样承受着严峻考验。此前,集团公司运输收入规模不断增长,从2016年的556.3亿元,增长到2019年的787.9亿元,年均增长12.3%之后,集团公司管内旅客发送量急剧下降,2020年旅客发送量较2019年下降32%,2021年较2019年下降26.2%。

4.深化改革的积极性有待提高

面对更高要求的改革发展任务,个别管理人员存在畏难情绪、求稳思想,推动改革、谋划改革、参与改革的积极性不高。有的基层单位一味"坐等看"上级文件,认为改革创新有风险,不太愿意主动尝试;有的基层单位对改革要求认识不够,队伍素质参差不齐,改革措施落实有差距。

三、持续深化改革的体会思考

中央经济工作会议指出,要深化重点领域改革,更大激发市场活力和发展内生动力,运用市场化机制激励企业创新投入;要稳步推进铁路等行业改革。通过近三年的改革探索与实践,集团公司深化改革必须全面准确领会国铁集团党组关于改革创新谋发展的部署要求,以更大的勇气魄力、更好的方式方法、更健全的工作机制,为国铁企业改革提供广铁方案、作出新的贡献。为此,有以下几点体会和思考:

1.激发敢于改革的勇气魄力是前提

集团公司改革三年以来,始终坚持以习近平新时代中国特色社会主义思想为指导,把贯彻落实改革三年行动作为"一把手"工程,列为集团公司领导班子的重点工作,多次组织专题研究,召开党委会议决策实施方案,强化责任意识,奋力攻坚克难,全面推动落实,确保改革全面发力、多点突破、走深走实;同时,成立改革领导小组,集团公司党委书记、董事长、总经理任组长,其他领导班子成员任副组长,各部门负责人为组员;在企法部设立集团公司改革工作协调办公室，负责牵头协调工作落实，督导各系统、各单位按照整体工作方案细化具体工作措施，确保各项改革任务落实落地。这是集团公司近年改革取得较好成效的前提。

当然，改革之路不可能是一帆风顺的，仍然有许多难关需要攻克，必须怀着坚定的信心决心和更大的勇气魄力，义无反顾地稳步推进国铁企业改革。必须继续发扬敢为人先、攻坚克难的精神，在全路首单完成武广客专湘粤两省路地股权无偿划转、全路首创广州白云站 TOD 上盖开发模式、首创大田“建设、运营、移交”大型物流园区投融资模式等的基础上，进一步深化改革创新，促使阶段性成果的项目取得更大的成效，以贡献广铁智慧和广铁经验；同时，积极争取国家给予国铁企业更多的政策支持，以进一步优化铁路公益性运输补偿机制、协调解决铁路历史性债务等问题，支持铁路事业更好地发展，全力以赴为“交通强国”贡献力量。

2.活用善于改革的方式方法是关键

集团公司组织了各系统、各单位逐项对照《国铁企业改革三年行动实施方案》，分解任务、细化举措、敲定节点，形成了贯彻落实国铁企业改革三年行动实施方案(2020—2022 年)任务分工表，结合实际细化了 124 条重点任务，逐项明确了时间表、路线图、责任部门及单位，确保各项改革任务可衡量、可考核、可检验、要办事；同时，企法部定期组织各系统、各部门(单位)对改革任务推进落实情况进行平推，完善工作措施，形成持续推进态势。活用善于改革的方式方法是集团公司近年改革取得较好成效的关键。

在推动改革的进程中，尽管遇到很多困难，需要爬坡过坎，但我们仍然要以咬定青山不放松的精神，真抓实干、攻坚克难，努力创造出经得起时间考验、经得起职工群众检验的改革成果。必须始终坚持问题导向和系统观念，从实际出发研究和解决问题，因地制宜地谋划推进改革，使各项改革举措符合客观规律、切合实际情况；进一步增强主观能动性，加强与地方政府沟通协调，通过活用路地股权无偿划转的经验模式，顺势推进沪昆客专、广深港高铁等长大干线的路地股权调整，进一步实现国铁股权向路网干线集中，持续推动铁路企业改革走深走实。

3.建立促进改革的工作机制是保障

集团公司根据国铁集团总的实施方案，建立了高效顺畅的“四个一”工作协调机制，即每月“一通报、一会诊、一协调、一推动”，每月在集团公司月度联席会上通报各项改革任务进展情况，研究推进中的重点问题，及时制定对策，完善工作措施，加大工作力度，形成持续推进态势；同时，建立了协调督办制度，对重点改革项目工作进行实时跟踪督办落实，对重点任务实行集团公司领导挂牌督办，确保各项改革任务及时有效全面得到落实；通过明确职责分析，逐步增强各部门各单位干部职工的改革意识、责任意识，明显提升改革的能力水平。

在推动改革的进程中，要转化运用改革的实践成果，常态化坚持有效的工作机制，才能更好地保障改革创新有力、推进实施给力，实现以改革促进发展、以改革盘活资源、以改革提升活力。改革任务政策性强、涉及面广、工作量大，必须建立强有力的组织机构，细化任务分工，优化激励机制，创新运用“四个一”工作机制，充分调动广大干部职工参与改革的积极性。铁路广大干部职工必须全面深入学习贯彻落实党的二十大精神，踔厉奋发、守正创新，坚定信心、主动改革、积极作为，齐心协力推动改革项目落实落地。

4.注重发挥改革的示范效应是手段

集团公司围绕建设中国特色社会主义国铁企业，在法治化市场化等方面创新实践，持续优化国铁企业公司治理结构，在全路率先建立“1+6+N”公司治理文件体系、推行专职外部董事制度、试点职业经理人制度、推进契约化和任期制管理等；推动合资公司重组整合，新设广东铁路公司，精简内设机构、管理人员分别达到73.7%、47.9%；在全路率先实施路地股权无偿划转、粤海轮渡等基础设施REITs等工作。这些重大改革项目，对今后的企业改革任务，起到了充分的突破和先导作用。

在推动改革的进程中，要根据国铁集团的部署要求，深化国铁企业改革的课题研究，把改革实施的重大举措、有效经验和一些标志性成果，以规章、制度、成果等形式进行固化，将改革的重要成果纳入公司章程和制度体系，为深化国铁企业改革积累历史经验，提供数据支撑，特别是要进一步想方设法降低疫情对铁路运输经营的影响，有效推进运输供给侧结构性改革，革新客货运产品，提高经营效益；跟进落实集团公司重大改革项目，有序推进铁路资产资本化股权化证券化，加快实施广深港客专和沪昆湖南公司路地股权划转，深化粤海铁路基础设施 REITs 试点发行；瞄准建设世界一流铁路企业目标，持续加强国铁企业治理体系和治理能力现代化建设，构建适合国铁企业特点的公司治理结构，建设成为更加成熟定型的现代企业。

以人为本　挖潜提效
充分盘活既有人力资源

中国铁路成都局集团有限公司劳卫部
张　健　陈　章　王　凤　赵　洪

企业发展，关键在人。落实党的依靠方针，构建更加牢固的企业与职工命运共同体，是坚持党的群众路线、依靠职工推动企业高质量发展的实际行动，也是应对各种严峻挑战、实现铁路改革发展的制胜法宝。近年来，成都局集团公司坚持强化企业与职工相互依靠、相互成就的密切关系，深入思考调动路径，创新调动手段，解决职工夫妻分居、照顾父母子女等实际困难，想方设法消除职工后顾之忧，真真切切地为职工群众办实事、解难题，不断增强职工群众的获得感、幸福感、安全感。

一、实施常态化职工调动的可行性和必要性

企业既要倾听民声，解决职工"急难愁盼"的具体问题，又要做强企业，充分盘活既有人力资源，其根源就是要实施常态化调剂。

（一）实施常态化职工调动是改善用工结构的主要措施

当前，劳动用工存在以下几方面问题：一是系统间人员不平衡。全局63个运输站段中，超员单位35个，集中在客运、车务、机务、车辆系统。二是系统内人员不均衡。车辆等系统内超员与缺员单位并存，伴随"动增普减"，车辆系统客车段人员的超员与货车段人员紧张的情况形成鲜明对比。三是部分工种岗位缺员。因新招录院校毕业生岗位分配要求，车务系统客运岗位、工务系统列检等岗位近年来未安排新进人员，造成岗位一定程度的缺员。四是

大量使用外包人员。一方面是部分单位在超员，另一方面是还有较大的成本支出用于其他用工。提高劳动效率、释放职工红利、减少成本支出的最佳举措，就是实施常态化职工调动，让职工队伍流动起来，才能更好改善队伍结构现状。

(二)实施常态化职工调动是盘活人力资源的重要手段

“十四五”期间，集团公司将开通运营重庆枢纽东环线、川南城际、郑万、贵南、隆黄、汉巴南、成南达万、盘兴、成昆扩能、渝湘高铁重庆至黔江段、重庆至万州高铁重庆至涪陵段、成渝中线高铁等新线，新增营业里程 3 000 多公里，预计退休等自然减员 2 万余人，劳动力刚性需求巨大。既要合理控制新增人员招录，又要有效盘活既有人力资源，其主要手段就是实施常态化职工调动。通过各单位之间的劳动力余缺调剂，盘活既有人力资源，不仅可以解决部分单位因新开通线路缺员需求，又可以解决超员单位冗员问题，能够最大限度提高劳动力质效。

(三)实施常态化职工调动是坚持以人为本的生动注脚

坚持把职工利益摆在第一位是铁路事业发展的动力源泉，坚守这个初心使命，使铁路发展得到职工群众的支持，企业就可以战胜任何风险挑战，把铁路事业推向更加光明的未来。异地调动是职工群众最关心关注的问题之一，将个人调动意愿与盘活既有人员使用有机结合，打破不同单位间用人壁垒，以组织需要为前提，在全局范围内征求职工意愿、实施人力资源调剂，是一条我们切实以人为本、站位职工个人利益而探索走出的成功之路。充分考虑职工两地分居、离家太远、家人无法照顾等实际困难，提供多地域、多岗位的需求，就是真真切切做到企业为职工解困难、办实事。

(四)实施常态化职工调动是确保凝心聚力的重要途径

近年来，“00 后”年轻人逐步踏入工作岗位，全局青工占比 46.8%，他们对工作环境、工作通勤的要求也越来越高，回到家乡所在地工作是他们强烈的意愿。很多新入路职工因为离家太远等客观原因选择辞职，2014 年至 2018 年，新入路院校毕业生的流失率呈上升趋势，分别流失 226 人、254 人、298 人、417 人、603 人，尽管2019年开始受疫情影响有所减少，但通过各种渠道反映调动或通勤问题的职工有增加趋势。实施常态化职工调动，不仅扩大了以往仅靠《操作技能岗位职工调动管理办法》（成铁劳卫〔2019〕339号）的调动方式，还可以让更多有意愿在新的岗位成长成才的职工实现职业发展，通过不同岗位的摸索实践，找到更适合自己、更能展示自己的岗位和舞台，增强他们对企业的归属感。

二、实施常态化职工调动的新方式和新举措

集团公司自2021年起，全面创新和拓展调动渠道，将职工自愿报名的方式进行劳动力余缺调剂纳入常态化调剂范畴，成功调剂35名职工到涪陵车务段；将客运、车务站段208名职工调往成都生活段；将基础设施单位107名年龄较大职工调往建筑段；开展了95 306货运集中受理人员选拔，确定试岗人员110名；为重庆北车务段、涪陵车务段、重庆西车辆段和川之味公司调剂154人。其中，2021年调动人数接近2018—2020年三年调动总和，2022年上半年调动人数超过2021年全年调动人数。职工和单位的强烈反响，表明集团公司目前采用的方式和正在走的调动道路是正确的，是要坚持的，也为集团公司今后创新举措和方式实施常态化职工调动打开了新思路。

（一）围绕目标思想，明确常态化职工调动的落脚点

1.深化中心思想

集团公司劳动力调剂工作紧密围绕“以人为本”这个中心思想，把维护职工利益作为工作出发点和落脚点，坚持企业发展依靠职工，企业发展成果由职工共享，真心实意为职工办好事解难事，用看得见摸得着的调动成效，不断提高职工的幸福指数，使职工发自内心地与企业同心同德、共谋发展。

2.确定目标任务

将“节支降耗，提质增效”作为今后调动的主要目标，通过向管理要效益，向队伍要潜力，向机制要活力，不断盘活既有人力资源。通过“以超补缺”跨段合理调剂，解决超缺员单位生产组织和经营

负担问题；通过以超员职工顶替外包人员，减少企业直接成本支出；通过以总体均衡代替结构性缺员，在大量减少新进人员的同时，满足职工调动需求。

（二）抓住两个重点，强化常态化职工调动的实用性

1. 需求分析

是预测集团公司在未来一段时间内需要的岗位种类及数量。充分发挥劳动定员标准在运输生产和经营管理中的基础性作用，建立以用工成本为核心的劳动用工管理机制，合理配置劳动力资源，提高企业效率效益；围绕《运输业劳动定员标准》（成铁劳卫〔2021〕207 号），不断更新集团公司各单位生产定员，努力贴合生产现场实际。

2. 供给分析

是集团公司现有的人力资源状况，与生产定员相比的超缺员情况等。依托信息化手段，建立劳资信息管理系统，健全职工个人履历、技能等级等信息，全面掌握各单位超缺员、岗位匹配程度、技能水平结构；充分考虑人员退休、晋升、流失等因素，动态更新职工培训、岗位变动现状，探索人员变化趋势作为预测的有效指标。

（三）遵循三大原则，提升常态化职工调动的科学性

1. 坚持遵循职工自愿原则

打开批量跨系统调动的大门，将职工工作意愿和个人实际相结合，以岗位公开透明、职工喜闻乐见、组织奔走相告的方式，在全局范围内征求职工意愿，切实解决部分职工不满足工作年限、夫妻分居、调动地点、困难程度等限制因素，真真切切做到企业为职工解困难、办实事。

2. 坚持遵循双向选择原则

在尊重职工个人意愿的基础上，所属单位也要根据单位生产情况、职工岗位关键性等，把好职工调动关口。当所在单位不同意时，要附上详细情况说明，但要注意将解决职工困难放在首位，对确需解决的职工要优先考虑；同时，集团公司对自愿申请调动的职工条件进行全面核实，坚决做到公开、公正、透明。

3. 坚持遵循科学排序原则

结合岗位的特点，采用不同的排序方式。对关键和竞争激烈的岗位，除设置报名基本条件外，还结合考试的方式进行选拔，采取按照分数排名的方式优胜劣汰，保证选拔的绝对公平公正；对辅助服务和劳动强度不大的岗位，结合岗位特点和单位需求设置报名条件，原则上根据“距离退休的年限”进行排名，即距离退休时间越短的职工排名越靠前；同时，在排名过程中，会根据主志愿、调剂志愿进行排名，在满足职工走得了的基础上还能走得好。

（四）把握四大路径，拓宽常态化职工调动的运用率

1. 从车上向车下流转

考虑客运段职工“想下车、愿下车”的实际心理和从事服务工作的特点，进行客运段向成都生活段等单位人员调剂，减少外包人员使用；或根据新线开通等缺员实际，有序开展向车务系统客运岗位进行人员调剂工作。

2. 从劳动强度大向劳动强度小流转

考虑部分系统职工昼伏夜出、劳动强度大的工作特性和老龄化职工劳动强度较轻，不能从事重体力活的实际，跨专业进行调动，比如从事建筑段巡检工，培训短，上岗快，可快速实现岗位间的角色转变。

3. 由一线向二线流转

针对一些不能从事繁重工种人员实际困难，采取安排到客运等技术含量相对不高的岗位，或是向其他辅助服务岗位转型，以提升其后期工作的积极性和实干性。

4. 技术含量高的关键工种之间的岗位流转

主要指同系统站段之间工种内部调动，比如机务、客车车辆检修员向货车车辆调整，关键工种之间可相互调动、互联互通，解决结构性缺员问题。

（五）落实五大举措，保障常态化职工调动的有效性

1. 制度建设

在总结前期经验的基础上，围绕企业经营目标，落实“人尽其

才”的用人机制，完善调剂方式方法，结合实际做好职工调动办法修订完善，把行之有效的经验固化为制度成果，形成循序渐进、持续向好的良好局面。

2.宣传引导

通过成铁微家园微信公众号、视频访谈、内部通知等形式，向职工宣讲劳动力调剂政策，真正做到人人知晓；加强调剂政策答疑解读，打消职工心中疑虑；落实调剂结果公示，以流程的公开透明，保证结果的公平公正。

3.信息化建设

结合信息化建设成果，依托劳资信息管理信息系统框架，搭建劳动力调剂平台，在规范工种职名、规范技能等级、规范时间标识等基本信息建设的基础上，结合劳动力调剂需要，开发基本条件自动审核、整体情况自动统计、人员自动调转等自动化流程，有力促进劳动力调剂工作。

4.转岗培训

职工调动后，经历转岗培训等一系列理论实作培训，最终取证上岗。调入单位通过培训，充分挖掘职工的特点特长，做到人岗相配；鉴定站加强技能等级鉴定等工作，组织转岗职工及时取证，在满足岗位要求的同时不断提升自我素质。

5.定期回访

定期对调动情况进行回访调查，通过与单位聊，谈职工调入后的表现情况；与调入职工聊，谈调入后的体会感想，以此不断完善调动模式和工种选择。

三、实施常态化职工调动的新方向和新探索

在取得一定成效的基础上，还需要积极探索更多行之有效的调动方式方法，达到盘活存量人力资源、降低企业用工成本、促进职工个人发展、保障职工切身利益的目的。

（一）做好系统间调动新思考

车务系统，继续探索车务系统缺员单位补员问题，人员来源仍

然考虑客运段、车务站段等超员单位。车辆系统，加强客车向动车和货车转岗调剂工作，有效解决车辆系统内部超缺员不均衡问题。工务系统，合理规划、精准施策，针对少数工务单位未来一两年内持续缺员问题，单独形成调剂方案，强化生产组织的人员保障。特别注重梳理业务外包情况，思考使用职工或劳务派遣工替换业务外包的方案，实现企业外包成本和用工成本的双节约。

(二)开启对调系统新模式

2022年下半年，集团公司正式启动职工对调系统，依托职工对调信息系统，建立操作技能岗位职工局内跨单位对调平台，通过网上自愿报名、线上审批流转、系统自动匹配，实现职工工作单位、地点和岗位间的对换。

总之，劳动力常态化调剂是构建更加牢固的企业与职工命运共同体的手段措施之一，企业应持续在尊重职工、关爱职工、帮助职工上用力，充分调动职工的主观能动性，共同推动集团公司高质量发展实现新突破。

职工“两违”心理学探析及对策研究

中国铁路南昌局集团有限公司党（干）校
吴晓君

安全是铁路企业永久的“饭碗工程”，自2012年全路推行安全风险管理以来，南昌局集团公司详细研判安全风险，严格评估风险源，通过技术改造、设备检修、流程优化、管理规范、安全大检查、标准化建设等举措，使影响集团公司运输安全的恶性风险源得到有效控制，但职工“两违”问题仍时有发生，从各站段每月安全例会反映的安全问题来看，职工违章和违纪引发的责任事故仍然是主要问题。针对这种现象，笔者深入集团公司一线运输站段，通过问卷调查、座谈交流、查阅分析安全资料等形式，对“两违”问题进行了专题调研。在运输生产过程中为什么职工“两违”现象不同程度存在着？造成职工“两违”问题的原因究竟是什么？通过大量的案例分析，我们发现职工的心理因素值得关注和深思。笔者从心理学角度对“两违”问题进行探析，相信对进一步深化认识安全生产规律，积极采取科学对策，保证行车和人身安全会大有益处。

一、集团公司职工“两违”问题的特点

1.“两违”的普遍性

虽然近三年以来由于“两违”造成行车事故的占比呈下降趋势，但在笔者调研过的10多个运输站段单位中都存在职工的“两违”问题。

2.“两违”的反复性

是指同一个单位或同一个人反复发生同一种类型的“两违”问题，在整治的一段时间内可能明显下降，但之后又死灰复燃。例

如:2015 年 8 月 26 日和 2016 年 1 月 15 日发生在福马线某站和鹰厦线某站的同一类型车辆溜逸事故,2019 年 2 月 15 日和 2019 年 3 月 20 日发生在某机务段的两起未办手续越出站界调车一般 C 类事故,都与职工的“两违”有着密切的关系。

3.“两违”的突发性

作为对“两违”这种铁路运输安全顽疾的预防和治理,各段都采取了许多措施,如:加大对“两违”的盯控、检查和考核力度等,但“两违”却在各种场合突然发生,即便有值班干部盯控,甚至明知有上级检查人们认为最不可能发生“两违”的时候,“两违”却突然发生,令人猝不及防。2020 年 1 月 13 日 9 时 35 分,某电务段 8 名作业人员在有公司领导检查时,仍由道岔区向外贸专用线行走,8 名作业人员(含防护员)均背对车站方向行走线路中间,严重违反劳动安全关于禁止作业人员在线路上行走的规定,被及时制止。

4.“两违”的耦合性

在对桥工段、电务段等单位的职工“两违”问题典型案例分析中发现,往往一次事故的发生是多岗位、多人同时出现“两违”问题的耦合性结果。2016 年 12 月 25 日 12 时 45 分,某客场信号员在排列 6 道 K1258 次旅客列车发车进路时,错误排列为开往京九线下行向西 V 场 C 线方向,构成铁路交通一般 C 类事故(C9),信号员、车站值班员、助理值班员、机车乘务员均在各自岗位上连续违章作业;2019 年 9 月 12 日 3 时 45 分,某供电段接触网工电击伤一般 B 类事故中,接触网工、带班工长同样有章不循。多人连续违章,多点漏洞耦合在一起,最终导致各种事故发生。

5.“两违”的隐蔽性

由于铁路运输生产点多线长的特点,单兵作战时“两违”问题不易被发现。例如,调研中笔者看到某供电段单人值守点,如果没有现代化的远程监控设备的配合,职工“两违”问题不易被发现。而没有因为职工“两违”造成事故前,大家都不会过多关注和重视。

6.“两违”的关联性

“两违”虽然都是产生于铁路生产领域的问题,但职工生活领域和个人性格特质方面的心理问题同样会引发诸多“两违”，两方面有很高的关联性。笔者在调研中收到很多职工反馈：高铁单位的工作特质，没有过多时间关注家庭，容易产生家庭矛盾；铁路点多线长职工跑通勤，夫妻两地分居带来煎熬；教育子女、赡养父母、收入拮据等各种原因。带着这些状态投入工作，很容易注意力涣散、反应迟钝，一旦出现紧急情况，往往不知所措、手忙脚乱。

二、集团公司职工“两违”现象的心理分析

历年来集团公司对“两违”问题都高度重视，站段对“两违”处罚也很严厉，各个安全管理层面对“两违”原因的分析也非常详细，但如果仅仅从教育体系、规章制度、激励机制、考核手段、设备质量等方面去寻求减少职工“两违”问题的途径，必然陷入难以突破性解决问题的循环。在安全管理系统中人、机、环境三要素，“人”是主要因素。通过大量的“两违”现象分析可以发现，每件“两违”造成的事故背后都蕴藏着相关人员的心理特点。因此，认真分析这些心理特点及其产生的成因，对进一步探索安全生产的规律和采取积极预防措施都具有重要的作用。

1. 侥幸心理

侥幸心理是妄图通过偶然的原因去取得成功或避免灾害的心理活动。这是一种较为普遍的心理，带有这种心态的职工，一般都懂规章，只是在现场工作时，认为严格按照规章制度执行过于烦琐和机械，简单一点，差一点没关系，偶尔出现一些违章行为也不会造成事故。正是在这种侥幸心理支配下，使得集团公司职工“两违”问题大量而普遍地存在，而且在调研中不少职工反映自己“两违”是从别人身上学习得到的经验，认为更方便工作开展。例如：2016年“4.5”京九线27014次货物列车值乘司机错误操纵行车设备耽误列车一般D类事故中，司机发现机车跳主断后没有立即采取停车措施，而是盲目认为可以闯过分相，导致列车掉入分相请求救援。

2. 习惯心理

习惯心理是人们在日常工作和生活中普遍存在着的“路径依

赖”。笔者在现场与有过“两违”问题的职工交谈时发现,大部分职工都具有这种心理因素,他们对作业规章和纪律都了解,只是在长期作业中已经形成习惯,甚至把“习惯”当成了“规章”,不知不觉造成“两违”。习惯心理与侥幸心理是有密切相关性的,因为多次“两违”侥幸没有造成事故后果,行为人就会渐渐把它纳入自己的习惯性动作路径中。因此,习惯心理是致使集团公司职工“两违”问题呈现普遍性、反复性的又一重要心理因素,部分职工的“习惯心理”对安全生产存在巨大隐患。

3.倦怠心理

倦怠心理是一个人长期从事某种职业,在日复一日重复机械的作业中,渐渐会产生一种疲惫、困乏,甚至厌倦的心理。许多铁路一线职工从参加工作开始就连续多年在同一个岗位从事同一项工作,每天都要无数次地执行同一种操作程序,久而久之容易变成职业倦怠。笔者调研发现,职业倦怠表现在工作中就是职工有意无意地简化作业程序、缩短作业流程,只靠做思想政治工作和对“两违”的严厉考核,不仅无助于行为的纠正,甚至可能带来更大的负面效应,尤其当前集团公司管内高铁线路大量增加,高铁的特性就要求职工晚上凌晨工作,但心理学研究表明:22点之后,人的大脑机能会明显下降,即使作业人员夜班前充分休息,也无法完全保证夜间长时间段能集中精力和高效率。因此,再严厉的考核也无法根除生理上的本能反应。

4.无知心理

无知心理是指人们缺乏相关知识和常识,搞不清楚事情原委,无法成熟处理事物的行为状态。具有这种心理特点的职工,对规章不怎么了解或一知半解,尤其是在新入路大中专毕业生和新改职、提职人员身上比较多见。他们对非正常情况下的作业办法,更缺乏了解,如:突发性的设备故障,虽然思想层面高度重视,但由于对问题隐患判断不清、掌握不全、定性不准,导致精神紧张,乱中出错。此外,无知心理在部分老职工身上也会出现,如:在作业中把遇到的新问题、新情况视为老问题来判断处理,凭感觉操作,不知不觉违章，甚至酿成事故。2019 年，沪昆线某信号设备故障处理不到位耽误列车一般 D 类事故中，故障处理人员技术业务水平不高，应急处置能力差，故障处理程序混乱，导致重复处理故障；2018 年昌九城际线某动车组车底未办手续越出站界调车一般 C 类事故中，车站值班员违反《站细》规定，在动车组全长 406 米、三江镇方向不具备转线调车条件的情况下，违章办理了动车组车底三江镇方向的转线调车进路；值乘司机站场不熟，瞭望不彻底，在未办理手续的情况下盲目越过 SF 信号机 36 米后停车。当前集团公司全面跨入高铁时代，大量新技术、新装备带来的新操作、新规章，必将对集团公司干部职工在心理上、素质上产生冲击和挑战。

三、运用心理学知识，破解职工“两违”难题

通常安全管理侧重于“两违”考核惩戒，片面将负向激励作用人为放大，但安全心理学研究发现，大量“两违”现象的背后都蕴藏着职工的心理特点，因职工不安全心理直接导致事故发生总数占 30%，间接导致事故发生的比率更大。因此，探寻职工的心理活动规律，采取科学方法降低职工不安全心理引发的风险，对有效提升铁路安全风险管理水平具有重要作用。

1. 加强干部职工安全心理知识教育

一是利用现有的安全教育体系，将安全心理学引入集团公司三级教育体系，让职工关注应当知晓的心理学和事故学内容。二是充分利用现有人员和资源，建立健全集团公司干部职工心理咨询与干预的机制和组织架构，如可在党校成立“南昌局集团公司职工心理咨询与干预中心”，鼓励有意愿的干部职工参加专业的心理学培训，有计划培养内部心理咨询师，重点培养各级组织的书记和工会主席，使他们逐步成为职工心理咨询的行家里手，建立一支铁路系统心理咨询师队伍。三是适当引入外部心理咨询团队，鉴于心理问题专业性强的特点，可与专业心理咨询机构合作，对于一些专业性强的心理问题，内部相关人员有效配合专业团队协调联动解决。

2. 正面激励满足职工心理预期

为避免职工产生“破罐子破摔”的心理，可在具体考核手段上适当地由“减点”变为“加点”，减点考核如扣分、扣款、待岗等以制约为主，做得不好就罚，做得好没有相应的激励措施。笔者在调研中没有看到一个站段在对“两违”问题的预防中提出正面激励的方案，也没有发现有职工因为长时间坚持标准作业、长时期未发生“两违”问题而被树立为典范。加点考核以激励为主，打破我们的常规思维，倡导在现有的相关考核体系下，不仅要树立先进典型，而且要对普通职工中坚持不发生“两违”的人给予工作业绩上的“加点”考核，直接跟职工的收入增加相联系，增强职工对坚持标准化作业的心理认同感。

3. 调整优化职工安全心理与岗位的适应度

从铁路当前安全管理规章制度以及操作规程来看，其对职工提出的要求主要是从技术角度出发，在此基础上进行管理。但实际上，人在工作中的行为并不是只受规程和技规的约束，更是和心理状态、性格好坏、智力水平有很大关系。因此，人与工作的关系不能仅仅从工作要求人的角度出发，还要看人的特点是否适合匹配工作的要求，这些要求除了技能素质外，其心理品质是重要的因素。如果只重视设备对人的要求，忽视人的个性特征，就会出现一系列管理问题。为此，在管理实践中，要主动探究每名职工的心理特征，真正做到把合适的人放到合适的岗位上。此外，从人与设备的分工上考虑，还需要研究系统中人与设备的特点和能力限度，在系统设计时，应考虑充分发挥各自的特长，合理搭配人与生产设施设备的功能，使其相互补充、取长补短、有机结合，以保证人—机—环境系统的整体功能最优。

以“立标、学标、对标、达标”为路径深化岗位建设之我见

中国铁路乌鲁木齐局集团有限公司企法部
柴冰峰

乌鲁木齐局集团公司目前一线生产岗位种类 234 个，涵盖运输、机务、车辆、客运、货运、工务、电务、供电等专业近 5 万多生产岗位。其中机务系统、车辆系统生产岗位种类居多，按机型、修程机务有 102 个生产岗位，车辆 72 个生产岗位，另外运输、客运、货运、工、电、供、土房系统共 60 个生产岗位。乌鲁木齐局集团公司各单位在推进“五级”联创过程中，牢牢把握“人是管理中关键的因素，也是最活跃的因素”这个关键，扎实开展生产岗位标准化达标创建，以“立标、学标、对标、达标”为路径，突出主要行车工种和关键岗位，以岗位说明书、作业指导书为基础，把安全职责、作业标准、操作技能、遵章守纪、生产任务评价指标融为一体，不断深化标准化岗位建设。笔者思考如下。

一、岗位标准化达标创建的路径

以“立标、学标、对标、达标”持续循环提高为路径，促进作业标准化的落实和强化现场作业控制，实现作业标准完善、作业管理规范、落实机制健全、现场作业安全有序可控。“立标”是基础，“学标”是保证，“对标”是手段，“达标”是目标，“立学对达”是实现岗位标准化的一个有机整体，各环节缺一不可，必须一起发挥作用，才能取得实实在在的效果。

1. 通过“立标”解决干什么的问题

“立标”就是健全完善岗位作业标准，结合现场实际，把标准立

起来。乌鲁木齐局集团公司 9 个专业系统、42 个生产站段结合 234 种岗位,制定作业指导书 4 614 份,修订 1 534 份。车辆系统以动车、客车、货车、设备四个专业七条专业管理的细则为主线,细化作业指导书下 3 333 个作业单元的标准(其中动车 556 个、客车 1 381 个、货车 1 294 个、设备 102 个),采取集中修订完善、现场使用验证、收集意见动态完善等环节实现动态循环立标。库尔勒车务段在作业标准建设上,梳理了"轨道电路红光带接车""道岔失去表示办理发车""列车占用丢失处置"等 31 项非正常情况应急处置工作流程和作业标准,按照"一岗一书、一站一书"要求,纳入《岗位作业指导书》中,同步修订了 21 个车站 47 本《岗位作业指导书》。乌鲁木齐客运段将每一次调图都作为一次重新立标的过程,将规章标准与现场具体条件相结合,开展站场环境调研,排查站台长度、夜间照明、发车确认方式、交接位置等问题,总结区段超员的客流规律和停站早晚点的行车规律,在各车队实地印证、业务科室审核的基础上,修订完善岗位作业指导书。

2. 通过"学标"解决怎么干的问题

"学标"就是开展全员学技练功活动,不断提升业务技能,让职工学起来。乌鲁木齐机务段制作新旧规章对照表,建立练功题库,制作培训课件实作演练视频,通过专题讲座、集中培训、"职教微课堂"等形式组织理论学习,利用机车模拟驾驶演练基地,开展"风雪雨雾"、高坡区段操纵、洪水断道等 66 种场景模拟演练,对照典型案例,按照 12 个主要工种,分别制定标准清晰、措施明确、流程具体、案例齐全的教学"套餐",建立"周期鉴定、合格上岗、反复鉴定、短板培训"流程,针对能力缺项,采用脱产"回炉"培训、名师"一带一"、阶梯培训等方式补强短板,循环提升。乌鲁木齐供电段组织开展"学标"成效检验,每月组织理论考试,全段接触网工、牵引变电值班员、变配电值班员、电力线路工、接触网作业车司机近千人参加考试,车间管理干部现场监考,实作考试内容紧密贴合岗位作业指导书、应急处置等内容,理论考试解决"怎么干",实作考试解决“干到什么程度”。乌鲁木齐货运中心狠抓职工日常培训与演练，营业部聘请首席技师每月至少开展1次业务专项培训，当场解答职工提出的应急处置方面的问题，充分发挥高技能人才“传帮带”作用，通过持续性的循环轮流脱产培训，引导职工树立“让习惯服从标准，让标准成为习惯”的思维模式。

3.通过“对标”解决干不好的问题

“对标”就是对照一次作业标准、一日工作流程，开展推标活动，让标准严起来。货运系统针对货运现场作业安全控制特点，采取“人防、物防、技防”多重手段，加强作业现场视频监控设备投入与运用，各货运中心对每一作业点配发“作业视频记录仪”，对作业全程摄像，对重点、关键作业节点抓拍、固定拍摄，留取作业影像资料，便于对现场作业标准落实情况进行取证和追溯追责。另外，“对标”指标要纳入岗位工作标准，实施量化约束，促进作业人员的自我纠偏和管理人员检查、验证制度的落实，确保每个岗位都能按照作业指导书的要求落实各项工作。乌鲁木齐西车辆段结合集团公司《安全风险管控和安全隐患排查治理双重预防机制》，建立《安全风险库》和《安全问题库》，加大对标发现问题、5T预警信息、质量反馈信息等“大数据”统计、分析和研判，针对典型性、倾向性问题，确定风险等级、整改措施和负责部门，实行日常检查、动态评价，降低安全风险、消除安全隐患。

4.通过“达标”解决干劲不足的问题

“达标”就是建立具体的岗位评价标准，扎实开展标准化岗位评价，让待遇高起来。站段结合岗位管理实际，面向生产一线，突出主要工种和关键岗位，与既有岗位绩效考核、日常检查等机制有效融合，按月开展标准化岗位评定工作。乌鲁木齐车辆段实行“星级乘务员”“标准化示范岗”考评管理，分别对车辆乘务员、客车检车员、车辆钳工、车辆电工等主要行车工种的“岗位达标”评价标准进行细化，突出对工作任务、安全质量、业务技能、职业道德等要素的评价，有效界定岗位等级、实施岗位系数分类，做到“易岗易薪”，使个人奖金分配与岗位承担责任相符；每月被评为“星级乘务员”

"标准化示范岗"的人员当月给予200元奖励,对不达标岗进行为期一周的不脱产岗位培训。哈密机务段对评选出的29名年度明星司机,按人均8 000元奖励,79名岗位能手人均奖励2 000元。阿勒泰基础设施段对被评定为标准化示范车间的人员分别给予1 000元至100元奖励。哈密车务段对失评岗下发A书考核,按绩效标准扣减月度奖金,不达标岗动态环流强化培训,合格后方可重新上岗。通过建立达标考核评价机制,人人争当示范岗的激励作用得以体现,极大地调动了职工学业务、练技能、提素质的积极性主动性。

二、关于持续推进岗位标准化达标创建的思考

1.明确责任主体和评价标准

各站段是岗位标准化规范化创建工作的实施主体,要制定本单位工作实施细则,细化岗位评定验收标准,定期开展自评自验工作。站段要结合岗位管理实际,面向生产一线,突出主要工种和关键岗位,与既有岗位绩效考核、日常检查等机制有效融合,按月开展标准化岗位评定工作。岗位评定内容以岗位说明书、作业指导书为基础,包括月度岗位绩效考核结果、履行岗位安全职责、执行作业标准、提升业务素质、正向激励、否决条件以及所在班组评定等级等内容,标准化岗位具体评定标准、激励考核标准由站段结合实际制定。如不同专业系统可在本系统内对岗位评价表岗位评价实行模块化数据化管理,合理分配创建评价标准权重,如安全占35%、质量占30%、素质占30%、综合评价占5%。

2.明确评价等级和评定方式

岗位标准化规范化创建按照"示范、达标、不达标"三个评定等级,岗位考评采取班组每月自检自验、车间每季定期考核,站段排序命名的方式进行,确保岗位评价公平公正。站段对车间、车间对班组、班组对岗位进行全面评估,可采取百分制,对示范、达标、不达标按分值划定等级。生产岗位除了以作业指导书学习为重点,应突出实作演练培训,真正做到"学懂、会干",成绩好能力强,还要以现场作业的一日工作流程、一次作业标准为主要形式，加强日常性的检查，进行全面推标、集中推标，重点检查关键岗位，加强主要行车岗位的检查，确保关键环节受控，推标成绩计入岗位评定结果。

3. 明确胜任能力和动态管理

组织职工开展岗位胜任能力动态达标评价，强化作业标准的学习和演练，制作主要标准化作业模拟课件、影像教材，开展案例教育；建立健全现场检查制度，加强作业标准化的检查指导，梳理分析各项作业安全风险源，逐项制定相应的防控检查措施；建立健全作业标准化考核机制，严格作业标准化考核奖罚，不断提升岗位胜任能力。标准化规范化岗位等级实行动态调整，站段每个评价周期内同一工种按5%～10%左右动态掌握。岗位人员一旦发生与等级标准不符的事项，应及时对等级进行降级，降级后的等级由发生降级的事项对照创建标准进行评定。如，岗位评价周期内发生安全红线书的安全问题的，再如，发生旷工否决，出勤率低于90%的，随时取消标准化规范化示范岗资格。

4. 明确结果排序和考核奖惩

站段对标准化规范化示范岗考核评定实行百分制，采取动态评价与结果考核相结合的方式，按评价周期进行排序、公示、命名。标准化岗位由站段按照排序奖励名次纳入月度一体化考核奖励，站段在对排名末尾的不达标岗考核的同时，由站段按照管理层级进行帮促整改。结合岗位达标创建验收评定结果，各站段从标准化岗位中择优排序，总结提炼先进经验，选树典型、立标打样，推广复制达标创建成果和岗位创建工作经验，组织各车间、班组交流学习标准化岗位建设经验，班组结合实际做好经验推广，以达到彼此借鉴、互促提高的目的。

综上所述，岗位标准化达标创建是一项长期性基础性的工作，关系铁路事业高质量发展，必须久久为功、常抓不懈。只有把岗位标准化达标创建机制做深做实，才能不断强化职工敬畏规章、执行标准、夯实基础的思想，筑牢铁路安全基础，更好地在为国民经济发展和社会稳定服务中发挥“火车头”作用。

推行新型“标准劳效”管理的论证与研究

中国铁路哈尔滨局集团有限公司劳卫部
潘忠锐

一、推行标准劳效管理的背景及目的

人力资源是企业发展的第一资源，人力资源的合理配置是企业实现高质量发展的重要保障。根据中国国家铁路集团有限公司公布的2021年各铁路局集团公司劳动生产率情况，哈尔滨局集团公司劳效水平在全路靠后，用工总量偏大、人力资源分布不均、人均劳效偏低、人工成本较高等情况越发明显，已经逐步成为影响企业高质量发展的突出问题。

1.用工体量的掣肘

随着市场环境和经营格局的变化，中国公路、航空快速发展，作为同属交通运输业的铁路行业，也进入了激烈、复杂的竞争环境，面对煤炭、矿建、木材等大宗商品运量减少，集团公司用工体量大、工作量不饱满带来的经营成本上升问题凸显。虽然通过不断探索和实践，在提升劳动效率方面取得了一定成效，但现阶段与全路平均水平差距较为明显。按照劳效统计规则，集团公司运输业分为8个系统，除客运段、供电段、工务机械段的系统全员劳效排全路第16位外，其他的直属站和车务、机务、车辆、电务、工务系统均排在全路末位，如果把系统劳效换算成用工数量，这种差距将更加直观。

2.用工理念的藩篱

传统的劳动用工管理模式，保留着一定的计划管理色彩，已经不适应目前铁路改革发展的需要，各系统在机构设置、人员配置、生产经营等日常工作中往往忽视人力资源效率和人工成本支出。

集团公司的定员标准与全路平均劳效标准的较大差距，是传统的定员管理带来的陈旧思维形成的，这种思维表现为只盯“人头”，不盯“劳效”。

3.用工格局的积弊

近年来，国有企业改革不断深化，铁路系统“三供一业”进行分离移交；铁路局集团公司生产力布局调整，撤销所属分局、基层站段多次整合，为用工管理带来了大量历史难题。

一是区域用工不均衡。运输站段按车间分布划分为13个区域，有11个区域多员，2个区域缺员，有的中心城市地区多员达到1 177人，有的边远地区缺员达到309人，缺员比例达到12.7%。

二是系统用工体量不均衡。50个运输站段，37个单位多员，多员总数5 430人；13个单位缺员，缺员总数1 140人。

三是年龄结构不适应发展需求。运输站段共有在岗工人112 477人，其中50岁以上职工16 285人，占比现员达到了14.5%，职工老年化日益加剧，生产性人口所占比例进一步下降。

面对这些历史性的矛盾和沉积性的隐忧，应该也必须找到一条解决的途径，有破有立，破而后立。笔者认为，建立各系统、各单位“标准劳效”，并以此作为衡量生产组织水平的一把尺、一杆秤，从而构建以劳效标准为统领的生产组织和工资分配体系，推进全局生产组织方式和分配制度的变革。所说标准劳效，就是运用《铁路劳动生产率统计规则》指标体系，以全员劳产率作为遵循，积极向全路先进劳效水平靠拢，实行“一站一标、一段一标”，综合确定各单位的标准劳效，作为各单位“核心产品”。根据工作量的动态变化，折算各单位动态用工人数，引导各单位、各岗位向“标准劳效”前行，提高人力资源利用效率。

二、推行标准劳效管理的思路及做法

推行“标准劳效”是一项系统工程，必须有计划有步骤地系统推进，处理好改革和稳定的关系，以劳效标准深入查定、推进弹性生产组织，强化劳效水平动态分析为重点，进一步优化用工队伍结构，达成人力资源利用率最大化，全面提高企业的劳动生产率。

1.统筹调配人力资源

以“规划引领、结构调整、梯次转型”的工作思路推进“标准劳效”，重点解决整体冗员与结构性缺员的矛盾，改进用工调配机制和模式，强化主要行车工种储备与配备。

一是用好用精新增人员，重点补充新线开通、补充边远地区、补充行车关键工种需求。

二是编制人力资源调配规划，分系统、分单位、分工种、分年龄、分性别、分主要生产组，建立集团公司、站段两级人力资源显性化平台，运用信息化手段，为人力资源调配实时提供数据支撑。

三是推进人员结构优化，从应急性的余缺调剂向超前性的结构调整转变，用系统规划来引导各单位用工需求时点前移，考虑数量、年龄、性别结构，跨生产组间调剂以及系统间跨单位调剂。

四是推进用工转型。一方面，盘活存量，推进内部生产组转型，指导车务站段稳妥完成客运多员人员向行车岗位转型。另一方面，根据各工种的技能要求以及与安全生产关联程度，梳理阶梯式社会化用工的工种目录，条件成熟的逐步放开部分工种社会化用工。

2.持续优化生产组织

提升劳动效率是“标准劳效”实施的核心，结合工作量变化、生产资源整合和劳动组织改革等情况，建立动态修标制度，以保证标准动态先进，不断拓展节省用人空间，实现劳动用工集约、高效。

一是明确目标。制定《关于实施弹性生产组织精细配备岗位的指导意见》，坚持“固定＋机动”统筹、“盘活＋规范”并举、“激励＋约束”同行，持续推进生产劳动组织改革，引导冗员合理流动，释放基层单位分配自主权，形成全局各系统推行弹性生产组织的大格局。

二是理清路径。突出以变应变，注重动态匹配，制定了 9 个系统、6 个项点、24 条路径措施，实行业务部门系统负责、基层单位主体负责，动态优化生产组织，精干人员配备，统筹用工调配。

三是稳妥推进。一切从实际出发,不搞一刀切,对 50 个运输站段实施方案及清单逐一把关,既有统一规划、总体谋篇,又机动灵活、各具特色,在满足目标要求的前提下积极稳妥推进。

3. 科学调整管理架构

推行“标准劳效”,围绕管理资源、管理效能实现人尽其才、人岗匹配,提高人力资源投入与产出比率。

一是做好总量控制,一方面做减量,即编制总量要减少,冗余的人员要随着自然减员去消化;另一方面做增量,规模适度地下达选人用人的阶段计划,保证集团公司发展所需人才实现阶梯储备、后继有人。

二是机构设置体现“四保、两精简、两剥离”,“四保”即保机关专业处室,保站段主要专业科室,保主要运输生产车间,保边远地区实际工作需要;“两精简”即精简低效机构编制,精简职能交叉、功能相近的机构编制;“两剥离”即将生产经营岗位中部分专业技术人员编制从生产经营岗位中剥离,将专业技术岗位中管理职能不突出、管理特征不明显的人员编制从专业技术岗位中剥离。

三是做好管理人员阶梯式补充计划。搭建金字塔形的编制结构,让操作技能岗位人员成长成才有路可走;从宽设置艰苦地区的行政机构和编制规模,引导操作技能岗位人员成长成才朝着艰苦地区的方向走;根据人才培养的需要,设置一部分机动编制,让编制跟着人才走。

三、推行标准劳效管理的阶段性成果

劳动效率提升工作是通过各种措施办法合理核定岗位定员、精干人员配置、提高劳动生产率,最终实现价值量劳产率既定目标的过程。集团公司持续推进“标准劳效”工作,在深化定额定员管理,挖掘内部生产潜力方面取得了阶段性成果。

1. 理清了用工管理运行基点

坚持“标准劳效”的实施以提高劳动生产率为目标,从用工现实出发。

一是基准方向，向全路靠拢。运用《铁路劳动生产率统计规则》指标体系，以全员劳产率作为遵循，参考全路先进劳效水平，科学合理、适度先进。并从各系统、各单位现实劳产率水平上，分类排队，纵横比对，分系统、有针对性地制定提高劳效的具体措施。

二是标值确立，一站一标、一段一标。综合确定各单位的标准劳效，根据工作量的动态变化，从而折算各单位标准用工人数，引导各单位打实打满工时定额和工作量定额，为标准劳效的实施奠定基础。

三是动态修正，强化劳效水平动态分析。参考价值量、实物量、每营业公里从业人数等几项关键劳产率指标，从指标优化的趋势变化上，总结经验、提炼做法，找出普遍性规律和长效性措施。

2. 增强了用工管理基础活力

努力破解制约生产组织的体制机制障碍，使多重目标、多种政策平衡协调联动。

一是实施"工时银行"借贷机制。针对工作量变化及疫情影响，探索建立了"工时银行"制度，通过职工工时的良性借贷，实现生产组织精细化管理，促进用工随着工作量变化而动态均衡匹配。新冠疫情防控期间，累计组织职工休年休假 6 300 人，休假率达 67%；各系统累计贷出工时 108 万小时，为下半年储备了 1 034 人的人力资源。

二是实施弹性薪酬分配机制。以职工个人实际完成工时作为薪酬分配主要依据，确定了效率优先、量入为出等 6 项分配原则，实行了"趟工资""辆工资""积分制"等体现岗位特点的计件分配形式，阶段性实施部分群体"适度托底"政策，实现了职工收入拉开档次的目的。

三是实施用工结构优化机制。突出劳产率指挥棒功能，组织制发了运输关键岗位退出办法、主要行车工种储备制度、规范用工考核标准等配套制度，明确了 40 个退出管理工种、9 种退出情形、"10 严禁"用工红线，以及 8 项纳入单位负责人考核的用工管理指标，通过规范管理释放用工空间，累计转岗优化通用工种 719 人，依法解除劳动合同 148 人，压减非在岗人员 188 人，压缩其他用工 207 人；同时，用精新增人员，压减接收计划 795 人，保留缺员关键工种的专业入口，严禁向多员地区分配。

3. 激发了用工管理创新内力

科学测算用工需求，逐步优化全局用工结构，从盯人头向盯劳效转变，从传统的定员管理向劳效管理转变。

一是抓住用工源头，推进定员编制动态调整。扎实贯彻定额标准，实现生产定员跟着工作量走，管理编制围绕现场定，年初以来累计核减生产定员6 308人，撤并站段综合类科室 137 个，精简管理编制 230 人。

二是盯环节瓶颈，推进生产组织模式转型优化。根据作业量变化，梳理生产组织过程中的沉疴宿疾，制定实施 29 项优化生产劳动组织清单。以此为统领，先后在 11 条支线推行“昼开夜停”运输组织模式，在 12 个车站推行小站承包机制，在 26 个车站推行“大站管小站”模式；减少 4 个货运办理站；撤销 41 个车站货运内勤业务，撤并电务车间工队值班点 36 个，推行工务系统分析与计划、车辆系统发电车与客车检车、机务系统机车检查保养与保洁等人员兼职并岗，累计挖潜盘活 5 293 人。

三是盯管控政策，推进生产班制高效衔接。在客运、机务系统实行“通乘通用”机制，打破客货间、高普间，以及车队间、站段间界限，全局“一盘棋”，在具备准入条件的前提下，先后组织 582 名列车乘务员高普混用，组织 632 人跨组别、跨区段支援列车乘务作业。在口岸站区、列车乘务岗位实行“集体弹性”机制，针对口岸地区严格“外防输入”的实际，在作业人员总量不增、工时定额不超的情况下，优化和加密班制；针对中高风险地区直通列车乘务员抵返后各地隔离管理的要求，对 16 对列车打破固有班制，实行连续工作、连续休息，实现隔离时间与劳动班制相匹配。在车站客运、列车洗涤等岗位，实行“日弹性、周弹性”等灵活机动班制，针对客流变化，“四改三”“三改二”，压缩每班上岗人数，累计节省用工 416 人。

四是盯余缺窗口，推进人力资源科学调配。面对工作量变化，实行多渠道、机动性、差异化用工调配。通过用工平台、岗位转型、边远地区轮换、内部技术合作、劳力互补等措施，组织客运向工务调剂 262 人，客运向行车转型 324 人，向艰苦边远地区阶段轮换 129 人次。

四、结束语

全方位多渠道推行“标准劳效”，来自用工管理措施的动力延展，同时，也是管理创新的进一步深化。准确衡量岗位定员或劳效定员工作量、工作时间定额，使每个单位在完成各自“核心产品”过程中，各个生产和管理环节能力相互匹配，按生产流程确定岗位需求、按工作量核定定员梳理、按定员组织生产原则制定劳动定员标准，合理优化用工形式和岗位设置，提前规划用工结构，进行人员超前储备，降低管理成本，使管理效率和劳动效率同步提升。

第五篇　铁道企业管理优秀调研报告

关于站段领导班子“1+N”工作机制运行实践的调研

中国铁路哈尔滨局集团有限公司人事部(党委组织部)
张　伟　靳春雨　张春阳　刘　琦　陈海江

健全落实站段领导班子“1+N”工作机制(以下简称领导班子工作机制),是集团公司党委推动站段适应铁路企业改革发展需要制定的运行机制,有助于增强站段领导班子整体功能,提升基层治理能力。为切实掌握领导班子工作机制运行情况,集团公司通过督导调研、常态化督查、调阅资料、现场座谈、总结经验、重点剖析等方式,开展了全面调研,基本情况如下:

一、运行实践和体会

2018年12月,集团公司党委下发了《关于建立健全站段领导班子工作机制的指导意见》,各站段于2019年3月末基本完成了相关机制的建立工作。从运行情况看,领导班子工作机制有效契合了新体制下站段的管理特点,为推动站段实现基层治理能力现代化提供了坚强的制度保证。

(一)主要成效

1.班子成员政治意识逐步提升

各站段把政治建设摆在首要位置,坚持思想建党、理论强党,围绕深化完善政治建设机制和思想建设机制持续发力,落实党委理论学习中心组学习制度,深刻理解和精准把握习近平新时代中国特色社会主义思想内涵要义,有效提升了班子成员的政治判断力、政治领悟力、政治执行力。从近年来的巡视巡察、政治生态评估、政治监督、作风督查情况看,站段政治环境得到优化,领导班子成员干事创业、履职承责的意识明显增强。

2.企业党委领导作用有效发挥

站段党委充分发挥把方向、管大局、促落实的领导作用，不断探索完善领导班子议事决策机制，面对向公司制企业转型发展的历史机遇期，严格执行“三重一大”事项决策制度，积极参与重要项目安排、重大事项决策、大额度资金使用等具体实践。党委会会议研究决定重要人事任免事项和党的建设、宣传思想文化工作、群团工作以及拟提交职代会审议方案等事项，严格把关，有效监督，切实把党的领导贯穿于铁路改革发展的全过程、各方面。

3.集体议事决策质量得到保证

站段党委通过规范站段党委会，党政联席会，党委书记专题会，段长办公会议事决策内容、范围和程序，保证了决策的正确方向，并在具体落实中形成了动议部门提、综合部门报、党政正职商、牵头部门做、委员发言议、班子讨论定、决策跟踪落的闭环链条，解决了以往责任主体不明确、权力界面不清晰、决策程序不规范、责任追究不严肃、决策效果不理想等问题，使集体领导、分工负责、个别酝酿、会议决定的根本组织原则得到有效落实。

4.班子日常工作机制更加顺畅

站段从维护班子团结、事业发展大局出发，不折不扣地落实日常工作机制。党政正职带头落实沟通交流制度，真诚沟通、深度交流，统一了思想和行动。班子成员认真执行个人对组织、副职对正职、下级对上级请示报告制度，涉及重大问题、重要工作落实、个人重要事项等，该请示的请示，该报告的报告；党政正职按照职责分工对公文进行首批，提升了公文流转的科学性、有效性、及时性和准确性，使工作一环紧扣一环，层层落实到地。

5.领导班子整体功能不断强化

认真落实站段党政正职分设和“双向进入、交叉任职”的领导体制，形成了党政主导、集体领导、双向融入、共同负责的运行机制，使各个工作环节紧密结合、高效运转。合理确定领导班子成员分工，明确分管工作和缺位互补关系，做到分工不分家；深入开展

"见面工程",为上下级间和党群干群间架起了桥、连起了线,使党的群众路线走得愈加坚实;不断严实双重组织生活,领导班子成员带头接受党性锻炼,真正让党内政治生活严起来、实起来、活起来。

(二)工作启示

四年来,站段扎实推进领导班子工作机制,把全面从严治党不断引向深入,以高质量党建工作引领保障铁路高质量发展,具体主要有四点启示:

1. 推行站段领导班子工作机制是推动全面从严治党向基层延伸的重要保证

坚持党的领导、加强党的建设,是国铁企业的"根"和"魂"。全面从严治党要在国铁企业站段落实落地,必须从基本制度严起。领导班子工作机制作为基层站段管理决策的重要遵循,是解决党的建设虚化、弱化、淡化、边缘化的重要手段,只有建立和运行科学、规范、高效的领导班子工作机制,才能发挥党委的领导作用,才能保证党和国家方针政策、重大部署在站段层面得到坚决贯彻执行,才能为做强做优做大站段提供坚强制度保证和组织保证。

2. 推行站段领导班子工作机制是深化铁路公司制改革发展的现实需要

当前,铁路公司制改革形势任务十分艰巨,而推进铁路改革发展离不开正确的决策、科学的领导和制度的保证。领导班子工作机制是国铁企业站段最核心、最重要、最管用的制度机制,不仅关系决策质量,更关系企业的生存发展。落实领导班子工作机制,有利于克服和解决站段以往管理运行中的矛盾和弊端,有利于发挥站段党政工团组织的优势和作用,有利于强化站段的管理关系和管理基础,从而推动站段在适应公司制改革发展的过程中,确保管理体制和决策机制更加科学合理。

3. 推行站段领导班子工作机制是夯实交通强国、铁路先行基础的实际行动

积极应对承负交通强国、铁路先行历史使命的严峻挑战,基层站段作为国铁企业推进各项工作、落实各项决策部署的基本单元,

必须与时俱进，加快建立现代企业制度，而领导班子工作机制作为基层站段落实重要决策的运行机制，能够有效发挥基层党委把方向、管大局、促落实领导作用，增强基层党组织的战斗力，提升领导班子成员的担当精神、能力素质，树起“交通强国我先行”的思想和行动自觉，突显铁路在实现交通强国中的先行作用，形成推动国铁企业改革发展的强大合力。

4. 推行站段领导班子工作机制是坚持民主集中制原则的具体体现

民主集中制是党的根本组织原则。落实领导班子工作机制，既体现了民主和集中相结合的原则，又体现了群众利益和要求与党的正确领导的统一，是贯彻民主集中制的重要表现，也是正确集中集体智慧，保证领导班子决策科学化、民主化、规范化的重要法宝。只有认真落实领导班子工作机制，党的民主集中制才能在基层得到贯彻落实，才能有效增强领导班子的民主意识，才能充分发挥领导班子的集体智慧，这对于促进领导班子团结和谐、有效防止决策失误、行为失范具有十分重要的意义。

(三)主要问题

从领导班子工作机制运行实践看，各站段整体情况是好的，但通过近年来的巡视巡察，部分单位也暴露出在机制建设、议事决策、制度落实上存在的一些不足，主要表现在：

1. 议事内容还不完善

对于领导班子集体议事内容把握不准，决策清单的制定不够严谨科学。有的单位对集体决策认识模糊，重大事项决策存在思想误区，降低了集体议事质量。有的对于“三重一大”事项范畴准确区分界定不够，甚至对“五个是否”要求把握不准。有的对议事清单制定得不深不细，不涉及本单位的事项也罗列在内，而属于重要事项决策的却没有纳进来，该上会集体研究的项目没有上会，集体议事制度跑了空。

2. 决策形式还不准确

对于党委会、党政联席会、党委书记专题会、段长办公会 4 个会议的研究决策形式把握不准。有的对4个研究决策机构该研究什么、怎么研究等掌握不准，在推行机制初始阶段，认为党委会和党政联席会都是一伙人参加，存在先开会研究、再思考由谁记录的问题。有的对议事决策责任主体没搞清楚，甚至把该由党委书记专题会和段长办公会研究讨论的事项也提交到党委会或党政联席会来集体决策。

3. 议事程序还不规范

有的单位党委组织观念不强，对重大事项没有会前调研论证，或调研论证主观臆测、生搬硬凑，缺乏针对性。有的党政正职认为自己是“一把手”，“一言堂”“家长制”的陋习偶有显露。有的会前不沟通或沟通不充分，具体议题上会现研究。还有的班子副职认为决策是主要领导的事，存在与己无关思想，集体决策时随波逐流、跟着举手。有的议事重流程不重质量，以同意代替讨论，使决策缺乏科学性、准确性。

4. 执行制度还不严格

一些单位落实工作机制缺少韧劲，不同程度存在走形变样问题。有的对政治建设和思想建设机制只检查定量完成，不检查质量效果。有的召开会议通知不及时、会前沟通不畅、参会人员不够、表决形式不规范。有的落实“见面工程”能见、能听、能谈，但问题解决不到位，职工群众的意见建议和诉求意愿成了“漂流瓶”。个别党政正职落实公文流转首批负责不好，有的收文批阅时不掌握、不落实互批对方阅示或阅知规定，造成公文流转不顺畅，工作落实有梗阻。

5. 配套制度还不健全

部分单位党委对工作机制研究得不深不透，对“N”的自主把握不到位，或是内容不全、丢项落项，或是贪大求全、不精不准。有的单位搞拿来主义，在制定具体落实机制上“照猫画虎”。有的把细枝末节的事儿都纳入工作机制，削弱了班子工作机制的严肃性、权威性和统领性。有的对会议决策的执行、监督、评估缺少有效配套办法，导致决策内容推进落实无标准，制度缺少实用性。个别站段只重事前的监督,忽视事中事后监督,造成决策落实滞后,制度刚性欠缺。

(四)原因分析

1.政治站位不高,理解认识出现偏差

没有把推进落实领导班子工作机制作为站段党委发挥把方向、管大局、促落实领导作用的有效载体,党政正职示范带头作用不好,要求不严、督导不力,个别党委委员基本理论功底不扎实,理性思维不够,政治觉悟不高,对于民主集中制理解研究不深不透,不善于从政治角度去认识和思考问题,落实领导班子工作机制要求有差距。

2.重视程度不够,推进落实跑偏变形

贯彻落实领导班子工作机制乏力,制度的笼子虽然建了起来,行动的步子却没有及时跟上,使工作机制成了"橡皮筋"和"稻草人",甚至有个别人认为领导班子工作机制是应景之作,是"一阵风""雨过地皮湿",落实工作机制存在"钻空子"、打"擦边球"的侥幸心理,导致与工作机制的要求渐行渐远。

3. 系统学习不足,能力素质存在短板

站段领导班子成员存在重业务轻党建的倾向,主观不努力,学习不自觉。有的领导班子成员特别是行政副职对党建"一岗双责"的基本内容不掌握、不清楚。有的领导班子成员缺乏参与企业决策所必要的知识储备,以"五个是否"太空太大、不好讨论为由,掩盖自身知识结构失衡、业务储备不足、综合素质不高的问题。

4.从严从实不够,机制落实出现空转

缺乏对工作机制的动态修订,调整完善不够及时,降低了机制的针对性、实效性。一些领导班子成员缺少对机制的敬畏,不想落实、不真落实的现象还存在,导致行事任性、用权随性的问题没有根除。还有的在监督、追责上畏首畏尾,认为都是领导班子成员,监督多了怕打消积极性,追责多了怕伤了和气。

5.履职承责不力,自我约束仍有差距

抓领导班子建设不紧不实,对自身要求失之以宽,对下管理失之以软,承责意识不强,责任缺失,管理缺位。个别领导人员认为自己经历阅历丰富,政治高度、能力水平不低,放松了自我要求。有的在工作中瞻前顾后、畏首畏尾,怕手伸长了越位,怕管多了担责,遇事习惯推脱躲闪,全交给集体负责,导致逐级负责、分工负责落了空。

二、下步思考与研究

站段拥有独立的人权、财权和事权,是生产中心和核算中心,要真正将领导班子工作机制落实好,必须从加强党的集中统一领导和班子自身建设入手,把握“四个原则”,解决“五个问题”,确保领导班子工作机制在站段抓实落地、高效运转。

(一)把握“四个原则”

1. 科学规范的原则

保证制度的科学合理、程序严密、依法合规。充分反映广大干部职工的意见,着力解决领导班子议事决策行为不规范、工作机制运行不顺畅、班子自身建设不严实等问题,规范议事决策、日常运行、责任追究等机制,在企业改革发展过程中,提高决策的制度化、程序化、规范化水平。

2. 精干高效的原则

提高制度的针对性、指向性和精准性,不断提高工作机制运行的效率。着力解决各项制度内容过多过杂、交叉重复、缺少抓手的问题,在制定工作机制过程中,内容上要体现简明扼要、突出重点,让基层站段在推进落实过程中有抓手、有依据,实现高效运转。

3. 实际管用的原则

针对不同系统、不同单位、不同特点健全落实工作机制,着力解决工作机制实用性、实效性、操作性差的问题,操作措施力求翔实具体,运行流程规范有序,保证各项制度立足实际、体现特点、务实有效,使工作机制成为保证基层站段各项管理运行的助推器。

4. 配套衔接的原则

把握“N”这个变量,健全各项配套制度时应能够体现党建工作相关要求，着力解决配套机制前后矛盾、相互制约等问题，体现继承发展的关系，保证各项制度的前后相互衔接、延续对接，不另搞一套，让领导班子工作机制各项制度之间能够相互融合、相互促进。

（二）解决“五个问题”

1. 坚定政治方向，调整思维方式，解决“怎么看”的问题

一是提高政治站位。要旗帜鲜明讲政治，把工作机制上升到政治建设高度，坚决执行党的政治路线，坚持党对国铁企业的领导不动摇；要以正确的政治方向引领企业发展航向，认真落实党委理论学习中心组学习和党委会“第一议题”制度，带头跟进学习习近平总书记重要讲话和对铁路工作的指示批示精神；要把民主集中制贯穿履职行权全过程，站段党委书记要发挥“龙头”作用，持之以恒地把党委会、党政联席会作为落实重大事项决策的领导机构，带动班子成员坚决维护党中央权威和集中统一领导，在政治立场、政治方向、政治原则上同上级党组织保持高度一致。二是破除思维定式。面对铁路企业公司制改革的新形势，把执行落实站段领导班子工作机制作为适应改革、支持改革的重要措施，利用深入调研、专家辅导、集中培训、网络课堂等形式，加快转变固有的传统思维定式，消除工作机制是“多此一举”“整景作秀”“换汤不换药”的思想误区，打破“机制是机制、工作是工作”“该咋干还咋干”的思维习惯，疏解落实工作机制“过于烦琐不好操作”的畏难情绪，提升站段领导班子成员工作创新和集体决策意识。三是强化制度意识。坚持制度治党、依规治党的基本思路，深入理解企业党建工作的内涵，把坚持党的领导、全面从严治党嵌入领导班子工作机制中，确保工作方向、工作思路不偏移。站段领导班子成员要带头遵守工作机制要求，推动集体决策、沟通协调、公文流转、工程项目等工作机制形成约束和常态，自觉在阳光下履职行权；要把领导班子工作机制和站段企业文化建设有机结合，把党委会、党政联席会、党委书记专题会、段长办公会等制度纳入班子履职行权中，形成严格依规执纪的氛围。

2. 把握关键环节，立好制度规矩，解决“怎么管”的问题

一是健全完善机制。推进领导班子工作机制建设，坚持从实际出发，有什么问题解决什么问题，什么问题突出集中解决什么问题，不断健全完善本单位的制度体系，将党建责任制、双重组织生活、中心组学习、请示汇报等制度作为配套制度纳入工作机制体系，保证机制内容的有效覆盖，确保“1＋N”机制体系更加全面，配套制度更加有效。二是细化机制内容。要坚持活学活用，结合单位实际和发展要求，补充完善领导班子工作机制内容，特别是针对现行重大事项决策制度上的疏漏和不足，细化党委会、党政联席会、“三重一大”等制度的具体程序和操作流程；要对集体讨论的方式、步骤、议程、时限等细化量化，兼顾民主集中和决策效率，既保证决策权力受到制约，又保护和调动决策者的积极性。三是规范会议程序。要完善党委会、党政联席会的集体决策酝酿、形成、执行程序。在决策酝酿环节，充分发扬民主，对于涉及本单位职工群众利益的事项，广泛听取意见，严格按照“五个是否”要求，引入专家论证、技术评估，特别强化负面、风险的分析；在集体决策环节，充分讨论、实行票决并记录在案，形成决议，明确专人执行，确保决策有据可查、科学执行；在集体决策之后，领导班子成员按分工和职责组织实施，不得擅自改变决策，确需变更的，应经领导班子重新研究决策。

3. 坚持集体领导，承负主体责任，解决“怎么干”的问题

一是强化集体领导。健全完善以民主集中制为核心的领导班子工作运行机制，确保站段党委发挥作用组织化、制度化、具体化。要组织细化领导班子工作机制中的党委会、党政联席会议事决策清单，明确上会内容和流程；要突出党政正职作用，在党委会、党政联席会中，做到既体现党委在集体决策上的把关作用，又保证行政能够在生产、经营管理中发挥决策主体作用。二是落实党建责任。要利用工作培训、党校轮训及其他培训时机，把工作机制和“三重一大”议事决策作为培训必修课，加强对站段领导班子成员，特别是新提职领导人员党建责任制的专项解读，增强站段班子成员作

为党委委员履职的自觉性；要抓好党建工作责任制的落实，层层构建“党组织书记带头抓、班子成员分责抓”的党建工作责任体系，在班子成员中筑牢“一岗双责”意识；推行将党建考核与领导班子综合考评、经营业绩考核挂钩，确保党建工作与中心工作无缝对接、有效制衡、协调运转。三是提高驾驭能力。要提高领导班子成员掌控工作机制的能力，做到正确认识大局、自觉服从大局、坚决维护大局；要加强对工作机制内涵的理解，深入学习议事决策相关要求，做到决策范围清晰化、具体化，决策程序流程化、规范化，从源头上杜绝上错会、不上会和不会上会问题；通过对公文传送、批阅、跟踪等环节的规范，提升公文流转的科学性、有效性、及时性和准确性。

4. 盯住重点问题，夯实管理基础，解决“怎么建”的问题

一是抓班子。围绕政治素质好、经营业绩好、团结协作好、作风形象好的目标，在基层站段打造高素质专业化的“四好”班子队伍。要始终强化思想建党、理论强党，提升领导班子成员的政治认同、思想认同、情感认同；要落实安全生产责任，加强预算管理，有序推进改革创新，全力兑现经营目标；要密切联系群众，保持良好作风，构建企业与职工命运共同体，增强职工获得感、幸福感。二是抓管理。要明确站段党委发挥领导作用的基本定位，强化党委委员分工，明确具体工作职责。按照“双向进入、交叉任职”要求，让符合条件的行政副职进入党委会；要强化领导班子成员管理素质，使之适应现代企业管理需要，把握机制运行的关键环节，重点开展市场营销、法律法规、人力资源管理、现代企业知识以及财务、技术、劳资人事、物资等相关教学，提升管理能力。三是抓基础。要明晰以党委会、党政联席会作为站段议事的决策主体，不断完善决策范围及程序，逐步规范会议议题、调研论证等环节，统一设计制作调研论证报告单和决策程序流程图，确保调研论证有形具体；要明确细化议事决策规则、决策清单等内容，界定大额资金、人员调整等敏感事项范围，解决制度内容宽泛、缺少有效支撑等问题。

5. 强化指导检查，严肃责任追究，解决“怎么办”的问题

一是完善考评体系。站段党委要建立工作机制运行问题库，

针对上级检查发现的问题，及时整改销号。要坚持采取日常检查与定期考核相结合、现场检查与集中汇报相结合的方式对班子成员履行工作情况进行考核；要把班子成员参与重大事项决策情况纳入党建责任制和年底抓党建述职评议，党委书记要定期对班子参与决策情况进行评价，把考评结果和领导班子考核、干部考核挂钩，作为领导班子选拔任用、表彰奖惩的重要依据。二是强化指导监督。要采取自我监督、廉政监督、民主监督、职能监督“四位一体”的方式对领导班子及成员决策制度情况进行检查监督。站段党委、纪委作为落实监督主体责任，要把督促检查重大事项决策制度落实情况作为考核班子、干部管理和党风廉政建设的重要内容，通过民主生活会、职工代表大会、年度考核等途径，不断深化对贯彻执行重大事项决策制度的监督检查；要注重发挥干部职工民主监督作用，利用多种形式把有关事项、政策、决议等公布于众，保障群众参与监督的知情权。三是严肃追究问责。要运用政治巡察、常态化督查、专项检查等方式，对站段党委重大事项决策过程严肃把关。站段纪委要主动承负监督责任，加大查办案件力度，坚决惩处领导班子工作机制决策过程中出现的腐败现象，对于领导班子中个人或少数人“一言堂”的，拒不执行或擅自改变集体决策的，集体决策执行不力或错误执行并造成严重损失的，依据相关法律法规分别追究相应责任。

关于铁路运输设施设备侵权纠纷的调研与思考

中国铁路沈阳局集团有限公司法律服务所
高明友　耿立平　王明珅　李晓君

针对近年来铁路运输企业在除列车、站台、线路外等其他铁路设施设备和铁路维护作业等过程中引发的人身、财产侵权纠纷日益增多的现状，沈阳局集团公司法律服务所对 2019 年到 2021 年以来因铁路下穿桥涵及其防护设施、线路防护网（墙）、供电设施设备、站舍电梯设备等设施设备引发的人身、财产侵权纠纷案件组织人员进行了调研。调研受疫情影响，调研人员主要采取阅读法律文书，电话问询现场工作人员，与案件代理（参与）人员座谈等形式进行。调研人员通过案例分析，对引发侵权纠纷的因素进行研究，针对立法现状及司法机关适用法律等情况，在报告中建议设备设施管理维护单位增强法律意识和铁路设施设备管理水平，在有效保障铁路企业运输安全的同时避免产生侵权纠纷，更好地维护企业的合法权益和社会形象。

一、纠纷类型及存在的问题

（一）铁路道口桥梁防护设施设备类（减速丘、限高架）

车辆超速近年来已成为威胁铁路交通安全的杀手。车辆超速是最严重的违章，其危害远远超过其他交通违法行为。由于超速行驶的严重危害性，应通过设置各种限速设施努力控制超速行驶，以期减少因超速而引发的交通事故。铁路桥梁道口的限速保护措施主要有两种，一是减速丘，有许多研究证明减速丘是一种比较有效的限速手段，甚至有研究表明事故数量和严重程度的降低 50%

以上。二是限高架，不少货车卡在桥底下的案例，大都由于超高硬闯所致，安一个野蛮驾驶的“罪名”并不过分，限高架对阻止此类事故发生能起到明显的积极作用。

设置管理中的问题：①只有科学合理设置限速设施，才能保障车辆在公铁交叉桥梁道口安全通过，反之则会产生反作用，甚至会造成交通事故；减速丘应全断面布置，如果只是下坡方向布置（半幅路），车辆为了避免行驶其上的不舒适感，会绕行而占用对向车道，更容易造成车辆对撞。②限高架与桥洞高度不吻合。一种是由于施工原因限高架高于设计高度，导致超高车辆成功穿越它，却被困在桥洞里；二是施工计算失误导致限高架低于标识高度，导致车辆与限高架直接发生冲撞。③布置减速丘的路段，应提前告知驾驶员，否则，驾驶员如果没有看见减速丘（尤其是夜晚）车速较高也容易发生事故。可以用标志或标线表示。④近些年铁路建设常因没有考虑对周边环境的影响而屡遭诟病，所以实际设立限速措施时可能还需要考虑以下因素，如道路特征、路肩条件和视距，路侧土地使用和环境，停车需求和行人活动等。

维护和使用中出现的问题：①设置的限速措施不是一劳永逸的，尤其对于居民区附近的公铁涵洞和交叉道口，隔一段时间后，应对道路特征或周围土地使用情况发生重大变化路段的限速措施及时进行再评估。例如桥洞内路面抬高，使得桥洞实际高度低于标示高度。②为了防止一些超高超重的车辆轧坏路段撞毁桥梁，传统的限高杆没有闪光提示，只考虑怎样卡住超高车辆，没有考虑人的生命安全，因为现有主动限高架的这种限高杆在车辆经过时完全仰仗司机或相关司乘人员肉眼判别车辆高度是否能够经过，一旦遇到雨雾天气人眼无法判别或车速过快来不及判断的状况，就会产生车辆撞到限高杆的事故；另外应采用新型材料，使限高架刚度减小而整体强度保持足够，以在拦截车辆的同时可以减轻对撞击车辆和车上人员的损伤。③优化限高架横梁截面，增大撞击接触面，避免限高架“锋利地切削车顶”。④减轻限高架整体重量，优化连接设计，防止限高架整体被“顶走”而砸落。⑤提前设置智能超高检测装置，有超高车辆通过时向司机及时发出警告，让其停车或绕行。

（二）铁路线路防护栅栏（水泥、金属网）类

铁路护栏网是重要的交通基础设施，其安全性与实用性在要求上更加严格。现有铁路护栏网主要有金属网护栏和水泥护栏两种，分别具有工程造价低，强度高 整体稳定性好，彩色塑层具有良好的抗腐蚀和装饰效果，网围界整体和谐美观，防腐、防老化、抗晒等特点。

建造管理中的问题：①没有对施工地段的地基沉降热胀冷缩等因素作充分考虑；②没有对自然条件下水泥类防护材料的风化年限、坚固程度进行充分考虑论证；③没有充分考虑沿线居民的需求因素，未设置相应合理的通过铁路措施，长距离的封堵造成附近居民出行不便，为走捷径居民破坏护网。

维护使用中的问题：①水泥护网长期处在恶劣的自然环境中，风雨侵蚀热胀冷缩等原因大多开始出现不同程度的水泥风化倾斜倒塌现象；更因为水泥护网的嵌入式设计构造和本身自重过大，所以出现地基沉降等原因后，护板和框架之间出现余量，不能紧密咬合，从而发生脱落倒塌产生人身伤亡事故。②农民普遍紧挨着铁路护网耕种，耕种机具的碰撞破坏和周边土地流失也是护网倾斜倒塌的重要原因。③日常巡检维护不能做到及时有效。因为一些资金或审批程序上的原因巡线安全人员不能对倾斜倒塌的护栏立即进行处理。对于倾斜的水泥护栏常见做法是铁丝捆绑，但此种方法不能根本消除安全隐患。在此类涉及侵害生命权诉讼实践中，受害方提供的照片中细细的铁丝和重达几百斤巨大的水泥护栏形成强烈视觉对比，法院普遍对这种维护做法很反感，认为铁路企业没有社会责任感，漠视人身安全，成为认定铁路企业承担侵权责任比例的不利证据。

（三）供电设施设备类

铁路运输企业为铁路行车运输提供输变电的线路，其电压一般都是高压。目前因输电线路维护管理造成的侵权案件一般为人

身损害责任纠纷和财产损害责任纠纷。人身损害一般是因为受害人(触电人)在架空的铁路电线下实施钓鱼、放风筝等行为导致触电感电;或者机动车驾驶人乘车人通过有铁路架空铁路电力线的铁路道口或铁路线路时,违反限高规定触碰铁路线路而触电。而财产损害纠纷则是铁路企业的供电线路受到外力或者外物侵害时,为了排除妨碍及侵害,因采取措施不当而侵害他人的合法财产权益而引起的纠纷。

管理中的问题:①电线架空不符合标准。根据《中华人民共和国 66 千伏及以下架空电力线路设计规范》的规定,悬垂状态下,架空线路与地面间最小距离为:1 千伏以下居民区 6.0 米,非居民区 5.0 米,交通困难地区 4.0 米;1 千伏～10 千伏之间居民区 6.5 米,非居民区 5.0 米,交通困难地区 4.5 米。本企业在高压线路设计建造时基本都符合相关设计规定,但在实际工作中,随着时间推移,因为居民区违法违规的建设、堆放隐患和非居民区自然地貌改变等,很多时候没有做到对线路悬垂高度及时测量和进行整改,导致线路与居民区内建筑和非居民区与地面距离小于设计标准,带来严重人身安全隐患。②没有设置明显的警示标志。地方政府在此类危险区域所设置的警示标志颜色醒目,提示内容清晰易懂,一般通过颜色、文字和图形相结合的方式在显著地点进行警示。同比我方企业警示标志没有统一规划,各自为战。好一点的设置成铁牌刷蓝漆配白字,因种种原因没有条件的只是简单地埋一个方形小石柱,在上面用红漆写几个字就算是警示标志了,更有甚者根本就任何警示标志都没有。在诉讼实践中,本企业设置的上述警示标志基本不被法院认同,最终被认定没有明显的警示标志,从而承担赔偿责任。

维护中的问题:①没有履行相关的报批手续或通知手续。这种现象几乎是常态,民众对高压线路的安全意识淡薄,对违法违建或者钓鱼等严重威胁人身安全的活动都是想建就建,想钓就钓,根本不履行报批手续或者和企业及时沟通,因为法律规定高度危险责任是无过错责任,所以出现人身伤亡或财产损失企业在诉讼中都处于不利地位。②事后没有及时与财产所有人协商沟通。

（四）下穿铁路线路涵洞类

考虑东北地区特殊的地理及气候特点，下穿铁路线路的涵洞存在数量巨大、分布较广、管理困难的特点，雨季积水、冬季积冰问题较为严重，且绝大部分铁路涵洞由我方建设，考虑建设成本问题，对前述自然灾害预防能力不足，导致产生大量的人身、财产损害事故。

建设管理中的问题：①部分铁路涵洞建设标准较低，无法满足抵御大量降水、降雪的标准，一旦雨季到来，涵洞出现严重的积水现象，导致通行人员遭受侵害。②移交困难，导致铁路企业承担管理责任。部分铁路涵洞建设完成后没有进行竣工验收，无法正式移交地方政府部门，导致管理责任留置，产生赔偿责任。

维护使用中的问题：①排水、除雪工作严重滞后，发生大量降水时，由于人手、排水设施等原因无法及时进行排水作业，导致产生积水危险。②没有针对地下反水问题进行针对性补救施工。建设时没有考虑到地下反水问题，没有进行针对性的硬化及防水作业。③部分涵洞年久失修，管理失位，已经不具备使用条件，客观上危害了铁路线路安全。

（五）车站电梯及其附属设施类

车站等公共场所的滚梯伤人及候车、站台摔伤事件近年来屡见不鲜。依据《民法典》关于安全保障义务的有关规定，法律已经对铁路企业安全保障义务作出了明确的规定，铁路企业应当高度认识这类问题导致的管理义务。

建设管理中的问题：①很多电梯是建造时没有设计，因生产经营等因素后设计安装的，造成倾斜角度、额定速度、提升高度、梯级宽度、使用区段长度（自动人行道）等不符合设计安装标准等问题。②作为人员密集场所的电梯使用单位，没有按要求制定出现突发事件或者事故的应急措施与救援预案，每年至少进行一次救援演练流于形式甚至没有，出现电梯事故险情时往往乱作一团，在诉讼的时候没有能够证明铁路作为公共场所安全保障责任人的有利证据。相反由于短视频媒体的日益发达,任何突发事件都会迅速蔓延,从旅客角度往往会上传比较主观片面的照片视频等,损害铁路的声誉及形象。

维护使用中的问题:①工作人员安全意识淡薄,或者为图省事,或者嫌声音嘈杂将语音提示关闭,起不到对旅客的提示提醒作用,当出现人身伤害案件时成为没有尽到安全保障义务的证据。②电梯的维护保养有时流于形式,只是简单地外观查看加签字。③因没有人员值守提醒,部分旅客不遵守电梯安全注意事项和警示标志的要求,以及做出其他危及电梯安全运行或者危及他人安全乘坐的行为。一旦出现人身伤害案件,铁路往往成为被告,处于不利地位。这一点全路并没有统一执行标准,典型的如天津西站做到了全天候自动滚梯有人值守,有效避免了电梯运行事故及出现诉讼时成为"背锅人"的现象。

二、原因分析

分析发生事故的原因,除了受害人自身的过错外,我们自己还存在以下问题:第一,电线架空不符合标准。国家架空电力线路设计规范明确对电力线路悬垂状态下,架空线路与地面间最小距离作了明确规定。我们的高压线路设计建造时基本都符合相关设计标准和规范,但随着时间推移,因为居民区合法建设或违建、堆放隐患和非居民区自然地貌改变等,很多时候没有做到对线路悬垂高度及时测量和进行整改,导致线路与居民区内建筑和非居民区与地面距离小于设计标准,存在安全隐患。第二,相关设施设备没有设置明显的警示标志。按照法律规定,此类高压危险区域应设置醒目的警示标志,清晰的提示内容,一般通过颜色、文字和图形相结合的方式予以警示。我方企业警示标志没有统一规划,各自为战。好一点的设置成铁牌刷蓝漆配白字,因种种原因没有条件的只是简单的埋一个方形小石柱,在上面用红漆写几个字就算是警示标志了,更有甚者根本就任何警示标志都没有。在诉讼实践中,本企业设置的上述警示标志基本不被法院认同,最终被认定为没有明显的警示标志，从而承担赔偿责任。第三，我们企业的经营者和管理者对法律的立法精神和司法实践缺乏清晰和深刻的理解，这使我们日常对设备的运维和操作制定的规章制度和操作规程缺乏与法律规定有效的衔接。第四，制度的缺失导致没有机构对其他因铁路设施设备引起的人身损害事故进行调查。因《铁路交通事故应急救援和调查处理条例》和《铁路安全管理条例》没有设定对旅客损害及其他铁路运输设施造成的 人身财产损害如何调查处理，目前我们在处理旅客运输营业行为、铁路供电线路触电、铁路其他构筑物（比如防护栅栏、立交桥涵）等致人身财产损害引起的纠纷时，是由公安机关还是铁路管理机构调查此类事故，没有法律法规依据，也没有相关管理机构作出调查处理及责任认定，这也使得集团公司及站段在处理这类诉讼案件时面临证据收集、事实认定等方面的困难，法院在审判这类案件中依据举证不能作出对我们有利的裁判。

三、管理建议

（一）站段（设备产权单位或使用管理单位）应加强对设备的管理维护

现有铁路设施设备内部管理规定种类较多，且不能由统一部门进行制度规范，使用单位在对设施、设备进行管理维护时缺乏统一的必要监督与指导。加强管理维护工作的首要措施是统一规范引领，其次各站段要重点针对不同设施设备种类特点，指定具体的管理维护工作要求，坚持问题导向原则，切实避免铁路设施设备事故发生。

（二）事故发生后及时到事发现场，并固定证据，保护相关证据，争取有权机关奔赴现场调查取证并固定相关证据

一线工作人员法律意识较为淡薄，从现有案例反映出很多证据固定工作上的短板，关键证据的缺失或者保管不利导致损失扩大，应当重点对一线工作人员进行法律培训，了解法律法规的具体要求，明确工作重点，出现事故时第一时间进行证据固定，为案件

处置打好坚实基础。

（三）案件（事件）发生积极应对处理，避免事态扩大产生诉讼

事故处置不应以诉讼导向为原则，一般情况下事故受害者并不了解具体的赔偿标准和法律规定，责任单位积极处置有利于获得当事人谅解，有利于更高效地解决问题，应当适当给予事故处理人员相应的处置权限，及时化解矛盾，避免产生诉讼案件导致赔偿扩大。

（四）积极研究

将相关案件提请国铁集团重视，争取纳入最高司法机构的司法解释，统一此类案件的管辖法院，便于法律适用的统一。

现有法律规定下，人民法院对于不同类型案件的管辖认定具备较大的差异，一部分明确规定的案由铁路法院专门管辖，一部分同为铁路设施设备引发的侵权纠纷管辖法院却在地方法院，由于地方法院就审理铁路案件较铁路法院相比，经验有所欠缺，对法律规定的理解也有较大差异，针对近年来此类案件高发的态势，为进一步明确审判标准，建议争取纳入最高司法机构的司法解释，统一此类案件的管辖法院，便于法律适用的统一。

关于北京局集团公司深入推进标准化规范化建设情况的调研报告

中国铁路北京局集团有限公司办公室
（党委办公室、董事会办公室）
侯海永　张　桐　董　坤　秦　健

为深入了解掌握集团公司标准化规范化建设情况，近期，由集团公司办公室牵头，采取“统一组织、专业负责”的方式，运输部、货运部、客运部、机务部、车辆部、工务部、电务部、供电部、土房部、物资部10个专业部门分别组成调研组，办公室、企法部、劳资部重点参加，深入32个单位的部分科室、车间、班组，通过现场调查、查阅资料、分层座谈等方式，分系统开展了标准化规范化建设专项调研。

一、标准化规范化建设整体推进情况

从调研情况看，各运输站段标准化规范化建设进一步深化推进，在领导组织、立学落对标、保障措施、考核评定四方面得到强化。

1. 组织领导方面

各专业部门作为责任主体，各单位作为实施主体，分系统推进运输站段标准化规范化建设。一是成立领导小组。各专业部门成立本系统标准化规范化建设领导小组和推进小组。各单位成立标准化规范化建设领导小组，单位主要领导为组长，指定一名分管领导为常务副组长，专业科室和办公室、人事、劳资、职教等科室为成员。标准化规范化建设领导小组办公室设在各单位办公室。二是明确责任分工，形成分层管理机制。各专业部门细化了责任分工。

各单位明确领导小组组长对标准化规范化建设负总责，常务副组长负责日常实施和管理工作，各分管领导分工负责；各单位办公室作为牵头部门，负责规范标准化规范化建设基本原则、建设标准、考评流程、结果运用、打标立样等工作；专业科室对专业负责，科室、车间负责人对科室、车间、班组标准化规范化建设全面负责。三是成立标准化规范化考评组。对考评组成员开展专题培训，准确掌握标准化规范化考评范围、考评流程以及岗位星级管理考核、工作业绩考核标准等，建立公开公示制度，确保考评工作公平公正。

2.立学落对标方面

坚持系统推进、科学立标、继承创新、注重实效的原则，扎实推进标准化规范化建设工作。一是健全管理制度。按照集团公司《运输站段标准化规范化建设实施意见》，运输、货运、客运、车辆、供电、电务等专业分别制定了具体的实施方案，制定了覆盖部门、站段、科室、车间、班组层面较为完备的实施细则，修订完善了科室、车间、班组标准化规范化管理制度、办法、标准，夯实各层级管理基础。北京机务段梳理完善包括研究决策、干部、职工、运用、安全、经营管理等基本制度 16 类共计 371 项。唐山机务段编印管理制度汇编，涵盖安全、运用、质量、设备、职教、经营、组织保障、应急预案等管理制度 8 类 468 项。北京车务段制定标准化建设制度汇编，涵盖安全管理、技术管理、职教管理等制度办法 11 类共 187 项，形成《中间站管理制度汇编》。石家庄电务段优化车间“15620”和班组“11428”管理模式，完善设备管理标准 110 项、岗位作业标准 224 项、班组管理标准 54 项。二是完善建设标准和评价体系。各单位按照技术标准实用、管理标准够用、作业标准管用的原则，进一步完善了个性化指标评价内容和评价方法，增强了建设标准和评价的针对性、操作性、科学性，形成了各层面全覆盖的立标、评标体系。北京动车段制定 18 个科室、10 个车间、45 个班组评价标准；石家庄车辆段制定 19 个科室、8 个车间、36 个班组评价标准；丰台工务段完善技术标准 38 项、管理标准 184 项、工作标准 80 项，修订岗位作业指导书 240 项，并动态修订完善。北京供电段细化整理管理制度260项、企业标准76项、技术规章120项、干部履责说明书321份。天津建筑段修订科室标准313项、车间标准283项、班组标准253项。三是扎实学标落标。坚持“真培、真学、真练”,以落标达标为目标,各单位通过会议解读、专题培训、开发手机应用程序、制作微课视频等形式开展学标活动,抓学标促落标。石家庄货运中心运用手机报、各种会议广泛宣讲标准化规范化建设文件、标准,搭建手机报“移动课堂”,利用抽考系统和“班前一问考试系统”,以考促学。北京供电段举办各类培训班42期1 309人次,行车主要工种三年脱岗轮训16期462人,以培训提素质。邯郸车务段开发诚信考评管理系统,通过“班前承诺、班中守信落标、班后自评总结提高”,促进干部职工主动落标保安全。天津供电段推行实作模块化考试,按模块测试考评,便于职工掌握作业标准。四是规范评价考核。标准化规范化站段由各单位自评,集团公司专业部门按年度统一组织考核评价。各单位采取自评、考评、检查验收相结合的方式,对标准化规范化科室、车间、班组实施月考核、季评定,严格控制标杆科室、车间、班组比例,将科室、车间、班组、岗位考核结果在段和车间公示板上进行公示,过程透明、结果透明,接受干部职工监督。部分单位将综合管理科室、后勤辅助车间、非生产班组等纳入评价范围,提高管理效能。北京动车段专业科室与综合科室分开评,采用验收评价成绩80分+领导评价成绩10分+车间评价成绩10分的模式,实现上下互评。北京车辆段在车间评价方面,采取合理调整通用指标和个性指标的考核权重,保障不同任务量和作业性质车间的考核公平。邯郸货运中心严格逐级考核、逐级公示,考核程序规范透明。

3.保障措施方面

各单位从多个方面采取保障措施,确保标准化规范化建设扎实开展。一是广泛深入宣传。各单位通过手机报、宣传栏、专题会议等形式,对标准化规范化建设的要求、目的、意义、实施步骤、评价标准、评价方式等内容进行宣传讲解,强化干部职工学标落标意识。北京机务段在段、车间、科室、班组4个层面开展学习教育,利用学习广播及电子屏滚动逐条宣传解读新文件，确保内容人人知、标准件件明。丰台工务段利用段手机报、段刊等媒介报道优秀做法。邯郸货运中心将标准化规范化建设与企业文化相结合，在营业部打造“企业文化走廊”“营业部荣誉墙”，重点宣传“标准化规范化”理念，以形象标准促作业标准。二是强化组织实施。在抓好日常学标落标工作的基础上，各单位抓住业务特点，进一步丰富落标措施，保障学标落标质量。天津供电段段长、党委书记与12个车间主任、党支部书记签订了《标准化规范化建设责任书》，明确职场环境、基础资料、推进计划、考核措施4个方面责任，进一步压实标准化规范化建设责任。邯郸货运中心制定偏远岗位8项人身安全盯控揭挂提示，开展多项课题攻关，确保安全重点管控。石家庄电力机务段自主研发的标准化建设及星级管理过程控制系统，逐一体现考核、落责、整改、完成各环节，提高了管控精准度。三是加大激励力度。在集团公司每月人均300元奖励的基础上，各单位筹措资金加大奖励力度，合理拉开收入距离。唐山电务段自筹80多万元，提高标准化规范化建设和星级职工的奖励额度，石家庄车辆段星级职工奖励最大差距1 400元，北京货运中心每月对职工奖励最大差距1 200元，唐山车务段奖励最大差距达1 450元，充分体现“干多干少不一样，干好干坏不一样”。

通过深入开展标准化规范化建设，有效夯实了管理基础，具体体现在：

一是安全管理更加规范。在开展标准化规范化建设过程中，各单位同步细化完善安全生产责任制、岗位安全管理职责、干部安全履责说明书等管理制度，进一步明确干部管什么、怎么管，促进干部管理规范化落到实处。石家庄车辆段编制了《干部履职遵循制度办法目录清单》和《干部履职制度办法硬性规定落实项点清单》，组织干部学习掌握“履职清单”条款内容，为提高履职质量提供保障。北京动车段动态修订段领导班子成员和27个部门的《岗位安全管理职责》《干部安全履责说明书》，实行干部跟班作业制度，努力为一线办实事、解难事。北京动车段将动车组检修、标准化规范化建设、专业管理相统一，同推进、同落实，10 月份动车组百万公里故障率为 0.29 件，同比下降 57.9%。物资供应段油库作业班组总结提炼了“卸油作业七步法”，突出防隐患防风险。邯郸货运中心强化课题攻关，精准解决 PB 型棚车车门立帮脱槽问题、平车卸集装箱作业、钢材装车防超偏载等安全隐患。

二是干部职工素质有效提升。通过将标准化规范化考评、职工岗位星级评定与考核评先、选拔任用、工资收入密切挂钩，干部职工对规章制度、作业标准的学习更加主动、理解更加透彻、落实更加自觉，有力促进了业务素质提升。北京货运中心大红门营业部经理张浩表示：“营业部的干部职工学标落标主动性强了，把各项标准与生产实际有机融合，贯彻落实到工作中去，达到以个体达标促进整体达标效果。”天津供电段接触网工王仕平表示：“通过段标准化规范化建设，我的业务水平和技术能力不断提升，连续被评为段五星级职工，在做好工作的同时实现了个人价值。”据统计，丰台工务段职工每月抽考的平均成绩稳定在 97 分以上。

三是职场环境明显改善。从实际情况看，各单位职场环境与干部职工精神面貌得到有效改善。段部、车间、科室、班组的环境标准进一步提升，资料、台账、报表、设备分类摆放、编号清楚、管理有序，办公场所明窗净几、整洁卫生，干部职工着装规范、工作有条不紊。各单位努力塑造干部职工健康向上的精神面貌。如，唐山机务段推进标准化规范化建设和文化建设融合，总结提炼符合时代特色、符合“首善”角色的先进理念，用足用好典型引领和激励政策，切实关心关爱职工，为职工发放生日蛋糕卡，开展“职工家属座谈会”“考入大学职工子女欢送会”等活动，不断增强凝聚力、向心力，促进干部职工自觉落实标准。

四是作业效率得到提升。各单位注重将标准化规范化建设与运输生产有机结合，以落实标准服务生产，作业效率提升显著。唐山货运中心以标准化规范化建设为抓手，实施了“四平行作业法”，将疏港矿石装车作业时间由 7 小时压缩到 3.5 小时，提高作业效率。北京货运中心推进集中制票中心建设，优化作业流程和人员配置，将 17 个营业部网点的内勤业务整合至 1 个制票中心，制票中心内勤用工 20 人，节约用工 50 人，完成总制票业务的 70%，劳产率大幅提升。

二、存在的突出问题

1. 认识存在偏差

从站段领导班子到班组，不同层面不同程度存在一些认识偏差现象。在站段领导层面，存在把标准化规范化建设与日常工作割裂看待的现象。比如：有的站段领导存在过关思想，认为只要搞过几次现场会就算完成任务了，没能把标准化规范化建设当作一项长期的、持续的工作来抓；有的站段牵头领导没能把这项工作当作基础性、全面性工作来看待，认为只要抓好星级职工评选工作就行，至于标准具体落实情况应该由分管安全或生产的领导负责，牵头抓总作用不突出；部分不直接负责标准化规范化工作的站段领导存在认识不到位的情况，觉得与自己分管工作关系不大，日常漠不关心。在科室和车间层面，存在把标准化规范化建设当作工作负担的现象，有的干部认为标准化规范化建设是重复劳动。在班组和职工层面，存在把标准化规范化建设单纯地当作一种考核评定的现象，有的职工认为标准化规范化建设就是搞职工间的评比、搞星级评定，有的职工对本班组具体评定标准掌握不清楚。

2. 管理制度有待完善

2022 年，国铁集团和集团公司标准化规范化建设相关文件陆续下发后，部分单位在管理和立标方面存在差距。有的单位实施细则仍是 2018 年制定的，没有及时进行修订完善；有的单位未能细化科室、车间、班组、岗位标准化规范化建设标准；有的单位简单转发集团公司相关文件，并且遗漏主要科室，直接使用集团公司专业部门制定的标准，没有结合实际进行细化，上下一般粗；有的单位相关管理制度缺失，部分科室、车间找不到标准化规范化建设岗位职责、标准等基本管理制度；有的单位缺乏有效的分析解决问题制度，在安全生产和经营管理等方面缺乏从一线岗位到站段领导间的有效沟通机制，特别是车间位置分散、距离较远的单位，存在与偏远车间联系不紧密、分析解决问题不及时的现象。

3.学标落标不细不实

调研中，通过查看学习记录，发现有的车间学习的还是集团公司2017年下发且早已废止的文件内容，反映出车间在学习记录上存在弄虚作假或者假学标假落标的问题，反映出站段、科室日常检查不细、管理不到位、履职不认真等问题。通过近期部分单位发生的事故和问题来看，干部层面管理不规范问题依然存在，在日常管理和盯控维修作业中，存在应付心态，没有及时发现和制止职工违章作业。职工中存在学标和落标不一致现象，有的职工在作业中仍旧凭经验干活，忽略标准或者对着监控设备装样子、假落标。

4.建设不平衡问题比较突出

调研发现，不同专业之间、不同单位间，甚至同一单位不同科室、车间、班组之间，存在推进不平衡，差别较大的问题。一般是距离站段本部较近、关键部门、受单位领导重视的车间，建设情况相对较好，干部职工整体思想认识和学标落标积极性也比较高；而较为偏远的车间、网点、班组还有很大提升空间。

5.评定结果运用不充分

星级职工评定制度确实起到了激发职工学技练功热情的作用，有的单位对标准化建设和职工岗位星级管理考评结果，存在“评完就了事”的现象，在综合运用上需要加强。有的单位对标杆班组、车间、科室和五星级职工缺乏经验总结、典型选树和重点推广，在运用标杆引领示范方面招法不多。有的单位对排在队尾的班组、车间、科室以及一星级职工缺乏综合分析和重点帮促，没有认识到低星级职工才是落标弱项、短板，没有认识到低星级职工需要密切关注和重点帮助。

三、对策和建议

1.加强教育培训，提高思想认识

要有针对性地开展不同层级教育培训，突出重点内容，进一步统一干部职工思想认识。领导干部层面，特别是集团公司各专业部门和基层单位的领导干部，对标准化规范化建设文件应该先学一步、深学一层，确保真正透彻理解其内涵，重点掌握哪些方面需要规范化、哪些作业需要标准化，以及本系统、本单位需要达到什么样的标准；要谋划如何才能更好地推进标准化规范化建设工作，如何才能充分发挥好示范表率作用。科室、车间层面，重点抓好“立标”细化工作，进一步筛选与本科室、本车间相关的内容，补充完善符合实际的内容，突出学习内容的适用性，掌握岗位执行的具体标准。班组、岗位层面，在深入“学标”的基础上，更加紧密地融合标准与实际，真正使标准从墙上、纸上落实到工作中，实现学以致用，防止学一套、做一套“两张皮”现象。

2.健全管理机制，层层压实责任

一是依据集团公司最新文件，由各单位细化完善管理制度和评价标准，明确牵头责任部门和配合部门，明确各级干部具体分工，增强大局观，强化责任担当，树立久久为功的理念，防止抓工作紧一阵、松一阵。二是抓好落标对标，真正体现标准化规范化建设成果。充分用好星级职工评选办法，将日常工作质量与评选密切挂钩，通过“理论考试”“实作考试”“日常评价”“同事打分”等多种方式合理搭配进行评选，促进落标对标质量提升。三是建立全过程监督机制，提高日常落标督促检查力度，而不仅在月末、季度末考核评定，防止为考核而考核、为评定而评定的形式主义，提高职工落标自觉性和主动性，推进落标对标常态化。

3.补强短板弱项，促进整体提升

从以往的事故情况看，问题多数发生在重视程度不够、标准化落实弱的部门、岗位。对标准化规范化建设进度不均衡的情况，必须高度重视，由各专业、各单位采取切实措施，及时补强。一是摸清底数。综合运用月度考核、季度评价，对学标落标有差距的科室、车间、班组、岗位人员等情况收集梳理，按照轻重缓急，列明问题清单。二是制定方案。根据问题清单，从安全生产、效率效益、整改难易程度等不同角度，制定针对性改进措施，明确责任人员和完成时限，确保改进效果。三是重点关注。对短板弱项应重点予以关注，积极组织有差距的车间、班组、岗位人员重点学习本单位、本系统内标杆榜样的好做法、好经验，切实形成以点带面的效果；对改进情况进行月度、季度跟踪，必要时可进行人力、物力帮扶，提升整体学标落标质量。

4. 实施动态优化，完善标准体系

集团公司各专业部门制定的标准化规范化实施方案与现场实际需要存在一定的差异，需在动态调整、逐步完善上下功夫。一是畅通联络机制。加强各层级的协调联系，形成上下贯通、沟通顺畅的联络通道，及时收集现场反馈的问题和建议，对于基层的实际诉求，专业部门要及时协调解决。二是完善标准和评价体系。要结合现场反映的实际问题、技术设备变化、生产组织调整等，及时对标准体系进行完善，并做好适用性验证，保证制度体系贴近一线、符合实际。三是创新工作思路。充分运用信息化、智能化手段，将远程培训考试、远程视频监控、大数据分析等先进技术运用到学标、落标、对标各环节，以及评价考核公示等工作，不断提高标准化规范化建设质量。

关于落实党风廉政建设责任制情况的调研报告

中国铁路太原局集团有限公司
张永青　张晋卢　高　毅　宋雪莲

按照国铁集团党组和集团公司党委重点工作任务要求，为全面了解掌握集团公司基层单位落实党风廉政建设责任制工作情况，今年以来集团公司纪委制定专题调研方案，组成调研专班，利用组织召开专题座谈会、深入现场检查、开展执纪审查、进行“四风”督查等时机，对全局基层单位落实党风廉政建设情况进行了系统摸底、全面梳理，努力为集团公司党委加强党风廉政建设提供参考。

一、存在的问题

调研中坚持问题导向，通过面对面交流、实地查看台账资料、座谈了解和日常监督执纪，发现和掌握了大量基层单位在落实集团公司党风廉政建设责任制方面存在的突出问题。

1. 践行“两个维护”不到位

铁路作为国民经济大动脉、国铁重要基础设施和大众文化交通工具，不仅有着党的优良传统，更要深刻与党和国家大局保持一致，认真贯彻落实习近平总书记对铁路工作重要指示批示精神，全面保证党的路线方针政策在铁路系统落到实处。近年来，习近平总书记先后对做好高铁普铁环境整治、防洪抗汛工作等作出重要指示批示，但在这些方面集团公司个别单位还存在落实不好的问题。从发现的问题来看，在铁路安全隐患综合治理中，有的单位向集团公司瞒报、漏报安全隐患问题数量，严重干扰了集团公司的整体安全工作；在防洪预抢工程项目中，有的单位存在偷工减料、质量不达标、项目施工监管不力等严重失职问题；在普速铁路安全隐患整治中，有的单位走过场，弄虚作假，向集团公司瞒报护网外侧彩钢房拆除情况。以上类似这些工作就是政治任务，完成这些工作就是增强“四个意识”，坚定“四个自信”，做到“两个维护”的具体体现，出现这些问题归根结底还是对习近平总书记对铁路工作的重要指示批示精神重视程度不够，政治站位不高，大局意识不强，没有把本职工作放在践行“两个维护”的高度去抓、去管。

2. 落实“两个责任”不到位

习近平总书记在十九届六中全会上强调，全党必须铭记生于忧患、死于安乐、常怀远虑、居安思危，继续推进新时代党的建设新的伟大工程，坚持全面从严治党，坚定不移推进党风廉政建设和反腐败斗争。但从查处的违纪违规问题来看，有的单位既没有做到常怀远虑，也没有做到居安思危，更是对全面从严治党和党风廉政建设工作不重视，落实责任不到位。例如，有的单位党委对主体责任认识不清楚，工作中不学习、不研究、不落实，没有把履行主体责任当作分内之事，落实往往停留在纸面文件上，停留在口头安排上，政策制度不出屋的问题还大量存在；有的单位长期不开展政治生态分析和意识形态分析，对“不托底”的人和事心中无数；有的单位甚至党委书记不正确履行第一责任人职责，党员干部发生问题后，不是从自身和管理等方面找问题，而是到处说情打招呼，严重影响执纪办案工作；有的单位班子副职的认识不到位，不履行一岗双责，认为党风廉政建设是纪委的事，分管范围的事与自己无关；有的单位纪委履行协助职责不力，还有个别人员执纪违纪，这些问题都是不落实党风廉政建设责任的问题。

3. 执行“三重一大”不彻底

“三重一大”，即重大事项决策、重要干部任免、重大项目投资决策、大额资金使用都必须由领导班子集体作出决定，具体到我们企业也就是必须通过党委会、党政联席会、董事会、总经理会等会议集体研究讨论。“三重一大”集体决策就是把权力关进制度“笼子”的重要体现，是贯彻民主集中制的重要内容，是加强作风建设的根本要求，是加强对“关键少数”监督的有效途径，是预防和遏制腐败现象发生的重要保证。但是，从现场调研和查办案件中看，有个别单位该上会不上会、违规集体决策、集体决策弄虚作假、集体决策落实不到位等问题不同程度存在。有的单位对大额度资金支付、全年重点工作及任务分工、推荐先进名单、给予职工企业纪律处分等事项甚至不提交会议研究讨论。这些问题表面上是不落实会议制度，但深入分析，还是对“三重一大”的重要意义认识不清，不落实民主集中制要求，甚至明知故犯，出现一个人、少数人“拍板”的问题，不仅没有让权力在阳光下运行，而且滋养了违纪违规问题的土壤。

4.经营管理不规范

经营管理是企业核心竞争力的重要组成部分，经营管理的目标就是让企业自身的人力、物力、财力得到最优化的使用，从而增强企业的市场竞争力，使企业良性循环，逐步壮大。但是从现场调研和查办的案件来看，个别党员干部不仅不会经营管理，而且在企业经营管理中不作为、乱作为，扰乱企业的经营管理秩序，破坏了公平分配的原则，搞乱了单位的政治生态，其中比较突出的就是“小金库”问题，其中套取工程费用、套取职工奖金、套取伙食补助、套取租赁费、收取企业赞助费等多种方式成为个别单位形成“小金库”的主要手段，形成的“小金库”又用于吃喝宴请、输送礼品礼金、违规发放津补贴、违规支付费用等，干扰了单位的正常经营秩序。“小金库”这类顽症久治不愈，暴露出一些单位和部门在制度机制上存在漏洞，在资金监管上留有“暗门”，在经营管理上开了“天窗”，廉洁风险防控存在较大不确定性。除此之外，在物资清查、工程管理、合同招标等方面也不同程度存在问题，账物不符、虚假招标、拆分合同等违纪违规问题也时有发生、屡禁不止。

5.部分党员干部心存侥幸

习近平总书记指出，要锲而不舍落实中央八项规定精神，保持党同人民的血肉联系。坚持以上率下，巩固拓展落实中央八项规定精神成果，继续整治“四风”问题，坚决反对特权思想和特权现象。中央八项规定精神就像给党员干部戴上了“紧箍咒”，作用巨大、效果明显、十分灵验，但仍然有少数党员干部心存侥幸，出现“廉而不勤”“廉而不为”“变通执行”“被动执行”“不以为然”“等待观望”“僵化落实”“选择落实”“监督乏力”“躲避监督”等情况，主要突出表现在机关干部违规接受宴请，收受好处，违规操办婚丧喜庆事宜，违规报销差旅费，违规分配奖金，超标准发放奖金，违规使用公车、加油卡以及办公用房面积超标等方面。上述这些问题，归根结底是规矩纪律意识不强，对党的纪律不在乎、不敬畏，我行我素、破纪破规的直接反映。

6. 违纪问题影响安全生产

安全生产只有起点、没有终点，党风廉政建设永远在路上。作为一个铁路企业，抓党风廉政建设工作和抓安全生产工作缺一不可，必须两手抓，两手都要硬，如果顾此失彼将会是按下葫芦浮起瓢，解决不了根本问题。例如，在验收评估和现场检查工作中，机关部门个别管理人员多次接受基层单位宴请，帮助“安全差点”基层单位摘帽，帮助基层单位将发现问题大事化小、小事化了，帮助基层单位降低或减免发牌等级和数量，这种帮助不仅为现场生产埋下了严重隐患，而且助涨了不正之风，比不发现问题的影响更坏，特别是还发现有的单位吃喝宴请已经成为习惯，上行下效，段领导以尽地主之谊陪同宴请集团公司机关工作人员，车间以联络感情为名主动宴请包保检查的段领导，车间负责人办公室常年备用各类酒水，随时准备聚餐，甚至有的费用还是由施工单位、业务管理单位、管理服务对象支付，这些问题反映出，相比现场的“生产安全”“作业安全”，没有人注重我们自己的“廉政安全”“政治安全”。铁路企业现场安全和政治安全同等重要。

7. “关键少数”不收敛不收手

党的委员会是党执政兴国的指挥部，“一把手”是党的事业发展的领头雁，在增强“四个意识”、坚定“四个自信”、做到“两个维护”上必须作表率、打头阵。2021 年 3 月 27 日，中共中央印发了

《关于加强对“一把手”和领导班子监督的意见》。分析集团公司纪委查处的案件，个别“关键少数”存在的问题主要集中在滥发奖金、收受礼品礼金、公车公卡私用、违规操办婚丧喜庆事宜以及八小时之外不自律等问题。例如，有的单位领导人员安排劳动人事科发放奖金依据不充分，发放金额不合理，相互之间差距悬殊；有的单位将集团公司给予全段干部职工的奖励全部发放给班子成员；有的单位领导人员收受所属企业、下属单位礼品礼金；有的单位领导人员使用公务加油卡为私家车加油；有的单位领导人员生活作风不检点、生活情趣不健康。

8.形式主义官僚主义隐形变异

在监督执纪过程中，我们经常发现正是由于一些制约权力运行的制度和流程流于形式，不完善、不规范、不清晰，才使有些人能够搞变通、搞选择，有了伸手破纪的空间。有关形式主义官僚主义的问题是我们发现数量最多、种类最多的问题。在形式主义方面，发现个别单位发文、会议数量不降反增。例如，有的单位下发文件照抄照搬，“铁道部”“总公司”等字眼比比皆是，一份文件将年份一改，其余内容一字不改就下发；还有的一方面利用集团公司公文系统下发公文，一方面又自建办公系统下发文件，表面上纳入集团公司统计的发文有所减少，但实际上内部发文不减反增。在官僚主义方面，发现个别单位的领导人员，文件层层批转，检查开会弄虚作假，日常带头搞特殊。例如，一份重要文件，段长批给主管副职，主管副职批给科长，科长批给科员，有的“一圈了之”，没有了下文；有的班子成员，同一时间显示他的名字一方面在参加党委会、党政联席会、段长办公会，另一方面又在下现场检查，时间相互冲突；有的作风漂浮、不想吃苦，有一个单位的多名班子成员，一年来下现场检查，全部在段本部周边，分管领导一年连自己分管的车间都不去一次，职工群众反映对段班子成员“不熟悉、没见过”成为普遍现象。

这些违纪违规问题，任何一件都跟集团公司整体政治生态有关系，任何一件都不是孤立的，现场吃拿卡要就发生在职工身边，文件多会议多增加职工负担，违规决策侵害了职工利益，等等，所有这些汇聚成了单位的整体政治生态。上述问题的存在，需要纪检组织持续加大查处力度，因为纪检机关是政治机关，纪检工作是政治工作，纪检组织的初心和使命，就是维护群众利益，其所做的一切工作，都要顺乎人心、一心为民。保持高压态势，加大查处力度，是在维护职工群众的切身利益，让大家工作生活起来舒心、顺心。

二、工作思考

做好党风廉政建设，需要全局各单位各部门各级组织同步发力，共同履行职责。纪委作为监督专责机关，要发挥监督保障执行、促进完善发展作用。下一步，要进一步学习贯彻党的十九届六中全会精神，认真落实十九届中央纪委六次全会精神，特别是认真学习、贯彻、落实党的二十大精神，深化贯彻国铁集团党组和驻国铁集团纪检监察组部署要求，针对党风廉政建设情况特别是存在的问题，坚持问题导向、目标导向、结果导向，对各种违纪违规问题坚持从政治上看，从管理上看，深刻认识“没有离开政治的业务，也没有离开业务的政治”，深刻认识“政治问题往往体现在管理问题上，管理问题背后往往反映的都是政治问题”，紧盯“国之大者”，持续推动全面从严治党，使党风廉政建设和反腐败工作向纵深发展、向基层延伸，积极营造集团公司风清气正、海晏河清的政治生态。

1. 做实政治监督

一是围绕贯彻落实习近平总书记对铁路工作重要指示批示精神和党中央决策部署情况，加强两级纪检组织日常沟通联系，定期向国铁集团党组和驻国铁集团纪检监察组报告情况。二是围绕贯彻落实国铁集团党组部署要求和集团公司党风廉政建设重点任务，健全政治监督具体化常态化工作机制，通过约谈督促、调研检查、问题督办等方式，加强对党风廉政建设责任制执行情况的精准监督，对捍卫制度、落实决策、履行责任、行使权力等情况进行跟进监督。三是围绕贯彻落实全面从严治党政治责任，开展监督从政治纪律和政治规矩严起，开展审查调查从政治纪律和政治规矩查起。按照集团公司党委安排部署，聚焦管理者、干部、领导人员，对重复性、群体性、系统性、严重性违纪问题，严肃追究管理责任、领导责任和党委主体责任、纪委监督责任。

2. 持续纠治“四风”

一是紧盯重要节点抓提醒。针对重要节假日，专项部署纠治“四风”工作，开展现场督查和重点抽查，常态化通报违反中央八项规定精神典型案例；针对结婚、生日、升学等重要事项，加强对廉政谈话制度执行情况的监督检查，重申禁令红线，严明纪律规矩。二是紧盯典型案件抓惩处。严肃查处违规接受宴请、收受礼品礼金、滥发津贴补贴等享乐主义、奢靡之风的突出问题，坚决防反弹回潮、防隐形变异、防疲劳厌战；深化整治“包装式”“洒水式”落实等形式主义、官僚主义的典型问题。三是紧盯突出问题抓整治。注重从干部群众反映和信访举报中发现端倪，掌握实情，对反复出现、普遍发生的问题，研究分析症结所在，提出意见建议，推动相关部门完善制度、优化治理。

3. 强化日常监督

一是突出监督精准性。加强对同级党委和下级党组织监督，推动各级党组织充分履行职能，促使各级领导人员有效发挥“头雁”效应；加强对关键岗位人员监督，推动职能部门把廉洁风险防控内嵌业务工作全过程、各环节，强化对权力运行的制约和监督。二是突出监督系统性。统筹衔接纪律监督、巡察监督、审计监督、专业监督、群众监督，做到信息互通、成果共享、衔接顺畅、优势互补；推动监督于问题未发之时，让干部感受到监督、习惯被监督，让群众知道监督、积极参与监督。三是突出监督有效性。畅通问题线索处置这一监督主渠道，合理运用监督执纪“四种形态”，注重用好第一种形态，看见苗头就提醒、听到反映就过问、发现问题就处理；坚持“三个区分开来”，实现政治效果、纪法效果、社会效果有机统一。

4. 深化政治巡察

一是树立系统观念。充分发挥巡察综合监督平台作用和联系服务群众纽带功能，推动巡察监督与纪律监督统筹衔接，推动各类监督贯通协同，把制度优势转化为监督效能；利用信息化手段，推动执纪审查管理信息系统与巡察管理信息系统深度融合，提高综合监督的影响力。二是推动责任落实。督促被巡察单位做好巡察“后半篇文章”，积极探索发现问题、整改落实、成果运用、信息共享等方面的工作机制；充分借助上级政策、制度、力量支持实现上下贯通、互促互进。三是督促问题整改。始终把巡察移交问题线索摆在优先处置位置，对有价值的线索要组成办案专班，重点核查，形成震慑；及时反馈核实的问题，督促被巡察单位党组织尽早处置，督促未接受巡察单位党组织对照问题自查自纠，确保巡察整改件件有着落、事事有回音。

5.一体推进“三不腐”

一是“惩”到位。紧盯物资、建设、运输、经营等重点领域，紧盯“靠路吃路”等重点问题，紧盯不托底的人和事，对党的十八大后不收敛不收手，特别是党的十九大后仍不知止、胆大妄为的，发现一起、查处一起。二是“治”到位。聚焦案件暴露的问题挖深挖透，针对性提出纪律检查建议，督促案发单位或部门开展专项整治，完善制度、堵塞漏洞；盯住落实整改，健全纪律检查建议提出、督办、反馈和回访监督机制，形成更多制度性成果和更大治理成效。三是“防”到位。做实同级同类干部党纪国法教育和案例警示教育，增强教育的覆盖面、及时性、感染力；综合运用召开处分决定宣布会、专题民主生活会、警示教育会等方式，时刻提醒党员干部知敬畏、存戒惧、守底线，持续巩固纪律教育大宣教格局。

腐败和反腐败较量还在激烈进行，并呈现出一些新的阶段性特征。面对依然严峻复杂的反腐败斗争形势，全局各单位各部门各级组织，特别是广大党员干部需要保持清醒的头脑，要牢记总书记的告诫，决不能滋生已经严到位、严到底的情绪，要永远吹冲锋号，牢记反腐败永远在路上，牢记反腐败永无止境，切实发挥监督保障执行、促进完善发展作用，推动全面从严治党向纵深发展。

关于推进运输站段标准化规范化建设深化发展的调研与思考

中国铁路呼和浩特局集团有限公司企法部
王　刚　丁锡民　庞志琦　王贝贝

为推进运输站段标准化规范化建设深化发展，企法部组成专项调研组，深入管内运输站段，采用查看资料、座谈交流等方式对呼和浩特局集团公司创建工作进行调研，围绕国铁集团66号推进落实情况和深化创建工作做法等进行了深入思考。

一、推进运输站段标准化规范化建设的主要做法

1.领导高度重视，亲自谋划部署推动

呼和浩特局集团公司始终把运输站段标准化规范化建设作为强基达标、提质增效的有力抓手，主要领导高度重视，亲自谋划部署、总结点评，指导推动。党委书记、董事长直接上手统筹推进创建工作，组织企法部研究制定创建方案，明确“五级联创”“六个达标”的创建思路，建立企法部牵头协调、业务部门系统推动、运输站段具体实施、综合部门合力创建的责任机制，在年度工作会议和每月电视电话会议上，明确争创目标，提出具体要求；深入基层组织车间主任、书记，召开专题研讨会，研究标准化车间创建思路和具体推进措施，指导站段重点围绕“立标、学标、落标、对标”四个环节，在标准化车间建设上下功夫。总经理多次组织业务部门、企法部研究细化落实措施，指导制定标准化规范化建设科室、车间（中间站）考核评价实施方案，利用交班会、月度会议，总结点评各单位推进情况，研究解决推进中的问题。各业务系统主管领导利用系统工作会、对话会、现场调研等，指导推动创建工作落地落实。

2.上下联动,打造“五级联创”工作格局

按照“一级带一级、一级保一级”的思路,同步推进标准化规范化站段、科室、车间、班组、岗位创建,逐级落标、层层创优、相互促进,形成“五级联创”工作格局;围绕站段创建,坚持个性保通用、标准高一档、要求严一格的原则,逐一对照国铁集团通用指标和创优指标进行细化补充,形成包括12个类型站段、1 977个评价项点的标准化规范化站段创建指标体系;实施站段分级评定,设置“优秀”“达标”“不达标”三个等级,根据年度评价结果奖励优秀、帮扶落后;围绕科室车间创建,坚持专业部门指导、站段主创的原则,分系统印发了标准化规范化科室、车间创建方案,将全局185个专业管理科室和498个主要生产车间全部纳入;借鉴国铁集团“基础+创优”指标体系,重点围绕站段“700分+300分”的任务分解和责任落实设置科室车间创建指标,用于站段季度阶段评价、年度综合评定;围绕职工数量、工作量和管理难度设置车间创优系数,用于业务部门复核认定;围绕班组岗位创建,各站段细化制定了贯彻国铁集团和集团公司实施方案的具体落实措施,通过设定评价指标、科学划分班组类型、继承创新安全星级职工考评方式,将创建工作细化到班组和岗位。如,呼和浩特机务段重抓五级联创指标体系建设,在“段层面”,细化增加通用指标的制度标准、记录台账等内容,逐项分解至科室、车间、班组、岗位;在“科室、车间层面”,编制完成六个专业科室170项、五类主要生产车间200项评价指标;在“班组、岗位层面”,区分272个班组、502个岗位,独立设置两个专项考核评价办法,逐级推动五级联落实落地。

3.加强制度建设,搭建站段制度体系“四梁八柱”

按照“系统完备、科学规范、运行高效”的原则,健全完善运输站段制度体系,建立安全管理、运输生产、经营管理、人力资源、财务管理、物资管理、综合管理、党的建设和群团工作8类规章制度;选取7个站段作为试点单位,全面梳理安全管理、运输生产等8类制度建设情况,从分层分类、决策主体、责任部门方面组织各部门对运输站段管理制度进行审核,重点查看制度是否健全,类别划分是否规范，制度内容是否符合规定，共对7个站段提出需要细化的制度186个，需纳入目录执行的制度696个，指导站段形成完整有效的制度目录；在总结试点单位制度建设工作经验的基础上，在全局36个运输生产站段全面推广，基本建立制度体系的"四梁八柱"；自主研发集团公司经营管理制度信息系统，全局72个单位（部门）11 000余项管理制度纳入系统，推动完善了标准化规范化建设的标准体系。

4. 融合专业管理，推动创建工作深入开展

集团公司将专业管理对标评估和创建工作评价相互融合，从组织形式上实现同布置、同检查、同推进，减少站段迎检负担。专业部门每半年、年度组成验收小组，深入管辖各站段既开展专业对规，又开展创建工作验收评价；车辆系统结合既有车间（科室）标准化规范化建设，制定小单元检查评价标准416项，纳入班组标准化规范化建设，按照"小单元月度自检自验、车辆段季度自查自评、车辆部半年抽查抽验"的方式，同步推进验收评价；党群部门结合政治思想工作验收，综合部门结合专业工作检查评估开展对口指标的年度综合评定，有效杜绝创建工作与专业管理工作"两张皮"。

5. 加大考核力度，充分运用评价结果

印发表彰奖励文件，对标杆站段和优秀站段进行考核激励。一是纳入工资总额考核。对被评为2021年度全路标杆站段的6个单位和全局优秀站段的11个单位，按人均500元、300元标准单独增加工资总额奖励，共计投入资金800多万元。二是纳入经营业绩考核。对6个标杆站段主要负责人，根据全路排名档次，在国铁集团奖励的基础上，又给予5 000元、2 500元奖励，对11个优秀站段主要负责人给予5 000元奖励；对标杆站段的主管业务部门运输部、机务部、工务部、货运部，按照它们在全路的排名档次，分别给予负责人1 200～3 200元奖励，给予其他人员1 000～1 500元奖励；综合考虑系统内运输站段获得标杆站段的数量和比率，对排名前三的货运部、工务部、机务部负责人、其他人员给予1 500元、1 200元奖励，共计投入资金50多万元；对取消评价资格

的包头供电段主要领导扣罚 3 500 元、其他班子成员扣罚 2 000 元，联责扣罚主管业务部门负责人和其他人员 1 200 元和 1 000 元。三是强化创建成果运用。集团公司将获得全路标杆站段和全局优秀站段作为年度各类评先的主要条件，优先推荐为集团公司文明单位、先进集体等。今年在评选先进党委中，凡被评为国铁集团标杆站段和集团公司优秀站段称号的单位，且年度思想政治工作达到良好以上，直接命名为先进党委，并在“七一”当天进行了表彰。四是指导帮助不达标站段。针对包头供电段被国铁集团取消评价资格的实际，集团公司成立以供电部主管副主任为组长，相关部门人员参加的工作组，对包头供电段各车间、班组落实创建工作情况、设备检修工作开展情况、接触网作业管理工作和设备巡视制度执行情况进行现场检查、蹲点指导帮促，组织召开座谈会，就如何以创建工作防范事故发生为主题展开激烈讨论，督促干部职工进一步吸取事故教训，落实安全防范措施。

6. 加强学习交流，突出示范带动作用

集团公司综合运用会议交流、媒体推广、访谈宣传等方式，加强标杆站段的经验交流。连续四年分地区召开“企业文化暨站段标准化规范化建设”现场推进会，2021 年在京包高铁、唐包重载线相关站区举办，观摩了标准化作业、标准化站区等示范样板，交流了创建经验；2022 年计划在乌海临河地区继续组织召开现场会，企法部、宣传部、业务部门已 4 次深入现场 60 多天，蹲点督导、全程介入示范项目建设全过程。按照集团公司部署，9 个业务系统全部排定了系统现场会时间。目前货运系统、机务系统、供电系统先后在乌海、包头地区召开系统现场会，交流推广创建经验，其他系统将陆续召开。印发宣传方案，从 5 月开始，每月安排 1～2 个标杆、优秀站段在全局月度电视电话会议上作经验介绍。5 月安排了呼和浩特工务段、呼和浩特机务段交流发言；7 月、8 月、9 月分别安排了集宁工务段、包头客运段、包头车辆段发言，年内标杆、优秀站段将全部安排完毕。在全局各类媒体上开辟专栏，分批次宣传报道标杆、优秀站段创建做法，引领全局学标杆、争先进，营造良好的氛围。目前全局各类媒体宣传报道35次，手机报、电视台已对6个标杆站段连续进行两轮刊播。

二、推进运输站段标准化规范化建设存在的问题

1. 指标体系还需进一步完善

一是基础指标评价内容繁杂。标准化规范化建设基础指标通用部分评价内容涵盖运输站段安全质量效益、综合党建各个方面，评价内容多、评价项点细，年度全覆盖检查复核难以实现。二是基础指标扣分标准与其重要程度不相匹配。如获得全国先进集体加3分，与通用指标多处评价项点动辄扣3～5分相比，从获得的难度、数量和影响程度上均不成比例。三是部分站段基础指标共性内容评价标准不一致。如车务站段第1项评价内容第(1)个评价项点“年度内安全生产和职业卫生目标制定、分解、实施、检查、考核各环节要求未落实，每项减2分”，而客运车站、货运站段却针对该项评价项点减1分，导致集团公司在评价有客有货、有客无货、有货无客同一站段时，不同专业同一问题考核标准不一致。再如工电系统作业指导书由业务部门统一制定，对缺项、内容错误、修订不及时等问题，却要扣减工电供站段相应分值。四是个别创优指标与站段努力程度关系不紧密，难以真实反映站段创优水平。如客运周转量、担当票价收入，完成情况主要取决于车站营销力度、售票数量，与客运段努力程度关系不大，但却占据55%的考核权重。五是加分条件认定方式不明确，“一标独大”。由于各省、铁路局集团公司政策规定不一致，加分条件认定形式未统一明确，导致各局获奖项目、数量差距较大；生产任务加分较多，造成加分项目覆盖扣分、决定考核结果的现象，影响评价的科学性、合理性。

2. 杆站段评选机制难以全面反映站段创建水平

基础指标通用部分作为评选标杆站段的入围门槛，全面反映了各单位管理现状。入围后依据工作量、效率、效益、质量等方面选取的创优指标评选标杆站段，难以全面客观反映站段的整体创建水平；而且，创优指标大多以工作量为主，依靠这些指标评选全

路标杆站段，容易造成体量大站段的集聚效应，影响其他站段创建积极性。

3.站段分组还需进一步优化

全路参加考核评价的875个站段按照承担业务性质划分为15个类型，在部分类型站段中又细分为若干组别，但组内站段仍然存在作业性质不同、工作量体量大小不均衡等差异。如客运车站分组，将边缘小局的客运车站与经济繁荣、人员流动大的深圳站、北京西站等放在一组内评价，客运体量没有可比性。

三、推进运输站段标准化规范化建设深化发展的思考

1.进一步优化完善指标体系

一是调整基础指标通用部分和个性部分比例。统筹考虑国铁集团、集团公司和运输站段在创建工作中的职能定位，调整基础指标通用部分和个性部分的分值比例。国铁集团突出管专业、管结果、管成效，铁路局集团公司突出管阶段、管过程、管关键，运输站段突出管实施、管落实，依据职能定位精简通用部分内容和权重，抓住"说了算、看得见、管得住"的专业指标；加大个性部分的权重，将日常管理性、需深入现场了解掌握的指标下放给铁路局集团公司管理，提高指标评价的针对性、科学性和可操作性。二是进一步优化完善创优指标。根据路网布局、地区经济发展水平、设备维护环境、工作难度等，合理设置创优指标及权重。如工务段"全员劳动生产率"可根据高速、普速占比分别计算；"每万通过总重吨公里单位成本"可根据线路基础情况，对建设年代久、基础差、环境恶劣、自然病害多的线路投入成本高的实际，增加考核权重折算系数。为更好调动各站段争先创优积极性，在设备维护站段增加反映单位贡献情况的创优指标。如工务段增加"年度生产任务完成情况"（包括管内基建、改建、大中修、机械化维修等）、"设备维护质量"工作量指标，综合考虑换算公里、运营里程、正线延展长、运营年限等因素，合理设置考核权重。三是明确各项加分条件。进一步明确各项加分项目、认定部门，在认定加分项时以"含金量"为导

向；设定加分上限，避免出现“一标独大”而造成的轻基础管理、重指标加分的创建导向。四是修订完善基础指标评价内容。由各专业部门牵头，负责全面梳理基础指标通用部分的评价项目、内容和标准，对标准不一致、内容不合理等项点，协调国铁集团相关部门统筹修订完善，进一步优化各项评价内容的考核标准，保证其难易度、重要性、关键性与评价分值相匹配。

2. 进一步优化调整标杆站段评选方式

突出安全质量效益体量并重原则，分别赋予创优指标、基础指标通用部分和铁路局集团公司推荐排名三部分不同权重得分，确定站段排序，评选标杆站段、重点帮扶站段。

3. 细化优化站段分组

综合考虑工作量、地区差异、工作性质、基础设施装备等因素进一步细化站段分组，确保站段间具有可比性，保证考核评价的公平性。如客运车站、客运段可依据工作量体量等细分为大小组别；电务段、供电段、综合维修段可依据地域、基础设施、普速、高铁业务性质差异等细分组别；同时根据各铁路局集团公司生产力布局调整，动态调整站段分组。

4. 统筹做好重大站段和标杆站段的考评工作

全路 91 个重大站段的评价指标分为工作量指标、管理跨度(或设备数量)指标和劳动生产率指标，不仅与站段标准化规范化建设的创优指标趋于一致，甚至考核激励也按照就高原则不重复奖励，造成重大站段无论获得标杆站段与否，在考核激励上没有区别，不利于调动重大站段创建积极性；应对重大站段和标杆站段分别考核激励，或者重大站段激励以标杆站段评选结果分档兑现，使得获得标杆站段的重大站段与未获得的在收入上有所区别。

5. 推动创建工作向科室、车间、班组、岗位延伸

在站段创建工作取得成效的基础上，指导集团公司开展标准化科室、标准化车间、标准化班组、标准化岗位建设，强化顶层设计、明确创建路径，带动各级在“立学落对”上下功夫，为夯实铁路基础工作，实现铁路高质量发展提供坚实基础。

6. 加强交流共享

分系统、分地区举办路网性的现场推进会，交流学习各集团公司创建经验，引领各站段参照标杆站段开展创建工作，推进创建工作深化发展；启用考核评价信息系统，减轻各站段考评工作负担；开辟信息专栏，及时公布参评站段评价结果、入围站段名单、创优指标得分等，让站段找准薄弱环节，明确努力方向。

7. 列明评价内容的制度依据

增加基础指标评价项点所依据的相关制度名称、文号，一方面对评价项点、评价内容提供有力的制度支撑；另一方面在对标创建过程中，也有利于站段对照各项规章制度，进一步规范完善本单位制度体系，夯实基础管理。

武汉局集团公司运输一线班组长政治素质情况调研报告

中国铁路武汉局集团有限公司党委组织部
胡小清　孙秀伟　柯丽珍
中国铁路武汉局集团有限公司党校基本理论教研室
张　琳　颜　怡　余彬梓
中国铁路武汉局集团有限公司党委宣传部　曾连平
中国铁路武汉局集团有限公司党委组织部　陈　浩

按照国铁集团党组要求，为切实加强运输一线班组长队伍政治素质建设，武汉局集团公司党委组成课题组，采取分层剖析、统计分析、重点访谈、问卷调查、解剖案例和查阅资料等方式，围绕班组长队伍政治素质建设情况开展了深入调研。调研共收集各层级干部职工调查问卷 14 420 份，分析运输站段调研报告 40 份，深入 26 个站段，一对一访谈部分领导人员、中层干部和班组党员群众，现将有关调研情况报告如下：

一、运输一线班组长队伍政治素质总体情况分析

（一）基本情况分析

在政治身份维度方面，集团公司运输一线班组长共 3 803 人，其中党员班组长 2 634 人，占 69.26%；非党员班组长 1 169 人，占 30.74%。非党员班组长中，入党申请人 288 人、入党积极分子 318 人、2022 年发展对象 129 人，分别占 24.64 %、27.20% 和 11.04%；未递交入党申请书的 434 人，占 37.12%，其中有入党意愿的 230 人、无入党意愿的 204 人。在年龄结构维度方面，平均年

龄 39.85 岁，其中党员班组长 40.83 岁，非党员班组长 37.64 岁。班组长中 60 后 505 人，占比 13.27%；70 后 1 394 人，占比 36.66%；80 后 1 158 人，占比 30.45%；90 后 746 人，占比 19.62%。在学历结构维度方面，研究生 3 人，占比 0.08%；大学本科 593 人，占比 15.60%；大学专科（高职）1 923 人，占比 50.56%；中专或高中 1 255 人，占比 33.00%；初中及以下 29 人，占比 0.76%。在经历维度方面，任职时间 1 年以下的 590 人，占比 15.51%；1 年以上、3 年及以下的 1 147 人，占比 30.16%；3 年以上、5 年及以下的 799 人，占比 21.01%；5 年以上、8 年及以下的 506 人，占比 13.31%；8 年以上的 761 人，占比 20.01%。任职时间最短的 0.08 年，最长的 32 年，平均任职时间为 5.81 年，其中党员班组长平均任职时间为 6.03 年，非党员班组长平均任职时间为 5.30 年。在专业系统维度方面，车务系统行车专业 351 人，占比 9.23%；货运专业 140 人，占比 3.68%；客运专业 807 人，占比 21.22%；机务系统 590 人，占比 15.51%；工务系统 580 人，占比 15.25%；供电系统 360 人，占比 9.47%；电务系统 599 人，占比 15.75%；车辆系统 376 人，占比 9.89%，其中高铁领域 905 人，占比 23.80%，重载领域 79 人，占比 2.08%。

（二）政治素质分析

1. 政治理论素养方面

班组长普遍能够认识到提高政治素质的重要性。问卷调查显示，84.22%的班组长认为提高政治素质对提升自身价值非常重要，87.22%的班组长认为提升政治理论素养是提高自身政治素质的必然要求。广大班组长能够坚持学习习近平新时代中国特色社会主义思想，特别是认真学习习近平总书记关于安全生产和铁路工作的一系列重要指示批示精神，把提高理论素养与增强执行力结合起来。各级党组织能够采取多种途径经常性地加强对班组长的政治理论教育，其中，党支部“三会一课”、班组政治学习、定期组织培训，是提升班组长政治理论素养的主要抓手，95.40%的班组长表示经常参加或定期参加政治理论学习；“学习强国”App、“掌上武铁”App等以其时效性、鲜活性、丰富性、便捷性，赢得广大班组长的青睐，是班组长加强理论学习的重要途径。少数班组长存在抓政治理论学习的站位不高，政治理论学习存在浅表化的问题，特别是在学懂弄通、入脑入心、推动工作上下功夫不够。

2.政治认知水平方面

广大班组长高度认同中国共产党的领导和中国特色社会主义制度的优势，对中国共产党怀有深厚的感情，对核心的拥戴坚定不移，对中国共产党能、中国特色社会主义好、马克思主义行坚信不疑。大多数班组长在思想上与主流意识形态保持一致，能够正确区分社会主义核心价值观与西方资本主义宣扬的“平等、自由”观念；能够较好把握铁路发展大势，对交通强国铁路先行的历史使命普遍高度认同，对确保高铁和旅客列车安全政治红线和职业底线认识普遍比较深刻，并结合工作岗位认真履职尽责，在本职岗位上发挥“兵头将尾”作用；仍有少数班组长政治敏锐性不强，只顾埋头干活，不懂抬头看路。

3.政治忠诚自觉方面

一线班组长普遍表示，近年来，通过深入开展党史学习教育、党的十九届六中全会精神学习等，更加深刻地领悟到“两个确立”的决定性意义，自己的政治判断力、政治领悟力、政治执行力不断增强，能够切实做到党中央提倡的坚决响应、党中央决定的坚决执行、党中央禁止的坚决不做。调研显示，98.97%的班组长表现出较强的大局意识，表示在工作中坚决服从命令听指挥，立足岗位守土有责、守土担责、守土尽责，为实现铁路奋斗目标作贡献；97.07%的站段、车间管理人员认为，所在单位的班组长能够服从大局、听从指挥，在加强班组管理、发挥个人作用等方面表现突出，班组长队伍的综合素质和业务能力比较过硬；少数班组长政治历练不够，特别是面对一些错误言论和思想，不敢亮剑，缺乏斗争精神。

4.政治引领能力方面

调研中，干部职工普遍反映，大多数班组长能够站在交通强国铁路先行的政治高度，以标准化班组创建为载体，组织带领职工学习党的创新理论，遵守企业规章制度，执行标准化作业程序，科学组织运输生产，大力开展学技练兵活动，班组管理职能作用发挥较好，班组长政治引领作用较强。班组长普遍重视思想政治工作，能够较好落实班组职工思想动态分析机制，注意观察、发现和分析苗头性、倾向性问题，有针对性地开展思想政治工作。问卷调查分析显示，62.25％的党员群众认为班组长做职工思想政治工作能力“非常强”、20.07％认为“比较强”。与此同时，他们还经常性组织职工政治学习，开展“小话题”讨论，塑造班组团队精神，激励职工团结一致、攻坚克难，在班组中形成了积极向上的良好氛围。大多数的干部和党员群众认为，身边的班组长示范作用明显，他们具有较高的政治素养，在遇到个人利益与集体利益相冲突时，会选择以集体利益为先，在工作中任劳任怨、甘于奉献；少数班组长管理方式还比较生硬，存在思想政治工作“不想做”“不会做”的现象。

5.政治表现情况方面

通过调研我们感受到，无论是在疫情防控、防洪防汛等急难险重任务中，还是在安全生产大检查和安全专项整治行动等重点工作中，运输一线班组长始终带头践行“人民铁路为人民”的根本宗旨，表现出了特别能吃苦、特别能奉献、特别能战斗的精神，充分展现了先进的政治觉悟、严格的组织纪律性和强有力的执行力、战斗力。问卷调查显示：近5年来在工作中受到各类表彰奖励的班组长比例达到71.52％，96.68％的各级干部认为所在单位班组长群体在日常工作、大是大非面前和重大任务中都能以高度负责的态度，自觉担当使命，勇于作为；95.91％的党员群众认为身边的班组长在日常工作中能“充分发挥”或“较好发挥”表率作用，服从大局，主动作为，是一支政治上可靠、执行力强、能打硬仗的优秀队伍；少数班组长存在利己主义思想，在遇到特殊情况时，先考虑个人或小集体的得失，牺牲和奉献精神欠缺。

二、各级党组织抓运输一线班组长队伍政治素质建设情况

(一)主要做法及成效

1.健全制度办法,抓好顶层设计

集团公司党委坚持从运输一线班组的基础地位出发,修订印发了《中国铁路武汉局集团有限公司班组建设管理办法》,从任职基本条件、岗位职责、主要权利、选拔管理和培训等方面,专章对班组长队伍建设作出规定,特别是将“政治觉悟高”作为班组长选拔的首要条件。集团公司建立了预备班组长选配机制,明确运输站段按不低于班组长总数的50%配备预备班组长,班组长在3年内达到退休年龄的班组应按1∶1比例配备预备班组长,提前储备一批班组长后备人选,全方位培养锻炼预备班组长政治、组织、管理等能力。大部分站段制定了班组建设管理办法,明确班组长选拔条件要将“政治素质”作为首要素质,且新任职班组长一般应为中共党员。

2.突出政治标准,树立正确用人导向

集团公司党委坚持把政治素质考察贯穿班组长选拔任用和发展党员全过程,将班组长任免和调动纳入车间支委会会议议题和站段长办公会决策事项,把好班组长政治素质关;同时,在职业成长通道中,将担任过班组长作为选拔管理和专业技术人员的必备条件之一,为政治素质过硬、工作实绩突出的班组长提供了更广阔的发挥作用平台。有的站段提拔使用班组长必须经过党委办公室审核,确认其政治素质培养情况。集团公司党委坚持每年对班组长实行发展党员计划单列、指标倾斜,加大在班组长和预备班组长中发展党员力度。非党员班组长中入党申请人占比达62.87%,是职工群众中入党申请人占比的3倍。近三年来,集团公司党委共在班组长中发展党员558名,占发展党员总数的27%。

3.强化思想引领,增强政治“三力”

各级党组织聚焦提升班组长政治素质,采取集中培训、党支部“三会一课”等形式,加强班组长政治理论教育,引导其坚定理想信

念。集团公司班组长脱产轮训普遍安排了一定课时的政治理论教学内容。各运输站段党委坚持把开展职工政治学习、党支部“三会一课”作为提升班组长政治素质的有效载体，常态化制度化加强学习。有的站段党委开展党支部书记脱产培训时，将党员班组长纳入培训范围，增强其党建工作能力。

4. 强化实践锻炼，锤炼过硬政治品质

各级党组织坚持加强班组长政治历练和实践锻炼，积极引导班组长在实践中提升政治素质，在急难险重任务和重点专项工作中经受磨炼、锤炼品格。有的站段党委在班组长中开展“爱党、爱国、爱路、爱段、爱岗”职业道德教育，培养班组长队伍敬业爱岗精神，涵养高尚道德情操。有的站段党委明确党员班组长担任所在工区党小组长、党支部书记，通过党建工作实践，帮助他们增强党性修养，提高政策理论水平和组织协调能力。有的站段党委结合防汛抗洪、集中修等重点任务，给班组长压担子、交任务，组织班组长开展立项攻关和突击奉献，促进班组长在打硬仗、扛重活、攻难关中得到淬炼、增长才干。

（二）存在的主要问题及原因

1. 班组长队伍建设合力尚未有效发挥

集团公司虽然成立了班组建设管理领导小组及其办公室，明确了各成员部门的职责，但实际工作中，各相关部门履行职责缺乏统筹协调，导致班组长队伍建设部分要求落实不到位。如：文件规定了“集团公司班组建设管理领导小组每年至少组织召开一次工作会议”“每月对基层单位班组建设情况进行抽查，并编发检查考核通报”“建立预备班组长人才信息库，按一定比例配备预备班组长”等要求，但实际落实情况不尽如人意。

2. 对班组长政治素质把关制度还需完善

班组长任职的基本条件中，对政治素质的要求比较笼统，多数仅表述为“政治素质高”，对体现政治素质的政治理论素养、政治认知水平、政治忠诚自觉、政治引领能力和政治表现情况等要素，缺乏可量化的考核标准，一定程度上形成了重业务素质、轻政治素质的问题。运输站段各层级在讨论人选时，主要讨论人员设备熟不熟、管理能力强不强、有没有任职经验等，对政治素质是否优秀讨论不够充分。站段党委和党委职能科室在班组长选任时介入不够，一些党委书记认为研究班组长任免属于站段长办公会决策范畴，自己不便插手过问太多。部分党支部书记认为选拔班组长"以车间主任意见为主"。有的党支部书记、车间主任承认在选用班组长时并没有考虑其政治身份，比如某车间有17名党员，但是仍选用了1名非党员职工担任班组长。

3. 政治理论教育效果有待加强

一是整体规划有差距。集团公司2018年下发的《班组长培训管理办法》，将加强班组长培训的目标仅定位于"提高班组长管理水平和业务素质"，规定的班组长培训内容只涉及业务和管理知识，不涉及政治理论知识。在实际培训中，纳入班组长新职培训和轮训的政治理论相关内容，不足总课时的10%。2020年集团公司党委下发的《关于加强和改进职工思想政治工作的指导意见》中规定，"要定期组织职工政治理论学习抽考，与职工技术业务抽考一并组织的，政治理论试题占比不低于10%"，但在实际执行中有差距。二是学习内动力未充分激发。党支部"三会一课"、职工政治学习创新形式不够，一些党支部、党小组日常政治理论学习主要以原文学习上级会议精神、讲话或文件为主，缺乏必要的解读和结合实际的讨论，致使部分班组长对理论学习产生疲劳情绪，主动学习政治理论知识意愿不强，特别是安全压力大、生产任务重时，更容易忽视政治理论学习。三是理论学习转化效果不好。班组长日常政治理论学习中接受马克思主义基本原理的教育很少，因此一些班组长不能充分领会党的理论中所蕴含的哲学思想，更加缺乏运用马克思主义立场、观点、方法指导、分析和解决实际工作问题的能力，只是为了学习而学习，没有发挥理论的指导作用，这也在一定程度上影响班组长政治领悟力的提升。

4. 政治引领力还需进一步激发

一是定位有偏差。有的站段片面认为班组长只需要把车间安排的生产任务按时完成就可以了，对班组长的政治引领作用没有过多的要求，因此导致一些班组长错误认为，提升政治素养是管理干部的事，觉得离他们还远，他们够不到、用不着，或认为政治理论与专业技术关联不大，平时工作不会涉及政治问题。二是认识有欠缺。部分单位对党建与业务融合认识有欠缺。如：三个供电段99个班组党支部中，仅有28个由班组长兼任党支部书记，其余班组党支部书记大部分由工班其他党员担任，导致供电系统班组长重业务能力、轻政治素质，班组长党员占比仅为56.63%。三是激励有差距。部分站段党委对激励班组长做党建和思想政治工作缺乏有效方法，过多关注学习记录、支部台账等资料，同时缺乏正向激励，造成个别班组长对兼任党支部书记或党小组长有抵触情绪，认为支部工作是“不打粮食”的事情，只有业务工作才能换来“真金白银”，因此党建履责意识不足，履职能力欠缺；一些年轻的班组长做思想政治工作存在畏难情绪。

5.对班组长队伍建设的统筹规划还需加强

一是能上能下问题有待破解。目前，集团公司从工人中选拔管理和专业技术人员的职业通道已经比较通畅，但部分站段受干部超员等因素的影响，开展岗位管理周期较长或竞聘岗位数量有限，且各站段更加注重从全日制大学本科生中选拔管理和专业技术人员，因此近三年选拔到管理和专业技术岗位的班组长占比仅为18.3%；同时，班组长退出机制不够畅通，一定程度上影响了班组长整体作用的发挥。二是后备队伍建设有差距。对班组长后备队伍建设关注不够，对预备班组长队伍建设规划落实不到位，梯次培养机制落实有差距，有的站段预备班组长人数仅占班组长总数的37%，有的备而不用，在选拔班组长时从非预备班组长中直接选用；对班组长后备队伍的教育培养主要依靠站段和车间负责，缺少系统的规划和组织，造成班组长后备队伍整体素质不高，政治素质培养锻炼更是少之又少。三是“双过硬”落实有偏差。目前全局班组长中党员占比仅为69.26%，明显低于国铁集团要求的85%目标，其中供电系统56.63%、电务系统56.82%、客运段65.69%、工务系统69.21%;运输站段仍有11.41%的班组长未递交入党申请书,5.36%的班组长以年龄大、精力有限、不愿受纪律约束等为由不愿意加入党组织;部分站段党委对班组长的培养缺乏系统性、前瞻性思考,对建设政治素质、业务素质双过硬的班组长队伍要求理解不透彻,导致忽视了对生产骨干的政治引领。

三、加强运输一线班组长队伍政治素质建设的对策建议

(一)健全推进运输一线班组长政治素质建设的管理体系

1.落实管理责任

完善党政工团齐抓共管班组建设的管理体系,将班组长队伍建设纳入"党管人才"的一项重要工作,明确各级党组织在班组长队伍建设方面的主体责任。集团公司班组建设管理领导小组按照"分层管理,各负其责"的要求做好顶层设计,将运输站段班组建设纳入集团公司整体规划;集团公司党群部门和企法、职培等各相关成员部门各司其职,做到统一协调、分工合作,定期研究解决运输站段班组长队伍建设存在的突出问题,定期检查通报基层单位班组长队伍建设情况,确保班组长和预备班组长队伍政治素质建设相关要求在基层单位、车间和班组得到有效落实。

2.完善工作制度

坚持把政治素质作为班组长选拔的首要条件,健全班组长选拔考察制度,加强党组织在选拔任免班组长、预备班组长时的把关作用,从选拔流程、考察内容、考察形式、考察标准等方面完善相关办法;紧盯"运输一线班组长中党员比例不得低于85%"的目标,指导基层站段党委落实"把党员培养成骨干、把骨干培养成党员"要求,采取有效措施,形成制度安排。

3.实化考察标准

实化政治素质考察标准,形成更加鲜明的用人导向。根据班组长、预备班组长选拔任用各环节的特点和要求,细化政治素质考察、甄别、把关的内容和事项,让政治素质考察由"靠感觉、凭印象"变为"对标对表",把相对抽象的政治标准,量化成看得见、摸得着

的具体表现;建立正反双向测评机制,列出日常工作、生活中能够体现政治素质的具体表现,梳理形成政治素质正负清单;积极协调公安、纪委、信访等部门了解线索情况和征信问题,全面了解班组长政治表现,切实把政治上的"两面人"辨别出来、挡在门外。

(二)完善提升运输一线班组长政治素质的教育培养体系

1.抓好统筹谋划

坚持把学习贯彻习近平新时代中国特色社会主义思想作为首要政治任务,融入班组长管理教育的全过程。集团公司党委层面应增强班组长政治理论教育的系统性,特别是要围绕学原著、读原文、悟原理规划教育内容;要整合培训师资、优化课程设计、开发培训课件,为站段开展班组长政治理论培训提供优质资源。站段党委层面要增强班组长政治理论学习的计划性,引导班组长形成自觉学习的良好习惯,发挥职工教育培训基地、党校等主阵地作用,坚持将政治理论教育纳入班组长培训内容,增加培训学时,坚持班组党支部书记轮训制度,引导班组长全面系统学习、及时跟进学习,不断增强"四个意识"、坚定"四个自信"、做到"两个维护"。

2.创新教育方式

着力解决政治理论学习内动力问题。重点改进日常教育方式方法,运用专题辅导、形势报告会、案例分析、模拟教学、现身说法、交流研讨、"小话题"讨论等方法提升学习质量,让班组长在政治理论教育中增强收获感,引导他们主动把政治理论教育的成果转化为思考问题的思路、解决问题的方法,由被动学习转为主动学习;运用"52微课""青马工程""党课开讲啦"的成果,用一线语言解读理论,为班组长提供鲜活政治理论课程;依托"学习强国"学习平台、"掌上武铁"和各单位媒体平台等学习阵地,引导班组长充分利用"碎片时间"进行"微量学习"。

3.强化管理监督

加强班组党支部、党小组建设,抓好组织生活制度落实,丰富主题党日内容和形式,改进创岗建区等党内主题实践活动考评方式，推动党内政治生活严起来、实起来、活起来，在严格的组织生活中历练党员班组长的政治素质；突出党员班组长示范表率作用发挥，锤炼班组长的政治素质和综合能力，强化责任担当；加强对班组长的日常监督检查，对班组长违规违纪问题坚持从严查处，及时曝光，打好教育、监督、警示、查处“组合拳”。

（三）建立促进运输一线班组长政治素质提升的激励机制

1. 畅通能上能下渠道

畅通上升渠道，坚持把班组长作为管理和专业技术人员的储备力量，在班组长岗位锻炼人才、选拔人才，提高从班组长岗位选拔管理和专业技术人员的比例；改变目前班组长中全日制大学本科生不足百人的现状，采取一定措施引导更多全日制大学本科生到班组长岗位历练，提升班组长队伍整体素质；发挥班组长岗位考核激励的导向作用，在绩效考核中突出班组长岗位贡献；适当提高班组长兼职党支部书记津贴标准，使其与兼职党支部书记岗位相匹配，调动党员班组长参与党建工作的积极性；完善班组长退出机制，让退出理由不仅仅为发生触及底线的事项，而更加突出对其日常政治觉悟、奉献精神、岗位业绩考核结果的运用；对发挥作用较好但因年龄、身体等原因不适合担任班组长的，采取适当措施引导其退出岗位。

2. 关注成长成才过程

严格落实预备班组长队伍建设制度，将政治素质培养纳入大学生全周期培养管理重要内容，纳入其职业生涯发展路径实现措施。把入党启蒙教育、一对一重点联系等政治培养工程前置于业务骨干培养环节，把握入党启蒙教育时机，坚持在大学生入路时、技能人才聘任时、预备班组长选定时，开展多种形式的入党启蒙教育，做好深入细致的思想引导，不断提高生产骨干对党的认识，提高思想觉悟，激发政治热情；把党员日常发挥作用评价情况、发展党员各阶段培养教育考察情况，纳入选拔班组长的重要评价指标，让政治素质的要求体现在班组长培养的全过程。

3. 抓好典型引路

健全完善优秀班组长评选表彰机制，加强优秀班组长典型选树工作，为优秀班组长脱颖而出提供平台，并将评选结果作为提职、晋级的重要依据，形成重品行、重能力、重业绩的班组长队伍建设氛围；同时，采取多种途径加大对优秀班组长宣传力度，让先进典型可亲可近、可比可学，营造学先进、比先进、赶先进的良好环境，为培养更多政治成熟、业务精湛、管理有方的优秀班组长立标打样。

关于音视频设备在安全管理中运用情况的调研报告

中国铁路上海局集团有限公司安监室徐州安监队

高　琨

随着铁路安全风险管理不断深化、各种技防手段逐步完善和改进，我局管内音视频设备也在现场得到广泛应用，如何运用音视频设备，充分发挥其实时性、全天候可追溯性等优势，为铁路运输安全管理提供可靠的技术保障，显得尤为重要。因此，徐州安监队对辖区内单位音视频设备在安全管理中的运用情况进行了专项调研。

一、调研主要项点

结合本次调研的主题，对各单位音视频设备运用情况进行了全面检查，结合现场音视频调阅、站段及车间抽查以及视频设备检修维护情况的检查结果，对下一步各单位音视频管理提出合理建议，希望对我局强化音视频的管理有所帮助和促进。

二、各单位音视频设备管理好的做法

1. 机制建立较为健全

各单位均对本单位使用的音视频设备制定了相应的管用修办法，并根据运用实际逐步进行细化完善。徐州供电段为了充分运用音视频分析现场作业执标情况、现场设备检修质量，先后下发了《录音笔、微型摄像记录仪使用管理实施细则》《关于开展牵引供电、电力班组现场作业执标率检查活动》，详细规定了音视频抽查抽听的人员以及频次、方法。南京东车辆段也相继制定了《南京东车辆段货车作业视频分析评价管理办法》《南京东车辆段上道作业视频管理办法》《南京东车辆段音像记录设备管理办法》。新长工务段制定的《新长工务段视频盯控分析管理办法》文件对各相关科室的工作职责、盯控岗位的工作标准、工作流程、设备用管修、考核评价以及发现问题的闭环管理等进行了明确。徐州站对行车管理人员视频、录音检查进行了量化，要求直属站领导班子、安全科管理人员每月必须在安全生产指挥中心通过音视频等信息化手段发现问题。南京客运段建立音视频记录的分析制度，加强分析专业力量配备，形成“事前防范、事中控制、事后评价”的闭环式管理。

2. 音视频分析制度的运作相对规范

新长工务段、徐州电务段利用录音笔对“早点名、晚碰头”进行录音并上传至系统，段根据排定的录音分析计划，由各科室分工负责，重点对每日安全预想、安全总结制度的落实情况进行回放分析，并且段根据排定的录音分析计划对现场防护员与驻站联络员联系情况进行回放分析。

3. 对标考核执行严谨

徐州工务段对防洪重点地段、航道、道口等关键部位加大了视频抽查力度，对现场施工作业防护员、外单位施工监控员、日常应急处置人员共计配备智能巡检仪 218 台，具备现场实时监控、对讲、传输、回放功能，视频接入调度，调度科安排 3 名专职人员对现场作业监控情况实时监控、回放检查，发现问题及时通过对讲功能纠缺，记录、统计发现的问题，对突出问题纳入段日交班追踪，由专业科室对追踪问题组织调查分析，对标考核；对倾向性问题制定管控措施，新长工务段对营业线（邻近）施工，要求每天至少全覆盖检查 4 遍，将影响路基稳定存在较大风险、大型机械存在倾限危及行车安全或是限速情况下的施工，列为重点盯控项目进行重点盯控，同时段每周通报一期视频盯控工作开展情况。

三、存在的主要问题

1. 关键作业环节视频拍摄不到位

一是作业视频拍摄范围不明确。检查发现部分单位对视频拍摄范围不明确，岗位作业视频中没有明确具体拍摄部位，作业人员在作业过程中视频拍摄随意性较大，关键部位和关键环节没有拍摄到视频中，失去了视频拍摄的意义。如：电务对车载设备检测时，由于地勤司机未及时到达自己进行车载设备检测的问题，这在司机室视频检查被发现，电务作业人员携带的作业记录仪视频里却无从查找。二是关键作业视频拍摄缺失。如：检查发现部分车辆货段站修作业场和客车段运用车间轮对更换关键作业均没有纳入视频拍摄范围。三是关键作业环节视频拍摄不突出。检查发现部分单位只是对岗位有视频拍摄要求，哪些需要拍摄，哪些不需要拍摄没有明确，导致部分岗位作业视频拍摄范围较大，无关视频较多，造成视频拍摄量大，不利于视频的存储。

2.视频前端设备维护不到位

徐州地区工务、电务、车务以及施工单位在部分站场、大型施工现场以及信号机械室等处安装了监控视频，但设备维护的日常要求仍在摸索阶段，针对此类视频摄像前端设备不能按照集团公司轨旁设备管理的要求严格执行。

3.视频分析评价质量不高

检查发现部分单位视频抽查分析评价质量不高，作业人员漏检漏修现象没有及时发现；部分单位天窗点外作业的视频分析主要依靠段机关抽查，车间层面抽查力度弱；通过检查也发现，车间对视频文件的分析侧重于日常施工和天窗，对突发事件处置时的作业行为分析弱化。

4.各单位自行配置的作业记录仪的抽查验证缺少技术支持

目前各单位自行配置的作业记录仪（摄像手电筒），仅能够通过到现场抽查的方式进行检查，受网络安全要求以及网络带宽资源限制，大部分单位还不能够实现视频资料的上传或共享，使各级检查单位对视频抽查、检查的效率受到很大影响和限制。

5.视频平台资源不统一、不共享

一是营业线（邻近）施工视频监控，目前应用的视频监控平台较多，每个视频平台操作的方便性、画面的清晰度参差不齐，一台电脑运行多个视频监控平台，造成电脑卡顿问题非常突出，不利于视频监控。二是综合视频平台仅有车务、电务（含通信）单位有终端设备，咽喉视频平台终端引入到工务、电务、供电单位，其他单位无法充分利用视频平台资源，检查本单位的站场内作业情况。三是对本单位需要的部位加装了视频监控、监测设备，但其他单位也有使用需求。如车辆部门使用的5T设备资源仅支持本部门使用，机务部门如想使用，还需申请并到车辆单位调阅；机务部门安装在机车上的司机室视频、线路视频也仅有机务部门可以调阅，其他单位无法实现共享等。

四、对音视频管理工作的一些建议

1. 进一步优化检查监督方式方法

(1)要不断创新检查手段

现阶段，对于设备的检查监控有些专业已经做到了实时、动态和基本覆盖，比如车辆5T、电务集中监测以及供电6C等监测系统，而对于人的不安全因素，检查手段往往还停留在诸如跟班写实、音视频调阅、添乘抽查等一些比较传统的阶段。创新检查手段，首先要创新思维方式，克服“路径依赖”的思维定式，力戒用老眼光看待新问题。创造性地解决问题，与时俱进创新方式方法，通过创新提高发现和解决问题的质量和效率。检查人员在日常的检查工作中，要充分利用各种视频平台，实现各专业、各工种的交叉检查验证，如：利用站场综合视频查验现场各单位作业人员执标情况，利用机务司机室视频查验电务车载设备检测作业执标情况，利用电务集中监测设备发现车务作业人员的不安全操作行为等等。检查人员在检查手段不断创新的过程中，会发现大量问题，还要通过回头看，防反弹，控制问题的反复，巩固已取得的成果。回查问题时要在更高的起点上查找存在的问题，在巩固成果的基础上进一步扩大成果，把回查问题当作一个继续学习提高、继续深化认识的过程，当作一个正视差距、自我完善的过程，从而实现循环往复，常抓不懈，持续改进，动态达标。

(2)音视频抽查要突出重点

在作业安全关键风险的预判上，循规蹈矩的检查往往只能发现表面问题，从深层次去分析整个作业过程，有目的地进行检查监督往往会事半功倍。建议在日常检查过程中要抓住“三关键”，即：关键人、关键点、关键时段。

一是确定关键人。就 2020 年某车辆段“6·1”事故分析，一天之内同一人 2 次出现无防护钻越车底的严重违章，表明个别作业人员违章作业已成习惯；再如陇海线碾庄站至邳州站间因司机操作不当造成的钢轨重伤一般 D15 事故，事故调查过程中发现机班两名司机事故当日为首趟配班值乘，在遇到紧急情况时，两名司机没有能够互相提醒，更谈不上默契配合。诸如此类作业人员，作业过程中发生问题的风险要远远高于其他人员，应重点予以关注和盯控。检查人员在日常工作中要善于发现关键人物，人物一旦确定，督促相关单位利用学习、教育，或者采取必要的干预、岗位调整等手段，降低事故发生所必需的“人的不安全行为”风险。

二是关键点的筛查。按章作业，人控是根本，机控和视频监控是最为有效的物防手段之一。通过对近一段时间事故调查发现，违章作业造成的事故，很少有从本单位或本人携带的视频作业记录设备中找到直接证据的。事故往往发生在本单位视频盲区，如“6·1”事故视频是从车务系统站场综合视频中获取；一名车务职工一次作业过程出现三次横越线路不按标准执行的违章在机车视频中被发现。现场的不安全行为往往被其他单位视频锁定，其原因显而易见。“6·1”事故某车辆段在徐州北下发场有三个视频摄像头，分别有着固定的区域，该段也有专人负责定期对视频进行分析。调查事故期间，事故调查组成员对事发前半个月内的视频进行回放分析，视频辐射范围内，作业标准执行情况与视频外有着较大区别，因为各单位之间视频信息并没有共享分析机制，所以本单位的视频盲区是违章作业的高发区域，也就是安全控制的关键点。有效地排查出一个作业区域的关键点，并利用外部资源加大抽查力度，对遏制事故发生能起到关键性作用。

三是关键时段的选择。以往诸多事故案例告诉我们，作业人员安全意识这根弦的松紧程度和作业时段有着紧密关系。比如交接班时段、餐前时段、困乏时段，这些都是容易造成思想上麻痹的关键时段。要摸索出各专业关键时段的规律，作为抽查、暗访和视频调阅的突破口，精准定位高危时段，才能有的放矢，进一步提高检查监督效率。

2. 充分利用现有资源，做好检查监督工作

建议一些对综合视频有调阅需求的单位，按照集团公司规定程序向集团公司有关部门或通信段提报需求申请，将综合视频系统接入本单位，加大对站场内作业人员执标检查力度。集团公司层面将各单位可以综合利用的视频进行梳理，认真研究共享方案，并建立统一平台，分级、分权限调阅相关视频信息，实现视频资源共享。

3. 不断补强各专业视频监控设备，完善监控功能

一是对铁路内部局域网带宽进行优化。目前局域承载的业务在逐步扩大，原各单位终端 2Mbit/s 带宽已经远远不能够满足现场实际需求，建议集团公司层面考虑对局域网带宽进行扩容，依法合规使用共享资源，并探索设置满足各单位视频调阅、检查传输使用的需要，以解决抽查各类作业视频需要到现场调阅的瓶颈。

二是加大投入，不断提高视频设备质量。由于视频监控设备数量不断增加，仅靠人工检查，在覆盖频次以及检查时间上都无法有效完成。建议尝试增加视频自动巡查与报警功能，做到 24 小时全过程自动检查与报警。对现有视频采集装置进行升级改造，通过日常调查事故和追踪信息发现，高铁视频采集设备缺少夜视功能，甚至有些设备仍未采用高清摄像头。高铁施工作业全部为夜间天窗，夜间大部分视频监控较为模糊，加上距离较远，画面质量不高，在需要调阅时，往往发挥不了作用；建议加装高铁通道门报警装置，强化高铁通道门管理。

三是以国铁集团标准化安监室创建活动为载体，尝试在集团公司安监室和各地区安监队安装各类监测、监控终端，不断完善日

常检查和事故调查的科技手段。集团公司领导对此项工作也高度重视，为集团公司安监室和各地区安监队安装了站场咽喉视频终端、车务行车室综合视频终端、高铁线路视频等，目前正筹备接入互联网的各类监控视频终端，引入安监室(队)的视频终端平台，今后将为安全监督检查提供便利和更好的技术支持，为充分发挥监督检查和事故调查起到积极作用。

关于完善合资物流园经营管理体制的调研报告

中国铁路广州局集团有限公司企法部
唐元林　周俊杰　邹　靓

近年来，铁路加大货运基础设施投资力度，一批物流园陆续建成投产，这些物流园不同于传统铁路货场，如何经营这些物流园，推动铁路货运向全程物流升级，是一个新的课题。围绕这个新课题，我们到部分物流园开展了相关调研，与有关业务管理部门进行了深入交流，并在此基础上提出政策建议。

一、新建物流园基本情况及特点

本次重点调研了管内茂名东物流园、湛江西（东海岛）物流园、平湖南物流园、增城西物流园等四个物流园。

（1）茂名东物流园：资产归属博贺港铁路公司，2021 年发送 6.3万吨，到达 60.6 万吨，各项收入 1 105.2 万元，货运承运人为广东铁路公司。

（2）湛江西（东海岛）物流园：资产归属茂湛铁路公司，2021 年发送 152.2 万吨，各项收入 12 992.7 万元，货运承运人为茂湛铁路公司。

（3）平湖南物流园：地面层所有铁路设施、相应地块资产归属集团公司，上盖层资产归属集团公司与深国际共同出资设立的合资公司，2021 年发送 74.7 万吨，到达 266.8 万吨，各项收入 10 430.5万元，货运承运人为广深股份公司。

（4）增城西物流园：资产归属外绕线公司，2021 年发送 20 万吨，收入 11 421.5 万元，承运人为外绕线公司。

这些新建物流园有以下特点：一是规划标准高，定位不同于传统铁路货场。这些新货场都是按照现代物流园的标准来规划和建设的，标准高，定位新，其功能突破了传统铁路货场仅作为货物装卸和短期仓储场所的定位，扩展到货运、仓储、包装、装卸、加工、分拣、配送、信息、咨询服务等9项主要功能和与物流服务配套的办公、金融、生活等3项辅助功能。二是投资主体多元化。有的物流园是由接轨站所属合资公司投资，如湛江西（东海岛）物流园和增城西物流园分别由茂湛公司和广州外绕线公司投资；有的是其他公司投资，如平湖南物流园和茂名东物流园，其中茂名东物流园由博贺港公司投资，平湖南物流园地面层产权归属广州局集团公司，上盖部分产权归属广州局集团公司与深国际共同出资设立的合资公司；另外据了解，有的大型物流园内不同区域分别由不同企业投资建设和运营，如大田物流园。三是经营管理体制复杂。按照铁路货运承运清算规则，承运企业必须为铁路运输企业，因此出现了部分物流园产权归属公司和承运人为不同公司；同时由于新建合资铁路均采取委托运输管理模式，目前上述物流园货运生产均已委托广州局集团公司（具体由粤通公司承接），导致同一物流园中存在所有者、生产经营管理者、承运人等多个主体，收入清算关系和生产经营管理体制复杂。

二、目前物流园运行管理中存在的困难和问题

1. 双方未签委托经营协议，经营开发没有依据

新建物流园资产分别归属各合资公司，合资公司仅与集团公司签订了委托运输协议，明确了货运生产组织的责权利，但未签订委托经营协议，相关非运输企业开展资产经营开发、招商引资以及收益分配等工作都没有依据，物流园后续经营开发无法开展，非运输企业已先行开展的一些小规模经营开发业务也存在分歧。

2. 费用清算未明晰

非运输企业接管物流园后，经营模式将发生较大变化，将从运输、仓储、装卸等基础物流服务升级为包含包装、信息、加工等增值

服务的现代全程物流服务，采取“全程物流”一口价收费方式，由此带来了多项经营收入与运输收入界限不清、收费标准不明确、货运承运提供服务费用和装卸仓储提供服务费用清算标准不明确等问题。

3. 现有政策环境下不利于经营开发

在原有管理模式下，由各货运中心受托管理物流园，由于货运中心是运输生产站段，主要目标导向是安全生产和完成任务，而且不能开展多元开发业务。非运输企业接管物流园后，实现了货运生产业务和物流园经营开发业务一体化管理，这是一种全新的经营模式，主要目标导向是利润，原有以生产为中心设置的条条框框将会束缚非运输企业拓展物流业务，使其找不到新的经济增长点。例如延伸物流服务链条、提升仓储服务品质、开展一口价全程物流等方面，市场需求与铁路规费政策脱节，造成无政策依据收取相应的高品质服务费。

4. 现有考核机制不匹配，难以保证集团公司整体利益

现行工资考核机制和经营业绩考核办法中，非运输企业主要考核指标为综合效益、资产收益率、本单位全员劳动生产率、本单位营业收入、营业收入利润率、总资产报酬率、应收账款周转天数。货运中心主要考核指标为货物发送量、集装箱发送量、货运收入、卸车数、本单位全员劳动生产率、非运输业务挂钩收入、其他业务综合毛利。非运输企业接管物流园后，其业务范围增加了货运生产，相关指标如何纳入考核，同时，按现有劳产率计算方法，非运输企业在接管货运业务相关人员后人均创效可能发生变化，如何体现其贡献。

5. 物流园经营模式创新带来新的经营风险

非运输企业接管物流园后，其主要业务包括运输、仓储、包装、装卸、加工、分拣、配送、信息和咨询服务等 9 项主要功能，同时还包括与之配套的办公、金融、生活等 3 项辅助功能，物流经营的深度和广度将大大扩展，企业对外投资、融资等经营活动增多，经营模式不断创新，将会带来风险债权等经营风险。例如开展全程物

流总承揽时，只收10%的保证金，每日垫付铁路运费，容易产生风险债权。

6. 双方关注点和诉求差距较大

合资公司主要关注利益是否得到保障，认为受托非运输企业没有一个令人信服的物流园开发方案，没有体现专业物流开发的优势，难以达到预期收益；对委托经营后收益分成模式不明，按照以往的经验，委托后收益可能大幅减少，没有体现互利双赢原则。非运输企业主要关注能否独立自主开展经营开发业务，开发方案能否得到顺利实施，开发项目权益能否得到保障，担忧合资公司是否将物流园整体委托经营，期满后能否整体续约，能否长期经营。

三、有关政策建议

在原来的管理模式下，合资物流园货运生产业务委托给货运中心，经营开发业务自主开展或委托非运输企业开展，人为将物流链条分割，同时也导致双方业务范围存在服务内容重合、对外服务标准不统一、收费不一致及内部隐性竞争，货运主业和物流经营结合部问题突出，影响物流园工作效率和服务质量，因此将货运生产和物流经营开发一体化委托是一个很好的选项。一体化委托的模式能够实现对客户一站式服务，具有提高管理效率、降低经营风险、具备单独融资功能等优势。

鉴于货运生产业务已经在委托运输管理协议中明确，因此一体化委托的关键是双方就物流园经营开发范围、合作期限、收入清算流程、责权利划分、收益分配方式等进行协商，签订委托经营协议，确保双方利益合理公平。

1. 明确签约主体和操作模式

鉴于委托运输协议由集团公司与合资公司签订，为保证主体一致性，建议委托框架协议由集团公司与各合资公司签订，集团公司再将物流园经营业务指派所属非运输企业负责（湘通、粤通公司）。考虑市场化和灵活性，具体经营协议内容由湘通、粤通公司按一事一议原则，与相关公司商定。

委托经营协议签订后，由受托非运输企业分别在每个物流园成立相应的分公司，按二级非运输企业管理，同时加挂铁路货场牌子。铁路货场作为办理铁路货运业务的主体单位，纳入全路货运营业点管理；物流园分公司为物流经营和资产管理主体，全面负责物流园区“9 项主要功能”和“3 项辅助功能”的工作，由委托方给该分公司清算部分工资和运营成本；其他接发列车、调车，设备维修养护由相应的主业站段负责，相关成本费用由站段负责。

2. 明确委托经营范围

明确委托项目的地理范围。具体委托经营开发范围以用地红线图为准，在移交给受托方的地籍资料中明确。

(1)在物流园区内开展包括货运、仓储、包装、装卸、加工、分拣、配送、信息、咨询服务等“9 项主要功能”和与物流服务配套的办公、金融、生活等“3 项辅助功能”服务。

(2)对物流园门吊在内的设施设备(涉及不动产)进行升级改造。

(3)对物流园区内已建成作业区块根据实际需求进行升级改造或上盖开发。

(4)对物流园区内预留开发地块进行规划经营开发，采用引入社会资本或自建模式。

3. 合理约定委托经营期限

因为物流行业毛利率低，投资回收期较长，仓库等物流基础设施一般需要 10～12 年才能收回成本，如果委托经营期限太短，难以引入有实力的长期投资者，也就难以实现物流业务深度开发，因此，委托经营协议期限一般不少于 20 年；同时考虑铁路运输组织改革实际，也可采用“5＋5”方式，即先签 5 年，到期再续 5 年，双方协商继续延期的方式。

4. 明确运输主业和多经收入的收费标准及清算方式

(1)货运主业收入：铁路货运业务按国铁集团公布的收费标准执行，使用铁路货物运单、运杂费收据核收，核收运输收入严格遵守国铁集团和集团公司关于运输收入管理的各项规定，并按国铁集团运输收入清算规则清算给货运承运人。承运人应按照委托运输协议有关条款向有关非运输企业清算货运生产业务人员工资、工资附加、直接生产费、监管费等费用。

(2)经营开发收入:按市场化原则收费,归属非运输企业,依照委托经营协议合理分配。

收益分配原则:“谁投资、谁收益”,平等协商、公平分配,共同争取利益最大化。具体来说,就是委受双方平等协商、共同确定分配方案,兼顾双方利益,既要尊重委托方资产所有者权益,也要充分调动受托方的积极性。

收益分配模式:多元开发收益遵循“谁投资、谁收益”。受托方占用委托方资源开展的经营开发项目(例如投资新建仓库、平整场地等项目)产生的收益,双方按约定方式进行收益分配,不同项目分配的模式可不同。受托方不占用委托方资源的经营开发项目(例如开展全程物流代理等)产生的收益全部归受托方所有,不进行分配,不占用委托方资源的经营开发项目在具体协议中协商明确。

①涉及土地改变性质及用途、作价入股、转换物业(即以分配物业的形式分配收益)等项目,按“一事一议”的方式,另行签订补充协议。

②对经营开发收入部分,按约定方式分配:收益分配按受托方缴纳资产占用费模式确立,双方对物流园土地、仓库等资产进行评估,约定资产占用费金额,按年缴纳。为缓解受托方经营初期的压力,可约定市场培育期适当减免,具体量化标准在协议中明确。资产占用费模式的优点是合资公司收益有保障,增加一定现金流,容易接受。缺点是受托方初期经营压力大,若物流园固定资产比重高、价值大,则评估后资产占用费较高,受托方经营压力大。当经营结果达不到预期时,逐年增长的资产占用费将会导致受托方较大亏损,特别是铁路资产设施价值高,而物流园市场还未培育成熟,资产占用费过高会造成受托方沉重负担。因此,目前全面使用该模式可行性不高,可考虑按开发进度缴纳资产占用费。

5. 明确界定双方权责

按照“平等协商、互利共赢，一次规划、分期实施”的原则进行，即双方协商制定物流园整体规划，受托方在该规划框架范围内全权负责物流园经营开发，取得的收益按约定方案进行分配，共享经营开发成果，实现整体利益最大化。

(1)委托方(合资公司)权责。

①合资公司是物流园产权主体，享有资产所有权和收益权。

②合资公司是货运承运人，取得货运承运清算收入，清算流程按委托运输管理协议执行；有权取得物流园经营开发部分收益，收益分成模式双方协商确定。

③合资公司有权审核物流园经营开发总体规划、业态布局等重大事项，与受托方达成一致意见后授权受托方具体实施。

④对重大项目有知情权，引入第三方投资采取方式一：参与受托方引入第三方投资的谈判，对第三方投资项目签署三方合作协议；方式二：经营开发项目全委托，委托方不直接参与引入第三方投资的具体事务，由受托方与第三方签署。

⑤检查监督受托方履约行为，对违反协议的行为督促受托方整改。

⑥负责物流园现有基础设施大修和技术改造投资。(设备具体明细在协议中明确，原则上现有设备均按委托运输协议执行，对部分物流园特殊情况可采取灵活方式处理，例如：运输生产设备按照委托运输协议执行，其他设备作价交付使用，使用期间受托方筹集资金大修改造，期满后无偿移交)

⑦合资公司应保证在委托经营期限内，不得将项目区域内的铁路设施资产进行抵押、转让、出租、拆除。

⑧合资公司应为受托方开展经营开发提供必备条件，积极配合受托方办理相关手续，提供便利(如房屋报建等)。

⑨及时向受托方支付货运承运提供服务费等相关费用。

(2)受托方(非运输企业)权责。

①受托方是物流园一体化经营开发的主体，独立享有物流园

委托经营范围内经营性资源的开发权、经营权、管理权、部分收益权。受托方可进一步授权其全资或控股公司具体负责其受托范围内经营性资源的专业化开发工作。

②作为货运业务受托方取得货运承运提供服务费;作为物流园经营开发主体,取得经营开发收入。

③研究制定物流园经营开发总体规划、业态布局,与委托方协商一致后全权负责实施。

④拟定投资计划并按规定程序和委托经营协议约定实施。例如,100 万元及以下投资由受托方自主实施,100 万元及以上项目应向委托方报备,500 万元及以上项目双方协商一致后实施,实施进程及时通报委托方,具体标准双方协商确定。

⑤受托方应维护受托资产的安全性、完整性和功能性,实现铁路物流园开发利用最大化。

⑥受托方应确保安全生产,依法合规经营。受托方应严格执行"三重一大"决策程序,有序开展新业务,审慎开展大额投融资项目,严防债权债务法律风险,确保经营稳定。

⑦积极配合委托方对委托经营工作的监督检查,对违反协议的行为认真整改。

⑧及时向委托方分配经营收益。

6. 建立物流园经营开发保障机制

(1)加强业务指导。由集团公司业务部门牵头拟订合资物流园委托经营框架协议,指导各合资公司和非运输企业分别协商签订协议,并依照委托经营协议负责相关物流园的具体经营管理。

(2)建立联合工作机制。委受双方共同成立联合办公小组,定期组织召开联席会议,对物流园商业招商情况、经营状况、收益分配、服务质量等进行沟通协调,并针对重大问题现场分析、现场办公,及时采取有效措施,共同推进物流园商业健康发展。

(3)建立重大项目开发一体化运作机制。受托方负责对确须建设或改造商业设施的,提出改扩建方案,制定商业经营总体规划、业态布局、新增和变更商业资产方案并报委托方审查;编制招商(招标)计划,发布招商(招标)公告,邀请委托方参与公开招商(招标),并及时将与商户签订的合同提报委托方备案。

(4)规范经营行为,防范经营风险。受托方要依法加强对物流园商业经营企业的管理,督促企业主动接受和服从铁路运输统一管理,明码标价,依法经营;做好合作企业尽职调查,有效规避经营风险。

(5)修订完善相关激励考核机制。非运输企业接管物流园后,肩负非运输业务创效和货运增运增收的双重责任,可在工效挂钩、经营业绩考核等方面比照运输站段作相应调整。

关于货运全员营销工作的调研报告

中国铁路南宁局集团有限公司办公室、调研室
危　振　汪江海

围绕充分调动货运系统干部职工参与营销工作的积极性，激发全员营销活力，进一步提升货运营销工作成效，南宁局集团公司办公室组织有关部门深入柳州、梧州、南昆货运中心、钦州车务段等单位开展调研，充分了解货运营销人员工作状态和意见诉求，分析营销工作现状和存在问题，提出了凝聚全员营销思想共识、拓展营销服务内涵外延、健全营销激励考核机制、加强营销队伍建设等四个方面的对策建议。

一、当前货运营销工作开展情况

总体上看，各货运单位对营销工作高度重视，主要领导上手，常态化对重点客户开展走访协调，中心营销部牵头，建立了营销工作的制度机制，组建了专业化的营销团队，为各货运中心营销工作的高质量开展打下了良好的基础。

1. 货运营销工作各有特色特点

2022年以来，货运系统各单位克服疫情、生产力布局调整、市场波动等带来的考验，紧密围绕“四保”目标任务，扎实开展货运增运增收大会战攻坚战，都能结合自身实际开展一些卓有成效的营销工作。柳州货运中心积极做好柳工产品运输服务组织，根据柳工集团海外订单及工厂备货情况，及时组织箱源、车源确保出口班列按客户需求及时发运。“柳州—莫斯科”中欧班列开行以来已形成每月1列常态化运输，2022年以来已发送7列、700TEU，同比增加5列、496TEU，同时根据2022年以来柳工海外市场拓展情

况，拓展开行了1趟中越班列。梧州货运中心大力加强与中谷、中远海等多家海运公司合作，开展路港联合营销，加大贺州至北部湾港“桂东班列”货源组织力度，依托西江黄金水道，强化钟山、贺州至湖南岳阳铁水联运项目管理，截至目前，完成水铁联运量240万吨，同比增长25％。南昆货运中心重点盯控组织西北方向氧化铝项目，通过坚持“动态沟通＋定期座谈”，及时了解市场变化和客货需求，针对德保、靖西站作业能力已经趋于饱和的情况，与既有铝锭/铝棒客户对接沟通，转移到站外灌箱，释放货场装卸能力，保障西北去向氧化铝装车。截至7月17日，该中心发往西北方向氧化铝实现增量25.4万吨、增收1.3亿元。钦州车务段聚焦煤炭运输保障服务工作，动态摸排辖区内常发电厂船期计划及厂内库存机组运行状况，摸查辖区港口各码头内煤堆归属，摸清装船、离港、预计到港时间、靠泊码头、吨位等详情，及时协调码头优先治位安排，强化与煤炭贸易商沟通，为铝厂、水泥厂搭建与港口煤炭贸易商的桥梁，掌握贸易商下游购买终端企业，开发铁路潜在货源，用好电煤保供专班，全力争取企业煤炭靠泊辖区港口运输。截至7月21日，该段完成煤炭发运481万吨，同比增加29.3万吨、增幅6.5％，其中，电煤发运237万吨，同比增加2.7万吨、增幅1.2％。

2.营销制度机制各有不同

目前，各货运单位均能结合各自实际，制定对营销工作进行激励考核的制度办法，其中既有将货物发送量和货运收入等生产经营指标作为考核依据，将单位全体职工或某个部门、营业所、营业部全体职工作为考核对象的集体考核，也有将个人在某一营销项目上作出突出贡献作为考核依据，将该干部职工个人作为考核对象的个人考核。

(1)集体考核方面，柳州货运中心制定的《柳州货运中心装车收入卸车挂钩奖励办法(试行)》，侧重对现场装车、卸车、运输收入的贡献率奖励，80％奖励分配到车间班组(其中营业部生产一线占比64％)，20％奖励分配给营销、调度、技安、装管专业部室和装卸机械维修所维修人员。梧州货运中心制定的《梧州货运中心工资分配考核管理办法》规定：中心对各营业部生产作业组织情况采取考核激励措施，各营业部装、卸车破纪录，破纪录当日营业部当班职工按人均150元，营业部休班职工按人均100元标准给予一次性奖励。南昆货运中心制定的《南昆货运中心管理人员安全管理、工作质量及工作作风责任追究和营销绩效考核办法》实施营销包保制，按包保营业部的权责和运输总收入、货运发送量综合计算对专职营销人员工作业绩事项绩效考评奖励，其他货运人员根据单位完成情况实行工效挂钩考核。钦州车务段制定的《钦州车务段工资、奖金捆浮考核分配办法》将岗位工资、安全绩效工资、安全效益达标考核奖、月度经营绩效奖作为与考核指标挂钩项目，挂钩考核指标为车务段安全业绩和经营任务考核指标，挂钩安全业绩占75%，挂钩经营任务指标占25%。

(2)个人考核方面：柳州货运中心仍在执行的《柳州货运中心营销绩效考核奖励办法(试行)》，侧重对营销人员的考核和新增货源奖励。南昆货运中心执行的营销绩效考核办法规定，凡为中心提供有效的货源信息，实现新货增运的职工，以6个月为奖励时效周期，给予营销新货提成奖励(中层及以上管理人员除外)。梧州货运中心2016年曾执行《梧州货运中心专职营销人员激励考核办法(试行)》，主要是对专职营销人员按月进行考核，实行保底工资加营销提成的方式进行考核计奖。钦州车务段于2017—2020年期间，曾经实行外聘营销经理的形式，引进路外专职营销人员开展货运营销，在每月固定底薪基础上，按照新增货源每吨给予0.5元进行奖励。整体上有效果，但由于外聘人员不熟悉铁路货运业务，对整体货运贡献度有限，加上减少外包需要，已清退外聘营销人员。

二、存在问题及原因分析

从调研情况看，大部分单位干部职工有意愿、有想法为车站经营作贡献，但认为货运的好坏主要与经济大环境有关，归于市场的客观原因较多，也认同与个人营销作用发挥的主观努力程度有关，但决定货运整体效果并不是主要因素。面对下达的任务指标，大部分专职营销人员坦言有压力，都认可实行全员营销对氛围营造、调动职工积极性、主动关心参与营销工作具有重要作用，同样也承认日常接到营销信息记录不清、落实链条缺乏韧劲、未能持续反馈跟进、“肠梗阻”等问题不同程度存在，其他货运人员思想有顾虑，认为营销与已无关、程序过于烦琐、决策缓慢、好处又不大，如果是亲戚朋友办不成还丢面子，过于热心在单位同事面前解释不清，多一事不如少一事的想法普遍存在。问询梳理 2021 年以来调研单位职工接到营销信息的处理情况，大部分职工只是提供联系方式由客户对接，主动向营销部门提供货源信息，持续跟进反馈、形成闭环的情况极少，靠个人提供营销信息能形成新增运量的比例极低，究其原因，主要有几个方面：

1. 思想认识有偏差，全面推动意愿不强烈

一是重视程度不够。部分领导干部只想抱西瓜，不愿捡芝麻，认为非货运营销人员开展营销能够发挥的作用不大，特别是单位部分班子成员和专职营销人员主观上认为，近年来营销部门常态化开展规上企业摸排，已经实现了管内大企业、大客户的全覆盖营销，适铁货源挖掘深度已经差不多了。普通职工由于信息不对等，接触的都是零星的小规模企业，无法形成持续有效的大宗货源，即便能拉回货源也只是一车两车的量，对增运增收的“贡献度”微乎其微，愿意为之做工作的积极性不高。二是存在“犯规”“越界”思想顾虑。有的干部职工认为非营销人员参与营销“名不正言不顺”，端营销人员的饭碗、抢营销人员的奖励，心有芥蒂，加上对规章制度不熟悉，存在被认为“靠路吃路”等嫌疑的心理，有感到难以解释清楚，思想包袱重，宁可不惹这麻烦事。如在调研过程中，参与座谈多名人员均表示接到过亲戚朋友的咨询，但都仅将信息传递给营销人员，对后续跟进落实情况也不敢过问，营销人员是否进行对接、有没有形成运量等均没有跟进反馈信息，导致整个信息链条没有闭环，存在潜在货源流失的可能。三是畏难情绪影响。部分专职营销人员反映，职工所提供的信息中有用信息极少，如果每

一条信息均需要进行核实，无形中增大了营销人员工作量，且大部分信息并非适铁货源，只能浪费营销人员工作精力，如果侥幸成了一两单，也只是零星货源，但需要投入大量精力，工作量投入与产出也不成正比。

2. 营销激励机制不够完善，定性定量衡量难度大

调研发现，目前货运中心制定的全员营销激励办法，主要存在三个方面的问题需要解决：一是公平性的问题，即奖励给谁的问题。因全员营销的奖励对象为个人而非集体，就必须处理好个人与集体的关系问题。工作从来都不是一个人干成的，营销也是如此，即使某名职工向所在营业所或单位营销部提供了相关货源信息，后续还有大量的核实、对接、议价、服务等工作要做，最终形成运量要发挥集体的力量，因此，就某一取得成效的营销项目，如果仅仅奖励给个人，要考虑其所在营业所、营业部其他同志的感受，最好适当也给予一定比例的奖励；同时，也要防止出现所在营业部没完成任务而被考核，而个别营销人员却因获得单项奖励，收入不减反增的情况。二是合理性的问题，即奖励多少的问题。因单位职工工资总额存在上限，部分单位管理人员认为，奖励给多了没有意义，给少了职工又“不感冒”，因此，需明确稳定的工资来源，确定合理的奖励金额，确保奖得心动，充分激发职工参与营销的积极性；同时，营销边界新增货源、能力紧张方向货源与非能力紧张方向货源，以及回空车方向货源，对中心货运增量的贡献不同、难度大小也不同，应研究给予不同金额奖励。三是规范性的问题，即防止套取奖励的问题。如何甄别真实的营销者。如果某单位对专职营销人员的奖励与非专职营销人员的奖励不一致时，要防止不在可获得奖励范围或可获得奖励较少的人员，将其营销来的项目私下转让给他人；如何甄别营销者的真实贡献，防止本来是客户自己找上门的被动式营销，被说成是通过努力争取来的主动式营销。解决好公平公正、科学合理、规范有据的问题，需要在凝聚思想共识、制度设计、防范漏洞等方面下深功夫，加强系统谋划，考虑周全，经得起广泛认可认同，难度不小。

3. 营销队伍素质不适应，制约营销工作成效提升

铁路由于长期处于“坐商”的买方市场，“铁老大”思想不同程度存在，上门营销走访主要以依靠铁路运输的大企业、老客户为主，较多是业务对接，宣传推介做得不够，与现代市场营销的要求差距较大。一是专职营销队伍培养机制不完善。目前，各货运单位营销部除部长、副部长外，其余人员均为业务员(即工人编制)，在营销部工作多年的年轻大学生缺乏晋升空间，如果想提干，就必须调动到其他部门，长此以往，不利于客运关系的维护和营销骨干的培养。二是大部分货运年轻职工对车站运输组织业务不熟悉。2013年货运组织改革以后，车务站段与货运中心分设，随着时间延长，当时曾经有过车站行车组织经验的干部职工逐渐退休，而大部分新入路的货运年轻职工不掌握车站行车组织基本知识，导致不了解铁路货物的运输过程，在与客户沟通时，无法向客户解释清楚，为什么一些货物有时有能力运、有时又没有能力运，为什么有时运输过程需要花费比较长的时间，在遇到上述问题时，不能够妥善地解释从而争取客户的理解支持。三是非专职营销人员的营销技能水平不高。由于营销工作代表铁路企业形象，营销者要与客户进行良好沟通，需要具备一定的情商及良好的语言表达能力，特别是为常态性分析把握市场变化，要具备一定的分析观察能力，在复杂多变的市场环境中研判形势、捕捉商机，尽量了解掌握对方企业的产、供、销情况，为开展营销提供丰富的信息支撑，这方面的培训在各货运单位都较为欠缺，影响职工参与营销的积极性和工作成效。有些职工被客户反问而无言以对，甚至建议非必要不在铁路运货，将潜在货源拒之门外。

4. 货运服务体系不健全，影响客户体验

尽管近年来货运服务质量有了较大改善，但货场设施陈旧、政策要求多、去向限装停装、临时调整径路等因素，对客户原有运输计划带来较大干扰，一般的客户不愿完全依靠铁路运输，“将鸡蛋放在一个篮子里”，往往留出一部分货物给公路运输。在运价政策方面，主要表现为运价政策稳定性不足，多为一季一调，而客户企

业的物流成本预算一般在年初就已下达，过程中的铁路调价将导致其运输成本临时性增长，甚至出现预算超支问题，影响其现金流稳定。在仓储费收取方面，国铁集团、集团公司对货运中心节假日装车情况均进行重点考核。客户企业为配合铁路企业节假日装车要求，大多会在节前提前将货物运送至铁路货场存放，但这样做，反而会延长货物在到发站货场存放时间（节假日期间，发货和收货企业无人上班，经常造成货物滞留货场），导致客户需缴纳的仓储费增长，影响客户在节假日装车的积极性。在服务质量方面，落实货运服务措施不到位，服务态度、服务标准、服务流程不够规范完善，在野蛮装卸、兑现落空、装载质量、费用结算、运力保障、箱源供应、运到时限、全程物流、降低成本等问题上，为客户解决问题用心用情用力不够，针对客户个性化需求和心理预期精准提供优质服务做得不多，存在因服务质量问题流失客户，从而转走公路等其他交通方式的情况。

三、加强货运营销工作的对策建议

1.正本清源，凝聚全员营销思想共识

做好营销工作，营造良好氛围至关重要。一是打消干部职工的思想顾虑。要发挥各级组织作用，加强思想教育，向干部职工讲清个人主动营销、为集体作贡献与“靠路吃路”“走后门”等违反廉洁纪律行为的本质区别，纠正干部职工的认识误区，卸下思想包袱，轻装上阵参与货运营销，既要督促干部职工树牢纪律规矩意识，洁身自好，严守红线、不碰底线，又要教育引导干部职工，不能把遵守廉政规定作为不履职担责的借口，不能出现怕担风险，有议论，宁可不干的行为，在干部职工中形成人人都可参与营销的思想共识。二是强化正面宣传引导。强化典型引领，加大营销事迹的宣传力度，让想营销、敢营销、能营销的职工积极主动参与营销工作，采取多种方式，运用各种人脉、资源、渠道，通过自身努力，为单位完成营销目标任务作出贡献，大力鼓励倡导全员营销，营造“我为货运上量作贡献”“铁路是我家，营销靠大家”的浓厚氛围。三是

加强营销知识宣传普及。开展铁路货运营销知识普及活动，通过编制指导手册、典型案例宣传，教育引导干部职工主动挖掘、研判营销信息，学会如何与客户打交道，了解铁路货运基本流程等业务知识，形成“让每一名干部职工都是一名营销员”的大营销工作格局。

2. 把握两个关系，拓展营销服务内涵外延

一是把握全员营销与专业营销间的关系。全员营销和专业营销均为营销的重要手段，二者各有所长，全员营销为专业营销提供了真正有价值的信息；专业营销就要及时跟进，认真做好分析研判、沟通对接、结果反馈等工作，要把全员营销和专业营销结合起来，实现优势互补、良性互动。同时，全员营销不能替代专业营销，与客户沟通对接需要具备较高的专业素质和能力，尤其是客户走访要把握适度和时机，既要及时搜集有用的货源信息，让客户感受铁路工作人员的热情服务，又要避免让客户产生经常被打扰的嫌恶。二是把握好全员营销与广义营销间的关系。如果将以“揽货源”为主要行为特征的营销称为“狭义营销”，则“广义营销”可以理解为形象营销，即通过改进服务、加强管理等多种手段，提升铁路企业在客户心目中的形象，让客户信得过铁路，愿意把货物交给铁路企业来运输。要强化树立“一次装卸就是一次营销”“一次接待就是一次营销”“一次理赔就是一次营销”的理念，引导干部职工立足自身岗位，干好本职工作，提升客户满意度。同时，调研发现，部分沿线货场存在基础设施老旧、进出道路泥泞坑洼、职场环境脏乱差等问题，严重影响客户对铁路企业的印象感受，也要引起重视。通过加强管理，分轻重缓急综合施策，适当加大投入力度，改善货场基础设施和职场环境，全面提升铁路货运服务整体形象。

3. 加强顶层设计，健全营销激励考核机制

坚持“收入来自市场、业绩靠贡献”和“干与不干不一样、干多干少不一样，干好干坏不一样”的鲜明导向，制定完善的营销奖励机制，合理区分对象，突出冷门线路和虚糜方向货源营销，明确科学合理的指标和奖励原则，做到对货运营销人员有奖有罚，确保责

权对等；对货运工作人员有奖少罚，并和单位工资、绩效挂钩；对全局其他人员只奖，以激励为主，充分激发全员营销活力；要坚持物质奖励和精神奖励相结合，借鉴安全方面每周发布《发现和防止安全突出隐患奖励通报》的做法，定期对营销成果明显的职工进行“张榜公布”式的全局通报表扬，让营销成效突出的干部职工“名利双收”；要建立规范的奖励流程，做到从提供货源信息到最终形成运量并给予奖励全过程的透明化、公开化、可追溯，让整个信息链、运作链在“阳光”下运转，确保营销奖励公平、合理、规范。目前，集团公司货运部已形成初步方案：一是对专职货运营销人员，比照货运系统领导班子 6 亿元新增货运收入考核办法，对货运营销岗位实行新增货运收入每欠进度 1 个点扣罚 100 元，每超 1 个点奖励 300 元。二是对非专职营销人员，只需要提供货源信息，当该信息累计创造 10 万元货运收入时，给予 500 元奖励。三是开展营销先锋竞赛活动，鼓励各货运单位组建营销团队，主动走出去创造实施价格项目，对排名前 10 名的营销人员或团队给予 3 万～5 万元奖励，真正做到营销奖励让人心动，考核让人心痛，更好传递压力，激发动力。

4. 健全工作机制，加强营销队伍建设

一是加强专职营销人员队伍建设。制定营销人才培养规划，建立人才引进、人才培养、人才交流制度，为营销人员营造发展有空间、待遇有保障、创新有动力、价值有体现的职场环境；发挥营销标兵模范带头作用，以老带新、以强带弱，并通过广泛开展营销知识和客户服务、物流外包等专项技能竞赛，多方位提高货运营销队伍素质。二是开展全员营销培训。针对在调研过程中，职工反映接到货源信息咨询后，自身对货运办理流程不熟悉，只能让客户自行前往营销中心了解，但是往往商机不等人，一些抱着了解态度的客户，如没有了解准确的流程，就会打退堂鼓的问题，建议借鉴应急处置手册、应急卡片等方法，将货运办理简要流程印制成卡片，发给车站等窗口单位工作人员，让职工在接到货源信息咨询后能第一时间作出简要的介绍。三是充分发挥社会企业营销作用。社会物流、货运代理等企业是运输市场最活跃的力量，对市场信息、政策变化、价格变动、运输需求等最为敏感，建议加强市场调查，与区域市场内政府部门、行业协会、物流企业、货代公司建立良好的信息沟通、互利合作关系，通过运力倾斜、运价优惠以及合作提供全程物流服务等，建立政策性互利互惠机制，引导和鼓励社会物流企业主动为铁路提供货源信息，组织代理货物到铁路发运；各货运单位要进一步完善营销信息收集处理机制，明确营销信息收集、分析、研判、处理、反馈等流程，确保物流企业或职工个人所提供的营销信息能够得到及时发现并处置，最大限度拓展市场，促进货运上量增收。

关于运用“两个系统”促进现场安全管理的调研报告

中国铁路成都局集团有限公司安监大队
王龙宝　朱旭东　颜　斌

自“安全管理信息系统”和“音视频管理系统”（以下简称“两个系统”）建设投入以后，干部履职担当、主动作为明显转变，职工按标作业、遵章守纪意识不断提高，为安全管理“最后一公里”提供很大助力。从全局安全形势来看，事故件数从2015年的289件下降到2021年的139件，降幅51.9%，其中责任事故从134件下降到49件，降幅63.4%，截至2022年7月8日实现安全生产2 605天，安全成绩创历史新高。为了更进一步强化安全管理，充分发挥“两个系统”的作用，突显系统信息化、智能化、规范化管理优势，提高新形势下山区铁路安全管理水平，集团公司安监室成立专项调研组，分成都、重庆、贵阳三个片区深入21个站段单位进行了专项调研，共开展车间座谈46场次，问卷调查152人次，广泛收集了站段的意见和建议，为下一步强化系统运用、完善系统功能提供了有力支撑。

一、“两个系统”运用管理情况

设立集团公司、站段两级分析中心，承担音视频调阅复查、问题责任追溯、干部履职分析、风险分析预警、日常工作督导等职责，形成了一张辐射全局落实安全职责的“带电”强网。两级分析中心主要工作概括为12个字：调阅、复查、评价、分析、预警、督促。

1. 调阅

依托系统集成的各类音视频、监控检测资源，制定日、周、月音视频调阅重点，抽检调阅和定期覆盖现场监控音视频，形成有力的震慑，有效促进作业标准执行。

2. 复查

复查干部调阅的音视频，检验调阅质量，督促有效运用音视频系统强化现场监控、干部履职尽责；对站段安全分析中心工作情况进行复查，促进规范管理。

3. 评价

将全局 1.4 万名安全管理人员现场检查次数、发现问题数、作业项问题数、问题质量分等级全部纳入量化指标和管控范围。建立了履职评价记分标准体系，通过检查信息、安全信息、工作落实、重点问题、整体分析、复查调阅、后台记录，分析安全管理人员履职情况，查处检查质量不高、重点工作不落实、岗位职责不履行、检查弄虚作假、考核避重就轻等问题，对失职失责的进行履职评价，持续促进干部转变作风，从严管理。

4. 分析

坚持问题导向，充分利用系统大数据，以日、周、月为周期对全局安全情况进行分析，梳理安全管理的突出问题，掌握安全变化规律，指导站段查缺补漏，落实安全管控责任；对安全重点、突出风险、管理薄弱的单位，开展专题安全分析，深层剖析安全管理漏洞、风险变化规律、监督检查质量，督促站段及时补强安全基础。

5. 预警

将系统大数据与生产组织变化、季节性变化、事故故障信息、突出安全问题等结合，深层挖掘数据及变化暴露的安全隐患问题，找出安全变化趋势和规律，及时开展差异化安全风险预警，提示站段及时采取针对措施，实现风险超前防控。

6. 督促

对各业务处、运输站段系统运用管理进行监督检查，督促加强系统使用，强化系统维护管理、培训指导等；通过干部履职评价记分，强化干部履职过程、重点工作落实的追踪分析，形成有效的震慑作用和效应，强力督促站段落实安全管理主体责任，干部落实安全岗位职责，确保重点工作落到实处。

七年来，两级安全分析中心的作用持续发挥，在全局营造了浓厚的“干部履职尽责、职工贯标落标”良好氛围，对夯实安全基础、规范安全管理、落实安全责任起到了明显的促进作用。

二、“两个系统”运用取得主要成效

（一）安全管理体系高效运作

1. 岗位安全职责全员覆盖

安全责任落实是安全管理工作的主线和核心，以安全管理信息系统安全管理职责模块为载体，将全员安全生产责任制录入系统，完善岗位履职清单、应急处置清单、包保职责等，根据不同的岗位职责下达监督检查量化指标，将安全风险分级管控和安全隐患排查整治责任纳入各层级、各岗位安全职责，形成了个人“可视化”岗位工作清单，有力促进了安全责任落实落地。目前，安全职责模块已录入管理岗位职责 1.4 万个，梳理职责清单 10.3 万条、工作清单 21.1 万条、细化管控风险 22.3 万项，明晰了各级干部职工的岗位职责和工作职责，促进各司其职、各负其责。

2. 双重预防机制有效落实

运用安全管理信息系统平台规范安全风险库、安全隐患库运行，实行分层、分级动态管理。明晰研判分析流程，规范入库管理，通过智能分析和人工辨识，对关键人员、重点时段、薄弱环节、季节更替等进行针对性研判，及时掌握变化趋势，做到有的放矢、对症下药，实现对突出安全风险的深入分析、动态预警、常态整治，确保安全风险全面受控。目前，系统内共录入集团公司层面重大安全风险 9 条、较大安全风险 70 条，录入安全隐患 34 722 条，整治完成 25 520 条，实现了风险隐患闭环管理，确保安全持续稳定。

（二）现场安全管控明显增强

1. 作业“两违”明显减少

一是安全意识逐步转变。音视频管理系统使用以来，现场作业变得更加透明，职工作业标准执行情况、安全措施落实情况、现场存在的安全问题完全显现，音视频的覆盖调阅管理和运用更是促使职工思想发生了转变，从刚开始的“想要违章”到“不敢违章”，再从“没有违章”到“只有标准”，从刚开始的“缓慢懒散”到“逐渐规范”，再从“行为规范”到“认真执行”，从严管理、精细化管理思想逐步融入干部职工心中。二是严重违章明显下降。通过干部监督检查、音视频调阅分析等手段，实现主要生产作业环节的过程盯控、覆盖分析，严肃查处违章违纪行为，促进了作业标准有效落实，尤其是查处A、B类严重违章行为，严格按照规定对责任人、管理责任人进行追责考核，并作为重点信息进行追踪调查、深度剖析；对违章人员采取违章积分管理，将惯性违章、屡教不改的人员纳入重点人员库进行管控。2018年以来，楸出重点人员共计3 689人，其中1 213名职工进行了离岗、待岗、转岗处理。全局查处“红线”违章问题也呈明显下降趋势，从2018年的793个下降到2021年的133件，降幅达83.2%。

2. 干部履职作为明显增强

充分运用系统对干部安全履职行为进行深入分析，直观反映干部安全工作质量，紧盯干部工作作风，实现责任追溯过程化，深化从严管理。通过调整量化指标、细化指标等，全面丰富监督检查手段，构建适应安全生产实际的检查体系，监督检查质量明显提高，安全管理效能大幅提升，干部工作作风明显好转。7年来各单位始终保持以高压态势，不断加大干部履职评价力度，干部被问责人数逐年递增。全局干部履职评价人数从2018年6 984人上升至2021年9 006人，上升30%，问责人数从3 904人上升至4 794人，上升22.8%，其中诫勉人数增至148人，上升59.1%，免职人数增至6人，上升100%，降职人数增至9人，上升50%。

（三）“大数据”保安全作用凸显

1. 安全监管效能逐步提高

积极运用“大数据”促进安全管理，已成为各单位抓管理、抓安全、抓稳定的重要载体。通过长时间的积累现已形成了成熟的数据体系，可以直观掌握单位整体管理力度、风险管控力度、干部履职力度、作业标准化程度、安全变化规律等；同时创新大数据综合分析法，以异常数据为切入点，通过数据的环比、同比以及数据的发展趋势等，归纳总结异常数据的背后原因，针对性补强安全短板，通过调整生产布局、优化资源配置、强化竞争激励等手段，激发安全管理内动力。

2.安全预警精准“制导”

以安全管理信息系统海量信息数据为基础，将安全管理状态数字化、度量化、显性化，运用安全“大数据”平台建立100余个安全管理综合指数和重点风险管控指数，对各单位的主要作业项目、重要地点、风险卡控点等的监督检查情况进行精准预警，科学设定预警阈值、预警周期、预警级别等，对安全关键和薄弱环节进行差异化精准预警，由事后分析向事前预警转变，实现了安全风险管理关口前移、超前防范。2018年以来，对专业系统预警7次、对站段预警723次，各站段对车间科室预警2 478次，42个站段因整改不力被预警延期，及时阻断安全管理滑坡态势。

（四）安全奖惩机制有效运作

1.奖优罚劣深入人心

以安全管理信息系统为抓手，多措并举、综合施策，从严管理，建立公开、透明、规范的安全问题考核返奖机制，有效减少人为干扰因素。职工违章后3个月内未继续重复违章或升级违章，系统将按百分比自动返还当月违章考核金额；对不严重的违章行为采取容错机制，设定一定的容错次数，未超过容错次数就以批评教育为主，超过设置次数再进行考核，降低职工的消极和抵触情绪，体现了严管厚爱的管理思想。

2.正向激励效果明显

以系统安全之星功能为载体，根据职工违章情况，对职工进行自动评星打分，将安全之星与绩效考核、职务晋升、评先评优等挂钩，极大鼓励职工标准化作业；同时通过职工版模块及时对职工录入的安全问题进行奖励，对职工好人好事进行表扬通报。发现和防止安全隐患奖励模块更是极大减轻奖励纸质审批工作量，使奖励申报、审批流程更加便捷，充分调动了职工遵章守纪、按标作业的积极性和主动性。

三、站段“两个系统”运用好的做法

1.主动创新管理，丰富监督手段

重庆机务段实现了机车LKJ数据和机车音视频图像无缝链接，同步分析机车LKJ数据项点和机车视频图像，极大提高了分析的准确性和效率。重庆电务段通过车间之间交叉调阅，提高现场干部调阅的能力和质量，促进按标作业，正向激励履职尽责。成都北站根据统计分析结果，针对关键作业、关键环节，通过检字牌、奖字牌，检查调车、调乘、货装以及货检作业。贵阳南车辆段通过建立音视频“四个全覆盖”管理机制，实现作业人员作业视频、模拟故障、问题分析、补强培训等重点环节管控。

2.强化精准分析，紧盯安全关键

重庆工电段建立“一应急、一分析、一表格”制度，严格分析应急出动时间是否合理，携带应急备品是否齐全，防护设置是否到位，人身安全及应急过程控制是否到位。重庆客运段围绕“六项指数”，动态制定管控措施，每月梳理基础问题库，明确考核限界，每周通报检查地点、检查时间分布等，每周大交班会专项提示、通报。贵阳电务段通过作业派工单、作业人员自控表、防护员互控表、车间干部盯控表强化作业控制，实时逐项对照确认填写，实现作业过程“自控、互控、他控”。

3.用活细化指标，提升检查质量

成都机务段充分运用重点监督检查计划功能，聚焦单身宿舍、路外环境、油库、特种设备等12项关键重点，针对性下达节假日专项监督检查计划，强化节日期间安全。重庆工务段强化薄弱地段安全风险管控，针对梳理出的329处薄弱地段，每月向91名业务主管下达了专项量化任务，明确检查项目、检查周期、检查地点，保证每处薄弱地段检查到位。成都供电段按照“四个从严，五个结合”，即“履职过程从严、安全信息分析从严、标准化作业从严、重点

工作落实从严”，“结合生产任务、结合安全关键、结合上级检查问题、结合大数据分析、结合冷门风险”，合理制定干部现场检查细化指标，确保薄弱环节精准管控到位。

4. 严格“两违”管控，强化重点帮促

成都供电段建立违章人员公开反思制度，对A、B类作业项问题责任人，除按规定进行经济考核外，积极拓展警示教育手段，责任人在工区进行公开视频反思，增加违章“成本”，真正使责任人和群众受到深刻教育。成都机务段针对严重违章人员，指定中层干部开展谈心，并签订《两违谈话承诺书》；针对待岗人员，调整岗位前往整备车间进行“上砂”工作，同时安排前往广元、内江、达州等行车公寓进行违章公开反思。

5. 注重正向激励，激发内生动力

重庆车务段充分利用“安全之星”功能，将连续六个月被评为安全之星的人员纳入人才预选库，作为班组长晋升、年度评先评优条件，充分调动了职工遵章守纪、按标作业的积极性和主动性。重庆电务段创新激励机制，将干部考核扣款作为专项奖励基金，对检查发现并及时处置安全隐患的人员，按安全隐患等级实施奖励，调动干部职工保安全的积极性。

四、“两个系统”运用管理存在的问题和不足

（一）“两个系统”运用管理有待提升

1. 站段运用管理认识不足

目前“两个系统”已成为安全管理常态化工作的一部分，但部分站段没有了推行之初的热情和活力，运用管理关注度逐步下降，甚至有的单位开始出现管理疲劳，没有主动思考、主动运用，照本宣科，为系统而系统；有的站段没有主动运用系统抓管理、促生产、控过程、强履职、提水平，被系统指数推着走，被动消极应对；也有一些站段仅满足不被预警、不被通报、不排名靠后，缺乏担当引领，只求过得去不求过得硬，不思进取，甘于平凡，躺平思想较重。

2.分析中心作用呈弱化趋势

近年来，个别单位已经开始选择性减员，尤其音视频分析人员下降占比较高。工务系统音视频管理分析人员从133人减少至92人，下降30.8%。车务系统安全分析人员从67人减少至47人，下降30%。电务系统安全分析人员从22人减少至14人，整体下降36.3%，分析力量弱化。2020年，站段安全分析人员划归安全生产调度指挥中心，由于各站段管理差异，产生了管理结合部，安全分析中心日常管理由安全生产指挥中心负责，业务指导为安全科，两个科室、两个副职管理，特别是安全科管理弱化，影响安全分析中心作用发挥。

（二）日常运用管理不善

1.功能模块运用不充分

系统80余项功能未能全部运用，如部分单位对安全分析模块中的综合分析、风险问题预警提示、安全之星等功能未使用，特别是个别站段对系统返奖、容错等正向激励的功能运用不充分、相关制度不熟悉、宣传引导不到位，导致现场部分干部、职工曲解了系统运用目的及初衷，误认为安全管理就是一味考核，造成消极或抵触情绪，影响队伍稳定和运输生产安全稳定。

2.量化指标管理不精细

部分站段未有效用好用活量化指标功能，对安全风险管控研究思考不够，量化指标下达缺乏科学性研判，量化指标下达不全面、不科学、动态调整不及时、计划兑现不好问题较为突出。此次调研发现，一些站段被集团公司实施差异化指数预警后，未按专题分析会要求调增量化指标；一些站段为了不被预警，盲目下达量化指标，未结合安全重点和岗位职责进行精准下达，某中间站站长每月细化指标多达107项，不切合现场生产实际。

3.音视频运用管理不到位

一是音视频管理要求未动态完善，针对一些应急处置、设备维修、事故调查等关键作业未纳入音视频拍摄范围，自行规范具体拍摄要求。二是音视频日常使用管理不严。使用过程中不按规定拍摄、拍摄质量不高、关键视频缺失等类似问题频繁发生。三是综合监控设备失管失修。综合音视频设备维修管理存在结合部问题不及时对接跟进，设备维修周期长，造成现场作业长时间处于监控盲区状态。

（三）大数据运用分析有待加强

1. 安全分析质量不高

部分站段的安全分析报告存在分析质量不高，主要反映在分析思路狭窄、数据单一、深度不够、广度不足等方面。分析过程中未最大限度发挥系统大数据优势和作用，分析缺乏主动思考、求变思路和探索创新，数据分析停留在简单的统计、归类层面，尤其是事故、故障、重点问题等倒查分析，未有效结合安全管理现状，深层次查处安全管理关键、干部履职状态、职工违章根源等问题，缺乏横向和纵向的深入挖掘，反映部分站段对大数据运用分析思考不够、探索不深，指数运用研究不透，未打通数据壁垒，没有充分利用大数据有效指导安全生产组织。

2. 预警工作开展不力

运用指数开展差异化精准预警以来，个别站段响应不积极、缺乏主动性、落实打折扣，未充分利用指数由事后分析向事前预警转变，出现"预警前安全不稳、预警中稳中有进、预警后问题反弹"现象。尤其是个别单位运用指数开展安全预警工作不够深入，未有效结合指数分值对关键风险进行分析研判，站段层面对车间、科室、班组的差异化精准预警开展较为缓慢，安全预警工作有待深入，预警质量有待提高。

（四）从严管理落实有差距

1. 安全管理考核不严

管理考核已成为强化安全管控重要抓手，大部分站段能够严格落实从严管理的要求，但有个别站段仍然存在管理考核不严格、不主动，甚至违章指标人为控制。从调研情况来看，部分站段为控制党员"两违"率、先进性指数指标，顾虑职教一体化考核对职工的影响，存在对问题责任追究张冠李戴、系统外考核以及不考核的现象，使违章责任人没有受到警示警醒和教育意义，在职工中产生了一些不良影响。

2. 履职评价力度松软

从近年全局干部履职评价力度来看，从严管理压力传递明显，但仍有个别站段干部履职评价不主动、不严格，没有运用系统大数据对干部履职行为进行深入分析，对突出风险管控不力、重点工作落实不力、专业管理不到位等问题没有进行追溯，评价工作缩手缩脚、瞻前顾后，不愿大胆管理，好人主义问题明显。

五、整改措施及建议

1. 强化思想认识，促进系统发挥最大功效

各单位要高度重视"两个系统"的运用管理，充分认识安全管理信息系统对促进现场安全管理的重要作用。一是加强系统运用决策指导。要在系统指数运用上正确决策和监督指导，在功能使用、系统维护、数据分析方面要严格执行集团公司规定，用好各项功能，最大限度发挥系统辅助安全管理的功效，不断提升安全管理人防、物防、技防能力，切实提高管理水平。二是抓好系统运用宣传。加强系统运用宣传引导，向管理人员讲清系统使用的目的和意义，让其学会如何运用系统抓关键薄弱管控，尤其是站段主要领导、车间科室主要负责人要学会运用系统抓干部管理、抓履职过程管控；结合监督检查，加强对站段运用分析工作的帮促指导，切实提升干部履职效能效率。

2. 坚持科学管控，着力打通落标"最后一公里"

一是动态优化量化指标。各单位要加强系统量化指标及细化指标的动态管理，要结合安全形势、重点工作、季节变化等要素充分讨论、深入研究，结合生产实际合理设置、精准下达，督促干部认真履职，强化现场标准化作业。二是强化现场作业管控。"两个系统"运用与贯标落标工作相结合，采取多方式、多手段开展作业标准执行进行对标对表检查，促进作业人员养成按标作业习惯；要结合现行规章制度、"一图一书一表"，梳理出现场检查手册，形成检

查督导标准，突出检查重点和盯控关键，通过登乘、现场检查、零点行动、音视频调阅等形式加强监督检查，下大气力整治职工“两违”，保证作业标准在现场不折不扣落实。三是加强音视频调阅分析。各单位要把音视频运用作为掌握现场作业动态、监控安全责任落实的有力手段，充分利用综合视频、机车6A视频、现场作业视频等监控，加大对现场作业及重点关键岗位调阅抽查频次，在一定周期内实现地点、时段、岗位、重点人员等全覆盖分析，对现场落实作业标准起到震慑作用。

3.坚持从严管理，压紧压实安全责任

一是从严干部履职评价。各单位要以干部履职评价记分为抓手，持续加强从严管理，加大干部履职评价力度和深度，进一步加强履职评价工作思考、拓宽工作思路、改变工作思维，充分利用生产管理系统、音视频记录、综合视频监控等手段，多角度、全方位分析干部履职状态和效能，通过关键风险管控、重点工作落实、违章作业控制等衡量干部履职情况，督促干部履职尽责，提高干部履职质量和效果。二是严肃责任追究。各单位对存在的安全问题要严格按照岗位安全生产责任制清单进行认真分析，不仅要对违章责任人加强考核，而且要追究管理责任，从根本上强化管理责任落实。

4.强化预警分析，努力实现安全关口前移

一是强化安全大数据分析。各单位要在充分运用大数据分析上“下功夫、做文章”，结合生产实际，转变思路、改变思维、大胆创新，切实将大数据融入安全分析中，充分发挥大数据分析的优势和作用，有效提高安全分析的质量和水平，为安全生产提供有力的决策依据，实现安全风险超前管控。二是强化安全预警工作。各单位要切实加强安全预警机制落实，严格执行预警制度要求，充分运用安全指数和安全大数据分析结果，查找安全管理薄弱环节，加强薄弱管控，提高安全防范能力；要按照安全预警机制，结合安全指数，根据预警阈值，针对性开展差异化精准警告预警，提高安全预警的及时性、针对性、科学性；各运输站段要增加对车间、班组的分析预警，提升现场安全防控能力。

开展客货运输窗口用户满意单位测评调查分析与建议

中国铁路昆明局集团有限公司企法部
曹　军

实施公司制改革后，铁路经营管理重心由生产组织型向市场经营型深度转变的进程持续加速，为进一步优化改进客货运输服务质量，夯实增收创效基础，昆明局集团公司于2022年7—9月按既定方案及推进计划实施了客货运输窗口用户满意单位现场测评工作，深入查找分析问题原因并提出改进建议措施。

一、测评工作基本情况

坚持“全面系统、客观公正、均衡有序、科学高效”原则，拟定《2022年昆明局集团公司客货运输窗口单位用户满意度测评方案》并组织实施。客运方面：测评采用自主研发、具备满意度调查信息统计分析功能、利用微信作为平台的系统进行，采取依托微信平台，以电子问卷调查为主、动态走访旅客和沿途车站为辅的“三结合”方式推进具体工作。统筹考虑中老铁路开通运营实际，测评方案适当调整了测评范围和项点，微调既有普速站车调查频次，同时侧重覆盖客流较大的高铁客运站及直通动车组列车，具体测评范围为昆明局集团公司管内昆明站、西双版纳站等23个主要客运站，以及集团公司担当的31对旅客列车（其中普速旅客列车6对、直通动车组列车22对、城际动车3对）。货运方面：调查范围从二等及以上车站扩大到集团公司管内业务量较大、客户较多的货运营业站，具体测评范围为昆明西站、宁洱站等28个站，努力做到全面系统、重点突出、及时准确，确保测评数据客观、真实、有效。

二、测评数据统计分析情况

1. 车站测评分析

车站满意度调查共发放问卷 9 152 份，内容涉及旅客运输的售票服务、候车服务、设备设施、卫生秩序、服务质量、其他服务、旅客总体印象及建议七个方面 17 项内容，收回有效问卷 8 395 份。测评综合满意度为 96.36%，售票服务满意度为 96.66%，候车服务满意度 96.57%，其他服务满意度为 95.27%，设备设施满意度为 96.33%，卫生秩序满意度为 96.6%，服务质量满意度为 96.66%，旅客印象及建议满意度为 96.48%。车站旅客满意度全部达到合格水平。从评分良好所对应调查项目来看，满意度较低的部分为车站内的商业和餐饮服务，平均满意率为 94%。

2. 旅客列车测评分析

旅客列车满意度调查共发放问卷20 799份，内容涉及旅客运输的设备设施、餐饮售货、卫生秩序、服务质量、旅客总体印象及建议五个方面 17 项内容，收回有效问卷 18 764 份。综合满意度为 96.33%，设备设施类别满意度为96.10%，餐饮售货类别满意度 95.29%，卫生秩序类别满意度为 96.33%，服务质量类别满意度为 96.91%，旅客总体印象及建议类别满意度为 96.28%。统计分析问卷调查分项问题，在总体评价方面，旅客对列车工作的评价总体满意率为 96.25%，对列车服务质量给予了充分肯定。

3. 货运客户测评分析

共有 4 379 位货运客户通过扫描二维码参与完成问卷调查，较 2021 年同比增加 366 人，增幅 9.1%。经统计，客户综合满意度为 98.06%，较 2021 年上升 0.02%。统计分析问卷调查分项问题，本次客户满意度调查问卷含货物受理、装车服务、服务质量等 7 个业务类型，共包含 21 个问题。按照业务类型统计测评结果，7 个类别中高于综合满意度 98.06%的有 3 个，分别为货物受理 98.15%，理赔服务 98.09%，服务质量 98.15%。按照调查问卷问题分类统计测评结果，21 个问题中低于综合满意度 98.06%的问题有10个，分别为运输工具调配97.97%、进货装车98.05%、货运价格97.59%、运到期限97.88%、仓储服务97.86%、货物交接98.03%、物流配送98.03%、货损理赔97.98%、服务设施及环境98.04%、总体印象98.03%，其中货运价格满意度97.59%为最低，车站提供的信息查询服务满意度98.24%为最高。

三、存在的突出问题

测评调查收集客户意见建议688条，主要涉及“基础管理、价格管理、综合服务”等方面。为期3个月的测评调查也发现相关过程、方法、项点与当前运输安全生产经营管理新要求不适应的情况，在调查数据挖掘、分析、运用方面仍有改进完善空间。

1.基础管理仍需强化

服务质量方面，突出表现为旅客对列车餐饮供应服务、厕所使用等满意度不高。分析调查项目的满意率及旅客留言，餐饮供应满意率为94.77%，厕所使用满意率为95.35%，均低于评价总体满意率。货运系统测评数据则反映“作业人员缺乏主动服务客户意识、业务不熟、责任心不强”等突出问题。设施设备方面，“托盘工具老旧、装卸设备故障频发、人工装卸能力不足、集装箱配空箱效率较低”等问题较大影响了装卸速度、质量和客户体验。货场管理方面，货场内部道路条件普遍较差造成载货汽车通行不便，破损的货场围墙封闭性缺失不能有效保障货物安全，不少站台破旧且卫生条件不理想，这些都是造成客户总体印象评分低的重要因素。

2.价格管理仍需优化

运价管理方面，客户不同程度反映，统筹考量运输时效性和便利程度等因素，铁路运价与公路运输相比运价水平仍然偏高，不具备压倒性优势；同时运价政策的时效性和灵活性有待提高，特别对零散客户而言亟待优化改进；部分客户还反映国际联运货车滞留费收费较高，希望根据实际情况适当减免。费用支付方面，目前客户支付运费仍不能使用微信、支付宝等方式，支付渠道和载体明显落后于当前的社会经济形势发展要求；同时预付款或多缴运杂费需退款时，办理手续烦琐且耗时长，给客户造成较大不便。

3.综合服务仍需改进提升

运输时效方面，“货车到站后不能及时对入货位造成客户长时间等待、货物在中途站和编组站滞留时间过长导致挂运不及时”等问题时有发生，“时效性差”是客户对货物运输服务质量的普遍评价。信息服务方面，95306系统经常出现网络异常、追踪货物轨迹不准确造成预计到达时间不精准、苹果手机登录App使用不稳定等问题，同时未设置电子发票功能、中老运单未实现电子化，这些问题都阻碍增运增收工作顺利开展。

4.调查测评方式和结果运用需改进

调查内容方面，客货运服务质量调查项点结合新形势、新情况优化改进不及时，尤其是结合中老铁路开通运营的调查内容设置不足；货运服务调查表的主要测评项点集中在“货物受理、装车服务”等方面，对客户比较关心的运价管理方面的具体改进指标、期望值收集不到位。调查数据运用方面，调查发现的问题不同程度反映集团公司相关专业部门在制度机制建立完善、日常检查盯控、结合调查数据优化改进工作措施、问责考核等方面均有差距，造成部分影响客户满意度提升的指标问题仍然存在“反复抓、抓反复”情况，“问卷调查—发现问题—改进提高—效果检验”的闭环管理措施执行力度不足，通过“问题整改倒逼管理改进”的效果还不理想。

四、下一步工作思路及建议

必须清醒地认识，当今企业的竞争就是服务质量的竞争，只有良好的服务才能赢得更多的市场份额和更大的发展空间，才能提高企业经济效益，才能树立良好的企业形象。

1.转变思想观念，强化“源头”管理

一是深刻认识当前铁路运输经营面临的严峻形势，铁路运输市场早已由卖方市场转变为买方市场，必须彻底转变客货运服务中“等、靠、要”等不适应新形势变化的做法和“过得去”的错误观念，要从提升服务意识、提高关键重点岗位准入门槛、强化专项培训等方面入手，加强队伍建设，教育引导职工践行“服务是最好的营销”理念，切实增强服务意识，努力以服务赢得市场。二是必须不断创新服务方式，坚决兑现落实简化受理、随到随办、规范收费、热情服务的承诺，强化“全过程服务细节”管理，努力实现铁路运输组织由内部生产型向生产导向型的全面转变，才能适应旅客和客户维权意识不断增强的形势要求。三是要从“人、机、料、法、环、测”入手，定期开展专项调查测评，查找自身服务质量管理存在的缺陷和问题，确定影响满意度的关键性因素，深入分析客户对客货运服务质量不满意的问题根源，运用 PDCA 方法针对性制定措施，选树打造服务旅客和客户的示范引领“典型品牌”，以点带面动态改进提升服务质量。

2. 注重精准施策，强化“硬件”管理

一是针对客户提出运输时限不精准及作业效率不高等问题，积极强化各专业部门职能职责作用发挥，督促车站加强运转、货运、装卸等各作业环节协作配合，优化进货装车、途中挂运、到达卸车等生产各环节作业组织方式，切实提高货物运输效率。二是定期全面梳理排查集团公司货运营业厅服务设施设备现状，合理编制更新改造计划，加大资金投入力度，持续强化设备配置和维护保养工作，督促站段加强装卸设备“用、管、修”各环节管理，逐步改善服务设施状态不良状况，提高装卸作业效率，为更好满足客户服务需要奠定基础。三是全面落实客货运标准化规范化建设，开展车站、货场环境卫生整治，努力把客货运服务经营场所打造成外美内实、整洁有序、服务到位的形象窗口。

3. 用好平台载体，持续改善服务体验

一是动态收集客户相关意见建议，持续改进铁路 95306 系统功能，动态优化“网上注册、电子签名、电子支付、电子领货、网上理赔”等多项服务功能，真正让客户省心、省事、省力、省钱，立体式、全方位实现“一个网站、一部手机、一个窗口、一次办结”全流程服务，努力改善用户体验。二是抓好测评调查发现的突出问题整改，督导车站规范站内销售单位经营行为，重点整治违规经营、食品卫生等问题，在站车上适当增加销售品种和餐饮类别，努力提供质优价廉的商品和餐饮食品，最大限度满足旅客需求。三是强化岗位服务文明用语、规范用语和服务标准作业流程等环节盯控管理，督导客货运服务各岗位人员及时处理旅客和客户反映问题并耐心细致做好宣传解释，动态强化涉及客货运服务质量方面的新闻舆论信息跟踪，及时妥善回应社会关切，为持续开展客货运服务工作营造良好外部环境。

4. 完善管理架构，建立长效管控机制

一是完善服务管理考核体系。结合测评调查发现的问题完善客货运服务质量评价及考核标准体系，规范考核流程，严肃考核纪律，强化物质激励与精神激励的协调统一，努力实现客货运生产管理标准化，人员效能最大化，生产组织最优化。二是改进调查方法手段。结合本次测评发现的问题和不足以及新的管理要求，持续改进调查项点和方式，探索建立定期与关键重点客户座谈交流、"一对一"上门服务等模式，实时动态分析查找各阶段影响客货运服务质量的主要原因，准确掌握客户服务需求和期望，为全面提高客货运服务质量、改善客户体验提供决策依据；坚持通过满意度测评接受社会、旅客、客户的监督，真实收集反映现有服务水平的各项数据和问题依据，抓基础、强管理、提素质，努力提升铁路服务质量水平。三是建立长效机制。结合调查测评发现的问题，全方位诊断分析集团公司专业管理部门、运输站段服务质量管理相关制度和机制方面存在的薄弱环节，针对性制定补强措施，定期开展服务质量管理专项调研检查，以工作质量考核、绩效考核等载体强化问题追责，持续完善管控机制，努力实现集团公司客货运服务质量新的提升。

关于选树培育党内优质品牌的调研报告

中国铁路乌鲁木齐局集团有限公司库尔勒客运段

樊冠军　王同学

一、党内品牌创建的概况及主要做法

国铁集团党组组织部印发了《中国铁路党内品牌管理办法》，为了更好地贯彻落实此办法相关规定，进一步促进党建和生产经营深度融合，让“老品牌”赋予新内涵、让“新品牌”迸发新活力，不断增强党内品牌的辐射力、影响力和美誉度，库尔勒客运段党委成立了由党委书记任组长、党委副书记任副组长、各党支部(总支)书记、党委办公室相关人员任组员的调研领导小组，利用40天的时间，组织调查组成员深入和田一队党总支、成都车队党支部等8个车队，先后召开座谈会6场次，下发调查问卷360多份，就全段党内品牌选树、培育、创建、成效情况进行全面调研，召开调研推进会3次分析总结，制定措施。

库尔勒客运段党委下设6个科室、1个调度指挥中心、8个车队，乘务班组78个；截至2022年9月底，从业人员2 051(职工1 134人，劳务派遣工917人)，全段党员311人，占职工总数的26%；段党委下设车间级党支部(总支)10个，其中，车队党总支5个，科室党总支1个，车队党支部3个，调度指挥中心党支部1个；设班组党支部18个，科室党支部5个，党小组8个；配备专职党支部书记、副书记16名，兼职党支部书记、副书记26名。

全段设8个车队，分别是成都车队、西安车队、合肥车队、库尔勒车队、喀什车队、阿克苏车队、和田一队、和田二队；承担客运列车16对，按照运行速度有特快列车5对、普速列车11对，按照运行区域有直通列车 3 对、管内列车 13 对。段党委下设的 8 个党支部(总支)根据列车运行地域、旅客情况、乘务人员构成等特点,共创建党内品牌 8 个,分别是"和田玉龙号"公益慢火车、"民族团结一家亲号""丝路驼铃号""蜀道新程号""心悦皖美号"、浩瀚先锋队、"金色胡杨号"、西域暖驿先锋队,其中"和田玉龙号"公益慢火车、"民族团结一家亲号"被国铁集团公司党组表彰命名;丝路驼铃号、心悦皖美号被段党委在庆祝建党一百周年、一百零一周年表彰命名。

通过调研显示,库尔勒客运段党委坚持把党内品牌创建作为加强党建工作、展示党组织和党员先进性的一个载体,也是内增凝聚力、外扩知名度的有力措施,做好品牌的顶层规划,定期检查考评,半年经验交流,年度表彰命名,使品牌创建逐步向规范化、标准化迈进,取得一些初步成效。所属各车队党支部(总支)结合列车运行线路、地域、客流情况、乘务人员组成等分析研判,充分借鉴和运用企业生产经营的品牌理念,通过不断提高创建质量和效果,将党组织、党员中的先进典型及其具有示范意义的工作理念、方法和载体,打造成标识明显、特色鲜明、党员群众认同感强的党建工作"精品",有效激发了基层党建工作活力,提升了铁路服务品牌社会影响力。

一是围绕需求建品牌。在巩固成熟品牌的基础上,各党支部(总支)对创建的党内品牌进行思考,不断寻找党内品牌与其他活动的结合点,设计活动内容和工作措施,使所创党内品牌保持旺盛不衰的生命力,尤其被国铁集团党组表彰命名的"和田玉龙号"公益慢火车、"民族团结一家亲号",围绕新疆长治久安总目标,聚焦服务和支撑国家战略要求,创建党内品牌,打造一流的旅客服务工作,以全新的服务理念为旅客服务。我们围绕旅客需求,打造网红列车长、乘务员,"民族团结一家亲号"列车长米尔班·艾依提利用品牌列车直播带货,乘务员艾尔开牙·多力开在"丝路驼铃号"列车上为家乡代言,品牌建设期间也涌现出全国优秀党务工作者、自治区道德模范米尔班·艾依提、和田一队全国青年文明号、西安车队工人先锋号等一批先进个人和先进集体。

二是深入研讨强认识。通过举办品牌理念宣传、推进，加强研讨，不断强化品牌创建意识。各党支部（总支）召开支委会研讨，把品牌创建列为重点工作，将品牌创建和生产作业方法、流程和管理人员特色做法相结合，挖掘内在闪光点；库尔勒客运段党委通过广泛征选、反复研究，找准能够代表自身工作水平和反映工作特点的品牌，制定党建品牌创建活动具体工作措施，在全段进行宣讲，提高认识。例如：和田一队结合品牌特点，设计品牌“红石榴”标识，在列车车外、车内张贴，形成强烈的视觉效果，总结提炼“民族团结一家亲号”“打造流动讲堂、宣传民族政策、讲好团结故事、助力乡村振兴”的理念，在全段、全集团范围内广泛宣讲，得到各族旅客认可和赞誉。

三是紧扣中心抓创建。创建党内品牌坚持从服务中心工作、服务广大旅客入手，找准与中心工作的最佳结合点，在安全生产、服务旅客等方面，创建作用突出、特色鲜明，凝聚各方面的支持和力量，切实实现有活力、有作为、有作用、有效果，将工作特色亮点逐步发展完善成党内品牌，用品牌建设的理念、方法和机制提升党支部工作的效能。结合旅客情况和服务特点，开设列车“流动幼儿园”，艾尔开牙·多力开为家乡塔县代言，宣传旅游产品，引导旅客坐着火车游新疆等，“民族团结一家亲号”列车开展的“五心”服务法，创新“母爱一平方”私密空间，提供“流动充电站”“生日直通车”“旅游风向标”、结亲团体的“321”服务等暖心服务等，就是结合列车线路特点、乘车旅客特点开展的品牌活动，既促进了列车服务质量，又提升了品牌宣传效果。

四是完善方案明措施。段党委按照“一个品牌一个方案”的原则，指导各党支部（总支）在深入开展调研、广泛征求意见、反复推敲的基础上，找准品牌创建的立意、内容、措施和侧重点，制定每一个党内品牌的创建方案。例如：西安车队担当喀什到西安的旅客运输任务，西安是千年古都，是丝绸之路的发源地，喀什是千年古城，民族气息浓郁，两地都是旅游名城，车队党总支就以党建基础好，服务质量高，有特色的第四党支部名义创建了“丝路驼铃号”党内品牌，主打旅游牌，沿途为旅客介绍喀什和西安的风土人情和文化，以及两地的旅游景点，让旅客体验不一样的感受。各党支部（总支）把制定的推进方案纳入日常管理，每月进行点评，每季进行提炼，积极选树岗位服务典型，采取佩戴党员徽章、设置工作牌、设立公示栏等形式，公开党员身份、岗位职责和服务承诺，主动接受旅客监督，对内激励职工，对外展示形象。段党委每季度、半年、年度将品牌推进情况检查考评，不断寻找与其他活动的结合点，设计活动内容和工作措施，使品牌内涵随着铁路发展不断丰富创新出彩，使所创品牌保持旺盛不衰的生命力和品牌个性魅力，形成党内品牌的服务效应。

二、党内品牌创建存在的主要问题

通过调研发现，段党委在推进党内品牌创建方面做了一些工作，也取得一些成效，但也存在诸多问题需要改进。

一是政治站位不够高。对于“党建品牌是什么？它有什么功能作用？怎么做？”这些问题，个别党支部书记，部分支委成员，包括一些车队的党员，还不同程度地存在政治站位不高的问题，主要表现为：对党建品牌是什么没有清晰的概念，对党建品牌有什么政治功能、如何发挥作用认识还不够清晰，理解得还较为肤浅，对党建品牌融入中心工作、发挥示范和引领作用的方式方法和步骤了解不够，这些表现都说明一个问题，党支部一班人没有站在全面从严治党的大背景下，没有结合客运服务特点去深入思考党建品牌创建工作的政治意义、价值体现，思想认识存在一定的差距，对品牌的示范带动作用理解还不够深刻，这种认识上的差距导致党员干部看待党内品牌的政治站位低，视野和思路都比较狭隘，品牌创建的思路不够清晰，方案规划和针对性不够，步骤不够严谨，措施不够具体。

二是党建品牌精品还不够多。两年来，虽然全段品牌创建工作有声有色，数量也有所增加，部分品牌得到上级认可和好评。比如:“和田玉龙号”公益慢火车、“民族团结一家亲号”在国铁验收中得到好评。但总体感觉,党建品牌精品还不够多,还没有实现百花齐放春满园的目标。一些党建品牌的“党味”还不够浓,名字不够新颖,仅从名字上也无法分辨是党建品牌还是业务工作品牌,比如“蜀道新程”“沙漠胡杨”等。个别党建品牌有名无实,美其名曰党建品牌,党建品牌“六有”缺少较多,实则一副空架子,没有具体的内涵。个别党支部因为缺乏对品牌的远见和规划,工作激情不高,品牌创建陷入停滞,并逐渐脱离当前工作实际,所谓的品牌成为花瓶摆设,没有实际意义。这些都是品牌创建中的半成品或者说是次品,距离成为精品还有很大空间。

三是品牌作用发挥不充分。品牌创建是党建的重要内容,创建过程是凝聚人心、形成强大合力的过程,各类品牌也是服务中心、稳定队伍的抓手、平台,对人民群众对美好旅行满意度的提升有积极促进作用。但是,我们日常掌握、季度验收考评中都发现,个别车队党支部在品牌创建过程并没有发挥其应有的凝聚力、战斗力、创造力。品牌作为一个平台、一种创新的工作机制或是一种具体的工作方法都是融入中心的重要载体,个别支部在党内品牌创建中和段中心工作“确保旅客运输安全,让旅客出行体验更美好”没有完全融合,从本质上来说,没有解决党建工作和生产经营深度融合的问题,反而造成党建和生产经营“两张皮”的问题滋生蔓延。

四是品牌发展后劲不足。部分党支部书记以及品牌列车的负责人,满足于当前品牌创建已取得的成绩,在创新品牌服务内涵上思考不够,按部就班,因循守旧的思想浓厚,没有深层次思考品牌在创建与推广上“下一步应该怎么办”,对于如何将党内品牌好的做法提炼出来、固化下来、推广开来,思考不多,有的甚至与实际工作脱节,变成“为了牌子而创品牌”,以致品牌生命力不强、品牌的精神内涵不深,或随着列车运行路径改变、人员变化导致品牌精神不能延续推广、发扬光大,造成党内品牌后劲难以保证。

三、党内品牌创建的形势分析和作用

确保旅客运输安全，提升客运服务质量，是我们客运段落实习近平总书记对铁路工作的重要指示批示精神，践行人民铁路为人民的服务宗旨，树立和维护铁路良好形象的具体举措。客运段作为铁路的窗口单位，服务质量的高低直接影响铁路的形象。我们将党内品牌的创建作为企业基层党组织围绕确保运输安全、提升服务质量、提高经济效益、服务新疆各族群众等重点工作，发挥品牌强有力的示范引领作用，使党内品牌具有广泛认可度、影响力和推广价值，让大家看到一种积极向上的精神力量，从而激发党员干部、职工群众的责任意识和荣誉感，增强工作积极性、主动性，让“正能量”在全段满满。

1. 有利于推进党建工作规范化

党内品牌的创建，有助于基层党支部书记进一步解放思想，练就过硬的政治能力、党建业务能力、创新融入能力、应对复杂局面能力和抓落实的能力，不断改善工作方法，促进支部书记积极运用创新的观念来审视工作。党支部通过开展品牌创建来提升党支部工作标准化规范化水平，还能够通过品牌来展示党支部的党建工作效果，二者相辅相成，同时也提高了党支部书记应对新形势下的各类新问题和新挑战的本领。

2. 有利于促进服务工作高标准

党内品牌的最终落脚点是要围绕安全、生产、经营、服务等中心工作发挥作用，树立过硬标杆，展示良好形象。作为边疆地区客运工作，受主观、客观条件影响，我段的客运工作整体水平特别是和内地局、高铁段的服务质量比，还存在一定的不足，与满足旅客对美好旅行生活向往还有一定差距，可提升空间很大，而打造并推进党内优质品牌，树立一批客运品牌标杆，能够引领并带动我段整体客运服务水平提高，有效推动客运提质这项战略计划，以更好地服务新疆各族群众。

3. 有利于增强职工队伍凝聚力

党内品牌立足基层，是党员自己参与创建的品牌，其中有每名

党员和职工群众的心血付出，能有效地将各级组织与职工群众的力量拧成一股绳，凝聚总结宝贵的团队精神，还能将党员的先锋模范作用更加有形化，使党组织的凝聚力更强，让参与的职工产生自豪感，增强职工对党的认同感，使全体乘务员都能以主人翁的态度对待工作，产生同舟共济、荣辱与共的思想。

4. 有利于搭建职工成长成才的平台

青年人才是企业发展的生力军、后备军，是企业的未来和希望，让青年工人快速成长成才，是各级党组织的一项重要工作。段党委利用品牌示范引领的作用，轮流将年轻乘务人员安排在品牌列车上锻炼，通过品牌列车的高标准锻炼，很多年轻列车员成长很快，部分年轻列车员已经成为骨干，成长为列车长。很多乘务员都因为值乘品牌列车而感到自豪。我们认为职工必须不断提升素质，以适应品牌发展的需要，有在品牌列车上工作的平台，职工成长成才进步明显。

四、党内品牌创建的启示和思考

1. 培根铸魂，践行国企责任

坚持党的领导、加强党的建设，全面自觉推动从严治党向纵深发展，培铸国铁企业的“根”和“魂”，铁路站段必须以提升组织力为重点，突出政治功能，深化党支部标准化规范化建设。党内品牌是贯彻落实党的建设，提升基层党组织的战斗力和发挥党员先锋模范作用的载体之一，必须把抓好党内品牌创建作为讲政治的具体体现，对照国铁集团党组办公室下发的《中国铁路党内品牌管理办法》的要求，以党的政治建设统领品牌创建，深刻认识“两个确立”的决定性意义，增强“四个意识”、坚定“四个自信”、做到“两个维护”，以创建党内品牌的实际行动培根铸魂，践行国铁企业政治担当。

2. 精心选树，打造品牌集群

按照“一个品牌一个方案”“一个品牌一套标准”“一个品牌一项体系”的要求，从聚焦服务和支撑国家战略、满足旅客美好出行环境、提升服务品质、凝聚职工合力、树立企业良好形象等关键问题着手，按照业务过硬、成绩突出、职工认同、旅客满意的标准，以党组织、党员先进典型为依托，从有创建方案、有工作机制、有鲜明标识、有突出特点、有明显成效、有精神内涵，打造服务文化品牌，按照高起点、高标准、能带动的原则，对品牌服务内容进行提炼，在全段范围内进行推广。

3. 立标打样，发挥模范作用

以旅客满意度为考量，将社会接触面广、民众期望高的旅客列车作为载体，每个车队必须优化组建一个相对固定、素质较高、作业规范的班组作为立标打样的试验点，专门制定方案，对班组作业标准和流程、作业环境、规章制度、人员构成等进一步设计规划，明确品牌理念、设计品牌 logo、完善品牌特色服务内容，落实规范“定人、定置、定责”管理要求，坚持“以规范管理促进作业标准、以作业标准提升品牌文化”的思路，以点带面、以班组带动整体车队、以品牌带动全段整体工作提升。

4. 宣传推广，获得感知认同

各车队要总结提炼品牌做法，组织车队全体职工学习，统一思想，首先形成内部职工的认知度。其次是充分运用段微信群组、融媒体平台等多种宣传载体，对服务品牌进行全方位、立体式、持续性的宣传推广，扩大服务品牌的影响力。车队按照计划每月完成一期高质量品牌推广，在库客人风采公众号每周推出一期品牌宣传产品，对优质品牌通过“新疆铁路”，《人民铁道》报、《人民日报》、《工人日报》、人民网、新华网等主流媒体对品牌服务进行集中报道，不断扩大品牌的社会影响力，提升铁路企业在社会的美誉度。

关于母子公司管控体系建设的调研报告

中车齐齐哈尔车辆有限公司企协

刘明伟

我国企业正在落实“走出去”号召，集团化、多元化、国际化经营的企业越来越多，规模也越来越大，而集团公司管控体系是落实战略所必须考虑的问题。中车齐齐哈尔车辆公司作为母公司，对其下所设全资、控股、参股子公司的管控体系进行了调研，得出的结论是：母公司为子公司提供了“需求导向＋期限支撑”服务保障平台，包括合规管理、研发工艺、人力资源、信息化网络、营销售后等，充分发挥了子公司生产经营积极性，保证了集团利益最大化。

一、调研方法

以母子公司管控体系建设为题，通过查阅近年来《母子公司管控通则》及各专项母子公司管控专业管理制度50余项，召开母子公司管控专项座谈会5次，赴各子公司进行实地考察等方式进行调研。

二、设置情况

齐车公司目前已经形成了“三国、五省、六地”的经营格局，其现有全资子公司5家，控股子公司2家，参股子公司2家。

三、母子公司管控体系构建

(一)设计原则

1. 战略性原则

管控体系要符合中车集团、齐车公司等上级出资人的发展战略要求，既要考虑公司的规模扩张，又要考虑管理能力和管控风险，必须符合中车齐车公司中长期发展战略和业务定位需求。

2. 可持续原则

管控体系要有利于子公司的可持续发展，有利于子公司职能管理成熟度的提升，有利于子公司市场主体地位的确定和现代企业治理能力的提升，有利于母公司的投资回报。

3. 动态性原则

管控体系要根据公司自身发展阶段需要，响应国家关于国有企业改革创新、国有企业高质量发展等方面要求，不同阶段采取不同的管控手段，即管控载体要实施动态调整

（二）体系架构

根据齐车公司的战略和发展愿景及子公司业务发展定位，基于母子公司管控现状，按照母子公司管控体系设计原则，构建母子公司管控体系架构，即“1 精准管控模式定位＋3 支柱执行载体＋5 方面监督保障＋N 专业平台支撑”的母子公司管控体系框架。

“1”：在模式定位层综合考虑子公司的产品情况、市场情况、业务成熟度、管理成熟度、风险控制能力等因素，科学界定各子公司管控模式。

“3”：在执行载体层通过基础法人治理、静态制度流程、动态专项提升进行管控。完善法人治理基础面管控，结合子公司现状，在治理结构、治理规则、治理运作三方面进行完善，强化对子公司重大事项的前置管控；完善制度流程静态面管控，以子公司管控定位为基础，突出对子公司的差异化管理，制定专业管理要求汇编，强化对子公司运营过程管控；完善专项提升动态面管控，聚焦相关方要求和问题导向，适时由母公司统筹推进各项管理活动，强化子公司专项管理能力提升。

“5”：在监督保障层以计划为载体，统筹计划及绩效监测、审计监督、内控评价、现场调研和巡察监督五种方式，促进监督协同和监督合力的形成，强化子公司整体运营能力的 PDCA 循环持续提升。

“N”：在服务支撑层以子公司需求为导向，坚持子公司的市场主体地位，重点在合规、信息化、技术、营销、人力资源、质量等方面

发挥母公司平台管控能力，协助子公司专业管理能力的完善。

四、母子公司管控模式设计与定位

（一）管控模式

母子公司管控模式以迈克尔－古尔德的三种管控模式为基础，即财务型管控、战略型管控、运营型管控，结合国务院国资委对标世界一流管理提升行动的要求，适当强化战略管理、组织管理、运营管理、财务管理、风险管理、人力资源管理、信息化管理，按照管控程度逐步递增，将母子公司管控模式细分为财务、战略＋财务、战略＋运营、运营管控 4 种模式。

1. 财务管控

母公司对子公司的管理控制主要通过财务手段来实现，同时在投资管理、人事管理和财务管理等方面进行职能管理，关注子公司的经营结果和投资回报，以财务指标对子公司进行管理和考核；在满足预期收益的前提下，不干预子公司的战略规划和经营运作。

在此模式下母公司为利润中心、宏观管控中心；子公司为战略决策中心、资源调配中心、生产组织中心、质量控制中心、成本控制中心。

2. 战略＋财务管控

子公司遵从母公司的整体发展战略，母公司以关注长远和全局的战略投资者的姿态来审视子公司的业务；母公司基于子公司的经营结果和投资回报进行管控，对子公司的日常运营不进行专业限制，总体保持子公司业务的独立性。

在此模式下母公司为战略决策中心、利润中心、宏观管控中心；子公司为资源调配中心、生产组织中心、质量控制中心、成本控制中心。

3. 战略＋运营管控

子公司遵从母公司的整体发展战略，母公司以关注长远和全局的战略投资者的姿态来审视子公司的业务；母公司基于子公司具体情况进行差异化专业管控，对子公司日常运营进行专业支持或限制，基本保持子公司业务的独立性。

在此模式下母公司为战略决策中心、利润中心、宏观管控中心；子公司为资源调配中心、生产组织中心、质量控制中心、成本控制中心。

4. 运营管控

子公司遵从母公司的整体发展战略，母公司从资金、采购、销售、生产等所有环节控制子公司运营，关注重点是经营行为的统一与优化，整体协调子公司一切生产经营活动。

在此模式下母公司为战略决策中心、利润中心、资源调配中心；子公司为生产组织中心、质量控制中心、成本控制中心。

(二)管控定位

应用管控模式基础选择模型，从管控意愿强度和管控壁垒强度两大方面，共 8 项具体因素(战略相关度、风险控制能力、股权结构、组织管理成熟度、业务成熟度、对下业务熟悉程度、所属公司资源能力、企业文化)对子公司管控模式进行选择，从而明确子公司管控定位。

五、完善科学高效的法人治理

(一)管控载体

母子公司是法律主体之间的平等关系，母公司需通过法人治理对子公司进行管控。法人治理是基于《公司法》的母子公司基础管控，重在前置控制子公司的重大事项，主要控制方式包括治理结构、治理规则和治理运作三个方面。治理结构主要是指子公司建立董事会(执行董事)、监事会(监事)、经理层的选派；治理规则主要是指子公司章程和三会议事规则(工作规则)；治理运作主要是指母公司对子公司外派董事、外派监事的管理及各职能部门对外派董事、外派监事的业务支撑。基于法人治理的三方面内容，构建"三合一"法人治理管控模式。

(二)主要要求

(1)国务院办公厅《关于进一步完善国有企业法人治理结构的

指导意见》(国办发〔2017〕36号)明确提出:健全以公司章程为核心的企业制度体系,充分发挥公司章程在企业治理中的基础作用。同时首次提出:国有独资、全资公司全面建立外部董事占多数的董事会,国有控股企业实行外部董事派出制度,完成外派监事会改革;董事会应当设立提名委员会、薪酬与考核委员会、审计委员会等专门委员会,为董事会决策提供咨询,其中薪酬与考核委员会、审计委员会应由外部董事组成;加强董事队伍建设,开展董事任前和任期培训,做好董事派出和任期管理工作等相关要求。

(2)关于印发《国有企业公司章程制定管理办法》的通知(国资发改革规〔2020〕86号)首次明确指出国有企业章程必须具备内容,间接对企业法人治理提出了新要求,例如:第五条章程内容间接对国有企业必须建立董事会提出了要求;第八条明确提出章程中需明确股东、股东会的职权范围;第九条明确提出章程中党组织条款需写明党委(党组)或党支部(党总支)的职责权限、机构设置、运行机制等重要事项;第十条明确国有独资公司应当明确外部董事人数超过董事会全体成员的半数等等。

六、健全放管结合的制度流程体系

(一)管控载体

母子公司不是行政上的隶属关系,基于股权结构,母公司可以对子公司行使日常管控,管控程度取决于股权结构,管控的主要载体是静态的规章制度,重在对子公司日常经营管理过程的控制。基于各子公司的具体情况,构建"一企一议明事项+职能归集成汇编+上下贯穿落承接"实施PDCA循环改进的制度管控模式。

(二)管控举措

1.职能定位

母公司经营规划部依据母子公司管控模式定位,组织各相关职能部门按照一企一议原则明确对各子公司的管理事项,同时对每一项管理事项按照"备案、提案、会签、审核、审批、执行"程度明确放管的程度,制定各部门对各子公司的职能定位表(授权矩阵)。

2. 制定汇编

各职能相关部门依据职能定位表，制定子公司专业管理制度汇编，汇编中需明确两种特殊制度类文件，一是上级公司下发的适用范围为全级次公司的，二是中车齐车公司制度要求对所有子公司均适用的。

3. 制度承接

母公司经营规划部组织各子公司依据汇编，并结合自身生产经营实际情况，制定子公司内部管理制度。子公司内部管理制度需将汇编中的全部要求镶嵌到管理流程中，从而确保母子公司管控要求的上下贯通；经营规划部比照中车齐车公司规章制度管理制度，按照 PDCA 循环改进的原则，组织各职能部门对汇编进行修订，并督导子公司进行承接。

七、推进上下结合的动态专项工作

（一）管控载体

母公司基于股权结构，可以对子公司行使专项管控，管控的主要载体是动态的管理提升活动，重在提升子公司整体经营管理能力、专项管理能力以及母子公司之间协同能力。动态管控的提出主要包括两个方面，一是母公司基于管理需要（主要指母公司相关方要求）、最佳管理实践推广（主要指母公司各专业管理要求）；二是母公司基于子公司的具体问题及监督发现的问题。母公司基于动态管控提出的两个方面，构建“以上要求贯穿＋以下问题整改”的动态专项管控。

（二）管控举措

1. 以上要求贯穿

母公司经营规划部按照相关方管理的要求，适时统一组织开展各种综合性管理提升活动，例如创一流、改革三年行动，同时将活动中涉及的子公司任务事项纳入子公司方针目标或行政重点工作进行管理。各专业管理系统按照相关方管理要求和中车齐车公司最佳管理实践，适时组织开展各种专项管理提升活动，例如体系整合、法制建设，由各个专业管理系统将相关管理事项报经营规划部，经营规划部亦纳入方针目标或行政重点工作管理。

2. 以下问题整改

基于子公司具体经营发展存在的主要问题，同时结合各级监督检查发现的问题，由母公司经营规划部统一组织开展各种管理提升活动，活动主题直接指向问题整改，亦纳入方针目标或行政重点工作管理，以达到整改落实同监督整改协同的要求。

八、搭建协同运转的监督保障平台

（一）管控载体

母公司基于对投资权益的保障，对子公司实施各种形式的监督控制，从而确保子公司合规稳健经营，基于监督发现问题从母、子公司两个方面进行管理改进，一方面优化母公司对子公司的管控事项和程度，另一方面强化子公司综合管理能力，主要的控制方式包括：计划绩效监测、管理审计、风险内控评价、现场调研、巡察监督，基于监督合力的发挥，构建"五协同定期监督为主＋专项灵活监督为辅"的管控模式。

（二）管控举措

1. 监督计划协同

母公司经营规划部组织制定全资、控股、参股子公司和存续企业下属子公司的监督计划，明确各监督内容、频次、工作要求等内容，各监督管理部门主体按照监督计划实施，根据需要开展不定期专项监督。各种监督方式责任部门包括：经营规划部（计划绩效监测）、审计法务部（管理审计、风险内控评价）、公司办公室（现场调研）、党委巡察工作办公室（巡察监督）。

2. 监督资源协同

各种监督形式是否能够高效地发挥作用，关键取决于监督资源的配置情况，一次高效的监督实施往往需要各方面专业管理专家协同工作。经营规划部会同人力资源部，以监督计划为基准，统筹公司各方面专家力量，为监督实施提供资源保障，并探索将专家参与子公司监督工作作为专家评聘加分项的机制建设，在发挥专家作用的同时，确保监督资源的协同。

3. 监督整改协同

对于监督发现问题的有效整改是监督落地的有效保障，各监督责任部门在监督实施后，应在监督报告中明确监督检查发现问题及整改的相关要求，其中整改的要求需明确两方面内容，一是母公司各专业管理部门需优化对子公司的管控事项和程度，此方面整改由经营规划部督导各专业管理部门实施；二是子公司应该优化的自身管理问题，此方面整改由子公司整改后提交整改报告，经营规划部组织各专业管理部门进行评审关闭。经营规划部总体协调整改问题的关闭。

九、搭建强力支撑的服务保障平台

（一）管控载体

子公司作为独立法人机构，具有市场主体地位，应按照相关法规制度要求并结合业务发展需要建立健全相应管理职能，但受子公司发展阶段的影响，相关管理职能的作用发挥受限，需母公司相关职能提供支撑，此种情况下子公司通过协商或协议方式与母公司确定事项，明确支撑内容、平台期限、费用标准，经母公司会议决策后实施，利用母公司相关管理职能平台，为其自身职能发挥提供服务支撑，子公司仍为职能责任主体。母公司为子公司提供的服务保障平台主要包括：合规管理、研发工艺、人力资源、信息化网络、营销售后等。基于各子公司的实际情况，构建“需求导向＋期限支撑”服务保障平台。

（二）管控举措

1. 合规支撑

母公司审计法务部为子公司提供审计、内控、风险、合同和法务全方位的业务支撑。经营规划部为子公司提供法人治理、组织机构、规章制度、工商管理全方位的业务支撑。

2. 信息化支撑

母公司经营规划部为子公司提供办公自动化网络平台、信息化系统建设、信息化系统运维、信息网络建设与运维等工作。

3. 技术支撑

母公司技术开发中心、工艺技术部为子公司提供产品、工艺等技术支撑，为子公司提供知识产权业务支撑。

4. 营销支撑

母公司市场营销部、国际贸易部为子公司提供市场分析、渠道使用、营销运作、投标、售后服务业务支撑。

5. 人力资源支撑

母公司人力资源部为子公司选派和推荐决策层和关键岗位人员，为子公司开展市场化招聘，为子公司培养高技能人才，为子公司阶段配置相应工作人员，对子公司职能人员进行对口业务培训。

6. 质量控制支撑

母公司经营规划部为子公司提供质量管理体系渠道、内审、外审、手册业务支撑；质量管理部为子公司提供产品实物质量控制、制造过程质量控制、原材料质量控制、供应商质量保证能力业务支撑。